U0926483

“十二五”国家重点图书出版规划项目

Serial Handbooks of Highway-bridge Construction

公路桥梁施工系列手册

Basic Operation and Temporary Facilities

基本作业与临时设施

中交第二航务工程局有限公司　主编

人民交通出版社股份有限公司
China Communications Press Co.,Ltd.

内 容 提 要

《公路桥梁施工系列手册》共八册,分别为:《基本作业与临时设施》、《施工组织设计》、《墩台与基础》、《桥梁钢结构》、《梁桥》、《拱桥》、《斜拉桥》、《悬索桥》。本书为《基本作业与临时设施》分册,共包括基本作业和临时设施两大篇。其中基本作业篇共五章,具体内容为:各种基本作业的概要和使用范围,施工工艺要点和质量标准,常用材料与机具设备的规格、性能、用量和选用条件,一些作业的配合比和配制方法,施工技术安全及注意事项等;临时设施篇根据公路桥梁工程的施工地域、桥梁结构和桥梁规模,共分成九章,每个章节根据各自的特点详细提出了结构功能要求、结构布置原则、结构布置方法,以及结构设计的依据和方法。

本书可作为公路桥梁施工管理人员、工程技术人员以及实际操作者的相应参考工具书,也可作为公路桥梁工程爱好者的参考读本。

图书在版编目(CIP)数据

基本作业与临时设施 / 中交第二航务工程局有限公司主编. — 北京 :人民交通出版社股份有限公司,2014.6

(公路桥梁施工系列手册)

"十二五"国家重点图书出版规划项目

ISBN 978-7-114-11438-0

Ⅰ. ①基… Ⅱ. ①中… Ⅲ. ①公路桥 - 桥梁施工 - 技术手册 Ⅳ. ①U448.145.1-62

中国版本图书馆 CIP 数据核字(2014)第 112106 号

"十二五"国家重点图书出版规划项目

书　　名: **公路桥梁施工系列手册　基本作业与临时设施**
著 作 者: 中交第二航务工程局有限公司
责任编辑: 孙玺　曲乐　王文华
出版发行: 人民交通出版社股份有限公司
地　　址: (100011)北京市朝阳区安定门外外馆斜街 3 号
网　　址: http://www.ccpress.com.cn
销售电话: (010)59757973
总 经 销: 人民交通出版社股份有限公司发行部
经　　销: 各地新华书店
印　　刷: 北京天宇万达印刷有限公司
开　　本: 787 × 1092　1/16
印　　张: 32.5
字　　数: 782 千
版　　次: 2014 年 6 月　第 1 版
印　　次: 2014 年 6 月　第 1 次印刷
书　　号: ISBN 978-7-114-11438-0
定　　价: 95.00 元

《公路桥梁施工系列手册　基本作业与临时设施》编委会

编写领导小组

组　长: 王世峰

副组长: 张　鸿

成　员: 杨昌维　姚　平　张国志　罗自力　盛海军　胡安祥

编审委员会

主　编: 张　鸿

副主编: 杨昌维　姚　平　张国志　罗自力　盛海军　胡安祥

主　审: 胡安祥　盛海军

编　写: 严复刚　李生海　陈　强　李　青　毛开耋　李建华　覃兴旭　刘　毅　郑　强　覃宗华　周益军　彭　强　饶华容　杜小平　付　甦　胡义新　彭　鹏　陈　平　唐　启　高文波　余升友　赵东奎　何　波　韩永平

统　稿: 盛海军

前言

随着我国公路桥梁建设的迅猛发展,公路桥梁工程建设施工技术得到长足的进步和提高,其建设规模日渐扩大。随着跨江、跨海、跨峡谷大桥的建设不断增多,施工条件日益复杂、恶劣,为适应我国现有公路桥梁工程的建设需要,使施工技术人员能够方便、熟练掌握公路桥梁施工的各项基本作业项目和施工临时设施的结构功能要求、布置原则、布置方法以及结构设计的依据和方法。本手册总结了多年桥梁的各项基本作业项目和施工临时设施的建设经验,充分调研和参考了近年来国内各大型公路桥梁工程施工项目的通用做法,参考了国内各省交通主管部门对公路桥梁工程施工标准化管理的基本要求和规定,也兼顾了各公路桥梁工程项目的差异性,并参考相关标准、规范、资料,对施工作业的基本要求和技术标准进行了规范,统一和完善了临时设施布置和设计的原则、标准和要求,可供桥梁施工技术人员工作时参考使用和借鉴。

基本作业篇的主要内容包括公路桥梁施工,如模板、拱架、支架和脚手架、钢筋、混凝土、预应力混凝土、金属焊接、切割与栓接施工所需的基本作业项目;编写中,突出各种基本作业实际操作的施工工艺要点和质量标准,常用材料与机具设备的规格、性能、用量和选用条件,一些作业的配合比和配制方法,施工技术安全及注意事项等。

临时设施篇是公路桥梁工程开工建设前期一项重要的工作内容,是工程项目总体策划的重要方面,临时设施的布置和设计是否合理对工程项目的建设施工有非常重要的影响,公路桥梁工程由于所处地域和建设条件不同,各个工程项目的临时设施内容稍有不同,但总的来讲,公路桥梁工程根据施工地域、桥梁结构、桥梁规模,其临时设施一般包括以下八个方面:①临时驻地;②临时便道;③临时供水;④临时供电;⑤临时便桥与栈桥;⑥临时码头;⑦临时水上施工平台;⑧临时消防。限于篇幅,本手册仅突出了临时设施通用、共性方面的总体布置、标准、功能及使用要求,并对其作了重点描述,未对具体结构设计及相关理论计算做出表述;在编写中内容侧重常规桥梁临时设施,特殊桥梁临时设施未列入手册编写范围。

本书由张鸿教授级高工任主编,由杨昌维、姚平、张国志、罗自力、盛海军、胡安祥六位教授级高工、高级工程师任副主编,由胡安祥高级工程师和盛海军教授级高工主审,编写人员均长年从事桥梁临时设施的设计与施工工作,具有丰富的设计与施工经验。

本手册编写过程中,得到中交第二航务工程局有限公司、人民交通出版社等单位领导和专家的大力支持,在此一并表示感谢!

本书虽经编者认真编写,但由于时间仓促、水平有限,书中疏误之处在所难免,不当之处诚望读者、专家多提宝贵意见、建议,以匡不逮,尤为感谢!

编　者

2014 年 4 月

上篇　基本作业

下篇　临时设施

上篇

基本作业

第一章

模板、拱架、支架和脚手架

第一节 概 述

一、模板、拱架、支架和脚手架的定义和技术要求

1. 定义

使混凝土构件在浇筑过程中具有设计图纸中要求的形状和尺寸而制作的模型板称为模板。

拱架是支撑混凝土在浇筑和硬化过程中或砌体在砌筑过程中的拱形上部构造的临时结构。

支架是支撑模板或拱架的辅助杆件结构。

脚手架(板)是混凝土及砌体在施工中承担工人操作和堆置材料的临时结构。

2. 模板、拱架、支架的技术要求

(1)具有必须的强度、刚度和稳定性,能可靠地承受施工过程中可能产生的各项荷载,保证结构物的形状、尺寸准确。

(2)制作简单、拆装方便,拆卸时尽量减少模板和杆件的损伤,以提高模板使用的周转率。

(3)模板板面平整,接缝严密不漏浆。

(4)施工时操作方便,保证安全。

(5)尽可能采用组合钢模板,以节约木材。

3. 脚手架(板)的基本要求

(1)具有足够的面积,能满足工人操作、材料堆置和运输的需要。

(2)具有必须的强度、刚度和稳定性,能保证在人员、材料等荷载和大风、暴雨等气候条件下不变形、不倾斜、不摇晃。

(3)搭拆简单,移动方便,能多次周转使用。(但脚手架在海况等腐蚀程度比较高的条件使用或周转次数很多的情况下,应采取加强检查、增加材料壁厚、进行防腐处理、降低周转次数等措施。)

(4)尽可能因地制宜、就地取材、节约材料。

二、模板种类

按制作材料不同,目前常用的模板主要分为木模板、胶合板模板、钢模板、钢筋混凝土模板、胶囊

内胎模等。

按构造形式和安装方法不同，模板可分为如下几种。

(1)零拼模板：以零星板件在工地拼制，适用于较为分散的小工程。

(2)拼装式摸板：在加工场地将木板或钢板制成大块的板扇，在工地组拼成形，拆除后的板扇可直接或略加修改后用于同一结构的下一工序或另一工序，如基础、墩台的拼装式模板。

(3)整体安装模板：将模板板件或板扇在工地附近组装成形，用吊机将整体式模板安装就位，如分节浇筑的墩台最宜采用此类模板。

(4)活动式模板：包括目前常用的爬升模板、滑升模板、水平滑动模板、移动模架造桥机。

三、拱架、支架种类

1. 拱架

拱架是在拱桥施工中用来支撑拱圈，并保证拱圈符合设计形状的临时构造物。拱架按结构形式可分为排架式、撑架式、扇形式、桁架式、组合式、叠桁式、斜拉式等；按所用的材料可分为木拱架、钢拱架、钢木组合拱架和土牛胎拱架。

在设计和安装拱架时，应结合桥位处地形、地基等实际条件进行多方面的技术经济比较，主要原则是拱架要有足够的强度、刚度和稳定性。同时，拱架作为施工临时结构，要求构造简单，受力明确，制作及拆卸容易方便，并能重复使用，以加快施工进度，减少施工费用。

2. 支架

支架的类型与构造如下所述。

(1)满布式支架：如目前采用较多的门式脚手架钢支架、碗扣式多功能脚手架钢支架。

(2)轻型钢支架：以钢管、工字钢、槽钢、贝雷梁等作为主要材料，钢管基础需埋入地面以下一定的深度或支撑于混凝土扩大基础上；为便于适应桥下的高度及拆卸的方便，纵梁支点处应设置一定高度的卸落装置。

四、脚手架、脚手板种类

1. 脚手架

脚手架按使用材料不同可分为木竹脚手架和金属脚手架。金属脚手架又可分为钢管脚手架和角钢脚手架等。

脚手架用于不高的砌体墩台，按构造形式不同可分为固定式轻型脚手架、梯子式脚手架、螺旋升高式滑动脚手架和简易活动脚手架。

2. 脚手板

脚手板一般按材料不同分为木脚手板、竹脚手板、钢筋脚手板、钢木脚手板、薄钢板脚手板等。

第二节　模板、拱架、支架和脚手架的设计计算

一、设计内容

模板、拱架、支架和脚手架(板)设计包括的主要内容有：

(1)因地制宜地选材。

(2)绘制模板、拱架、支架和脚手架(板)的总装图和细部构造图。

(3)在计算荷载作用下,对模板、拱架、支架和脚手架结构按受力程序分别验算其强度、挠度及稳定性(工程范围较小的、采用标准构件组装的,可凭经验决定,免予验算)。

(4)制订模板、拱架、支架和脚手架结构的安装、使用、拆除及保养等有关技术安全措施及需要特别注意的事项。

(5)编制模板、拱架、支架和脚手架的材料数量表。

(6)编制模板、拱架、支架和脚手架的设计说明书。

二、设计荷载

1. 竖向荷载

(1)模板、拱架、支架和脚手架自身重力,可根据设计图确定。

①木材重度(单位容积的重力):松木6kN/m^3;橡木落叶松7.5kN/m^3;杉木、枞木5kN/m^3。

②模板荷载:对定型钢模1m^{2}的重力,钢模板及连接件可按0.5kN计,钢模板、连接件及钢楞可按0.75 kN计;楼板模板及支架(楼层高度在4m以下)可按1.1kN计。

(2)新浇筑混凝土、钢筋混凝土。

①混凝土或砌体重度为24kN/m^3。

②钢筋混凝土重度为25~26kN/m^3(以体积计含筋量≤2%时,采用25 kN/m^3;含筋量>2%时,采用26kN/m^3)。

(3)施工人员行走和施工料具运输或堆放的荷载。

①计算模板及其下面肋条时,均布荷载为2.5kPa,另应与集中荷载2.5kN进行比较,取两者产生的弯矩较大者。

②计算肋条下的梁或拱架时,均布荷载为1.5kPa。

③计算支架立柱及其他支承构件时,均布荷载为1.0kPa。

(4)倾倒混凝土时产生的冲击荷载,当用容积为0.2m^{3}的容器或用溜槽、导管倾倒时取2.0kPa;当用容积为0.2~0.8m^{3}的容器倾倒时取4.0kPa;当用容积大于0.8m^{3}的容器倾倒时取6.0kPa。当混凝土层厚度已达1m时,本项荷载可不必计算。

(5)振捣混凝土时产生的荷载取2.0kPa。

(6)冬期施工时保温设施荷载和雪荷载,可按实际情况考虑。

2. 水平荷载

(7)新浇筑的混凝土对侧面模板的压力:

当采用内部振捣器且混凝土浇筑速度在6m/h以下时,作用于侧面模板的最大压力可按下列两式计算,取两式计算结果的较小值。

$$p_m = 4 + \frac{1\,500}{T + 30}K_s K_W v^{\frac{1}{3}} \tag{1-1}$$

$$p_m = 25H \tag{1-2}$$

式中:p_m——新浇筑混凝土对侧面模板的最大压力(MPa);

T——混凝土入模温度(℃);

K_s——混凝土坍落度影响修正系数;坍落度小于30mm时,K_s=0.85;坍落度为50~

90mm 时，$K_s = 1.0$；坍落度为 110 ~ 150mm 时，$K_s = 1.15$；

K_W——外加剂影响修正系数，不加外加剂时 $K_W = 1$；掺入缓凝外加剂时，$K_W = 1.2$；

v——混凝土的浇筑速度（m/h）；

H——混凝土侧压力计算位置处至新浇筑混凝土顶面的总高度（m）。

（8）振捣混凝土时产生的荷载，对侧模取 4.0kPa。

（9）倾倒混凝土时产生的冲击荷载，按倾倒方法和容器大小不同对侧模产生的水平荷载取值可与（4）项同。

当模板倾斜时，模板上侧压力的计算方法如下。

①模板向外侧倾斜[图 1-1a)]：$\alpha \geqslant 55°$时，按竖直面 AB 照（6）及（7）项计算；$\alpha < 55°$时，可将$\triangle ABC$ 部分作为竖直荷载。

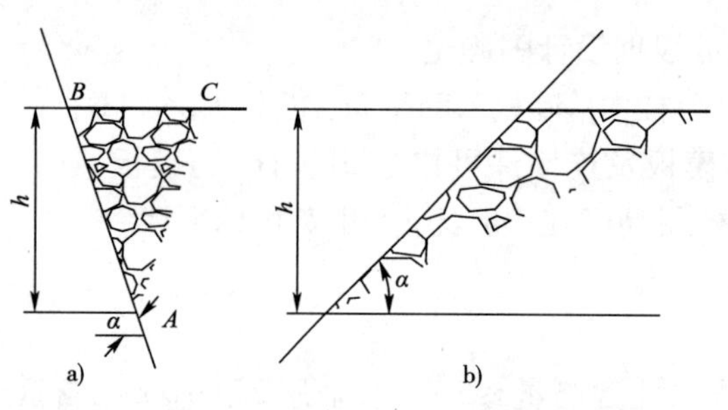

图 1-1　混凝土在倾斜模板上的压力

a）模板向外侧倾斜；b）模板向内侧倾斜

h-混凝土浇筑层高；α-模板倾斜角

②模板向内侧倾斜[图 1-1b)]：$\alpha = 40° \sim 30°$时，$H = 3h$ 浇筑层高；$\alpha = 30° \sim 20°$时，$H = 2h$ 浇筑层高；$\alpha < 20°$时，不计侧压力。

3. 其他荷载

（10）风荷载

计算模板、拱架和支架的强度和稳定性时，应考虑作用在其上的风力。横桥方向的风力为横向风压乘以迎风面积。横向风压的具体计算可按交通运输部标准《公路桥涵设计通用规范》（JTG D60—2004）第 4.3.7 条的规定计算。进行概略计算时风压可取 0.5 ~ 1.0kPa，支架高于 20m 或处于沿海、海岛、峡谷口地区时，取大值，其他情况可取中值或小值。当支架高度小于 6m 或风力较弱时，可不计风载。

支架上的顺桥方向风力，可按横向风压的 70% 乘以其迎风面积计算，拱架、桁架上部顺桥向风力可按横向风压的 40% 乘以其迎风面积计算。

验算倾覆的稳定系数不得小于 1.3。

（11）设于水中的支架，尚应考虑流水、流冰或漂浮物等荷载

①作用于支架桩上的流水压力可按下式计算：

$$p = 0.8A\frac{\gamma v^2}{2g} \tag{1-3}$$

式中：p——作用于支架桩上的流水压力（kN）；

γ——水的重度（kN/m³）；

v——水的流速（m/s）；

A——支架桩阻水面积（m³）；

g——重力加速度，9.81m/s²。

流水压力合力的着力点，假定在施工水位线以下 1/3 水深处。

②通航河流中，支架桩柱所受的船只撞击力对五级内河航道横桥向上游端为 300kN，六级航道为 110 ~ 160kN。在施工时应设立与支架桩柱分开的临时防护结构，这样支架桩柱可不计船只撞击力。

③漂流物撞击力可按下式估算：

$$p = \frac{Wv}{gt} \tag{1-4}$$

式中：p——漂流物撞击力(kN)；

W——漂流物重力(kN)，根据河流中漂流物情况，按实际调查确定；

v——水流速度(m/s)；

t——撞击时间(s)，一般用1s；

g——重力加速度，9.8m/s^2。

漂流物的撞击力，一般比船只撞击力大，支架桩难以抗御，故应在上游设临时防护结构。

4. 荷载组合

模板、拱架和支架的计算荷载，应以产生可能最不利的情况进行荷载组合，组合方式如表1-1所示。

计算模板、拱架和支架的荷载组合　　表1-1

项次	模板构件名称	荷载组合	
		计算强度用	验算刚度用
1	梁、板和拱的底模板，以及支承板、拱架、支架等	(1)+(2)+(3)+(4)+(5)+(6)	(1)+(2)+(5)
2	缘石、人行道、栏杆、柱、梁、板、拱等的侧模板	(7)+(8)	(7)
3	基础、墩、台等厚大建筑物的侧模板	(7)+(9)	(7)

注：①表中“荷载组合”中的数字表示上文介绍的荷载类别。

②第1项中的(3)、(4)、(5)、(6)类如不发生时，可不计入计算。

③其他荷载只有在可能发生时，才考虑计算。

④脚手架的荷载按实际情况考虑。

三、容许应力

模板、拱架、支架和脚手板属于临时结构，其强度设计可采用容许应力方法。

(1)木材容许应力见表1-2。

(2)用于制造钢模板、钢管支架、拱架的钢材，一般为Q235普通碳素钢，其容许应力如表1-3所示。

(3)胶合板模板容许应力可根据厂家提供的各项参数确定。

各种常用木材的容许应力和弹性模量(单位：MPa)　　表1-2

木材种类		树种名称	顺纹拉应力 σ_i	顺纹承压应力 σ_n	顺纹弯应力 σ_w	顺纹剪应力 τ_i	弯曲剪应力 τ	横纹承压应力 σ_{ub}			弹性模量 E ($\times 10^3$)
								全面积	局部表面及齿面	螺栓垫板下	
针叶材	A-1	东北落叶松、陆均松	9.0	14.5	14.5	1.5	2.3	2.3	3.5	4.6	11

续上表

木材种类		树种名称	顺纹拉应力 σ_i	顺纹承压应力 σ_n	顺纹弯应力 σ_w	顺纹剪应力 τ_i	弯曲剪应力 τ	横纹承压应力 σ_{ub}			弹性模量 E ($\times 10^3$)
								全面积	局部表面及齿面	螺栓垫板下	
针叶材	A-2	鱼鳞云杉、西南云杉、铁杉、红杉、赤杉、新疆落叶松	8.5	13.0	13.0	1.4	2.0	2.0	2.9	4.1	10
	A-3	红松、樟子松、华山松、马尾松、云南松、广东松、油松、红皮云杉	8.0	12.0	12.0	1.3	1.9	1.8	2.6	3.6	9
	A-4	杉木、华北落叶松、秦岭落叶松	7.0	11.0	11.0	1.2	1.7	1.8	2.6	3.6	9
	A-5	冷杉、西北云杉、山西云杉、山西油杉	6.5	9.5	9.5	1.2	1.7	1.6	2.3	3.1	8.5
阔叶材	B-1	栎木(柞木)、青冈	12.0	19.0	19.0	2.6	3.8	4.1	6.1	8.2	12
	B-2	水曲柳	11.0	16.5	16.5	2.3	3.2	3.7	5.5	7.4	11
	B-3	锥栗(栲木)、桦木	9.5	14.5	14.5	1.9	2.8	3.0	4.4	6.0	10

注:①弯曲剪应力 τ 仅用于整体梁的弯曲受剪验算。

②对于柱(桩)式墩盖梁,柱式座架墩底梁等在局部长度上的容许横纹承压应力为全面积容许承压应力的2倍。

③木材湿度超过30%或在水中的结构,木材横纹承压容许应力和弹性模量降低10%。

④原木顺纹受压和受弯的容许应力及弹性模量可提高15%。

⑤截面短边尺寸≥15cm的方木受弯容许应力可提高15%。

⑥本表摘自《公路桥涵钢结构及木结构设计规范》(JTJ 025—86)。

钢模板及配件的容许应力(单位:MPa) 表1-3

材种	应力种类	符号	规范规定	新钢模板及配件	
				提高系数	计算采用
A3钢材	抗拉、抗压轴向力	$[\sigma]$	140	1.25	175
	弯曲应力	$[\sigma_w]$	145	1.25	181
	剪应力	$[\tau]$	85	1.25	106
A3粗制螺栓	拉应力	—	110	1.25	138
	剪应力	—	80	1.25	100
	承压应力	—	170	—	170

注:①钢材的弹性模量 E 取 2.1×10^5 MPa。

②当模板及配件较旧时,提高系数应降低,但不小于1.0。

③本表摘自《公路桥涵钢结构及木结构设计规范》(JTJ 025—86)。

④因规范未进行更新,原表中A3钢材可参照为现使用的Q235钢材。

四、容许挠度和杆件长细比

模板、拱架、支架的设计除按强度考虑外，还应验算其挠度和杆件长细比，并不得超过下列数值。

1. 容许挠度

(1)结构表面外露的模板，为模板构件跨度的1/400。

(2)结构表面隐蔽的模板，为模板构件跨度的1/250。

(3)拱架、支架受载后承受挠曲的杆件(盖梁纵梁)，其弹性挠度或下沉度为相应结构自由跨度的1/1 000。

(4)钢模板肋面板或单块钢模板为1.5mm。

(5)钢模板的钢楞、柱箍为3.0mm。

(6)钢模板的结构体系，为相应结构跨度的1/1 000。

(7)脚手架(板)的容许挠度可参照上述要求放宽一些。

2. 容许杆件长细比

(1)主要受压杆件(立柱)的长细比不大于150。

(2)次要受压杆件的长细比不大于200。

五、设计步骤与方法

1. 木模板

一般底模板采用5cm厚的木板，侧板采用3～3.5cm厚的木板。根据前述荷载、木材种类的容许应力情况，在木板背面钉以不同距离的肋木。肋木在各块木板之间起着连接作用，同时也作为模板荷载支撑。肋木的垂直方向再以支柱或支架纵横梁支撑。设计木模板(包括肋木、支柱、纵横梁)的步骤如下所述：

(1)按前述荷载种类计算施加于模板的压力(kPa或MPa)。

(2)假定肋木的距离，计算模板所受的弯矩及挠度。考虑模板的连续性，在均布荷载下可近似地按式(1-5)及式(1-6)计算；如为集中荷载则按式(1-7)及式(1-8)计算。

$$M = \frac{qL^2}{10} \tag{1-5}$$

$$f = \frac{qL^4}{28EI} \tag{1-6}$$

$$M = \frac{PL}{6} \tag{1-7}$$

$$f = \frac{PL^8}{77EI} \tag{1-8}$$

式中：M——模板所受弯矩(N·cm)；

f——模板所受挠度(cm)；

q——沿模板构件长度的均布荷载(N/cm)；

L——模板的跨度(cm)；

I——模板截面的惯性矩(cm^4)；

E——模板材料弹性模量(MPa)；

P——构件承受的集中荷载(N)。

(3)计算支承模板的反力，据以计算模板背面的肋木。模板虽属连续构件，为简化计算，可按简支梁计算模板反力。

(4)一般模板计算多以容许挠度控制设计。为方便计算，可先选定板厚，再求出已知压力强度下的最大容许跨度。

①当容许挠度 $f/L < 1/400$ 时，模板容许跨度为：

$$L \leqslant \frac{1.28d}{\sqrt[3]{q}} \tag{1-9}$$

②当容许挠度 $f/L < 1/2\ 500$ 时，模板容许跨度为：

$$L \leqslant \frac{1.50d}{\sqrt[3]{q}} \tag{1-10}$$

式中：L——模板容许跨度（cm）；

d——模板宽度（cm）；

q——模板承受的均布荷载（N/cm）。

(5)侧面模板主要承受浇筑混凝土时的水平荷载，模板的木板竖放与横放（图1-2）的计算方法不同。

横板计算以底部承受混凝土的最大水平荷载为准；顶部的木板虽承受水平荷载较小，但仍采用与底部同样厚度的木板，其背面的肋木，应按承受模板的反力设计，一般采用上下尺寸相同的截面。竖板中每块木板承受水平荷载压力的图形为下端大、上端小的梯形。无论计算结果如何，各块木板采用的厚度上下一致，其背面肋木承受的压强，显然是上部小、下部大，一般以下部肋木承受的压强控制设计。其余的肋木采用同一尺寸的截面。

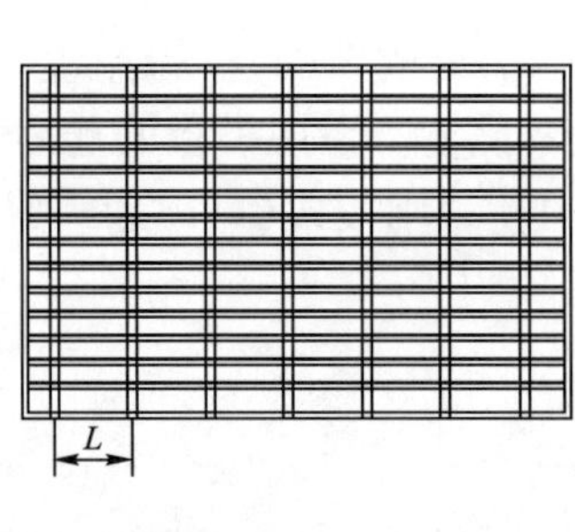

a)

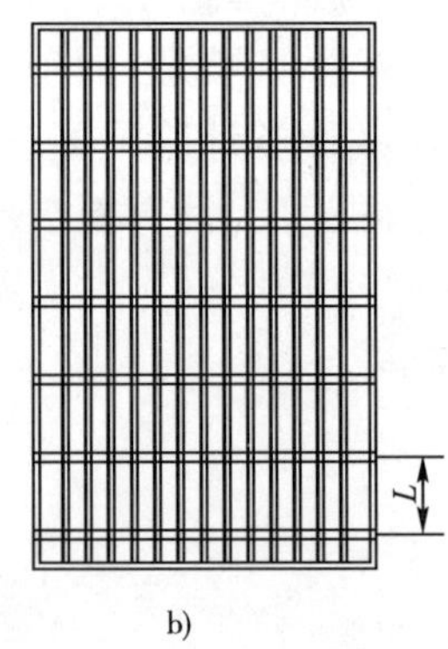

b)

图1-2 侧面模板放置方向

a)横放模板；b)竖放模板

(6)圆形或圆端形截面的墩、柱侧面模板的水平荷载（图1-3）由圆弧形肋木的拉力平衡。设圆弧形肋木两端所受拉力为 T_0，则 T_0 可按式(1-11)计算。

$$T_0 = \frac{pa}{2} \quad (\text{kN}) \tag{1-11}$$

式中：p——圆弧上单位长度所受的力（kN/m）；

a——圆弧的直径（m）。

圆弧形肋木与直肋木连接处的拉力也按 T_0 计算。

拉杆 AB 上的拉力 S_1 则为：

$$S_1 = \frac{pc}{2} \quad (\mathrm{kN}) \tag{1-12}$$

式中：c——拉杆的距离。

圆弧形肋木的尺寸主要由钉子的排列情况控制，T_0 值很大时，需要的钉子很多，木料损失大而且不经济。一般可改用钢筋箍来承受拉力 T_0，此时，弧形肋木只供安装模板之用，不考虑承受拉力，其尺寸可缩小。

2. 钢模板

目前一般使用较多的是大块定制钢模板。它是由面板、次肋、主肋、背带等组成，面板一般为厚度 4～8mm 的钢板，根据实际需要，有时也采用厚度大于 8mm 的面板。次肋一般采用扁钢或角钢，主肋采用槽钢或角钢，背带多用双肢槽钢组拼而成。钢模板的边带一般采用壁厚较大的扁钢或角钢，以防止模板局部变形和方便布置螺栓连接。

定制钢模板的计算项目包括上面的各个组成构件。

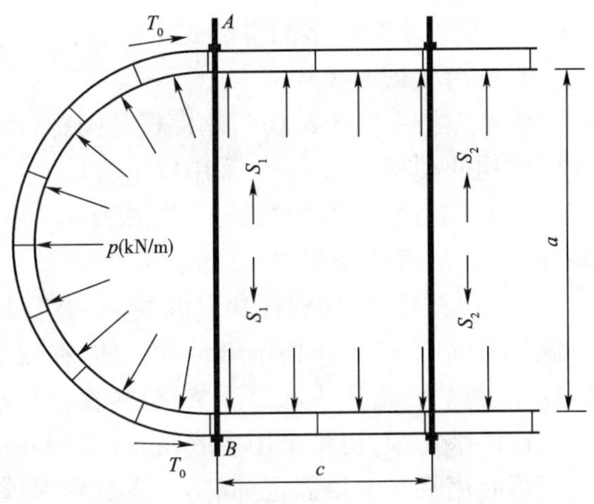

图 1-3 圆形或圆端形截面的侧面模板水平荷载

面板计算可简化为双向板，其支撑为次肋和主肋，由于模板主要承受混凝土的均布侧压力，面板的主肋和次肋支撑条件可认为是固接。因此，面板的计算模型为承受均布荷载的四边固结双向板。

次肋可按简支梁计算，也可按固结梁计算，但此时要求次肋与主肋的焊接传力可靠。次肋的计算跨度取主肋的间距，总荷载可取由主肋和次肋围成的面板荷载的一半。

主肋为多跨连续梁，可取其中一跨按承受均布线荷载的固结梁计算，跨度取背带间距。线荷载的大小取模板侧压力乘以主肋间距。

背带为多跨连续梁结构，跨度取对拉螺杆间距。线荷载的大小取模板侧压力乘以背带间距。

第三节 模板构造和制作拼装

一、木模板

1. 木模板制作拼装要点

（1）前面所述的零拼模板、拼装式模板或整体安装模板，都是将木板用圆钉钉在肋木上拼装而成，只是拼装的规模大小形状不同。

（2）木板的宽度一般不宜超过 20cm，太宽则与水接触时易翘曲，过分干燥时两块板的接触面易发生缝隙漏浆；板的长度根据结构需要而定，但不宜超过 1.8m，太长则装板不方便。

(3)木板与混凝土接触一面应刨光，如混凝土面须做粉刷的则不必刨光。

(4)板边应找平刨直，接缝严密、不漏浆。圆钉长度宜为板厚的 2 ~ 2.5 倍或为板厚加 4 ~ 5cm；圆钉直径宜小于板厚的 1/7，钉子距边缘至少 5 倍钉径；每块板在肋木处至少应钉两个钉子，第二块板的钉子要向第一块模板方向斜钉，使接缝紧密。

(5)曲面模板的肋木，应按照准确的样板来画线下料、加工，形状复杂的楼板宜按照特制的模型大样来套制。

(6)周转次数较多的拼装式木模板，可在接触混凝土一面钉以镀锌铁皮。

2. 竖向模板支模构造

为了保持混凝土结构两侧模板的间距，承受混凝土的侧压力，保证结构尺寸的精度，按照结构的类型、大小一般采用以下方法。

(1)外箍法：在结构模板外侧，按竖向一定距离设置钢条箍或钢木条箍。前者适用于圆柱(桩)，后者适用于方柱(桩)。

(2)拉杆法：用螺栓杆套以混凝土或塑料管衬垫，衬垫长度等于结构物的厚度，两端以螺母紧固定，适用于桥梁墩台和墙体，在混凝土浇筑完成凝固后，可将螺栓杆拔出再周转使用，衬垫孔道压入水泥砂浆，螺栓直径按承受的拉力由计算决定。

次要结构中，也可采用多股铁丝(直径 4mm)代替螺栓杆，但应以绞合的办法拉紧，两块模板间用临时木撑固定，混凝土浇筑到木撑处时再拆除木撑，铁丝则埋入混凝土中，拆模后将两端多余的铁丝截去，模板的上口(混凝土面以上)也可采用木拉杆。

(3)外斜撑法：适用于地面以下的各种基础模板。此法是在结构物基础模板外侧，用木斜撑将模板支顶在基坑内壁上，两块模板间，在基础模板顶部用木杠撑着。

二、胶合板模板

胶合板模板由钢质骨架、胶合板面板连接紧固而成，其肋是轻型槽钢或木工字梁，背楞采用槽钢。它质量轻、造价低、通用性强、周转使用次数多，达到清水混凝土质量效果，并具有体系化、模数化、定型化的特点，既可整装整拆，也可散装散拆，还可整装与散装结合使用。胶合板模板可形成各种墙体大模板、爬升模板、柱模板、梁模板等。

三、组合钢模板

组合钢模板是一种工具式模板，可以拼装多种尺寸和形状，适应多种类型建筑物的施工需要，也可用其拼成大模板，是目前最常用的模板形式。

组合钢模板，不仅能节约大量木材，而且具有组装灵活、拆卸方便、通用性强、周转次数多、经济效益好等优点。下面简要介绍这种模板的部件、设计、组拼、安装、拆除、保管等。

1. 钢模板

整套钢模板由以下部件组成。

(1)平面模板。可用于各种结构的平面部位。它用 Q235 钢板制作，由面板和肋条组成，面板厚 2.3mm 或 2.5mm。肋条上设有 U 形卡孔，利用 U 形卡和 L 形插销等可拼成大块板，U 形卡孔两边设凸鼓，以增加 U 形卡的夹紧力。边肋倾角处有 0.3mm 的凸棱，可增强模板刚度并使拼缝严密。平面模板的平面尺寸：宽度按 50mm 进级，规格有 300mm、250mm、200mm、150mm、100mm 5 种；长度按 150mm 或 300mm 进级，规格有 1 500mm、

1 200mm、900mm、750mm、600mm、450mm 6 种。肋条高一律为 55mm，肋厚有 2.3mm、2.5mm、2.8mm 三种。钢模平面模板形式如图 1-4 所示。

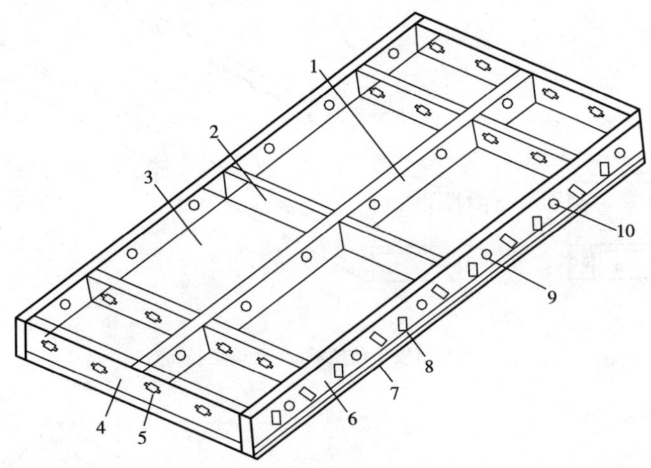

图 1-4　钢模平面模板

1-中纵肋；2-中横肋；3-面板；4-横肋；5-插销孔；6-纵肋；7-凸棱；8-凸鼓；9-U 形卡孔；10-螺栓孔

（2）转接角模板。用于混凝土结构和构件的转角部位，所用钢材和厚度与平面模板相同。转角模板分为以下三种：

①阴角模板：宽度按 50mm 进级，规格有 150mm × 150mm、100mm × 150mm 两种，长度同平面模板，其形式如图 1-5 所示。

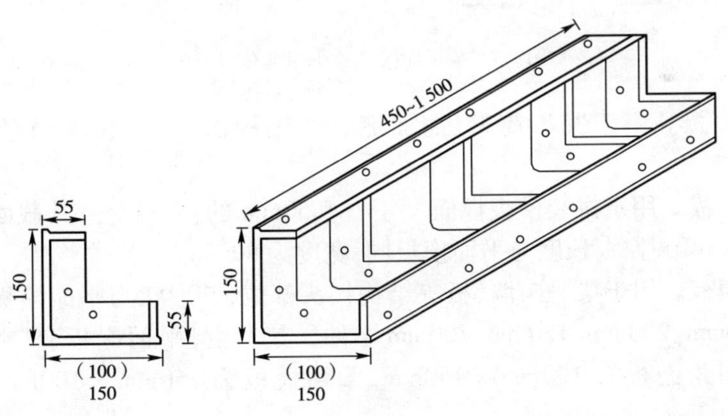

图 1-5　钢模阴角模板（尺寸单位：mm）

②阳角模板：宽度按 50mm 进级，一般采用 100mm × 100mm、50mm × 50mm 两种规格，长度同平面模板，其形式如图 1-6 所示。

③连接角模：一般宽度为 50mm × 50mm，长度同平面模板，其形式如图 1-7 所示。

（3）倒棱模板。用于柱、梁、墙体等倒棱部位，分角棱模板和圆棱模板两种，其长度同平面模板。

角棱模板宽有 17mm、45mm 两种，圆棱模板的圆棱半径有 20mm、35mm 两种。

（4）梁腋模板。用于暗渠、明渠、各种结构的梁腋部位，其长度同平面模板，宽度有

50mm × 150mm 和 50mm × 100mm 两种。

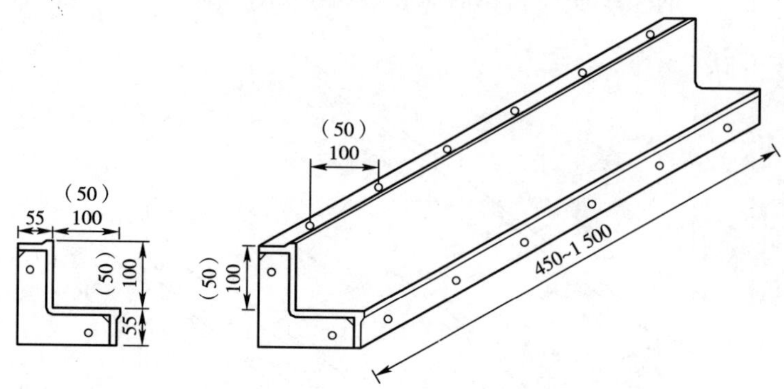

图 1-6　钢模阳角模板(尺寸单位:mm)

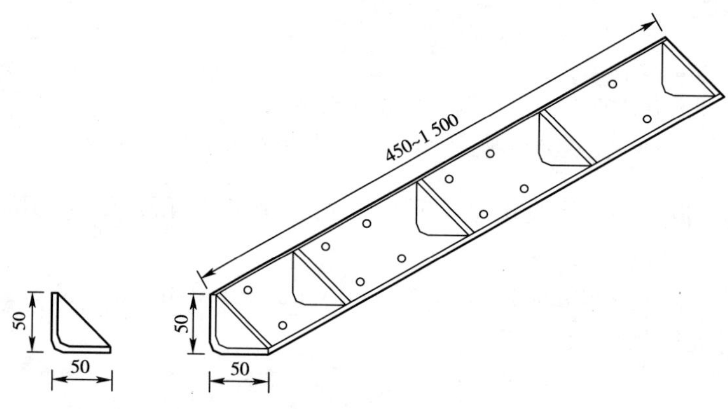

图 1-7　模板连接角模(尺寸单位:mm)

(5)柔性模板。用于圆形筒壁、曲面墙体等结构部位,其长度同平面模板,宽度为 100mm。

(6)可调控板。用于拼装模板板面尺寸小于 50mm 的补齐部分,其截面形状如 L 形,只一边设肋条。可调控板长度与平面模板同,宽度为 80mm。

(7)嵌补模板。用于梁、柱、墙、板等结构接头部位,其形状与平面模板、转角模板相同,长度有 300mm、200mm、150mm、100mm 4 种。其宽度,平面嵌板有 200mm、150mm、100mm 三种;阴角嵌板为 100mm × 150mm,阳角模板为 150mm × 100mm;连接角模为 50mm × 50mm。

以上各种模板的肋条长度一律为 55mm。

各种钢模板均编有数码代号,根据代号即可知道模板的种类规格。钢模板规格编码如表 1-4 所示。

2. 连接件

为了使各块平面模板与角模连接为一个整体,装配成所需要的形状和尺寸,必须有一套拆装方便、操作安全的连接件。与组合钢模板配套的连接件有:

(1)U 形卡。用于将相邻的模板夹紧,以使其不错位,并使接缝紧密。它用直径 12mm 的 30 号圆钢制作;安装间距一般不超过 300mm,即每隔一孔插卡一个。U 形卡形状如图 1-8 所示。

组合式钢模板规格编码表

表 1-4

模板名称		模板长度(cm)											
		45		60		75		90		120		150	
		代号	尺寸	代号	尺寸	代号	尺寸	代号	尺寸	代号	尺寸	代号	尺寸
平面模板(代号P)宽度(cm)	30	P3004	30×45	P3006	30×60	P3007	30×75	P3009	30×90	P3012	30×120	P3015	30×150
	25	P2504	25×45	P2506	25×60	P2507	25×75	P2509	25×90	P2512	25×120	P25156	25×150
	20	P2004	20×45	P2006	20×60	P2007	20×75	P2009	20×90	P2012	20×120	P2015	20×150
	15	P1504	15×45	P1506	15×60	P1507	15×75	P1509	15×90	P1512	15×120	P1515	15×150
	10	P1004	10×45	P1006	10×60	P1007	10×75	P1009	10×90	P1012	10×120	P1015	10×150
阴角模板(代号E)		E1504	15×15×45	E1506	15×15×60	E1507	15×15×75	E1509	15×15×90	E1512	15×15×120	E1515	15×15×150
		E1004	10×15×45	E1006	10×15×60	E1007	10×15×75	E1009	10×15×90	E1012	10×15×120	E1015	10×15×150
阳角模板(代号Y)		Y1004	10×10×45	Y1006	10×10×60	Y1007	10×10×70	Y1009	10×10×90	Y1012	10×10×120	Y1015	10×10×150
		Y0504	5×5×45	Y0506	5×5×60	Y0507	5×5×70	Y0509	5×5×90	Y0512	5×5×120	Y0515	5×5×150
连接模板(代号J)		J0004	5×5×45	J0006	5×5×60	J0007	5×5×70	J0009	5×5×90	J0012	5×5×120	J0015	5×5×150

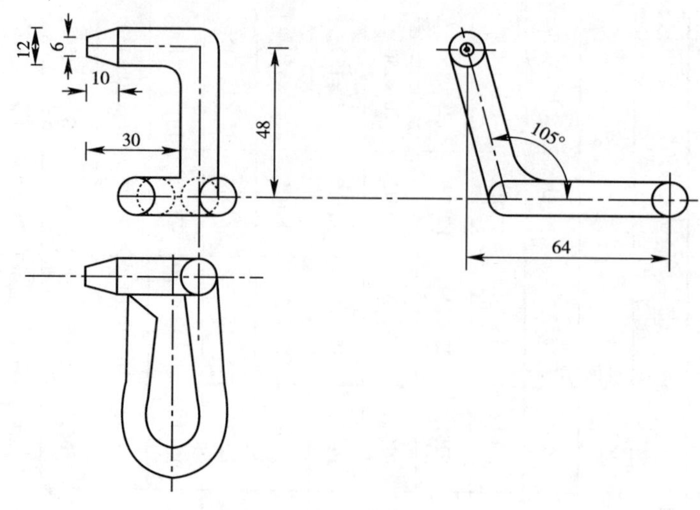

图 1-8　钢模 U 形卡(尺寸单位:mm)

(2)L 形插销。插入钢模板端部横肋的插销孔内,增强钢模板纵向刚度,使接头处板面平整。它用直径 12mm 的 Q235 圆钢制作。其形状如图 1-9 所示。

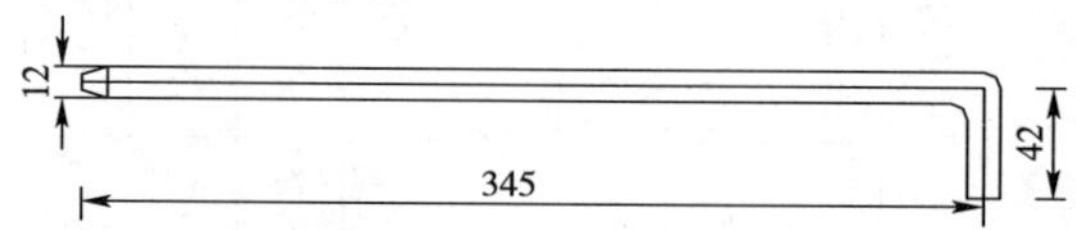

图 1-9　钢模 L 形插销(尺寸单位:mm)

(3)钩头螺栓。用于钢模板与内、外钢楞之间的连接固定。安装间距一般不大于 600mm,长度应与钢楞尺寸相适应,用直径 12mm 的 Q235 圆钢制作。钩头螺栓如图 1-10 所示。

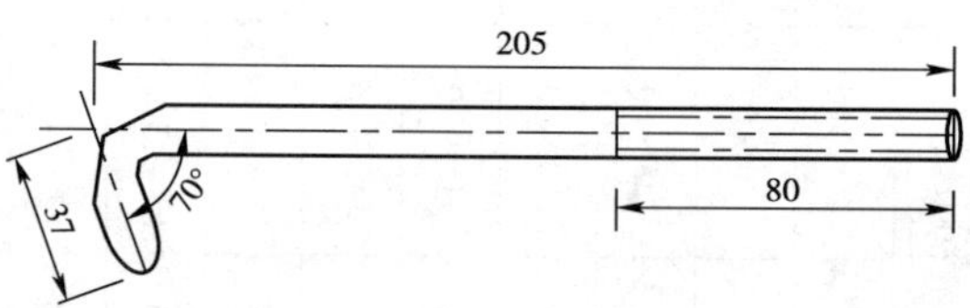

图 1-10　钢模钩头螺栓(尺寸单位:mm)

(4)紧固螺栓。用于紧固内、外钢楞,以增强拼装模板的整体刚度。其长度应与钢楞尺寸相适应,用直径 12mm 的 Q235 圆钢制作。紧固螺栓如图 1-11 所示。

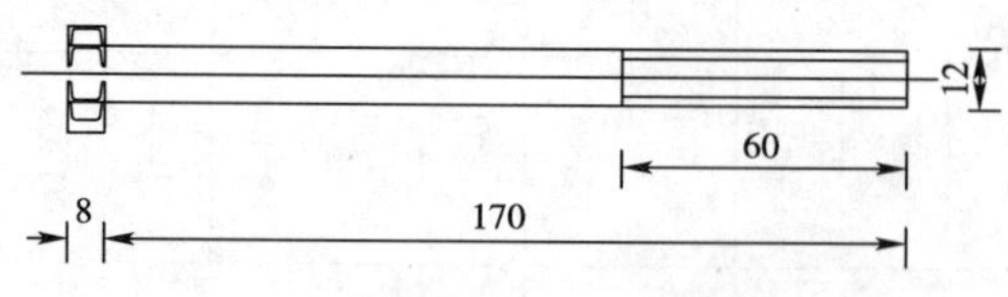

图 1-11　钢模紧固螺栓(尺寸单位:mm)

(5)扣件。用于钢楞与钢模板或钢楞之间扣紧,与其他配件一起将钢模板拼装成整体。它用 Q235 钢板制作,其规格分大小两种,用于钩头螺栓的为小扣件,用于紧固螺栓的为大扣件。扣件分为碟形扣件和弓形扣件。前者用于矩形钢楞,扣件长、宽、高规格有 145mm × 74mm × 30mm 和 122mm × 60mm × 20mm 两种;后者用于圆管钢楞,规格有

175mm×40mm×32mm 和 120mm× 25mm×22mm 两种。两类扣件的形状示意图如图 1-12和图 1-13 所示。

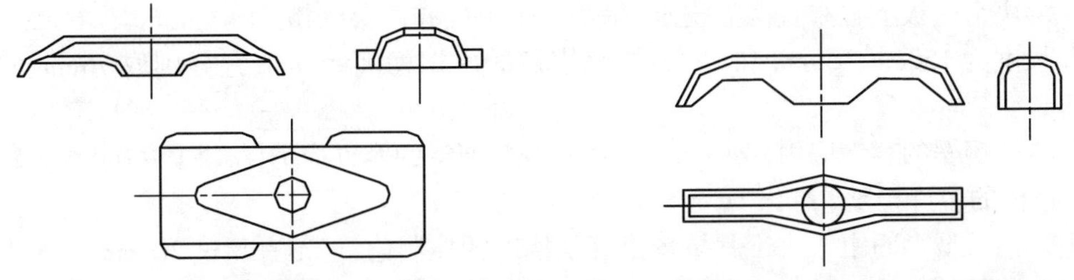

图 1-12　钢模蝶形扣件　　图 1-13　钢模弓形扣件

(6)模板拉杆。用于连接墙或墩台两侧钢模板,保持两模板的间距,承受混凝土侧压力所引起的拉力,保持模板有足够的刚度和强度。目前国内常用的模板拉杆有圆杆式、螺母式和板条式三种。

①圆杆式拉杆:其构造和前述木模竖向模板支模的拉杆法相同。

②螺母式拉杆:将两个螺母分别焊在两根钢筋的两端作为内拉杆,用两端带螺纹的螺栓作为外拉杆,用木块作为顶帽,以防拉杆露在混凝土表面。混凝土浇筑完毕后,钢筋拉杆即留在混凝土中。

③板条式拉杆:用 6mm 厚的扁钢作为拉杆,扁钢两端开有矩形孔。钢模板上开有与扁钢同样大小的矩形孔。拼装时,将扁钢穿过钢模板上的预留孔,用楔块插入扁钢两端的矩形孔,即可使钢楞与钢板连接。

以上三种拉杆可按供应条件选用。

3. 支承件

(1)钢楞。又称连杆、檩条、龙骨,用于支承钢模板,并加强其整体刚度。

①钢楞规格及材料有圆钢管、矩形钢管和内卷边槽钢等,可按设计要求和供应条件选用。其规格和力学性能见表 1-5。

钢楞规格及其力学性能　　表 1-5

规格(mm)		截面面积 A (cm^2)	线密度 (kg/m)	截面惯性矩 I_z(cm^4)	截面抵抗矩 W_z(cm^3)
钢管	ϕ48×355	4.80	3.84	12.19	5.08
	ϕ51×3.5	5.22	4.10	14.81	5.81
矩形钢管	□60×40×2.5	4.57	3.59	21.88	7.29
	□80×40×2.0	4.52	3.55	37.13	9.28
	□100×50×3.0	8.64	6.78	112.12	22.42
内卷边槽钢	□80×40×15×3.0	5.08	3.99	48.92	12.23
	□100×50×20×3.0	6.58	5.16	100.28	20.06
槽钢	□8	10.24	8.04	101.30	25.30

②内钢楞直接支承在钢模板上,承受钢模板传递的多点集中荷载,为便于计算,可按均布荷载计算。其计算原则如下:

a. 连续内钢楞跨数不同时,按不同跨数的有关公式进行计算。

b. 连续内钢楞带悬臂时,应验算悬臂端的弯矩和挠度,取其最大值。

c. 每块钢模板上宜布置两处支承,每个支承上应有两根钢楞。

d. 长度为150cm、120cm 和90cm 的钢模板的内钢楞间距 a 值宜分别取75cm、60cm 和45cm。

e. 热轧钢楞的容许应力$[\sigma]=210$MPa,冷弯型钢的容许应力$[\sigma]=160$MPa。

f. 钢楞的容许挠度$[f]=3$mm。

g. 外钢楞最大间距取决于其抗弯强度及挠度的控制值,但不宜超过200cm。

③单跨及两跨连续的内钢楞计算公式。

a. 按抗弯强度计算内钢楞的跨度 b:

$$M_{\max}=\frac{pb^2}{8}=\frac{p_{\mathrm{m}}ab^2}{8}$$

$$\sigma_{\max}=\frac{M_{\max}}{W}=\frac{p_{\mathrm{m}}ab^2}{8W}\leqslant[\sigma]$$

$$b\leqslant\sqrt{\frac{8[\sigma]W}{p_{\mathrm{m}}a}} \tag{1-13}$$

b. 按挠度计算内钢楞的跨度 b:

$$f_{\max}=\frac{5pb^4}{384EI}=\frac{5p_{\mathrm{m}}ab^4}{384EI}\leqslant[f]$$

即

$$b\leqslant\sqrt[4]{\frac{384[f]EI}{5p_{\mathrm{m}}a}} \tag{1-14}$$

式中:p_{m}——混凝土侧压力(MPa);

p——单位长度上均布荷载(N/cm);

a——内钢楞间距(cm);

b——外钢楞间距或内钢楞跨度(cm);

W——双根内钢楞的截面最小抵抗矩(cm^3);

E——钢楞材料的弹性模量(取用2.1×10^5MPa);

I——钢楞截面惯性矩(cm^4),可查表1-5中 I_z。

④三跨及以上连续的内钢楞计算公式。

a. 按抗弯强度计算内钢楞的跨度 b:

$$M_{\max}=\frac{pb^2}{10}=\frac{p_{\mathrm{m}}ab^2}{10}$$

$$\sigma_{\max}=\frac{M_{\max}}{W}=\frac{p_{\mathrm{m}}ab^2}{10W}\leqslant[\sigma]$$

$$b=\sqrt{\frac{10[\sigma]W}{p_{\mathrm{m}}a}} \tag{1-15}$$

b. 按挠度计算内钢楞的跨度 b:

$$f_{\max}=\frac{pb^4}{128EI}=\frac{p_{\mathrm{m}}ab^4}{128EI}\leqslant[f]$$

$$b \leqslant \sqrt[4]{\frac{128[f]EI}{p_m a}} \tag{1-16}$$

(2)柱箍。用于直接支承柱模板块,既是抗弯构件,又夹紧模板起受拉作用。它用Q235 扁钢、角钢或槽钢制作。扁钢柱箍规格为 70mm × 5mm,角钢的规格为∟75mm × 25mm × 3mm 或刨∟ 85mm × 35mm × 3mm,以上柱箍适用的柱宽为 30 ~ 70cm。槽钢柱的规格为 80mm × 40mm × 3mm 或 100mm × 50mm × 3mm,适用的柱宽为 50 ~ 120cm。

按抗弯强度计算柱箍间距时:

$$l_1 = \frac{8[\sigma]WA}{p_m(l_2^2 A + 4l_3 W)} \tag{1-17}$$

按挠度计算柱箍间距时:

$$l_1 \leqslant \frac{384[f]EI}{5p_m l_2^4} \tag{1-18}$$

式中:p_m——混凝土侧压力(MPa);

l_1——柱箍间距(cm);

l_2——长边柱箍跨距(长边柱宽 + 两侧钢模板肋高)(cm);

l_3——短边柱箍跨距(短边柱宽 + 两侧钢模板肋高)(cm);

A——柱箍截面面积(cm^2);

E——柱箍材料的弹性模量(取用 2.1×10^5 MPa);

I——柱箍截面惯性矩 I_x(cm^4)。

柱箍形状如图 1-14 所示。

(3)梁卡具。又称梁托架,用于梁的钢模板夹紧固定。它由两侧的三脚架和底座组成,采用 Q235 钢管、角钢或扁钢制成。梁卡具的高度和宽度能调节,用于高度 50 ~ 80cm、宽度 60cm 以内的梁。

(4)钢管架。用于梁、板等水平模板的垂直支撑。由顶板、底板、套管、插管、调节螺管、转盘和插销等组成。使用长度调节距离大时用插销,微调用螺管。钢管架的规格形式较多,最常用者为 CH 型和 YJ 型,如图 1-15 所示,两种钢管架的规格和容许荷载见表 1-6。

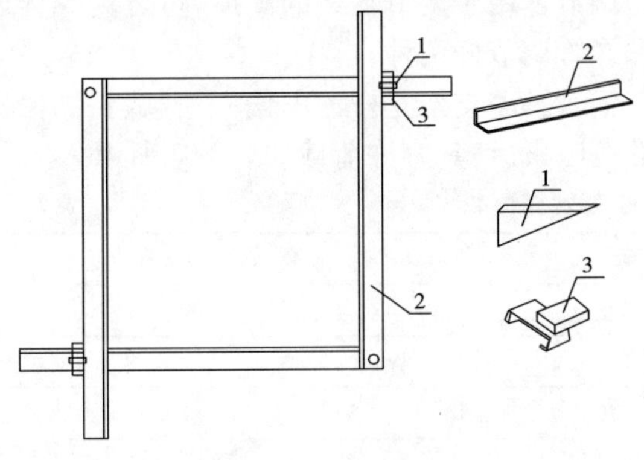

图 1-14 钢模柱箍

1-插销;2-夹板;3-限位器

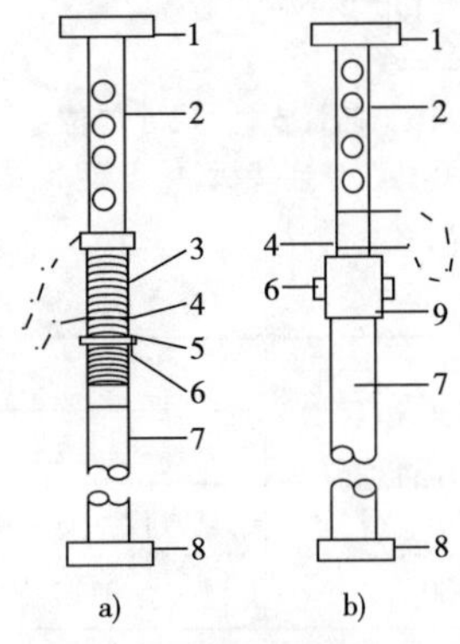

图 1-15 钢管架

a) CH 型;b) YJ 型

1-顶板;2-插管;3-螺管;4-插销;5-转盘;6-手柄;7-套管;8-底板;9-螺旋套

钢管架规格及容许荷载　　表 1-6

项目 \ 型号		CH-65	CH-75	CH-90	YJ-18	YJ-22	YJ-27
最小使用长度(mm)		1 818	2 212	2 712	1 820	2 220	2 720
最大使用长度(mm)		3 062	3 462	3 962	3 090	3 490	3 990
调节范围(mm)		1 250	1 250	1 250	1 270	1 270	1 270
螺旋调节范围(mm)		170	170	170	70	70	70
容许荷载(kN)	最小长度时	20	20	20	20	20	20
	最大长度时	15	15	12	15	15	15
质量(kg)		12.4	13.2	14.8	13.9	15	16.4

(5)四管支柱。主要由管柱、螺栓千斤顶和托盘等组成,用于梁、板等水平模板荷载较大时的垂直支撑,如图 1-16 所示。管柱用 4 根 ϕ48mm×3.5mm 的圆钢管和 6~10mm 的钢缀条拼接焊成。螺栓千斤顶由直径 45mm 的螺栓和上下托板组成,其调距为 25cm,四管支柱的规格按长度分为 125cm、150cm、175cm、200cm、300cm 五种,可以组合成按 25cm 进级的各种不同高度。当高度在 10m 以内时,可承受荷载 180~250kN。

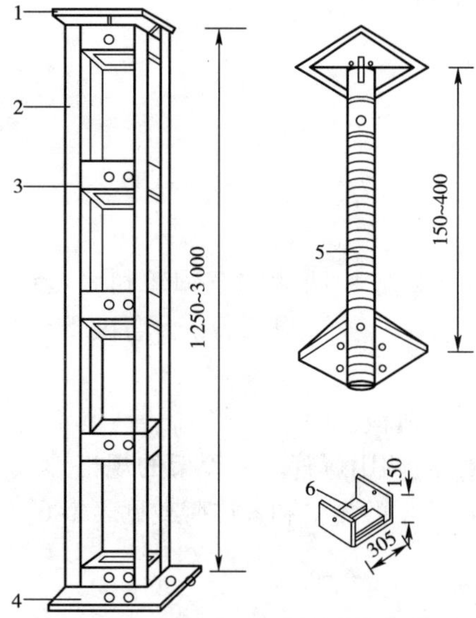

图 1-16　四管支柱(尺寸单位:mm)
1-顶板;2-钢管;3-连接板;4-底板;5-螺旋千斤顶;6-托盘

(6)钢管脚手支架。用于层高较大的梁、板框架结构和拱模板的支架,还可用于搭设脚手架、井架、上料平台和栈桥等。它由钢管、扣件、底座和调节杆等组成。

钢管一般采用外径为 48mm、壁厚 3~3.5mm 的焊接管,长度为 2~4m,配备一些长度为 20cm、40cm、60cm、80cm 的短钢管以供接长调整高度。

扣件可分为直角扣件、回转扣件和对接扣件三种,供两根钢管直角连接、搭接连接或对接连接用。三种扣件的容许荷载分别为 6kN、5kN、2.5kN。

底座可分螺栓式和钢管式两种,安装在立杆的下部,将荷载传递给基础。

调节杆用于调节支架的高度,可分为螺栓调节杆和螺管调节杆两种。

钢管脚手支架立杆考虑偏心荷载、长细比稳定系数等因素后,其容许荷载如表 1-7 所示。

钢管脚手架容许荷载　　表 1-7

横杆间距 L(cm)	ϕ48mm×3mm 钢管		ϕ48mm×3.5mm 钢管	
	对接立杆	搭接立杆	对接立杆	搭接立杆
	[N]　(kN)	[N]　(kN)	[N]　(kN)	[N]　(kN)
100	31.7	12.2	35.7	13.9
125	20.2	11.6	33.1	13.0
150	26.8	11.0	30.3	12.4
180	24	10.2	27.2	11.6

注:[N]为每根立杆的容许荷载。

(7)平面可调钢桁架。用于梁、板等水平模板的支撑,可省去模板的竖向支架、扩大施工楼内空间。桁架上下弦平行,上弦采用角钢,下弦采用角钢或扁钢,腹肢采用钢筋焊接成数个三角形而成,如图1-17所示。使用时,将两榀桁架相互拼装,跨度可灵活调节。承载能力按桁架大小而定,一般一个桁架可承载20~50kN,桁架跨度可调范围在210~570cm。

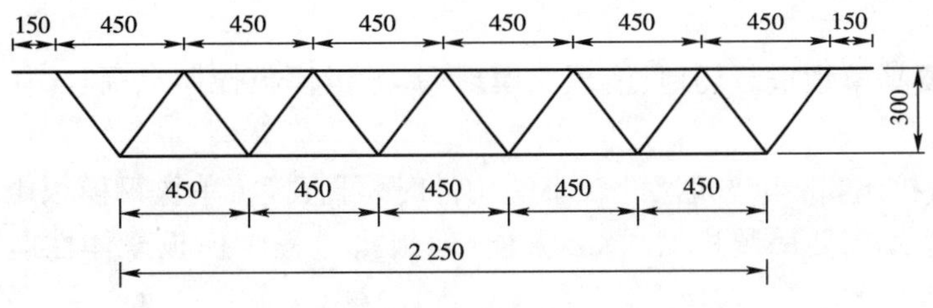

图1-17 平面可调钢桁架示意图(尺寸单位:mm)

(8)曲面可变钢桁架。用于筒仓、沉井、圆形基础、桥墩、曲面挡土墙等构筑物模板的支撑。它由桁架、连接件、垫板、连接板、方垫块等组成。桁架用扁钢和圆钢筋焊接制成,内弦与腹筋焊接固定,外弦可以伸缩,曲面弧度可以自由调节,半径不得小于3m。其构造如图1-18所示。

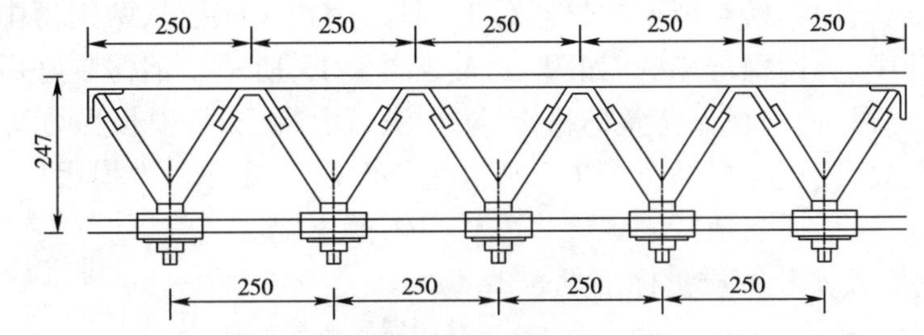

图1-18 曲面可变钢桁架示意图(尺寸单位:mm)

4. 组合钢模板拼配原则

组合钢模板已广泛用于工业和民用建筑,公路、铁路、桥梁也在逐步推广使用。它可用于现场浇筑的各种桥梁上部结构和下部结构墩台、基础,也可用于预制构件。钢模板的拼配原则如下:

(1)尽量使用规格最大的P3015模板,可控拼配的模板块数少,减少拼装,节省连接、支承等配件,节省装拆工时,增强整体刚度。

(2)对于构造上无特殊要求的转角,可使用连接角模代替阳角模板。阴角模板宜用于长度较大的转角处。

(3)配板时应以钢模板的长度沿着墙及板的长度方向,柱、墩台的高度方向和梁的长度方向排列,这样有利于使用长度规格较大的钢模板和增大钢模板的支承跨度。

(4)由于钢模板存在制作偏差和拼接安装误差,绘制模板配置安装图时要留有余地。一般4m以内可不考虑;超过4m,则每4.5m要留3~5mm的余地。调剂办法大多采用非定型钢模或木模板,或在安装端头时统一处理。

(5)在选择连接点和支撑点的位置时要充分利用材料和地形,尽量做到便于安装操作。

5.组合钢模板的施工拼装方法

(1)准备工作:首先按结构物的轮廓尺寸设计绘制组装配板图,并对不足模数的空缺部位和非直角转角处按符合设计尺寸的木模配补,编制组合钢模配件表,拟订所需机具和各工序劳动力计划。

设计配板图时除需满足结构物轮廓尺寸外,还要按承受混凝土侧压力的要求配备连接件和支承件。

拼装之前要平整预拼装场地,清理立模现场,测量模板控制点高程,在底板上画出模板位置。

(2)现场直接组拼:当浇筑尺寸较小的构件时,可直接将单块钢模板组装成结构所需要的模板。此法不需要吊装机械,拆装方便,但组拼过程中模板整体性差、刚度小,适宜预制构件的模板拼装。

(3)预拼装后现场组合:在结构物旁边平整拼装场地,预拼成大块模板,然后用吊机吊至结构物位置组拼。

组拼模板一般按自下而上的顺序进行。每块模板要求位置正确,表面平整向下,置于平整场地上,按画出的模板位置搁放。用回形卡钩头穿入相邻两模板边肋的卡孔中,按下回形卡弧形部分,使其夹住模板拼接处两肋边。两模板端部卡孔则用L形插头插入连接,然后装上纵横向钢楞和碟形扣件或弓形扣件,用钩头螺栓从两钢楞中间穿入,钢头穿挂入肋边卡孔中,并用螺母旋紧,如图1-12或图1-13所示。钢楞装好后,拧紧模板拉杆螺栓,并设立支撑,使模板保持整体稳定,防止浇筑混凝土时,模板受力变形。

非直角转角处,钢模板拼缺处,均须现制部分木模板镶补。木模板应按钢模边肋上的卡孔眼位钻孔,然后适当地紧固螺栓将木模与钢模连接。

(4)组合钢模板安装的质量标准见表1-8。

组合钢模板安装的质量标准 表1-8

<table>
<tr><th colspan="2">项 目</th><th>允许偏差(mm)</th><th colspan="2">项 目</th><th>允许偏差(mm)</th></tr>
<tr><td colspan="2">模板轴线位置的偏差</td><td>5</td><td rowspan="2">全高竖向偏差</td><td>(1)≤5cm</td><td>6</td></tr>
<tr><td colspan="2">模板上表面高程</td><td>±5</td><td>(2)>5cm</td><td>8</td></tr>
<tr><td rowspan="4">横截面内轮廓尺寸</td><td>(1)基础</td><td>±10</td><td colspan="2">相邻模板面的高低差</td><td>2</td></tr>
<tr><td>(2)桩、墩台</td><td>±5</td><td colspan="2">拼装模板表面平整度(用2m直尺检查)</td><td>≤3</td></tr>
<tr><td>(3)梁</td><td>±4</td><td colspan="2">两块模板之间的拼装接缝</td><td><1</td></tr>
<tr><td>(4)墙</td><td>±3</td><td colspan="2">拼装模板对角线偏差</td><td>≤长度/1 000</td></tr>
</table>

6.组合钢模板的拆除

(1)模板拆除时间:按现行《公路桥涵施工技术规范》(JTG/T F50—2011)的规定执行。

(2)模板拆除的顺序和方法:应遵照设计规定,一般应先拆侧面模板,后拆底板,先拆非承重部分,后拆承重部分。

若拆除整体拼装模板,应先挂好吊绳,然后拆除斜撑和连接两块拼装模板的附加钢楞、U形卡及L形插销。拆除时,要用木槌敲击板体,使之与混凝土脱离,再吊运到指定位置堆放整齐。

单块模板拆除时，可借助模板肋条上的拼装孔，用工具拉下。

(3)拆除模板后，应及时从混凝土中取出对拉螺杆，并用砂浆将孔洞堵平。

7. 组合钢模板的维修和保管

(1)模板使用后，如肋边发生翘曲、弯折，板面发生变形时，应在清理时矫正平直，开焊处要补焊牢固。

(2)模板使用后，应将板面残留的混凝土用平刮刀清除干净，注意不要将板面刮伤。

(3)清理整修好的模板应涂刷脱模剂。防锈漆脱落的应及时补涂。

(4)钢板及附件应设专人保管、维护，不论在工地或仓库，均应按规格、种类分别堆放，建立账册。露天堆放的钢模板，须用帆布或塑料布等遮盖，以防生锈。

四、内胎模

内胎模又称芯模，用于装配式空心桥面板或空心楼板等预制构件，有以下几种类型。

1. 木内胎模

图1-19是一种长12m装配式预制空心板梁的四合式芯模结构图。全部芯模分为两节，每节芯模分成4块，每隔70cm设活动支撑一道，同时加骨架一道。活动支撑板的一角以铰链连接于右侧下方的芯模上，支撑与模板有凹凸榫头。在活动支撑板中部开斜孔穿圆铁拉杆，用圆铁拉杆启闭活动支撑。每块芯模的木骨架用扁铁联系，使抽出芯模时不致受损坏。

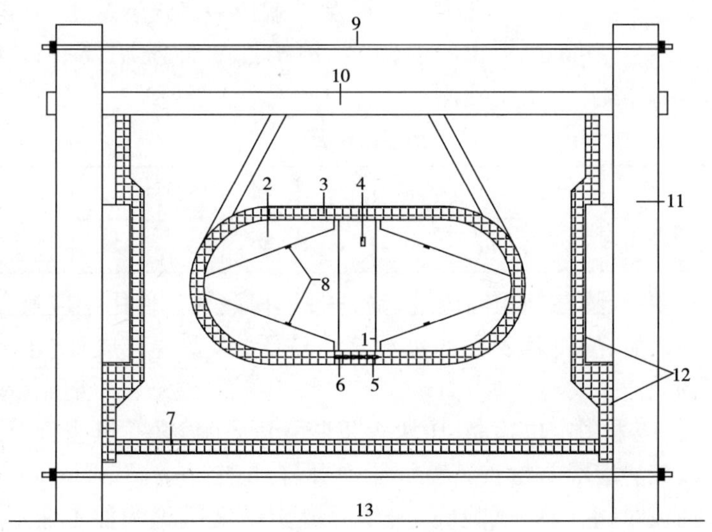

图1-19 木芯模结构

1-铰链；2-木骨架；3-模板；4-圆铁拉杆；5-铰链；6-活动模板；7-底模板；8-扁铁条；9-螺栓；10-临时支撑；11-方木；12-侧模；13-方垫木

立芯模时，将左右两块对齐，用圆铁拉杆将活动支撑板推入撑实，使榫头全部落实，芯模即能成形。

拆芯模时，只需拔圆铁拉杆使活动支撑板倒下，芯壳板因自身重力，上部自然下坠脱开,必要时亦可用撬棍在外端略微撬动,更有利于芯模全部开脱。抽模时拉扁铁条即可将芯模分块顺利抽出。

2. 钢管内胎模

钢管内胎膜用于房建多孔空心楼板。用表面勾直、光滑的无缝钢管固定在两端的堵头板上,混凝土浇筑完毕,拆去一端堵头板,拉拔另一端的堵头板而将连接的钢管内胎模拔出。

3. 橡胶胎模

(1)构造和规格

橡胶胎模简称胶囊,是采用尼龙或维纶帆布两面涂胶制成胶布,然后经冷黏合成胶囊,表面再覆盖硫化的氯丁橡胶而制成各种不同直径可作内胎模用的圆形胶囊,用几个胶囊配合外套胶囊可组合成圆端形或椭圆形的内胎模,如图 1-20 所示。胶囊两端封闭方式有两种:一种是敞口,使用金属堵头;另一种是用橡胶封闭带进气嘴。对于短胎模可使用密封头,对于长构件如空心桩,内胎模宜使用金属头,进气嘴的口径可大于 ϕ48mm,以便放气脱模。

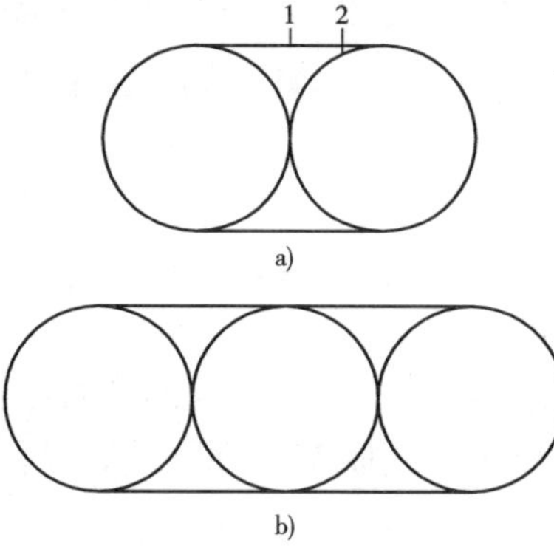

图 1-20 组合胶囊内胎模

a)椭圆形内胎模;b)圆端形内胎模

1-外套胶囊;2-圆形胶囊

胶囊充气的压力根据混凝土侧压力及胶囊内径而定,一般不应超出表 1-9 的数值。

(2)使用方法和注意事项

橡胶胎模使用于混凝土空心板时的一般流程:施工准备→支好底模、侧模→绑扎钢筋和设立预应力筋孔道→橡胶胎模就位→浇筑混凝土→混凝土初凝后拔出胎模,并养护构件→冲洗胎模→试水检查→存放备用。

胶囊气压 表 1-9

直径(cm)	8	12	15	20	25	30	40	50	62.5	70	80	90
气压(kPa)	120	100	80	70	50	45	40	31	28	27	26	25

使用时注意事项:胶囊在使用前应进行检查,不得漏气。使用中应避免被钢丝头、钢筋头划破。每次使用后,应将其表面的水泥浆清洗干净,妥善存放,防止日晒,避免接触油、酸、碱等有害物质。

浇筑混凝土时,应采用定位箍筋、压块等将胶囊固定,以防止其上浮和偏位。从开始浇筑混凝土到抽拔胶囊应经常检查其充气压力,保持稳定。

胶囊的放气抽拔时间,应由试验确定,以混凝土强度达到构件不变形为宜。一般可参照表 1-10 的数值。

胶囊放气抽拔时间 表 1-10

气温(℃)	0~5	5~15	15~20	20~30	>30
混凝土浇筑完后(h)	10~12	8~10	6~8	4~6	2~4

(3)胶囊的修理

胶囊的修理方法与修理自行车内胎相似,应注意以下事项。

①一般砂眼、局部刺穿，可将伤口打磨粗糙，涂刷氯丁胶浆三遍，覆盖胶片修补。

②纤维撕裂处，应以胶布覆盖修补。

③涂刷胶浆要均匀，每次干燥时间为 10 ~ 15min。现场修补应注意清洁，空气温度不得过高。

④补块边缘应剪成斜面，搭接长度为 4 ~ 5cm。

⑤补块贴合后应自中心向外压紧，使贴面无气泡。

⑥修补后的胶囊存放 3 ~ 4d 后方可使用。

五、地坪底模（台座）

施工现场生产中小型构件时，如小梁、栏杆柱、栏杆板、里程碑、边沟块等可利用平整处理过的地坪表面作底模，配作侧模，生产预制构件。

1. 地坪构造

一般将地面填筑薄层碎、砾石料，碾压平整，用水泥砂浆抹面压光，涂上隔离剂即可作为地坪底模，生产预制构件用。

2. 侧模

一般用木料制成侧模，外侧用斜撑将模板固定在地坪上，即可从顶部向模内浇筑混凝土。混凝土宜采用干硬性的，浇筑振捣后可加快脱模。

3. 施工注意事项

地坪表面平整度，应符合预制构件质量要求。向模内浇筑混凝土并振捣时，要防止侧模向上浮动，必要时应压重。注意保护地坪，防止汽车及重型机械直接碾压而损坏地面。

六、翻转模

翻转模适用于小型混凝土预制构件，如缘石、砌块、栏杆、涵洞盖板、人行道块等。它的模板安装在翻转架上，采用干硬性混凝土浇筑，经过振捣立即翻转，使构件平卧在地坪或砂地上，予以养护。翻转模因脱模快速，可以加快模板周转。

七、T 梁模板

1. 现浇 T 梁模板

现浇 T 梁所用模板，有组合钢模板、木模板、木胶合板、竹胶合板、全钢整体支架大模板等多种类型。一般以组合钢模板最为常用，因木模板周转次数较少，木材资源匮乏，故木模板均以少用为宜。

(1) 组合钢模板

组合钢模板的规格参数及安装可参见本节前文所述的组合钢模板。

(2) 木模板

木模板的安装可参见本节前文所述的木模板。

(3) 胶合板模板

胶合板模板有木胶合板、竹胶合板两类。

①木胶合板

木胶合板模板目前按《混凝土模板用胶合板》（GB/T 17656—2008）的规定进行制

作。其规格参数及物理力学性能见表1-11、表1-12。

木胶合板规格参数 表1-11

幅面尺寸(mm)				厚度(mm)
模数制		非模数制		
宽度	长度	宽度	长度	
—	—	915	1 830	≥12,且<15 ≥15,且<18 ≥18,且<21 ≥21,且<24
900	1 800	1 220	1 830	
1 000	2 000	915	2 135	
1 200	2 400	1 220	2 440	
—	—	1 250	2 500	

注:①其他规格尺寸由供需双方协议。

②本表摘自《混凝土模板用胶合板》(GB/T 17656—2008)。

木胶合板物理力学性能 表1-12

项 目		单 位	厚度(mm)			
			≥12,且<15	≥15,且<18	≥18,且<21	≥21,且<24
含水率		%	6~14			
胶合强度		MPa	≥0.70			
静曲强度	顺纹	MPa	≥50	≥45	≥40	≥35
	横纹		≥30	≥30	≥30	≥25
弹性模量	顺纹	MPa	≥6 000	≥6 000	≥5 000	≥5 000
	横纹		≥4 500	≥4 500	≥4 000	≥4 000
浸渍剥离性能			浸渍胶模纸贴面与胶合板表层上的每一边累计剥离长度不超过25mm			

注:本表摘自《混凝土模板用胶合板》(GB/T 17656—2008)。

②竹胶合板

竹胶合板模板种类有竹编胶合板、竹帘胶合板及竹条胶合板三类,其制作目前依据《竹编胶合板》(GB/T 13123— 2003)。

(4)全钢整体支架大模板

该模板用型钢做骨架、冷轧钢板做面板,焊成整体式支架模板,其骨架常采用角钢或槽钢,面板常用4~6mm厚的冷轧板。骨架形状、分布密度、选材大小应根据混凝土结构尺寸通过计算选用。因其板面大、刚度好、拼缝少,故混凝土表面较平整光滑。

预应力混凝土T梁的侧模一般都采用整体全钢支架大模板,每节模板长度根据T梁结构和吊装能力做成2~5m长度不等的节段。

2. 装配式T梁预制构件模板

装配式T梁预制构件模板,一般采用钢模板,它可使梁的外形尺寸比较准确,模板本身结构强度大,进行底模、侧模附着式振捣时,抗振性能好、周转次数多、维修工作量少、可节省木材。

装配式T梁模板构造如图1-21所示。整套钢模由底模、侧模及端模组成。浇筑混凝土时在底模板下装设偏心块振捣器振捣,故底模板较厚,为16mm。侧模板和端模板厚度可较薄,一般比定型钢模板稍厚即可。根据吊机起重能力并配合梁体横隔板的布置,每侧模板可分为多扇。

底模与侧模之间设置 10mm 厚的橡胶条,通过丝杠顶紧,模板顶部由拉杆拉紧。模板之间的连接缝均镶以橡皮条,防止漏水、泥浆。

模板间接缝及模板与肋条的连接均用电焊焊接,拆模时将上部水平拉杆松开。斜杆伸缩螺钉(花篮螺钉)缩短,并将方牙丝杆放松,侧模就可卸开。用龙门吊机将 T 梁向上吊升就可脱开底模板。浇筑混凝土前模板内需涂刷隔离剂。

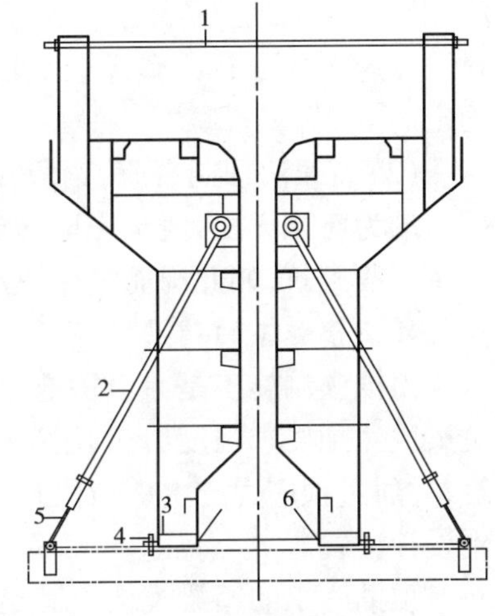

图 1-21　T 梁钢模板示意图

1-水平拉杆;2-斜拉杆;3-丝杆顶紧;4-方牙丝杆;5-伸缩螺杆;6-橡胶条

八、箱梁模板

1. 现浇箱梁模板

其内容与 T 梁模板类似,此处不再赘述。

2. 悬臂浇筑的箱梁模板

悬臂浇筑的箱梁模板适用于大跨径的预应力混凝土悬臂梁桥、连续梁桥、T 形刚构桥、连续刚构桥等结构。其施工特点是无须建立落地支架、无须大型起重与运输机具,其主要依托为一对能行走的挂篮,并能根据箱梁的截面变化进行调节。悬臂浇筑的箱梁模板见图 1-22。

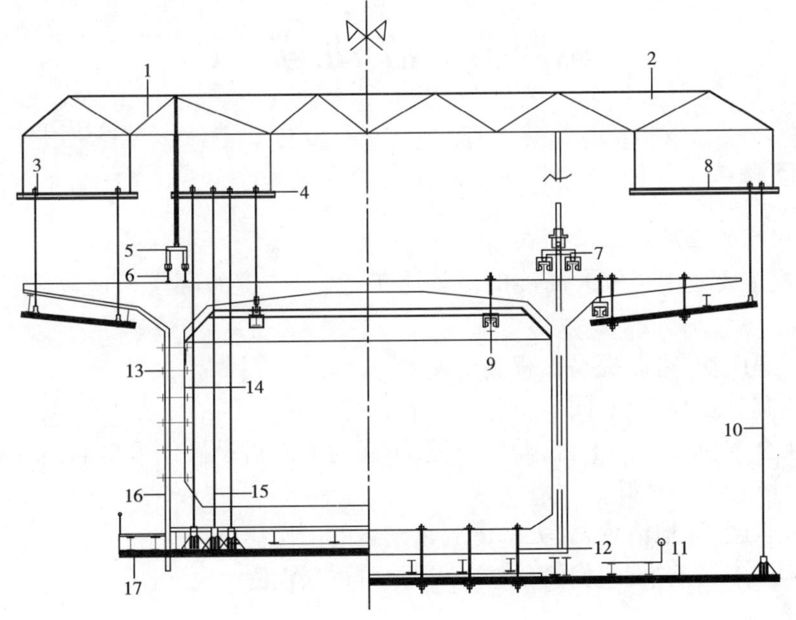

图 1-22　箱梁模板示意图

1-前上横梁桁架;2-后上横梁桁架;3-前分配梁;4-承重梁;5-支撑腿;6-轨道梁;7-后锚;8-后分配梁;9-滑梁;10-后吊杆;11-后下横梁;12-后锚杆;13-对拉螺杆;14-内模;15-前吊杆;16-侧模;17-前下横梁

3. 悬臂拼装的箱梁模板

悬臂拼装的箱梁内、侧模主要采用加工的整体式全钢支架模板,但根据施工工艺的不同,其底座一般采用长线法预制台座和短线法预制台座。

(1)长线法预制台座：诸梁段均在固定台座上的活动模板内浇筑，且相邻段的拼合面应相互贴合浇筑。长线法台座两侧常设挡土墙，内填不沉降的砂石加20mm厚的混凝土封顶并抹上高强找平砂浆，其上加铺一层镀锌铁皮，待砂浆未达到要求强度前用铁钉固定。

(2)短线法预制台座：梁段在固定台位能纵移的模内浇筑。待浇梁段一端固定模架，另一端为已浇梁段，浇筑完毕达到要求强度后运出原配筑梁段，达到要求强度梁段为下一待浇段配筑，如此周而复始，故台座仅需3个梁段长。

4. 顶推施工的箱梁模板

顶推预制施工是在引桥部分或桥台后设置预制场地进行现场浇筑箱梁梁段，在已浇筑梁段达到要求强度后，利用千斤顶等设备向前顶推，空出底座位置进行下一梁段的浇筑，并通过预应力与上一节段连接，继续顶推，如此循环直至整个梁段浇筑完成，并顶推到设计位置。

顶推施工的箱梁模板应满足以下要求：

(1)如箱梁底模为固定式，则箱梁底模上应装有表面磨光的钢板，以便于减少顶推施工时的摩擦力；如箱梁底模为可移动式，则应配置3~4个箱梁节段的底模以供周转使用。

(2)侧模位于浇筑位置两侧，应用轻型钢桁加固，钢桁底部通过设置滚轮滑动或铰的转动完成脱模。

(3)侧模为一个整体，通过其内设置的千斤顶油缸装置和铰来完成脱模。

第四节 活动模板

一、液压爬模

1. 液压爬模的应用和施工优点

液压爬模主要应用于较大高度的塔柱施工，其于传统的翻模相比较，施工主要具有如下优点：

(1)爬升速度快，可以提高工程施工速度。

(2)液压爬升过程平稳、同步，安全性高。

(3)提供全方位的施工平台，操作方便，不必为重新搭设操作平台而浪费材料和劳动力，可节省大量工时和材料。

(4)模板自爬，原地清理，大大降低起重设备的吊次。

(5)结构施工误差小，纠偏简单，施工误差可逐层消除。

2. 基本组成

液压爬模系统，主要由爬升装置、模板体系、内外爬架、动力自动控制装置等组成。

1)爬升装置

爬升装置是整个爬模体系的核心部分，由锚锥、锚板、锚靴、爬头、轨道及其下撑脚、步进装置、承重架及下支撑等部件组成，如图1-23所示。

(1)锚固系统：由锚锥、锚板、锚靴、爬头组成，锚锥是系统在已浇节段的承力点。锚锥由锚筋、锥形螺母及外包塑料套、高强螺栓等组成。高强螺栓使用后，锥形螺母可旋出重复使用。锚板、锚靴、爬头是整个爬架体系的传力装置,将整个爬架的力传到锚锥部分。

(2)爬升部分:由轨道和步进装置组成。轨道为焊接箱形截面构件,侧面开有矩形定位孔,作为系统爬升时的承力点。轨道下设撑脚,作为系统沿轨道爬升时支撑轨道。步进装置由上、下定位箱及液压系统组成,上、下定位箱内设复位结构,由液压系统控制。在爬升时,上 下定位箱内的复位结构往复切入轨道的矩形定位孔中,带动爬架或轨道上升(改变定位箱中复位结构方向)。

(3)承重架:系统的承力构件。其上部为支撑模板、模板支架及外上爬架等构成的工作平台,下部为悬挂修饰平台。承重架斜撑的长度可调节,以保持水平梁水平。

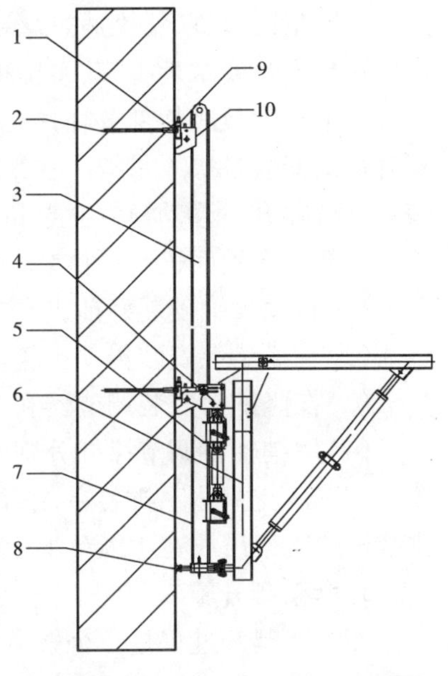

图 1-23 爬升装置组成图

1-锚锥;2-锚筋;3-轨道;4-爬头;5-步进装置;6-承重架;7-下支撑;8-轨道撑脚;9-锚板;10-锚靴

2)模板体系

模板体系由模板及可移动支架组成。

(1)模板:为减轻液压爬模系统自重,一般内、外模采用钢木组合可拆装式模板。

(2)移动模板支架:是型钢通过销轴及螺栓连接,将主要通用构件组成一个可拆装式的三角稳定支撑体系。移动模板支架可实现模板安装的快速化,并在混凝土浇筑中承受部分混凝土侧压力;混凝土浇筑完毕后,通过支架上齿轮带动固定在支架上的模板整体脱模,并可让出足够空间,进行模板维护工作。其总体构造形式如图 1-24 所示。

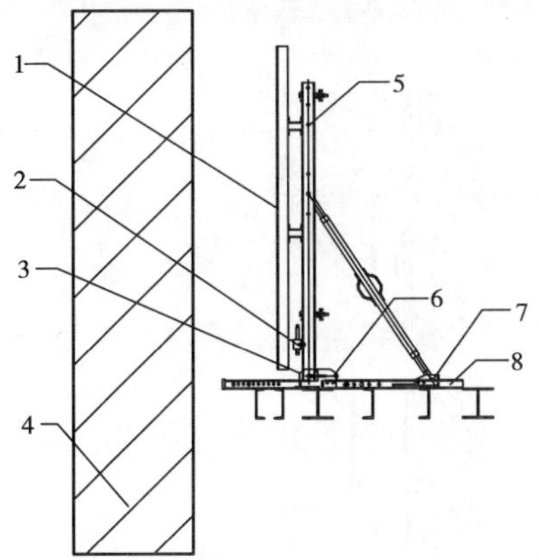

图 1-24 移动模板支架总体构造图

1-模板;2-调节器;3-前支座;4-混凝土;5-钢围檩;6-钢檩条;7-后支座;8-横梁

3)内外爬架

(1)外爬架:由上爬架和下吊架两大部分组成。上爬架拼装后构成模板的安装、调整、拆除,锚锥的安装,及未浇筑混凝土段的塔肢钢筋绑扎处理的工作平台的支架;下吊架拼装后构成爬升装置操作、锚锥的拆除、塔肢混凝土表面修饰及设置电梯入口的工作平台支架。

(2)内爬架:墩身内爬架体系基本与外爬架相似,包括悬挂件及预埋件、上部操作平台、主工作平台、下部作业平台。主平台由型钢组成,承受内爬架模板系统自重及施工荷载,通过预埋件将荷载传递到混凝土上。

4)动力自动控制装置

动力自动控制装置由液压动力站、快换管路、液压缸和电控及其操作系统等几个主要部分构成。该系统采用管路集成块将控制阀集成为一个阀组,各项电控操作集中于一个操作控面上,节省了配管,提高了系统的可靠性,便于操作维护。

3. 液压爬模施工

1)拼装

承重架及爬架部分拼装:起始段浇筑前,严格按液压爬模系统预埋件的要求准确埋设相应数量的锚锥，锚锥通过堵头螺栓固定在外组合模板上。起始段浇筑完成，混凝土强度达到设计要求后拆模，将锚板固定在预埋锚锥位置，并将锚靴挂在锚板上，用限位销限位。承重架及爬架部分在地面拼装完成，然后挂在锚靴上，依次安装上爬架。随爬架爬升依次安装各层下吊架。在第二节段混凝土浇筑后即可安装轨道，爬架即可利用液压装置进行爬升。移动模板支架拼装：移动模板支架横梁固定在承重架主纵梁上，其中三角支撑部分在地面进行预拼装，具体步骤如下：

(1)在横梁上安装好前、后支座，然后将齿条用螺栓与前、后支座连接。

(2)在横梁上安装传动齿轮。

(3)在竖围楞安装调节器和拉带，然后用销轴将竖围楞与前支座连接。

(4)用销轴将调节撑杆分别与竖围楞和后支座连接，支架即成为可移动的三角支撑体系。三角支撑体系拼装完成后，检查主纵梁位置是否水平，安装是否牢固。合格后将拼装好的支架吊放在主纵梁上，固定牢靠。

2)爬架爬升施工

外爬架爬升过程是一个轨道与爬架互为依托、互相爬升的过程。依靠附在爬架上的液压油缸进行轨道提升，轨道到位后与上部悬挂件连接，爬架通过顶升油缸沿轨道进行爬升，如图 1-25 所示。

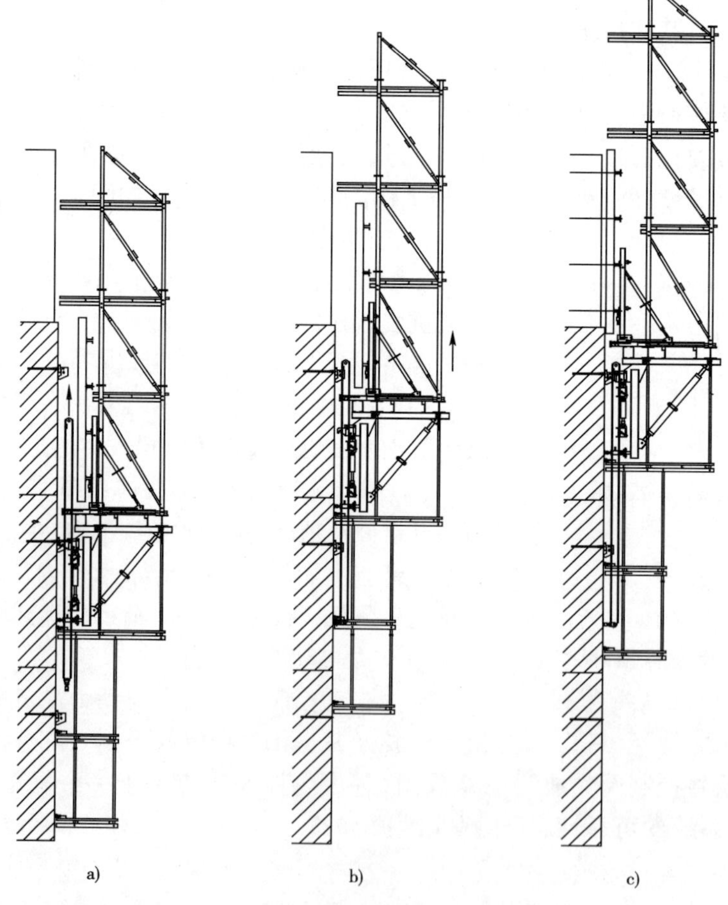

图 1-25　爬架爬升工艺图

a)轨道爬升状态；b)爬架爬升状态；c)系统到位状态

爬升过程中，操作平台每边设1人，顶部设1人，通过对讲机联系，操作平台4人注意步进装置到位情况，当4边步进装置到位后，方能进行第二次爬升，顶部1人注意爬架是否同步，如相差较大，则通知操作人员，对液压油路进行调节，使4边能基本同步爬升。

内爬架可采用手拉葫芦或塔吊整体提升，但应保证爬架提升整体同步。

3)模板施工

(1)模板的定位、调整与脱模在钢筋绑扎到位后，即可进行模板初步定位工作。用专用工具转动齿轮轴以推动模板，使下部顶紧已浇节段混凝土表面。为保证模板不漏浆，接合长度控制在20cm以上，且在两者接合部处贴两道泡沫胶带，防止漏浆。

为减小模板定位完成后调整量，测量先进行模板4个角点放线，将放有4个角点边线测量点钢筋牢固焊接在4个角点的主筋上，通过吊线锤来确定模板上口位置。模板定位后，通过调节撑杆、围檩卡具、调节器来调节模板上口位置、倾斜度、整体高度及位置。调节完成后，在前、后支座中插入紧固件将模板固定牢固。

混凝土浇筑完毕，达到拆模条件后，拆除对拉螺杆和各种紧固件，用专用工具转动齿轮轴，带动模板脱模。

(2)现场模板的维护和保养。

为了确保模板能够长期周转，同时保证混凝土外观，现场应对模板进行维护和保养：

①模板加工完成后，对模板周边及钻孔处用防水油漆进行封边。

②吊运及安装中注意模板的保护，特别是板面。

③在使用中，使用同一种脱模剂，以保证浇筑混凝土表面无色差。

④振捣中严禁振动棒头与模板表面接触，保证棒头与模板表面距离不少于10cm，以避免损坏模板表面。

⑤使用撬棒拆模时，严禁对模板边、角进行撬动，可在模板背后支撑钢结构的受力部分进行作用。

⑥拆模后立即进行模板清洁工作，清洁中严禁使用钢质工具。

⑦模板表面清洁后，如有损伤部位，先将损伤部位的松散结构除去，然后用腻子均匀涂抹于损伤部位，并仔细刮平。

二、提升模板

当斜张拉索塔是门形布置的双柱式时，最宜采用提升模板。提升模板是配合提升支架而提升的。提升支架(以下简称支架)的主要结构为钢筋柱、顶框、中框、底框、顶紧器、提升支架用的滑车组，并通过横斜撑连成整体。

提升支架的整体构造如图1-26所示。钢筋柱用3根ϕ32mm的钢筋焊成三角形，每根长12m，由每节6m长的两节连接而成。每座索塔2个塔柱，每个塔柱4个角设一根钢筋柱，共8根钢筋柱。两塔柱内侧4根钢筋柱用法兰盘接长，使上、下两节在一条轴线上。两塔柱外侧4根钢筋柱，两节之间用轴铰连接，以便下节钢筋柱在塔柱斜腿部位时，能随斜度自由变化，当整根钢筋柱进入垂直塔柱时，再将连接处固定。

顶框及中框用12号槽钢组成，底框用27号及20号工字钢组成。外侧底做成活动的，当开始提升支架时用倒链滑车将底框拉紧，使外底框沿塔柱斜面向里紧靠，以保证支架稳定，待底框提升至竖立塔柱部位时，将此活动底框焊固。内底框的横框提升到索塔横梁下缘时，将中间部分取掉(在横梁上缘设临时固定杆件)，待支架提高底框超过索塔横梁,再把取掉部分安上。

提升模板为木模板,一次支立高度 4.2m,拆模后挂在支架上,随支架一起提升。

支架上设有 3 层操作台,上层操作台供焊接钢筋和灌筑混凝土用;中层操作台供焊接钢筋和支立模板用,底层操作台供支架提升和浇筑索塔横梁混凝土用。在操作台的临空面都设有栏杆。上中层操作台的外侧设有用铁丝编织的安全网。

吊斗安设在支架的中间,四角用钢丝绳作滑道,用 5t 慢速卷扬机起吊。

支架的提引使用 8 组(每个塔柱四角各一组)滑车组。在塔柱预埋的吊装孔及支架底框各挂一个滑车与支架上挂的倒链滑车组成滑车组(图 1-27),拉动倒链滑车,支架即徐徐上升。

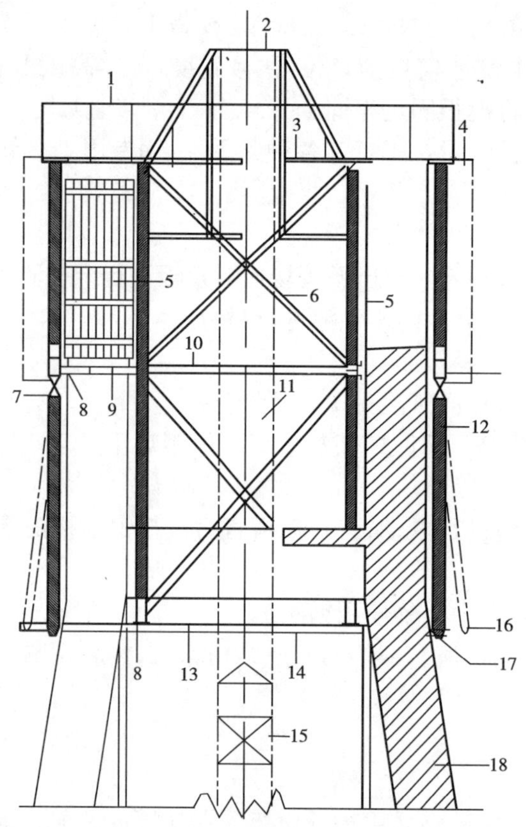

图 1-26 提升支架结构

1-栏杆;2-吊斗提升架;3-上层操作台;4-安全网;5-提升模板;6-斜撑;7-轴铰;8-中框;9-顶紧器;10-中层操作台;11-吊斗升降孔;12-钢筋柱;13-底层操作台;14-底框;15 吊斗;16-活动底框原位置;17-活动底框上升到垂直塔柱时焊孔;18-钢筋混凝土塔柱

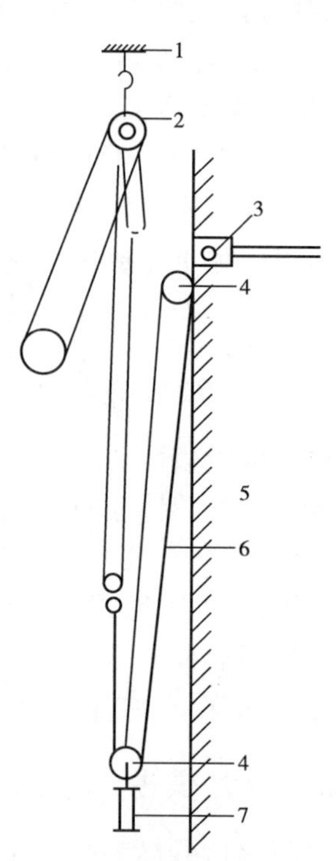

图 1-27 提升支架的滑车组

1-支架;2-链滑车;3-吊装孔;4-单轮滑车;5-塔柱;6-钢丝绳;7-底框

塔柱下节斜腿段,可采用一般的支架立模施工,上面竖直塔柱采用提升支架配合提升模板施工,也可配合滑升模板施工。

提升支架配合提升模板施工的步骤如图 1-28 所示,起高提升支架,支立模板和蒸汽套,浇筑塔柱混凝土,蒸汽养生,拆蒸汽套和模板,再起高提升支架,如此循环施工,直至塔顶。

利用提升支架配合提升模板或滑模施工,不需要大量的脚手架,可减少工序,加快施工进度,不需要高大吊机,不受塔高限制。

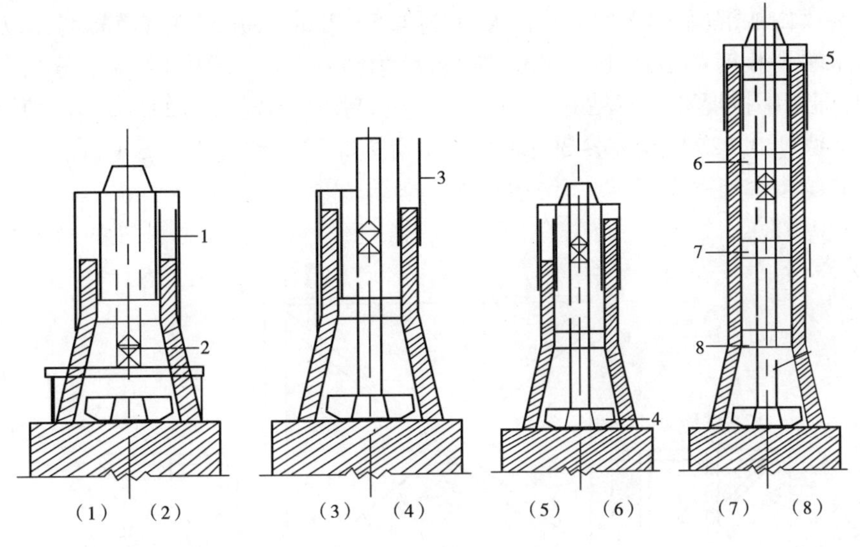

图 1-28　提升模板施工步骤

1-支架;2-链滑车;3-吊装孔;4-单轮滑车;5-塔柱;6-钢丝绳;7-底框

三、水平滑动模板

1. 概述

水平滑动模板可用于预制预应力混凝土空心板或在桥孔中现浇工形梁、矩形梁。对于T形梁,因翼缘太薄,模板滑动时翼缘根部的混凝土易开裂,故不宜使用滑动模板。

2. 水平滑模预制预应力混凝土板

水平滑模多用于房建楼板的预制。板多设计为预应力空心板,采用先张法在预应力筋长线台座上预制。底板为钢板,与长线台同长,不能滑动。边模、端模可采用钢模板或木模板。芯模则采用钢管,一端焊接在端模上,另一端则在边模和芯模张拉滑移就位后,与活动的端模板拼装。经检查四周模板位置符合要求后,即可在模板内浇筑干硬性混凝土,经过一定时间,即可拆除活动端的端模,另一端的端模连同侧模与芯模用卷扬机牵引滑移向前一板位,继续安装端板施工。上述为最简单的滑模形式,在固定的预制厂内,其结构较复杂,但其边模、端模与芯模滑动原理基本相同。

3. 水平滑模就地浇筑混凝土梁

本工艺是用公路装配式钢梁桁节(贝雷桁架)或万能杆件拼装成钢梁,架设于桥孔,作为施工承重结构。在钢梁上安设吊换横梁,支承混凝土梁的钢底模和侧模。在模内绑扎钢筋骨架,然后在连续浇筑主梁混凝土的同时,不断牵引钢模板作水平滑移。当一孔主梁混凝土浇筑完毕,混凝土达到所需强度时,将主梁横移就位。钢梁向前孔推进,如此循环,完成所有施工工艺。这种水平滑模的支承系统构造如图 1-29 所示。

承重支架主要由钢梁、支承吊架及钢底模组成。钢梁承担全部施工荷载,它可用贝雷桁节或万能脚手架拼装。吊架横梁(图 1-29,12)是钢底模的节间支承,并用长螺栓与钢梁连接,处于双悬臂受力状态,按施工荷载设计选用。钢底模与底模纵系梁(图 1-29,10 和 11)组合而成,分段拼装,钢底模用螺栓垫板与横梁连接,模板横断面满足梁的结构尺寸,每套模板由两片侧板加横向联系梁组成,每套模板的上横撑设有滚珠轴承 4 个,以减少模板在滑道上槽钢内的摩擦阻力。

水平滑模内的混凝土坍落度要小,要求为1.5~2.0cm,并应掺有速凝剂,水灰比小于0.5,开始水平滑模时的混凝土强度可按贯入阻力值0.2~1.5MPa控制。还可采用直观检查控制,即用手按混凝土不粘并出现指痕。也可用初始滑模时间控制,一般日平均气温为15~20℃、20~25℃或25~30℃时,初始滑模时间分别为40~60min、30~50min或25~40min。

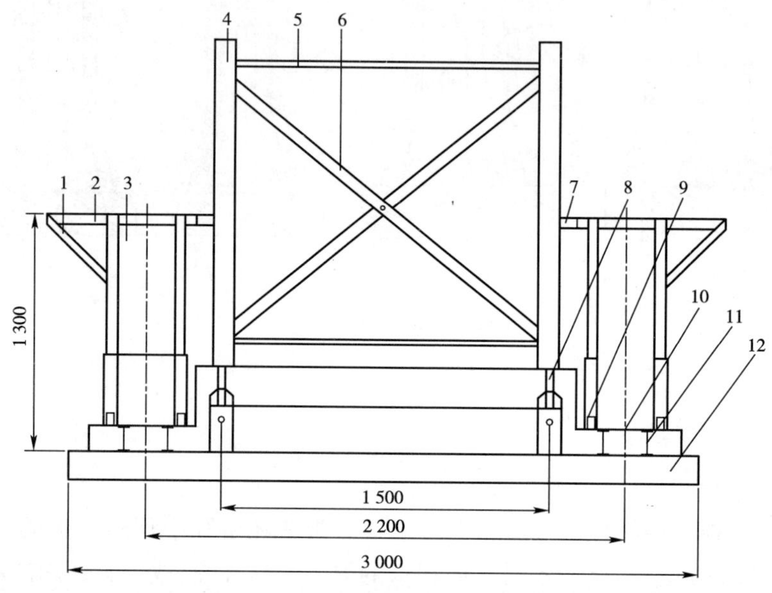

图1-29 水平滑模支承系统构造(尺寸单位:mm)

1-模板斜系梁;2-模板横系梁;3-滑模挡板;4-贝雷桁节立柱;5-贝雷桁节横系杆;6-贝雷桁节斜撑;7-导向槽;8-连接螺杆;9-模板下沿加强筋;10-底模板;11-底模纵系梁;12-底模横系梁

滑移速度控制主要指混凝土浇筑速度,而不是钢模的牵引速度。在施工气温为15~25℃时,滑移速度以3m/h为宜。

模板长度选用原则是按混凝土振动安全距离、倾斜面的水平距离和施工余量、混凝土出模强度、滑移速度、混凝土在模板内停留时间等因素考虑,一般可以按式(1-19)计算:

$$L = 1.9 + \frac{1}{\tan\alpha}h \tag{1-19}$$

式中:L——模板长度(m);

h——混凝土梁高度(m);

α——混凝土入模倾斜角度,为30°~35°。

4.滑模牵引方式

滑模牵引方式有以下三种。

(1)液压控制台穿心式千斤顶牵引。本设备为竖直滑升模板施工的主要设备改用到水平滑模工艺。一般情况下需3名操作人员。

(2)卷扬机滑车组牵引。将两台慢速卷扬机分别安放在钢梁两侧作为单边(两片模板)牵引动力,钢丝绳通过双门滑车组减慢牵引速度。当进行第一孔施工时,钢丝绳前端与钢模板连接之间,接入一根长17m左右的ϕ16mm圆钢筋。当滑模到第二孔时,将连接钢筋去掉,全部用钢丝绳牵引。这种牵引方式需 2 名操作人员。其牵引系统布置如图 1-30 所示。

(3)链滑车牵引。这种牵引系统由链滑车和钢丝绳两种简单设备组成,一个链滑车牵引一片模板,比较灵活。这种牵引方式的操作人员较前两种多。其牵引布置如图 1-31 所示。

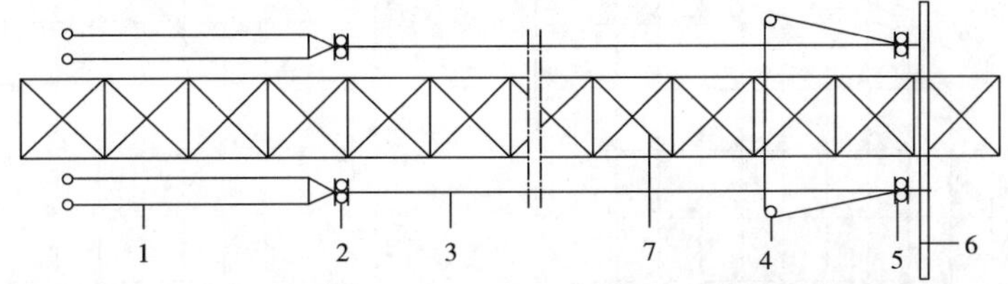

图 1-30　水平滑模卷扬机滑车组牵引系统示意图

1-ϕ16mm 圆钢筋;2-双门滑车;3-钢丝绳;4-慢速卷扬机;5-双门定滑车;6-反力梁;7-承重钢梁

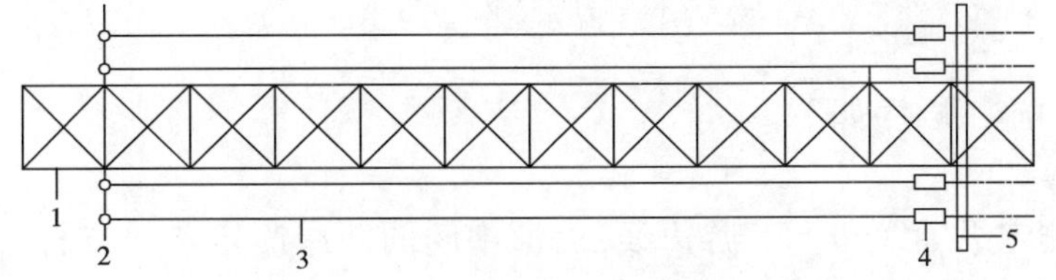

图 1-31　水平滑模链滑车牵引系统示意图

1-承重钢梁;2-钢丝连接卡环;3-牵引钢丝绳;4-链滑车;5-反力梁

四、移动模架造桥机

移动模架造桥机是以移动式桁架为主要支承结构的移动模板支架,可一次完成中小跨径桥梁一跨梁体混凝土的浇筑,适用于 50m 以下多跨简支和连续梁桥的就地浇筑。其具体内容详见《公路施工手册　桥涵》(下册)(交通部第一公路工程总公司主编,人民交通出版社,2000 年)第十三章第六节。

第五节　拱架、支架和脚手架

拱架、支架是支撑砖、石、混凝土拱圈或混凝土梁、柱模板的临时结构。脚手架、脚手板则是供工人在其上面操作并搁放砖、石材料及小型工具用的。两者的作用不同、技术要求也不同。

一、拱架和支架

关于拱架、支架的类型可参见本书第一章第一节的内容。本节对钢管拱架、支架进行补充说明。

钢管拱架、支架适用于无水或水流较浅的河流,拱架和支架从基础到拱圈底部全由扣件式钢管排架组成。排架纵、横向距离按承受拱圈重力计算。各排架顶部的高程要符合拱圈底的轴线;排架立杆顶部设置用钢管或工字梁做成的帽梁,并用扣件固定在立杆上。各帽梁间设置用钢管弯成的弧形管,也用扣件固定在帽梁上,弧形管弧度与拱圈底轴线相同。弧形管上再设置组合钢模板,用螺栓或扣件固定在弧形管上。此时,钢管拱架、支架即组合完成。立杆、纵杆、横杆和斜杆使用直角扣件、回转扣件和对接扣件连接紧固。其构造示意图如图 1-32 所示。

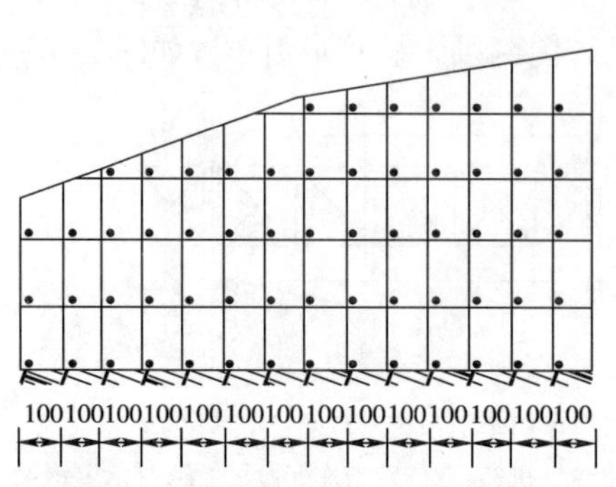

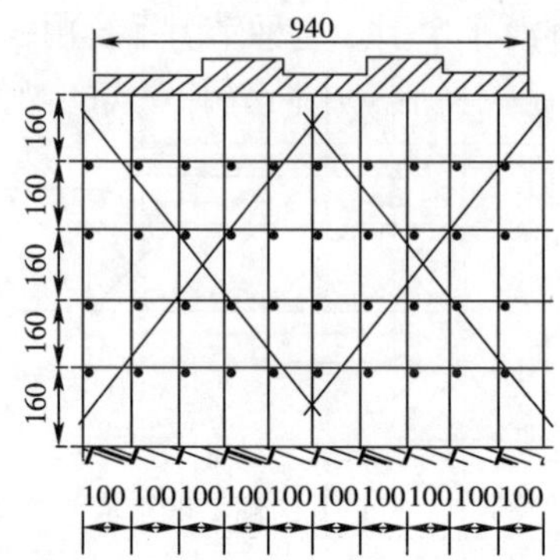

图 1-32 钢管拱架示意图(尺寸单位:cm)

钢管拱架的施工顺序如下。

1. *放样准备*

在桥跨内测定纵轴线和上下游边线;由河中间向两岸测定各排支杆位置,垫筑排架底座,测定高程。计算立杆长度时,采用可调整高度的螺杆钢管做立杆。

2. *排架拼装*

根据底座、纵横间距,先立好跨中 3 个排架,然后向两岸推进。第一层立杆拼装校正后,固定纵横水平连杆,再逐层上升,并在顺桥向的两边排立杆上测定与起拱线同高程的若干点,用细钢丝拉紧,在每根立杆上画一横线,对照拱圈底部轴线坐标 z 值定好边排立杆高度,再在两边排立杆顶端拉线,即可确定中间各排立杆的高度,并以螺杆钢管调整使之符合,然后再拼装剪刀撑和排架顶部帽梁。

3. *弧形杆和拱模板拼装*

弧形杆选用长钢管由两拱脚向拱顶冷弯,抵紧拱脚,逐段用扣件固定在帽梁上,在供顶交错搭接。拱模板用螺栓固定在弧形杆上。

4. *拱架卸落*

钢管拱架不需设置卸架装置,只需将螺杆钢管降低 3cm,作为脱模间隙,使拱架下落不妨碍拱模板即可。拱架卸落顺序为由拱顶向两端拱脚解除弧形杆扣件,松动帽梁扣件,并下滑 30cm 稍加拧紧,以便托住下落的弧形杆、帽梁和拱模板,待其全部下落后,再由拱顶向拱脚按顺序全部拆除。

当河中水流较大,不通航也无漂浮物时,可采取打入钢管桩以代替排架垫石。

二、脚手架(板)

脚手架按用途可分为墩台脚手架,挡墙、房建墙脚手架和装修脚手架等;按使用材料可分为木、竹脚手架和金属脚手架,金属脚手架又可分为钢管和角钢等;按构造形式可分为立杆式、框式、吊挂式、工具式脚手架等。现简要介绍如下。

1. *立杆式脚手架*

各种杆件的材料可采用木杆、竹竿、钢管、角钢等。立杆式脚手架按搭设形式可分为双排和单排两种,前者设两排立杆,后者只设立一排立杆,其横杆另一端搁在墙上的孔中,待墙砌完再补砌缺孔。因此,单排立杆脚手架对石砌和混凝土墩台并不适用。立杆式脚手架的构造如图1-33所示。

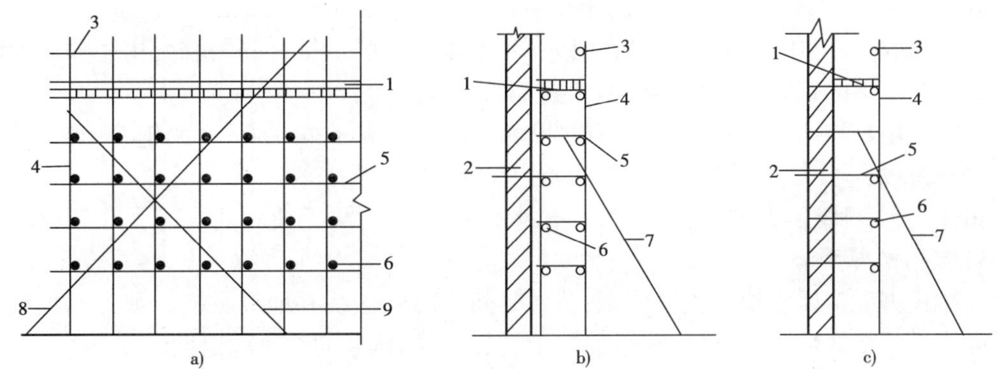

图1-33 立杆式脚手架示意图

a)立面;b)侧面(双排);c)侧面(单排)

1-脚手架;2-墙体;3-栏杆;4-立杆;5-大横杆;6-小横杆;7-抛撑;8-斜撑;9-剪刀撑

1)木、竹脚手架

木、竹脚手架一般由木杆或竹竿用钢丝或竹筋绑扎而成。内侧立杆离墙面50cm,立杆横向间距1~1.5m,纵向间距1.5~1.8m。木立杆小头直径不宜小于7cm,大、小横杆小头直径不宜小于8cm。竹竿应使用生长3年以上的毛竹,有黑斑、虫蛀或裂纹缺点的不能使用。在近端的双跨内和中间每隔15m左右的双跨内应设置剪刀横撑,与立杆或横杆的交叉点均要用钢丝绑扎。脚手架立杆、斜撑的下端均要埋入地下,立杆埋深不小于50cm,斜撑埋深不小于25cm。地面为岩石或混凝土不挖埋时,则应沿立杆底加绑扫地杆。

立杆搭设时应做到纵成线、横正方、杆身竖直,其接头的搭接长度不得小于1.5m,绑扎不少于3道,随搭架及时设置连墙点与墙牢固锚栓。

用钢丝绑扎,一般拧扭1.5~2圈即可。钢丝下料长度视所绑杆子粗细而定,一般为1.3~1.6m,鼻孔大小与所用铁钎相当,孔径一般不大于15mm。绑扎钢丝一般用ϕ3.4mm钢丝,受力不大的地方可用ϕ2.5mm钢丝。

遇到洞口时,不论单排还是双排脚手架可挑空1~2根立杆,并将悬空的立杆用斜杆逐根连接,使荷载分布到两侧立杆上。

脚手板应铺满、铺稳,离开墙面12~15cm,以便用靠尺检查墙面。对头铺设的脚手板,其接头下面应设两根小横杆。搭接铺设的脚手板,其接头必须在小横杆上,搭接长度保持在20~30mm。

拆除脚手架时应注意安全,工作区禁止行人通行,拆除顺序由上而下,后绑者先拆,先绑者后拆,一般是先拆栏杆、脚手板、剪刀撑、斜撑,后拆小横杆、大横杆、抛撑、立杆等。

2)扣件式钢管脚手架

扣件式钢管脚手架由钢管和扣件组成,其特点是强度高、能搭设较高高度、坚固耐用、周转次数多、拆装方便、搭设灵活,还可用以搭设井架、上料平台架、栈桥等。各种杆件与木、竹脚手架的搭设方式基本相同,但钢管下端通常不埋入地下而是插入底座中。

钢管一般用外径48mm、壁厚35mm的焊接钢管。用于立杆、大横杆和斜杆的钢管长度以4~6.5m为宜,这样的钢管质量一般在25kg以内,便于人工操作。用于小横杆的钢管长度以2.1~2.3m为宜,以适应脚手架宽度。

成直角的扣件,用于连接并扣紧两根互相垂直交叉的钢管;回转扣件,用于连接并扣紧任意角度交叉的钢管;对接扣件,用于钢管的对接接长。

底座可用8mm厚、边长150mm的钢板焊在内径53mm、长150mm的钢管上制成,也可用铸铁铸成。

扣件式钢管脚手架的搭设和拆除要点基本上与木、竹脚手架相同。

3)碗扣式脚手架

碗扣式脚手架属于快拆支撑体系,节省时间、提高工效,并增设纵横向剪刀撑加强模板支撑体系的整体性,增强抵抗荷载的能力,保证支撑体系的整体稳定性。

碗扣式钢管支撑体系特点:①构件全部轴向连接,力学性能好,连接可靠,组成的脚手架整体性好;②由于碗扣是固定在钢管上,不存在扣件丢失造成经济损失的问题;③安装、拆除操作简便,加快施工进度,提高工效,可节约工时20%~35%;④规格齐全,高度控制灵活;⑤支撑体系稳定性可靠。

材料要求:①钢管材质应符合国家相关标准,一般采用Q235焊接钢管,且应满足抗拉强度、伸长率、屈服点和硫磷含量的要求及国家标准《碳素结构钢》(GB/T 700—2006)中Q235-A级钢的规定。进场的碗扣式钢管应有检验报告及合格证,进场后应进行复试,合格后方可使用。②钢管采用外径48mm、壁厚大于3mm的焊接钢管;钢管应顺直,不得有弯曲、变形,表面应清除浮锈后刷好防锈漆;钢架管上严禁打孔。

4)螺栓连接的钢管脚手架

螺栓连接的钢管脚手架的基本构造形式与扣件式钢管脚手架大致相同,只是用螺栓代替扣件连接,可节省扣件,制作较简单,但使用上不如扣件钢管脚手架灵活。

5)挑檐脚手架

对于较大的挑檐、悬臂梁和其他凸出部分,可用杆件搭设挑檐脚手架施工,其构造如图1-34所示。挑出部分的宽度及斜立杆间距不得大于1.5m,施工荷载要严格控制,一般不得超过1kPa,如需承受较大荷载时,应采取加强措施。其余应注意事项与扣件式钢管脚手架相同。

6)材料与机具平台架

料具平台架可用木杆或钢管搭设,多在浇筑桥墩混凝土时用以储存料具及小型机械用。其主要杆件与立杆式脚手架相同,平面尺寸根据搭设高度及承受的荷载大小而定。立杆排成方格,间距1.5m。在平台架的横向一边常用4根立杆,纵向视需要长度而定,至少应有4根立杆。沿平台横向设置横杆,其竖向间距为1m。在平台架的纵向外侧每1m设一水平拉杆,在平台架里面立杆间,每2m设一水平拉杆。在平台架四边垂立面上每5m横杆处设一道剪刀撑,从底部到顶部连续设置。顶部设5~10cm厚的木脚手板,要铺严、铺稳,用钉钉牢或绑扎牢固,支持脚手板的杆件间距一般不应大于0.75m。脚手板四周要设25cm高的挡板,防止砂石掉下伤人。平台架高度超过10m时,要设风缆,以加强其稳定性。地基要夯实找平,铺设垫板,做好排水工作。平台架的构造如图1-35所示。

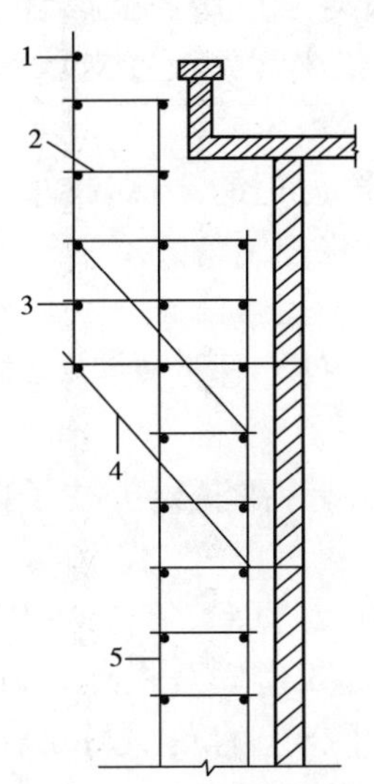

图 1-34　挑檐脚手架
1-栏杆；2-小横杆；3-大横杆；4-斜杆；5-立杆

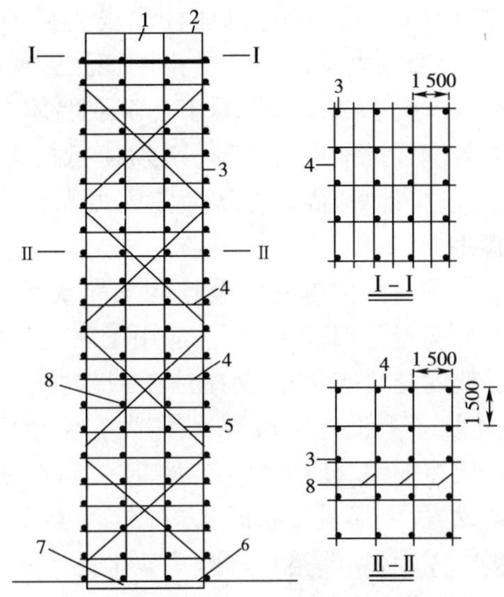

图 1-35　平台架(尺寸单位：mm)
1-脚手板；2-栏杆；3-立杆；4-横杆；5-剪刀撑；6-扫地杆；7-垫板；8-水平拉杆

7）斜道架

斜道架附搭于脚手架旁，供施工人员上下，并作材料运输用。斜道形式有一字形和之字形两种，其高度在 3m 以下时可用前者，高于 3m 时应用后者。一字形斜道构造如图 1-36所示，之字形斜道构造如图 1-37 所示。

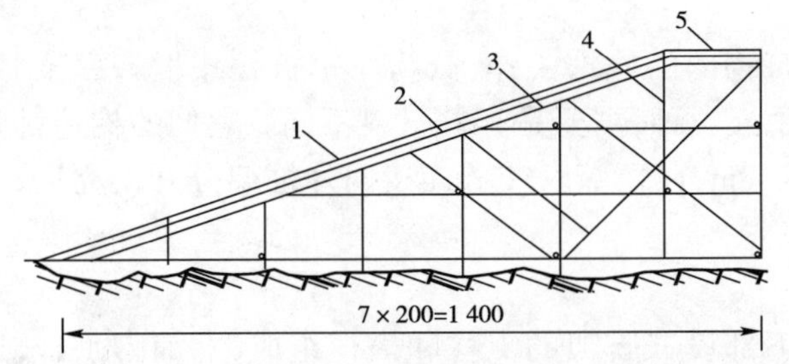

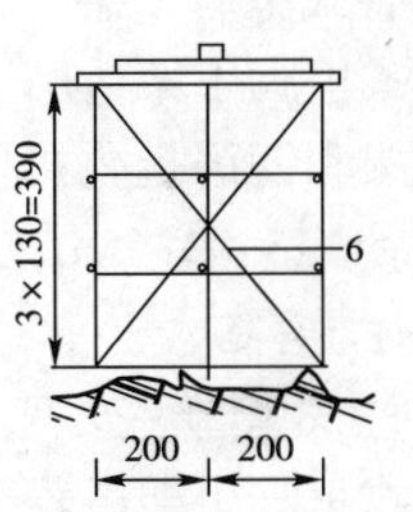

图 1-36　一字形斜道(尺寸单位：cm)
1-斜道板；2-侧面斜撑；3-斜顺杆；4-立杆；5-横杆；6-正面斜撑

2. 吊、挂、挑脚手架

1）吊脚手架

吊脚手架一般是在主体结构上设立支承点，利用吊索悬吊吊架或吊篮进行砌筑或装修工程操作的一种脚手架。其主要组成部分为吊架或吊篮、支承设施(包括支承挑架和挑梁)、吊索(包括钢丝绳、铁链、钢筋)及升降装置等。

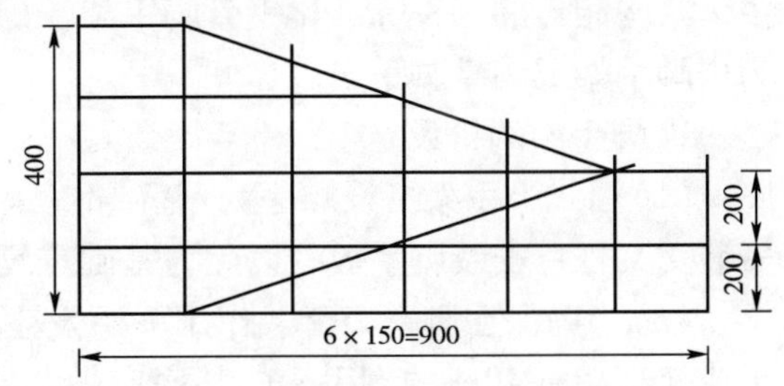

图 1-37　之字形斜道示意图(尺寸单位：cm)

吊脚手架的悬吊方法很多。对于外装修工程，常在屋顶上设置拱架或挑梁进行悬吊，也可在平屋顶上设置电动升降车悬挂吊篮；对于框架结构围护墙砌筑，除了在屋顶上设置挑架或挑梁外，也可在柱顶设置挑架进行悬吊；对于厂房、礼堂、食堂等内部装修，可利用屋架或大梁进行悬吊；对于现浇、现砌结构，施工中无处设置支承点时，可搭设专门构架悬吊脚手架进行混凝土浇筑或墙体砌筑。

在房顶上设置挑架或挑梁时，必须使抵抗力矩大于倾覆力矩的3倍，挑架、挑梁、吊架、吊梁均应进行计算，固定方法应牢固可靠，在使用中要严格控制荷载。

2）挂脚手架

挂脚手架是在结构体内埋设挂钩挂置支架，或直接在构件上挂设支架，并在支架上铺设脚手板或搁置桁架式工作台，适用于砌筑或装修工程。

挂脚手架的挂置点大多设在柱子或墙上。其设置方法有：在混凝土柱子内预埋挂环，在混凝土柱子上设置卡箍，在墙体内安设钢板。

挂脚手架在安装、使用和拆卸时应注意：在使用前须做荷载试验，等待4h以后，未发现焊缝开裂、结构变形等异状时，方可投入正式使用；须设置3道安全栏杆，每道栏杆均须互相连接牢固；必须严格控制脚手架上的荷载，同时在脚手架上的操作人员不得超过3人；在挂脚手架的外侧和下面应设安全网，防止人员坠伤。

3）挑脚手架

挑脚手架是建筑物内部挑伸出的一种脚手架，适用于外墙面的局部装修。其搭设方法有两种：一种是从窗口挑出，而在下一层楼的窗台上支撑斜杆，斜杆与墙面夹角不宜大于30°，架子挑出的宽度不宜大于1.2m；另一种是横杆与斜杆均从同一个窗口挑伸出去，斜杆与墙面夹角也不应大于30°，架子的挑出宽度不宜大于1m。

3. 工具式里脚手架

1）折叠式里脚手架

折叠式里脚手架适用于建筑物内的修饰工作，分为角钢折叠式里脚手架、钢管折叠式里脚手架和钢筋折叠式里脚手架三种，主要是斜杆材料不同。它们的构造都是两片门形框架，高1.25~1.65m，宽约1.0m，在顶部以铰链连接两片框架分开架立后，下部用活动挂钩钩住。

2）支柱式里脚手架

支柱式里脚手架由若干个下部设三脚架的支柱和横杆组成，上铺脚手板，适用于内修饰，按支柱构造不同可分为套管式支柱、承插式钢管支柱及承插式角钢支柱三种，其高度为0.8~2.0m。

4. 门式脚手架

门式脚手架是以门架、交叉支撑、连接棒、挂扣式脚手板或水平架、锁臂等组成基本结构，再设置水平加固杆、剪刀撑、扫地杆、封口杆、托座与底座，并采用连墙件与建筑物主体结构相连的一种标准化钢管脚手架。门式钢管脚手架不仅可作为外脚手架，也可作为内脚手架或满堂脚手架。

1）脚手架的搭设

（1）门式脚手架搭设顺序为：基础准备→安放垫板→安放底座→竖两榀单片门架→安装交叉杆→安装脚手板→以此为基础重复安装门架、交叉杆、脚手板。

（2）为确保在脚手架荷载作用下不发生塌陷和不均匀沉降，基底必须夯实。对松软土或架高超过40m的脚手架的基底应做灰土垫层（不小于400mm）或钢筋混凝土基础，且应做好防、排水措施，以防积水。

(3)门式钢管脚手架应从一端开始向另一端搭设,上步脚手架应在下步脚手架搭设完毕后进行,搭设方向与下步相反。

(4)第一步脚手架的搭设,应先在端点底座上插入两榀门架,并随即装上交叉杆固定,锁好锁片,然后搭设以后的门架,每搭一榀,随即装上交叉杆和锁片。

(5)剪刀撑应里、外两面设置,并应固定牢靠;为加强纵向稳定性,应在脚手架外侧,按一定步数和跨度设置钢管长剪刀撑。

(6) 脚手架必须设置与建筑物可靠的连接,其设置的间距应控制在水平间距 8m 以内,垂直间距 6m 以内,对顶层一步应加倍设置,对张挂安全网处应适当加密。

2)脚手架的拆除

(1)拆除脚手架前的准备工作:全面检查脚手架,重点检查扣件连接固定、支撑体系等是否符合安全要求;根据检查结果及现场情况编制拆除方案,并经有关部门批准;进行技术交底;根据拆除现场的情况,设围栏或警戒标志,并有专人看守;清除脚手架中留存的材料、电线等杂物。

(2)拆除架子的工作地区,严禁非操作人员进入。

(3)拆除前,应有现场施工负责人批准手续,拆架子时必须有专人指挥,做到上下呼应,动作协调。

(4)拆除顺序应是后搭设的部件先拆,先搭设的部件后拆,严禁采用推倒或拉倒的拆除做法。

(5)固定件应随脚手架逐层拆除,当拆除至最后一节立管时,应先搭设临时支撑加固后,方可拆固定件与支撑件。

(6)拆除的脚手架部件应及时运至地面,严禁从空中抛掷。

(7)运至地面的脚手架部件,应及时清理、保养。根据需要涂刷防锈油漆,并按品种、规格入库堆放。

5. 脚手板

1)木脚手板

木脚手板常采用松木或杉木制成,板厚不小于5cm,板宽20 ~25cm,板长3 ~6m。

2)竹笆板

竹笆板用平板的竹片纵横编织而成,横筋一正一反,边线处纵横筋相交点用长钢丝扎紧,宽0.8 ~1.2m,长2.0 ~2.5m。

3)竹片并列脚手板

竹片并列脚手板是用螺栓将并列的竹片连接而成,宽度0.5m,长度2 ~3m,螺栓间距0.5m,螺栓直径10mm。这种脚手板受荷载后易扭动。

4)角钢框钢木脚手板

角钢框钢木脚手板将木条用螺栓固定在角钢上,木板钉在木条上,角钢规格为50mm × 30mn ×3mm,木条规格为25mm ×40mm,木板厚20mm,脚手板宽25cm,长2.5 ~3.0m。

5)薄钢脚手板

薄钢脚手板用2mm厚的钢板压制而成,四边压有空心方肋,一端压有连接卡口,以便在铺设时扣住另一块板的端肋,首尾相接,使脚手板不至于在横杆上滑脱。为了防滑,板面冲出 ϕ25mm 各种花纹的凸包或圆孔。此种脚手板常用规格为厚5cm、宽25cm、长度2 ~4m。

6. 垂直运输架

垂直运输架可分为井架、龙门架、扒杆提升架等。

目前施工中,较多地采用各种吊机作为桥梁墩、台、桥塔和房建的垂直运输设备,如塔吊、龙门吊、汽车吊等。但当缺乏吊机设备时,采用井架作垂直运输的情况仍不少。井架的优点是材料易得、稳定性好、运输量大、可搭设较大的高度。在此,对井架进行简要介绍。

1)木井架

木井架一般分为八柱和六柱两种,其主要杆件和用料要求与木脚手架基本相同,主要技术参数和搭设要点详见表1-13。

木井架的技术参数和搭设要点　表1-13

项　目	八柱木井架	六柱木井架
构造说明	井架宽面立杆间距≤1.5m,横杆间距1.2~1.4m; 宽面及窄面均为每3~4格设一道剪刀撑,上下连续设置; 天轮梁支承处用双横杆,并加设八字撑杆,用钢丝扣绑扎	井架宽面立杆间距≤1.8m,其余同八柱木井架
井孔尺寸	宽面3.6~4.2m,窄面2.0~2.2m	宽面2.8~3.6m,窄面1.6~2.0m
吊盘尺寸	长3.2~3.8m,宽1.4~1.6m	长2.4~3.2m
起重力	≤10kN	≤8kN
搭设高度	20~30m	15~20m
风缆设置	搭设高度在15m以下时,在顶部设一道风缆,每角一根;15m以上者每增高7~8m增设一道风缆,可用ϕ8mm的钢筋做风缆,搭设高度在20m以下者也可用ϕ6mm的钢筋做风缆。安装时同时收紧对角两根风缆,使井受力平衡,保持稳定	
搭设要点	(1)杆件搭设要求方正平直; (2)导轨的竖直及间距尺寸偏差,不得超过±10mm; (3)立杆应埋入土中不小于50cm,最下层的剪刀撑也应落地; (4)进、出料口的净空高度不小于1.7m; (5)井架顶部要铺设天轮加油用的脚手板	

2)扣件式钢管井架

扣件式钢管井架一般分为八柱、六柱和四柱三种,其主要杆件和用料要求与扣件钢管架基本相同,主要技术参数和搭设要点详见表1-14。

扣件式钢管井架的技术参数和搭设要点　表1-14

项　目	八柱井架	六柱井架	四柱井架
构造说明	横杆间距1.2~1.4m,四面均设剪刀撑,每3~4格设一道剪刀撑,上下连续设置; 天轮梁支承处设八字撑杆	同八柱井架	同八柱井架
井孔尺寸	4.2m×4.2m	4m×2m	1.9m×1.9m
吊盘尺寸	3.8m×1.7m	3.6m×1.3m	1.5m×1.2m
起重力	10kN	10kN	5kN
搭设高度	20~30m	20~25m	20~25m

续上表

项　目	八柱井架	六柱井架	四柱井架
风缆设置	搭设高度在15m以下时设一道风缆,15m以上时每增高10m增设一道风缆,最好用7～9mm的钢丝绳,与地面成45°夹角		
搭设要点	(1)杆件搭设要求方正平直; (2)剪刀撑和斜撑应采用整根钢管,最下层的剪刀撑也应落地; (3)进料口和出料口的净空高度不小于1.7m; (4)导轨的竖直及间距尺寸偏差,不得超过±10mm		

7.脚手架的安全设施

1)安全网

用脚手架砌外墙、多层高层房屋建筑和高墩台、桥塔建筑等时,均应架设安全网,以确保施工安全。

安全网是用直径9mm的麻绳、尼龙绳编织而成,一般规格为宽3m、长6m,网眼直径在5cm左右,每块安全网应能承受不小于16kN的冲击荷载。

架设安全网时,其伸出建筑物的宽度不应少于2m,外口应高于里口,两网扎接应牢固,每隔一定距离应用拉绳将斜杆与地面的锚桩拉牢。安全网要随建筑物施工进度逐步上升。高层建筑应设两层安全网,在上面的安全网以下3～4层部位再设一层安全网,以保证安全。

用斜杆架设的安全网,其构造如图1-38所示。

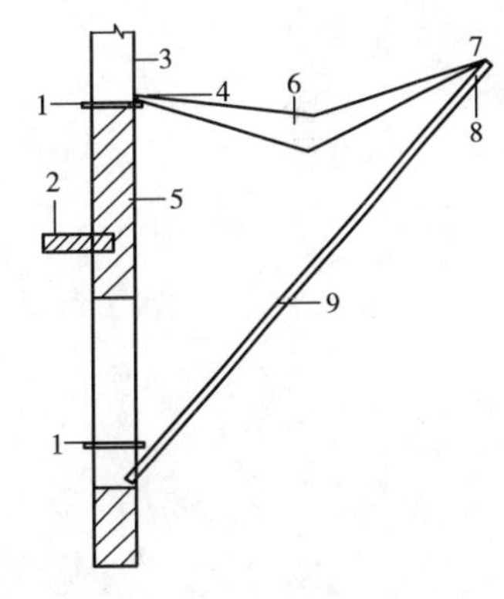

图1-38　斜杆安全网示意图

1-横杆;2-楼板;3-洞口;4-内横杆;5-外墙;6-安全网;7-外横杆;8-拉绳;9 斜杆

2)钢脚手架的防电

钢井架、钢龙门架、钢独脚扒杆等钢脚手架在高压电线区架设时应注意离开高压电线一定距离,距35kV以上的高压线路不得小于4.5m,距1～10kV的高压线路不得小于3m。钢脚手架在架设和使用期间,要严防与带电体接触。钢脚手架在穿过或靠近380V以内的电力线路,距离在2m以内时,应断电或拆除电源,如果不能拆除,应采取可靠的绝缘措施。

3)钢脚手架的避雷

架设在旷野、山坡上的钢脚手架,如在雷击区或雷雨季节时,应设避雷装置。避雷装置包括接闪器、接地极和接地线。

接闪器即避雷针,可用直径25～32mm的镀锌钢管或直径不小于12mm的镀锌钢筋制作。其应高出钢井架顶端2m以上,并在该立杆下端设置接地线,同时应将卷扬机外壳接地。

接地极可采用长1.5～2.5m、直径25～50mm的钢管或直径不小于20mm的圆钢制作,如附近有地下金属管道(但可燃或有爆炸介质的管道除外)、金属桩、水井管等可作为接地极。

接地线即引下线,可采用直径不小于8mm的钢筋。接地线的连接应保证接触可靠,接地线与接地极连接最好用焊接。

整个避雷装置应对接地电阻限值、土的湿度和导电特性等进行设计。

在施工期间遇有雷击或大雷雨时,钢脚手架上的人员应立即撤离。

第一节 钢筋材料

一、钢筋品种

钢筋混凝土和预应力混凝土结构中所用钢筋和预应力钢筋，通常按生产工艺、化学成分、力学性能等来分类。

1. 按生产工艺分

1）热轧钢筋

热轧钢筋是钢锭或连铸坯在高温时用轧钢机轧制不再经过任何处理的钢筋，按强度又可分为235级、300级、335级、400级、500级。

2）冷拉钢筋

冷拉钢筋是将热轧钢筋在常温下拉到屈服点以上、极限强度以下的一定强度，卸荷后可使原钢筋的屈服点、极限强度和硬度都得到提高。冷拉工艺一般可在工地进行。

3）冷拔低碳钢丝

将直径为6～10mm的热轧光圆钢筋，在常温下通过拔丝模具，多次强力冷拔卸荷后使原钢筋直径减小，塑性降低，极限强度大为提高，称为冷拔低碳钢丝。冷拔工艺一般在厂内进行，工地具有设备条件时也可进行冷拔。

4）热处理钢筋

热处理钢筋是热轧螺纹钢筋经淬火和回火的调质热处理而成。经过热处理后的钢筋改变了其内部组织，提高钢材的抗拉强度并改善其性能，可使热轧普通钢筋的抗拉强度提高到预应力筋所需要的抗拉强度。

5）碳素钢丝

碳素钢丝通常称为高强度钢丝，由含碳量0.25%～0.60%、含磷及硫量少于0.05%的优质碳素钢制成，分矫直回火及冷拉两种，直径为3～5mm。

6）刻痕钢丝

刻痕钢丝由碳素钢丝经压痕机轧制而成，工厂只供应低温回火处理的钢丝。规格以未压痕前的直径表示。

7)钢绞线

钢绞线一般由7根直径为2.5～5mm的碳素钢丝编绞而成,成股直径为9～15mm。

2.按化学成分分

1)碳素钢筋

含碳量低于0.25%的称为低碳钢钢筋,其中含硅、锰量分别低于0.30%和0.65%,含磷、硫量不大于0.045%和0.05%,如HPB235级钢筋;当含碳量为0.25%～0.60%时称为中碳钢钢筋,如常用的HRB335钢筋;当含碳量为0.60%～1.40%时称为高碳钢钢筋,如碳素钢丝。

2)普通低合金钢钢筋

普通低合金钢钢筋是在低碳钢或中碳钢中提高合金元素硅锰的含量(硅最多可含1.8%、锰最多可含1.6%)或另含钒、钛、铌等元素,使轧制的钢筋强度高且综合性能好,如常用的20锰硅、25锰硅、40硅锰钒钢筋。

3.按使用性能和力学性能分

1)普通钢筋

普通钢筋仅作非预应力钢筋使用,按其机械强度大小分为HPB235、HPB300、HRB335、HRB400、HRB500等。热轧普通钢筋的级别、牌号、符号等力学性能如表2-1所示。

热轧普通钢筋力学性能 表2-1

牌　号	屈服强度(MPa)	抗拉强度(MPa)	断后伸长率(%)	最大力总伸长率(%)
	不　小　于			
HPB235	235	370	25.0	10.0
HPB300	300	420		
HRB335(HRBF335)	335	455	17.0	7.5
HRB400(HRBF400)	400	540	16.0	
HRB500	500	630	15.0	

注:本表摘自《钢筋混凝土用钢》(GB 1499)。

2)预应力混凝土用钢材

目前使用的钢材有钢棒、冷拉钢丝、消除应力的刻痕钢丝、消除应力光圆及螺旋肋钢丝、钢绞线等。其力学性能见表2-2～表2-6。

预应力钢棒力学性能 表2-2

表面形状类型	公称直径(mm)	公称横截面面积(mm^2)	抗拉强度,不小于(MPa)	规定非比例延伸强度,不小于(MPa)	弯曲性能	
					性能要求	弯曲半径(mm)
光　圆	6	28.3	对所有规格钢棒 1 080 1 280 1 420 1 570	对所有规格钢棒 930 1 080 1 280 1 420	反复弯曲不小于4次/180°	15
	7	38.5				20
	8	50.3				20
	10	78.5				25
	11	95.0			弯曲160°～180°后弯曲处无裂纹	弯芯直径为钢棒公称直径的10倍
	12	113				
	13	133				
	14	154				
	16	201				

续上表

表面形状类型	公称直径（mm）	公称横截面面积（mm^2）	抗拉强度不小于（MPa）	规定非比例延伸强度不小于（MPa）	弯曲性能	
					性能要求	弯曲半径（mm）
螺旋槽	7.1	40	对所有规格钢棒 1 080 1 280 1 420 1 570	对所有规格钢棒 930 1 080 1 280 1 420	—	
	9	64				
	10.7	90				
	12.6	125				
螺旋肋	6	28.3			反复弯曲不小于4次/180°	15
	7	38.5				20
	8	50.3				20
	10	78.5				25
	12	113			弯曲160°～180°后弯曲处无裂纹	弯芯直径为钢棒公称直径的10倍
	14	154				
带肋	6	28.3			—	
	8	50.3				
	10	78.5				
	12	113				
	14	134				
	16	201				

注：①本表摘自《预应力混凝土用钢棒》（GB/T 5223.3—2005）。

②钢棒应进行初始应力为70%公称抗拉强度时1 000h的松弛试验。

冷拉钢丝力学性能 表2-3

公称直径（mm）	抗拉强度不小于（MPa）	规定非比例伸长应力不小于（MPa）	最大力下总伸长率（L_0=200mm）不小于（%）	弯曲次数不小于（次/180°）	弯曲半径 R（mm）	断面收缩率不小于（%）	每210mm扭矩的扭转次数 n 不小于	初始应力相当于70%公称抗拉强度时，1 000h后应力松弛率不大于（%）
3.00	1 470 1 570 1 670 1 770	1 100 1 180 1 250 1 330	1.5	4	7.5	—	—	8
4.00				4	10	35	8	
5.00				4	15		8	
6.00	1 470 1 570 1 670 1 770	1 100 1 180 1 250 1 330		5	15	30	7	
7.00				5	20		6	
8.00				5	20		5	

注：①本表摘自《预应力混凝土用钢丝》（GB 5223—2002）。

②规定非比例伸长应力值不小于公称抗拉强度的75%。

③除抗拉强度、规定非比例伸长应力外，对压力管道还需进行断面收缩率、扭矩次数、松弛率的检验。

④对其他用途钢丝还需进行断后伸长率、弯曲次数的检验。

表 2-4

消除应力的刻痕钢丝力学性能

公称直径（mm）	抗拉强度不小于（MPa）	规定非比例伸长应力不小于（MPa）		最大力下总伸长率（L_0=200mm）不小于（%）	弯曲次数不小于（次/180°）	弯曲半径 R（mm）	应力松弛性能		
		WLR	WNR				初始应力相当于公称抗拉强度的百分数（%）	1 000h 后应力松弛率不大于（%） WLR	WNR
≤5.0	1 470 1 570 1 670 1 770 1 860	1 290 1 380 1 470 1 560 1 640	1 250 1 330 1 410 1 500 1 580	3.5	3.0	15	60 70 80	1.5 2.5 4.5	4.5 8 12
>5.0	1 470 1 570 1 670 1 770	1 290 1 380 1 470 1 560	1 250 1 330 1 410 1 500			20			

注：①本表摘自《预应力混凝土用钢丝》（GB 5223—2002）。

②规定非比例伸长应力值对低松弛钢丝应不小于公称对拉强度的 88%，对普通松弛钢丝不小于公称对拉强度的 85%。

表 2-5

消除应力光圆及螺旋肋钢丝力学性能

公称直径（mm）	抗拉强度不小于（MPa）	规定非比例伸长应力不小于（MPa）		最大力下总伸长率（L_0=200mm）不小于	弯曲次数不小于（次/180°）	弯曲半径 R（mm）	应力松弛性能		
		WLR	WNR				初始应力相当于公称抗拉的百分数（%）	1 000h 后应力松弛率不大于（%） WLR	WNR
							对所有规格		
4.00	1 470 1 570 1 670 1 770 1 860	1 290 1 380 1 470 1 560 1 640	1 250 1 330 1 410 1 500 1 580	3.5	3	10	60 70 80	1.0 2.0 4.5	4.5 8 12
4.80					4	15			
5.00									
6.00	1470 1570 1670 1770	1 290 1 380 1 470 1 560	1 250 1 330 1 410 1 500		4	15			
6.25					4	20			
7.00					4				
8.00	1470 1570	1 290 1 380	1 250 1 330		4	20			
9.00					4	25			
10.00	1470	1 290	1 250		4	25			
12.00					4	25			

注：①本表摘自《预应力混凝土用钢丝》（GB 5223—2002）。

②规定非比例伸长应力值对低松弛钢丝应不小于公称对拉强度的 88%，对普通松弛钢丝不小于公称对拉强度的 85%。

预应力钢绞线力学性能 表2-6

钢绞线结构	钢绞线公称直径(mm)	抗拉强度(MPa)不小于	整根钢绞线的最大力(kN)不小于	规定非比例延伸力(kN)不小于	最大力下总伸长率($L \geq 500$mm)(%)不小于	应力松弛性能	
						初始负荷相当于公称最大力的百分数(%)	1 000h后应力松弛率(%)不大于
1×7	9.50	1 720	94.3	84.9	对所有规格	对所有规格	对所有规格
		1 860	102	91.8			
		1 960	107	94.3		60	1.0
	11.10	1 720	128	115			
		1 860	138	124		70	2.5
		1 960	145	131			
	12.70	1 720	170	153			
		1 860	184	166		80	4.5
		1 960	193	174	3.5		
	15.20	1 470	206	185			
		1 570	220	198			
		1 670	234	211			
		1 720	241	217			
		1 860	260	234			
		1 960	274	247			
	15.70	1 770	266	239			
		1 860	279	251			
	17.80	1 720	327	294			
		1 860	353	318			
(1×7)C	12.70	1 860	208	187			
	15.20	1 820	300	270			
	18.00	1 720	384	346			

注:①本表摘自《预应力混凝土用钢绞线》(GB/T 5224—2003)。

②规定非比例延伸力值不小于整根钢绞线公称最大力的90%。

4. 按轧制外形分

按轧制外形可分为光面圆钢筋(圆钢丝)、带肋钢筋、刻痕钢丝。

5. 按供应形式分

按供应形式可分为盘圆钢筋(直径6~10mm)和直条钢筋(长度6~12m)。

6. 按直径大小分

按直径大小可分为钢丝(直径3~5mm)、细钢筋(直径6~10mm)、中粗钢筋(直径12~20mm)和粗钢筋(直径大于20mm)。

7. 按对力学性能和化学成分的要求分

(1)甲类钢或称为A类钢,为力学性能符合国家指标的钢。

(2)乙类钢或称为B类钢,为化学成分符合国家指标的钢。

(3)特类钢或称为C类钢,为力学性能和化学成分都符合国家指标的钢。

公路工程中所使用的钢筋，一般都属于甲类钢，不要求作化学分析。供焊接用的甲类钢筋，其含碳量不大于同钢号乙类钢规定的上限。在设计和施工中，对钢筋的选用和质量检验，根据钢筋的力学性能确定，化学成分只作参考。表2-7列出的钢筋混凝土用热轧钢筋的化学成分可供参考。

热轧钢筋的化学成分 表2-7

<table>
<tr><th rowspan="2">牌号</th><th colspan="6">化学成分(质量分数)不大于(%)</th></tr>
<tr><th>C</th><th>Si</th><th>Mn</th><th>P</th><th>S</th><th>Ceq</th></tr>
<tr><td>HPB235</td><td>0.22</td><td>0.30</td><td>0.65</td><td rowspan="2">0.045</td><td rowspan="2">0.050</td><td rowspan="2">—</td></tr>
<tr><td>HPB300</td><td>0.25</td><td>0.55</td><td>1.50</td></tr>
<tr><td>HRB335
HRBF335</td><td rowspan="3">0.25</td><td rowspan="3">0.80</td><td rowspan="3">1.60</td><td rowspan="3">0.045</td><td rowspan="3">0.045</td><td>0.52</td></tr>
<tr><td>HRB400
HRBF400</td><td>0.54</td></tr>
<tr><td>HRB500
HRBF500</td><td>0.55</td></tr>
</table>

注：本表摘自《钢筋混凝土用钢》(GB 1499)。

二、钢筋保管与鉴别

1. 钢筋保管

(1)钢筋的品种多、用途各异，为避免使用时混淆，应在运到施工现场后，按不同等级、牌号、直径、长度分别挂牌堆放，并随使用随时注明其数量。

(2)钢筋应尽量堆入仓形或料棚内。当受条件限制，必须露天堆放时，应选在地势较高、地形平坦、土质坚实处，并须采取排水措施。钢筋下面应设置垫木。

(3)已弯轧、焊接成形的钢筋，应按工程名称和构件名称按编号顺序堆放。

(4)钢筋不得与酸、盐、油类等物质堆放在一起，并应避免与产生有害气体的车间靠近。

2. 钢筋鉴别

钢筋的品种很多，若在运输、保管中有疏忽，就可能使外形相似的钢筋品种混淆。如已混淆，可以根据钢筋端部轧记的标志、端面的涂色记标和钢筋轧制外形加以区分如下。

HPB235、HPB300钢筋：外形为圆形，端部无轧记。

HRB335、HRB400、HRB500钢筋：外形为分别为带纵肋或不带纵肋的月牙肋，端部分别轧有3、4、5的标志；HRBF335、HRBF400、HRBF500则分别轧有C3、C4、C5的标志。

预应力混凝土用的热处理钢筋与碳素钢丝，当一个工程上使用的品种不多时，可根据进货来源和保管情况鉴别。

钢筋经多次运转或其他原因，致使所轧标志不清时，可采用火花试验进行鉴别。此法是将被检查钢筋在砂轮上打出火花，与钢种已明确的钢筋火花的形状、流线、颜色等进行对比来确定被检查钢筋的品种。

三、钢筋检验

钢筋进场时应具有出厂质量证明书或试验报告单，每捆（盘）钢筋均应有标牌，并应按批号及直径分批验收。验收内容包括查对标牌、外观检查，并按《公路桥涵施工技术规范》（JTG/T F50—2011）中桥涵用钢筋的有关规定，抽取试件进行外观和力学性能复验及可焊性试验。一般的检验可按下列要求进行。

1. 钢筋混凝土热轧钢筋的检验

（1）外观检查：钢筋的端头应切得正直（对盘圆钢筋允许不切头）；钢筋的表面不得有裂缝、结疤和折叠；钢筋表面允许有凸块，但不得超过变形钢筋横肋的最大高度，钢筋表面上其他缺陷的深度和高度不得大于所在部位尺寸的允许偏差。允许偏差值参见现行《钢筋混凝土用钢》（GB 1499）。

（2）力学性能试验：钢筋的验收和力学性能试验须分批进行，以同一炉号和同一截面尺寸的钢筋为一批，每批质量不应大于60t；超过60t的部分，每增加40t（或不足40t的余数）应增加一个拉伸和一个弯曲试验试样。在每批钢筋中，任意选取经表面检查和截面测量合格的3根钢筋的端部，各取一组试件，每组试件中包括一个拉力试件（包括屈服点、抗拉强度和伸长率）、一个冷弯试件和一个可焊性试件（需要焊接时），按《金属材料 拉伸试验 第1部分：室温试验方法》（GB/T 228.1—2010）及《金属材料 线材 反复弯曲试验方法》（GB/T 238—2002）的规定进行试验。如有一个试验项目的试件不符合表2-1所规定的数值时，则另取两倍数量的试件，对不合格的项目进行第二次试验，如仍有一个试件不合格，则该批钢筋为不合格品。该批钢筋可按下列规定之一处理：不予验收；按试验结果降低级别，并且不用在承重结构的重要部位上。

对可焊性试验的结果可按有关规范进行鉴定（可焊性指金属材料通过一定的工艺条件而能形成优质接头的性能）。如不合格，必要时还要进行钢筋的化学成分试验。

使用进口钢筋时，因其化学成分稍有不同，有些钢筋的可焊性差或力学性能较差，应按照国家相关规定进行试验，符合要求后，再行使用。

2. 预应力混凝土用钢棒的检验

（1）外观检查：预应力混凝土用钢棒按其外形分有光圆、螺旋槽、螺旋肋和带纵肋四种，其截面尺寸、截面计算面积及各部位制造尺寸的允许偏差参见《预应力混凝土用钢棒》（GB/T 5223.3—2005）。

预应力混凝土用钢棒的外观质量要求与热轧钢筋基本相同。此外，还要求钢筋表面不得沾有油污；钢筋在制造过程中，除端部外，不应受到切割火花或其他方式造成的局部加热影响。

（2）力学性能试验：与热轧钢筋一样，需成批试验验收。每批由同一外形截面尺寸、同一热处理制度和同一炉号的钢筋组成。每批量不大于60t。从每批钢筋中选取10%的盘数（不少于25盘）进行抗拉试验（屈服强度 $\sigma_{0.2}$、抗拉强度 σ_b 和伸长率 δ_{10}）。试件从每盘钢筋的任一端先截去50cm，然后按《金属材料拉伸试验》（GB/T 228.1—2010）的规定制成所需要长度的试件。试验结果如有一项不符合表2-2的规定性能时，该盘钢筋即为不合格品，应予报废，再从未试验过的钢筋中取双倍数量的试件进行复检，如仍有一项不合格，则该批钢筋判为不合格品，不予验收。

3. 预应力混凝土用钢丝的检验

预应力混凝土用钢丝分为冷拉钢丝、消除应力的刻痕钢丝、消除应力的光圆及螺旋肋钢丝3种。制造钢丝的盘条应符合《预应力钢丝及钢绞线用热轧盘条》(YB/T 146—1998)或《制丝用非合金钢盘条》(YB/T 170—2000)的规定。

预应力钢丝应成批验收。每批应由同一钢号(优质钢丝按同一炉罐号及同一热处理炉次号)、同一形状尺寸、同一交货状态(冷拉或矫直回火)的钢丝组成。预应力钢丝的检验方法如下:

(1)外观检查:从每盘钢丝中抽查5%但不少于5盘进行形状尺寸和表面检查。如检查不合格则应将该批钢丝逐盘检查。优质钢丝不抽查而应逐盘检查。

预应力混凝土用钢丝形状尺寸和允许偏差应符合《预应力混凝土用钢丝》(GB 5223—2002)的规定。钢丝的表面不得有裂纹、小刺、机械损伤、氧化铁皮和油迹;肉眼不可见的麻坑和表面浮锈仍可作为合格品。

(2)力学性能试验:从外观检查合格的同批钢丝中抽取5%但不少于3盘,优质钢丝抽取10%但不少于3盘进行拉力试验(包括抗拉强度σ_b,屈服强度$\sigma_{0.2}$和伸长率)、弯曲试验和松弛试验。预应力混凝土用钢丝的拉力试验按《金属材料　拉伸试验》(GB/T 228.1—2010)的有关规定进行;弯曲试验按《金属材料 线材　反复弯曲试验方法》(GB/T 238.1—2002)进行;松弛试验期间,试样的环境温度应保持在(20±2)℃的范围内,试件制备后不得进行任何热处理和冷加工,加在试样上的初始负荷是公称抗拉强度的70%乘以钢丝的计算面积,初始负荷应在5min内均匀施加完毕,并保持2min后开始记录松弛值,试件标距的长度不小于公称直径的60倍。

以上3项力学试验结果应符合表2-3、表2-4或表2-5的要求。如有某一项试验结果不符合要求,则该盘钢丝不予验收,并从同一批未经试验的钢丝盘中再取双倍数量的试件进行复验(包括该项试验要求的任一指标),复验结果若有一项指标不合格,则该批钢丝不予验收,或逐盘检验,合格者可验收。

4. 预应力钢绞线的检验

预应力钢绞线由7根圆形钢丝捻成。验收时应成批验收,每批由同一钢号、同一规格、同一生产工艺制度的钢绞线组成。每批钢绞线的质量不大于60t。验收方法如下:

(1)外观检查:从每批钢绞线中选取3盘,进行表面质量、直径偏差和捻距检查。如每批少于3盘,则应逐盘进行上述检查。钢绞线公称直径的允许偏差和中心直径加大范围应符合《预应力混凝土用钢绞线》(GB/T 5224—2003)的规定。钢绞线的捻距为直径的12~16倍,且一般为左(S)捻。每盘钢绞线应由一整根钢绞线组成,其长度一般不小于200m。钢绞线表面不得带有滑润剂、油渍等降低钢绞线与混凝土黏力的物质。表面允许有轻微的浮锈,但不得有锈蚀性肉眼可见的麻坑。钢绞线应是捻紧不松散的,其中的钢丝不得带有任何形式的电焊接头,并且钢绞线内不应有折断、横裂和相互交叉的钢丝。

(2)力学性能试验:从外观检查合格的3盘钢绞线的端部正常部位截取1根试件进行拉力试验(包括破断负荷、屈服负荷、钢绞线在残余伸长率为0.2%时的负荷和伸长率)和松弛试验。预应力钢绞线的拉力试验按《金属材料　拉伸试验》(GB/T 228.1—2010)的规定进行,松弛试验方法与钢丝相同,试验结果应符合表2-6的要求。如有一项不符合,则不合格盘不予验收,再从未试验过的钢绞线中取双倍数量的试件进行该不合格项的复验。如仍有一项不合格,则该批钢绞线为不合格品,不予验收。

四、钢筋代换

1. 代换原则

当施工中遇现有钢筋的品种、规格与设计要求不符时,可按以下原则进行钢筋代换:

(1)必须了解设计意图和代换钢筋的性能,并遵照《公路钢筋混凝土及预应力混凝土桥涵设计规范》(JTG D62—2004)的有关规定。

(2)重要结构中的主钢筋,在代换时应征得设计单位的同意。

(3)当构件按强度控制时,可按强度相等的原则代换,称为"等强度代换"。

(4)当构件按最小配筋率配筋时,可按钢筋面积相等的原则代换,称为"等截面代换"。

(5)当构件受裂缝宽度或抗裂性要求控制时,代换后应进行裂缝及抗裂性验算,不宜用光面钢筋代替变形钢筋。

(6)代换后的钢筋应满足配筋构造规定,如钢筋的直径、间距、根数、锚固长度、对称性等。

(7)同一截面内配置不同种类和直径的代换钢筋时,各根钢筋的拉力差不应过大(如同品种钢筋直径差值一般不宜大于5mm),以免构件受力不匀,变更后的钢筋截面积不宜超过原来的5%,或小于2%。

(8)钢筋强度等级的变换不宜超过一级,用高一级钢筋换低一级钢筋时,宜采用改变直径的方法,而不宜采用改变根数的方法来减少钢筋截面积;以较粗钢筋代换细钢筋时,应校核握裹力。

2. 代换方法

1)按等强度代换

其代换公式如下:

$$A'_g \geqslant \frac{A_g R_g}{R'_g} \tag{2-1}$$

式中:A'_g——代换后钢筋总面积(mm^2);

R'_g——代换后钢筋设计强度(MPa);

A_g——设计图中所用钢筋总面积(mm^2);

R_g——设计图中所用钢筋设计强度(MPa)。

按等强度代换,除满足式(2-1)外,还必须注意以下两点:

(1)当原设计配筋较小,如用较高等级钢筋按等强度代换时,将使代换的钢筋直径和面积更小,甚至低于最小配筋率或不符合构件要求的最小直径的规定。此时只能采用"等截面代换"。

(2)当采用大直径或较高等级钢筋代换小直径或较低等级钢筋时,将出现钢筋根数少于原设计的根数,有些构件按照钢筋与混凝土黏结力的需要,规定了最少钢筋、根数,若代换钢筋根数不符合这一要求,只能按钢筋等周长或等根数代换。

2)按等截面代换

其代换公式如下:

$$n_1 d_1^2 = n_2 d_2^2 \tag{2-2}$$

式中：n_1、d_1——分别表示设计图中钢筋根数和直径；

n_2、d_2——分别表示代换钢筋根数和直径。

3）抗裂验算

应按《公路桥涵设计通用规范》（JTG D60—2004）的规定进行。

4）等弯矩代换

有时由于钢筋直径加大或根数增多，原有排数摆放不下，需要增加钢筋排数，则构件截面的有效高度 h_0减小使截面强度降低。因此，应对代换钢筋后的截面强度进行复核，使其不小于原设计的抗弯强度。

对矩形截面，可根据抵抗弯矩相等，按式（2-3）复核：

$$A'_gR'_g\left(h'_0-\frac{A'_gR'_g}{2R_wb}\right)\geq A_gR_g\left(h_0-\frac{A_gR_g}{2R_wb}\right) \tag{2-3}$$

式中：h_0——原设计钢筋的合力点至构件截面受压边缘的距离（cm）；

h'_0——代换钢筋的合力点至构件截面受压边缘的距离（cm）；

R_w——混凝土的弯曲抗压强度（MPa）；

b——构件截面宽度（mm）；

其余符号意义同式（2-1）。

第二节　钢筋接头

一、一般要求

1. 接头种类

钢筋的接头分为焊接接头、绑扎接头与机械连接接头三类。焊接接头牢固可靠，采用闪光对接焊时还可节约钢材。绑扎接头操作简便，但由于依靠与混凝土的黏结力传递钢筋应力，故需要较长的搭接长度，因此钢材用量较多。机械连接接头采用机械连接，现场施工较为快捷，接头质量比较容易得到控制。

绑扎接头仅当钢筋构造复杂施工困难时方可采用，绑扎接头的钢筋直径不宜大于28mm，对轴心受压和偏心受压构件中的受压钢筋可不大于32mm；轴心受拉和小偏心受拉构件不应采用绑扎接头。

2. 接头的布置

受力钢筋的连接接头应设置在内力较小处，并应错开布置。对焊接接头和机械连接接头，在接头长度区段内，同一根钢筋不得有两个接头；对绑扎接头，两接头间的距离应不小于1.3倍搭接长度。配置在接头长度区段内的受力钢筋，其接头的截面面积占总截面面积的百分率，应符合表2-8的规定。

3. 钢筋的绑扎接头应符合的规定

（1）绑扎接头的末端距钢筋弯折处的距离，不应小于钢筋直径的10倍，接头不宜位于构件的最大弯折处。

（2）受拉钢筋绑扎接头的搭接长度，应符合表2-9的规定；受压钢筋绑扎接头的搭接长度，应取受拉钢筋绑扎接头搭接长度的0.7倍。

搭接长度区段内受力钢筋面积的最大百分率 表2-8

接头形式	接头面积最大百分率(%)	
	受拉区	受压区
主钢筋绑扎接头	25	50
主钢筋焊接接头	50	不限制

注：①焊接接头长度区段内是指35d(d为钢筋直径)长度范围内，但不得小于500mm，绑扎接头长度区段是指1.3倍搭接长度。

②在同一根钢筋上宜少设接头。

③装配式构件连接处的受力钢筋焊接接头可不受此限制。

④绑扎接头中钢筋的横向净距不应小于钢筋直径且不应小于25mm。

受拉钢筋绑扎接头的搭接长度 表2-9

钢筋类型	混凝土强度等级		
	C20	C25	C25
HPB235	35d	30d	25d
HRB335	45d	40d	35d
HRB400、RRB400	—	50d	45d

注：①当带肋钢筋直径$d>25$mm时，其受拉钢筋的搭接长度应按表中值增加5d采用；当带肋钢筋直径$d\leqslant25$mm时，其受拉钢筋的搭接长度按表中值减少5d采用。

②当混凝土在凝固过程中受力钢筋易受扰动时，其搭接长度应增加5d。

③在任何情况下，纵向受拉钢筋的搭接长度均不应小于300mm，受压钢筋的搭接长度均不应小于200mm。

④环氧树脂涂层钢筋的绑扎接头搭接长度，受拉钢筋按表值的1.5倍采用。

⑤两根不同直径钢筋的搭接长度，以较细的钢筋直径计算。

(3)受拉区内HPB235钢筋绑扎接头的末端应做弯钩；HRB335、HRB400、RRB400钢筋的绑扎接头末端可不做弯钩；直径不大于12mm的受压HPB235钢筋的末端可不做弯钩，但搭接长度应不小于钢筋直径的30倍。钢筋搭接处，应在其中心和两端用铁丝扎牢。

4. 钢筋焊接接头应符合的规定

(1)钢筋的焊接接头宜采用闪光对焊，或采用电弧焊、电渣压力焊或气焊，但电渣压力焊仅可用于竖向钢筋的连接，不得用作水平钢筋和斜筋的连接。钢筋焊接的接头形式、焊接方法和焊接材料应符合现行行业标准《钢筋焊接及验收规程》(JGJ 18—2012)的规定，质量验收标准按《公路桥涵施工技术规范》(JTG/T F50—2011)附录A1执行。

(2)每批钢筋焊接前，应先选定焊接工艺和焊接参数，按实际条件进行试焊，并检验接头外观质量及规定的力学性能，试焊质量经检验合格后方可正式施焊。焊接时，对施焊场地应有适当的防风、雨、雪、严寒的设施。

(3)电弧焊宜采用双面焊缝，仅在双面焊无法施焊时，方可采用单面焊缝。采用搭接电弧焊时，两钢筋搭接端部应预先折向一侧，两接合钢筋的轴线应保持一致；采用帮条电弧焊时，帮条应采用与主筋相同的钢筋，其总截面面积不应小于被焊接钢筋的截面面积。电弧焊接头的焊缝长度，对双面焊缝不应小于5d，单面焊缝不应小于10d(d为钢筋直径)。电弧焊接与钢筋弯曲处的距离不应小于10d，且不宜位于构件的最大弯矩处。

(4)钢筋的接头形式、焊接方法和适用范围见表2-10。

焊接方法适用范围 表2-10

焊接方法			接头形式	适用范围	
				钢筋牌号	钢筋直径(mm)
电阻点焊				HPB300	6~16
				HRB335 HRBF335	6~16
				HRB400 HRBF400	6~16
				HRB500 HRBF500	6~16
				CRB550	4~12
				CDW550	3~8
闪光对焊				HPB300	8~22
				HRB335 HRBF335	8~40
				HRB400 HRBF400	8~40
				HRB500 HRBF500	8~40
				RRB400W	8~32
箍筋闪光对焊				HPB300	6~18
				HRB335 HRBF335	6~18
				HRB400 HRBF400	6~18
				HRB500 HRBF500	6~18
				RRB400W	8~18
电弧焊	帮条焊	双面焊		HPB300	10~22
				HRB335 HRBF335	10~40
				HRB400 HRBF400	10~40
				HRB500 HRBF500	10~32
				RRB400W	10~25
		单面焊		HPB300	10~22
				HRB335 HRBF335	10~40
				HRB400 HRBF400	10~40
				HRB500 HRBF500	10~32
				RRB400W	10~25
	搭接焊	双面焊		HPB300	10~22
				HRB335 HRBF335	10~40
				HRB400 HRBF400	10~40
				HRB500 HRBF500	10~32
				RRB400W	10~25
		单面焊		HPB300	10~22
				HRB335 HRBF335	10~40
				HRB400 HRBF400	10~40
				HRB500 HRBF500	10~32
				RRB400W	10~25
	熔槽帮条焊			HPB300	20~22
				HRB335 HRBF335	20~40
				HRB400 HRBF400	20~40
				HRB500 HRBF500	20~32
				RRB400W	20~25

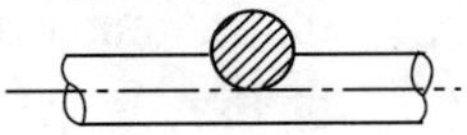

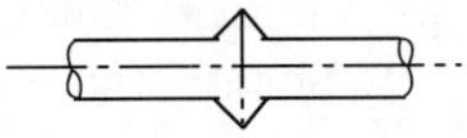

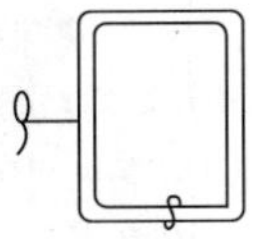

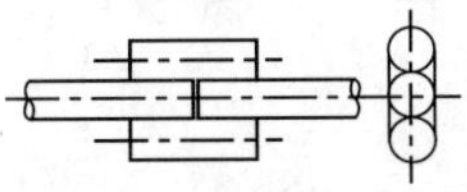

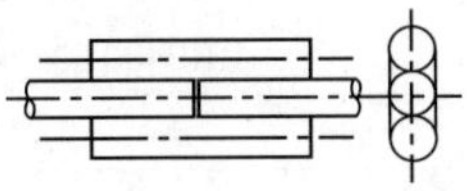

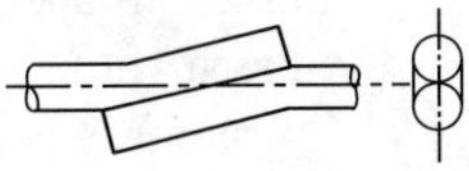

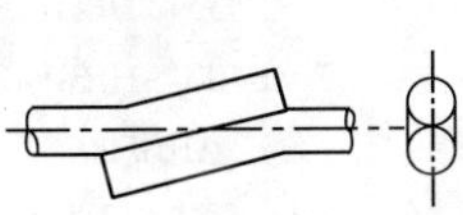

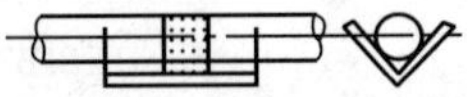

续上表

焊接方法			接头形式	适用范围	
				钢筋牌号	钢筋直径(mm)
电弧焊	坡口焊	平焊	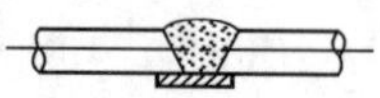	HPB300 HRB335 HRBF335 HRB400 HRBF400 HRB500 HRBF500 RRB400W	18~22 18~40 18~40 18~32 18~25
		立焊		HPB300 HRB335 HRBF335 HRB400 HRBF400 HRB500 HRBF500 RRB400W	18~22 18~40 18~40 18~32 18~25
	钢筋与钢板搭接焊		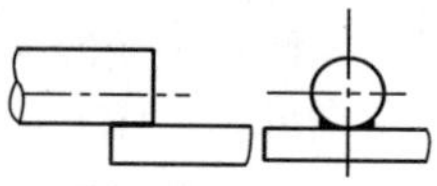	HPB300 HRB335 HRBF335 HRB400 HRBF400 HRB500 HRBF500 RRB400W	8~22 8~40 8~40 8~32 8~25
	窄间隙焊			HPB300 HRB335 HRBF335 HRB400 HRBF400 HRB500 HRBF500 RRB400W	16~22 16~40 16~40 18~32 18~25
	预埋件钢筋	角焊	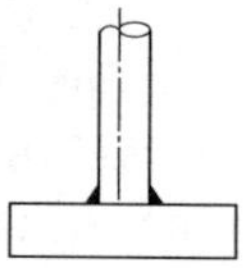	HPB300 HRB335 HRBF335 HRB400 HRBF400 HRB500 HRBF500 RRB400W	6~22 6~25 6~25 10~20 10~20
		穿孔塞焊	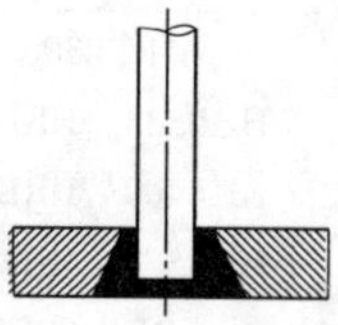	HPB300 HRB335 HRBF335 HRB400 HRBF400 HRB500 RRB400W	20~22 20~32 20~32 20~28 20~28
		埋弧压力焊 埋弧螺柱焊	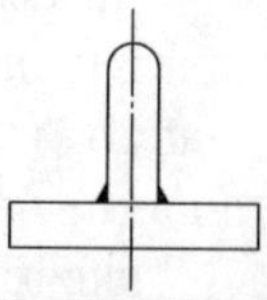	HPB300 HRB335 HRBF335 HRB400 HRBF400	6~22 6~28 6~28

续上表

焊接方法		接头形式	适用范围	
			钢筋牌号	钢筋直径(mm)
电渣压力焊			HPB300 HRB335 HRB400 HRB500	12~22 12~32 12~32 12~32
气压焊	固态		HPB300 HRB335 HRB400 HRB500	12~22 12~40 12~40 12~32
	熔态			

注:①本表摘自《钢筋焊接及验收规程》(JGJ 18—2012)。

②电阻点焊时,适用范围的钢筋直径指两根不同直径钢筋交叉叠接中较小钢筋的直径。

③电弧焊含焊条电弧焊和二氧化碳气体保护电弧焊两种工艺方法。

④在生产中,对于有较高要求的抗震结构用钢筋,在牌号后加 E,焊接工艺可按同级别热轧钢筋施焊,焊条应采用低氢型碱性焊条。

⑤生产中,如果有 HPB235 钢筋需要进行焊接时,可按 HPB300 钢筋的焊接材料和焊接工艺参数,以及接头质量检验与验收的有关规定施焊。

二、接触对焊

接触对焊一般分为电阻对焊和闪光对焊两种。

1. 电阻对焊

电阻对焊是先用加压机械将钢筋紧密接触,然后通电,在焊件本身电阻热和接触电阻热的作用下,钢筋被加热成塑性状态,达到焊接温度时,然后加压使钢筋形成对焊接头。此法操作较简单,但要求钢筋接触而平整,并须垂直于钢筋纵轴线。故在焊接前必须对钢筋端头进行铣平加工,又由于需要功率较大的对焊机,且加热的时间较长(一个接头约需 45~55s),消耗电能较大,并造成接头金相组织颗粒胀大,在接合处还含有金属氧化物,因而焊接质量受到一定影响。在钢筋接触对焊时,有关规范不推荐用电阻对焊,而规定要用闪光对焊。

2. 闪光对焊

闪光对焊是先对钢筋通以电流,再以微力使两根钢筋不断地互相接触和分开,因而产生闪光电弧。钢筋断面不需加工铣平。由于焊接过程中钢筋接触面积甚小,故通过的电流密度较大,接触处电热集中,在较短时间内端头即熔化。在闪光过程中,中间所夹杂物全部以火花喷出,部分温度内传,使接触面变得十分平整。随后以极快的速度予以挤压,使电流在断开的同时,焊件接口中的熔液被挤而溢出,形成牢固的接头。闪光对焊不但质量好,对钢筋强度影响小,而且用电省(只需电阻对焊 1/3~1/2 的功率),生产率高,平均一个接头只需 16~25s。

接触对焊的设备如图 2-1 所示。

(1)钢筋闪光对焊可采用连续闪光焊、预热闪光焊或闪光—预热闪光焊工艺方法。生产中,可根据不同条件按下列规定选用:

①当钢筋直径较小,钢筋牌号较低,在表2-11规定范围内,可采用"连续闪光焊";

②当钢筋直径超过表2-11规定,钢筋端面较平整,宜采用"预热闪光焊";

③当钢筋直径超过表2-11规定,且钢筋端面不平整,应采用"闪光—预热闪光焊"。

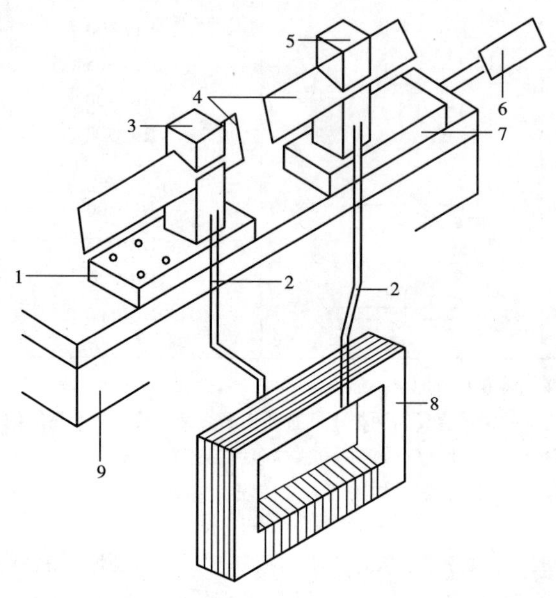

图2-1 钢筋接触对焊示意图

1-固定平板;2-电极;3-固定钳具;4-钢筋;5-活动钳具;6-压力机构;7-活动平板;8-变压器;9-机具

(2)连续闪光焊所能焊接的钢筋直径上限,应根据焊机容量、钢筋牌号等具体情况而定,并应符合表2-11的规定。

连续闪光焊钢筋上限直径 表2-11

焊机容量(kV·A)	钢筋牌号	钢筋直径(mm)
160 (150)	HPB300 HRB335 HRBF335 HRB400 HRBF400	22 22 20
100	HPB300 HRB335 HRBF335 HRB400 HRBF400	20 20 18
80 (75)	HPB300 HRB335 HRBF335 HRB400 HRBF400	16 14 12

(3)施焊中,焊工应熟悉对焊机的技术性能(见表2-12)。

(4)对焊的焊接参数

施焊中,焊工应熟练掌握钢筋各项留量参数(见图2-2),以确保焊接质量。焊接参数包括:调伸长度,闪光留量(烧化流量),预热留量,顶锻留量等。

(5)闪光对焊时,应按下列规定选择调伸长度、烧化留量、顶锻留量以及变压器级数等焊接参数。

常用对焊机性能 表 2-12

项目		单位	对焊机型号					
			LP-50	UN_1-75 LP-75	UN_1-100 LP-100	UN_2-150 LM-150-2	UN_{17}-150	UN_4-300 LB-300
额定电压		kV·A	50	75	100	150	150	300
初级电压		V	220/380	220/380	380	380	380	380
次节电压调节范围		V	2.9 ~5.0	3.5 ~7.0	4.5 ~7.6	4.1 ~8.1	3.8~7.6	5.4~10.8
次节电压调节级数			6	8	8	16	16	16
额定持续率		%	25	20	20	20	50	20
钳口夹紧力		kN	20	20	40	100	160	350
最大顶锻力		kN	30	30	40	65	80	250
钳口最大距离		mm	80	80	80	100	90	200
动钳口最大行程		mm	30	30	50	27	80	120
焊件预热压缩量		mm	—	—	—	10	—	—
连续闪光焊时钢筋最大直径		mm	10 ~12	12 ~16	16 ~20	20 ~25	20 ~25	—
预热闪光焊时钢筋最大直径		mm	20 ~22	32 ~36	40	40	40	55 ~80
生产率		次/h	—	75	20 ~30	80	120	20
冷却水消耗量		L/h	200	200	200	200	500	1 500
压缩空气	压力	MPa	—	—	—	0.55	0.6	0.6
	消耗量	m^3/h	—	—	—	15	5	2
焊机质量		kg	360	445	465	2 500	1 900	8 000
外形尺寸	长	cm		152	180	214	230	80
	宽	cm		55	55	36	110	83
	高	cm		108	115	138	182	151

注:①对焊机型号栏中下面一行为旧型号。

②连续闪光焊钢筋最大直径的低值用于 HPB235 钢筋、中值用于 HRB335 钢筋、高值用于 HRB400 钢筋,HRB500 钢筋必须采用预热闪光焊或闪光—预热—闪光焊。

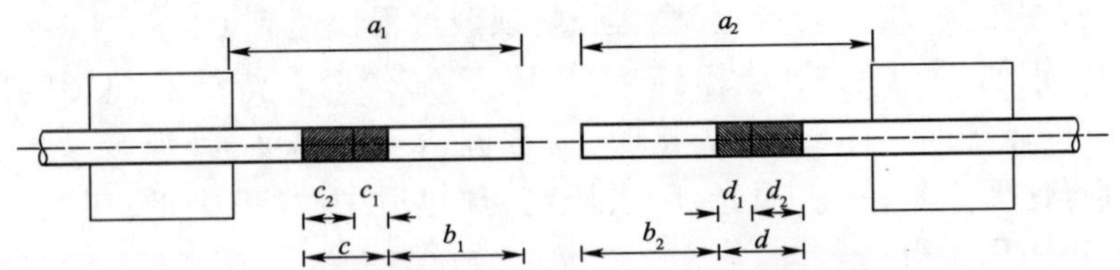

图 2-2 钢筋对焊调伸长度及顶锻留量示意图

a_1、a_2-左右钢筋调伸长度;b_1、b_2-闪光留量;c、d-顶锻留量;c_1、d_1-有电顶锻留量;c_2、d_2-无电顶锻留量

①调伸长度的选择,应随着钢筋牌号的提高和钢筋直径的加大而增长,主要是减缓

接头的温度梯度，防止热影响区产生淬硬组织；当焊接 HRB400、HRBF400 等牌号钢筋时，调伸长度宜在 40 ~ 60mm 内选用。

②烧化留量的选择，应根据焊接工艺方法确定。连续闪光焊时，闪光过程应较长，烧化留量应等于两根钢筋在断料时切断机切口严重压伤部分(包括端面的不平整度)，再加 8 ~ 10mm；闪光—预热闪光焊时，应区分一次烧化留量和二次烧化留量，一次烧化留量不应小于 10mm，二次烧化留量不应小于 6mm。

③需要预热时，宜采用电阻预热法。预热留量应为 1 ~ 2mm，预热次数应为 1 ~ 4 次；每次预热时间应为 1.5 ~ 2s，间歇时间应为 3 ~ 4s。

④顶锻留量应为 3 ~ 7mm，并应随钢筋直径的增大和钢筋牌号的提高而增加。其中，有电顶锻留量约占 1/3，无电顶锻留量约占 2/3，焊接时必须控制得当。焊接 HRB500 钢筋时，顶锻留量宜稍微增大，以确保焊接质量。

(6)当 HRBF335、HRBF400、HRBF500 或 RRB400W 钢筋进行闪光对焊时，与热轧钢筋比较，应减小调伸长度，提高焊接变压器级数，缩短加热时间，快速顶锻，形成快热快冷条件，使热影响区长度控制在钢筋直径的 60% 范围之内。

(7)变压器级数应根据钢筋牌号、直径、焊机容量以及焊接工艺方法等具体情况选择。

(8)HRB500、HRBF500 钢筋焊接时，应采用预热闪光焊或闪光—预热闪光焊工艺。当接头拉伸试验结果，发生脆性断裂或弯曲试验不能达到规定要求时，尚应在焊接上进行焊后热处理。

(9)在闪光对焊生产中，当出现异常现象或焊接缺陷时，应查找原因，采取措施，及时消除。

3. 对焊操作要点和注意事项

(1)焊接前应先调整变压器级次，接通冷却水，检查对焊机各部件和接地情况后，方可开始工作。

(2)工作前和变换钢筋级别或直径时，均应按有关规定先进行试焊，做拉力和冷弯试验，合格后方可成批焊接。

(3)焊接前应将钢筋端头电极钳口部位处的铁锈、污物清除，以利电流通过，防止钳口处接触不良而引起“打火”。

(4)钢筋端头应保持顺直，如有弯扭应调直或切除，电极钳口应固定牢靠，并使两钢筋处在同一轴线上。焊接过程中应随时清除电极上的焊渣、铁锈等脏物，每班收工时应清刷。

(5)对 HRB335、HRB400 钢筋采用预热闪光焊时，其操作要点是：一次闪光，闪平为准；充分预热，频率要高；二次闪光短、稳、强烈；顶锻过程快速有力。

对 HRB500 钢筋，由于它的碳、锰、硅含量较高，施焊时在焊缝和热影响区易产生氧化缺陷、过热和淬硬脆断。因此，在焊接时，应掌握适当的温度，其焊接参数应根据温度适当调整。其操作要点是：一次闪光，闪去压伤，预热适中，频率中低；二次闪光，稳而强烈；顶锻过程，快而用力得当。

钢筋低频预热时，应根据钢筋级别及其直径大小来调整，预热接触时间宜介于 0.5 ~ 2s/次之间。预热间隙时间稍大于每次预热的接触时间。预热时应有一定的接触压力。预热程度宜采取预热留量与预热次数相结合的办法来控制。

(6)不同直径的钢筋可以对焊,但其两截面积之比不宜大于1.5倍,其直径差不宜大于2~3mm,焊接时应按大直径钢筋选择焊接参数。

(7)负温(不低于-20℃)条件下进行闪光焊接时,应在室内焊接,采用弱参数,其调伸长度应适当增大,变压器级次不宜过大,闪光速度应稍慢,预热次数要增加,并在接头部位用石棉粉等材料保温。

(8)焊接完毕,应待接头处由红色转为黑色之后才能松开夹具,平稳地取出钢筋,以防接头发生弯曲。

4. 接触对焊中不良情况消除法

(1)烧化过分强烈,并产生爆炸声时,应降低变压次级并减小闪光速度。

(2)闪光不稳定时,应提高变压器级次,并增大闪光速度。

(3)接头偏斜,钢筋轴线不在同一条直线上时,应调整电极钳口位置,拧紧夹具丝杠,检修电极钳口或交换变形电极,调直钢筋端头,待钢筋冷却后,再平稳地取下钢筋。

(4)焊接接头中如有氧化膜、夹渣或未焊透现象时,应增加预热过程,避免过早切断电流,增加顶锻前烧化速度及顶锻速度。

(5)接头中有缩孔时,应降低变压器级数,避免闪光过分强烈,同时加大顶锻压力。

(6)接头结合不良时,应增加预热程度,控制二次闪光,并避免过早顶锻。

(7)接头有过烧缺陷时,应降低变压器级次,减小预热程度,加快闪光速度,正确控制有电顶锻留量及顶锻速度。

(8)接头区有裂纹时,应先检验钢筋的碳、硫、磷含量,如不符合规定,应予更换,增加预热程度,适当减少顶锻压力。

(9)夹钳处钢筋表面微熔及烧伤时,应清除电极钳口内的杂质,清扫钢筋被夹部分的铁锈,夹紧钢筋,必要时改进电极槽口形状,增大接触面积。

5. 接触对焊的质量检查

(1)批量规定。在同一班内由同一焊工,按同一参数完成的200个同类型接头作为一批。一周内连续焊接时,可以累计计算。一周内累计数不满200个接头时,亦按一批计算。

(2)外观检查。每班抽查10%的接头,并不得少于10个。检查应符合下列要求:

①接头处不得有横向裂纹。

②与电极接触处的表面,对于HPB235、HRB335、HRB400级钢筋不得有明显的烧伤,对于HRB500级钢筋不得有烧伤;低温对焊时,对于HRB335、HRB400、HRB500级钢筋,均不得有烧伤。

③接头如有弯折,其角度不得大于4°。

④接头处的钢筋轴线偏移,不得大于0.1倍的钢筋直径,同时不得大于2mm。

当有一个接头不符合要求时,应对全部接头进行检查,剔出不合格品。不合格接头经切除重焊后,可再次提交验收。

(3)对焊接头的力学性能试验包括拉伸试验和弯曲试验,应从每批成品中切取6个试件,3个进行拉伸试验,3个进行弯曲试验。

焊接等长的预应力钢筋(包括螺钉端杆与钢筋的焊接接头),可按生产条件制作模拟试件。

(4)钢筋对焊接头拉伸试验应符合下列要求:

①3 个试件的抗拉强度均不得低于该级别钢筋规定的抗拉强度，见表 2-2。

②至少有两个试件断于焊缝之外，并呈塑性断裂。

当检验结果有一个试件的抗拉强度低于规定指标，或有两个试件发生脆性断裂时，应取双倍数量的试件进行复查。复验结果如仍有一个试件的抗拉强度低于规定指标，或有 3 个试件呈脆性断裂时，则该批焊接接头为不合格品。

模拟试件的数量和要求与从成品中切取的试件相同。当模拟试验结果不符合要求时，复验应从成品中切取试件，其数量与初试时相同。

预应力钢筋与螺钉端杆接头只做拉伸试验，但要求全部试件断于焊缝之外，并呈塑性断裂。

(5)在钢筋闪光对焊接头进行弯曲试验时，应将受压面的金属毛刺和较粗变形部分除去，使与母材的外表齐平；焊缝应处于弯曲的中心点，HPB235、HRB335、HRB400、HRB500 级钢筋的弯心直径分别为 $2d$、$4d$、$5d$、$7d$，直径大于 25mm 的钢筋对焊接头，做弯曲试验时弯心直径应增加一个钢筋直径。当弯曲角至 90°时，接头外侧不得出现宽度大于 0.15mm 的横向裂纹。

弯曲试验结果如有两个试件未达到上述要求，应取双倍数量的试件进行复验，复验结果若有 3 个试件不符合要求时，该批焊接接头即为不合格品。

三、电弧焊

1. 概述

电弧焊系利用弧焊机使焊条与焊件之间产生高温电弧，将基材局部熔化成熔池，焊条金属芯的熔滴因电弧力而进入熔池，冷却后熔化的焊条即形成焊缝将两块基材焊接起来。焊条外的涂料将在高温熔化时产生一种气体，保护焊缝金属不至于被氧化。

2. 常用电弧焊机的性能

常用电弧焊机分为交流和直流两类。交流焊机基本上是一台降压变压器，将 220V 或 380V 的电压降低，从而得到很大的焊接电流，其优点是结构简单，价格低廉，维修方便。直流电弧焊机是用电动机或其他内燃机体动力的发电机或硅整流直流焊接电源，其优点是电流稳定、焊接质量高。工地常用的交流、直流电弧焊机主要技术性能如表 2-13、表 2-14 所示。

常用交流电弧焊机主要性能　　表 2-13

项　目	单　位	BX_3-120-1	BX_3-300-2	BX_3-500-2	BX_2-1000 (BC-1000)
额定焊接电流	A	120	300	500	1 000
初级电压	V	220/380	380	380	220/380
次级空载电压	V	70 ~75	70 ~78	70 ~75	69 ~78
额定工作电压	V	25	32	40	42
额定初级电流	A	41/23.5	61.9	101.4	340/196
焊接电流调节范围	A	20 ~160	40 ~400	60 ~600	400 ~1 200
额定暂载率	%	60	60	60	60
额定输出功率	kW	9	23.4	38.6	76

续上表

项　目		单　位	BX_3-120-1	BX_3-300-2	BX_3-500-2	BX_2-1000 (BC-1000)
各暂载率时功率	100% 额定暂载率	kW	—	—	—	—
各暂载率时焊接电流	100% 额定暂载率	A	—	—	—	—
功率因数			—	—	—	0.62
效率		%	80	82.5	87	90
质量		kg	100	183	225	560
外形尺寸(长×宽×高)		cm	48×47×68	73×54×90	73×54×90	74×95×122

注:①交流电弧焊机即电弧焊变压器。

②暂载率又称持续率。

常用直流电弧焊机主要性能　　表 2-14

项　目		单位	AX_1-165 (AB-165)	AX_4-300-1 (AG-300)	AX-320 (AT-3220)	AX_5-500	AX_3-500 (AG-500)
额定焊接电流		A	165	300	320	500	500
焊接电流调节范围		A	40~200	45~375	45~320	60~600	60~600
空载电压		V	40~60	55~60	50~80	65~92	55~75
工作电压		V	30	22~35	30	23~44	25~40
额定暂载率		%	60	60	50	60	60
各暂载率时功率	100% 额定暂载率	kW	3.9	6.7	7.5	13.6	15.4
			5	9.6	9.6	20	20
各暂载率时焊接电流	100% 额定暂载率	A	130	230	250	385	385
			160	300	320	500	500
适用焊条直径		mm	ϕ5 以下	ϕ3~ϕ7	ϕ3~ϕ7	—	ϕ3~ϕ7
功率		kW	6	10	14	26	26
电压		V	220/380	380	380	380	220/380
电流		A	21.3/12.3	20.8	27.6	50.9	89/51.5
频率		Hz	50	50	50	50	50
转速		r/min	2 900	2 900	1 450	1 450	2 900
功率因素			0.87	0.88	0.87	0.88	0.90
效率		%	52	52	53	54	54
质量		kg	210	250	560	700	415
外形尺寸(长×宽×高)		cm	93×38×72	114×5×83	120×59×99	113×59×100	108×60×81

注:直流电弧焊机即电弧焊发电机。

3. 电弧焊接头形式及焊接要求

电弧焊接头形式可分为帮条焊、搭接焊和坡口焊。坡口焊又可分为平焊和立焊，其接头形式及其焊接组长度、坡口切面角度等焊接要求参见表2-10和《公路桥涵施工技术规范》(JTG/T F50—2011)。

4. 电弧焊接的焊条

钢筋电弧焊接采用的焊条性能应符合低碳钢和低合金钢电焊条标准的有关规定，其牌号应符合设计要求。若设计未作规定时，可参照表2-15选用。

钢筋电弧焊焊接材料匹配推荐表　　表2-15

钢筋牌号	电弧焊接头形式			
	帮条焊 搭接焊	坡口焊 熔槽帮条焊 预埋件穿孔塞焊	窄间隙焊	钢筋与钢板搭接焊 预埋件T形角焊
HPB 235	GB/T 5117:E43XX; GB/T 8110: ER49、50 - X	GB/T 5117:E43XX; GB/T 8110: ER49、50 - X	GB/T 5117:E43XX; GB/T 8110: ER49、50 - X	GB/T 5117:E43XX; GB/T 8110: ER49、50 - X
HPB 300	GB/T 5117:E43XX; GB/T 8110: ER49、50 - X	GB/T 5117:E43XX; GB/T 8110: ER49、50 - X	GB/T 5117:E43XX; GB/T 8110: ER49、50 - X	GB/T 5117:E43XX; GB/T 8110: ER49、50 - X
HRB 335 HRBF 335	GB/T 5117: E43XX E50XX; GB/T 5118:E50XX - X; GB/T 8110: ER49、50 - X	GB/T 5117:E50XX; GB/T 5118: E50XX - X; GB/T 8110: ER49、50 - X	GB/T 5117: E5016、16; GB/T 5118: E5015、16 - X; GB/T 8110: ER49、50 - X	GB/T 5117: E43XX、E50XX; GB/T 5118:E50XX - X; GB/T 8110: ER49、50 - X
HRB 400 HRBF 400	GB/T 5117:E50XX; GB/T 5118:E50XX - X; GB/T 8110:ER50 - X	GB/T 5118 E55XX - X; GB/T 8110: ER50、55 - X	GB/T 5118: E5515、16 - X; GB/T 8110: ER50、55 - X	GB/T 5117:E50XX; GB/T 5118:E50XX - X; GB/T 8110:ER50 - X
HRB 500 HRBF 500	GB/T 5118: E55、60XX - X; GB/T 8110:ER55 - X	GB/T 5118: E60XX - X	GB/T 5118: E6015、16 - X	GB/T 5118: E5、60XX - X; GB/T 8110: ER55 - X
KL 400	GB/T 5118: E55XX - X; GB/T 8110: ER 55 - X	GB/T 5118: E55XX - X	GB/T 5118: E5515、16 - X	GB/T 5118: E55XX - X; GB/T 8110: ER55 - X

注：本表摘自《钢筋焊接及验收规范》(JGJ 18—2012)。

5. 电弧焊操作要点和注意事项

(1)帮条焊。应先将钢筋位置放正，而后用4个点焊固定，被焊钢筋端面间的间隙宜为2～5mm，但不得大0.5d。焊接打弧应从帮条内侧开始，焊接完时应将弧坑填满。第一层的焊接电流可稍大,以增加熔化深度。每焊一层后应很好地清渣。焊接电流的选择参照表2-16。

电弧焊焊条直径和焊接电流选择　　表2-16

帮条焊、搭接焊				坡口焊、熔槽帮条焊			
焊接位置	钢筋直径(mm)	焊条直径(mm)	焊接电流(A)	焊接位置	钢筋直径(mm)	焊条直径(mm)	焊接电流(A)
平焊	10~12 14~22 25~32 36~40	3.2 4 5 5	90~130 130~180 180~230 190~240	平焊	16~20 22~25 28~32 36~40	3.2 4 5 5	140~170 170~190 190~220 200~230
立焊	10~12 14~22 25~32 36~40	3.2 4 5 5	80~110 110~150 120~170 170~220	立焊	16~20 22~25 28~32 36~40	3.2 4 5 5	120~150 150~180 180~200 190~210

(2)搭接焊。搭接焊只适用于HPB235、HRB335钢筋。应先将钢筋拆向一侧,使两接合钢筋轴线一致,用两点焊固定。其余工艺要求与帮条焊相同。

(3)熔槽焊。应先在槽上边点做4个点焊,固定熔槽与钢筋的相对位置。焊接时,焊条插入钢筋端头的间隙中,使焊条与钢筋的熔液充满熔槽,结成整体。

(4)坡口平焊。应将两钢筋端头切成坡口,方采用V形坡口,坡口角度为60°左右,两钢筋坡根间隙宜为2~5mm。施焊前,应将接头处清理干净,并采用点焊定位。焊接时先从坡口根部开始引弧,横向施焊数层,焊条做之字形往返运弧,将坡口逐层堆焊起来,直至焊缝略高出钢筋表面,随后进行加强焊缝的焊接。焊接过程中应注意清渣。焊接完毕,弧坑及咬边均予补焊。

(5)坡口立焊。当采用半V形坡口时,应先在下部钢筋端面上引弧,在整个端面上堆焊一层,使下部钢筋逐渐加热,然后用快速短小的横向焊缝将上下钢筋端焊接;采用K形坡口时,应在坡口两面交替轮流施焊。两种坡口角度均为45°左右,并使两端面间留有4~5mm的间隙。

(6)坡口切面宜采用氧炔焰切割或锯割,不得采用电弧切割。接头附近应清除铁锈、熔渣及切割后的边缘毛刺。

(7)帮条焊应采取双面焊,不得已时才可采用单面焊。帮条宜采用与主筋同级别、同直径的钢筋制作。

(8)搭接焊也应采用双面焊,当操作有困难时,可采用单面焊。

(9)为防止和减少焊接变形,钢筋坡口焊应采取对称施焊、分层轮流施焊,选择合理焊接顺序。

(10)在负温条件下进行HRB335、HRB400钢筋电弧焊时,应加大焊接电流(较正温时增大10%~15%),减慢焊接速度,使焊件减小温度梯度,并延续冷却,并从焊件中部起弧,逐步向端部运弧,或在中间先焊一短段焊缝,使焊件预热,以减小温度梯度,同时可采取分层控温施焊,层间温度宜控制在250~350℃。

6. 质量检验

(1)以300个同类型接头作为一批,不足300个时仍作为一批。

(2)钢筋电弧焊接头外观检查应在接头清渣后逐个进行目测或量测。外观检查结果要求:焊缝表面平整,不得有较大的凹陷、焊瘤;接头处不得有裂纹;坡口焊及熔槽帮条焊接头,其焊缝加强高度为2~3mm;咬边深度、气孔、夹渣的数量大小以及接头尺寸偏差,不得超过表2-17规定的数值。外观检查不合格的接头,经修整或补强后,可再次提交验收。

钢筋弧焊接头尺寸偏差及缺陷允许数值 表2-17

项目		单位	接头形式		
			帮条焊	搭接焊	坡口焊、熔槽帮条焊
帮条焊接头中心线的纵向偏移		mm	$0.5d$	—	—
接头弯折		(°)	4	4	4
接头处钢筋轴线的偏移		mm	$0.1d$	$0.1d$	—
焊缝厚度		mm	$-0.05d$	$-0.05d$	—
焊缝宽度		mm	$-0.1d$	$-0.1d$	—
焊缝长度		mm	$0.5d$	$0.5d$	—
横向咬合边深度		mm	0.5	0.5	0.5
焊缝气孔及夹渣的数量和大小	(1)在长$2d$的焊缝表面上	个/mm²	2/6	2/6	—
	(2)在全部焊缝上	个/mm²	—	—	2/6

注:①d为钢筋直径,单位为mm。

②低温焊接接头的咬合边深度不得大于0.2mm。

(3)钢筋电弧焊接头拉伸试验结果应符合下列要求:

①3个试件的抗拉强度均不得低于该级别钢筋规定的抗拉强度值(表2-1)。

②至少有两个试件呈塑性断裂。

若不符合上述要求,则按接触对焊的质量检查进行。

四、接触电渣压力焊

1. 概述

接触电渣压力焊,简称接触电渣焊、电渣压力焊或电渣焊,是利用电流通过渣池产生的电阻热将钢筋端部熔化,然后施加压力,使钢筋焊接的一种立焊方法,如图2-3所示。这种工艺能避免钢筋采用帮焊条或搭接焊电弧焊时的错位大和焊接时间长的缺点,并且比电弧焊容易掌握、工效高、成本低、工作条件好,适合于现场焊接竖向或倾斜度在4:1以内的HPB235、HRB335、HRB400级钢筋。

2. 电渣压力焊的焊接设备和焊剂

(1)焊接电源:宜用BX_2-1000型交流电弧焊机(焊接变压器),也可采用较小容量的同型号焊接变压器并联使用。

(2)控制箱:安装电压表、电流表和信号电铃,便于操作者控制焊接参数和准确掌握焊接通电时间。

(3)焊接夹具:应具有一定刚度,使用灵巧,坚固耐用,上、下钳口同心。

(4)焊剂盒:内径为90~100mm,与所焊钢筋相适应。

(5)控制系统及操作箱。

(6)焊剂:宜采用焊剂431(上焊102)或焊剂360。

3. 电渣压力焊操作要点

(1)钢筋采用手工电渣压力焊时,可采用直接引弧法。首先,将钢筋端部120mm范围内的铁锈物质刷净,用电极上的文具夹紧钢筋,钢筋端头应在焊剂盆中部,上、下钢筋轴线对中。先将上部钢筋与下部钢筋接触,接通电源后,立即将上部钢筋提升2~4mm,引燃电弧,然后继续缓缓上提钢筋数毫米,使电弧稳定燃烧。之后,随着钢筋的熔化而渐渐下送,速度约为1mm/s,使焊接电压稳定在25~35V,并转入电渣过程。待钢筋熔化达到一定程度后,在切断焊接电源的同时迅速顶压,挤出全部熔渣和熔化金属,使之形成坚实接头,并持续数秒方可松开操作杆,以免接头偏斜或接合不良。钢筋顶压前的上提和下送速度应适当,防止电流断路或短路。

(2)采用自动电渣压力焊时,宜采用铁丝圈引弧法,铁丝圈高10~12mm。焊接的引弧、电渣、顶压过程,均采用自动控制。

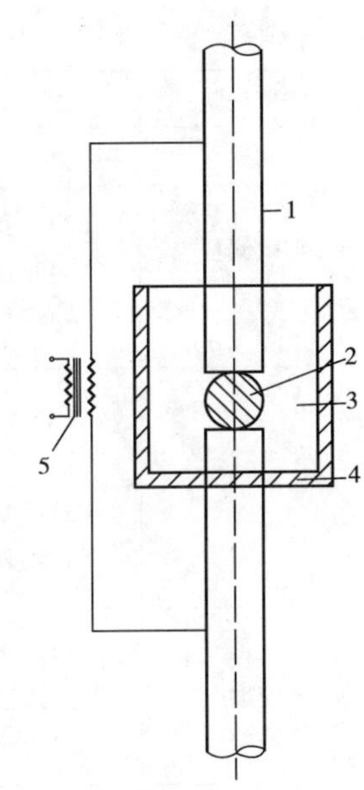

图2-3 钢筋接触电渣压力焊示意图

1-钢筋;2-导电焊剂(或铅丝球);3-焊剂;4-焊剂盒;5-变压器

4. 电渣压力焊的参数

电渣压力焊的参数主要包括:钢筋直径、焊接电流、焊接电压、焊接通电时间等,可参照表2-18选用。

电渣压力焊焊接参数 表2-18

钢筋直径(mm)	焊接电流(A)	焊接电压(V)		焊接通电时间(s)	
		电弧过程 U2.1	电渣过程 U2.2	电弧过程 t_1	电渣过程 t_2
14	200~220	35~45	22~27	12	3
16	200~250			14	4
18	250~300			15	5
20	300~350			17	5
22	350~400			18	6
25	400~450			21	6
28	500~550			24	6
32	600~650			27	7
36	700~750			30	8
40	850~900			33	9

注:本表摘自《焊接手册 第1卷 焊接方法及设备》(第3版)(中国机械工程学会焊接学会编,机械工业出版社,2007年)。

5. 电渣压力焊的缺陷及防止措施

在钢筋电渣压力焊焊接过程中,如发现裂纹、未熔合、烧伤等焊接缺陷,应参照表2-19查找原因,采取相应措施,及时消除。

电渣压力焊焊接缺陷及防止措施　表2-19

焊接缺陷	产生原因	消除措施
轴线偏移	(1)钢筋端头歪斜； (2)夹具和钢筋未安装好； (3)顶压力太大； (4)夹具变形	(1)矫直钢筋端部； (2)正确安装夹具和钢筋； (3)避免过度的顶压力； (4)及时修理或更换夹具
弯折	(1)钢筋端头弯折； (2)上钢筋未夹牢放正好； (3)拆卸夹具过早； (4)夹具损坏松动	(1)矫直钢筋端部； (2)注意安装和扶持上钢筋； (3)避免焊后过快拆卸夹具； (4)修理或者更换夹具
咬边	(1)焊接电流太大； (2)焊接通电时间太长； (3)上钢筋顶压不到位	(1)减小焊接电流； (2)缩短焊接时间； (3)注意上钳口的起点和止点，确保上钢筋顶压到位
未焊合	(1)焊接电流太小； (2)焊接通电时间不足； (3)上夹头下送不畅	(1)增大焊接电流； (2)避免焊接时间过短； (3)检修夹具，确保上钢筋下送自如
焊包不均	(1)钢筋端面不平整； (2)焊剂填装不匀； (3)钢筋熔化量不足	(1)钢筋端面应平整； (2)填装焊剂尽量均匀； (3)延长电渣过程时间，适当增加熔化量
烧伤	(1)钢筋夹持部位有锈； (2)钢筋未夹紧	(1)钢筋导电部位除净铁锈； (2)尽量夹紧钢筋
焊包下滴	(1)焊剂筒下方未堵严； (2)回收焊剂太早	(1)彻底封堵焊剂筒的漏孔； (2)避免焊后过快回收焊剂

6. 质量检验

(1)批量规定与钢筋电弧接头相同。

(2)钢筋电渣压力焊接头应逐个进行外观检查，要求接头焊包均匀，不得有裂纹，钢筋表面无明显烧伤等缺陷，接头处钢筋轴线偏移不得超过0.1 d（钢筋直径），同时不得大于2mm。

(3)强度检验要求与电弧焊接头相同。

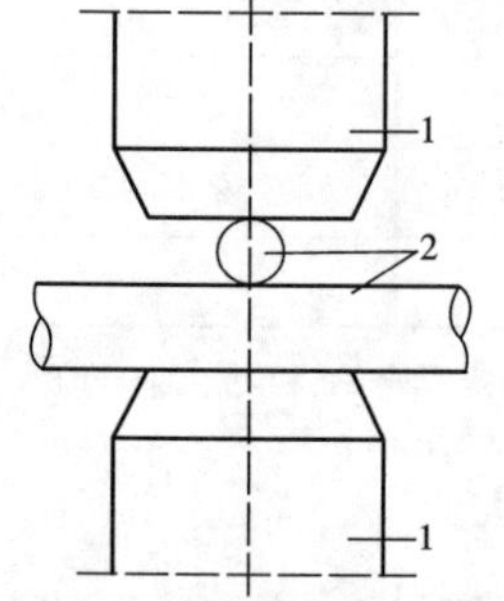

图2-4　钢筋电阻点焊示意图
1-电极；2-被焊接的钢筋

五、电阻点焊

1. 概述

电阻点焊又称接触点焊，简称点焊。它是将除去锈污的钢筋，交叉叠合放在点焊机的两极间，通电发热至一定温度后，加压使被点焊的金属焊牢。图2-4所示适用于焊接钢筋混凝土中的钢筋骨架和钢筋网。

骨架和网片交叉后应按照设计规定设立焊点的位置。若设计未作规定，则对受力的HRB335级钢筋所有交点均须焊接。当网片的受力钢筋为HPB235级或冷拉HPB235级，并只有一个方向受力时，则两端边线的两根锚固横向钢筋的相交点必须点焊，其余相交点可间隔点焊。

2. 点焊设备

常用点焊机性能见表2-20。

常用点焊机性能　　表2-20

型号		DN-75	DN1-75	DN3-75	DN3-100	DN13-6×63	J06A-6×100
额定容量(kV·A)		75	75	75	100	6×63	6×100
负载持续力(%)		20	12.5	20	20	20	50
电源电压(V)		—	—	380	380	—	—
一次侧空载电压(V)		380	380	—	—	3-380	3-380
二次侧空载电压(V)		3.52~7.04	3.52~7.04	3.33~6.66	3.65~7.3	—	7~10
调节级数		8级	8级	8级	8级	—	—
电源臂伸出长度(mm)		800	350	800	800	—	—
电极臂间距(mm)		125	—	—	—	—	—
焊接厚度(mm)	低碳钢板/低碳钢	5+5	5+5	2+2	2.5+2.5	—	—
	纯铝板	—	—	—	—	—	—
	不锈钢板	—	—	—	—	—	—
	低碳钢圆棒	—	—	—	—	—	—
电极压力(N)		4 000	3 500	6 500,11 500	6 500,11 500	—	3 600
电极工作行程(mm)		20	20	—	—	—	50
压缩空气	压力(MPa)	—	—	0.5	—	—	—
	耗量(m^3/h)	—	—	15	15	—	—
冷却水消耗量(L/min)		6	5	6.7	11.7	—	—
低碳钢板生产率(点/min)		12	50	—	—	—	—
质量(kg)		610	455	800	850	—	—
外形尺寸(mm)		2 690×681×1 297	1 030×640×1 276	1 610×730×1 460	1 610×730×1 460	—	2 500×3 000×1 000

注：本表摘自《焊接设备选用手册》(成都电焊机研究所等编，机械工业出版社，2006年3月)。

3. 点焊操作要点

点焊大致可分为以下三个阶段。

(1)预压阶段：在焊接电流通过之前，用电极将交叉叠合在一起的两根钢筋在一定的压力下接触。

(2)通电阶段：将瞬时强大的电流通过被焊接处，在接触点及其附近强烈地被加热成为塑性状态时，立即切断电流，持续加压。

(3)持续加压与冷却阶段：切断电流后，焊点熔化核心进入冷却过程，此时须继续加压，使核心紧密结合，继续冷却，焊接即完成。

4. 点焊工艺与参数

根据焊接电流大小和通电时间不同，点焊参数可分为强参数和弱参数，前者通电时间短(0.1~0.5s)，电流强度大(120~300A/m^2)，经济效果好，但需大功率点焊机；后者通电时间长(0.5s 左右),所得电流强度较低(80 ~ 120A/m²)。

含碳量在 0.2% 以内的钢筋点焊时,强弱两种参数都可使用,但宜尽量采用强参数。含碳量较高或含有其他合金元素的钢筋,由于其可焊性较差,宜采用强参数。

当点焊不同直径的钢筋,其较小钢筋的直径小于 10mm 时,大小钢筋直径之比不宜大于 3,若较小钢筋的直径为 12mm、14mm 时,大小钢筋直径之比不宜大于 2。

电阻点焊应根据钢筋级别、直径及焊接性能等具体情况,合理选择变压器级数、焊接通电时间和电极压力。在焊接过程中应保持一定的预压时间和锻压时间。

热轧钢筋点焊时,钢筋应互相压入较小钢筋直径的 30% ~45% 的深度;冷拔低碳钢丝点焊时应互相压入较小钢筋直径的 30% ~45% 的深度。

点焊时,部分电流通过已焊好的各点形成闭合回路,使通过焊点的电流减少,焊点强度降低。故点焊时应合理布置施焊顺序,减小分流,或适当延长通电时间和增大电流,消除这种有害影响。一般较小钢筋直径为 3 ~ 10mm 时,钢筋点焊的电极直径采用 30mm;较小钢筋直径为 12 ~ 14mm 时,钢筋点焊的电极直径采用 40mm。

当使用多头点焊机时,除按上述要求办理外,还应正确调整好各个电极之间的距离及电极行程,经常检查各个焊点的焊接电流和焊接通电时间是否均匀一致,以保证合适的压入深度和网片尺寸。

5. 点焊产生的缺陷及防止措施

钢筋点焊生产过程中,应随时检查制品的外观质量,当发现焊接缺陷时,可按照表 2-21 查找原因,及时消除。

点焊制品焊接缺陷及防止措施 表 2-21

项 次	缺陷种类	产生原因	防止措施
1	焊点过烧	(1)变压器级数过高; (2)通电时间太长; (3)上下电极不对中心; (4)继电器接触失灵	(1)降低变压器级数; (2)缩短通电时间; (3)切断电源,校正电极; (4)调节间隙,清除触点
2	焊点脱落	(1)电流过小; (2)压力不够; (3)压入深度不足; (4)通电时间太短	(1)提高变压器级数; (2)加大弹簧压力或调大气压; (3)调整两极间距,符合压入深度要求; (4)延长通电时间
3	钢筋表面烧伤	(1)钢筋和电极接触表面太脏; (2)焊接时没有预压过程或预压力过小; (3)电流过大; (4)电极变形	(1)清刷电极与钢筋表面的铁锈和油污; (2)保证预压过程和适当的预压力; (3)降低变压器级数; (4)修理或更换电极

6. 钢筋网、架的点焊工艺

(1)钢筋网、架点焊时,宜在点焊机两侧设立滚轴式工作台,使钢筋网能够灵活地移动。

(2)为保证钢筋网、架焊接尺寸正确,并便于操作,必须按照网、架的几何尺寸设置点焊模架,模架应有足够的强度和刚度,一般可用木料制成。

(3)焊接钢筋的表面应清除污垢和浮锈,点焊时应保持钢筋与钢筋之间及钢筋与电极之间的清洁与平整。

(4)使用多头点焊机时，应正确地调节各个电极之间的距离及电极行程，使在点焊时各个电极上产生均等的压力。

(5)当点焊网片需要弯折时，可使用网片弯折机。

(6)焊接网片的受力钢筋与分布钢筋应互相垂直(设计有特殊规定者照设计办理)。

(7)钢筋网架的焊点应按设计规定，如设计无规定时，可按下列规定办理：

①焊接网的受力钢筋为变形钢筋时，网内焊点数目和位置可依据运输和安装条件决定，不必每点都焊满。

②焊接网的受力钢筋为热轧或冷拉圆钢筋时，如只有一个方向是受力钢筋，网端边缘的两根锚固横向钢筋的全部交点必须焊接；如焊接网的两个方向均为受力钢筋，则沿网四周边缘的两根钢筋的全部交点均应焊接，其余交点可焊成梅花式。

③当焊接网受力钢筋为冷拔低碳钢丝，而另一方向的钢筋间距小于100mm时，除网两端边缘的两根锚固横向钢筋全部交点必须焊接外，中间部分交点距离可增大到250mm。

7. 质量检验

(1)批量规定：同一类型(钢筋级别、直径及尺寸均相同)的制品以200件为一批。

(2)外观检查：应按同一类型制品每批抽查5%，梁、柱、桁架等重要制品每批抽查10%，均不得少于3件。外观检查应无表2-21的缺陷，并且不得有漏焊、气孔、裂缝、空洞、压入深度不够等缺陷。外观检查焊接网片和焊接骨架尺寸的允许偏差：网片的长、宽及网眼尺寸为±10mm，骨架的宽、高为±5mm；骨架的长为±10mm；骨架箍筋的间距为±10mm；网片两对角线之差为±10mm；受力主筋的间距为±10 mm，受力主筋的排距为±5mm。

外观检查结果不符合上述要求时，则逐件检查，并剔出其不合格品。对不合格品经修整后，可再次提交验收。

(3)强度检验：对热轧钢筋的焊点每批取试件3件做抗剪试验；对冷拔低碳钢丝焊点除应做抗剪试验外，还应做拉伸试验，试件各为3件。

试验结果，如有一个试件达不到上述要求，则取双倍数量的试件进行复验。复验结果，若仍有一个试件不能达到上述要求，则该批制品为不合格品。对于不合格品，经采取加固处理后，可再次提交验收。

六、埋弧压力焊

1. 概述

埋弧压力焊又称接触埋弧焊，是利用焊件下的电弧燃烧，将两焊件相邻部位熔化，然后及时加压顶锻使两焊件焊合，如图2-5所示。这种焊接工艺焊接强度高、钢板不变形、操作简便，工作效率高、能节约焊条，适用于钢筋与钢板做T形接头焊接。

2. 焊接设备

当钢筋的焊接直径小于20mm时，可采用1台BX_2-1000型功率为76kW的交流电弧焊机(表2-16)，也可采用BX_3-500型两台焊机并联使用；当钢筋更粗时，可采用两台BX_2-1000型焊机并联。焊接机构应装有高频引弧装置，焊接地线采取对称接地法。控制箱应装有电流表和电压表；采用自动控制时，还应设时间调节装置。焊剂宜采用431型自动焊剂。

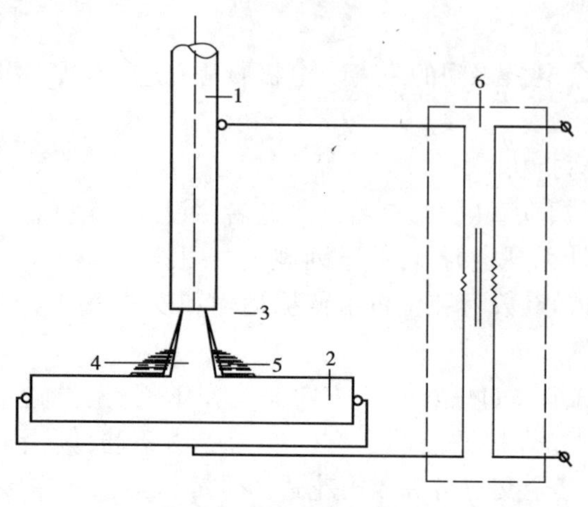

图 2-51 钢筋埋弧压力焊示意图

1-钢筋;2-钢板;3-焊剂;4-电弧;5-熔池;6-焊接变压器

3. 埋弧压力焊工艺与参数

采用钢筋手工埋弧压力焊时,先将焊剂填满施焊接头处,接通焊接电源后,立即将钢筋上提 2.5 ~3.5mm,引燃电弧。随后,按照钢筋直径大小,适当延时,或者继续提升 3 ~4mm,再渐渐下送,保持钢筋燃烧熔化,待钢板形成熔池后,迅速加压断电形成 T 形接头。采用自动埋弧压力焊时,在引弧之后,须根据钢筋直径大小,延续一定时间进行熔化,随后及时顶压。

4. 埋弧压力焊的缺陷及防止措施

在埋弧压力焊生产中,引弧、维弧(钢筋维持原位或缓慢下送)和顶压等环节须密切配合,保持焊接地线接触良好,随时清除电极钳口的铁锈和污物,及时修整电极槽口的形状,以保证焊接质量。当发现焊接缺陷时,可参照表 2-22 查找原因,及时消除。

钢筋埋弧压力焊接头焊接缺陷及防止措施　　表 2-22

项　次	缺陷种类	防止措施
1	钢筋咬边	(1)减少焊接电流或缩短焊接时间; (2)增大压入量
2	气孔	(1)烘焙焊剂; (2)清除钢板及钢筋上的铁锈、油污
3	夹渣	(1)清除焊剂中熔渣等杂物; (2)避免过早切断焊接电流; (3)加快顶压速度
4	未焊合	(1)增大焊接电流,增加焊接通电时间; (2)适当加大压力
5	焊包不均匀	(1)保证焊地接线的接触良好; (2)使焊接处对称导电
6	钢板焊穿	(1)减小焊接电流或减少焊接通电时间; (2)在焊接时避免钢板局部悬空
7	钢筋淬硬、脆　断	(1)减小焊接电流,延长焊接时间; (2)检查钢筋的化学成分
8	钢筋凹陷	(1)减小焊接电流,延长焊接时间; (2)减小顶压力,减小压入量

5. 质量检查

(1)外观检查:应从同一台班内完成的同一类型成品中抽查 10%,并不得少于 5 件。外观检查结果应无表 2-25 中的缺陷,并且要求钢筋咬边深度不得超过 0.5mm;与钳口接触处的钢筋表面无明显烧伤,钢筋相对钢板的直角偏角不大于 4°;钢筋间距偏差不大于

10mm；焊缝不得有裂纹。

检查结果如有一个不符合上述要求时，应逐个检查，剔出不合格品。不合格接头经补焊后可再次提交验收。

(2)强度检验：以300件同类型成品为一批，一周内连续焊接时，可以累计计算。从每批中切取3个试件进行拉伸试验。拉伸试验结果，对HPB235钢筋接头不得低于360MPa，对HRB335钢筋接头不得低于500MPa。

检验结果，当有一个不符合上述要求时，应取双倍数量的试件进行复验。复验结果若仍有一个试件低于上述要求时，则该批成品为不合格品。对于不合格品经加强焊接后，可再次提交验收。

七、焊接技术安全

(1)焊机及变压器外壳必须接地，对于焊接导线及焊钳接导线处，必须可靠地绝缘。

(2)焊接机必须经过调整试运转正常后，方可正式使用，并应注意焊机的使用、维修和保养。

(3)进行对焊、点焊时，必须开放冷却水，焊机的出水温度不得超过40℃，排水量应符合规定要求，工作完毕后应关闭冷却水。冬期焊接完毕应放尽冷却水，以免冻坏焊机。

(4)焊工必须穿戴好劳动保护用品，在对焊机闪光区域内须设铁皮挡隔，焊接时禁止他人留在闪光区内。焊机上方须装置活动顶罩，防止火花飞溅灼伤操作人员。室内进行弧焊应有排风通风装置。

(5)钢筋焊接工房应采用防火材料搭建，并设置消防设施。

八、机械连接接头

钢筋机械连接技术是一项新型钢筋连接工艺，通过钢筋与连接件的机械咬合作用或钢筋端面的承压作用，将一根钢筋中的力传递至另一根钢筋。机械连接接头下被称为继绑扎、电焊之后的"第三代钢筋接头"，具有接头强度高于钢筋母材、速度比电焊快5倍、无污染、节省钢材20%等优点。

目前，市场上常用的钢筋机械连接接头类型有：套筒挤压连接接头，直螺纹连接接头。

1. 套筒挤压连接接头

套筒挤压连接接头是通过挤压力使连接件钢套筒发生塑性变形，与带肋钢筋紧密咬合形成的接头。

施工措施：

(1)固定操作工人，并对操作人员进行技术培训，经考核合格，持证上岗。

(2)挤压连接前，钢筋端部标出定位标志和检查标志，定位标志是标示钢筋与套筒的位置，由于钢套筒挤压后伸长，定位标志进入接头，所以设检查标志检验钢套筒位置是否正确。

(3)挤压时必须从接头中间压痕标志开始依次向两端进行。

(4)为提高工效，在加工场区，将钢套筒与钢筋连接，完成挤压头的一半，在现场挤压另一半，但半成品要架起放置，防止挤压筒内被污染。

(5)冷挤压套筒与钢筋规格要相符，不得以大代小，当钢筋为变直径时，若钢筋相差一个等级，则可用大直径的套筒，若钢筋相差两个等级，则必须增加一个过渡段。如一些柱子的钢筋由 ϕ32mm 变为 ϕ40mm，则套筒为 ϕ40mm 连接 ϕ36 ~ ϕ40mm 钢筋；之后，再用 ϕ36mm 套筒连接 ϕ32 ~ ϕ36mm 钢筋。

(6)冷挤压的压模必须等规格使用，当连接不同直径的钢筋时，应根据两边的钢筋直径采取相应的压模。

(7)挤压连接完成后，要及时调直，偏折角度≤4°。

(8)加强质量检查工作，质量检查分为外观检查和拉伸试验两部分。

①施工班组对所有的接头进行检查，要求自检合格，专职质检员抽检 10% 的接头。

②进行拉伸试验时，以同批号钢套筒且同一制作条件的 500 个接头为一批，不足 500 个接头时仍作为一批。每批接头中抽取 3 个接头做试验。

(9)冷挤压设备在每 6 000 次使用后要检修一次。挤压设备中的高压胶管属于易破损部位，应防止负重拖拉、弯折或被钢筋刻划，造成油管破坏。

技术经济指标分析：

①对本项技术而言，被连接的钢筋越粗越经济，考虑到经济因素及施工方便等条件，当钢筋直径≥22mm 时，比较合理。

②采用冷挤压连接，解决和缓解了梁柱中钢筋搭接处钢筋过密、摆置不下的矛盾，有利于混凝土浇筑的施工。

③规范要求≥22mm 的钢筋不宜绑扎连接，且不能用于有抗震要求的工程，采用冷挤压连接，满足了规范要求，保证了结构的安全和抗震性能，具有巨大的社会效益。

2. 直螺纹连接接头

直螺纹连接接头主要有镦粗直螺纹连接接头和滚压直螺纹连接接头。这两种工艺采用不同的加工方式增强钢筋端头螺纹的承载能力，达到接头与钢筋母材等强的目的。

1)镦粗直螺纹连接接头

镦粗直螺纹连接接头是通过钢筋端头镦粗后制作的直螺纹和连接件螺纹咬合形成的接头。

镦粗直螺纹连接接头的工艺是先将钢筋端头通过镦粗设备镦粗，再加工出螺纹，其螺纹直径不小于钢筋母材直径，使接头与母材达到等强。其钢筋端头有热镦粗和冷镦粗两种形式。热镦粗主要是消除镦粗过程中产生的内应力，但加热设备投入费用高。目前我国的镦粗直螺纹连接接头，其钢筋端头主要是冷镦粗。冷镦粗对钢筋的延性要求高，对延性较低的钢筋，镦粗质量较难控制，易产生脆断现象。

2)滚压直螺纹连接接头

滚压直螺纹连接接头是通过钢筋端头直接滚压或挤(碾)压肋滚压或剥肋后滚压制作的直螺纹和连接件螺纹咬合形成的接头。

目前，国内常见的滚压直螺纹连接接头有三种类型：直接滚压螺纹、挤(碾)压肋滚压螺纹、剥肋滚压螺纹。

(1)直接滚压直螺纹连接接头

其优点是：螺纹加工简单，设备投入少；不足之处在于螺纹精度差，存在虚假螺纹现象。由于钢筋粗细不均、公差大，加工的螺纹直径大小不一致，给现场施工造成一定困难，使套筒与丝头配合松紧不一致，有个别接头出现拉脱现象。由于钢筋直径变化及横纵肋的影响，使滚丝轮寿命降低，增加接头的附加成本，现场施工易损件更换频繁。

(2)挤(碾)压肋滚压直螺纹连接接头

这种连接接头是用专用挤压设备先将钢筋的横肋和纵肋进行预压平处理，然后再滚压螺纹，目的是减轻钢筋肋对成形螺纹精度的影响。

其特点是：成形螺纹精度相对直接滚压有一定提高，但仍不能从根本上解决钢筋直径大小不一致对成形螺纹精度的影响，而且螺纹加工需要两道工序、两套设备完成。

(3)剥肋滚压直螺纹连接接头

其工艺是先将钢筋端部的横肋和纵肋进行剥切处理后，使钢筋滚丝前的柱体直径达到同一尺寸，然后再进行螺纹滚压成形。剥肋滚压直螺纹连接接头与其他滚压直螺纹连接接头相比具有如下特点：螺纹牙型好，精度高，牙齿表面光滑；螺纹直径大小一致性好，容易装配，连接质量稳定可靠；滚丝轮寿命长，接头附加成本低。滚丝轮可加工 5 000 ~ 8 000 个丝头，比直接滚压寿命提高 3 ~ 5 倍；接头通过 200 万次疲劳强度试验，接头处无破坏；抗低温性能好。目前施工现场多采用剥肋滚压直螺纹连接接头。其加工工艺如下。

①施工工艺流程：下料、平头→剥肋滚压螺纹→丝头检验→利用套筒连接→接头检验→完成。

②切割下料：钢筋应使用砂轮切割机下料，切口端面应与钢筋轴线垂直，不允许有马蹄形或挠曲，不得用冲切下料，不得用电焊、气割等加热方式切断，这是保证钢筋丝头长度、直径质量的关键。

③加工丝头：将待加工钢筋夹持在设备的台钳上，开动机器，扳动给进装置，动力头向前移动，开始剥肋滚压螺纹，等滚压到调定位置后，设备自动停机并反转，将钢筋端部退出动力头，扳动进给装置将设备复位，钢筋丝头即加工完成。

加工丝头时，应采用水溶性切削液，当气温低于0℃时，应掺入15% ~20% 亚硝酸钠。严禁用机油作切削液或不加切削液加工丝头。

丝头加工长度为标准型套筒长度的 1/2，其公差为 +2 P(P 为螺距)。

操作工人应按表 2-23 的要求检查丝头的加工质量，每加工 10 个丝头检查一次。

钢筋丝头质量检验的方法及要求 表 2-23

序号	检验项目	量具名称	检验要求
1	螺纹牙型	目测、卡尺	牙型完整，螺纹大径低于中径的不完整丝扣累计长度不得超过两螺纹周长
2	丝头长度	卡尺、专用量规	标准套筒长度的 1/2，其公差为 +2P(P 为螺距)
3	螺纹直径	通端螺纹环规	能顺利旋入螺纹

加工好的丝头应将两端戴上塑料保护帽，然后按钢筋的不同规格堆放。

钢筋连接前，在施工现场滚丝，按每种规格钢筋的接头试件数量不少于 3 根，由试验员送试验室做静力单向拉伸试验，并出具试验报告。

④钢筋连接：将不能转动的钢筋加工成左旋螺纹，用正、反丝扣连接套(一端为右旋螺纹，另一端为左旋螺纹)将待连接钢筋对上连接套入口，用扳手或管钳转动连接套即可使钢筋同时旋入连接套。

连接完成后，质检人员应予以检验，检验方法为：连接完成后，套筒两侧外露螺纹长度是否相等，且每侧不超过一个完整丝扣。

⑤接头检验：详见《钢筋机械连接技术规程》(JGJ 107—2010)。

第三节　钢筋加工

一、钢筋除锈

1. 除锈方法和机具

钢筋表面应干净，用铁锤敲击剥落的锈皮，油渍、漆污在使用前均应清除。除锈方法有：

(1)钢丝刷除锈。此法效率不高，只宜用于少量或个别锈痕的清除。

(2)喷砂法。除锈喷砂器主要由空压机、储砂罐、喷砂管和喷嘴组成，其喷砂效果甚好。钢筋应竖向密排成平面，在前后两面喷射清洁后，将钢筋旋转90°，再前后喷射。

(3)砂盘法。砂盘高约90cm，长6～7m。盘内放粗砂，最好再掺一些碎石。钢筋穿入两端小槽内，并以移动套板套住，将钢筋来回冲击，在砂中摩擦即可把铁锈除去。此法效率高，宜于长而直的钢筋除锈。

(4)除锈机除锈法。利用小功率电动机带动圆盘钢丝刷，通过圆盘钢丝刷的转动来清除移动中钢筋的铁锈。

(5)利用冷拉钢筋或小钢筋拉伸调直的过程来除锈。钢筋冷拉或小钢筋拉伸调直时，附着于钢筋表面的锈皮能随着内部主体伸长而脱落，故达到除锈的目的。但不进行冷拉或不能靠拉伸调直的粗钢筋，不能使用此法。采用钢筋冷拉或拉伸除锈、调直时，应注意控制冷拉率，详见本章第四节。

2. 钢筋除锈后的质量检查

(1)钢筋的表面应清洁，无油渍、漆污、锈皮、鳞锈等。

(2)除锈后的钢筋表面如有严重的麻坑、斑点等已损伤的截面，应降级使用或剔除不用；带有蜂窝状的锈迹钢丝也不得使用。

二、钢筋调直

直径10mm以下的盘条钢筋和直径12mm以上的直条钢筋，在运输过程中发生弯折现象时，使用前均应加以调直。

1. 调直方法和机具

(1)钢丝的人工调直。冷拔低碳钢丝硬度高，一般应采用机械调直。当缺乏调直机时，可采用弯曲蛇形管，将钢丝穿过该管用绞车牵引强行通过，即可将钢丝基本调直，局部缓弯可用小锤整直。

(2)盘条钢筋人工调直。直径10mm以下的盘条可采用卷扬机、绞车绞磨或链滑车进行拉伸调直。

(3)粗钢筋人工调直。对于搬运过程中出现的缓弯，可用横口扳手或大锤敲击调直。

(4)细钢筋调直机调直。冷拔低碳钢丝和直径14mm以下的盘条钢筋都可采用钢筋调直机调直。常用钢筋调直机的技术性能如表2-24所示。

(5)粗钢筋机械调直。粗钢筋也宜采用和冷拉相结合的方法调直。当缺乏大吨位冷拉设备时,也可采用平直锤(或夹板锤、皮带锤、弹簧锤)机械调直,即用电动机经过皮带轮和偏心轮的平直锤做上、下竖直运动锤击钢筋弯曲处而调直。

钢筋调直机技术性能 表2-24

型 号	调直钢筋直径(mm)	切断长度(cm)	调直速度(m/s)	电机功率(kW)	外形尺寸(长×宽×高)(cm)	质量(kg)
$GJ_4-14/4$ (TQ_4-14)	4 ~14	30 ~700	0.9 ~0.5	2×4.5	889×101×137	1 500
$GJ_4-8/4$ (TQ_4-8)	4 ~3	30 ~600	0.66	5.5	125×55×115	700
数控钢筋调直切断机	4 ~8	<100	0.5	2×2.2	最大切断数量4 000根/h,切断长度误差≤2mm	

2. 钢筋调直质量要求

(1)钢筋应平直、无局部弯折,钢筋的中心线对直线的偏差不得超过其全长的1/100。

(2)钢筋在调直机上调直后,其表面有损伤的钢筋截面面积不得大于总截面面积的5%。

(3)采用冷拉方法调直钢筋时,HPB235钢筋的冷拉率不宜大于2%;HRB335、HRB400钢筋的冷拉率不宜大于1%。

三、配料

为了合理利用材料,钢筋切断前应进行用料的设计工作——配料。配料工作以图纸、库存料规格及每一根钢筋的计算长度为依据。计算长度是根据图纸上的设计长度加上必要的弯钩(一般设计长度不包括弯钩)及减去钢筋弯曲时产生的伸长等而得到的。

1. 钢筋的弯钩或弯折的规定

(1)HPB235钢筋末端须做180°弯钩,其圆弧弯曲直径(D)不应小于钢筋直径(d)的2.5倍,钩端应留有不小于3d的平直段。

(2)HRB335、HRB400、HRB500钢筋末端须做90°或135°弯折时,HRB335钢筋的弯曲直径(D)宜不小于4d,HRB400、HRB500钢筋的弯曲直径(D)宜不小于5d,钩端平直段长度按设计规定。

(3)各类弯起钢筋中间部位弯折处的弯曲直径(D)应不小于15d。

2. 钢筋下料长度计算

(1)弯钩增加长度。可按图2-6计算(设圆弧弯曲直径$D=2.5d$,平直段长3d),其计算值对半圆弯钩为6.25d,对直弯钩为3.5d,对斜弯钩为4.9d。

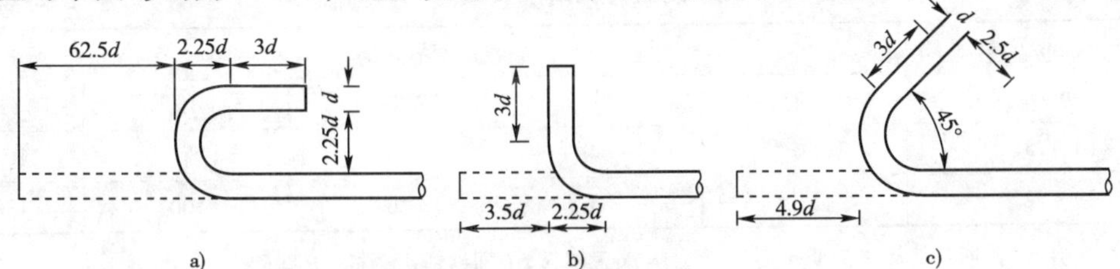

图2-6 钢筋弯钩计算

a)半圆弯钩;b)直弯钩;c)斜弯钩

在生产实践中，由于实际弯曲直径与理论弯曲直径不一致，钢筋粗细和机具条件不同，平直段长度也不尽相同（手工弯钩时平直段可适当加长，机械弯钩时可适当缩短）。因此在实际配料计算中，对弯钩增加长度常根据钢筋直径而采用经验数据，见表2-25。

半圆弯钩增加长度参考 表2-25

钢筋直径(mm)	≤6	8～10	12～18	20～28	32～36
一个弯钩长度(mm)	40	$6d$	$5.5d$	$5d$	$4.5d$

注：d为钢筋直径。

（2）弯曲调整值。钢筋经弯曲或弯钩以后，弯曲外侧伸长，内侧缩短，而钢筋中线长度不变，在设计图纸中所注明的尺寸是以钢筋中心线处计算的，弯曲加工时则大多是测量外包尺寸。显然，外包尺寸大于中线长度，如果按外包尺寸的总和下料，将会使弯钩尺寸太长，或钢筋尺寸大于要求，使保护层厚度不够，甚至大于模板尺寸，放不进去。故钢筋配料长度应等于钢筋原型长＋弯钩长±弯曲处差值。

外包尺寸与中线长度之差称为弯曲伸长值，内弯一侧差值为缩短值。大量的钢筋加工，宜先以试验确定弯曲差值，一般可按表2-26采用。

弯起钢筋一个弯曲处的差值 表2-26

钢筋弯曲角度	30°	45°	60°	90°	135°
外弯侧差值	$0.3d$	$0.5d$	$0.9d$	$2d$	$2.5d$
内弯侧差值	$0.2d$	$0.3d$	$0.3d$	—	—

注：计算时对外弯侧差应减去，对内弯侧差应增加；d为钢筋直径。

（3）弯起钢筋斜长计算。可采用斜长度计算系数计算，如表2-27所示。

弯起钢筋斜长度计算系数 表2-27

符号 \ 弯起角度	30°	45°	60°
斜边长度s	$2h$	$1.414h$	$1.155h$
底边长度l	$1.73h$	$1.0h$	$0.58h$
增加长度$s-l$	$0.268h$	$0.414h$	$0.575h$

注：h为钢筋弯起高度。

（4）箍筋弯钩增加长度。箍筋的弯钩有多种形式，箍筋弯钩内弧圆直径又依受力钢筋的直径而变化。一般箍筋的弯钩增加的长度可按表2-28采用，表中为箍筋两端两个弯钩增加的长度，已扣除了3个90°弯曲时的伸长值，即下料长度＝箍筋设计周长＋表2-28中值。

钢筋弯钩增加长度 表2-28

受力钢筋直径(mm)	箍筋直径(mm)				
	5	6	8	10	12
10～25	50	64	72	80	108
28～32	—	84	92	100	138

注：本表引自《普通房建施工简明手册》（第二版）（王鸿喜，中国铁道出版社，1995年）。

（5）配料时，除图纸注明的钢筋类型外，还要考虑施工需要的附加钢筋，如钢筋撑脚、撑铁等。

四、钢筋切断

1. 切断机具

常用钢筋切断机具的技术性能如表 2-29 所示。

在缺乏机具设备时，也可采用断丝钳（剪丝钳）、手动切筋器（切断直径 <16mm 的钢筋）、人工剋子（配合大锤剁断直径 6 ~ 32mm 的钢筋），当钢筋直径 >40mm 时可用氧炔焰切割，但不得用电弧切割。

钢筋切断机技术性能　　表 2-29

机械名称	型号	切断直径 (mm)	最大切断次数 (次/min)	工作压力 (MPa)	最大行程 (mm)	电机功率 (kW)	外形尺寸 (长×宽×高) (cm)	质量 (kg)
电动切筋机	GJ_5-40 (QJ_{40})	6 ~ 40	32	—	—	7.5	177 × 70 × 83	950
电动切筋机	GJ_5-40-1 (QJ_{40}-1)	6 ~ 40	25	—	—	5.5	140 × 60 × 78	450
液压切筋机	GJ_{sy}-32 (QJ_{32}-1)	8 ~ 32	—	45.5	28	3	90 × 40 × 41	150
手动液压切筋机	GJ_{sy}-16 (SYJ_{16})	<16	—	22	30	—	46（压杆长）	6.3

2. 切断注意事项

断料前，应根据钢筋配料单复核钢筋种类直径、尺寸、根数，然后依据钢筋原材料长度将同规格的钢筋，按配料单下料长度，进行长短搭配、统筹排料。一般应先断长料，后断短料，尽量减少接头，降低损耗。进行长度测量时，尽量避免使用短尺，以减少累计误差。

3. 质量要求

（1）钢筋的断口不得有马蹄形或起弯现象。

（2）钢筋长度应力求准确，其允许偏差应符合有关规范的规定。

五、钢筋弯曲成形

1. 机具设备

1）人工弯曲成形

在缺乏钢筋弯曲机或弯曲工作量不大时，可采用人工弯曲成形，需配备下列工具：

（1）工作台。用于弯曲细钢筋，可用厚木板或钢板制板，台面大小 400cm × 80cm，高 90 ~ 100cm。

（2）手摇板。其为弯曲直径 <12mm 钢筋的主要工具，由一块钢板底盘和板柱（钢筋柱）、扳手（摇手）组成，一次可弯制细钢筋 1 ~ 4 根。

（3）卡盘。其为弯粗钢筋的主要工具之一，由一块钢板底盘和板柱（ϕ20 ~ 25mm 钢筋）组成，底盘固定在工作台上。

(4)钢筋扳子。其主要与卡盘配合使用,常用的横口扳子,其扳口应比弯制的钢筋大2mm。应配备弯制不同直径的扳子。

2)钢筋弯曲机

常用钢筋弯曲机技术性能如表2-30所示。

常用钢筋弯曲机技术性能 表2-30

型　号	弯曲钢筋直径(mm)	工作盘转速(r/min)	每次弯曲根数(根数×直径)	电机功率(kW)	外形尺寸(长×宽×高)(cm)	质量(kg)
GJ_{7-40} (WJ_{40-1})	6~40	14(高速) 7.2(中速) 3.7(低速)	4~6×φ10~12 3~4×φ14~16 2~3×φ18~20 1×φ22~40	2.8	91×87×74 78×70×68 91×78×67	435
四头弯箍机	4~12	31	10×φ4 6×φ6 3×φ8 2×φ10 1×φ12	3	170×168×85	

3)螺旋形钢筋成形

小直径的螺旋筋一般采用机动滚筒或手摇滚筒旋转成形。其工艺是按照螺旋展开的直线长度切断的钢筋,插进一个末端带偏心棒转动着的轴,就能绕制一个螺旋形钢筋,绕制完毕可拔下,再进行第二个。出于钢筋有弹性,滚筒直径应比螺旋筋内径略小,参考表2-31。

滚筒直径与螺旋钢筋圈内直径关系 表2-31

螺旋筋圈内径(mm)													
	φ6	288	360	418	485	575	630	700	760	845	—	—	—
	φ8	270	325	390	440	500	565	690	690	765	820	885	965
滚筒外径(mm)		260	310	365	410	460	510	600	600	660	710	760	810

2. 弯曲成形工艺

(1)弯曲前,应熟悉弯曲加工的钢筋规格、形状和各部尺寸,以便确定弯曲的先后次序和准备工具等。

(2)画线。弯曲形状比较复杂的钢筋,应在弯曲前将钢筋的各段尺寸画在钢筋上。画线应按照前面钢筋配料中所述,依照弯曲的类型、弯曲角度的伸长值、弯曲的曲率半径、弯曲工具(扳距)等因素综合计算后画出。

画线时应注意:

①根据不同的弯曲角度从相邻两段长度中将钢筋弯曲伸长值(表2-26)各扣一半。

②钢筋端部长度带半圆弯钩时,该段长度应增加0.5 d(d 为钢筋直径);画线工作应从钢筋中线开始向两端进行,两端不对称的钢筋也可从钢筋的一端开始画线,如画到另一端与切料长度有出入时,应予调整。

3. 质量要求

(1)钢筋形状正确,平面上无翘曲现象。

(2)钢筋弯曲点处不得有裂缝,故对 HRB335 及以上钢筋,不能弯过头再弯回来。

(3)钢筋弯曲成形后允许偏差为:全长 ±10mm,弯起钢筋各部尺寸 ±20mm,弯起钢筋的弯起高度 ±5mm,箍筋、螺旋筋各部尺寸 ±5mm。

第四节　钢筋冷拉和冷拔

一、钢筋冷拉

1. 概述

钢筋冷拉是将 HRB335、HRB400、HRB500 热轧钢筋在常温下进行强力拉伸,使其应力超过屈服点,但小于抗拉强度,然后放松。在放松过程中,钢筋将产生塑性变形,其屈服点将提高(一般可提高 20% ~25%),流幅缩短,伸长率减少,塑性有所降低。

钢筋冷拉后,因屈服点提高,故可节约钢材,冷拉时还可同时完成除锈和调直工作,简化施工工序。

冷拉 HPB235 钢筋可用于房建钢筋混凝土结构中的受拉钢筋,但直径 >12mm 的 HPB235 钢筋不得利用其冷拉后提高的强度。冷拉 HRB335、HRB400、HRB500 钢筋可用作预应力混凝土结构的预应力钢材。在承受冲击荷载的动力设备基础中不得使用冷拉钢筋。

2. 冷拉机具设备

冷拉设备目前尚无定型机具,一般由拉力装置钢筋夹具及测量装置等组成,如图 2-7 所示。

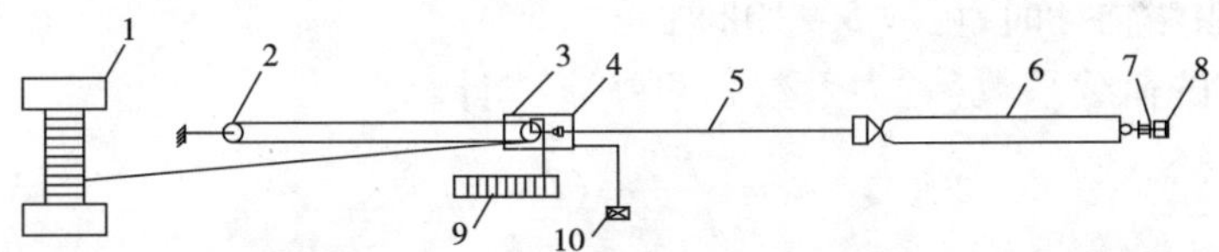

图 2-7　钢筋冷拉装置示意图

1-卷扬机;2-滑车组;3-冷拉小车;4-钢筋夹具;5-钢筋;6-连接杆;7-地锚;8-测力计;9-标尺;10-回程荷载架

拉刀装置主要由卷扬机、滑车组、钢丝绳和张拉小车组成。当缺乏卷扬机时,可使用长冲程液压千斤顶、丝杠等代替。

当拉力较大时,承力结构可采用钢筋混凝土压杆,当拉力较小或在临时性工地可采用地锚。

测量装置包括拉伸长度测量和应力测量。拉伸长度测量可用标尺;如需自动控制,可先根据冷拉钢筋的长度及冷拉率计算出钢筋的拉伸长度,并设置限位器,当张拉小车碰到限位器时,卷扬机的电动机即自动停车。应力测量可采用电子测力器、附有油表的液压千斤顶或弹簧测力器。

3. 钢筋冷拉的控制

为了使钢筋冷拉时不致发生被拉断或拉力不够而达不到提高强度的要求,在钢筋冷拉时必须进行应力或拉伸率的控制。其冷拉参数应符合表 2-32 的规定。

钢筋冷拉参数 表 2-32

钢筋种类	双控		单控
	控制应力(MPa)	冷拉率(δ_{10})不大于(%)	冷拉率(δ_{10})不大于(%)
HPB235	—	—	10
HRB335	450	5.5	3.5~5.5
HRB400	530	5.0	3.5~5.0
HRB500	750	4.0	2.5~4.0

注:①冷拉 HPB235 钢筋用于钢筋混凝土,其直径范围为 6~12mm。

②冷拉 HRB335、HRB400、HRB500 钢筋用于预应力混凝土,HRB335、HRB400 钢筋直径范围为 6~40mm;HRB500 钢筋直径范围为 6~28mm。

③用单控方法冷拉钢筋时,其控制冷拉率应由试验确定。当试验冷拉率不小于表中下限时,控制冷拉率应按下限值采用,同时控制冷拉率也不应大于表中规定的上限。

④冷拉钢筋若由多根钢筋串联组成,除按总长控制的冷拉率应符合本表注③的规定外,还宜分别测定各根钢筋的冷拉率;当采用单控方法时,不得超过本表规定的上限值,而允许低于下限值;当采用双控冷拉方法时,不应超过本表规定的限值。

⑤冷拉钢筋的拉力值,应为钢筋冷拉时的控制应力值乘以钢筋冷拉前的公称截面面积。

⑥钢筋的冷拉加荷速度不宜过快,宜控制在 5MPa/s 左右,冷拉至控制应力时,应停置 1~2min 再放松。

⑦冷拉后的钢筋应按延伸率大小分组堆放,以备编束时选用。

4.设备能力和测力计负荷计算

1)设备能力计算

卷扬机冷拉设备产生的能力 Q 可按下式计算:

$$Q = \frac{s}{a} - F \tag{2-4}$$

式中:s——卷扬机牵引力(kN);

F——设备阻力,由冷拉小车与地面摩擦阻力及回程装置阻力等组成,应由实测确定,粗略估计时,可取 5~10kN;

a——滑车的荷载系数(省力系数),可按下式计算,

$$a = \frac{f^{m-1}}{f^m - 1}(f - 1) \tag{2-5}$$

f——单个滑车的阻力系数,对青铜套轴的滑车,$f = 1.04$;

m——滑车组工作线数。

2)测力计负荷计算

当电子秤或液压千斤顶设置在张拉端滑车处时,则测力计负荷 P (N)可按下式计算:

$$P = (1 - a)(\sigma \cdot A_g) + F \tag{2-6}$$

式中:σ——钢筋冷拉应力(MPa);

A_g——冷拉钢筋的截面面积(mm^2)。

当测力计设置在固定端时,测力计负荷 P' (N)可按下式计算:

$$P' = \sigma \cdot A_g - F' \tag{2-7}$$

式中:F'——由固定端连接器及测力装置产生的摩阻力(N),按实测确定,一般可采用 5 000N。

3)冷拉线速度计算

钢筋冷拉时线速度 v (m/min)可按下式计算:

$$v = \frac{\pi D n}{m} \tag{2-8}$$

式中:D——卷扬机卷筒直径(m);

n——卷扬机卷筒转速(r/min);

m——滑车组工作线数。

钢筋冷拉线速度,根据经验以不大于1m/min为宜(细钢筋调直时不受此限制)。

5.冷拉注意事项

(1)冷拉前应对测力器和拉伸设备进行计算、校验与复核,是否与钢筋的最大冷拉力相适应,不得使设备超载运转。

(2)钢筋伸长值的测量起点,以卷扬机或千斤顶拉紧钢筋(约为冷拉应力的10%)时为准。

(3)预应力钢筋应先对焊后冷拉,以免因焊接而降低冷拉后的强度,并可检验对焊接头质量。

(4)钢筋冷拉时,如焊接接头被拉断,可重新焊接后再冷拉,但一般不得超过两次。

(5)定期检查地锚是否稳固,卷扬机、测力器、信号装置、钢丝绳、夹具、滑车组等是否正常。

(6)冷拉台座两端应设置安全防护设施。冷拉时严禁在冷拉线两端站人,或跨越、触动正在冷拉的钢筋。

(7)在冬期冷拉钢筋时,其温度不宜低于-20℃。如采用控制应力和冷拉率双控制方法时,冷拉控制应力可较常温时予以提高,提高值应经试验确定,但不得超过30MPa。以冷拉率单控制时,其冷拉率与常温相同。

6.质量检验

(1)外观检查冷拉钢筋表面不应发生裂纹、鳞落、断裂或局部缩颈现象。

(2)力学性能试验。冷拉钢筋应分批验收,当直径≤12mm时,每批数量不得大于10t;当直径≥14mm时,每批数量不得大于20t。每批钢筋的级别和直径均应相同。

每批钢筋外观检查合格后,再从不同的3根钢筋上各取一套试件进行拉力试验(屈服点、抗拉强度、伸长率)和冷弯试验。如有一项试验结果不符合表2-33冷拉钢筋的力学性能要求,则另取双倍数量的试件重做全部各项试验,如仍有一根试件不合格,则该批钢筋为不合格品。

冷拉钢筋力学性能 表2-33

项次	钢筋种类	直径(mm)	屈服点(MPa)	抗拉强度(MPa)	伸长率 σ_{10}(%)	冷弯:d=弯心直径,a=钢筋直径	
			不小于			弯心直径	弯曲角度
1	HPB235	6~12	280	380	11	$d=3a$	180°
2	HRB335	8~25 28~40	450	520 500	10	$d=3a$ $d=4a$	90° 90°
3	HRB400	8~25 28~40	530	580	8	$d=3a$ $d=4a$	90° 90°
4	HRB500	10~25 28	750	850	6	$d=5a$ $d=6a$	90° 90°

二、钢筋冷拔

1. 概述

冷拔是在常温下将直径 6～10mm 的光面 HPB235 钢筋，通过几次直径逐渐减小的硬质钨合金钢拔丝模孔，用强力拉拔成较原直径小的钢丝。冷拔后的钢丝没有明显的屈服点和流幅。与冷拉相比，冷拉是纯拉伸的线应力，冷拔是拉伸与压缩兼有的复杂应力。钢筋冷拔后，横断面缩小，纵向拉伸，抗拉强度可提高 40%～90%，塑性降低，硬度提高，呈硬钢性质，可大量节约钢材。经冷拔后的钢筋，称为冷拔低碳钢丝，按强度大小可分为甲级和乙级（表 2-34），甲级可用作中小型预应力构件中的预应力筋，乙级可用于焊接网、焊接骨架、架立筋、箍筋和构造钢筋等。

冷拔低碳钢丝的力学性能 表 2-34

钢筋级别	直径（mm）	抗拉强度（MPa）		伸长率（%）	冷弯	备注
		Ⅰ组	Ⅱ组			
		不小于				
甲级	3	750	700	2	反复冷弯	伸长率标距为 100mm
	4	700	650	3	180°，4 次	
	5	650	600	3		
乙级	3～5	650		2		

2. 冷拔机具设备

（1）拔丝机。拔丝机分立式、卧式两种。前者占地小，以机械卸丝，宜用于专业拔丝厂；后者构造简单，以人工卸丝方便，宜用于建筑工地。拔丝机的卷筒直径为 450～600mm，转速为 30～40r/min，电动机功率为14～30kW。

（2）拔丝模。用钨钢制成，模孔的磨光度要高，锥孔角度为 14°～16°，模孔直径应根据所拔钢丝每道压缩后的直径选用，最后一道模孔直径宜比成品钢丝直径小 0.1mm。拔丝模示意如图 2-8 所示。

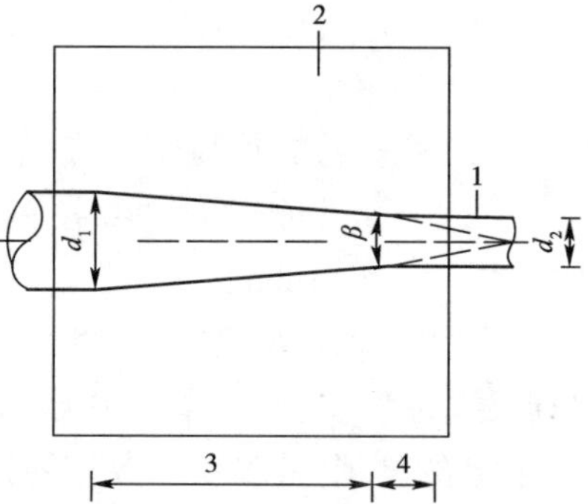

图 2-8 钢筋拔丝模示意图

1-钢筋；2-拔丝模；3-定径段；4-工作段；β-锥孔角度；d_1-钢筋拔前直径；d_2-钢筋拔后直径

（3）剥壳装置。拔丝前须将钢筋表面的锈膜除去，因其硬度高，易磨损模孔，此工序俗称剥壳。剥壳装置的构造一般采用 2～3 个槽轮，单向错开布置，槽轮直径为钢筋直径的 15～20 倍，钢筋在槽轮上的抱角≥135°。钢筋卧式冷拔装置如图 2-9 所示。

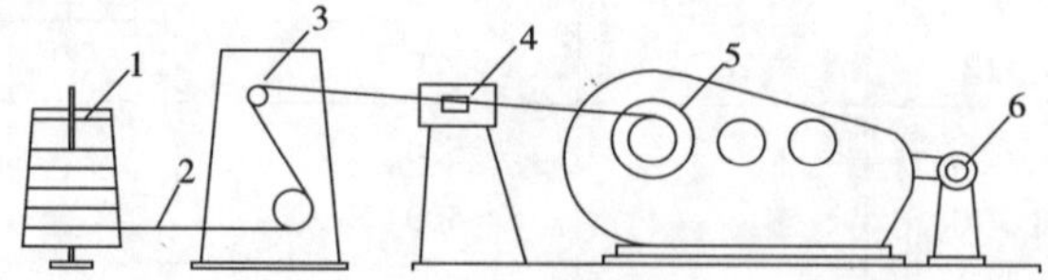

图 2-9 钢筋卧式冷拔装置示意图

1-盘圆钢筋架；2-钢筋；3-剥壳装置；4-拔丝模；5-绕丝筒；6-电动机

（4）轧头机。为了方便钢筋穿过拔丝模，钢筋前面一段要用轧头机轧细。轧头机内有上下一对轧轮，两个轧轮上有 2～7mm 不同直径的半圆槽，其轧辊直径为 100～120mm，长度为 140 ~ 180mm，半圆槽表面硬度为 HRC59 ~ 62，轧辊转速为 35 ~ 45r/min，电动机功率为 1.5 ~ 22kW。钢筋放入对应直径的圆槽内反复轧细，直至钢筋能穿过拔丝模。

此外，还需要配备 UN1 – 25 型对焊机作接长钢筋用，旋转架作放置钢丝用，夹具及链条将钢丝固定在卷筒上。

3. 冷拔工艺

钢筋冷拔工艺过程是除锈、轧头、拔丝等。

(1)除锈：钢筋除锈可采用前述的剥壳装置，或者使钢筋通过与其直径基本相同的旧拔丝模以机械方式除锈；亦可采用酸洗方法，将钢筋浸入温度为 50 ~ 60℃、浓度为 30% ~ 10% 的硫酸或盐酸溶液中，浸入时间视钢筋被氧化的程度而定，一般为 10 ~ 20min，然后用水洗去酸液，再浸入石灰肥皂水(通常 100kg 石灰加 15 ~ 20kg 动物油和 3kg 皂粉，再掺 350 ~ 400kg 水)池里，中和钢筋表面残留酸液，最后取出烘干。

(2)轧头：将盘圆钢筋放在转架上，将长约 20cm 的钢筋端头，放在轧头机上的压辊中逐组轧细，使端头便于穿过拔丝模孔。

(3)拔丝：可采用前述的立式或卧式拔丝机进行。

4. 冷拔注意事项

(1)对钢号不明或无出厂证明的钢材，应在拔丝前取样检验。扁圆的、带刺的、太硬的或潮湿的钢筋不得勉强拔制，以免影响钢丝质量和损害拔丝模具。

(2)由盘条拔至钢丝的横截面总压缩率 β (%)可按下式计算：

$$\beta = \frac{D^2 - d^2}{D^2} \times 100 \quad (2\text{-}9)$$

式中：D——盘条钢筋直径(mm)；

d——成品钢丝直径(mm)。

总压缩率越大，抗拉强度提高越多，塑性也越差。为了保证冷拔低碳钢丝强度和塑性相对稳定，必须控制总压缩率在 60% ~80%。

(3)冷拔次数不宜过多，否则会使钢筋发脆，影响伸长率，降低生产效率。但也不宜过少，否则会使压缩量过大，易发生断丝和设备安全事故。一般可使后道钢丝直径 = 前道钢丝直径 ×(0.85 ~0.90)的规律来确定拔丝次数。例如：

由 ϕ8mm 拔至 ϕ5mm 时，其过程可为：ϕ8mm→ϕ7mm→ϕ6.3mm→ϕ5.7mm→ϕ5mm，拔 4 次。

由 ϕ6.5mm 拔至 ϕ4mm 时，其过程为：ϕ6.5mm→ϕ5.5mm→ϕ4.6mm→ϕ4mm，拔 3 次。

由 ϕ6.5mm 拔至 ϕ3mm 时，其过程为：ϕ6.5mm→ϕ5.5mm→ϕ4.6mm→ϕ4mm→ϕ3.5mm→ϕ3.0mm，拔 5 次。

钢筋连续冷拔一般不宜超过 3 次。如需再拔，应采用低温退火处理，消除钢筋内应力，使钢筋变软，方法是将钢筋放入加热炉中缓慢加热至 600 ~ 800℃，保温一定时间后即取出埋入砂中，使其缓慢冷却，冷却速度不宜大于 150℃/h。

(4)拔丝速度宜控制在 50 ~ 70m/min。

(5)冷拔操作前，应对机械设备进行全面检查，一切符合要求后才可开始正式操作。

(6)轧头时，两手应离开轧头机 30 ~ 50cm，由大到小逐级轧压，不准轧压超过机械规定直径的钢筋。

(7)卷丝筒用链条挂料时,操作人员要离开链条甩动范围。

(8)拔丝机运转过程中,注意力要集中、靠近电源开关,发生异常情况时,应立即切断电源停车,防止发生设备损坏和伤人事故。

5. 质量要求

冷拔低碳钢丝的检查验收应符合下列规定:

(1)外观检查。应逐盘检查,钢丝表面不得有裂纹或机械损伤。

(2)力学性能检验。钢丝应逐盘检验。从每盘钢丝上任一端裁取两个试体分别做拉力(包括屈服点、抗拉强度、伸长率)和反复弯曲试验,并按其抗拉强度对照表 2-34 确定该盘钢丝的级别和组别。进行弯曲试验后,钢丝不得有裂纹、鳞落或断裂现象。

第五节　钢筋网、架的绑扎与安装

一、钢筋绑扎的准备工作

1. 熟悉施工图纸

施工前应明确施工图纸上各个单根钢筋的形状及各个细部尺寸,确定各类结构的绑扎程序。如发现图纸有小错误或不合理之处,应及时与有关技术人员联系解决。

绑扎形式复杂的结构图纸,应先研究逐根钢筋穿插就位的顺序,并与其他工种研究支模管线和钢筋绑扎等的配合次序、施工方法和施工进度要求。

2. 核对钢筋配料单和料牌

在熟悉施工图纸过程中,应同时核对配料单和料牌,核对成品钢筋的钢号、直径、形状、规格尺寸和数量是否正确,如有错漏,应及时纠正、增补。

3. 绑扎材料和工具的准备

(1)绑扎钢筋用的材料常用 $\phi1.2\sim0.7$mm(18 ~ 22 号)的钢丝(火烧丝)或镀锌钢丝(铅丝)。钢丝规格根据绑扎的两种钢筋直径而定,可参考表 2-35。

绑扎钢筋所需钢丝长度　　表 2-35

钢筋直径(mm)	3 ~ 5	6 ~ 8	10 ~ 12	14 ~ 16	18 ~ 20	20	26	28	32
3 ~ 5	12	13	15	17	19	—	—	—	—
6 ~ 8	—	15	17	28	22	25	27	29	32
10 ~ 12	—	—	19	22	25	27	29	31	34
14 ~ 16	—	—	—	25	27	29	31	33	36
18 ~ 20	—	—	—	—	29	31	33	35	35
20	—	—	—	—	—	33	35	37	40

注:①绑扎直径 12mm 以下的钢筋时用 22 号钢丝;绑扎直径 12 ~ 25mm 的钢筋时用 20 号钢丝;绑扎直径 25mm 以上的钢筋时用 18 号钢丝。

②本表是绑扎两根钢筋所需钢丝长度,若有两根相同规格的钢筋与其他规格者一根相绑,可按同直径的 1.5 倍与其他钢筋相绑查表。

③因钢丝是成盘供应的,故习惯上按每盘钢丝周长的几分之一来切断。

(2)常用的绑扎工具有钢筋钩、带扳口的小撬棍、绑扎架等。钢筋钩以带活动旋把的较省力，可提高绑扎效率。

(3)除上述材料和工具以外，还要准备为保证保护层厚度和钢筋相对位置的水泥垫块、撑铁等。

4. 了解施工条件

若在现场进行钢筋绑扎，则必须事先了解施工现场条件，如模板支撑、运行道路、钢筋及其半成品堆放地点、混凝土垫层、结构中心线及高程、各种管道线路、预埋铁件等是否均符合要求。

二、钢筋网、架的绑扎

钢筋网片、骨架的绑扎，应尽可能采用先绑扎预制，后安装的方法。预制绑扎和现场模内绑扎的方法基本相同。前者可在较理想的条件下进行，不占结构主体施工时间；而后者有时受到各种条件的限制，增加了工作的难度。

1. 预制钢筋网的绑扎

垂直或下面的钢筋网可用一面顺扣绑扎。预制钢筋网小型的可在工作台或平台上进行。大型的、面积比较大的钢筋网，可在地坪上画线，然后绑扎。面积比较大的钢筋网，为防止在运输、安装过程中发生歪斜和变形，可加绑斜筋。斜筋一般可采用 ϕ 10mm 的钢筋，钢筋网的交叉点可以隔一根绑一处（纵横两向），但在外围纵横各两行的交叉点，每处都应绑扎。每根钢筋上的交叉点宜尽量绑扎成八字式。

大量生产同规格的钢筋网时，宜采用样板。样板为按钢筋分布距离刻有凹槽的木板，连成方框（纵向与横向的刻槽高差为一根钢筋直径），当钢筋排列在刻槽中时，即成尺寸准确的钢筋网。

2. 预制钢筋骨架绑扎的工序

(1)选择预制绑扎场地，一般可设置在钢筋加工场或使用钢筋骨架附近的空地上。

(2)根据骨架类型布置三角形钢筋绑扎架。绑扎架横杆长度要大于骨架宽度。每对绑扎架横杆间距离（纵向距离）一般不宽超过 4m。绑扎架横杆的高度以适合操作为准。

(3)将梁的受拉纵钢筋和弯起钢筋搁在横杆上，梁的钢筋一般是倒置绑扎的，放其弯起钢筋也倒着放置，即受拉钢筋的弯钩和弯起钢筋的弯起部分朝下。

(4)根据图纸上规定的箍筋间距在受拉钢筋上画线，从中间向两边施画，使钢筋在两端的间距均匀。

(5)将全部所需的箍筋从受拉纵钢筋的一端套入，按线距将箍筋摆开，并将受拉钢筋、弯起钢筋和箍筋这一面全部绑扎完毕。

(6)将已绑好的纵钢筋、弯起钢筋和箍筋随横杆向上抬高一步，然后穿入架立钢筋（图纸上梁上部的纵向钢筋）并与箍筋绑扎。

(7)待绑扎点全部绑扎完毕，抽去横杆，梁骨架落地，上下翻身，梁骨架即全部绑扎完成。

3. 预制钢筋骨架绑扎注意事项

(1)除设计有特殊规定者外，梁和柱的轴筋应与主筋垂直。

(2)柱中竖向钢筋搭接时，角部的钢筋弯钩应与模板成 45°角（如柱为多边形，弯钩和箍筋相交处两侧的夹角应相等），中间钢筋的弯钩应与模板成 90°角；但使用插入式振捣器浇筑小型截面的混凝土柱时，弯钩与模板所成的角度应不小于 15°。

(3)箍筋弯钩叠合处的末端应向梁内或柱内弯曲；在梁内的箍筋接头应沿梁长方向置于上面并交错布置；在柱中应沿柱高方向交错布置；对方柱还必须位于箍筋与柱角竖向钢筋交接点上；但有交叉式箍筋的大截面柱，其接头可位于箍筋与任何一根中间纵向钢筋的交接点上。

(4)圆柱或圆管涵螺旋箍筋的起点和终点应分别绑扎在纵向钢筋上。

(5)箍筋的转角与钢筋的交接点均应绑扎，但箍筋的平直部分和钢筋的相交点可成梅花式交错绑扎。

(6)钢筋骨架在预制时，要注意骨架外形尺寸正确，避免在入模安装时发生困难。

三、预制钢筋网、架的安装

1. 焊接钢筋网、架的安装

当钢筋混凝土构件中的钢筋网、架是单片或单个时，只需将焊接的网、架放入控模内，并按规定垫好保护层垫块，即可进行下一道工序。如使用多片，多个焊接钢筋网、架的构件或在现浇结构中安装焊接钢筋网架，则应注意下列事项：

(1)每个钢筋网片、骨架的大小及质量应视设计要求和起重运输能力而定。

(2)焊接网、架沿受力钢筋方面的搭接接头，宜置于构件弯矩较小部位，如简支板中，钢筋搭接接头位置宜设置在跨度两端各 1/4 跨长范围内。

(3)焊接网、架绑扎接头的最小搭接长度如表 2-36 所示。

(4)受力钢筋的绑扎接头位置应相互错开。在受力钢筋直径 30 倍区段范围内(不小于 50cm)，有绑扎接头的受力钢筋截面面积占受力钢筋总截面面积的百分率，在受拉区不得超过 25%，在受压区不得超过 50%。

焊接网、架绑扎接头的最小搭接长度 表 2-36

混凝土强度等级	钢筋类别	受拉区	受压区
≥	HPB235	$25d$	$15d$
	HRB335	$30d$	$20d$
	冷拔低碳钢丝	250mm	200mm

注：① d 为受力钢筋直径。

②当混凝土强度等级为 C15 时，除冷拔低碳钢丝外，搭接长度应按表中数值增加 $6d$。

③搭接长度除应符合本表要求外，在受拉区不得小于 250mm，在受压区不得小于 200mm。

(5)焊接网在构件宽度内，其接头位置应错开。在受力钢筋直径 30 倍区段范围内(不小于 50cm)，有绑扎接头的受力钢筋截面面积不得超过受力钢筋总截面面积的 50%。

(6)在轴心受拉和小偏心受压的构件(板和墙除外)不得采用搭接接头。

(7)如焊接网、架中受力钢筋是经冷拉加工的钢筋，则焊接网、架接头不允许采用电弧焊接。

2. 绑扎钢筋网、架的安装

同焊接钢筋网、架安装一样，当钢筋混凝土构件中的钢筋网、架是单片或单个时，只需将焊接的网、架放入模内，并按规定垫好保护层垫块，即可进行下一道工序。但当多片或多个预制绑扎钢筋网、架(主要是多个钢筋骨架)在一起组合使用时，则应注意下列事项：

(1)应注意节点组合处的交错和搭接，例如在主梁与次梁的上部纵向钢筋相遇处，次梁钢筋应放在主梁钢筋上面；主梁与横梁钢筋相遇，主梁钢筋应放在横梁钢筋上面。

(2)为防止绑扎好的钢筋网、架在运输和吊装时发生歪斜变形，应采取临时加固措施，一般是增加绑扎斜撑等临时杆件。

(3)要根据钢筋网、架的尺寸、质量及刚度正确决定其吊点位置和数量。长宽大于1m的水平钢筋网宜采用4点起吊；跨度小于6m的钢筋骨架宜采用2点起吊；跨度大、刚度差的钢筋骨架宜采用横吊梁(铁扁担)4点起吊。为了防止吊装时骨架变形，吊钩可钩挂在钢筋骨架内的短钢筋上。

(4)绑扎钢筋网与钢筋骨架的交接处，可采用钢筋现场绑扎的做法。

3. 模内钢筋的绑扎安装

当预制绑扎钢筋网、架质量很大，受到运输、起吊条件限制，或钢筋网、架刚度太差，安装过程中容易发生变形损坏，或有些构件构造复杂，不宜预制后吊运到模内安装，则须采用将各根钢筋运到现场在模内绑扎安装的方法。在模内绑扎安装钢筋时，应注意下列事项：

(1)要注意各根钢筋安装、绑扎的顺序。

(2)对梁式结构，一般是先把受力的长钢筋就位，其次套上箍筋，初步绑扎成骨架，最后完成各个绑扎点。

(3)对墩、柱式结构，一般是先绑扎墩柱下端，立好竖柱，套好环筋，初步形成墩柱骨架，再完成各个绑扎点，然后继续向上接长竖向钢筋，按上述工序继续进行。

(4)对刚架桥结构，一般是先绑墩柱，其次是主梁、横梁(横隔板)，最后是桥面板钢筋。

(5)对一些钢筋种类、数量繁多，形状复杂，高程重叠的结构，应结合具体情况，逐根为钢筋编号，确定绑扎顺序，按顺序绑扎，以免造成错绑、漏绑或钢筋穿不进去，造成返工。

四、钢筋网、架绑扎安装的质量要求

安装钢筋时，配置的钢筋级别、直径、根数和间距均应符合设计要求。绑扎或焊接的钢筋网和钢筋骨架不得有变形、松脆和开焊，钢筋位置的偏差不得超过表2-37的规定。

钢筋安装位置的允许偏差 表2-37

项次	项目		允许偏差(mm)
1	两排以上受力钢筋，钢筋的排距		±5
2	同一排受力钢筋，钢筋的间距	梁、板、拱肋	±10
		基础、墩、台、柱	±20
3	钢筋弯起点位移		±20
4	箍筋、横向钢筋间距		±10
5	焊接预埋件	中心线位移	5
		水平高差	±3
6	保护层厚度	墩、台、基础	±10
		柱、梁、板、拱肋	±5

第六节　钢筋加工车间的工艺布置

一、钢筋加工工艺的选择

将原材料钢筋加工成各种形式的成品钢筋,必须将钢筋加工过程中的各个加工工序按一定的方式和顺序组合起来,形成完整的钢筋加工工艺流程。钢筋加工工艺的选择应根据工程任务的特点、设备条件、运输状况、施工习惯和原材料供应方法等而定。选择合理地钢筋加工工艺要能达到减轻劳动强度、改善劳动条件、提高生产效率、节约钢材和保证钢筋加工质量的目的。钢筋加工工艺的选择,还应考虑加工车间的规模与形式,以及生产的钢筋混凝土构件的品种与类型,一般可确定如下。

1. 半永久性加工工场

半永久性加工工场一般设置在区域性混凝土构件厂内,担任区域内桥涵或大桥的构件成品及半成品钢筋的加工,对粗钢筋的接长宜采用对焊工艺;所有钢筋均进行冷拉,可提高钢筋强度、节约钢材,并在冷拉过程中可以对钢筋调直、除锈;钢筋网片和小型钢筋骨架尽量采用点焊工艺,可减少钢筋弯钩长度和绑扎用钢丝。

2. 临时性加工工场

通常桥梁工地的构件钢筋加工数量不多,桥梁工地可设置临时车间进行钢筋加工。一般按钢筋实际所需加工项目的机具,选择适当工艺。

二、钢筋车间的工艺布置

钢筋车间的工艺布置,是根据钢筋车间规模及其服务范围确定的。对于永久性或半永久性加工车间,可以布置自动化程度较高的预应力钢筋对焊、墩粗、冷拉生产线和点焊网片生产线,同时还布置一般钢筋冷拉、调直、对焊、切断、弯曲成形、焊接组装绑扎骨架的生产线,如有需要还可设置粗钢筋的大吨位冷拉台座。

对于临时性钢筋加工场,通常只布置一般钢筋的冷拉、调直、对焊、切断、弯曲成形、焊接组装、绑扎骨架的生产线,有需要时也布置冷拉和点焊钢筋网片的生产。

临时性钢筋加工车间布置示意如图 2-10 所示。

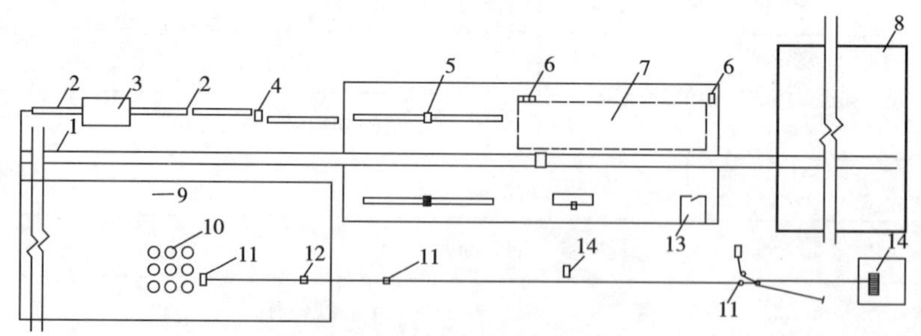

图 2-10　临时性钢筋加工车间示意图

1-轻轨;2-工作台;3-对焊机;4-钢筋切断机;5-钢筋弯曲机; 6-电焊机;7-成形间;8-成品库;9-原材料钢筋库;10-盘圆钢筋;11-地锚;12-冷拉小车;13-办公室;14-卷扬机

第三章 混凝土

第一节 混凝土的组成材料

一、水泥

1. 常用水泥的种类和组分

我国常用水泥有硅酸盐水泥、普通硅酸盐水泥、矿渣硅酸盐水泥、火山灰质硅酸盐水泥、粉煤灰硅酸盐水泥和复合硅酸盐水泥。各品种水泥的组分和代号应符合表3-1的规定。

2. 常用水泥的强度等级

(1)硅酸盐水泥的强度等级分为42.5、42.5R、52.5、52.5R、62.5、62.5R六个等级。普通硅酸盐水泥的强度等级分为42.5、42.5R、52.5、52.5R四个等级。矿渣硅酸盐水泥、火山质硅酸盐水泥、粉煤灰硅酸盐水泥、复合硅酸盐水泥的强度等级分为32.5、32.5R、42.5、42.5R、52.5、52.5R六个等级。

(2)通用硅酸盐水泥使用范围:P.Ⅰ62.5、P.Ⅱ 62.5R、P.Ⅰ52.5R、P.Ⅱ 52.5R配制高强度等级、超高混凝土强度等级和大跨度梁架等。P.O 42.5R、P.O 42.5、P.C 42.5R、P.C 42.5适用于桥梁、码头、道路、高层建筑等各种建筑工程。P.C 32.5R、P.C 32.5适用于一般工业与民用建筑。

3. 常用水泥的常规检测指标

细度(筛分析和比表面积)是指水泥颗粒的粗细程度。水泥颗粒越细,硬化得越快,早期强度也越高。凝结时间是水泥加水搅拌到开始凝结所需的时间称为初凝时间,从加水搅拌到凝结完成所需的时间称为终凝时间。体积安定性是指水泥在硬化过程中体积变化的均匀性能。标准稠度是指水泥净浆对标准试杆的沉入具有一定阻力时的稠度。水泥胶砂强度应符合国家标准。

4. 常规指标的试验方法和技术要求

(1)水泥标准稠度用水量、凝结时间和安定性试验按《水泥标准稠度用水量、凝结时间、安定性检验方法》(GB/T 1346—2011)进行试验。硅酸盐水泥初凝时间不小于45min,终凝时间不大于390min。普通硅酸盐水泥、矿渣硅酸水泥、火山质硅酸盐水泥、粉煤灰硅酸盐水泥和复合硅酸盐水泥初凝不小于45min，终凝不大于600min。水泥的安定性采用沸煮法检验合格。

各品种水泥的组分和代号 表3-1

品 种	代号	组 分				
		熟料+石膏	粒化高炉矿渣	火山灰质混合材料	粉煤灰	石灰石
硅酸盐水泥	P. Ⅰ	100	—	—	—	—
	P. Ⅱ	≥95	≤5	—	—	—
		≥95	—	—	—	≤5
普通硅酸盐水泥	P. O	≥80且<95	>5且≤20[a]			
矿渣硅酸盐水泥	P. S. A	≥50且<80	>20且≤50[b]	—	—	—
	P. S. B	≥30且<50	>50且≤70[b]	—	—	—
火山灰质硅酸盐水泥	P. P	≥60且<80	—	>20且≤40[c]	—	—
粉煤灰硅酸盐水泥	P. F	≥60且<80	—	—	>20且≤40[d]	
复合硅酸盐水泥	P. C	≥50且<80	>20且≤50[e]			

注：①本表参照《通用硅酸盐水泥》（GB 175—2007）编制。

②a表示本组分材料为符合本标准活性混合材料，其中允许用不超过水泥质量8%且符合本标准非活性混合材料或不超过水泥质量5%且符合本标准窑灰代替。

③b表示本组分材料为符合《用于水泥中的粒化高炉矿渣》（GB/T 203—2008）或《用于水泥和混凝土中的粒化高炉矿渣粉》（GB/T 18046—2008）的活性混合材料，其中允许用不超过水泥质量8%且符合本标准活性混合材料或符合本标准非活性混合材料或符合本标准窑灰中的任一种材料代替。

④c表示本组分材料为符合《用于水泥中的火山灰质混合材料》（GB/T 2847—2005）的活性混合材料。

⑤d表示本组分材料为符合《用于水泥和混凝土中的粉煤灰》（GB/T 1596—2005）的活性混合材料。

⑥e表示本组分材料为由两种（含）以上符合本标准活性混合材料或/和符合本标准非活性混合材料组成，其中允许用不超过水泥质量8%且符合本标准窑灰代替。掺矿渣时混合材料掺量不得与矿渣硅酸盐水泥重复。

（2）强度按《水泥胶砂强度检验方法》（GB/T 17671—1999）进行试验。火山灰质硅酸盐水泥、粉煤灰硅酸盐水泥、复合硅酸盐水泥和掺火山灰质混合材料的普通硅酸盐水泥在进行胶砂强度检验时，其用水量按0.50水灰比和胶砂流动度不小于180mm来确定；当流动度小于180mm时，应以0.01的整倍数递增的方法将水灰比调整至胶砂流动度不小于180mm。

（3）硅酸盐水泥和普通硅酸盐水泥的细度以比表面积表示，其比表面积不小于300m^2/kg；矿渣硅酸盐水泥、火山质硅酸盐水泥、粉煤灰硅酸盐水泥、复合硅酸盐水泥的细度以筛余表示，其80μm方孔筛筛余不大于10%或45μm方孔筛筛余不大于30%。

不同品种、不同强度等级的通用硅酸盐水泥，其不同龄期的强度应符合表3-2的规定。

5. 常用水泥的选用

公路工程中的混凝土、钢筋混凝土和预应力混凝土结构，在混凝土施工时所使用的水泥，应根据结构的特点、环境条件，施工时的环境，以及施工方法等不同情况，参照水泥的特性进行选择。各种常用水泥的选用，可参考表3-3。

水泥强度规定值（单位:MPa） 表3-2

品　种	强度等级	抗压强度		抗折强度	
		3d	28d	3d	28d
硅酸盐水泥	42.5	≥17.0	≥42.5	≥3.5	≥6.5
	42.5R	≥22.0		≥4.0	
	52.5	≥23.0	≥52.5	≥4.0	≥7.0
	52.5R	≥27.0		≥5.0	
	62.5	≥28.0	≥62.5	≥5.0	≥8.0
	62.5R	≥32.0		≥5.5	
普通硅酸盐水泥	42.5	≥17.0	≥42.5	≥3.5	≥6.5
	42.5R	≥22.0		≥4.0	
	52.5	≥23.0	≥52.5	≥4.0	≥7.0
	52.5R	≥27.0		≥5.0	
矿渣硅酸盐水泥，火山灰硅酸盐水泥，粉煤灰硅酸盐水泥，复合硅酸盐水泥	32.5	≥10.0	≥32.5	≥2.5	≥5.5
	32.5R	≥15.0		≥3.5	
	42.5	≥15.0	≥42.5	≥3.5	≥6.5
	42.5R	≥19.0		≥4.0	
	52.5	≥21.0	≥52.5	≥4.0	≥7.0
	52.5R	≥23.0		≥4.5	

注：①表中带有"R"符号的，代表早强型。

②本表参照《通用硅酸盐水泥》（GB 175—2007）编制。

常用水泥的选用 表3-3

混凝土工程条件		硅酸盐水泥	普通水泥	矿渣水泥	火山灰水泥	粉煤灰水泥
普通混凝土	普通环境中的地上、地下、水上、水下的混凝土	优先用	优先用	可用	可用	可用
	处在干燥环境中的混凝土	优先用	优先用	可用	不可用	不可用
	在高湿度中或水下的混凝土	可用	可用	优先用	优先用	优先用
	厚大体积混凝土	不宜用	可用	优先用	优先用	优先用
	要求快速脱模的混凝土	优先用	可用	不宜用	不宜用	不宜用
	用蒸汽养护的混凝土	可用	可用	优先用	优先用	优先用
有特殊要求的混凝土	有抗冻要求的混凝土	优先用	优先用	可用	不可用	不可用
	有耐磨要求的混凝土	优先用	优先用	可用	不可用	不可用
	有抗渗要求的混凝土	可用	优先用	不宜用	优先用	优先用
	受海水、矿物水、工业废水侵蚀的混凝土	不宜用	不宜用	优先用	优先用	优先用

注：受海水、矿物水、工业废水侵蚀的混凝土结构尚应采取相应的防侵蚀措施。

6. 按技术特性区分的水泥

1)抗硫酸盐性——抗硫酸盐硅酸盐水泥(标准见 GB 748—2005)

抗硫酸盐硅酸盐水泥按性能分为中抗硫酸盐硅酸盐水泥、高抗硫酸盐硅酸盐水泥两类。该类水泥适用于受硫酸盐侵蚀、反复冻融、干湿循环作用的海港、水利、地下、隧涵、引水、道路和桥梁基础等工程所用的混凝土及钢筋混凝土。抗硫酸盐水泥一般可抵抗 SO_4^{2-} 离子浓度不超过2 500mg/L 的纯硫酸盐的腐蚀,配制混凝土时应尽可能采用较小的水灰比。

2)水化热——中热硅酸盐水泥、低热硅酸盐水泥和低热矿渣硅酸盐水泥(标准见 GB 200—2003)

中热硅酸盐水泥、低热硅酸盐水泥和低热矿渣硅酸盐水泥适用于要求水化热低的大坝混凝土工程和其他厚大体积的混凝土工程。

水泥的等级与各龄期的强度和水化热见表 3-4。

水泥的等级与各龄期的强度和水化热 表 3-4

品　种	强度等级	抗压强度(MPa),不小于			抗折强度(MPa),不小于			水化热(kJ/kg),不大于	
		3d	7d	28d	3d	7d	28d	3d	7d
中热水泥	42.5	12.0	22.0	42.5	3.0	4.5	6.5	251	293
低热水泥	42.5	—	13.0	42.5	—	3.5	6.5	230	260
低热矿渣水泥	32.5	—	12.0	32.5	—	3.0	5.5	197	230

注:水泥与水作用会产生放热反应,在水泥硬化过程中,不断放出的热量称为水化热。

3)膨胀性——分为膨胀和自应力两类水泥

根据膨胀值和用途的不同,膨胀水泥可分为收缩补偿水泥和自应力水泥两类,补偿收缩的水泥称为膨胀水泥,膨胀能较低,限制膨胀时所产生的压应力,大致能抵消干缩所引起的拉应力,主要用以减少或防止混凝土的干缩裂缝;用以配制自应力混凝土的膨胀水泥则称为自应力水泥,具有的膨胀能较高,足以使干缩后的混凝土仍有较大的自应力,用于配制各种自应力混凝土。

低热微膨胀水泥(标准见 GB 2938—2008),主要用于较低水化热和要求补偿收缩的混凝土、大体积混凝土,也适用于要求抗渗和抗硫酸盐侵蚀的工程。

自应力水泥,适用于有抗渗要求的混凝土及砂浆,自应力钢筋混凝土压力管及其配件,预制构件的接缝及接头,灌注地脚螺栓孔及修补加固,不适用于环境温度高于 40℃的结构。施工时应加强早期养护,养护期不少于 14d。

4)耐高温性——铝酸盐水泥(标准见 GB 201—1000)

铝酸盐水泥主要用于配制不定形耐火材料,配制膨胀水泥、自应力水泥、化学建材的添加料等,适用于抢建、抢修、抗硫酸盐侵蚀和冬季施工等有特殊需要的工程。铝酸盐水泥水化热集中于早期释放,从硬化开始应立即浇水养护,一般不宜浇筑大体积混凝土。

5)特殊水泥——白色硅酸盐水泥(标准见 GB/T 2015—2005)

白色硅酸盐水泥是由氧化铁含量少的硅酸盐水泥熟料、适量石膏及石灰石或窑灰磨细制成的水硬性胶凝材料,掺加极少量着色物质烧制而成,白度值应不低于 87。该类水泥主要用于建筑物内外表面的装饰,制作具有一定装饰效果的各种水磨石、水刷石、人造大理石、斩假石和砂浆等各种装饰制品。

6)水泥的检验

按规定,水泥厂应在水泥发出日起7d内,寄发除28d强度以外的各项检验结果,32d内补报28d强度的检验结果。检验报告内容应包括出厂检验项目、细度、混合材料品种和掺加量、石膏和助磨剂的品种及掺加量、属旋窑或立窑生产及合同约定的其他技术要求。

水泥应符合国家现行标准,进场后应根据生产厂提供的水泥品质试验报告单等证明文体按其品种、强度等级、出厂时间等的不同分批进行试验、鉴定。试验内容应包括细度、凝结时间、安定性、强度、密度、比表面积等项目。

为试验取样时,应从每批水泥的不同堆垛、不同部位抽取等量水泥混合拌匀后作为一个试样。每个试样再分成两等份,一份供当时试验使用,另一分保存备用。

7)水泥的运输和保管

水泥在运输和保管时,不得受潮和混入杂物,不同品种和强度等级的水泥应分别运储,不得混杂。不同出厂时间的水泥应分别堆放,便于按次序使用。

袋装水泥堆垛高度不宜超过10袋,最多不可超过12袋。

水泥储存时间不宜过长,常用水泥由出厂日起,在正常环境中存放超过三个月时强度等级即降低,应即视为过期水泥。特殊性能水泥可储存的时间,依其特性而定。

水泥存放过期或受潮时,将结碎块。此时应检查结块情况、试验烧失量和强度,以鉴定水泥的强度损失和是否可以降低强度等级使用。结块不严重的水泥,可按新签定的强度等级,过筛使用于低强度等级或不重要的混凝土结构。

为鉴定水泥的现有强度,在水泥进场时和使用过程中,可先用促凝压蒸法对水泥进行快速的检验。

8)使用水泥注意事项

避免受潮结硬,受潮结硬的水泥会降低甚至丧失原有强度,规范规定水泥出厂超过3个月应复查试验,按试验结果使用。对已受潮成团或结硬的水泥,须过筛后使用,筛出的团块搓细或碾细后一般用于次要工程的砌筑砂浆或抹灰砂浆。对一触或一捏即粉碎的水泥团块,可适当降低强度等级使用。

避免曝晒速干。混凝土浇筑后便遭曝晒,随着水分的迅速蒸发,其强度会有所降低,甚至完全丧失。因此,施工前必须严格清扫并充分湿润基层;施工后应严加覆盖,并按规范规定保湿养护。

避免负温受冻。受冻混凝土浇筑成后,如果受冻,其水泥不能进行水化,加之水分结冰膨胀,则混凝土就会遭到由表及里逐渐加深的粉酥破坏。

避免出现高温酷热凝固后的混凝土构件。如混凝土构件经常处于高温酷热条件下,会有强度损失。这是由于高温条件下,水泥石中的氢氧化钙会分解;另外,某些集料在高温条件下也会分解或体积发生膨胀。

避免基层脏软。水泥在凝固过程中要产生收缩,且在干湿、冷热变化过程中,它与松散、软弱基层的体积变化极不适应,必然发生空鼓或出现裂缝,从而难以牢固黏结。在光滑的基层上施工,必须预先凿毛砸麻刷净,方能使水泥与基层牢固黏结。基层上的尘垢、油腻、酸碱等物质,都会起隔离作用,必须认真清除洗净,之后先刷一道素水泥浆,再抹砂浆或浇筑混凝土。

避免集料不干净。作为混凝土或水泥砂浆集料的砂石,如果有尘土、黏土或其他有机杂质，都会影响水泥与砂、石之间的黏结握裹强度，因而最终会降低抗压强度。所以，如果杂质含量超过标准规定，必须经过清洗后方可使用。

避免水多。由于水化所需要的水分仅为水泥质量的20%左右，多余的水分蒸发后便会在混凝土中留下很多孔隙，这些孔隙会使混凝土强度降低。因此在保证浇筑密实的前提下，应最大限度地减少拌和用水。

避免酸腐蚀。酸性物质与水泥中的氢氧化钙会发生中和反应，生成物体积松散、膨胀，遇水后极易水解粉化，致使混凝土或抹灰层逐渐被腐蚀解体，所以水泥忌受酸腐蚀。在接触酸性物质的场合或容器中，应使用耐酸砂浆和耐酸混凝土。矿渣水泥、火山灰水泥和粉煤灰水泥均有较好的耐酸性能，应优先选用这三种水泥配制耐酸砂浆和混凝土。严格要求耐酸腐蚀的工程不允许使用普通水泥。

避免不同品种的水泥混用。不同品种的水泥应分别使用，待上一品种水泥产生一定强度后，才可向其上面浇筑另一品种、等级的水泥。因不同品种的水泥凝结时间、需水量、水化速度不同，故产生的混凝土强度不同，若混合使用将使混凝土强度降低2%～5%；混用后还可能造成收缩、变形不同产生裂缝隐患，影响混凝土结构耐久性。

二、细集料

1. 细集料

砂子为混凝土中的细集料，按产源分为天然砂、人工砂。天然砂包括河砂、湖砂、淡化海砂、山砂等；人工砂包括用硬质岩石加工制成的机制砂(石屑)、混合砂。河砂和海砂较干净，产量较大采筛也较方便，因此采用者较多。山砂和机制砂，表面较粗糙、多棱角，与水泥浆的胶结力较强，但一般含泥量较大，产量较少，加工费用较大，因此只在河砂和海砂缺乏或运输费用过大时才采用。桥涵工程混凝土使用的细集料，应采用级配良好、质地坚硬、颗粒洁净、粒径小于5mm，细集料不宜采用海砂，不得不采用海砂时，其氯离子的含量对于钢筋混凝土应进行规定。

2. 细集料的分组及计算

砂子以其细度模数大小区分，可分成粗砂、中砂、细砂及特细砂等。

细度模数可用筛分析法求出。筛分析法为用一套孔径为9.5mm、4.75mm、2.36mm、1.18mm、0.6mm、0.3mm、0.15mm、0.075mm方孔筛的标准筛，将500g干砂试样由粗到细依次过筛，称出各筛余留量，求出各筛累计筛余，然后计算其细度模数M_x。计算方法如下式：

$$M_x=\frac{A_{0.15}+A_{0.3}+A_{0.6}+A_{1.18}+A_{2.36}-5A_{4.75}}{100-A_{4.75}} \tag{3-1}$$

式中：M_x——细度模数；

A——各筛上累计筛余百分率，其下角码为筛孔孔径(mm)。

砂的细度模数M_x愈大，表示砂子愈粗。砂的分类见表3-5。

砂的分类　　表3-5

砂　组	粗　砂	中　砂	细　砂	特 细 砂
细度模数M_x	3.7～3.1	3.0～2.3	2.2～1.6	1.5～0.7

3. 细集料的级配分区和砂率采用

用细度模数对砂进行分组的方法，只能反映砂的颗粒粗细程度，反映不出砂的一种重要性质，即级配的情况。因此，一般规定须按砂的粗细程度分成三个级配区，既能反映砂的粗细程度，又能反映其级配情况，可以较全面地反映砂的特性。级配区的划分方法为：对细度模数为 3.7 ~ 1.6 的砂，按 0.6mm 筛孔的累计筛余量进行划分，当为 71% ~ 85% 时为Ⅰ区，当为 41% ~70% 时为Ⅱ区，当为 16% ~40% 时为Ⅲ区。Ⅰ区砂基本属于粗砂范畴，Ⅱ区砂系中砂和一部分偏粗的细砂，Ⅲ区砂系细砂和一部分偏细的中砂。粗砂配制的拌和物，内摩擦大，保水性差，不易均匀、密实，因此采用Ⅰ区砂时宜采用较大的砂率。较细的砂，总表面积较大，配制的拌和物黏性较大，影响混凝土强度，因此采用Ⅲ区砂时，宜采用较小的砂率。Ⅱ区砂可采用一般的砂率。各级配区其余筛孔的累计筛余量规定见表 3-6。

砂的分区及各分区级配范围 表 3-6

砂的分类	天然砂			机制砂		
级配区	Ⅰ区	Ⅱ区	Ⅲ区	Ⅰ区	Ⅱ区	Ⅲ区
方孔筛孔尺寸(mm)	累计筛余(%)					
9.5	0	0	0	0	0	0
4.75	10 ~0	10 ~0	10 ~0	10 ~0	10 ~0	10 ~0
2.36	35 ~5	25 ~0	15 ~0	35 ~5	25 ~0	15 ~0
1.18	65 ~35	50 ~10	25 ~10	65 ~35	50 ~10	25 ~10
0.6	85 ~71	70 ~41	40 ~16	85 ~71	70 ~41	40 ~16
0.3	95 ~80	92 ~70	85 ~55	95 ~80	92 ~70	85 ~55
0.15	100 ~90	100 ~90	100 ~90	97 ~85	94 ~80	94 ~75

注：①本表参照《建设用砂》《GB/T 14684—2011》编制。

②砂的实际级配颗粒与表中所列数字相比，除 4.75mm、0.6mm 筛档外，可以略有超出，但各级累计筛余超出值总和应小于 5%。

4. 技术指标和要求

《建设用砂》(GB/T 14684—2011)规范中，砂按技术要求分为Ⅰ类、Ⅱ类、Ⅲ类。Ⅰ类砂宜用于强度等级大于 C60 的混凝土；Ⅱ类砂宜用于强度等级 C30 ~ C60 及抗冻、抗渗或有其他要求的混凝土；Ⅲ类砂宜用于强度等级小于 C30 的混凝土。

砂的表观密度应大于 2 500kg/m^3，松散堆积密度应大于 1 400kg/m^3，孔隙率应小于 44%。碱集料反应试验后，由砂制备的试件无裂缝、酥裂、胶体外溢等现象，在规定的试验龄期膨胀率应小于 0.10%。

1)砂的含泥量、石粉含量、泥块含量(表 3-7 ~ 表 3-9)

砂的含泥量系指粒径小于 0.075mm 的尘屑、淤泥和黏土的总含量。含泥量大时，将增加混凝土拌和物的水和水泥用量，并降低混凝土的强度、抗渗性和抗冻性，其害处对高强度等级的混凝土尤为显著。对含泥量试验，一般采用标准法(淘洗法)，也可采用砂当量法。

砂的含泥量、泥块含量 表 3-7

类　别	Ⅰ	Ⅱ	Ⅲ
含泥量(按质量计)(%)	≤1.0	≤3.0	≤5.0
泥块含量(按质量计)(%)	0	≤1.0	≤2.0

石粉含量和泥块含量(MB 值≤1.4 或快速法试验合格) 表 3-8

类　别	Ⅰ	Ⅱ	Ⅲ
MB 值	≤0.5	≤1.0	≤1.4 或合格
石粉含量(按质量计)(%)*	≤10.0		
泥块含量(按质量计)(%)	0	≤1.0	≤2.0

注:* 该指标根据使用地区和用途,经试验验证,可由供需双方协商确定。

机制砂 MB 值≤1.4 或快速法试验结果合格时,石粉含量和泥块含量符合表 3-8 中规定。

粉含量和泥块含量(MB 值 >1.4 或快速法试验不合格) 表 3-9

类　别	Ⅰ	Ⅱ	Ⅲ
石粉含量(按质量计)(%)	≤1.0	≤3.0	≤5.0
泥块含量(按质量计)(%)	0	≤1.0	≤2.0

机制砂 MB 值 >1.4 或快速法试验结果不合格时,石粉含量和泥块含量符合表 3-9 中规定。

2)砂中有害杂质含量

砂中如含有云母、轻物质、有机质、硫化物及硫酸盐、氯化物、贝壳,其限量应符合表 3-10的规定值。

有害杂质含量 表 3-10

类　别	Ⅰ	Ⅱ	Ⅲ
云母(按质量计)(%)	≤1.0	≤2.0	
轻物质(按质量计)(%)	≤1.0		
有机质(比色法)	合格		
硫化物及硫酸盐(SO_3 质量计)(%)	≤0.5		
氯化物(以氯离子质量计)(%)	≤0.01	≤0.02	≤0.06
贝壳(按质量计)*(%)	≤3.0	≤5.0	≤8.0

注:* 该指标仅适用于海砂,其他砂种不作要求。

3)坚固性

天然砂采用硫酸钠饱和溶液渗入砂中形成结晶时的破坏作用来推测砂粒抵抗胀裂的能力,以间接判断砂的坚固性(也称安定性)。

机制砂和山砂的颗粒常比较软弱,对其坚固性应有一个最低限度。压碎指标试验为评定其坚固性的方法之一(表 3-11)。

砂的坚固性　　表3-11

项　目	指　标		
	Ⅰ类	Ⅱ类	Ⅲ类
质量损失(%)	≤8	≤8	≤10
机制砂单级最大压碎指标(%)	≤20	≤25	≤30

4)特细砂的质量要求

对细度模数为1.5～0.7的特细砂而言,表面积大,耗用水泥较多,拌制成的混凝土耐磨性较差。但当粗集料有较好的级配和采用适当的砂率并采取掺加适宜的外加剂措施时,也可用于较低强度等级的混凝土。使用时可参考《特细砂混凝土应用技术规程》(DB 50/5028—2004)的规定。

5)砂的检验

对拟采用的砂,应根据产地、类别、规格、加工方法及质量等情况的不同,分批抽样检验。机械集中生产时,每批不宜超过$400m^3$;人工分散生产时,每批不宜超过$200m^3$。取样时,应从砂堆的不同部位取8份大致等量的砂混合成一个试样,然后以四分法将试样数量缩分到稍多于试验所需数量备用。需要进行的试验项目一般包括颗粒分析、含泥量、有机物质含量、云母含量、轻物质含量、硫化物及硫酸盐含量、坚固性、压碎指标及表观密度、吸水率、密度、含水率等。

6)砂的采备

混凝土用的天然砂,可用人工或机械挖取。挖取后常需过筛,以筛除超大颗粒和超细颗粒。当不符合级配要求时,尚需分级筛分,按适当比例重新配合。砂的筛分,可用网筛或板筛进行或用圆筒筛、振动筛等筛分机进行。采用机制砂时,须先采石和轧石,再进行筛分。一般为轧制碎石的副产品。

砂中泥土杂物含量超过限值但超过数量不大时,可在筛分过程中在筛分机上用水冲洗;如含量较大,则须用人工或洗砂机专门淘洗。河砂和海砂一般比较干净,不一定都进行冲洗或淘洗。

三、粗集料

1. 粗集料

用于混凝土中粒径大于4.75mm的石子,即粗集料。普通混凝土的石子一般有碎石和卵石等类别。碎石由开采的岩石或自然形成的孤石、大卵石经破碎、筛分而成。卵石由天然岩石经长期自然条件的破碎、摩擦而得。

碎石表面较粗糙、棱角较多,与水泥的胶结力较强,但拌制的混凝土和易性较差。卵石一般空隙率较小、表面较光滑,拌制的混凝土和易性较好,但由于表面光滑且少棱角,与水泥的胶结力较差,故拌制的混凝土抗拉强度较低。

2. 粗集料的颗粒分析

1)颗粒级配

普通混凝土用碎石或卵石的颗粒级配,可采用连续粒级或单粒级,也可将连续粒级与单粒级配合使用。

连续粒级的颗粒级配较好,拌制的混凝土和易性较好,不易发生离析,应用较为广泛。单粒级为间断级配，颗粒分级尺寸不衔接，其优点为空隙率少、密实度大、节约水泥；其缺点为需要加工筛分和剔除一部分材料，拌制的混凝土振捣较为困难，且容易发生离析，因此一般只适用于有抗冻、抗渗要求的混凝土及高强混凝土。

碎石或卵石的颗粒级配对混凝土的技术性能影响很大，应有一定的级配范围，一般规定如表 3-12 所示。表中 2.36mm 以下的石屑影响混凝土的和易性，因此其含量不宜超过 5%。

碎石或卵石级配范围 表 3-12

级配情况	公称粒级(mm)	累计筛余(按质量计,%) 方孔筛筛孔尺寸(mm)											
		2.36	4.75	9.50	16.0	19.0	26.5	31.5	37.5	53.0	63.0	75.0	90
连续粒级	5~16	95~100	85~100	30~60	0~10	0	—	—	—	—	—		
	5~20	95~100	90~100	40~80	—	0~10	0	—	—	—	—		
	5~25	95~100	90~100	—	30~70	—	0~5	0	—	—	—	—	—
	5~31.5	95~100	90~100	70~90	—	15~45	—	0~5	0	—	—		
	5~40	—	95~100	75~90	—	30~65	—	—	0~5	0	—		
单粒级	5~10	95~100	80~100	0~15	0	—	—						
	10~16	—	95~100	80~100	0~15	—	—						
	10~20	—	95~100	85~100	—	0~15	0						
	16~25	—	—	95~100	55~70	25~40	0~10						
	16~31.5	—	95~100	—	85~100	—	—	0~10	0				
	20~40	—	—	95~100	—	80~100	—		0~10	0			
	40~80	—	—	—		95~100	—		70~100		30~60	0~10	0

注：本表参照《建筑用卵石、碎石》(GB/T 14685—2011)编制。

2)最大粒径

表 3-12 中各粒级颗粒尺寸的上限为该粒级的最大粒径。选用石子粒级时，宜尽可能选用较大的粒径粒级，使其孔隙率及总表面积较小，以节省水泥和充分利用集料的强度。但最大粒径又受结构断面尺寸、钢筋净距及施工方法等条件的限制。一般最大粒径不可大于结构断面最小尺寸的 1/4 及钢筋最小净距的 3/4(水下混凝土集料粒径不大于钢筋最小净距的 1/4)；当用混凝土泵运送混凝土时，最大粒径不应大于输送管内径的 1/3(碎石)或 1/2.5(卵石)，在两层或多层密布钢筋结构中，不得超过钢筋最小净距的 1/2，同时最大粒径不得超过 100mm。

3. 技术指标和要求

《建筑用卵石、碎石》(GB/T 14685—2011)规范规定卵石、碎石分为Ⅰ类、Ⅱ类、Ⅲ类。Ⅰ类宜用于强度等级大于 C60 的混凝土；Ⅱ类宜用于强度等级为 C30 ~ C60 及抗冻、抗渗或有其他要求的混凝土；Ⅲ类宜用于强度等级小于 C30 的混凝土。

卵石、碎石的表观密度应不小于 2 600kg/m^3，空隙率Ⅰ类小于等于 43%、Ⅱ类小于等于 45%、Ⅲ类小于等于 47%。碱集料反应试验后，由卵石、碎石制备的试件无裂缝、酥裂、胶体外溢等现象，在规定的试验龄期膨胀率应小于 0.10%。

1)含泥量及泥块含量

碎石及卵石中含有黏土、石粉等杂物时,除使混凝土的拌和水用量及水泥用量增加外,同时由于所含泥土杂物一般是黏附在集料表面,影响水泥的黏结作用而使混凝土抗压强度降低。因此对石子的含泥量须加以限制,不大于表3-13的规定值。

含泥量及泥块含量 表3-13

类 别	Ⅰ	Ⅱ	Ⅲ
含泥量(按质量计,%)	≤0.5	≤1.0	≤1.5
泥块含量(按质量计,%)	0	≤0.2	≤0.5

2)针状和片状颗粒含量

碎石或卵石中针状和片状颗粒总含量,不应大于表3-14的规定值。

针、片状颗粒含量 表3-14

类 别	Ⅰ	Ⅱ	Ⅲ
针、片状颗粒总含量(按质量计,%)	≤5	≤10	≤25

注:针状颗粒鉴定时,可按《公路工程集料试验规程》(JTG E42—2005)的规定进行,颗粒长度大于针状规准仪上相应的间距者为针状颗粒,厚度小于片状规准仪上相应粒级相对应的孔宽者为片状颗粒。

3)有害物质含量

卵石、碎石中不应混有草根、树叶、树枝、塑料、煤块和矿渣等杂物,其中含有的有机物质,含量过多时将对混凝土强度有一定的影响。一般规定用比色法进行试验,比试液颜色不得深于标准颜色,否则应进行强度对比试验,以检验有机物质对混凝土强度的影响。其有害物质控制指标应符合表3-15的规定。

有害物质含量 表3-15

类 别	Ⅰ	Ⅱ	Ⅲ
有机物	合格	合格	合格
硫化物及硫酸盐(按SO_3质量计,%)	≤0.5	≤1.0	≤1.0

4)坚固性

碎石或卵石除应具有不低于规定的强度外,还应具有足够的坚固性,以抵抗冻融循环作用和物理风化作用,保证混凝土的耐久性。当采用硫酸钠溶液法进行坚固性检验时,其指标应符合表3-16的规定值。

坚固性指标 表3-16

类 别	Ⅰ	Ⅱ	Ⅲ
质量损失(%)	≤5	≤8	≤12

5)强度

为保证混凝土的强度,所用碎石或卵石必须质地坚韧,具有足够的强度。强度指标可用岩石立方体试件强度表示或用碎石、卵石压碎指标值表示。当选择采石场或对粗集料强度有严格要求时,宜用岩石立方体试件进行强度检验。一般的施工质量控制,可用压碎指标值进行检验。

用岩石立方体试件检验时,系将轧制碎石的岩石或将有代表性的卵石制成50mm×

50mm×50mm 的立方体(或直径与高均为 50mm 的圆柱体)试件,在水饱和状态下测试其极限抗压强度。岩石的抗压强度与混凝土的强度等级之比不应小于 1.5。在饱和状态下,抗压强度对于火成岩不应低于 80MPa;对于变质岩不应低于 60MPa;对于水成岩不应低于 30MPa。

压碎指标值系表示碎石或卵石抵抗压碎的能力,是衡量石料力学性能的指标。试验时,其标准试样须采用 9.5~13.2mm 的颗粒,并须在气干状态下进行。试样按规定加压后,筛除 2.36mm 以下的颗粒,通过 2.36mm 筛孔的全部试样质量与原试样质量的百分比,即为压碎指标值。压碎指标值应低于表 3-17 所示规定值。

压碎指标值 表 3-17

类　别	Ⅰ	Ⅱ	Ⅲ
碎石压碎指标(%)	≤10	≤20	≤30
卵石压碎指标(%)	≤12	≤14	≤16

4. 石子的检验

对拟采用的碎石或卵石,应根据产地、类别、规格、加工方法及质量等情况的不同,分批抽样检验。机械集中生产时,每批一般不超过 $400m^3$;人工分散生产时,每批不宜超过 200 m^3 作为一个取样单位。取样时,应将料堆表层铲除,从其顶部、中部和底部五个均匀分布的位置抽取数量大致相等的若干份试样,然后将这若干份试样混合均匀,组成一组试样。用四分法或分料器缩小至稍多于试验所需数量备用。需要进行的试验项目,一般包括颗粒分析、含泥量、针状和片状颗粒含量、有机物质含量、硫化物及硫酸盐含量、坚固性、压碎指标及表观密度、密度、含水率、吸水率等。

5. 石子的采备

1)碎石的开采与加工

用于轧制碎石的石块,一般由山场开采。开采出来的较大石块,应用机械或人工破成片石大小的石块,然后进行轧制。轧制碎石一般用碎石机,也可用人工破碎。碎石机则通常采用颚式碎石机。轧制较细的碎石时,宜用辊式碎石机。

石块轧制成碎石后,须进行筛分,筛除大于或小于规定规格的颗粒,中间尺寸的颗粒也须分级过筛,级配不符合规定时须予以调整、重新配合。碎石的筛分可用网筛、板筛等固定式筛或圆筒筛、平面运动筛等筛分机。

2)卵石的开采与加工

卵石可从河滩或山谷等处采集,一般须筛除大于和小于规定规格的颗粒,级配不符合要求时,须分级过筛、调整级配。较大的卵石也可加工破碎成碎石。

碎石或卵石在装卸、堆积时,应保持垂直卸落、逐层堆高,防止沿斜坡滚落、使粗细颗粒分离。

四、混凝土用水

1. 混凝土用水的技术要求

对于设计使用年限为 100 年结构的混凝土,氯离子含量不得超过500mg/L;对使用钢丝或经热处理钢筋的预应力混凝土,氯离子含量不得超过 350mg/L。混凝土拌和用水水质要求见表 3-18。

混凝土拌和用水水质要求　　表3-18

项　目	预应力混凝土	钢筋混凝土	素混凝土
pH 值	≥5.0	≥4.5	≥4.5
不溶物(mg/L)	≤2 000	≤2 000	≤5 000
可溶物(mg/L)	≤2 000	≤5 000	≤10 000
Cl^-(mg/L)	≤500	≤1 000	≤3 500
SO_4^{2-}(mg/L)	≤600	≤2 000	≤2 700
碱含量(mg/L)	≤1 500	≤1 500	≤1 500

注:①本表参照《混凝土用水标准》(JGJ 63—2006)编制。

②碱含量按 $Na_2O+0.658K_2O$ 计算值来表示。采用非碱活性集料时,可不检验碱含量。

2. 试验方法和要求

被检验水样应与饮用水样进行水泥凝结时间对比试验。对比试验的水泥初凝时间差及终凝时间差均不应大于30min;同时,初凝和终凝时间应符合现行国家标准《通用硅酸盐水泥》(GB 175—2007)的规定。被检验水样应与饮用水样进行水泥胶砂强度对比试验,被检验水样配制的水泥胶砂3d和28d强度不应低于饮用水配制的水泥胶砂3d和28d强度的90%。

混凝土拌和用水不应有漂浮明显的油脂和泡沫,不应有明显的颜色和异味。

混凝土企业设备洗刷水不宜用于预应力混凝土、装饰混凝土、加气混凝土和暴露于腐蚀环境的混凝土;不得用于使用碱活性或潜在碱活性集料的混凝土。未经处理的海水严禁用于钢筋混凝土和预应力混凝土。

在无法获得水源的情况下,海水可用于素混凝土,但不宜用于装饰混凝土。

3. 取样

水质检验水样不应少于5L;用于测定水泥凝结时间和胶砂强度的水样不应少于3L。

采集水样的容器应无污染;容器应用待采集水样冲洗三次再灌装,并应密封待用。水样装瓶时应留10~20mL空间,以免温度变化而胀开瓶塞。瓶塞盖好,检查无漏水现象后,方可用石蜡或火漆封口。

地表水宜在水域中心部位、距水面100mm以下采集,并应记载季节、气候、雨量和周边环境的情况。地下水应在放水冲洗管道后接取,或直接用容器采集;不得将地下水积存于地表后再从中采集。再生水应在取水管道终端接取。混凝土企业设备洗刷水应沉淀后,在池中距水面100mm以下采集。

4. 检验期限应符合下列要求

水质全部项目检验宜在取样后7d内完成;放射性检验、水泥凝结时间检验和水泥胶砂强度成形宜在取样后10d内完成。地表水、地下水和再生水的放射性应在使用前检验;当有可靠资料证明无放射性污染时,可不检验。地表水、地下水、再生水和混凝土企业设备洗刷水在使用前应进行检验。

5. 在使用期间检验频率宜符合下列要求

地表水每6个月检验一次;地下水每年检验一次;再生水每3个月检验一次,在质量稳定一年后,可每6个月检验一次;混凝土企业设备洗刷水每3个月检验一次,在质量稳定一年后，可一年检验一次；当发现水受到污染和对混凝土性能有影响时，应立即检验。

五、外加剂

1. 概述

混凝土外加剂是一种在混凝土搅拌之前或在搅拌过程中加入的、用以改善新拌混凝土和(或)硬化混凝土性能的材料。根据《混凝土外加剂定义、分类、命名与术语》(GB/T 8075—2005)的规定，外加剂按其主要功能可分为以下几类：

(1)改善混凝土流变性能的外加剂，有各种减水剂、泵送剂等。

(2)调节混凝土拌和物凝结时间、硬化速度的外加剂，有缓凝剂、速凝剂、早强剂等。

(3)改善混凝土耐久性的外加剂，有引气剂、防水剂、阻锈剂、抗冻剂、抗渗剂等。

(4)使混凝土产生特殊性能的外加剂，有加气剂、泡沫剂、着色剂、膨胀剂等。

2. 术语

(1)外加剂掺量：外加剂掺量以外加剂占水泥(或胶凝材料总量)的百分比表示，使用时应按供货单位推荐掺量、使用要求、施工条件、混凝土原材料等因素确定。

(2)减水率：在混凝土坍落度基本相同时，基准混凝土和受检混凝土单位用水量之差与基准混凝土单位用水量之比。

(3)泌水率：单位质量混凝土泌出的水量与其用水量之比。

(4)凝结时间差：受检混凝土与基准混凝土凝结时间的差值。

(5)抗压强度比：受检混凝土与基准混凝土同龄期抗压强度的比值。

3. 混凝土外加剂的品种及应用

1)普通减水剂

普通减水剂为在混凝土坍落度基本相同的条件下，能减少拌和用水量的外加剂。普通减水剂适用于素混凝土、钢筋混凝土，日最低气温在5℃以上、强度等级为C40以下的混凝土，不宜单独用于蒸养混凝土。

2)高效减水剂

在混凝土坍落度基本相同的条件下，能大幅减少拌和用水量的外加剂。

高效减水剂适用于素混凝土、预应力混凝土、钢筋混凝土，并可制备高强高性能混凝土。标准型高效减水剂宜用于日最低气温在0℃以上施工的混凝土，也可用于蒸养混凝土。缓凝型高效减水剂宜用于日最低气温0℃以上施工的混凝土。

3)早强剂及早强减水剂

早强减水剂是兼有早强和减水功能的外加剂。混凝土工程中可采用由早强剂与减水剂复合而成的早强减水剂。早强减水剂除有普通减水剂的相同作用外，并能促进混凝土的硬化、提高早期强度，适用于蒸养混凝土，常温、低温和低温不低于－5℃以下有早强要求的混凝土工程。炎热条件以及环境温度低于－5℃时不宜使用早强剂，早强剂不宜用于大体积混凝土；三乙醇胺等有机胺类早强剂不宜用于蒸养混凝土。混凝土工程中可以采用下列早强剂：

(1)下列结构中严禁采用含有氯盐配置的早强剂及早强减水剂：

①预应力混凝土结构。

②相对湿度大于80%环境中使用的结构，处于水位变化部位的结构，露天结构及经常受水淋、受水流冲刷的结构。

③大体积混凝土。

④直接接触酸、碱或其他侵蚀性介质的结构。

⑤经常处于温度在60℃以上的结构，需经蒸养的钢筋混凝土预制构件。

⑥有装饰要求的混凝土，特别是要求色彩一致或是表面有金属装饰的混凝土。

⑦薄壁混凝土结构，中级或重级工作制吊车的梁、屋架、落锤及锻锤混凝土基础等结构。

⑧使用冷拉钢筋或冷拔低碳钢丝的结构。

⑨集料具有碱活性的混凝土结构。

(2)在下列混凝土结构中严禁采用含有强电解质无机盐类的早强剂及早强减水剂：

①与镀锌钢材或铝铁相接触部位的结构，以及有外漏钢筋预埋铁件而无防护措施的结构。

②使用直流电源的结构以及距高压直流电源100m以内的结构。

4)缓凝剂及缓凝减水剂

缓凝减水剂是兼有缓凝和减水的外加剂。缓凝剂及缓凝减水剂可用于大体积混凝土、碾压混凝土、炎热气候下施工的混凝土、大面积浇筑的混凝土、避免冷缝产生的混凝土、需较长时间停放或长距离运输的混凝土、自密实混凝土、滑模施工或拉模施工的混凝土及其他需要延缓凝结时间的混凝土。缓凝高效减水剂可制备高性能混凝土。

5)速凝剂

速凝剂是能使混凝土快速凝结硬化的外加剂。速凝剂可采用与喷射法施工的喷射混凝土，亦可用于需要速凝的其他混凝土。

6)引气剂及引气减水剂

引气减水剂是兼有引气和减水的外加剂。混凝土工程中可采用由引气剂与减水剂复合而成的引气减水剂。引气剂及引气减水剂适用于有抗冻混凝土、抗渗混凝土、抗硫酸盐混凝土、泌水严重混凝土、贫混凝土、轻集料混凝土、人工集料配制的普通混凝土、高性能混凝土以及有饰面要求的混凝土，但不宜用于蒸养及预应力混凝土，必要时应经试验确定。

7)防冻剂

防冻剂是能使混凝土在负温下硬化，并在规定条件下达到预期性能的外加剂。

(1)防冻剂的适用范围按《混凝土外加剂应用技术规范》(GB 50119—2013)第3章的基本规定确定。

混凝土工程可采用以某些醇类、尿素等有机化合物为防冻组分的有机化合物类防冻剂。

混凝土工程可采用下列无机盐类防冻剂：

①亚硝酸盐、硝酸盐、碳酸盐等无机盐为防冻组分的无氯盐类；

②含有阻锈组分，并以氯盐为防冻组分的氯盐阻锈类；

③以氯盐为防冻组分的氯盐类。

混凝土工程可采用防冻组分与早强、引气和减水组分复合而成的防冻剂。

防冻剂的适应范围：

①防冻剂可用于冬季施工的混凝土。

②亚硝酸盐防冻剂或亚硝酸钠与碳酸锂复合防冻剂，可用于冬季施工的硫铝酸盐水泥混凝土。

(2)对水工、桥梁及有特殊抗冻融性要求的混凝土工程，应通过试验确定防冻剂品种的掺量。

8)防水剂

防水剂是能提高水泥砂浆、混凝土抗渗的外加剂。混凝土工程可采用下列防水剂：

(1)氧化铁、硅灰粉末、铝化合物、无机铝盐防水剂、硅酸钠等无机化合物类；

(2)脂肪酸及其盐类、有机硅类(甲基硅醇钠、乙基硅醇钠、聚乙基羟基硅氧烷等)、聚合物乳液(石蜡、地沥青、橡胶及水溶性树脂乳液等)等有机化合物类。

混凝土工程可采用下列复合型防水剂：

(1)无机化合物类复合、有机化合物类复合、无机化合物类与有机化合物类复合；

(2)(1)中各类与引气剂、减水剂、调凝剂等外加剂复合而成的减水剂。

防水剂适应范围：

(1)防水剂可用于有防水抗渗要求的混凝土工程；

(2)对有抗冻要求的混凝土工程宜选用复合引气组分的防水剂。

9)膨胀剂

膨胀剂是在混凝土硬化过程中，因化学作用能使混凝土产生一定体积膨胀的外加剂。

混凝土中采用的减水剂类型见表3-19，混凝土中采用的抗冻剂、防水剂、膨胀剂类型见表3-20。

混凝土中采用的减水剂类型 表3-19

品 种	类 型	主 要 组 分
普通减水剂	木质素磺酸盐类	木质素磺酸钙、木质素磺酸钠、木质素磺酸镁及丹宁等
高效减水剂	多环芳香族磺酸盐类	萘及萘的同系磺化物与甲醛缩合的盐类、氨基磺酸盐类等
	水溶性树脂磺酸盐类	磺化三聚氰胺树脂、磺化古马隆树脂等
	脂肪族类	聚羧酸盐类、聚丙烯酸盐类、脂肪族羟甲基磺酸盐高缩聚物等
	其他	改性木质素磺酸钙、改性丹宁等
早强剂及早强减水剂	强电解质无机盐类早强剂	硫酸盐、硫酸复盐、硝酸盐、亚硝酸盐、氯盐等
	水溶性有机化合物	三乙醇胺、甲酸盐、乙酸盐、丙酸盐等
	其他	有机化合物、无机盐复合物

续上表

品种	类型	主要组分
缓凝剂及缓凝减水剂	糖类	糖钙、葡萄糖酸盐等
	木质素磺酸盐类	木质素磺酸钙、木质素磺酸钠
	羟基羧酸及其盐类	柠檬酸、酒石酸甲钠等
	无机盐类	锌盐、磷酸盐等
	其他	铵盐及其衍生物、纤维素醚等
速凝剂	无机盐类混合物	粉状速凝剂,以铝酸盐、碳酸盐等为主要成分
	复合物	液体速凝剂,以铝酸盐、水玻璃等为主要成分,与其他无机盐复合而成
引气剂及引气减水剂	松香树脂类	松香热聚物、松香皂类等
	烷基和烷基芳烃磺酸盐类	十二烷基磺酸盐、烷基苯磺酸盐、烷基苯酚聚氧乙烯醚等
	脂肪醇磺酸盐类	脂肪醇聚氧乙烯醚、脂肪醇聚氧乙烯磺酸钠、脂肪醇硫酸钠等
	皂甙类	三萜皂甙等
	其他	蛋白质盐、石油磺酸盐等

混凝土中采用的抗冻剂、防水剂、膨胀剂 表 3-20

品种	类型	主要组分
抗冻剂	强电解质无机盐类	以氯盐为防冻组分的外加剂
		以氯盐与阻锈组分为防冻组分的外加剂
		以亚硝酸盐、硝酸盐等无机盐为防冻组分的外加剂
	水溶性有机化合物类	以某些醇类等有机化合物为防冻组分的外加剂
	复合类	有机化合物与无机盐
	复合型防冻剂	以防冻组分复合早强、引气、减水等组分的外加剂
防水剂	无机化合类	氯化铁、硅灰粉末、锆化合物等
	有机化合物类	脂肪酸及其盐类、有机硅表面活性剂(甲基硅醇钠、乙基硅醇钠、聚乙基羟基硅氧烷)、石蜡、地沥青、橡胶及水溶性树脂乳液等
	混合物类	无机类混合物、有机类混合物、无机类与有机类混合物
	复合类	上述各类与引气剂、减水剂、调凝剂等外添加剂复合的复合型防水剂
膨胀剂	硫铝酸钙类	—
	氧化钙类	—
	硫铝酸钙—氧化钙类	—

10)阻锈剂

中国交通行业标准《钢筋混凝土阻锈剂》(JT/T 537—2004)将阻锈剂定义为:能抑制或减轻混凝土中钢筋腐蚀的外加剂。《海港工程混凝土结构防腐蚀技术规范》(JTJ 275—2000)则将阻锈剂定义为:能抑制钢筋电化学腐蚀的混凝土外加剂。

特别强调在混凝土构件保护层偏薄、氯离子含量超过相应规定、混凝土用于恶劣环境的浪溅区和水位变化区情况下,应掺加阻锈剂进一步提高优质混凝土或高性能混凝土的护筋性。

阻锈剂至少应满足下列五个要求:

①阻锈剂分子应具有强的接受电子或给出电子的性质,或两者兼有;

②阻锈剂易溶于水而又不易从混凝土中滤出;

③在相对低的电流值下引起相应电极的极化;

④在使用环境的 pH 值和温度下有效;

⑤对混凝土各种性能不产生较大的副作用,与混凝土有较好的相容性。

(1)阻锈剂分类和品种钢筋阻锈剂的分类方法

按使用方式和应用对象分:掺入型阻锈剂(DCI),是直接掺加到混凝土中,主要用于新建混凝土工程,也可用于修复工程;迁移型阻锈剂(MCI),是涂到混凝土表面,渗透到混凝土内并到达钢筋周围,主要用于老工程的修复。

按形态分为:水剂型阻锈剂、粉剂型阻锈剂。

按化学成分分为: 无机型阻锈剂、有机型阻锈剂、混合型阻锈剂。

按作用机理划分为:阴极型阻锈剂、阳极型阻锈剂混合型阻锈剂。

主要阻锈剂品种见表 3-21。

主要阻锈剂品种 表 3-21

序号	厂　家	型　号	作用机理	掺　量
1	中冶集团建筑研究院生产	RI 系列亚硝酸钙基复合阻锈剂	亚硝酸钙具有氧化性能,生成难溶解的氧化铁稳定钝化膜阻止钢筋腐蚀	6 ~ 15kg/m^3
2	Grace 公司生产	DCI 阻锈剂	和 RI 作用机理基本相同	取决于混凝土中氯离子的预计含量及结构的设计寿命
3	Cortec 公司生产	MCI 渗透型阻锈剂	具有在混凝土的孔隙中通过气相和液相扩散到钢筋表面形成吸附膜从而产生阻锈作用的特点	0.6kg/m^3
4	Sika 公司生产	FerroGard 阻锈剂	可同时吸附到钢筋的阴、阳两极进行保护,因此保护效果极佳。在阳极,保护膜阻止了铁离子流失;在阴极,保护膜形成对氧的屏障。此外,它可以将钢筋表面已有的氯离子置换出来	10 ~ 12kg/m^3

注:本表参照《马来西亚槟城第二桥跨海大桥结构耐久性研究与评估》初稿编制。

(2)阻锈剂对混凝土性能的影响

作为一种化学外加剂,混凝土阻锈剂含有复杂的化学成分,特别是一些盐分和有机物质,会对混凝土性能产生一定程度的影响。由于阻锈剂生产厂家不同,产品不同,所以它们对混凝土性能影响也不相同。亚硝酸盐基阻锈剂可以明显缩短混凝土凝结时间,提高早期强度和影响坍落度。

RI 阻锈剂为亚硝酸钙基复合阻锈剂,但是它复合了其他化学成分,具有减水效果,因此增强作用更加明显。

DCI 阻锈剂也为亚硝酸钙基复合阻锈剂,它也会促进混凝土凝结、增大混凝土早期强度、加剧坍落度损失，并可降低混凝土含气量。对于亚硝酸钙基阻锈剂的这些特点，特别是当它们用于较高温度环境时，必须通过加入缓凝剂等来克服混凝土工作性损失和过早硬化，提高混凝土的易浇筑性。

MCI 阻锈剂在混凝土中掺量固定为 0.6kg/m^3，与预期氯离子浓度无关，不需要调整混凝土配合比。此外，MCI 阻锈剂对混凝土含气量、凝结时间、坍落度几乎没有影响，掺量过少也不会加速锈蚀速度，因此它对混凝土性能几乎没有影响。

Sika FerroGard 阻锈剂不影响混凝土拌和物的坍落度、凝结时间等性能，也不影响硬化混凝土强度、可渗透性和含气量等性能，它与各种混凝土和外加剂有很好的相容性。可用于预应力混凝土、碳化混凝土（低 pH 值环境）、海工建筑、使用海砂的建筑物、工业厂房及其他面临氯离子腐蚀的混凝土。不会因添加量少而加剧钢筋腐蚀（如亚硝酸钙），也不影响混凝土对钢筋的握裹力。

采用阻锈剂溶液时，混凝土拌和物搅拌时间应延长 1min；采用阻锈剂粉剂时，搅拌时间应延长 3min。阻锈剂可与高性能混凝土、环氧涂层钢筋、混凝土表面涂层、硅烷浸渍等联合使用，并具有叠加保护效果。

11）高性能外加剂（聚羧酸高性能减水剂）

由含有羧基的不饱和单体和其他单体共同聚合而成，使混凝土在减水、保坍、增强、收缩及环保等方面具有优良性能的系列减水剂。

（1）聚羧酸高性能减水剂各项指标应符合《聚羧酸系高性能减水剂》（JG/T 223—2007）规定。各项指标控制如表 3-22 所示。

掺聚羧酸高性能减水剂混凝土性能指标 表 3-22

序号	试验项目		性能指标			
			FHN（非缓凝型）		HN（缓凝型）	
			Ⅰ	Ⅱ	Ⅰ	Ⅱ
1	减水率（%），≥		25	18	25	18
2	泌水率比（%），≤		60	70	60	70
3	含气量（%），≤		6.0			
4	1h 坍落度保留值（mm），≥		—		150	
5	缓凝时间差（min）		-90 ~ +120		> +120	
6	抗压强度比（%），≥	1d	170	150	—	
		3d	160	140	155	135
		7d	150	130	145	125
		28d	130	120	130	120
7	28d 收缩率比（%），≤		100	120	100	120
8	对钢筋锈蚀状况		对钢筋无锈蚀作用			

注：本表参照《聚羧酸系高性能减水剂》（JG/T 223—2007）编制。

(2)聚羧酸高性能减水剂应用在泵送混凝土、自流平混凝土、水下不分散混凝土、喷射混凝土、聚合物混凝土、高强高性能混凝土等。用于混凝土拌和物中主要起以下作用:

①在不改变混凝土强度的条件下,改善混凝土工作性。

②在给定工作性条件下,减少水灰比,提高混凝土的强度和耐久性。

③在保证混凝土浇筑性能和强度的条件下,减少水和水泥用量,减少徐变、干缩、水泥水化热等引起混凝土初始缺陷的因素。

4. 使用外加剂时应注意的事项

(1)外加剂的品种应根据工程设计和施工要求选择,应使用工程原材料,通过试验及技术经济比较后确定。

(2)集中外加剂复合使用时,应注意不同品种外加剂之间的相容性及对混凝土性能的影响。使用前应进行试验,满足要求后方可使用。如聚羧酸系高性能减水剂与萘系减水剂不宜复合使用。

(3)严禁使用对人体产生危害,对环境产生污染的外加剂,用户应注意工厂提供的混凝土外加剂安全防护措施的有关资料,并遵照执行。

(4)对钢筋混凝土和有耐久性要求的混凝土。应按有关标准规定严格控制混凝土中氯离子含量和碱的数量。混凝土中氯离子含量和总碱量是指其各种原材料所含氯离子和碱含量之和。

(5)由于聚羧酸系高性能减水剂的掺加量对其性能影响较大,用户应注意按照准确计量。

(6)一般应调制成水溶液,于拌和混凝土时掺入。采用高效减水剂时,混凝土的坍落度损失较快,宜采用后掺法,即于混凝土拌和后,临浇筑时再掺入。

(7)外加剂用量均较小,不易拌匀,同时有些减水剂具有不需要的引气性。因此,搅拌掺有外加剂的混凝土时,一般须将搅拌时间延长 1 ~2min。

(8)不需增加含气量的混凝土掺用引气量较大的减水剂时,宜在浇筑混凝土时使用高频振动器进行振捣。

(9)普通减水剂和高效减水剂一般蒸养性能较差,用蒸汽加热混凝土时,应适当延长静停或预热时间。

(10)采用早强减水剂、缓凝减水剂、抗冻剂、膨胀剂等外加剂时,应加强养护、保湿保温、适当延长养护期

5. 外加剂质量标准

外加剂质量标准及试验方法应符合国家有关规定。掺外加剂混凝土的性能指标应符合《混凝土外加剂》(GB 8076—2008),见表 3-23。

六、矿物掺和料

1. 概述

由于掺用矿物掺和料可使混凝土水化热减小、温度降低,因而延缓水泥水化速度,起到使微结构密实、孔隙率减小和孔隙细化的作用,并与水泥水化时放出的氢氧化钙生成硅酸钙水化物:S + CH + H→C - S - H,二次反应生成的产物起填充作用,减少氢氧化钙在过渡区富集的强化作用,在一定的条件下,可以提高硬化混凝土的强度、降低其渗透性,并改善其耐久性能。现今矿物掺和料已成为混凝土的一个重要组分,与外加剂一样,只是掺量要大得多,有时甚至超过水泥用量。矿物掺和料有粉煤灰、矿渣粉、硅灰等活性材料。

受检混凝土性能指标

表 3-23

试验项目		外加剂品种												
		高性能减水剂 HPWR			高效减水剂 HWR		普通减水剂 WR			引气剂减水剂 AEWR	泵送剂 PA	早强剂 Ac	缓凝剂 Re	引气剂 AE
		早强型 HPWR-A	标准型 HPWR-S	缓凝型 HPWR-R	标准型 HWR-S	缓凝型 HWR-R	早强型 WR-A	标准型 WR-S	缓凝型 WR-R					
减水率(%),≥		25	25	25	14	14	8	8	8	10	12	—	—	6
泌水率(%),≤		50	60	70	90	100	95	100	100	70	70	100	100	70
含气量(%)		≤6.0	≤6.0	≤6.0	≤3.0	≤4.5	≤4.0	≤4.0	≤5.5	≥3.0	≤5.5	—	—	≥3.0
凝结时间之差(min)	初凝	-90～+90	-90～+120	>+90	-90～+120	>+90	-90～+90	-90～+120	>+90	-90～+120	—	-90～+90	>+90	-90～+120
	终凝			—		—			—			—	—	
1h 经时变化量	坍落度(mm)	—	≤80	≤60	—	—	—	—	—	—	≤80	—	—	—
	含气量(%)	—	—	—						-1.5～+1.5	—			-1.5～+1.5
抗压强度比(%),≥	1d	180	170	—	140	—	135	—	—	—	—	135	—	—
	3d	170	160	—	130	—	130	115	—	115	—	130	—	95
	7d	145	150	140	125	125	110	115	110	110	115	110	100	95
	28d	130	140	130	120	120	100	110	110	100	110	100	100	90
收缩率比(%),≤	28d	110	110	110	135	135	135	135	135	135	135	135	135	135
相对耐久性(200 次)(%),≥		—	—	—	—	—	—	—	—	80	—	—	—	80

注:①表中抗压强度比、收缩率比、相对耐久性为强制性指标,其余为推荐性指标。

②除含气量和相对耐久性外,表中所列数据为掺外加剂混凝土与基准混凝土的差值或比值。

③凝结时间之差性能指标中的“-”号表示提前,“+”号表示延缓。

④相对耐久性(200 次)性能指标中的“≥80”表示将 28d 龄期的受检混凝土试件快速冻融循环 200 次后,动弹性模量保留值≥80%。

⑤1h 含气量经时变化量指标中的“-”号表示含气量增加,“+”号表示含气量减少。

⑥其他品种的外加剂是否需要测定相对耐久性指标,由供需双方协商确定。

⑦当用户对泵送剂等产品有特殊要求时,需要进行的补充试验项目、试验方法及指标,由供需双方协商决定。

⑧本表摘自《混凝土外加剂》(GB 8076—2008)。

主要矿物掺和料的组成见表 3-24。

主要矿物掺和料的组成(单位:%) 表 3-24

氧化物	粉煤灰		磨细矿渣	硅粉	水泥
	低钙	高钙			
SiO_2(%)	48	40	36	97	20
Al_2O_3(%)	27	18	9	2	5
Fe_2O_3(%)	9	8	1	0.1	4
MgO(%)	2	4	11	0.1	1
CaO(%)	3	20	40	—	64
Na_2O(%)	1	—	—	—	0.2
K_2O(%)	4	—	—	—	0.5

2. 粉煤灰

1)主要控制指标

粉煤灰(FA):煤粉在电厂锅炉燃烧后剩余的灰分,从烟道排出时经收集所得,具有火山灰性,为活性材料。

粉煤灰按煤种分为 F 类和 C 类。F 类粉煤灰为由无烟煤或烟煤煅烧收集的粉煤灰;C 类粉煤灰为由褐煤或次烟煤煅烧收集的粉煤灰,其氧化钙含量一般大于 10%。

拌制混凝土和砂浆用的粉煤灰技术要求见表 3-25。

拌制混凝土和砂浆用的粉煤灰技术要求 表 3-25

项目		技术要求		
		Ⅰ级	Ⅱ级	Ⅲ级
细度(45μm 方孔筛筛余)(%),≤	F 类粉煤灰	12.0	25.0	45.0
	C 类粉煤灰			
需水量比(%),≤	F 类粉煤灰	95	105	115
	C 类粉煤灰			
烧失量(%),≤	F 类粉煤灰	5.0	8.0	15.0
	C 类粉煤灰			
含水率(%),≤	F 类粉煤灰	1.0		
	C 类粉煤灰			
三氧化硫(%),≤	F 类粉煤灰	3.0		
	C 类粉煤灰			
游离氧化钙(%),≤	F 类粉煤灰	1.0		
	C 类粉煤灰	4.0		
安定性 雷氏夹沸煮后增加距离(mm),≤	C 类粉煤灰	5.0		

注:①本表参照《用于水泥和混凝土中的粉煤灰》(GB/T 1596—2005)编制。

②碳会降低粉煤灰的抗裂性,故对粉煤灰重点应控制烧失量。

2)粉煤灰的应用

粉煤灰的密度比水泥小，用它等质量替代水泥时，形成的浆体体积明显增大。质量良好的粉煤灰由近似球形的颗粒组成，粒径与水泥接近，且有光滑的表面，掺入后可改善混凝土拌和物的流动性、黏聚性，在混凝土中产生"形态效应""活性效应"和"微集料效应"三种基本效应。粉煤灰一般应加工后广泛用应用，大量地使用于大坝、路基、路面和结构混凝土和泵送混凝土施工。粉煤灰的主要作用如下：

(1)新拌的混凝土黏聚性好，浇筑效果好；

(2)后期强度高；

(3)能有效抑制碱—硅反应；

(4)很好的抗硫酸盐性；

(5)低孔隙率和低渗透性；

(6)大大降低早期水化热，减少早期裂缝；

(7)配比设计时具有更大的灵活性。

3)检验

以连续供应的200t相同等级、相同种类的粉煤灰为一编号，不足200t按一个编号论，粉煤灰质量按干灰(含水率小于1%)的质量计算。

3. 矿渣粉

粒状高炉矿渣(GGBS)是炼铁高炉的熔融矿渣经水淬处理成粒，再磨成的细粉，具有一定的胶凝性质。粒化高炉矿渣粉是指以粒化高炉渣为主要原料，可掺加少量石膏磨制成一定细度的粉体，称作粒化高炉矿渣粉，简称矿渣粉。

1)主要控制指标(表3-26)

矿渣粉技术指标　　表3-26

项目		级别		
		S105	S95	S75
密度(g/cm^3)，≥		2.8		
比表面积(m^2/kg)，≥		500	400	300
活性指数(%)，≥	7d	95	75	55
	28d	105	95	75
流动度比(%)，≥		95		
含水率(质量分数)(%)，≤		1.0		
三氧化硫(质量分数)(%)，≤		4.0		
氯离子(质量分数)，≤		0.06		
烧失量(质量分数)，≤		3.0		
玻璃体含量(质量分数)，≥		85		
放射性		合格		

注：本表参照《用于水泥和混凝土中的粒化高炉渣粉》(GB/T 18046—2008)编制。

2)矿渣粉的应用和事项

磨细矿渣的颗粒形状、粒径、比表面积、密度均与水泥接近，因此当其等质量代替水泥时，减少了水泥用量，对拌和物需水量、流动性的影响变化不大。

使用高掺量磨细矿渣水泥具有较好的耐久性能，因矿渣在碱性环境并存在硫酸盐情况下，反应生成了无定形C-S-H(I)凝胶、杆柱状杆沸石类水化硅铝酸钙(钠)以及针状钙矾石类水化硫铝酸钙三类矿物，它们之间具有良好的匹配方式，形成密实的空间网络结构，使混凝土具有良好的抗渗性和突出的抗硫酸盐侵蚀性能。但是，高掺量的矿渣可能引起混凝土泌水现象严重，收缩增加，混凝土脆性增加。

3）检验

以连续供应的120t相同等级、相同种类的矿渣粉为一编号，不120t按一个编号论，矿渣粉质量按干灰（含水率小于1%）的质量计算。

4. *硅灰*

硅粉（Silica Fume，SF）是硅铁合金生产过程中排出的烟气，经冷凝集聚形成的微细粉末。它含有至少85%以上的无定形SiO_2的球形微细颗粒。

1）《海港工程混凝土结构防腐蚀技术规范》（JTJ 275—2000）规定硅灰的技术指标要求（表3-27）

硅灰的技术指标 表3-27

序号	指标		标准值	备注
1	SiO_2含量（%），≥		85	化学指标
2	烧失量（%），≤		6	
3	含水率（%），≤		3	
4	火山灰活性指数（%），≥		90	物理指标
5	细度（45μm筛余量）（%），≤		10%	
6	需水比（%），≤		125	
7	比表面积（m^2/g），≥		15	
8	均匀性	密度与均值的偏差（%），≤	5	
		细度筛余量与均值的偏差（%），≤	5	

注：本表参照《海港工程混凝土结构防腐蚀技术规范》（JTJ 275—2000）和《高强高性能混凝土用矿物外加剂》（GB/T 18736—2002）编制。

2）检验

连续供应的硅灰20t为一批，不足20t按一批计；散装硅灰按不同部位取10份试样，袋装硅灰应从10袋取样，每份质量为200～500g。混合拌匀后按四分法缩取比试验需要量大1倍的数量，不足20t可不检验匀质性指标。

3）硅灰的应用

硅灰主要用于强度等级很高（>80MPa）或者抗渗性要求很高的混凝土。硅灰在混凝土中的主要物理作用有：减小泌水；为水化反应提供晶核生长点，加速水泥水化速率；颗粒填充与包裹作用，为水化产物搭接提供桥梁作用。

硅灰对新拌混凝土性能的影响。由于非常巨大的比表面积增加了混凝土拌和物的需水量。一般在使用硅灰时，都需要使用减水剂或者高效减水剂，使用量取决于硅灰掺量和减水剂的类型。硅灰增加了新拌混凝土的黏聚性，减小了离析。一般情况下，有必要将硅灰混凝土坍落度增加50mm，才能获得与普通混凝土相同的工作性。硅灰并不显著地改变混凝土坍落度的经时损失，也不显著地改变混凝土的凝结时间。硅灰可以有效减少混凝土泌水，但容易使混凝土发生塑性收缩。当混凝土表面的水蒸发速率超过混凝土内部向表面泌水的速率时，就会发生塑性裂。应关注新拌硅灰混凝土早期的表面水分损失，特别是在高温、高风速、低湿度的环境中。使用喷雾、蒸发抑制剂、设置防风障和立即养护是减小硅灰混凝土塑性开裂的一些成功措施。

使用硅灰最重要的原因是它能提高混凝土的耐久性，主要表现在如下几方面：

(1)减小混凝土孔结构中侵蚀介质溶液的传输速率；

(2)减小氯离子的侵蚀速率；

(3)提高混凝土的抗冻融循环能力；

(4)提高抗化学侵蚀能力；

(5)提高抗磨蚀能力；

(6)提高抗碱集料反应产生的劣化性膨胀；

(7)提高抗硫酸盐侵蚀能力；

(8)增加电阻率。

5. 复合超细矿粉

使用两种或两种以上的掺和料复合而成的超细矿粉掺和料，其效果通常要明显优于单一的矿物掺和料。复合掺和料应有合格的产品标准或经过有关部门鉴定的性能检测证明并附有组成成分和使用说明，不得添加对混凝土有害的成分。

6. 矿物掺和料的组合使用

矿物掺和料复合使用，能补偿单掺的不足，使各组分颗粒形态、细度、化学组成均有不同，有可能相互激发，相互补充，对水泥石的孔结构产生复合效应。不仅能满足新拌混凝土的工作性，还可以较低的成本获得很好的耐久性能和较高早期强度的混凝土。掺和料的掺入量见下节。

7. 掺和料使用时应注意的事项

掺用混合材料的混凝土配合比，应通过试验确定，按不同掺量、不同水灰比分别拌制，检验其流动度、泌水率、凝结时间及抗压强度等情况，据以选定适宜的掺用量。

混合材料必须符合以下要求：

(1)混凝土拌和物的搅拌时间应酌情延长1～2min，以使混合材料分布均匀；

(2)养护时间一般不少于14d，养护期间应使混凝土经常保持湿润状态；

(3)掺和料在运输与存储过程中，应有明显标志，严禁与水泥等其他粉状材料混淆。

第二节　混凝土配合比设计及选择

一、普通混凝土配合比设计

1. 基本规定

混凝土配合比设计应满足混凝土配置强度、拌和物性能、力学性能和耐久性能的设计要求。混凝土拌和物性能、力学性能和耐久性能的试验方法应分别符合现行国家标准《普通混凝土拌和物性能试验方法标准》(GB/T 50080)、《普通混凝土力学性能试验方法标准》(GB/T 50081)和《普通混凝土长期性能和耐久性能试验方法标准》(GB/T 50082)

的规定。

混凝土配合比设计应采用工程实际使用的原材料，并满足国家现行标准的有关要求；配合比设计应以干燥状态集料为基准，细集料的含水率应小于0.5%，粗集料的含水率应小于0.2%。

混凝土的最大水胶比应符合现行《混凝土结构设计规范》（GB 50010）的规定。

混凝土的最小胶凝材料用量应符合表3-28的规定，配置C15及其以下强度等级的混凝土，可以不受表3-28的限制。

混凝土的最小胶凝材料用量　　表3-28

最大水胶比	最小胶凝材料用量（kg/m^3）		
	素混凝土	钢筋混凝土	预应力混凝土
0.60	250	280	300
0.55	280	300	300
0.50	320		
≤0.45	330		

2.混凝土中矿物掺和料的最大掺量控制

矿物掺和料在混凝土中的掺量应通过试验确定。钢筋混凝土中矿物掺和料最大掺量宜符合表3-29的规定，预应力钢筋混凝土中矿物掺和料最大掺量宜符合表3-30的规定。

钢筋混凝土中矿物掺和料最大掺量　　表3-29

矿物掺和料种类	水胶比	最大掺量（%）	
		硅酸盐水泥	普通硅酸盐水泥
粉煤灰	≤0.40	≤45	≤35
	>0.40	≤40	≤30
粒化高炉矿渣粉	≤0.40	≤65	≤55
	>0.40	≤55	≤45
钢渣粉	—	≤30	≤20
磷渣粉	—	≤30	≤20
硅灰	—	≤10	≤10
复合掺和料	≤0.40	≤60	≤50
	>0.40	≤50	≤40

注：①采用硅酸盐水泥和普通硅酸盐水泥之外的通用硅酸盐水泥时，混凝土中水泥混合材料和矿物掺和料用量之和应不大于按普通硅酸盐水泥用量20%计算混合材料和矿物掺和料用量之和。

②对基础大体积混凝土，粉煤灰、粒化高炉矿渣粉和复合掺和料的最大掺量可增加5%。

③复合掺和料中各组分的掺量不宜超过任一组分单掺时的最大掺量。

预应力钢筋混凝土中矿物掺和料最大掺量　　表 3-30

矿物掺和料种类	水胶比	最大掺量(%)	
		硅酸盐水泥	普通硅酸盐水泥
粉煤灰	≤0.40	≤35	≤30
	>0.40	≤25	≤20
粒化高炉矿渣粉	≤0.40	≤55	≤45
	>0.40	≤45	≤35
钢渣粉	—	≤20	≤10
磷渣粉	—	≤20	≤10
硅灰	—	≤10	≤10
复合掺和料	≤0.40	≤50	≤40
	>0.40	≤40	≤30

注:①粉煤灰应为Ⅰ级或Ⅱ级F类粉煤灰。

②在复合掺和料中,各组分的掺量不宜超过单掺时的最大掺量。

3. 混凝土中氯离子最大含量控制

混凝土拌和物中水溶性氯离子最大含量应符合表 3-31 的要求。混凝土拌和物中水溶性氯离子含量应按照现行行业标准《水运工程混凝土试验规程》(JTJ 270—1998)中混凝土拌和物中氯离子含量的快速测定方法进行测定。

混凝土拌和物中水溶性氯离子最大含量　　表 3-31

环境条件	水溶性氯离子最大含量(%,水泥用量的质量百分比)		
	钢筋混凝土	预应力混凝土	素混凝土
干燥环境	0.3	0.06	1.0
潮湿但不含氯离子的环境	0.2		
潮湿而含有氯离子的环境、盐渍土环境	0.1		
除冰盐等侵蚀性物质的腐蚀环境	0.06		

4. 混凝土中最小含气量控制

长期处于潮湿或水位变动的寒冷和严寒环境,以及盐冻环境的混凝土应掺用引气剂。引气剂掺量应根据混凝土含气量要求经试验确定;掺用引气剂的混凝土最小含气量应符合表 3-32 的规定,最大不宜超过 7.0%。

掺用引气剂的混凝土最小含气量　　表 3-32

粗集料最大公称粒径(mm)	混凝土最小含气量(%)	
	潮湿或水位变动的寒冷和严寒环境	盐冻环境
40.0	4.5	5.0
25.0	5.0	5.5
20.0	5.5	6.0

注:含气量为气体占混凝土体积的百分比。

5. 混凝土中碱含量控制

对于有预防混凝土碱集料反应设计要求的工程,混凝土中最大碱含量不应大于 3.0kg/m^3,并宜掺用适量粉煤灰等矿物掺和料;对于矿物掺和料碱含量,粉煤灰碱含量可取实测值的 1/6，粒化高炉矿渣粉、硅灰碱含量可取实测值的 1/2。

二、配合比的设计步骤

配合比的设计步骤如下。

（1）计算试配强度：根据规定的混凝土强度等级、强度保证率要求和本部门统计的强度标准差或变异系数，计算确定混凝土试配强度。

（2）计算水灰比：根据试配强度、水泥实际强度和有关规定，计算确定水灰比。

（3）确定坍落度：根据结构形状尺寸、配筋率、运输方法、振捣方法、掺用外加剂等情况和施工经验水平，确定混凝土的坍落度。

（4）确定用水量：参照选用的坍落度和耐久性要求确定用水量。

（5）计算胶凝材料用最：根据水灰比、用水量及有关规定，计算胶凝材料用量。

（6）确定砂率：根据经验及砂的分区等情况确定砂率。

（7）计算砂石用量：根据砂率和砂石表观密度计算石子和砂子的用量。

三、混凝土配合比计算

1. 水胶比

（1）混凝土强度等级不大于 C60 等级时，混凝土水胶比宜按下式计算：

$$W/B = \frac{\alpha_a \cdot f_b}{f_{cu,0} + \alpha_a \cdot \alpha_b \cdot f_b} \tag{3-2}$$

式中：α_a、α_b——回归系数，取值应符合表 3-33 的规定；

f_b——胶凝材料（水泥与矿物掺和料按使用比例混合）28d 胶砂强度（MPa），试验方法应按现行国家标准《水泥胶砂强度检验方法（ISO 法）》（GB/T 17671—1999）执行；当无实测值时，可按下列规定确定：根据 3d 胶砂强度或快测强度推定 28d 胶砂强度关系式推定 f_b 值；当矿物掺和料为粉煤灰和粒化高炉矿渣粉时，可按下式推算 f_b 值，

$$f_b = 1.1\gamma_f \cdot \gamma_s \cdot f_{ce,g}$$

γ_f、γ_s——粉煤灰影响系数和粒化高炉矿渣粉影响系数，可按表 3-34 选用；

$f_{ce,g}$——水泥强度等级值（MPa）。

回归系数 α_a、α_b 选用表 表 3-33

系数 \ 粗集料品种	碎石	卵石	系数 \ 粗集料品种	碎石	卵石
α_a	0.53	0.49	α_b	0.20	0.13

（2）回归系数 α_a 和 α_b 宜按下列规定确定：

①根据工程所使用的原材料，通过试验建立的水胶比与混凝土强度关系式来确定。

②当不具备上述试验统计资料时，可按表 3-33 采用。

2. 用水量和外加剂用量

（1）每立方米干硬性或塑性混凝土的用水量（m_{wo}）应符合下列规定：

①混凝土水胶比在 0.40～0.80 范围时，可按表 3-35 和表 3-36 选取。

②混凝土水胶比小于 0.40 时，可通过试验确定。

粉煤灰影响系数 γ_f 和粒化高炉矿渣粉影响系数 γ_s 表 3-34

掺量(%) \ 种类	粉煤灰影响系数 γ_f	粒化高炉矿渣粉影响系数 γ_s	掺量(%) \ 种类	粉煤灰影响系数 γ_f	粒化高炉矿渣粉影响系数 γ_s
0	1.00	1.00	30	0.70~0.75	0.90~1.00
10	0.90~0.95	1.00	40	0.60~0.65	0.80~0.90
20	0.80~0.85	0.95~1.00	50	—	0.70~0.85

注:①本表应以 P.O 42.5 水泥为准;如采用普通硅酸盐水泥以外的通用硅酸盐水泥,可将水泥混合材掺量20%以上部分计入矿物掺和料。

②宜采用Ⅰ级或Ⅱ级粉煤灰;采用Ⅰ级灰宜取上限值,采用Ⅱ级灰宜取下限值。

③采用 S75 级粒化高炉矿渣粉宜取下限值,采用 S95 级粒化高炉矿渣粉宜取上限值,采用 S105 级粒化高炉矿渣粉可取上限值加 0.05。

④当超出表中的掺量时,粉煤灰和粒化高炉矿渣粉影响系数应经试验确定。

干硬性混凝土的用水量(单位:kg/m^3) 表 3-35

拌和物稠度		卵石最大公称粒径(mm)			碎石最大粒径(mm)		
项目	指标	10.0	20.0	40.0	16.0	20.0	40.0
维勃稠度(s)	16~20	175	160	145	180	170	155
	11~15	180	165	150	185	175	160
	5~10	185	170	155	190	180	165

塑性混凝土的用水量(单位:kg/m^3) 表 3-36

拌和物稠度		卵石最大粒径(mm)				碎石最大粒径(mm)			
项目	指标	10.0	20.0	31.5	40.0	16.0	20.0	31.5	40.0
坍落度(mm)	10~30	190	170	160	150	200	185	175	165
	35~50	200	180	170	160	210	195	185	175
	55~70	210	190	180	170	220	105	195	185
	75~90	215	195	185	175	230	215	205	195

注:①本表用水量系采用中砂时的取值。采用细砂时,每立方米混凝土用水量可增加 5~10kg;采用粗砂时,可减少 5~10kg。

②掺用矿物掺和料和外加剂时,用水量应相应调整。

(2)每立方米流动性或大流动性混凝土的用水量(m_{wo})可按下式计算:

$$m_{wo} = m'_{wo}(1-\beta) \tag{3-3}$$

式中:m'_{wo}——满足实际坍落度要求的每立方米混凝土用水量(kg),以表 3-37 中 90mm 坍落度的用水量为基础,按每增大 20mm 坍落度相应增加 5kg 用水量来计算;

β——外加剂的减水率(%),应经混凝土试验确定。

(3)每立方米混凝土中外加剂用量应按下式计算:

$$m_{ao} = m_{bo}\beta_a \tag{3-4}$$

式中:m_{ao}——每立方米混凝土中外加剂用量(kg);

m_{bo}——每立方米混凝土中胶凝材料用量(kg);

β_a——外加剂掺量(%),应经混凝土试验确定。

3. 胶凝材料、矿物掺和料和水泥用量

(1)每立方米混凝土的胶凝材料用量(m_{bo})应按下式计算:

$$m_{bo} = \frac{m_{wo}}{W/B} \tag{3-5}$$

(2)每立方米混凝土的矿物掺和料用量(m_{fo})计算应符合下列规定:

①按《普通混凝土配合比设计规程》(JGJ 55—2011)中第3.0.5条和5.1.1条确定符合强度要求的矿物掺和料掺量β_f;

②矿物掺和料用量(m_{fo})应按按下式计算:

$$m_{fo} = m_{bo}\beta_f \tag{3-6}$$

式中:m_{fo}——每立方米混凝土中矿物掺和料用量(kg);

β_f——计算水胶比过程中确定的矿物掺和料掺量(%)。

(3)每立方米混凝土的水泥用量(m_{co})应按下式计算:

$$m_{co} = m_{bo} - m_{fo} \tag{3-7}$$

式中:m_{co}——每立方米混凝土中水泥用量(kg)。

4. 砂率

(1)当无历史资料可参考时,混凝土砂率的确定应符合下列规定:

①坍落度小于10mm的混凝土,其砂率应经试验确定。

②坍落度为10~60mm的混凝土砂率,可根据粗集料品种、最大公称粒径及水胶比按表3-37选取。

③坍落度大于60mm的混凝土砂率,可经试验确定,也可在表3-37的基础上,按坍落度每增大20mm、砂率增大1%的幅度予以调整。

混凝土的砂率(单位:%) 表3-37

水胶比(W/B)	卵石最大公称粒径(mm)			碎石最大粒径(mm)		
	10.0	20.0	40.0	16.0	20.0	40.0
0.40	26~32	25~31	24~30	30~35	29~34	27~32
0.50	30~35	29~34	28~33	33~38	32~37	30~35
0.60	33~38	32~37	31~36	36~41	35~40	33~38
0.70	36~41	35~40	34~39	39~44	38~43	36~41

注:①本表数值系中砂的选用砂率,对细砂或粗砂,可相应地减少或增大砂率。

②采用人工砂配制混凝土时,砂率可适当增大。

③只用一个单粒级粗集料配制混凝土时,砂率应适当增大。

④对薄壁构件,砂率宜取偏大值。

(2)砂率应按式(3-9)计算。

5. 粗、细集料用量

(1)采用质量法计算粗、细集料用量时,应按下列公式计算:

$$m_{fo} + m_{co} + m_{go} + m_{so} + m_{wo} = m_{cp} \tag{3-8}$$

$$\beta_s = \frac{m_{so}}{m_{go} + m_{so}} \times 100\% \tag{3-9}$$

式中:m_{go}——每立方米混凝土的粗集料用量(kg);

m_{so}——每立方米混凝土的细集料用量(kg)；

m_{wo}——每立方米混凝土的用水量(kg)；

β_s——砂率(%)；

m_{cp}——每立方米混凝土拌和物的假定质量(kg)，可取2 350～2 450kg。

(2)采用体积法计算粗、细集料用量时，应按式(3-9)和下列公式计算：

$$\frac{m_{co}}{\rho_c}+\frac{m_{fo}}{\rho_f}+\frac{m_{go}}{\rho_g}+\frac{m_{so}}{\rho_s}+\frac{m_{wo}}{\rho_w}+0.01\alpha=1 \tag{3-10}$$

式中：ρ_c——水泥密度(kg/m^3)，应按《水泥密度测定方法》(GB/T 208—1994)测定，也可取2 900～3 100kg/m^3；

ρ_f——矿物掺和料密度(kg/m^3)，可按《水泥密度测定方法》(GB/T 208—1994)测定；

ρ_g——粗集料的表观密度(kg/m^3)，应按现行行业标准《普通混凝土用砂、石质量及检验方法标准》(JGJ 52—2006)测定；

ρ_s——细集料的表观密度(kg/m^3)，应按现行行业标准《普通混凝土用砂、石质量及检验方法标准》(JGJ 52—2006)测定；

ρ_w——水的密度(kg/m^3)，可取1 000 kg/m^3；

α——混凝土的含气量百分数，在不使用引气型外加剂时，α可取为1。

四、混凝土配合比的试配、调整与确定

1. 试配

混凝土试配应采用强制式搅拌机，搅拌机应符合《混凝土试验用搅拌机》(JG 244—2009)的规定，并宜与施工采用的搅拌方法相同。试验室成形条件应符合现行国家标准《普通混凝土拌和物性能试验方法标准》(GB/T 50080—2002)的规定。每盘混凝土试配的最小搅拌量应符合表3-38的规定，并不应小于搅拌机额定搅拌量的1/4。

混凝土试配的最小搅拌量 表3-38

粗集料最大公称粒径(mm)	最小搅拌的拌和物量(L)	粗集料最大公称粒径(mm)	最小搅拌的拌和物量(L)
≤31.5	20	40.0	25

应在计算配合比的基础上进行试拌，宜在水胶比不变、胶凝材料用量和外加剂用量合理的原则下调整胶凝材料用量、外加剂用量和砂率等，直到混凝土拌和物性能符合设计和施工要求，然后提出试拌配合比。

应在试拌配合比的基础上，进行混凝土强度试验，并应符合下列规定：

(1)应至少采用三个不同的配合比。当采用三个不同的配合比时，其中一个应为确定的试拌配合比，另外两个配合比的水胶比宜较试拌配合比分别增加和减少0.05，用水量应与试拌配合比相同，砂率可分别增加和减少1%。

(2)进行混凝土强度试验时，应继续保持拌和物性能符合设计和施工要求，并检验其坍落度或维勃稠度、黏聚性、保水性及表观密度等，作为相应配合比的混凝土拌和物性能指标。

(3)进行混凝土强度试验时，每种配合比至少应制作一组试件，标准养护到28d或设计强度要求的龄期时试压；也可同时多制作几组试件，按《早期推定混凝土强度试验方法

标准》(JGJ/T 15—2008)早期推定混凝土强度,用于配合比调整,但最终应满足标准养护28d或设计规定龄期的强度要求。

2.配合比的调整与确定

(1)配合比调整应符合下述规定:

①根据混凝土强度试验结果,绘制强度和胶水比的线性关系图,用图解法或插值法求出与略大于配制强度的强度对应的胶水比,包括混凝土强度试验中的一个满足配制强度的胶水比。

②用水量(m_w)应在试拌配合比用水量的基础上,根据混凝土强度试验时实测的拌和物性能情况进行适当调整。

③胶凝材料用量(m_b)应以用水量乘以图解法或插值法求出的胶水比计算得出。

④粗集料和细集料用量(m_g 和 m_s)应在用水量和胶凝材料用量调整的基础上,进行相应调整。

(2)配合比应按以下规定进行校正:

①应根据调整后的配合比按下式计算混凝土拌和物的表观密度计算值$\rho_{c,c}$:

$$\rho_{c,c} = m_c + m_f + m_g + m_s + m_w \tag{3-11}$$

②应按下式计算混凝土配合比校正系数δ:

$$\delta = \frac{\rho_{c,t}}{\rho_{c,c}} \tag{3-12}$$

式中:$\rho_{c,t}$——混凝土拌和物表观密度实测值(kg/m^3);

$\rho_{c,c}$——混凝土拌和物表观密度计算值(kg/m^3)。

③当混凝土拌和物表观密度实测值与计算值之差的绝对值不超过计算值的2%时,调整的配合比可维持不变;当两者之差超过2%时,应将配合比中每项材料用量均乘以校正系数δ。

(3)配合比调整后,应测定拌和物水溶性氯离子含量,并应对设计要求的混凝土耐久性能进行试验,符合设计规定的氯离子含量和耐久性能要求的配合比方可确定为设计配合比。

(4)生产单位可根据常用材料设计出常用的混凝土配合比备用,并应在使用过程中予以验证或调整。遇有下列情况之一时,应重新进行配合比设计:

①对混凝土性能有特殊要求时;

②水泥外加剂或矿物掺和料品种质量有显著变化时;

③该配合比的混凝土生产间断半年以上时。

第三节　特殊要求的混凝土配合比设计

一、抗渗混凝土

抗渗混凝土配合比设计除应符合第二节的规定外,还应符合本节的规定。

(1)原材料应符合下列规定:

①水泥宜采用普通硅酸盐水泥。

②粗集料宜采用连续级配,其最大公称粒径不宜大于40.0mm,含泥量不得大于

1.0%,泥块含量不得大于0.5%。

③细集料宜采用中砂,含泥量不得大于3.0%,泥块含量不得大于1.0%。

④抗渗混凝土宜掺用外加剂和矿物掺和料;粉煤灰应采用F类,并不应低于Ⅱ级。

(2)抗渗混凝土配合比应符合下列规定:

①最大水胶比应符合表3-39的规定。

②每立方米混凝土中的胶凝材料用量不宜小于320kg。

③砂率宜为35%~45%。

抗渗混凝土最大水胶比 表3-39

设计抗渗等级	最大水胶比		设计抗渗等级	最大水胶比	
	C20~C30	C30以上混凝土		C20~C30	C30以上混凝土
P6	0.60	0.55	>P12	0.50	0.45
P8~P12	0.55	0.50			

(3)配合比设计中混凝土抗渗技术要求应符合下列规定:

①配制抗渗混凝土要求的抗渗水压值应比设计值提高0.2MPa。

②抗渗试验结果应符合下式要求:

$$P_{t} \geqslant \frac{P}{10} + 0.2 \tag{3-13}$$

式中:P_t——六个试件中不少于四个未出现渗水时的最大水压值(MPa);

P——设计要求的抗渗等级值。

(4)掺用引气剂的抗渗混凝土,应进行含气量试验,含气量宜控制在3.0%~5.0%。

二、抗冻混凝土

抗冻混凝土配合比设计除应符合第二节的规定外,还应符合本节的规定。

(1)抗冻混凝土的原材料应符合下列规定:

①应采用硅酸盐水泥或普通硅酸盐水泥。

②宜选用连续级配的粗集料,其含泥量不得大于1.0%,泥块含量不得大于0.5%。

③细集料含泥量不得大于3.0%,泥块含量不得大于1.0%。

④粗、细集料均应进行坚固性试验,并应符合现行行业标准《普通混凝土用砂、石质量及检验方法标准》(JGJ 52—2006)的规定。

⑤钢筋混凝土和预应力混凝土不应掺用含有氯盐的外加剂。

(2)抗冻混凝土配合比应符合下列规定:

①最大水胶比和最小胶凝材料用量应符合表3-40的规定。

抗冻混凝土的最大水胶比和最小胶凝材料用量 表3-40

设计抗冻等级	最大水胶		最小胶凝材料用量
	无引气剂时	掺引气剂时	
F50	0.55	0.60	300
F100	0.50	0.55	320
不低于F150	—	0.50	350

②复合矿物掺和料掺量应符合表3-41的规定;其他矿物掺和料掺量应符合表3-30的规定。

抗冻混凝土中复合矿物掺和料掺量限值　表3-41

矿物掺和料种类	水胶比	对应不同水泥品种的矿物掺和料掺量	
		硅酸盐水泥(%)	普通硅酸盐水泥(%)
复合矿物掺和料	≤0.40	≤60	≤50
	>0.40	≤50	≤40

注:①采用硅酸盐水泥和普通硅酸盐水泥之外的通用硅酸盐水泥时,混凝土中水泥混合材料和复合矿物掺和料用量之和应不大于普通硅酸盐水泥(混合材料掺量按20%计)混凝土中水泥混合材料和复合矿物掺和料用量之和。

②复合矿物掺和料中各矿物掺和料组分的掺量不宜超过《普通混凝土配合比设计规程》(JGJ 55—2011)表3.0.5表3.0.5-2中单掺时的限量。

③抗冻混凝土宜掺用引气剂,掺用引气剂的混凝土最小含气量应符合表3-32的规定。

三、高强混凝土

强度等级为C60和高于C60的混凝土配合比设计除应符合普通混凝土配合比设计的规定外,还应符合本节的规定。

(1)高强混凝土的原材料应符合下列规定:

①应选用硅酸盐水泥或普通硅酸盐水泥。

②粗集料最大公称粒径不宜大于25.0mm,针片状颗粒含量不宜大于5.0%,含泥量不应大于0.5%,泥块含量不应大于0.2%。

③细集料的细度模数宜为2.6~3.0,含泥量不应大于2.0%,泥块含量不应大于0.5%。

④宜采用减水率不小于25%的高性能减水剂。

⑤宜复合掺用粒化高炉矿渣粉、粉煤灰和硅灰等矿物掺和料;粉煤灰应采用F类,并不应低于Ⅱ级;强度等级不低于C80的高强混凝土宜掺用硅灰。

(2)高强混凝土配合比应经试验确定。在缺乏试验依据的情况下,高强混凝土配合比设计宜符合下列要求:

①水胶比、胶凝材料用量和砂率可按表3-42选取,并应经试配确定。

高强混凝土水胶比、胶凝材料用量和砂率　表3-42

强度等级	水胶比	胶凝材料用量(kg/m^3)	砂率(%)
>C60,<C80	0.28~0.33	480~560	35~42
≥C80,<C100	0.26~0.28	520~580	
C100	0.24~0.26	550~600	

②外加剂和矿物掺和料的品种、掺量,应通过试配确定;矿物掺和料掺量宜为25%~40%;硅灰掺量不宜大于10%。

③水泥用量不宜大于500kg/m^3。

(3)在试配过程中,应采用三个不同的配合比进行混凝土强度试验,其中,一个可依据表3-42计算后，调整拌和物的试拌配合比，另外两个配合比的水胶比，宜较试拌配合比分别增加和减少0.02。

(4)高强混凝土设计配合比确定后，尚应用该配合比进行不少于三盘混凝土的重复试验，每盘混凝土应至少成形一组试件，每组混凝土的抗压强度不应低于配制强度。

(5)高强混凝土抗压强度宜采用标准试件通过试验测定；使用非标准尺寸试件时，尺寸折算系数应由试验确定。

四、泵送混凝土

泵送混凝土配合比设计除应符合普通混凝土设计的规定外，还应符合本节的规定。

(1)泵送混凝土所采用的原材料应符合下列规定：

①泵送混凝土宜选用硅酸盐水泥、普通硅酸盐水泥、矿渣硅酸盐水泥和粉煤灰硅酸盐水泥。

②粗集料宜采用连续级配，其针片状颗粒含量不宜大于10%；粗集料的最大公称粒径与输送管径之比宜符合表3-43的规定。

粗集料的最大公称粒径与输送管径之比 表3-43

粗集料品种	泵送高度(m)	粗集料最大公称粒径与输送管径之比
碎石	<50	≤1:3.0
	50~100	≤1:4.0
	>100	≤1:5.0
卵石	<50	≤1:2.5
	50~100	≤1:3.0
	>100	≤1:4.0

③泵送混凝土宜采用中砂，其通过公称直径315μm筛孔的颗粒含量不宜少于15%。

④泵送混凝土应掺用泵送剂或减水剂，并宜掺用粉煤灰等矿物掺和料。

(2)泵送混凝土配合比应符合下列规定：

①泵送混凝土的胶凝材料用量不宜小于300kg/m³。

②泵送混凝土的砂率宜为35%~45%。

(3)泵送混凝土试配时要求的坍落度值应按下式计算：

$$T_t = T_p + \Delta T \tag{3-14}$$

式中：T_t——试配时要求的坍落度值；

T_p——入泵时要求的坍落度值；

ΔT——试验测得的预计出机到泵送时间段内的坍落度经时损失值。

混凝土入泵坍落度与泵送高度关系见表3-44。

混凝土入泵坍落度与泵送高度关系表 表3-44

最大泵送高度(m)	50	100	200	400	400以上
入泵坍落度(mm)	100~140	150~180	190~220	230~260	—
入泵扩展度(mm)	—	—	—	450~590	600~740

注：表中内容摘录于《混凝土泵送施工技术规程》(JGJ/T 10—2011)。

五、大体积混凝土

大体积混凝土配合比设计除应符合普通混凝土设计的规定外，还应符合本节的规定。

(1)大体积混凝土配合比的选择在符合工程设计所规定的结构构件的强度等级、耐久性、抗渗性、体积稳定性等要求外，尚应符合大体积混凝土施工工艺特性的要求，并应符合合理使用材料、减少水泥用量、降低混凝土硬化过程中绝热温升值的原则。

(2)大体积混凝土的制备和运输，除应符合设计混凝土强度等级的要求外，还应根据预拌混凝土运输距离、运输设备、供应能力材料批次、环境温度等调整预拌混凝土的设备参数，以保证入模混凝土硬化后符合设计要求。

(3)大体积混凝土所用的原材料应符合下列规定。

① 配制大体积混凝土所用水泥的选择及其质量应符合下列国家标准:《通用硅酸盐水泥》(GB 175—2007)规定:当采用其他品种时其性能指标必须符合有关的国家标准要求。

②应优先选用中、低热硅酸盐水泥或低热矿渣硅酸盐水泥，大体积混凝土施工所用水泥其7d的水化热不宜大于270kJ/kg;水化热试验方法应按现行国家标准《水泥水化热测定方法》(GB/T 12959—2008)执行。

③当混凝土有抗渗指标要求时，所用水泥的铝酸三钙(C_3A)含量不应大于8%。

④所用水泥在搅拌站的入罐温度不应大于60℃。

(4)集料的选择，除应符合现行国家标准的质量要求外，还应符合下列规定:

①细集料采用中砂，其细度模数应大于2.3，含泥量不大于3%，当含泥量超标时，应在搅拌前进行水洗，检测合格后方可使用。

②粗集料宜选用粒径5~31.5mm，级配良好，含泥量不大于1%，非碱活性的粗集料;非泵送施工时粗集料的粒径可适当增大。

(5)外加剂的选择除满足上述要求外尚应符合下列要求:

①外加剂的品种、掺量应根据工程具体情况通过水泥适应性和实际效果实验确定。

②必须考虑外加剂对硬化混凝土收缩等性能的影响。

③慎用含有膨胀性能的外加剂。

④对耐久性要求较高和寒冷地区的大体积混凝土宜采用引气剂或引气减水剂。

⑤宜掺用矿物掺和料和缓凝型减水剂。

(6)拌和用水的质量应符合现行的国家行业标准《混凝土用水标准》(JGJ 63—2006)，不得使用海水和污水。

(7)大体积混凝土配合比设计除应符合现行国家行业标准《普通混凝土配合比设计规程》(JGJ 55—2011)外，还应符合《大体积混凝土施工规范》(GB 50496—2009)的规定:

①当确定利用混凝土60d或90d后期强度时，可以作为混凝土强度等级的设计依据。

②所配制的混凝土拌和物，到浇筑工作面的坍落度应低于(160±20)mm;对强度等级在C25~C40的混凝土其水泥用量宜控制在230~450kg/m^3。

③拌和水用量不宜大于175kg/m^3。

④矿物掺和料的掺量，应根据工程的具体情况和耐久性要求确定;粉煤灰掺量不宜

超过水泥用量的40%;矿渣粉的掺量不宜超过水泥用量的50%;两种掺和料的总量不宜大于混凝土中水泥质量的50%。

⑤水胶比不宜大于0.55。

⑥砂率宜为38%~45%。

⑦拌和物泌水量宜小于10L/m^3。

⑧在配合比试配和调整时,控制混凝土绝热温升不宜大于50℃。

六、海工混凝土

1.海工混凝土概述

海工混凝土属于耐久性混凝土比较有代表性的一种。

高性能混凝土不是混凝土的一个品种,而是强调混凝土的"性能"或者质量、状态、水平。对不同的工程,高性能混凝土有不同的侧重点。例如:美国西雅图双联广场混凝土柱子要求的重点是高刚度;日本明石跨海大桥主桥墩混凝土要求低水化热温升,拌和物具有高流动性并保持8h以上,缓凝时间30h,无振捣而密实,对强度要求则很低;本工程处于海洋环境,重点考虑混凝土的抗氯离子侵蚀性能和抗裂性能。

高性能混凝土的耐久性设计涉及原材料选择与控制、配合比设计、制备工艺和施工质量控制的全过程。使用高性能混凝土必须特别重视全面质量控制,更严格地执行有关规范和技术规定,以保证混凝土具有良好的匀质性。在配合比设计上,要以耐久性为目标。

2.海工高性能混凝土的技术路线

(1)在胶凝材料中,采用低水泥用量,增加辅助性胶凝材料(主要指矿物掺和料)。其目的是:改善混凝土中细微颗粒的级配,提高浆体和界面的致密性;改善混凝土拌和物的施工性能;降低混凝土内部由于水泥水化热而产生的温升;改善胶凝材料的组分,提高抵抗环境中化学介质腐蚀的能力;调整混凝土内部实际强度的发展。

(2)采用低水胶比,以减少毛细孔,增强界面,提高混凝土的致密性;降低混凝土内部温度;发挥辅助性胶凝材料的作用。

(3)使用高效减水剂,减少用水量,同时提高混凝土的工作性能。

3.海工高性能混凝土的设计原则

(1)材料的选择应符合高性能混凝土的要求。

(2)按耐久性设计应首先满足低渗透性的要求。以混凝土氯离子扩散系数,作为初选水胶比的依据。本工程海工混凝土最大水胶比不宜大于0.38。

(3)胶凝材料总量应大于设计相同强度等级传统混凝土时的水泥用量,以保证良好的施工性能并提高混凝土的耐久性。对不同强度等级的混凝土,胶凝材料总量一般应不少于380kg/m^3,不大于500kg/m^3。

(4)砂率按混凝土施工性调整。为不严重影响混凝土弹性模量,砂率不宜大于45%。

(5)胶凝材料中各组分密度相差较大,宜采用绝对体积法进行配合比的计算,至少第一盘试配要采用绝对体积法。混凝土拌和物应有最小的砂石空隙率。

(6)试配后应检验其强度是否满足设计要求,检验应按配制强度进行。混凝土配制强度:

$$f_{cu,o} \geqslant f_{cu,k} + 1.645\sigma \tag{3-15}$$

式中：$f_{cu,o}$——混凝土配制强度；

$f_{cu,k}$——混凝土设计强度等级；

σ——混凝土强度标准差，若无统计资料档案，设计强度等级为C50以下时，σ取5.0MPa；设计强度等级为C50以上时(含C50)，σ取6.0MPa。

(7)按计算出的配合比进行试拌，检验施工性。调整其坍落度和坍扩度，观察体积稳定性，测定混凝土的重度，调整计算密度和各材料用量。

4. 海工高性能混凝土配合比设计步骤

(1)《海港工程高性能混凝土质量控制标准》(JTS 257-2—2012)规定，高性能混凝土水胶比应根据配制强度、抗氯离子渗透性能、抗渗性能和抗冻性能等要求确定。

(2)按照施工条件确定施工性和工作性要求。一般泵送时混凝土坍落度选取(180±20)mm，坍落扩展度选取(450±50)mm。

(3)强度等级C30以上，胶凝材料总量变动在380～500kg/m³之间。

(4)根据步骤(1)初选的水胶比和步骤(3)初选的胶凝材料总量计算用水量。

(5)计算砂、石用量。

①确定砂率。砂率按混凝土施工性要求调整。

②用砂浆填充石子孔隙乘以砂浆富余系数，列出下式：

$$\nu_c+\nu_F+\nu_K+\nu_w+\nu_s=P_o\cdot\kappa\cdot\nu_{OG} \tag{3-16}$$

按绝对体积法列出下式：

$$\frac{C}{\gamma_c}+\frac{F}{\gamma_F}+\frac{K}{\gamma_K}+\frac{W}{\gamma_w}+\frac{S}{\gamma_s}=P_o\cdot\kappa\cdot\frac{G}{\gamma_{OG}} \tag{3-17}$$

式中：ν_c、ν_F、ν_K、ν_w、ν_s——分别为每立方米混凝土中水泥、粉煤灰、矿粉、水、砂的密实体积(m³)；

ν_{OG}——每立方米混凝土中石子的松散体积(m³)；

C、F、K、W、S、G——分别为每立方米混凝土中水泥、粉煤灰、矿粉、水、砂、石子用量(kg)；

γ_c、γ_F、γ_K、γ_w、γ_s——水泥、粉煤灰、矿粉、水、砂的表观密度(kg/m³)；

γ_{OG}——石子的松散堆积密度(kg/m³)；

P_o——石子的空隙率(%)；

κ——砂浆富余系数，对高性能混凝土κ取1.7～2.0。

③ 通过以上两式计算出砂、石用量。

(6)按胶凝材料总量掺高效减水剂试拌，进行坍落度和坍落扩展度试验；测定拌和物重度，调整配合比，校验强度和氯离子扩散系数。

5. 使用海工高性能混凝土注意事项

(1)海工混凝土氯离子扩散系数按85%的保证率进行配制，报批的配合比氯离子扩散系数必须小于其配制值。配制值计算公式如下：

$$D_{cu,o}\leqslant D_{cu,k}-1.04\sigma \tag{3-18}$$

式中：$D_{cu,o}$——混凝土氯离子扩散系数配制值(84d)；

$D_{cu,k}$——氯离子扩散系数设计值(84d)；

σ——混凝土氯离子扩散系数标准差(10^{-12}m²/s)。

注：海工混凝土的耐久性以渗透性及抗裂性的均衡发展为目标，为有效控制裂缝，提出混凝土氯离子扩散系数按85%保证率进行配制。σ应按统计资料取值，若无统计资料，主塔、箱梁、墩身σ可取0.2～0.3($10^{-12}m^2/s$)、钻孔桩σ取0.3～0.4($10^{-12}m^2/s$)。

(2)按《普通混凝土长期性能和耐久性能试验方法标准》(GB/T 50082—2009)制作混凝土抗氯离子渗透性试件，分别检测28d、56d及84d混凝土氯离子扩散系数，掌握不同配比的发展规律，以供现场施工控制使用。以84d混凝土氯离子扩散系数作为评定依据。

(3)对于预应力混凝土的抗压弹性模量、自由收缩和徐变试验应按设计要求的标准另行制备试件。

(4)混凝土配合比应在混凝土浇筑前至少35d报批，重要构件并应通过试浇筑进行验证确定。

(5)当水泥、矿物掺和集料的品种、质量有改变时，必须重新设计配合比。当环境或混凝土平均温度升高或降低超过15℃时，应考虑调整配合比。

七、耐久性混凝土

1.核对混凝土配合比参数

根据设计图纸规定的环境类别、环境作用等级、结构使用年限，核对混凝土配合比参数。

(1)耐久性等级的划分见表3-45。

混凝土抗冻性能、抗渗透性能和抗硫酸盐侵蚀性能的等级划分表 表3-45

抗冻等级(快冻法)		抗冻等级(慢冻法)	抗渗等级	抗硫酸盐等级
F50	F250	D50	P4	KS30
F100	F300	D100	P6	KS60
F150	F350	D150	P8	KS90
F200	F400	D200	P10	KS120
>F400		>D200	P12	KS150
			>P12	>KS150

注：以上内容摘录于《混凝土耐久性检验评定标准》(JGJ/T 193—2009)。

(2)混凝土抗氯离子渗透性能的等级划分，当采用氯离子迁移系数(RCM法)划分氯离子渗透性能等级时，应符合表3-46的规定，且混凝土测试龄期应为84d。

混凝土抗氯离子渗透性能等级划分(RCM法) 表3-46

等　级	RCM-Ⅰ	RCM-Ⅱ	RCM-Ⅲ	RCM-Ⅳ	RCM-Ⅴ
氯离子迁移系数D_{RCM}(RCM法)($10^{-12}m^2/s$)	$D_{RCM} \geq 4.5$	$3.5 \geq D_{RCM} \geq 4.5$	$2.5 \geq D_{RCM} \geq 3.5$	$1.5 \geq D_{RCM} \geq 2.5$	$D_{RCM} < 1.5$

注：以上内容摘录于《混凝土耐久性检验评定标准》(JGJ/T 193—2009)。

(3)当采用电通量划分混凝土抗氯离子渗透性能等级时，应符合表3-47的规定，且混凝土测试龄期为28d。当混凝土中水泥混合材料与掺和料之和超过胶凝材料用量的50%时测试龄期为56d。

混凝土抗氯离子渗透性能等级划分(电通量法)　　表3-47

等　级	Q-Ⅰ	Q-Ⅱ	Q-Ⅲ	Q-Ⅳ	Q-Ⅴ
电通量 Q_s(C)	Q_s≥4 000	2 000≥Q_s≥4 000	1 000≥Q_s≥2 000	500≥Q_s≥1 000	Q_s<500

注:以上内容摘录于《混凝土耐久性检验评定标准》(JGJ/T 193—2009)。

(4)混凝土抗碳化性能的等级划分见表3-48。

混凝土抗碳化性能等级划分　　表3-48

等　级	T-Ⅰ	T-Ⅱ	T-Ⅲ	T-Ⅳ	T-Ⅴ
碳化深度 d(mm)	d≥30	20≥d≥30	10≥d≥20	0.1≥d≥10	d<0.1

注:以上内容摘录于《混凝土耐久性检验评定标准》(JGJ/T 193—2009)。

(5)混凝土早期抗裂性能的等级划分见表3-49。

混凝土早期抗裂性能等级划分　　表3-49

等　级	L-Ⅰ	L-Ⅱ	L-Ⅲ	L-Ⅳ	L-Ⅴ
单位面积上的总开裂面积 C (mm^2/m^2)	C≥1 000	700≥C≥1 000	400≥C≥700	100≥C≥400	C<100

2.技术要求

本部分内容摘录于《混凝土结构耐久性设计与施工指南》(CCES 01—2004)(2005年修订版)。

(1)不同环境作用等级和不同使用年限的钢筋混凝土结构与预应力混凝土结构,其混凝土的最低强度等级、最大水胶比和每立方米混凝土胶凝材料最低用量宜满足表3-50的规定,且所用的胶凝材料(水泥与矿物掺和料)种类与用量范围需根据不同的环境类别选用。

混凝土最低强度等级、最大水胶比和胶凝材料最小用量(单位:kg/m^3)　　表3-50

设计使用年限 / 环境作用等级	100年	50年	30年
A	C30,0.55,280	C25,0.60,260	C25,0.65,240
B	C35,0.50,300	C30,0.55,280	C30,0.60,260
C	C40,0.45,320	C35,0.50,300	C35,0.50,300
D	C45,0.40,340	C40,0.45,320	C40,0.45,320
E	C50,0.36,360	C45,0.40,340	C45,0.40,340
F	C55,0.33,380	C50,0.36,360	C50,0.36,360

注:①对于氯盐环境(ⅢD和ⅣD),这一混凝土最大水胶比0.45宜降为0.40。
②引气混凝土的最低强度等级与最大水胶比可按降低一个环境作用等级采用。
③不同的环境类别下的混凝土性能与胶凝材料尚需符合《混凝土结构耐久性设计与施工指南》(CCES 01—2004)(2005年修订版)中4.0.5~4.0.15条的要求。
④表中胶凝材料最小用量与集料最大粒径约为20mm的混凝土相对应,当最大粒径较小或较大时需适当增减胶凝材料用量。
⑤对于冻融和化学腐蚀环境下的薄壁构件,其水胶比宜适当低于表中对应的数值。

(2)不同环境类别和环境条件(或作用等级)下的混凝土,其胶凝材料的适用品种与用量如表3-51所示。水胶比与最小胶凝材料用量,需按表3-51限定范围内的胶凝材料计算。

不同环境作用下混凝土胶凝材料品种与矿物掺和料用量的限定范围 表 3-51

环境分类	环境作用等级 (环境条件)	水泥适用品种	矿物掺和料的限定范围 (占胶凝材料总量的比值)	备 注
Ⅰ	Ⅰ-A(室内干燥)	P.O,P.Ⅰ,P.Ⅱ, P.S,P.F,P.C	$W/B=0.45$ 时, $f/0.3+s/0.5\leq 1$; $W/B=0.55$ 时, $f/0.2+s/0.3\leq 1$	对于保护层最小厚度≤20mm或 $W/B>0.5$ 的构件混凝土,不宜采用P.S、P.F、P.C水泥
	Ⅰ-B(长期湿润或水中)	P.O,P.Ⅰ,P.Ⅱ, P.S,P.F,P.C	$f/0.5+s/0.7\leq 1$	
	Ⅰ-B(非干潮交替的室内潮湿环境和露天环境)	P.O,P.Ⅰ,P.Ⅱ, P.S,P.F,P.C	$W/B=0.4$ 时, $f/0.3+s/0.5\leq 1$; $W/B=0.5$ 时, $f/0.2+s/0.3\leq 1$; $W/B=0.55$ 时, $f/0.15+s/0.25\leq 1$	保护层最小厚度≤25mm或 $W/B>0.5$ 的构件混凝土,不建议采用P.S、P.F、P.C水泥
	Ⅰ-C(干潮交替)	P.O,P.Ⅰ,P.Ⅱ		
Ⅱ	Ⅱ-C,Ⅱ-D(一般冻融,无盐)	P.O,P.Ⅰ,P.Ⅱ	$f/0.3+s/0.4\leq 1$	一般冻融下如不引气,矿物掺和料量不超过20%
	Ⅱ-D,Ⅱ-E(盐冻)	P.O,P.Ⅰ,P.Ⅱ		
Ⅲ	Ⅲ-D,Ⅲ-E,Ⅲ-F	P.O,P.Ⅰ,P.Ⅱ	用量不小于: $f/0.25+s/0.4=1$; 用量不大于: $f/0.5+s/0.8=1$	当 $0.5\geq W/B>0.4$ 时,需同时满足Ⅰ类环境下要求;如同时处于冻融环境,掺和料用量的上限尚应满足Ⅱ类环境要求
Ⅳ	Ⅳ-C,Ⅳ-D,Ⅳ-E	P.O,P.Ⅰ,P.Ⅱ		
V_1	V_1-C,V_1-D, V_1-E	P.O,P.Ⅰ,P.Ⅱ SR,HSR		当 $0.5\geq W/B>0.4$ 时,矿物掺和料用量的上限尚应满足Ⅰ类环境要求;如同时处于冻融环境,掺和料用量的上限尚应满足Ⅱ类环境要求
V_2	V_2-C,V_2-D, V_2-E	P.O,P.Ⅰ,P.Ⅱ	作用等级D、E时,掺和料的用量同限制Ⅲ类环境	
V_3	V_3-E,V_3-F	P.O,P.Ⅰ,P.Ⅱ SR,HSR	见《混凝土结构耐久性设计与施工指南》(CECS 01—2004)(2005年修订版)第4.0.15条	

注:①表中水泥符号:P.Ⅰ—硅酸盐水泥,P.Ⅱ—掺混合材料≤5%的硅酸盐水泥,P.O—掺混合材料6%~15%的普通硅酸盐水泥,P.S—矿渣硅酸盐水泥,P.F—粉煤灰硅酸盐水泥,P.P—火山灰质硅酸盐水泥,P.C—复合硅酸盐水泥,SR—抗硫酸盐硅酸盐水泥,HSR—高抗硫酸盐水泥。

②矿物掺和料指配制混凝土时外加的活性矿物掺和料与水泥生产时加入的粉煤灰、矿渣、火山灰等活性混合材料的总量。符号:C—水泥,S—矿渣,F—粉煤灰或火山灰,SF—硅灰,均用质量表示,表中公式内的 s 和 f 分别表示矿渣S和粉煤灰(或火山灰)F占胶凝材料总量的比值。

③计算水胶比 W/B 的胶凝材料总量为:$B=C+S+F+SF$,其中,C 对P.Ⅰ和P.Ⅱ水泥按全量取用,对P.O水泥按全量扣除混合材料后取用,其中的活性混合材料则列入矿渣、粉煤灰和火山灰中(如生产厂家不能提供数据,则取 C 为85%水泥重,活性混合材料按10%水泥重的 F 计算)。对其他混合水泥,计算方法同P.O水泥(如生产厂家不能提供数据,则不宜采用)。

④表中未列入的其他符合国家标准或行业标准的水泥(如硫铝酸盐水泥和铁铝酸盐水泥,适用于非高温地区)也可考虑使用。其他的活性矿物掺和料(如烧高岭土粉、磷渣粉、沸石岩粉等)如经类比试验,能证明满足所要求的混凝土强度与耐久性,并经工程试点和鉴定的也可作为限定范围内的胶凝材料用来确定表3-50中的水胶比和最小胶凝材料用量。

⑤氯盐环境下如不能满足矿物掺和料的最低用量要求,就有需要降低表3-51中最大水胶比或增加《混凝土结构耐久性设计与施工指南》(CCES 01—2004)(2005年修订版)中表5.0.8中的保护层最小厚度。

⑥化学腐蚀环境下对矿物掺和料的最低用量要求,尚与水泥的 C_3A 等含量有关。

(3)单方混凝土中的水泥与矿物掺和料总量(包括非活性矿物掺和料),对C30混凝土不宜大于400 kg/m^3,C40～C50混凝土不宜大于450kg/m^3,C60及以上等级混凝土不宜大于500kg/m^3。

对于大掺量矿物掺和料混凝土,其水胶比不宜大于0.42,并应随掺量的增加而降低。大掺量矿物掺和料混凝土的施工养护必须符合专门要求。

用于环境作用等级为E或F的混凝土,其拌和水用量不宜高于150kg/m^3。

(4)对耐久性有较高要求的混凝土结构,需在正式施工前的混凝土试配工作中,进行混凝土和胶凝材料抗裂性能的对比试验,并从中优选抗裂性能良好的混凝土原材料和配比。抗裂性能的对比试验可采用约束状态下的环形试件或板式试件。

(5)碳化引起钢筋锈蚀的一般环境下(Ⅰ类环境,无冻融、氯化物和其他化学腐蚀),除长期处于水中环境或湿润土中环境的构件可以采用大掺量粉煤灰(掺量可不大于50%,而水胶比应随掺量增加而减小)混凝土外,对暴露于空气中的一般构件混凝土,粉煤灰和矿渣掺量的限值见表3-51,且单方混凝土胶凝材料中的硅酸盐熟料用量不宜小于240kg。

(6)冻融环境(H类环境)下的混凝土宜采用引气,引气混凝土的最低强度等级和最大水胶比,可按环境作用等级降低一个等级从表3-50取用。对于冻融环境下作用等级为C的混凝土可不引气,但此时的混凝土最低强度等级应不低于C40。冻融环境下作用等级为D或在除冰盐环境下,应采用引气混凝土。冻融环境下粉煤灰和矿渣掺量的限值见表3-51,粉煤灰用于引气混凝土时的含碳量宜不大于2%。

(7)冻融环境下的引气混凝土,其含气量与气泡间距系数应符合表3-52的要求。

混凝土含气量(平均值,%)　　　　表3-52

环境条件 / 集料最大粒径(mm)	混凝土高度饱水	混凝土中度饱水	盐或化学腐蚀下冻融
10	7.0	5.5	7.0
15	6.5	5.0	6.5
25	6.0	4.5	6.4
40	5.5	4.0	5.5

注:①高度饱水指冰冻前长期或频繁接触水或湿润土体,混凝土体内高度水饱和;中度饱和指冰冻前偶受雨水或潮湿,混凝土体内饱水程度不高。

②气泡间距系数(平均值)在高度饱水、中度饱水和盐冻条件下宜不大于250μm、300μm和200μm。气泡间距系数为从现场或模拟现场的硬化混凝土中取样或取芯测得的数值。测定方法可参照有关标准。

③表中含气量为从现场新拌混凝土中取样测得的数值,允许绝对误差为±1.5%,但不小于4%。

④在实验室条件下进行新拌混凝土试样的含气量测试时,无论混凝土的坍落度大小,测试前均应在标准振动台上振动,时间不少于15～30s(坍落度大的取低值)。对于现场泵送和高频振捣的混凝土,应检测泵送和振捣过程造成的含气量损失,以判断所用引气剂品种和适用性。

(8)混凝土的抗冻性(抗冻耐久性指数)应不低于表3-53所示的数值。对于厚度小于150mm的薄壁构件,表中的*DF*值需再增加5%。

混凝土抗冻性的耐久性指数 *DF*（单位：%）　　表 3-53

使用年限级别	一			二			三		
环境条件	高度饱水	中度饱水	盐或化学腐蚀下冻融	高度饱水	中度饱水	盐或化学腐蚀下冻融	高度饱水	中度饱水	盐或化学腐蚀下冻融
严寒地区	80	70	85	70	60	80	65	50	75
寒冷地区	70	60	80	60	50	70	60	45	65
微冻地区	60	60	70	50	45	60	50	40	55

注：①耐久性指数 *DF* 为300次快速冻融循环后的动弹性模量与初始值的比值。如在300次循环以前，试件的动弹模已降到初始值的60%以下或质量损失已超过5%，则以此时的循环次数 *N* 计算 *DF* 值，并取 $DF = (N/300) \times 0.6$。快速冻融循环试验的方法可参照水工混凝土试验标准，试件自现场或模拟现场混凝土构件中取样，如在实验室制作，试件养护温度及试验龄期需按实际工程情况选定。对海水或化学腐蚀下冻融环境，试验时用于浸泡试件的水需用海水或含化学物质，其浓度取与实际工程环境中相同。

②高度饱水指冰冻前长期或频繁接触水或湿润土体，混凝土体内高度水饱和；中度饱和指冰冻前偶受雨水或潮湿，混凝土体内饱水程度不高；盐冻指接触海水、除冰盐或其他化学腐蚀物质下的冻融情况。

③严寒、寒冷和微冻地区按其最冷月的平均气温 t 分别为 $t \leqslant -8℃$，$-8℃ < t < -3℃$ 和 $-3℃ \leqslant t \leqslant 2.5℃$ 划分。

(9)氯盐环境(Ⅲ和Ⅳ类环境)下的配筋混凝土应采用大掺量或较大掺量矿物掺和料的低水胶比混凝土，单掺粉煤灰的掺量不宜小于30%，单掺磨细矿渣的掺量不宜小于50%，且宜复合使用粉煤灰加硅灰、粉煤灰加矿渣或两种以上的矿物掺和料；对于环境作用等级为E或E级以上以及当大掺量矿物掺和料的用量很高时，可加入少量的硅灰(掺量5%左右)。海水环境下的混凝土不宜采用抗硫酸盐硅酸盐水泥。

(10)氯盐环境下应严格限制原材料(水泥、矿物掺和料、集料、外加剂和拌和水等)引入混凝土中的氯离子量，各种原材料中的氯离子量应尽可能低。新拌混凝土硬化后，实测混凝土中的水溶氯离子含量对于钢筋混凝土不应超过胶凝材料质量的0.1%，对于预应力混凝土不应超过胶凝材料质量的0.06%。

(11)氯盐环境下重要的配筋混凝土工程，宜在设计中提出混凝土抗氯离子侵入性的指标，作为混凝土耐久性质量的一种控制标准。这一指标可用《混凝土结构耐久性设计与施工指南》(CECS 01—2004)附录B1介绍的非稳态氯离子快速电迁移试验方法测得的氯离子扩散系数 D_{RCM} 值表示，或用ASTM-1202快速试验方法测得的电量表示，并宜符合表3-54所示的要求。混凝土抗氯离子侵入性的指标快速试验方法测得的扩散系数 D_{NEL} 表示，或采用实验室内快速自然扩散法测得的氯离子扩散系数 D_p 表示。

混凝土抗氯离子侵入性指标　　表 3-54

使用年限级别	100年			50年		
作用等级 / 抗侵入性指标	D	E	F	D	E	F
电量指标(56d龄期)(库仑)	<1 200	<800	<800	<1 500	<1 000	<800
氯离子扩散系数 D_{RCM}(28d龄期)($10^{-12}m^2/s$)	<8	<5	<4	<10	<7	<5

注：①表中的混凝土抗氯离子侵入性指标大体与《混凝土结构耐久性设计与施工指南》(CECS 01—2004)(2005年修订版)中表5.0.8的钢筋保护层厚度相应，可根据钢筋保护层厚度和混凝土水胶比的具体特点对表中数据进行适当调整。

②表中 D_{RCM} 值，仅适用于较大或大掺量矿物掺和料混凝土；对于胶凝材料中主要成分为硅酸盐水泥熟料的混凝土，可能需要更低的数值。

(12)硫酸盐等化学腐蚀环境(V_1 类环境)下的混凝土不宜单独使用硅酸盐水泥或普通硅酸盐水泥作为胶凝材料。当环境作用等级为C和D时,水泥中的 C_3A 含量应分别低于8%和5%,否则应外加矿物掺和料(但此时的水泥 C_3A 含量仍分别不宜大于10%和8%);当环境作用等级为E时,水泥中的 C_3A 含量应低于5%,并应同时外掺矿物掺和料。硫酸盐环境下使用硅酸盐类的抗硫酸盐水泥或高抗硫酸盐水泥时,也宜掺有矿物掺和料。当环境作用等级在E级以上时,需根据当地的大气环境和地下水变动条件,进行专门试验研究和论证后确定水泥的种类和掺和料用量。

(13)在硫酸盐浓度大于1 500mg/L的流动地下水中,或流动地下水中 CO_2 浓度大于50mg/L时,混凝土表面应考虑设置防腐层,或较大幅度降低水胶比。

(14)引气混凝土用于不受冻融侵蚀的氯盐环境和其他化学腐蚀环境时,其含气量及耐久性指数 *DF* 值应满足表3-52和表3-53中相当于中度饱水冻融环境条件下的要求。

八、自密实混凝土

1. 配合比设计基本要求

本内容摘录于《自密实混凝土应用技术规程》(JGJ/T 283—2012)。

(1)自密实混凝土配合比应根据结构物的结构条件、施工条件以及环境条件要求的自密实性能进行设计,在综合混凝土自密实性能、强度、耐久性和其他必要性能要求的基础上,提出试验配合比。

(2)自密实混凝土自密实性能的确认应符合表3-55。

混凝土拌和物自密实性能及要求　　表3-55

自密实性能	性能指标	性能等级	技术要求
填充性	坍落扩展度(mm)	SF1	550~655
		SF2	660~755
		SF3	760~850
	扩展时间 T_{50}(s)	VS1	>2
		VS2	≤2
间隙通过性	坍落扩展度与J环扩展度差值(mm)	PA1	25<PA1≤50
		PA2	0≤PA2≤25
抗离析性	离析率(%)	SR1	≤20
		SR2	≤15
	粗集料振动离析率(%)	f_m	≤10

(3)应根据结构物的结构形状、尺寸、配筋状况等选用自密实混凝土性能等级(表3-56)。

(4)在进行自密实混凝土配合比设计调整时,应考虑水胶比对自密实混凝土设计强度的影响和水粉比对自密实性能的影响。

(5)配合比宜采用绝对体积法。自密实混凝土水胶比宜小于0.45,胶凝材料用量宜控制在400~550kg/m^3。

(6)钢管自密实混凝土配合比设计时,应采取减少收缩的措施。

(7)自密实混凝土宜采用增加粉体材料的方法适当增加浆体体积,也可以通过添加外加剂的方法来改善浆体的黏性和流动性。

不同性能等级自密实混凝土的应用范围 表 3-56

自密实性能	性能等级	应用范围	重要性
填充性	SF1	(1)从顶部浇筑的无配筋或配筋较少的混凝土结构物(如平板); (2)泵送浇筑施工的工程; (3)截面较小,无需水平长距离流动的竖向结构物(如桩和一些深基础)	必控指标
	SF2	适合一般的普通钢筋混凝土结构	
	SF3	适用于结构紧密竖向构件、形状复杂的结构(粗集料最大公称粒径宜小于 16mm)	
	VS1	适用于一般的普通钢筋混凝土结构	
	VS2	适用于配筋较多的结构或有较高混凝土外观性能要求的结构,应严格控制	
间隙通过性	PA1	适用于钢筋净距 80 ~ 100mm	可选指标
	PA2	适用于钢筋净距 60 ~ 80mm	
抗离析性	SR1	适用于流动距离超过 5m、钢筋净距大于 80 mm 的竖向结构,也适用于流动距离小于 5m、钢筋净距小于 80 mm 的竖向结构。当流动距离超过 5m,SR 值宜小于 10%	可选指标
	SR2		

注:①只有在无配筋或配筋较少的情况下,间隙通过性可不作为自密实混凝土的性能指标。钢筋净距小于 60mm 时宜进行浇筑模拟试验;对于钢筋净距大于 80mm 的薄板结构或钢筋净距大于 100mm 的其他结构可不作间隙通过性指标要求。

②高填充性(坍落度扩展度指标为 SF2 或 SF3)的自密实混凝土,应有抗离析性要求。

2. 自密实混凝土配合比设计

自密实混凝土配合比设计如下。

(1)胶凝材料的选定:胶凝材料(水泥、粉煤灰、矿渣粉、硅灰)应符合现行国家标准,并根据结构物的结构条件、施工条件以及环境条件所需的新拌混凝土性能和硬化混凝土性能选定。

(2)集料的选定:集料应根据新拌混凝土性能和硬化混凝土所需的性能选定。

(3)外加剂的选定:所选用的外加剂应在其适宜掺量范围内,能够获得所需的新拌混凝土性能,并对硬化混凝土性能无负面影响。

3. 初期配合比设计应符合的要求

1)粗集料的最大粒径和体积

(1)粗集料最大粒径不宜大于 20mm;对结构紧密的竖向构件、复杂形状的结构以及有特殊要求的工程,粗集料的最大粒径不宜大于 16mm。

(2)每立方米混凝土中粗集料绝对体积用量(V_g)可参照表 3-57 选用。

每立方米混凝土中粗集料体积用量 表 3-57

填充性指标	SF1	SF2	SF3
每立方米混凝土中粗集料体积用量(m^3)	0.32 ~ 0.35	0.30 ~ 0.33	0.28 ~ 0.30

(3)每立方米混凝土中粗集料的质量(m_g)根据粗集料体积(V_g)和表观密度(ρ_g)计算:$m_g = V_g \cdot \rho_g$。

2)浆体体积计算

$$V_m = 1 - V_g$$

3)砂浆中砂的体积分数 Φ_s

砂浆中砂的体积分数 Φ_s 可取0.42~0.45。

4)砂体积和质量

$$V_s = V_m \cdot \Phi_s, m_s = V_s \cdot \rho_s$$

5)浆体体积

$$V_p = V_m - V_s$$

6)胶凝材料表观密度 ρ_b

胶凝材料的表观密度 ρ_b 可根据矿物掺和料和水泥的相对含量及各自的表观密度确定:

$$\rho_b = \frac{1}{\frac{\beta}{\rho_m} + \frac{1-\beta}{\rho_c}}$$

式中:ρ_m——矿物掺和料表观密度(kg/m^3);

ρ_c——水泥表观密度(kg/m^3);

β——每立方米混凝土中矿物掺和料占胶凝材料的质量分数(%)。当采用两种或两种以上矿物掺和料时,可以 β_1、β_2、β_3 表示,并进行相应计算。根据自密实混凝土工作性、耐久性、温升控制等要求,合理选择胶凝材料中水泥、矿物掺和料类型,矿物掺和料占胶凝材料用量的质量分数 β 不宜小于0.2。

7)自密实混凝土配制强度

自密实混凝土配制强度应按现行行业标准《普通混凝土配合比设计规程》(JGJ 55)的规定进行计算。当具备试验统计资料时,可根据工程使用的原材料,通过建立水胶比与自密实混凝土抗压强度关系式来计算得到水胶比(m_w/m_b)。当不具备上述试验统计资料时,水胶比可按下式计算:

$$\frac{m_w}{m_b} = \frac{0.42 f_{ce}(1 - \beta + \beta \cdot \gamma)}{f_{cu,o} + 1.2}$$

式中:m_b——每立方米自密实混凝土中胶凝材料的质量(kg);

m_w——每立方米自密实混凝土中用水的质量(kg);

f_{ce}——水泥的28d实测抗压强度(MPa);当水泥的28d抗压强度未能进行实测时,可采用水泥强度等级对应值乘以1.1得到的数值作为水泥强度值代入上式;

γ——矿物掺和料的胶凝系数,粉煤灰($\beta \leqslant 0.3$)可取0.4,矿渣粉($\beta \leqslant 0.4$)可取0.9;

$f_{cu,o}$——混凝土配制强度值。

8)胶凝材料的质量

每立方米自密实混凝土中胶凝材料的质量(m_b)可根据自密实混凝土中的浆体体积(V_p)、胶凝材料的表观密度(ρ_b)、水胶比(m_w/m_b)等参数确定。

$$m_b = \frac{V_p - V_a}{\frac{1}{\rho_b} + \frac{m_w/m_b}{\rho_w}}$$

式中：V_a——每立方米混凝土中引入空气的体积；

ρ_w——每立方米混凝土中拌和水的表观密度，取1 000kg/m^3。

9）用水量

每立方米混凝土中用水的质量（m_w）应根据胶凝材料质量（m_b）以及水胶比（m_w/m_b）确定。

$$m_w = m_b \cdot (m_w/m_b)$$

10）水泥用量

每立方米混凝土中水泥的质量（m_c）和矿物掺和料的质量（m_m）应根据每立方米自密实混凝土中胶凝材料质量（m_b）和掺和料的质量分数（β）确定。

$$m_m = m_b \cdot \beta$$

$$m_c = m_b - m_m$$

11）外加剂掺量

$$m_{ca} = m_b \times \alpha$$

式中：m_{ca}——每立方米混凝土中外加剂的质量（kg）；

α——每立方米混凝土中外加剂占胶凝材料总量的质量百分数（%）。

4.配合比的调整与确定的要求

（1）采用设计的初期配合比进行试拌，先检查拌和物自密实性能必控指标，再检查拌和物自密实性能可选指标。

（2）根据新拌混凝土性能进行配合比调整。

当试拌得出的拌和物自密实性能不能满足要求时，应在水胶比不变、胶凝材料用量和外加剂用量合理的原则下调整胶凝材料用量、外加剂用量或砂的体积分数等，直到符合要求为准。

5.验证硬化混凝土质量

应根据试拌结果提出混凝土强度试验用的基准配合比。采用三个不同的配合比，另外两个配合比的水胶比宜较基准配合比分别增加或减少0.02；用水量与基准配合比相同，砂的体积分数可分别增加或减少1%。新拌混凝土性能满足要求后，应验证硬化混凝土性能是否符合设计要求。如有耐久性要求时，还应检测耐久性相关指标。

九、钢纤维混凝土

1.一般要求

钢纤维混凝土配合比除满足普通混凝土一般要求外，还应满足抗拉强度或抗弯强度、韧性及施工时拌和物和易性和钢纤维不结团的要求。

钢纤维品种、几何参数和体积率的选用，应满足设计要求的钢纤维混凝土强度、韧性和耐久性，并应满足拌和物的和易性和施工要求，不得因选用不当，而发生钢纤维的结团和堵塞混凝土泵管或喷射管。其选用的合适范围，可参照已有经验和国家现行有关国家钢纤维混凝土结构设计与施工规程的规定确定。

对有耐腐蚀和有耐高温要求时的结构物，宜选用不锈钢钢纤维。

2. 钢纤维混凝土配合比设计

钢纤维混凝土的配合比设计可按下述步骤进行：

(1)根据强度标准值或设计值以及施工强度配制提高系数确定试配抗压强度与抗拉强度或试配抗压强度与弯拉强度。钢纤维混凝土配合比设计的试配抗压强度提高系数，按《普通混凝土配合比设计规程》(JGJ 55—2011)的规定采用，钢纤维混凝土配合比试配抗拉强度提高系数，可参照抗压强度提高系数采用。钢纤维混凝土试配弯拉强度，可根据施工技术水平和工程的重要性，按抗弯拉强度设计值的1.10~1.15倍考虑。

(2)根据试配抗压强度或弯拉强度计算水胶比。

(3)根据试配抗拉强度或弯拉强度或韧性与耐久性要求，经计算或根据已有资料确定钢纤维体积率。

(4)根据施工要求的稠度，通过试验或已有资料确定单位体积用水量，如掺用外加剂时应考虑外加剂的影响。

(5)根据稠度和钢纤维体积率或参照已有工程经验确定砂率。

(6)按据对体积法或假定质量密度法计算材料用量，确定初步配合比。

(7)按照初步配合比进行混凝土拌和物性能试验，调整单位体积用水量和砂率，确定强度用试验基准配合比。

(8)根据强度试验结果调整水胶比和钢筋体积率，确定施工配合比。

3. 比对试验

当需要评定钢纤维对混凝土的增强、增韧效果时，应在专门的质量检测单位，采用符合工程设计要求的对比试验配合比，在标准养护条件下，分别按《纤维混凝土应用技术规程》(JGJ/T 221—2010)与附录的规定进行抗压强度、劈拉强度、弯拉强度与弯曲韧性和弯曲初裂强度的比对试验，钢纤维对混凝土的增强、增韧效果应符合工程设计要求。

生产厂家在产品说明书中表明钢纤维对混凝土的增强、增韧效果时，应同时提供试验配合比和检测报告，不得使用无试验依据的数据。

第四节　混凝土的配制与搅拌

一、配料

1. 配料方法和允许偏差

配制混凝土所用原材料，应分别堆放、运输和称量。运输应尽可能采用机械化、自动化，称量可采用体积法或质量法(宜采用质量法)。有条件时应尽可能采用自动化称量法。各种衡器应保持准确。材料称量应准确，配料数量的允许偏差(以质量计)见表3-58。

配料数量允许偏差　　表3-58

施工条件	允许偏差(以质量计,%)				
	水泥	砂石	水	外加剂溶液	外掺混合材料
现场拌制	±2	±3	±2	±2	±2
预制场或集中搅拌站拌制	±1	±2	±1	±1	±1

2. 投料顺序

放入拌和机内的第一盘混凝土材料应含有适量的水泥、砂和水，以覆盖拌和筒的内壁而不降低拌和物所需的含浆量。每一工作班正式称量前，应对计量设备进行重点校核。计量器具应定期检定，经大修、中修或迁移至新的地点后也应进行检定。

搅拌机翻斗一次投料时，向翻斗内装料顺序宜为砂、水泥、石子、水，将水泥放在中间，以避免水泥粘在搅拌筒内和在翻斗料时飞扬。外加剂应先使其溶于水，再按掺用量投入到搅拌筒内。掺用高效减水剂或速凝剂时，宜采用后掺法。

3. 称量数量调整

砂子和石子常含有一定数量的水分，并且随气候和料堆部位的变化而变化。因此，在配料过程中须根据气候和料堆部位的变化增加测定次数，并按有关技术规范及时调整砂石材料和水的实际用量。

4. 搅拌机装料数量

装料的体积，按各项固体材料松散体积的总和计，不应超过搅拌机额定容量的110%，所装材料经搅拌后，出料系数一般为0.85~0.90。

二、搅拌设备

1. 搅拌机的类别

混凝土搅拌机按其搅拌方式分为涡轮浆和双卧轴强制式两种。强制性搅拌机的圆筒则不转动，是由筒内旋转轴上的叶片旋转进行搅拌，此种搅拌机搅拌质量较好、工作效率较高、操作也较简便，但机件磨损较快，适用于搅拌干硬性、低流动性混凝土，也可用于搅拌高流动性混凝土。

混凝土搅拌机按其容量可分为1m³、2m³、3m³ 等多种，可根据混凝土拌制数量选用。此外，根据其移动方式又可分为移动式和固定式两种，混凝土搅拌运输车则兼有搅拌和运输双重作用。

混凝土构件预制厂、混凝土路面工程、较集中的桥涵工程和其他集中搅拌混凝土的工程等混凝土量较大的工程，则宜设置大型搅拌站，将选料、筛洗、过秤、搅拌以及拌和料运输等工序组成自动联合生产线，可提高生存率和拌和物质量。

2. 搅拌机的技术性能

公路工程多采用强制式搅拌机(表3-59)。

常用混凝土搅拌机技术性能　　表3-59

型　号	J_1-250	J_4-375	J_4-1500	HZS100Q	HZS75	HZS50EⅡ
形　式	涡轮浆强制式搅拌机			双卧轴强制式搅拌机		
理论生产率(m³)	20	35	40	100	75	50
整机功率(kW)	80	90	110	175	160	122
外形尺寸(长×宽×高)(m)	4×9×3	4×9×3	4×9×3	4×15×3.8	4×11×3.8	4×10×3.8
质量(t)	7.5	9	12	50	44	16.5

三、拌和

1. 搅拌机搅拌

混凝土应使用机械搅拌，零星工程的塑性混凝土也可用人工拌和。用机械搅拌时，应根据搅拌机类型、混凝土坍落度等情况并经试验确定，时间不够时拌和物将达不到均匀要求，但时间过长时拌和物可能产生离析。混凝土搅拌时间不得低于表3-60的规定。

混凝土最短搅拌时间（单位：min）　　表3-60

搅拌机类型	搅拌机容量（m^3）	混凝土坍落度（cm）		
		0~8	8~16	>16
强制式	≤1	1.5	1.0	1.0
	≥1	2.0	1.5	1.5

2. 搅拌要求

(1)搅拌细砂混凝土或掺有外加剂的混凝土时，搅拌时间应延长1~2min。

(2)表3-60所列搅拌时间为自全部材料装入搅拌筒至开始出料时间。

(3)搅拌机装料数量(装入粗集料、细集料、水泥等松体积的总数)不应大于搅拌机标定容量的110%。

(4)搅拌时间不宜过长，每一工作班至少应抽查两次。

(5)表3-60所列时间为从搅拌加水算起。

(6)当采用其他形式的搅拌设备时，搅拌的最短时间应按设备说明书的规定或经试验确定。

3. 拌和物均匀性

对于在施工现场集中搅拌的混凝土，应检查混凝土拌和物的均匀性。

(1)混凝土拌和物应拌和均匀，颜色一致，不得有离析和泌水现象。

(2)混凝土拌和物均匀性的检测方法应按现行国家标准《混凝土搅拌机》(GB/T 9142—2000)的规定进行。

(3)检查混凝土拌和物均匀性时，应在搅拌机的卸料过程中，从卸料流的1/4~3/4之间的部位取试样进行试验，检测结果应符合下列规定：

①混凝土中砂浆密度两次测定值的相对误差不应大于0.8%。

②单位体积混凝土中粗集料含量两次测值的相对误差不应大于5%。

4. 混凝土拌和物性能的检测

混凝土搅拌完毕后，应按下列要求检测混凝土拌和物的各项性能：

(1)混凝土拌和物的坍落度，应在搅拌地点和浇筑地点分别取样检测，每一工作班或每一单元结构物不应少于两次。评定时应以浇筑地点的测值为准。如混凝土拌和物从搅拌机出料起至浇筑入模的时间不超过15min时，其坍落度可仅在搅拌地点取样检测。在检测坍落度时，还应观察混凝土拌和物的黏聚性和保水性。

(2)根据需要还应检测混凝土拌和物的其他质量指标并应符合本章的其他规定。

(3)掺用高效减水剂或速凝剂且混凝土运距较远时，可运至浇筑地点再掺入重拌。

5. 人工拌和

混凝土用量较少、施工地点较分散的零用工程，也可用人工拌和。人工拌和时一般采用“二干三湿”的方法，即先将砂子和水泥干拌至少三遍，至拌和物均匀、颜色一致，然后倒入石子，边加水、边拌和至少二遍，至拌和物均匀、颜色一致为止。人工拌和时仍应按规定的配合比配料。

第五节　混凝土运输

一、基本要求和时间控制

混凝土的流变特征在桥梁、水利电力设施、高层建筑等大型混凝土工程施工中,混凝土的运输和浇筑是一项关键性的工作。混凝土泵能一次连续完成水平运输和垂直运输,对于狭窄和有障碍物的施工现场,通过合理地布管,亦能将混凝土送达施工地点。通过混凝土在输送管道中的流变特性,设法使混凝土泵有效地发挥作用,以满足大型混凝土工程施工所需的效率高、能耗省、费用低的要求。

1. 流变学原理及泵送混凝土流变方程

根据流变学原理,任何一种实际材料都可由三种具有理想流变特性的材料[具有完全弹性的理想材料即胡克(Hooke)固体模型、超过屈服点后只有塑性变形的理想材料即圣维南(St . Venant)固体模型、具有黏性的理想材料即牛顿(Newton)液体模型]组成,流变方程为:

$$\tau = \eta \frac{\mathrm{d}v}{\mathrm{d}r} + \tau_0 e^{-\frac{t}{T}} \tag{3-19}$$

式中:τ——剪应力;

η——黏性系数;

r——被研究流变体所处的半径;

τ_0——屈服剪切应力;

T——松弛周期;

t——时间。

对于新拌水泥混凝土,其黏度、屈服剪应力都不等于 0 ,而松弛周期 T 为无穷大。这种新拌混凝土的流变模型可认为是一般宾哈姆体,其流变方程可表示为:

$$\tau = \eta \frac{\mathrm{d}v}{\mathrm{d}r} + \tau_0 \tag{3-20}$$

由上式可以看出,屈服剪应力与黏度系数是决定拌和物流变特性的主要参数。

拌和物的屈服剪应力是由组成材料之间的附着力和摩擦力引起的,它是阻止塑性变形的最大应力。在外力作用下产生的剪应力 $\tau < \tau_0$时,拌和物不产生流动,只有 $\tau > \tau_0$时才产生流动。

黏度系数 η 是液体内部结构阻止流动的一种性能,它是流体中平行流动的各层流之间产生的与流动方向相反的黏滞阻力。

2. 泵送混凝土的流动特征分析

根据泵送混凝土的流变方程,认为泵送混凝土是宾哈姆液体在推力作用下沿管道的流动。这种流动可假设为两种流动状态组合而成,即“层流”和“紊流”。

层流是流动过程中流线与流线之间没有流体质点交换的流动,它主要表现为流体质点的摩擦和变形(图 3-1)。

由图 3-1 可知:

$$\Delta P \pi r^2 = 2\pi r l \tau$$

$$\tau = \Delta P r/(2l) \tag{3-21}$$

式中：ΔP ——层流宾哈姆液体所承受的压差；

r——层流宾哈姆液体的半径；

l——层流宾哈姆液体的长度。

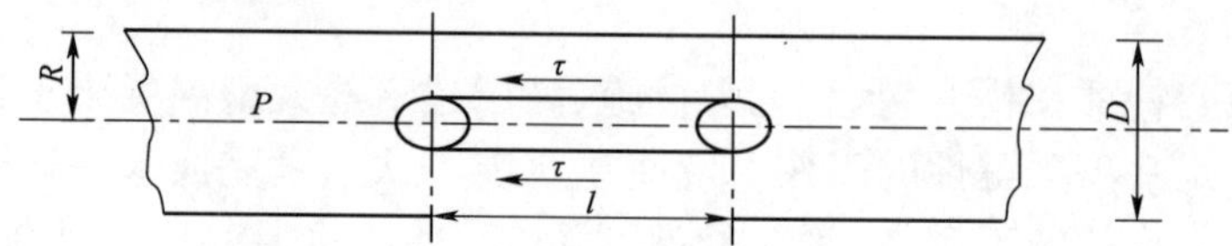

图 3-1　泵送混凝土在管道中以层流方式流动

代入前面流变方程可得：

$$\frac{dv}{dr} = \frac{1}{\eta}\left(\Delta P \frac{r}{2l} - \tau_0\right) \tag{3-22}$$

对上式积分并根据边界条件，$r = R$（输送管道的半径）时，$v = 0$，因而求得流速为：

$$v = \frac{1}{\eta}\left[\frac{\Delta P}{4l}(R^2 - r^2) - \tau_0(R - r)\right] \tag{3-23}$$

紊流是流动过程中流线与流线之间存在流体质点交换的流动。质点在流动过程中相互混杂和碰撞，结果使流动较快的流层的质点进入到流动较慢的流层中，给流层较慢的流层以向前的推力；而流动较慢的流层的质点进入到流动较快的流层中，则给流动较快的流层以阻力。由于流体质点相互交换的结果，就引起一种附加应力。因此紊流状态的流体剪应力由两部分组成，一部分是由黏滞阻力引起的；另一部分是由质点交换引起的。

$$\tau = \tau_1 + \tau_2 = \eta \frac{dv}{dr} + l^2\left(\frac{dv}{dr}\right)^2 \tag{3-24}$$

式中：τ_1——层流剪应力；

τ_2——紊流剪应力。

由上式可以看出，当紊流达到充分紊乱（即 l 、dV/dr 较大）时，τ_2 比 τ_1 大得多，求得紊流的流速随半径变化的规律为：

$$v = v_{max} - 5.75\sqrt{\frac{\tau_R}{\rho}}\lg\frac{R}{r} \tag{3-25}$$

式中：v_{max}——管道中心处的流速；

ρ——流体密度；

R、τ_R——分别为管壁处半径和剪切应力。

3. 混凝土输送泵主要技术参数的选择

混凝土输送泵的主要技术参数首先要满足施工要求，如混凝土的性质、泵送生产率、泵送距离等。而这些要求可以通过选择合适的工作压力、管道直径和泵送速度来实现。

(1)混凝土泵送压力的选择

泵送混凝土所需的泵送压力取决于泵送距离、混凝土与管壁的黏着阻力、摩擦阻力及垂直泵送的混凝土的自重。

由于混凝土通过直管和通过弯管的阻力不同，所以应分别按下式计算：

$$P = \sum p_{1i}x_{1i} + \sum p_{2j}x_{2j} \tag{3-26}$$

式中：p_{1i}——通过单位长度的第 i 段直管所需的泵送压力；

x_{1i}——第 i 段直管的长度；

p_{2j}——通过单位长度的第 j 段弯管所需的泵送压力；

x_{2j}——第 j 段弯管的长度。

(2)泵送混凝土流速和输送管道直径选择

泵送混凝土流速和输送管道直径取决于混凝土泵的生产率、混凝土的流动特性、集料的最大粒径、输送距离等因素，其关系如下：

$$Q = Kv\pi D^2 / 4 \tag{3-27}$$

式中：Q——生产率；

K——与混凝土的流动特性、集料的最大粒径、输送距离有关的系数；

v——泵送速度；

D——输送管道的直径。

大直径的输送管，可用于较大粒径的集料，泵送时压力损失小。但它笨重、昂贵；且当混凝土料产生泌水时，在管中产生离析的可能性大。在目前的生产条件下，一般采用直径为 180mm、150mm、125mm、100mm 和 80mm 五种。

4. 怎样选择混凝土输送泵

层流与紊流的区别很大，层流的阻力和消耗的功率较紊流的小得多。但根据层流和紊流的流动特征可知，在一定条件下层流会转变为紊流。因此，在选择和使用混凝土泵时，应设法使混凝土的流动保持层流状态，以防止泵送过程中发生流动状态变化而导致堵管。

由流体力学得知，根据“雷诺数”可判别流体的流态，因为它能反映出扰动力与流体黏性的对比关系。使流体运动状态改变的雷诺数，称为“临界雷诺数”(Re)，$Re < 2\,000$ 者为层流，$Re > 2\,000$ 者为紊流。

因此在选择混凝土泵的主要参数时，除了需要考虑满足施工要求外，还应该满足维持层流的“雷诺数”要求。亦即应使泵送压力、泵送速度、管道直径及混凝土黏度系数满足下式：

$$Re = PvD/\eta < 2\,000 \tag{3-28}$$

5. 混凝土运输时间

混凝土拌和物运至浇筑地点后，须仍保持规定的坍落度。因此，运输时间应尽可能短，一般运输时间限制见表 3-61。

混凝土拌和物运输时间限制 表 3-61

气温(℃)	无搅拌设施运输(min)	有搅拌设施运输(min)	气温(℃)	无搅拌设施运输(min)	有搅拌设施运输(min)
20～30	30	60	5～9	60	90
10～19	45	75			

注：掺用减水剂或采用快硬水泥的混凝土，应相应减短运输时间限制；掺用缓凝剂的混凝土，可适当延长运输时间限制。

二、运输

一般混凝土运输机具有混凝土搅拌运输车及汽车吊车、塔式起重机等。

1. 混凝土搅拌运输车

混凝土搅拌运输车为装有搅拌筒的运输车辆，既能运运输，又能搅拌，常与混凝土泵车配合使用（表3-62）。适用于运距较远或工地分散或混凝土量较大的工程。此种车辆在运输混凝土途中，可边运行、边以慢速搅拌，因而在运距较远、运输时间较长的情况下，可防止混凝土黏结和离析。

常用的混凝土搅拌运输车的类别及主要技术参数 表3-62

实际搅拌容积(m^3)		8	9	10	12
罐体材料		B520JJ	B520JJ	B520JJ	B520JJ
厚度(mm)		4.5	4.5	4.5	5
几何容积(m^3)		13.2	15.0	16.8	19.6
进料速度(m^3/min)		≥3	≥3	≥3	≥3
出料速度(m^3/min)		≥2	≥2	≥2	≥2
剩余率(%)		≤0.5	≤0.5	≤0.5	≤0.5
液压系统三大件	减速机	BFL577	BFL577	BFL577	BFL580
	油泵	ACA5423	ACA5423	ACA5423	ACA6423
	马达	HHD5433	HHD5433	HHD5433	HHD6433
水箱容积(L)		400	400	400	400
供水方式		气压供水	气压供水	气压供水	气压供水

2. 吊车

最大载重有8t、12t、16t、25t、50t等类别组成，起重高度一般为25～40m。

3. 塔式超重机

塔式起重机适用于高层建筑物的混凝土垂直运输，最大载重有2～6t等不同类别。

4. 配套机具——混凝土吊斗

混凝土吊斗有圆锥形、高架方形及双内向出料的类别，容量一般为0.7～1.4m^3。吊斗装入混凝土后可由起重机吊至浇筑地点卸料。

三、混凝土输送泵的选型

运输机具的类别和数量，应与混凝土数量、运输时间限制、搅拌机生产率等情况相适应并有一定的储备。

为适应高性能混凝土的泵送要求，混凝土泵送设备制造商在提高高性能混凝土的吸入效率和泵送效率方面已进行了深入研究，研制出了适合高性能混凝土的泵送设备，主要提高了泵的吸料能力和泵送性能，但作为施工单位要正确选型，避免选型失误，造成经济损失。

1. 设备选型

(1)强度在C60以上，坍落度为14～18mm的高性能混凝土，其泵送距离或高度只有普通混凝土的1/3～1/2，如泵送距离较长，应选择泵送压力较大的混凝土泵。

(2)由于高性能混凝土泵流动性差，应注意所选设备混凝土泵的吸料能力，吸入混凝土能力差,易吸入空气,造成泵送效率低,甚至堵管。

(3)如果混凝土坍落度小,流动性就差,还必须注意搅拌能力,一旦搅不动,泵送能力也会下降,必要时可向制造商提出。

2. 操作注意事项

(1)泵送高性能混凝土时应尽量减少坍落度损失,混凝土管路密封性要好,避免漏浆现象。

(2)泵送时坍落度损失大,凝结时间短,为防止堵管,在泵送过程中中间停顿时间不宜过长,特别是操作人员不能长时期离开混凝土泵,如果停顿时间较长,可采用反泵来防止堵管。

(3)在泵送过程中,必须注意料斗内的混凝土务必在搅拌轴中线以上,否则会吸空,泵送时造成混凝土离析,或由于吸空、气体压缩而造成堵管。

(4)于高性能混凝土与普通混凝土相比难于泵送,掺入一定量的减水剂,改善坍落度,可提高泵送性能。另外掺和料可改善了混凝土和易性和可泵性,可使混凝土在高温、远距离运送条件下仍能顺利泵送。

四、连续运输

混凝土泵、混凝土泵车等运输机具,可连续运输混凝土,并可进行水平和垂直双向连续运输。混凝土泵和混凝土泵车由于运输过程中不宜中断,在使用上受到限制。

混凝土泵系用压力将混凝土由搅拌地点通过管道送至浇筑位置的机械设备,由泵体和输送管组成,按结构形式分为活塞式、挤压式、水压隔膜式。泵体装在汽车底盘上,再装备可伸缩或屈折的布料杆,即组成泵车。

1. 混凝土泵分类

混凝土泵按种类分为拖式混凝土泵和汽车泵。

目前我国混凝土输送泵主要可分为S阀式与闸板阀式两种不同输送形式、电机驱动与柴油机驱动两种不同动力形式、排量涵盖30~100m^3/h、输送压力涵盖7~18MPa等近二十种不同规格的混凝土输送泵及车载泵,S阀式混凝土泵属于封闭系统,泵送高度高,但输送量小,闸板阀式属于开放式系统,输送高度低,但对料的要求低。

目前国内混凝土泵品牌有:三一、中联、中文博达、楚天、博通、佳尔华、天地重工、众合力、鸿得利、海诺等。

2. 混凝土运送泵主要技术性能

(1)计算管道长度时,一般将垂直管和弯管折算成水平长度计算,折算系数见表3-63。

管道折算系数 表3-63

管道类型	数量	折合成水平管长度(m)
垂直管	1m	8
90°弯头	1只	12
45°弯头	1只	6
22°33′弯头	1只	3
1°15′弯头	1只	1.5

(2)混凝土泵输送管道采用内径150mm的钢管。

(3)混凝土拌和物性能须符合泵机使用的有关规定:

①输送管线宜直,转弯宜缓,接头应严密,如管道向下倾斜,应防止混入空气,产生阻塞。

②每次开始作业前应先泵送适量的、与所泵混凝土成分相同的水泥浆润滑输送管内壁,每次增加管节也应润滑后再连接。

③泵机开始工作后中途最好不停机,不得不临时停机时,停机时间一般不能超过30min,炎热天气不能超过10min。停机期间应每隔一定时间泵动几次,以防混凝土凝结输送管道堵塞。

④泵机操作地点与管道终点应设音响或灯光信号装置,以便前后联络。

⑤发现堵管时(液压泵油压上升,气压泵气压上升到最大值),气压泵可停机后迅速开气,进行一次冲击一般即可排除堵塞。

⑥当液压泵的球阀卡料时,液压连续动作停止,油压上升到最大值,此时可操纵手动换向阀于右位,使泵送管中吸料变为向料斗内排料,如此重复几次即可排除卡斜。如不能排除时,需停机用工排除。

⑦在泵送过程中,受料斗内应经常存有足够的混凝土,防止吸入空气形成堵塞。

⑧泵机工作结束时,应对泵机及管道进行清理。HB8型设有专用空气压缩机进行清洗。空气式混凝土泵可直接用清洗球及水清洗。清洗时严禁在管道末端站人,以防被冲出来的砂石击伤。

3.混凝土泵车

混凝土泵车带有折叠式或伸缩式布料臂,可进行360°全回转,在其工作范围内可将混凝土输送至任何位置,输送工作范围以外的混凝土时,则需要通过管道进行运输。

混凝土泵车常与混凝土搅拌运输车配套使用,泵送混凝土时应防止吸入空气、形成阻塞。混凝土泵车的主要性能见表3-64。

混凝土泵车主要性能 表3-64

机械型号			SY5190THB 25	SY5310THB40R 46	SY5630THB 66
形式			360°全回转三段液压折叠式	360°全回转液压垂直三级伸缩	360°全回转液压三级伸缩
最大输送量(m^3/h)			10~40	10~40	10~60
最大垂直输送距离(m)	输送管径	ϕ150	25	46	66
粗集料最大尺寸(mm)	输送管径	ϕ150	40	40	25(砾石30)
混凝土坍落度容许范围(cm)			8~23	8~23	8~23
常用泵送压力(MPa)			12	12~16	12~20

注:本表参考《三一重工混凝土泵车》。

第六节　混凝土浇筑

一、一般规定及要求

1. 混凝土浇筑的基本技术要求

(1)混凝土拌和物材料均匀、浇筑密实。

(2)结构位置、外形尺寸偏差不超过允许范围。

(3)混凝土表面平整、密实,符合要求。

(4)混凝土与基底或应连接的结构,连接紧密、黏结牢固。

(5)钢筋骨架及预埋件的位置准确,如有偏差,不超出允许范围。

(6)钢筋保护层厚度不小于规定。

2. 基底处理

(1)基底或基层的土质或结构的类别、密实度、平整度应符合要求,表面浮层、杂物应清除,必要时予以夯实、修整。

(2)桥涵墩台等结构的基底,如为干燥的非黏性土,应用水湿润;如为岩石,应用水冲洗干净,如为倾斜面,应凿平或凿成阶梯形状。

(3)基底不得有积水,如有渗透水,应在基础范围以外设排水沟排除。

(4)基底地质或其承载力如与设计不符,应与有关方面协商处理。

3. 模板内的清理

(1)模板内和钢筋上杂物、泥灰、油污应清洗干净。

(2)模板如有缝隙、孔洞应堵严、木模板在浇筑前应洒水湿润。

(3)模板靠混凝土的一面应涂隔离剂(脱模剂)。隔离剂的类别应根据模板种类、混凝土面要求及施工季节等情况,采用专用脱模剂、液压油、肥皂液、重柴油和肥皂液混合物、废机油、废机油与滑石粉及水混合物等,脱模剂的使用要保证混凝土面外表美观和颜色一致。涂隔离剂时不得沾污钢筋和其他预埋件。

(4)钢筋的位置如有移动应及时纠正、恢复,保护层支垫应检查、整理。

4. 脚手架的塔设

脚手架应搭设牢固,边缘应设护路,坡道上应加钉防滑条,较高的脚手架应设置安全网。但脚手架不得贴靠模板或支撑在钢筋上,以防模板和钢筋移位、变形。

5. 浇筑混凝土前的检查

浇筑混凝土前应由有关人员对基底、模板、钢筋、预埋件、脚手架以及各项机具、设备等进行检查,各项条件符合要求、各项施工准备工作安排就绪后,才能开始浇筑混凝土。

6. 混凝土的卸落

(1)混凝土垂直卸落入模时,其自由卸落高度不宜超过2m。当超过2m时,应通过串筒等设施使混凝土垂直并缓慢的下降。串筒一般可用多节上大下小的管筒连成。管筒可用薄钢板制作,上口直径约30cm,下口直径约25cm,长为70~75cm。各管筒之间用构环连接。当混凝土下降高度较大、串筒较长时,宜在管筒内设缓冲挡板,并宜在适当间隔的管筒上安设附着式振动器,以减缓混凝土下降速度和防止水泥砂紧粘贴在管壁上。当浇筑范围较大时，为减少漏斗的移动，串筒下部可向侧面拉移，但拉移距离不宜超过1.5～2.0m，并在下部最少应有两节管筒保持垂直。

(2)混凝土倾斜卸料时，可通过溜槽、溜管或振动溜管(坍落度小的混凝土不宜用溜槽)进行，但须在卸落设备下口设置漏斗和导管，其长度不小于60cm，以防混凝土离析。漏斗和导筒可用木板或钢板制成。

倾斜卸落混凝土时，可在导管下堆积一部分混凝土，然后进行水平分运，但堆积高度不宜超过1m。

(3)当模板较高、钢筋较密、模板内不能垂放串筒时，可在模板侧面适当高度处设置投料窗口，使混凝土自由下落高度不超过2m。但由投料窗口投料时，窗口外应设侧向开口的投料斗，使串筒保持垂直下料并使混凝土均匀地进入模板内。

(4)向窄而深的模板内倾卸混凝土时，模板上口应设漏斗、挡板等防离析装置。

7.混凝土分层浇筑

浇筑混凝土时，应根据混凝土结构形状、钢筋布置、卸料方法及振动方法等情况，按顺序分层进行，并应在下层混凝土初凝或能重塑以前浇筑完成上层混凝土(用插入式振捣器靠其自重插入混凝土中，振捣15s后，振动棒周围15cm内能泛浆，并且振动棒不留孔洞时，即认为是能重塑)。

当上层与下层前后同时浇筑时，上下层前后浇筑距离不应少于1.5m。

在倾斜面上或高低不同的底面上浇筑混凝土时，应从低处开始逐渐扩展升高，保持水平分层。

混凝土分层浇筑厚度依振动方法和振动器类别而异，不应超过振动器的有效振实厚度，一般可参考表3-65确定。

混凝土分层浇筑厚度 表3-65

捣实方法		分层最大厚度(cm)
用插入式振捣器		30
用附着式振捣器		30
用表面振捣器	无筋或配筋稀疏时	25
	配筋较密时	15
人工捣实	无筋或配筋稀疏时	20
	配筋较密时	15

8.混凝土间断浇筑的处理

每一整体结构的混凝土一般宜连续进行浇筑。以避免产生薄弱断面，保持结构的整体性。当因故不得不间断浇筑时，间断时间包括间断后继续浇筑的时间，不应超过下层混凝土的初凝或能重塑的时间，否则应按施工缝处理(在允许的条件下)。混凝土的初凝或能重塑的时间可通过试验确定。允许间断时间也可参考表3-66确定。

混凝土的运输、浇筑及间歇的全部允许时间(单位:min) 表3-66

混凝土强度等级	气温不高于25℃	气温高于25℃
≤C30	210	180
>C30	180	150

注:①表中所列时间为自前层混凝土拌和物加水算起。

②表中所列时间未考虑掺外加剂的影响。

9. 施工接缝的设置和处理

1）施工接缝的设置

组合梁桥、刚构桥、用挂篮分段浇筑的梁等须分次浇筑混凝土的结构，以及多跨连续梁或截面尺寸较大的桥梁墩台等受浇筑力量或结构形状的限制，不能连续将混凝土浇筑完成的结构，须在中断浇筑处设置施工接缝进行处理。施工接缝的位置预先计划，应符合设计和有关施工技术规范的规定，一般应设置在结构截面内力较小的断面处，接缝方向并应与构件轴线垂直。

2）施工接缝的处理

（1）施工接缝处在继续浇筑混凝土前，应将表面的水泥薄膜、松动石子或松散混凝土层清除，并将表面凿毛。凿毛时可根据接缝处混凝土硬化的情况采用下列方法：

①混凝土强度达到 0.5MPa 时，可用钢丝刷打毛或用压力水冲洗。

②强度达到 2.5MPa 时，可用钢钎凿毛。

③强度达到 10MPa 时，可用风动机凿毛。

（2）经凿毛处理的混凝土面，应用压力水冲洗干净，使表面保持湿润但无积水；继续浇筑混凝土前，对垂直接缝应刷一层水泥净浆，对水平接缝应铺一层厚 1 ~ 2cm 的水泥砂浆。

（3）重要部位、有防震要求的混凝土结构或钢筋稀疏的钢筋混凝土结构，应在接缝处预先补插加固钢筋或石榫；有抗渗要求的接缝宜作成凹形或凸形面或装设止水带。

（4）施工接缝为斜面时，接缝处应浇筑成或凿成阶梯状。

（5）施工接缝处理后，须待已浇筑混凝土达到一定强度后才可继续浇筑混凝土。需要达到的强度一般为 1.2MPa，当为钢筋混凝土时为不得低于 2.5MPa。

混凝土达到 0.5MPa、1.2MPa 及 2.5MPa 所需时间可通过试验确定或参考表 3-67 ~ 表 3-69 估计。

（6）接续浇筑混凝土时，必须用振捣器振捣密实，防止在接缝处出现蜂窝或胶结料不足，影响新旧混凝土的黏结。

（7）接缝处必须特别注意养生。

混凝土强度达到 0.5MPa 的时间参考表（单位：h）　　表 3-67

混凝土强度等级	日平均气温（℃）		
	5 ~ 15	16 ~ 20	21 ~ 30
30	10	7	4
15 ~ 20	11	8	5

混凝土强度达到 1.2MPa 的时间参考表（单位：h）　　表 3-68

水泥品种及强度等级	日平均气温（℃）			
	≤5	≤10	≤15	>15
硅酸盐水泥及强度等级≥42.5 的普通水泥	2.5	2.0	1.5	1.0
矿渣水泥、火山灰水泥、粉煤灰水泥及强度等级<32.5 的普通水泥	4.0	3.0	2.0	1.5

混凝土强度达到 2.5MPa 的时间参考表(单位:h)　　表 3-69

水泥品种	水泥强度等级	混凝土强度等级	日平均气温(℃)					
			5	10	15	20	25	30
硅酸盐水泥或普通水泥	≥42.5	≥20	3.0	2.5	2.0	1.5	1.0	1.0
矿渣水泥、火山灰水泥或粉煤灰水泥		≥15	6.0	4.5	3.5	2.5	2.0	1.5
		≥0	8.0	6.0	4.5	3.5	2.5	2.0

10. 混凝土泌水及表面处理

在浇筑竖向结构混凝土过程中,如发现混凝土表面有泌水现象,应及时采取措施,在不扰动已浇筑混凝土和不流失灰浆的条件下将泌水排除,同时并应采取减小水灰比、用水量、坍落度及增加含砂率、延长搅拌时间等措施。

混凝土的外露面,应待混凝土浇筑完成并隔适当时间(初凝前后)得到初步沉实后,再压实、捣平、拉毛。

二、混凝土振捣

混凝土的振捣,除少量零星工程可用人工进行外,一般宜用振动器进行。

用人工捣实时,可使用捣槌、捣钎、捣铲等,应有足够的人手以便能及时、仔细地捣实。用振动器振动时,有插入式振动器(内部振捣器)、外部振捣器、振动台类别,各类振动器作用原理、规格性能及使用方法如下。

1. 插入式振动器(内部振捣器)

1)作用原理

插入式振动器时将振动器的振动棒插入混凝土中,使混凝土直接受到高频率振动的振动器。其振动波系由棒的半径方向传出,能振实半径为 R、深度为 h 的圆柱体或截圆锥体的混凝土(R、h 取值见使用方法和注意事项)。插入式振动器适用于钢筋配置较少、体积较大的混凝土工程。

2)插入式振动器规格及性能

插入式振动器由原动机、传动装置和振动子三部分组成。按频率分有高频式和中频式;按振动原理分行星式和偏心块式;按传动装置分有软轴式和直联式;按原动力分有电动式、内燃式。风动式。原动力一般采用电动式,较少采用内燃式(HZ_8X-50)和风动式(HZ_5-80)。常用电动插入式振动器的规格及性能见表 3-70。

3)插入式振动器使用方法和注意事项

(1)插入式振动器工作时可按直线行列移位或按交错行列移位。单机工作时的移位距离或双机工作时的间距,一般以振动作用半径 R 的 1.5 倍为宜。振动器的作用半径可按产品说明确定,或根据混凝土的流动性、工程结构的形状、钢筋的稀密程度等情况经试验确定。在一般情况下,振动作用半径约为振动棒半径的 8 ~9 倍。振动器的移动距离,应尽可能保持一定的规律,防止漏振或过振。

(2)插入式振动器的振动深度,一般不应超过振动棒长度的 2/3 ~3/4 倍。振动时应不断的上下移动振动棒,以便捣实均匀;当系分层浇筑时,振动棒应插入到下层混凝土中 5 ~10cm,并应在下层混凝土初凝以前振动完成其相应部位的上层混凝土,以使上下层混凝土紧密地连接。

常用插入式振捣器规格及性能　　表3-70

项目		HZ_6X-50	HZ_6-50	HZ_6X-35	HZ_6X-30	HZ_6X-60	HZ_6X-70	HZ_6P-70A	Z_6D-100
		高频行星式	高频行星式	高频行星式	高频行星式	高频行星式	高频行星式	中频偏心块式	电动机直联
电动机	型号	JO_3	JO_2	JO_3-0912	JO_2	JO_2	JO_3	JO_3	
	功率(kW)	1.5	1.1	1.1	1.1	1.1	2.2	2.2	1.5
	转速(r/min)	2 840	2 850	2 850	2 850	2 850	2 850	2 850	8 400
振动棒	直径(mm)	51	50	35	33	62	68	71	100
	长度(mm)	500	500	468	413	470	480	400	508
	振动力(kN)	5.26	—	2.50	2.20	9.20	9.00 ~ 10.00	—	13.00
	频率(次/min)	15 000	14 000	15 800	19 000	14 000	12 000 ~ 14 000	6 200	8 400
	振幅(mm)	2.0	1.1	0.5	0.5	1.4	1.4 ~ 1.18	2 ~ 2.5	1.6
传动轴	长度(m)	4	4	4	4	4	4	4	—
	软轴直径(mm)	12	10	10	10	13	13	13	—
	软管外径(mm)	—	—	—	—	—	36	36	—
质量(kg)		31.8	28.0	25.0	26.4	35.2	38.0	45.0	15.0

(3)插入式振动器在每一振动的位置的振动时间,应依振动器的振动频率和混凝土的流动度而异,可通过试验确定。适宜的振动时间,一般可从下列现象判断:振动时混凝土不再有显著的沉落;不再出现大量的气泡;混凝土表面均匀、平整,并已泛浆。

振动时间不可过短或过长,过短时混凝土振不实,过长时混凝土可能产生离析现象。在一般情况下,振动的适宜时间为20 ~ 30s,任何情况下也不宜少于10s。

(4)振动器在一个部位振动完毕后,须缓慢、匀速地边振动边上提,不宜提升过快,以防振动中心产生空隙或不均匀。

(5)插入式振动器生产率的计算

插入式振动器的生产率可参考式(3-29)进行计算。

$$Q = 2KR^2h\frac{3\ 600}{t + t_1} \tag{3-29}$$

式中:Q——插入式振动器的生产率(m^3/h);

R——振动器作用半径(m);

h——振动棒插入深度(m);

t——一个振动点振动延续耗用时间(s);

t_1——振动器从一个振动点移至另一个振动点所需时间(s);

K——振动器的利用率,根据生产情况确定,一般可近似地采用0.8 ~ 0.85。

(6)插入式振动器的使用维护如下:

①电动式振动器使用前应检查电动机的绝缘是否良好;振动器各部分检查符合使用要求后才能通电试运转,试运转正常后才可正式工作。

②振动棒应垂直、自然地插入混凝土,不得接触钢筋、模板、预埋件等物,避免损坏振动棒。

③软管弯曲半径不宜小于50cm,且不宜多于两个弯,以防损坏软管。

④使用中如温度过高,应停机降温。负温环境使用时,应徐徐加温,润滑油解冻后才能使用。

⑤电动机、软管、振动棒等应经常擦刷干净并按使用要求进行润滑保养。

2. 外部振动器

1)外部振动器类型、规格及性能

外部振动器系在混凝土表面施加振动,使混凝土振实。此种振动器可安装在模板上成为附着式振动器,也可安装在木板或铁板的上面,成为平板式振动器(或称表面振动器)。该振动器适用于厚度在30cm以下,钢筋较密的梁、柱、墙等的混凝土和板的混凝土。

外部振动器的型号表示方法如图3-2所示。

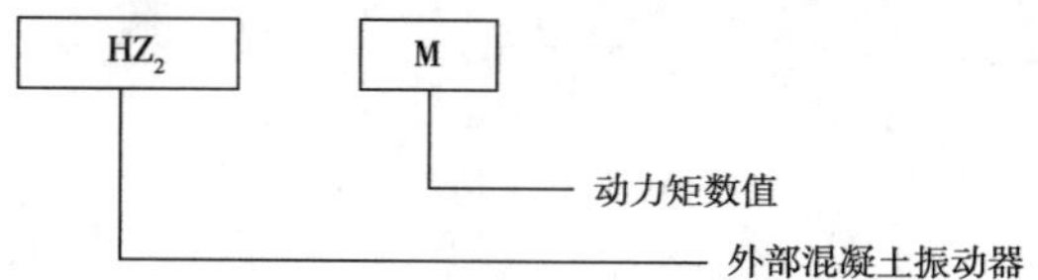

图3-2 外部振动器型号表示方法

常用外部振动器的规格及性能见表3-71。

常用外部振动器规格及性能 表3-71

项目	附着式						平板式	
	HZ_2-4	HZ_2-5A	HZ_2-7	HZ_2-10	HZ_2-11	HZ_2-20	PZ-50	N-7
振动频率(次/min)	2 800	2 800	2 800	2 800	2 800	2 850	2 800	2 850
振动力(kN)	3.7	4.8	6.0	9.0	10.0	18.0	4.7	3.4
振幅(mm)	—	—	1.5	2	—	3.5	2.8	—
电动机功(kW)	0.5	1.5	1.5	1.0	1.5	2.2	0.5	0.4
底板尺寸(cm)	50×40	70×50	72×54	面积$<0.4m^2$	—	100×70	60×40	90×40
质量(kg)	23	28	38	57	57	65	36	44

2)外部振动器的使用方法

(1)附着式振动器

①安装在侧模上的附着式振动器一般用于宽度不大于30cm的混凝土结构,构件尺寸较厚时须在构件两侧安装振动器并同时进行振动。

②安装附着式振动器的模板须坚固、整体性强,宜用钢模或用钢质扣件加固的木模板。

③模板上安装附着式振动器的间隔及振动时间,依结构形状、混凝土坍落度大小及振动功率大小而异,应通过试验确定。安装间隔一般可为1.0~1.5m。每处振动时间,应以振到混凝土成一水平面且不再出现气泡时为止。

④安装在模板上的振动器，须待混凝土浇灌到高于振动器后再开机振动；当结构断面较窄、钢筋较密、混凝土不易分布时，可多设浇筑点，多安装振动器，边浇筑、边振动。

(2)平板式振动器

①平板式振动器的振动深度一般不大于25cm。用于双层配筋的钢筋混凝土板时，板厚不宜超过12cm。

②应有计划地按顺序进行振动，移动间隔以地板能覆盖已振动完成部位5cm以上为宜。

③每一振动位置的延续振动时间，以混凝土表面均匀出现浆液为准，不宜欠振动或过振，一般需25～40s。

④在倾斜面上振动时，应由低处向高处逐步移动。

⑤平板振动器的底板尺寸可按表3-71采用，也可根据振动器型号和底板材质自定尺寸，但须使振动器能浮在混凝土表面上。底板尺寸计算方法可参考式(3-30)。

$$V = \frac{G}{\rho} \tag{3-30}$$

式中：V——振动器底板所挤出混凝土的体积(m^3)；

G——振动器总质量(kg)；

ρ——混凝土的密度(kg/m^3)。

⑥平板振动器生产率的计算方法参见式(3-31)。

$$Q = KFh\frac{3\ 600}{t + t_1} \tag{3-31}$$

式中：F——振动器底板面积(m^2)；

h——振动层厚度(m)；

其他符号意义同前。

3)外部振动器的使用维护

(1)使用时应使电动机轴呈水平状态，以防损坏轴承。

(2)不应使振动器在硬地面或硬物上运转。

(3)应经常保持电动机外壳清洁，以利散热。

(4)振动器每工作300h后，应拆开、清洗轴承、更换2号(夏季)或1号(冬季)钙基润滑脂。

3. 振动台

1)振动台的规格及性能

振动台适用于预制构件的振动，按台面尺寸分为HZ_9-1×2、HZ_9-1.5×6、HZ_9-2.4×6.2等型号，其规格及性能见表3-72。

2)振动台的使用及维护

(1)振动台必须有牢固的基础。

(2)模板与振动台必须有可靠的锁紧夹具。

(3)同步齿轮器油面应保持在规定范围内，每季度应用煤油清洗一次并更换新油。

(4)振动台应保持清洁、平整。

振动台规格及细节 表3-72

项目	型号		
	HZ9-1×2	HZ_9-1.5×6	HZ_9-2.4×6.2
台面尺寸(m)	1.0×2.0	1.5×6.0	2.4×6.2
最大载重(包括模板,kN)	10	30	50
振动频率(次/min)	2 850 ~2 950	2 940	1 470、2 753
振幅(mm)	0.3~0.7	0.1~0.7	0.3~0.7
偏心矩(N·cm)	130~730	500~1 400	1 600~2 400
振动力(kN)	14.6~30.7	18.0~35.0	150.0~230.0
电动机功率(kW)	7.5	30	50
电动机转速(r/min)	2 900	2 940	1 470
外形尺寸(长×宽×高,cm)	280×100×52	680×150×71 或 687×152×76	850×240×87
质量(kg)	900	4 000	6 500

注:本表引自《建筑机械使用手册》(建筑机械使用手册编写组编,中国建筑工业出版社,1999年)。

4. 混凝土振动器生产率计算参考数据

插入式振动器及平板式振动器的生产率计算参考数据见表3-73。

混凝土振动器生产率参考表 表3-73

工作指标	行星式内部振动器		偏心式内部振荡器		平板振动器
	振动棒直径(mm)				
合理振动时间 t(s)	68	50	70	50	
振动作用半径 r(cm)	27	20	29	20	—
底板面积(m^2)	—	—	—	—	0.24
计算振动深度 h(cm)	30	30	30	30	25
生产率 Q(m^3/h)	4.5	2.5	5.2	2.5	4.6

三、混凝土真空脱水处理

1. 概要

混凝土真空脱水处理是用真空脱水机组及吸垫使刚浇筑的混凝土脱水。混凝土脱水后,可显著降低水灰比、提高密实度、提高早期强度、改善物理力学性能,与未经真空脱水处理的混凝土相比,强度可提高20%~50%,抗冻性可提高2~2.5倍,耐磨性可提高0.5~1.0倍,钢筋握裹力可提高20%~25%,抗渗性也会提高。混凝土经真空脱水处理后,可立即产生0.1~0.2MPa的抗压强度,因而可立即抹面、拆除模板侧板,提高模板的周转率,加快施工进度。

混凝土真空脱水并不完全将水脱净，剩余水灰比不会小于0.31，因此不会影响水泥的水化作用。

混凝土真空脱水处理按真空脱水方式可分为表面真空作业和内部真空作业。内部真空作业比较复杂，应用较少，一般采用表面真空作业。表面真空作业又分上脱式、下脱式、侧脱式等。上脱式工艺比较简单，应用较广。

2. 真空脱水设备

1）真空脱水机组

由真空泵、电动机及带有真空室和集水室的水箱等组成，可安装在小车上便于移动。真空脱水机组的技术性能见表3-74。

混凝土真空脱水机组性能 表3-74

项目		HZJ-40 水环式	HZJ-60	改型泵Ⅰ号	改型泵Ⅱ号
真空泵	空载极限真空度（kPa）	96.26（95%）	99.33（98%）	95.99～98.66	99.99（98.7%）
	抽气速率（L/s）	28		70	60
电动机	功率（kW）	4	4	5.5	5.5
	转速（r/min）	2 880	2 850	670	600
配套吸垫规格（m）		3×5	3×5		
主机外形尺寸（长×宽×高，cm）		135×66×60	140×65×84	150×76×85	170×75×105
质量（kg）		200	180	320	340

2）真空吸垫

真空吸垫（又称洗盘）有刚性和柔性两种。刚性吸垫可边振动边吸水，但吸水面积较小，平面尺寸改变困难，只适用于构件预制。上脱式柔性吸垫使用方便，平面尺寸适应性强，可连续浇筑使用，在道路、楼板、预制构件等平面构件或结构工程中应用较广。

上脱式柔性吸垫有塑料网片及气垫薄膜两类，包括过滤层、骨架层、密封层及通道四部分。

（1）过滤层。过滤层直接铺设于新浇筑完的混凝土上面，在真空脱水时可使水和气通过，但阻止混凝土中水泥等颗粒被脱出。过滤层采用301-1尼龙布等具有一定透水性能的纺织材料。

（2）骨架层。骨架层置于过滤层和密封层之间，以形成空腔。在真空脱水时，混凝土中的水和气通过过滤层后，经由此层空腔汇流至通道被吸出。骨架层一般采用发泡或不发泡的塑料网片或凸头气垫塑料薄膜等。

（3）密封层。密封层置于网格骨架层上面，使真空泵集中抽吸混凝土中的水和气。密封层可采用塑料板、橡胶布或聚乙烯气垫薄膜，当采用后者时，可不另设骨架层。

（4）通道。通道系扁管形空腔，设置于抽吸口下部空腔内，以汇集水气流、经由抽吸口抽出。通道可用铁皮或塑料片等卷成。

3）连接软管

连接软管可采用内径38mm,经螺旋加强的塑料管,包括弯头、接嘴。

3. 真空脱水工艺要点

1)混凝土的浇筑

混凝土宜采用强度等级为42.5的水泥,用量不宜过多。细集料宜采用中砂或粗砂,砂率宜稍大。混凝土的坍落度可为2~4cm,宜振捣密实。

2)吸垫的铺设

吸垫的铺设顺序为先铺过滤层,使其紧贴在混凝土面上,但每边应比混凝土面小5~10cm,然后在过滤层上面铺设骨架层,骨架层不应超出过滤层范围;由多片组成时,其搭接宽度不应少于3cm。最后铺设密封层,密封层应宽出过滤层5~10cm与模板连接,并应轻压密封边使其紧贴在混凝土面上。

3)真空脱水

软管连接好后,真空泵即可开始抽吸。待混凝土表面水分抽完、手指按压混凝土无指痕时,即完成脱水工作。混凝土脱水完成后,应掀起密封层两个短边,露出过滤层约2cm,然后进行短时间的真空脱水,以吸出过滤层内残留的水分。

4)完工抹面

真空脱水完成后,应接着修抹混凝土表面。一般用机械抹面,使混凝土表面进一步泛浆、压实。混凝土路面、机场道坪等工程,尚应在抹面前进行振捣、刮平,抹面后进行刷毛、压纹等工作。

4. 上脱式真空脱水工艺参数

1)脱水时间

需要的脱水时间与混凝土结构厚度和原有水灰比有关,脱水时间(min)一般为板厚(cm)的1~1.5倍,原度较大或水灰比较大时取上限,反之取下限,不宜在水量少的情况下长时间脱水,以免降低脱水能力。

2)脱水时间与脱水量、脱水率、剩余水灰比的关系

脱水时间与脱水量(ΔW)、脱水率($\Delta W/W$)、剩余水灰比(W'/C)的关系,由试验得其关系曲线。

脱水初期阶段脱水量较大,3~5min之内的脱水量可达总吸水量的50%左右。随着时间的延续,混凝土逐渐密实,毛细管逐渐收缩,脱水速度便逐渐降低。关系曲线可供选用脱水时间时参考,如为增长强度考虑,一般可选用脱水率大于18%~20%时的脱水时间;如为抹面考虑,可选用脱水率为12%~15%的脱水时间。

5. 真空脱水作用深度

真空脱水最大作用深度(δ)可达30~40cm,考虑脱水效果一般真空脱水的混凝土层厚度以15~20cm为宜,混凝土结构较厚时可分层进行。

四、桥涵墩台等竖向结构浇筑混凝土

(1)墩台身及基础混凝土,一般宜在整个平截面范围内,按水平分层进行浇筑。

(2)竖向机构浇筑混凝土时,浇筑深度不宜过快,一般不宜超过3m/h;混凝土拌和物的坍落度应随着结构高度的增长,酌予减小。

(3)墩台或柱较高并须与上面的梁或板连成一体(不设施工缝)时,应在墩台或柱的混凝土浇筑完成并沉实1~2h后再浇筑梁或板的混凝土,使墩台或柱的混凝土拌和物能

初步沉实,间隔时间不应超过墩台或柱的混凝土的初凝时间。

(4)墩台结构混凝土的模板应设拉杆及支撑,以防模板变形。

(5)采用滑升模板浇筑混凝土时,宜采用低流动度或干硬性混凝土,应分层、分段对称进行,分层厚度以20~30cm为宜,各段应浇筑到距模板上口10~15cm的位置为止;若为排柱式墩台,各立柱应保持进度一致;在滑升中须防止千斤顶或油管接头在混凝土或钢筋处漏油;混凝土脱模宜在强度达到0.2~0.5MPa时进行,脱模后如有缺边掉角等缺陷应及时修整。滑升模板施工的详细工艺可参见相关书籍。

五、大体积混凝土结构浇筑混凝土

1.原材料措施

大体积混凝土墩台、身或基础等结构浇筑混凝土时,应严格控制混凝土水化热温度,以防结构开裂。

(1)采用C_3A及C_3S含量小、水化热低的水泥,如大坝水泥、粉煤灰水泥、矿渣水泥或其他低等级的水泥。

(2)用改善集料级配,降低水灰比,掺加掺和料、外加剂等减少水泥的用量。

(3)减小分层厚度,加快混凝土散热速度。

(4)降低混凝土拌和时所用集料及水的温度。

(5)利用缓凝外加剂延长混凝土凝结硬化时间,推迟水化热峰值时间,防止混凝土开裂。

2.混凝土浇筑前施工措施

(1)在混凝土结构内适当布置管道,在养生过程中不断地循环冷水,吸收混凝土中的热量。

(2)在大体积混凝土中,可埋一定数量的石块,减少混凝土用量和水化热,石块不得贴靠混凝土中的钢筋及预埋件,埋放石块的总数量可为结构体积的10%~25%。埋放时应符合下列规定:

①石块厚度不应小于15cm,不得使用薄片或圆卵石。

②石块应无裂纹、夹层,抗压强度不低于30MPa。

③石块应清洗干净,用前润湿。

④石块应在每一浇筑层埋入1/3~1/2,并应分布均匀,净距不小于10 cm,距结构表面不小于15cm。当为片石混凝土时,石块净距可不小于4~6cm。

(3)大体积混凝土,当平截面过大、不能在前层混凝土初凝前或能重塑前浇筑完成次层混凝土时,并为减少水化热和保证结构的整体性,可按下列方法分块进行浇筑:

①合理布置分块,各分块平面面积一般不小于$50m^2$。

②每一分块高度不超过2m。

③分块与分块间的竖向接缝,与结构平截面边缘平行或垂直。

④各分块间的接缝,互相错开,做成企口,并按施工接缝处理。

3.混凝土浇筑工艺

(1)混凝土浇筑厚度应根据所用振捣棒的作用深度及混凝土的和易性确定,整体连续浇筑宜为300~500mm。

(2)整体分层连续浇筑或推移式连续浇筑,应缩短间歇时间,并在前层混凝土凝结之前将此层浇筑完。层间间隔最长时间不能大于混凝土初凝时间，混凝土初凝时间由试验确定。如果超过初凝时间，层面应按施工缝处理。

(3)混凝土浇筑宜从低处开始，沿长边方向自一端向另一端进行。当混凝土供应质量有保证时，可以多点同时浇筑。

(4)混凝土宜采用二次振捣工艺。

4. 施工缝的处理

(1)清除浇筑表面的浮浆、软弱混凝土层及松动的石子，并均匀的露出粗集料。

(2)在上层浇筑混凝土前，使用压力水冲洗混凝土表面的污物，充分润湿，但不得积水。

(3)对非泵送混凝土及低流动性混凝土，在上层浇筑混凝土前，应采取接浆措施。

在大体积混凝土浇筑过程中，应采取措施防止受力钢筋、定位钢筋、预埋件等移位和变形，并及时清除表面积水。混凝土浇筑面应及时进行二次抹压处理。

第七节　混凝土养护与拆模

一、混凝土养护

1. 养护的基本要求

混凝土浇筑成形后水泥硬化时，需要一定数量的水分。按混凝土拌和物拌和时所加水的数量，已足够满足水泥硬化的需要，如在浇筑完成后将混凝土全封闭时，则不需要再补充水分，但养护混凝土一般是在非封闭状态下并且是在天然空气中进行，天然空气中一般相对湿度较低，混凝土中水分易被蒸发，造成混凝土由表到里逐渐脱水(失水)，极易产生干燥收缩裂纹。同时，失水过多还会阻滞混凝土的继续硬化甚至停止硬化。因此，需要在养护期间经常补充水分。补充水分的方法和数量依气温、空气湿度和混凝土中水分的蒸发速度等情况而异，以混凝土表面经常保持湿润状态、满足硬化所需水分为准。

混凝土在养护期间，因强度尚低，除补充水分、保持湿润状态外，还须防止受到振动、负荷及流水的侵蚀、冲刷。

2. 天然气温养护

1)混凝土裸露面的养护

混凝土浇筑完成后的裸露面最易脱水、干裂，使混凝土硬化受到影响，因此须及时进行养护。养护时一般可用湿草帘、麻布、砂、薄膜、彩条布等覆盖，并应经常洒水，使覆盖物保持湿润。覆盖时间，对于塑性混凝土，在一般气温情况下应在浇筑后10～12h内进行，炎热天气应提前进行；对于干硬性混凝土，应在浇筑后1～2h即开始覆盖。对于裸露面积较大而厚度较小的混凝土结构(如水泥混凝土路面、桥面等)则应在浇筑完成后立即先用活动棚罩遮盖，过数小时表面收浆后再覆盖湿草帘等物。此种先遮盖的方法既可防止混凝土表面风裂，又可防止因过早覆盖湿草帘等物而损伤混凝土表面。棚罩可用单坡式或双坡式支架盖以帆布、塑料薄膜、编织布等。对夏季浇筑的混凝土还要防止太阳直接暴晒和暴雨冲刷。

在缺水地区、混凝土表面不便浇水或有特殊要求时，可在浇筑完成后2～4h或视混凝土表面干燥情况，在混凝土表面喷涂养护剂；待养护剂溶液挥发后，留下一层薄膜将混凝土表面毛细孔封闭,可阻止内部水分的蒸发,不需浇水即可达到养护的目的。

在对混凝土外观有要求的情况下,要注意选择合适的覆盖物以避免对混凝土表面造成污染。

2)木模板覆盖面的养护

有木模板覆盖的混凝土表面,混凝土内水分可由模板吸收而蒸发,因此应在浇筑完成后经常向模板上喷水,使模板保持湿润,起到补水养护的作用。模板拆除较早时,应在拆除后继续向混凝土面洒水养护。

3)浇水养护的时间

混凝土的浇水养护时间,应根据水泥品种、气候条件及养护方法确定。在相对湿度大于60%的潮湿环境中养护时,如所用水泥为硅酸盐水泥或普通水泥,不宜少于7d;如所用水泥为矿渣水泥、火山灰水泥或粉煤灰水泥,不宜少于14d。在相对湿度小于60%的干燥环境中养护时,用各种水泥所拌制混凝土的养护时间,均应延长7d。当混凝土中掺用缓凝型外加剂时,其养护时间应适当延长。当混凝土用加压成形或真空脱水处理时,以及用塑料薄膜覆盖、利用太阳能提高养护温度时,养护时间可适当缩短。

4)天然气温养护应注意事项

(1)混凝土养护用水的技术条件与拌和用水相同。

(2)当气温低于5℃时,应覆盖保温,并不得向混凝土面或覆盖物上洒水。

(3)当结构物附近有流动性的地表水或地下水接触时,应采取防水措施,使混凝土在浇筑后7d内不受水的冲刷、侵袭;当环境水具有侵蚀作用时,应保证混凝土在14d内,同时在其强度达到70%以前,不受水的侵袭。

(4)在混凝土强度达到2.5MPa以前,不得使其承受行人、运输工具、模板、支架和脚手架等荷载。

3. 蓄热法养护

(1)蓄热法应该根据环境条件,经过热工计算在能确保结构物不受冻害的条件下采用。

(2)应采取加热拌和水以及原材料,加速混凝土硬化和降低混凝土冻结温度的措施。

(3)混凝土应采用较小的水灰比。

(4)对容易冷却的部位,应特别加强保温。

(5)不应往混凝土和覆盖物及保温层上洒水。

4. 加热养护

混凝土的养护方法,应根据技术经济比较和热工计算确定。当气温较低、结构表面系数较大,蓄热法不能适应强度增长速度的要求时,可根据具体情况,选用蒸汽加热、暖棚加热或电加热等方法。

加热养护具体方法详见本章第十一节的内容。

5. 大体积混凝土的养护

大体积混凝土应有专门的浇筑和养护方案,应及时浇水养护,必要时应采取给原材料加冰降温,混凝土内通循环水降温,混凝土表面保温等措施,以防止混凝土内外温差或者升降温速度过快出现的温度裂缝。具体应防止的有:

(1)混凝土浇筑体在入模温度基础上的温升值不宜大于50℃。

(2)混凝土浇筑块体的里表温差不宜大于25℃。

(3)混凝土浇筑体的降温速率不宜大于2.0℃。

(4)混凝土浇筑体表面与大气温差不宜大于20℃。

(5)做好温控记录。

二、混凝土结构拆模

1. 拆除期限

混凝土浇筑完成,达到一定强度后即可拆除模板,以加速模板的周转。但拆除时间不可过早,以防混凝土结构损坏、变形。拆模的时间可依水泥类别、结构特点、模板部位、荷载状况及环境气温等情况而异,一般规定如下:

(1)不承重的侧面模板,应在混凝土强度能保证其表面及棱角不因拆模而受损坏后方可拆除,一般须达到2.5MPa的抗压强度。

(2)芯模和预留孔道内模,应在混凝土强度能保证其表面不发生塌陷和裂缝现象时,方可拔除。当制孔采用胶管抽芯法时,胶管内应插入芯棒或充以压力水,以增加刚度;采用钢管抽芯法时,钢管表面应光滑,焊接接头应平顺。抽芯时间应通过试验确定,以混凝土抗压强度达到0.4~0.8MPa时为宜,抽拔时不应损伤结构混凝土。抽芯后,应用通孔器或压气、压水等方法对孔道进行检查,如发现孔道堵塞或有残留物或与邻孔有串通,应及时处理。采用胶囊作芯模时,其拔出时间也可按此办理。

(3)承重的模板、拱架、支架,应在混凝土强度能承受其本身重力及其他叠加荷载时,方可拆除。拆除时混凝土须达到的强度,一般规定为:对于跨径不大于4m的构件,不低于混凝土设计强度的50%;对于跨径大于4m的构件,在混凝土强度大于设计强度标准值的75%后,方可拆除。

如设计上对拆除承重模板、支架、拱架另有规定时,应按照设计规定执行。

2. 拆模时应注意事项

(1)模板拆除应按设计的顺序进行,设计无规定时,应遵循先支后拆,后支先拆的顺序,拆时严禁抛扔。

(2)卸落支架和拱架应按拟订的卸落程序进行,分几个循环卸完,卸落量开始宜小,以后逐渐增大。在纵向应对称均衡卸落,在横向应同时一起卸落。在拟订卸落程序时应注意以下几点:

①在卸落前应在卸架设备上画好每次卸落的标记。

②满布式拱架卸落时,可从拱顶向拱脚依次循环卸落;拱式拱架可在两支架处同时均匀卸落。

③简支梁、连续梁宜从跨中向支座依次循环卸落;悬臂梁应先卸挂梁及悬臂的支架,再卸无铰跨内的支架。

④多孔拱桥卸架时,若桥墩允许承受单孔施工荷载,可单孔卸落,否则应多孔同时卸落,或各连续孔分阶段卸落。

⑤卸落拱架时,应设专人用仪器观测拱圈挠度和墩台变化情况,并详细记录。另设专人观察是否有裂缝现象。

(3)墩台模板宜在其上部结构施工前拆除。拆除模板,卸落支架和拱架时,不允许用猛烈地敲打和强扭等方法进行。防止吊放拆除模板时撞伤混凝土表面。

(4)模板、支架和拱架拆除后,应维修整理,分类妥善存放。

第八节　混凝土缺陷及修补

一、缺陷类型和产生原因

(1)麻面。将麻面部位用水洗刷干净,用与混凝土同样的砂浆将麻面抹平或喷水泥浆补平。

(2)蜂窝。对于较小蜂窝,可洗刷干净后用1:2~1:2.5的水泥砂浆抹平、压实。对于较大的蜂窝应先凿除松散薄弱部分,再用钢丝刷或压力水洗刷干净,然后支模,用细石混凝土填塞、捣实。对于较深的蜂窝可先灌注细石混凝土,然后压注水泥浆或直接压注水泥浆。

(3)露筋。对于表面露筋,用钢丝刷或压力水洗刷干净后用1:2~1:2.5水泥砂浆填满孔洞,并抹平。对于较深处的露筋,应先凿去松散薄弱部分和突出部分,然后用细石混凝土填满、压实,必要时加压水泥浆。

(4)空洞。将空洞内松散薄弱层凿除,用压力水冲洗干净,然后支模、填充细石混凝土、捣实或用压浆混凝土修补。

(5)缝隙及夹层。一般须用压力水冲洗后,进行压浆或压注环氧树脂黏合剂处理。

(6)表面裂纹。较浅的裂纹可用水泥浆或环氧树脂黏合剂压注或将表面封闭。

(7)深裂纹。较深的裂纹一般须压注环氧树脂黏合剂或水泥浆。

(8)如蜂窝、空洞严重,裂纹很深,影响结构的使用或混凝土强度不符合要求,非简单修补能解决时,应根据实际情况研究处理办法。

二、修补作业

1. 混凝土修补方案

先确定混凝土缺陷区域,分析产生原因,确定修补方案,选择最佳修补材料,组织专门修补人员进行修补,对混凝土表面缺陷可以采用通用方案,但对涉及结构安全的缺陷如漏筋,空洞,深裂缝等,要每个构件单独确定修补方案,整个过程还要有专门的记录。

2. 修补作业

1)喷水泥浆

不能用细石混凝土或砂浆修补的表面可用水泥喷枪喷注水泥浆。水泥浆中宜掺入速凝剂。喷射厚度小于1.2cm时,可喷一层,大于1.2cm时宜分层喷注,但层与层间应停置一定时间,以防灰浆滑落。喷浆后应适当养护,防止干缩、裂纹。

2)打磨

对混凝土表面颜色不一致的部分,错台等可用砂轮或砂布对混凝土表面或不平整部分进行打磨。

3)用干水泥粉或微湿的水泥粉抹面

对混凝土表面轻微的气泡孔,轻微麻面、浅缝以及一部分混凝土表面颜色不一致等,可用与混凝土相同的水泥配白水泥或者乳白胶等在拆模时直接用手往混凝土面上涂抹,待混凝土凝固后再用砂布打磨。为使修补面颜色一致需要先做多组配比试用,选择颜色接近的配比使用。

4)用稠水泥砂浆修补

深度大于2.5cm的孔洞可用稠水泥浆修补。修补时应分层捣实,最后抹平、压实。

5)用细石混凝土修补

较深、较大孔洞宜采用细石混凝土修补。修补前除将松散薄弱部位凿除外,有露筋时还应将钢筋周围2.5cm范围内凿空。修补时应先铺一层水泥砂浆,然后分层填充和振实细石混凝土。细石混凝土内可掺入少量铝粉。

6)压浆法修补

(1)压浆孔口采用抹水泥砂浆或浇筑细石混凝土封闭,封闭时应埋入压浆管、排气管各一根。

(2)水泥浆水灰比宜为0.7~1,制作时先放水后放水泥进行搅拌。灰浆中掺外加剂时,外加剂应先溶于水,再与水泥拌和。

(3)固定管子的水泥砂浆或细石混凝土养护2~3d、强度达到1.2~1.8MPa后方可压浆。压浆可用砂浆输送泵,压力可为0.6~0.8MPa。压浆一般宜进行第二次补压,至排气管挤出清水为止。压浆完成2~3d后,可将压浆管外露部分割除,留下的管孔可用砂浆填充密实。

7)用环氧树脂黏合剂修补裂缝

(1)配合比。环氧树脂黏合剂的成分和配合比一般为环氧树脂100g,邻苯二甲酸丁酯(增塑剂)10g,二甲苯(稀释剂)30~60g,乙二胺(硬化剂)8~10g。此种黏合剂可用于黏合宽度0.1mm以上的裂缝。

(2)混凝土表面处理。混凝土表面应用钢丝刷将松散层及灰尘清除干净。表面污物较严重时,可用丙酮将裂缝处擦洗干净。

(3)粘贴压浆钢嘴。钢嘴的位置、距离视裂缝大小、结构形式确定,应粘贴在裂缝较宽、纵横交错、裂缝端部等处,一般间距为30~60 cm,裂缝越细应越密。钢嘴宜用环氧树脂腻子粘贴。环氧树脂腻子的配合比为:环氧树脂100g,邻苯二甲酸二丁酯30g,乙二胺8~10g,滑石粉或水泥300~500g。

(4)封缝。用环氧树脂腻子将裂缝封严,腻子凝固后须压气,用肥皂水检查是否漏气,有漏气时应再次封补,以防跑浆。

(5)配制黏合剂。将环氧树脂、邻苯二甲酸二丁酯和二甲苯按比例称量后,放于容器内,拌和均匀,然后再加入乙二胺拌匀即可。一次拌制量以使用1h为宜。

(6)压浆。将黏合剂倒入压浆罐后用压缩空气将黏合剂压入裂缝。压浆应一处一处地先后进行,邻近压浆嘴出浆后,表明该处已压满,然后移至下一压浆嘴压浆。压浆后经过7d以上,黏合才有效。

压浆设备包括空气压缩机(或打气筒)、压浆罐、压浆嘴(钢嘴)、不锈钢球阀等。

8)专用修补剂

专用修补剂用于混凝土裂缝、结构性修补等。若使用市售的专用成品修补剂,可根据其使用说明书进行。

第九节　水下压浆混凝土

一、概述

水下混凝土按其施工工艺不同,可分为水下普通混凝土和水下压浆混凝土。水下普通混凝土见相关书籍。本节着重介绍水下压浆混凝土的施工。

水下压浆混凝土是在井孔、沉井、围堰或水下安装的模板内预先填充卵石或碎石等集料,然后用预先埋入或填充粗集料后通过钻孔插入粗集料中的压浆管进行压浆,将粗集料中的水分挤走,换以砂浆而形成的混凝土。压浆混凝土的主要特点如下:

(1)混凝土中的粗集料直接先填充到井孔或模板内,故只搅拌砂浆即可,可节省搅拌工作。

(2)压注砂浆是在封闭的井孔或模板内进行,并且是从底部逐步上升,因此粗集料中的空隙可被砂浆填满,可得到优质的混凝土。

(3)粗集料填充后互相接触,形成骨架,水泥砂浆中一般又掺用铝粉等膨胀剂,因此混凝土的收缩性较小。

二、压浆混凝土原材料质量技术要求

压浆混凝土用的原材料,除应符合一般混凝土的有关规定外,还应符合下列要求:

(1)水泥浆宜采用普通水泥、火山灰水泥、粉煤灰水泥等颗粒细、泌水率小、收缩性小的水泥,并宜首先选用粉煤灰水泥;大于2.5mm的颗粒应予筛除。

(2)细集料以采用细砂为宜,细度模数宜为1.3~2.2,平均粒径不宜大于0.35mm,大于2.5mm的颗粒应予筛除,砂的最大粒径d_{max}宜满足下列公式要求:

$$d_{max} \leqslant D_h/(15 \sim 20) \leqslant 2.5(mm) \tag{3-32}$$

$$d_{max} \leqslant D_{min}/(8 \sim 10) \tag{3-33}$$

式中:d_{max}——砂的最大粒径(mm);

D_h——预填粗集料的平均粒径(mm);

D_{min}——预填粗集料的最小粒径(mm)。

(3)粗集料宜采用连续级配,最小粒径不小于砂子最大粒径的8~10倍,且不宜小于20~30mm,同时小于40mm的颗粒不宜大于10%,要求高强度压注水泥砂浆时,最小粒径不宜小于40mm;当为自流灌注时,空隙率不宜小于35%。

(4)膨胀剂主要采用铝粉,其纯度应在99%以上,有效细度在50μm以下。由于铝粉易浮于水面,拌和时应在加水拌和之前,先将铝粉渗入拌和物中,或与混合材料拌和均匀。

三、水泥砂浆的技术条件

1.应具有适宜的稠度

水泥砂浆的稠度可用流动度和黏性参数表示。流动度的测定,一般采用容量为1 725mL的漏斗进行。测定时将漏斗调平,盖严下口,将搅拌均匀的砂浆倾入,倾入量达到指针(点测规)下端为止。然后打开下盖使砂浆自由流出,全部流完的时间即为流动度(时间以 s 计)。根据一般经验,压浆混凝土水泥砂浆的流动度,在进入压浆泵前以 17 ~22s 为宜,进入压浆管前以 15 ~20s 为宜。

水泥砂浆的黏性和剪切应力参数,见表 3-75。

水泥砂浆参数 表 3-75

灰砂比	砂的种类	水灰比	水泥砂浆密度(kg/m^3)	极限剪切应力(Pa)	黏度(Pa·s)
1:1	海砂	0.49	2 240	40.0	0.68
	粗粒河砂	0.60	2 180	42.5	0.60
	河砂	0.52	2 200	42.8	0.63
1:2	海砂	0.55	2 160	40.0	0.50
	粗粒河砂	0.78	2 100	41.5	0.52
	中粒河砂	0.79	2 130	41.5	0.48
1:2.5	海砂	0.64	2 200	39.5	0.54
	粗粒河砂	0.81	2 150	44.5	0.475
	中粒河砂	0.79	2 170	50.5	0.48
1:3	海砂	0.78	2 120	43.0	0.52
	细粒河砂	0.91	2 080	46.0	0.46
	中粒河砂	0.88	2 030	40.6	0.47
	河砂	0.83	2 000	44.0	0.52
1:4	河砂	1.02	2 050	39.0	0.59

2. 有适宜的灌注度

灌注度代表水泥砂浆在预填集料中的分布范围。灌注度的测定是用 10cm ×20cm ×100cm 的玻璃槽进行测定,先在槽内灌水,抛投粒径为 40 ~50mm 的碎石,厚 12 ~15cm,然后通过漏斗和软管灌注水泥砂浆至高度达到 10cm,最后再灌注水泥砂浆 3min。灌注的水泥砂浆在槽内呈楔体状,楔体长度 R 与高度 h 之比[R/h 或 $R/(h_1 - h_2)$]即为灌注度,一般不应小于 5。

四、压浆混凝土配合比设计

1. 混凝土试配强度

水下压浆混凝土试配强度,根据设计强度等级、强度保证率和施工质量控制水平确定,当有历史统计的强度变异系数资料时按设计强度等级的强度增值系数参考表 3-76 确定。

水下压浆混凝土强度增值系数 表 3-76

强度变异系数 C_V	0.05	0.10	0.15	0.20	0.25	0.30
强度增值系数	1.222	1.270	1.322	1.402	1.597	1.858

2. 配合比计算

(1)水泥砂浆强度

$$R_{os} = R_h/\alpha \tag{3-34}$$

式中：R_{os}——水泥砂浆的试配强度；

R_h——水下压浆混凝土的试配强度；

α——强度换算系数，可由试验确定，试验时可参考表3-77选用。

(2)水泥砂浆的水灰比

水泥砂浆的水灰比一般通过试验确定。

水泥砂浆强度换算系数 表3-77

分类	强度换算系数	
	水灰比<0.75	水灰比>0.75
碎石压浆混凝土	0.90	0.72
卵石压浆混凝土	0.85	0.67

(3)灰砂比

灰砂比(C/S)可根据水泥中混合料的掺用量及求出的水泥砂浆的水灰比，参考表3-78确定。

灰砂比与水灰比关系 表3-78

混合料掺用量(%) \ 水灰比	0.45	0.50	0.55	0.60	0.65
0	1.5	1.1	0.80		
10	1.4	1.03	0.76	0.67	
20	1.3	0.98	0.72	0.63	0.56
30	1.25	0.91	0.68	0.59	
40	1.2	0.85	0.64		

(4)铝粉掺用量

掺加铝粉的目的是使因泌水而收缩的砂浆除恢复原有体积外并产生一定的膨胀率，以加强砂浆与集料的结合。但膨胀率太大时，混凝土强度降低过多，因此必须有适宜的膨胀率。在一般情况下，在0.1MPa大气压(一个大气压)下水泥砂浆的膨胀率以5%左右为宜，最大不宜超过10%。膨胀率的大小，主要以铝粉的掺加量控制。铝粉的掺加量为水泥用量的0.01%~0.02%，可参考式(3-35)计算。

$$A_1 = K_a(1.2F/C + \alpha_o)/\beta_a \tag{3-35}$$

式中：A_1——水泥砂浆中的铝粉掺用量(与水泥质量比，%)；

F/C——水泥中粉煤灰与水泥熟料之比(为0.25~0.66)；

β_a——铝粉的纯度；

K_a——与水泥品种及强度等级有关的系数，见表3-79；

α_o——与水泥砂浆中的砂灰比有关的系数，可用下列公式计算或查表3-80，公式中，S/C为砂灰比。

不同水泥品种的K_a值 表3-79

水泥品种	普通水泥		火山灰水泥及粉煤灰水泥
	52.5	42.5	
K_a	0.011 5	0.01	0.01

$$\alpha_0 = \frac{1}{3}(\frac{S}{C} - 1)2 + \frac{1}{6}\frac{S}{C} + \frac{2}{3} \tag{3-36}$$

不同砂灰比时的 α_0 值　　表 3-80

砂灰比	0.8	0.9	1.0	1.1	1.2	1.3	1.4
α_0	0.813	0.824	0.834	0.853	0.880	0.914	0.953
砂灰比	1.5	1.6	1.7	1.8	1.9	2.0	
α_0	1.000	1.054	1.113	1.180	1.254	1.333	

水泥砂浆的膨胀能力随水深的增加而减小。当在不同的水深情况下保持膨胀率为5%时，需加大在0.1MPa大气压（一个大气压）下水泥砂浆的膨胀率。不同水深与0.1MPa大气压下所需膨胀率的关系见表3-81。

水泥砂浆的膨胀率　　表 3-81

水深(m)	5	10	12	14	16	18	20
0.1MPa 大气压（一个大气压）下的膨胀率(%)	7.5	10	11	12	13	14	15

由表3-81可以看出，当水深为20m时，需要在0.1MPa大气压（一个大气压）下有15%的膨胀率。水越深，需要的膨胀率越大。但膨胀率过大时水泥砂浆中气泡数量过多，将严重影响水泥砂浆的密度，施工也将产生困难。因此水深超过20m时，0.1MPa大气压下的膨胀率仍宜保持在15%以内。

3. 配合比试验

参考计算的配合比，配制不少于三种配合比的水泥砂浆，以检验其流动度、膨胀率、泌水率等情况。然后分别注入位于水下的预填集料，形成压浆混凝土并通过抗压试验检验水下压浆混凝土的抗压强度。

当水泥砂浆和压浆混凝土的各项性能不符合要求时，可参考表3-82调整配合比，重新试验。

水泥砂浆配合比试验调整方法　　表 3-82

试验结果		配合比调整方法			备注
		水灰比	砂灰比	铝粉掺量	
流动度	过大（超过23s）	—	减少	—	砂灰比减少0.1相当于水灰比增加0.02；水灰比每减少0.01，流动度增加2s
	过小（小于15s）	减少	—	—	
膨胀率	过大（超过10%）	—	—	减少	铝粉掺量每增加0.002 5%，膨胀率增加2%
	过小（小于5%）	—	—	增加	
保水性过小（小于75%）		减少	—	—	水灰比每减少0.01，泌水率增加1%
泌水率过大（大于3%）		减少	—	—	水灰比每减少0.01，泌水率减少0.5%
水下压浆混凝土强度	超过试配强度	—	增加	—	砂灰比每增加0.1，28d抗压强度降低1.6MPa；水灰比每减少0.1，28d抗压强度增加2MPa
	低于试配强度	减少	—	—	

五、压浆混凝土施工控制指标

1. 砂浆在预填集料中的扩散半径

1)压浆管外无护管筒时

(1)自流灌注

$$R_{cx} = \frac{\left(H_t\gamma_{cs} - H_w\gamma_w - 4\tau_{cs}\dfrac{H_t}{d_t}\right)D_h}{28K_h\tau_{cs}} \tag{3-37}$$

式中:R_{cx}——砂浆扩散半径(cm);

H_t——灌注管长度(cm);

H_w——灌注管处水深(cm);

τ_{cs}——砂浆的极限剪切应力(N/cm^2),通过试验测定或参见表3-75;

d_t——灌注管内径(cm);

D_h——石料平均粒径(cm);

K_h——石料的附加阻力系数,碎石为4.5,卵石为4.2;

γ_{cs}、γ_w——砂浆或水的重度(N/cm^3,参考表3-75)。

(2)加压灌注

$$R_{cx} = \frac{\left(p_0 + H_t\gamma_{cs} - H_w\gamma_w - 4\tau_{cs}\dfrac{H_t}{d_t}\right)D_h}{28K_h\tau_{cs}} \tag{3-38}$$

式中:p_0——灌注管进浆压强(N/cm^2);

其他符号意义同前。

2)压浆管外有护管筒时

当护管筒与灌注管间空隙很小或设置有阻塞器时,扩散半径计算方法与无护管筒时相同。如两者间的空隙较大,又未设阻塞器时,应按有护管筒计算,计算方法如下列公式:

$$R_{cx} = n \cdot \gamma_g \cdot I \tag{3-39}$$

式中:n——集料粒径系数,当粒径小于150mm时为0.7,大于150mm时为1.0;

γ_g——按试验方法确定的灌注度,初步计算时,可采用5;

I——灌注速度[$m^3/(m^2 \cdot h)$]。

2. 砂浆上升高度

(1)自流灌注

$$h_{cs} = \frac{\left(H_t\gamma_{cs} - H_w\gamma_w - \dfrac{4H_t \cdot \tau_{cs}}{d_t}\right)D_h}{(\gamma_{cs} - \gamma_w)D_h + 28K_h\tau_{cs}} \tag{3-40}$$

式中:h_{cs}——砂浆在预填集料中最大上升高度(cm);

其他符号意义同前。

(2)加压灌注

$$h_{cs} = \frac{\left(p_0 + H_t\gamma_{cs} - H_w\gamma_w - \frac{4H_t \cdot \tau_{cs}}{d_t}\right)D_h}{(\gamma_{cs} - \gamma_w)D_h + 28K_h\tau_{cs}} \tag{3-41}$$

3. *灌注管间距*

每一灌注管处砂浆的有效扩散半径为 $0.85R_{cx}$。因此,当沿仓面宽度 B 方向有 n 排灌注管呈矩形布置时,则灌注管间距 L_t 为:

$$L_t \leqslant \sqrt{2.89R_{cx}^2 - \frac{B^2}{n^2}} \tag{3-42}$$

当灌注管呈正方形布置,排距为 L_a 时,则

$$L_t = L_a \leqslant 1.20R_{cx} \tag{3-43}$$

当灌注管呈梅花形布置时,则

$$L_t \leqslant 1.47R_{cx} \tag{3-44}$$

$$L_a \leqslant 1.27R_{cx} \tag{3-45}$$

布置灌注管时,应根据砂浆扩散半径大小、压浆混凝土类别等情况确定灌注管的间距。在一般情况下,距离灌注管愈远,压浆混凝土强度愈低。因此,当对压浆混凝土强度和质量要求较严时,宜控制灌注管间距不超过 2m。部分工程采用的管间距示例见表3-83。

4. *灌注管管径的选择*

灌注管间距与管径实例 表 3-83

序 号	输 送 管		灌 注 管	
	管径(mm)	压送距离(mm)	间距(m)	管径(m)
1	25	30 ~ 50	1.5	25
2	25	200	2.0	25
3	38	300	2.0	25
4	38	20	1.5	25
5	51	130	1.5 ~ 2.0	38
6	—	—	2.0	38
7	40	110	1.0	46
8	48	25	1.2	48
9	50	30	2.0	50
10	—	—	0.75 ~ 1.5	50
11	—	—	3.5	50
12	—	—	1.7	80

管径过大时,管的下口处易被砂浆堵塞;管径过小时,则管内阻力大,易被砂浆堵塞。较合理的灌注管内径见表 3-84。

不同情况下采用的灌注管内径 表 3-84

预填集料最小粒径(mm)	30		60		80	
灌注方式	加压	自流	加压	自流	加压	自流
灌注管内流速(m/s)	0.9~1.2	0.6~0.9	0.9~1.2	0.6~0.9	0.9~1.2	0.6~0.9
最佳注浆量(L/min)	30~40	30~40	40~60	40~60	60~120	60~120
最大注浆量(L/min)	60	60	120	120	250	250
计算灌注管内径(mm)	20~30	25~40	25~45	40~60	30~55	50~70
建议采用灌注管内径(mm)	25~38	38~50	38~50	50~65	38~55	60~75

5. 灌注管插入水泥砂浆深度

最佳插入深度为砂浆升涨极限高度的 0.4~0.5 倍。灌注操作过程中埋入深度宜为 0.8~1.2m,不可小于 0.6m。

6. 灌注压力

灌注水泥砂浆时,为达到要求的扩散范围,在灌注下口需要一定的出浆压力。为获得出浆压力,可采用灰浆泵或混凝土泵灌注,泵压与扩散半径的关系见式(3-38);当采用自流灌注时,灌注管内需要在水面以上有一定的水泥砂浆柱高度。水泥砂浆柱高度(灌注管长度)与扩散半径的关系见式(3-41),此项高度,当采用无护管筒灌注时,不应小于 5m;当采用有护管筒灌注时,不宜小于表 3-85 的要求。

自流灌注所需灌注管高出水面高度 表 3-85

灌注完成后砂浆面以上水深(m)	0~2	3~5	≥6
水面以上灌注管最小高度(m)	2.5	1.5	0.5

注:表中为有护管筒时的数值。

六、水下压浆

1. 灌注管路

压注水泥砂浆用的灌注管,可采用有侧孔或无侧孔的钢管、皮管,每节长 1~3m。为便于提管,一般采用垂直布置方式。灌注管的安装方法有预埋法和钻孔法两种。预埋集料厚度不足 2m 时,灌注水泥砂浆过程中可不提管,灌注管下口距井底宜为10~12cm。

1)预埋灌注管

预填集料厚度不足 4m 时,灌注管可不设护管筒,直接与预填集料接触,依靠外力提升,但不能下插。预填集料厚度超过 4m 时,须在灌注管外套一能使浆体透过的护管筒。护管筒可用型钢及螺旋形钢筋焊成,也可用刻有流浆小槽的钢管,但孔隙不能大于集料粒径的 2/3。护管筒与灌注管内的空隙应尽量小。

2)钻孔法下插灌注管

此法一般用于预埋法的灌注管损坏时采取的补救措施。用回转式岩心钻机在预填集料上钻孔,在套管内下插灌注管,然后拔除套管,使灌注管埋入集料中。

2. 水下预填集料

预填集料可在动水或静水中抛填。在动水中抛填时，须采用带拦石钢筋网的格栅模板，抛填集料后再堵漏。静水抛填，则是先用不透水的模板形成静水区。

抛填集料时，应注意集料大小搭配。为使井壁或模板受力均衡，宜采用平抛方式，使集料在井、仓内均衡上升。抛填高度宜高出设计高程0.5m左右。当为动水时，抛填高度宜高出设计浆面以上1.5m，并进行人工整平或再抛一层防冲材料。

3. 水下压浆

1）开始阶段

开始灌注时，可提高灌注管5cm左右，使浆液顺畅流出，将灌注管下口埋住。宜先在仓底低洼处的灌注管灌注。先灌注少量水灰比浓于0.6的纯水泥浆润滑管道，然后再灌注水泥砂浆。

2）中间灌注阶段

整个压浆过程宜连续进行。灌注管埋入已灌注水泥砂浆中的深度一般不小于0.6m。如发现灌注管附近的浆液面上升速度不均衡，可先集中力量灌注浆面上升较慢的灌注管，待井孔或仓面各处浆面高程基本一致后，再全面上升。

为测定浆面升高、扩散情况，可适当设置观察管，在压浆过程中用浮子测深锤等法测量。

3）终灌阶段

当浆面上升至接近设计高程时，灌注管下口仍须保持正常的埋深，直至达到浆面设计高程。灌注完毕拔灌注管时，对于自流灌注仍应缓慢上拔，使漏斗及灌注管内的浆液卸出后，才可将下口拔出水下浆面。

对于加压灌注，应使灌注管下口埋在较深处的情况下压注完全部水泥砂浆，以获得较为平整的水下压浆混凝土面，然后再缓慢地拔出灌注管。

七、压浆事故处理

1. 砂浆离析

砂浆离析时容易造成堵管事故，也影响压浆混凝土的质量。此类事故多系由于砂浆的流动度和黏聚性不良等情况所致。为防止发生或再次发生此类事故，应采取下列措施：

(1)采用的砂灰比应在1.5以下。

(2)预填集料粒径不宜过小。

(3)灌注管间距不宜大于2m。

(4)灌注速度不宜太快。

(5)浆液面上升速度宜控制在0.5～1.0m/h，小面积的井、仓，也不宜超过2m/h。

2. 漏浆

在模板中压浆时漏浆，因此，须先检查封闭情况，预防漏浆。在灌注期间，应观察水面情况或由潜水员检查周围模板，如有漏浆应及时封堵。

3. 管路堵塞

砂浆配合比或流动度不当时，灌注管易堵塞。堵塞时，可扭转或提升灌注管处理，但灌注管下口不可提出浆面。

第十节　混凝土质量检查及质量标准

一、质量检查

1. 混凝土质量控制规定

(1)通过对原材料的质量检验与控制、混凝土配合比的确定与控制、混凝土生产和施工过程各工序的质量检验与控制,以及合格性检验控制,使混凝土的质量符合规定要求。

(2)在施工过程中应进行质量检测,应用各种质量管理图表,掌握动态信息,控制整个生产和施工期间的混凝土质量,制订保证质量的措施,完善质量控制过程。

(3)必须配备相应的技术人员和必要的检验及试验设备,建立和健全必要的技术管理与质量控制制度。

2. 质量检验

各种材料、各工程项目和各个工序,应经常进行检验,保证符合设计和施工技术规范的要求。检验项目和次数应符合下列规定。

1)浇筑混凝土前的检验

(1)施工设备和场地。

(2)混凝土组成材料及配合比(包括外加剂)。

(3)混凝土凝结速度等性能。

(4)基础、钢筋、预埋件等隐蔽工程及支架、模板。

(5)养护方法及设施,安全设施。

2)拌制和浇筑混凝土时的检验

(1)混凝土组成材料的外观及配料、拌制,每工作班至少2次,必要时随时抽样试验。

(2)混凝土的和易性(坍落度等)每工作班至少2次。

(3)砂石材料的含水率,每日开工前1次,气候有较大变化时随时检测;当含水率变化较大、将使配料偏差超过规定时,应及时调整。

(4)钢筋、模板、支架等的稳固性和安装位置。

(5)混凝土的运输、浇筑方法和质量。

(6)外加剂使用效果。

(7)制取混凝土试件。

3)浇筑混凝土后的检验

(1)养护情况。

(2)混凝土强度,拆模时间。

(3)混凝土外露面或装饰质量。

(4)结构外形尺寸、位置、变形和沉降。

隐蔽工程检查、分部工程检查、工程变更设计、施工技术修改、施工方案变更、质量事故的发生和处理等事项,应按有关规定及时通知有关人员。

二、质量标准

混凝土结构内部及表面质量要求，以及其位置、外形尺寸的允许偏差，一般在有关规范中有规定，施工时应严格控制混凝土质量，保证符合规定。

混凝土拌和物的坍落度，应在搅拌地点和浇筑地点分别取样检测，每工作班或每一单元结构物不应少于 2 次。评定时应以浇筑地点的测值为准。如混凝土拌和物从搅拌机出料起至浇筑入模的时间不超过 15min 时，其坍落度可仅在搅拌地点取样检测。在检测坍落度时，还应观察混凝土拌和物的黏聚性和保水性。

1. 混凝土抗压强度的评定办法

混凝土抗压强度是评定混凝土质量的一个重要依据。混凝土抗压强度一般是留取规定数量的混凝土试件，以标准试件（边长 150mm 立方体试件）在标准养护（温度 20℃ ± 2℃、湿度≥95%）条件下 28d 的抗压强度总体分布中的一个值，强度低于该值的概率不大于 5%。评定混凝土抗压强度可采用统计方法或非统计方法。对大批量、连续生产的混凝土强度按统计方法进行，对于小批量或零星生产的混凝土强度按非统计方法评定。

2. 试件的制取

试件制取数量应符合有关施工技术规范和评定标准的规定，一般应根据工程量大小、工程部位和浇筑时间等情况确定，《混凝土强度检验评定标准》（GB/T 50107—2010）及《公路桥涵施工技术规范》（JTG/T F50—2011）规定如下：

（1）混凝土的取样，宜根据检验评定方法要求制订检验批的划分方案和相应的取样计划。

（2）混凝土强度试样应在混凝土的浇筑地点随机取样。

（3）对混凝土的强度，应制取试件检验其在标准养护条件下 28d 龄期的抗压极限强度。试件制取组数应符合下列规定：

①不同强度及不同配合比的混凝土应分别制取试件，试件应在浇筑地点或拌和地点随机制取。

②浇筑一般体积的结构物（如基础、墩台等）时，每一单元结构物应制取 2 组。

③连续浇筑大体积结构物混凝土时，每 200m^3 或每工作班应制取 2 组。

④每片梁长 16m 以下应制取 1 组，16 ~ 30m 制取 2 组，31 ~ 50m 制取 3 组，50m 以上者不少于 5 组。

⑤就地浇筑混凝土小桥涵，每一座或每工作班制取不少于 2 组；当原材料和配合比相同，并由同一拌和站拌制时，可几座合并制取 2 组。

（4）应根据施工需要，制取与结构物同条件养护的试件作为考核结构混凝土在拆模、出池、吊装、预施应力、承受荷载等阶段强度的依据。

3. 强度统计分析

统计强度时，以强度等级和配合比相同的混凝土试件为一批（一个统计单位）。并且根据经验，可以认为一批试件中混凝土强度的分布，近似地符合于正态分布曲线。

利用数理统计法可以得出一批混凝土试件的平均抗压强度 $\bar{R}_n$、标准差 σ_n 和变异系数 C_v。正态分布曲线和只 $\bar{R}_n$、σ_n、C_v 等数值可反映混凝土质量的强度、稳定性，代表施工质量水平。

$\bar{R}_n$、σ_n 及 C_v 的计算方法如下式：

$$\bar{R}_n = \frac{\sum R_i}{n} \tag{3-46}$$

$$\sigma_n = \sqrt{\frac{\sum_{i=1}^{n}(x_i - \bar{x})^2}{n-1}} \tag{3-47}$$

$$C_v = \frac{\sigma_n}{\bar{R}} \tag{3-48}$$

式中：$\bar{R}_n$——统计批 n 组试件平均抗压强度；

R_i——统计批第 i 组试件强度测定值；

n——统计批试件的组数；

σ_n、C_v——统计批的标准差、变异系数。

4. 混凝土强度的评定

对混凝土强度的评定，应根据试件强度统计的结果及本行业、本系统规范规定的强度保证率和评定方法进行。

（1）交通运输部标准《公路桥涵施工技术规范》（JTG/T F50—2011）的规定，混凝土抗压强度应以标准养护条件下28d龄期试件的抗压强度进行评定，其合格条件如下。

①应以强度等级相同、龄期相同以及生产工艺条件和配合比相同的混凝土组成同一验收批，同一验收批的混凝土强度应以同批内所有各组标准尺寸试件的强度测定值（当为非标准尺寸试件时应进行强度换算）为代表值。

②大桥等重要工程及中小桥、涵洞工程的试件大于或等于10组时，应以数理统计方法按下述条件评定：

$$m_{f_{cu}} \geq f_{cu,k} + \lambda_1 S_{f_{cu}} \tag{3-49}$$

$$f_{cu,min} \geq \lambda_2 f_{cu,k} \tag{3-50}$$

式中：$m_{f_{cu}}$——同批 n 组混凝土试件立方体强度的平均值（MPa）；

$S_{f_{cu}}$——同批 n 组混凝土试件立方体强度的标准差（MPa）；

$f_{cu,k}$——混凝土立方体抗压强度标准值（MPa）；

$f_{cu,min}$——n 组试件中强度最低一组的值（MPa）；

λ_1、λ_2——合格判定系数，见表3-86。

混凝土强度合格判定系数 λ_1、λ_2 的值 表3-86

试件组数	10～14	15～19	≥20
λ_1	1.15	1.05	0.95
λ_2	0.90	0.85	

③中小桥及涵洞等工程，同批混凝土试件少于10组时，可用非统计方法按下述条件进行评定：

混凝土强度等级＜C60时，$m_{f_{cu}} \geq 1.15 f_{cu,k}$

混凝土强度等级≥C60时，$m_{f_{cu}} \geq 1.10 f_{cu,k}$ （3-51）

$$f_{cu,min} \geq 0.95 f_{cu,k} \tag{3-52}$$

④当混凝土强度按试件强度进行评定达不到合格条件时，可采用钻取试样或以无损检测方法查明结构实际混凝土的抗压强度和浇筑质量，如仍有不合格，应采取处理措施。

（2）国家标准《混凝土强度检验评定标准》（GB/T 50107—2010）规定评定方法摘要

如下,以备查考。

①统计方法评定

a. 当连续生产的混凝土,生产条件在较长时间内保持一致,且同一品种、同一强度等级混凝土的强度变异性保持稳定时,应由连续3组试件组成一个检验批,其强度应同时符合下列规定:

$$m_{f_{cu}} \geqslant f_{cu,k} + 0.7\sigma_0 \tag{3-53}$$

$$f_{cu,min} \geqslant f_{cu,k} - 0.7\sigma_0 \tag{3-54}$$

检验批混凝土立方体抗压强度的标准差应按下式计算:

$$\sigma_n = \sqrt{\frac{\sum_{i=1}^{n} f_{cu,i}^2 - n m_{f_{cu}}^2}{n-1}} \tag{3-55}$$

当混凝土强度等级不高于C20时,其强度的最小值尚应满足下式要求:

$$f_{cu,min} \geqslant 0.85 f_{cu,k} \tag{3-56}$$

当混凝土强度等级高于C20时,其强度的最小值尚应满足下式要求:

$$f_{cu,min} \geqslant 0.90 f_{cu,k} \tag{3-57}$$

上述式中:$m_{f_{cu}}$——同一检验批混凝土立方体抗压强度的平均值(MPa),精确到0.1MPa;

$f_{cu,k}$——混凝土立方体抗压强度标准值(MPa),精确到0.1MPa;

σ_0——检验批混凝土立方体抗压强度的标准差(MPa),精确到0.1MPa;当检验批混凝土标准差σ_0小于2.5MPa时,应取2.5MPa;

$f_{cu,i}$——前一个检验期内同一品种、同一强度等级的第i组混凝土试件的立方体抗压强度代表值(MPa),精确到0.1MPa;该检验期不应少于60d,也不应大于90d;

n——前一检验期内的样本容量,在该期间内样本容量不应少于45。

b. 当样本容量不少于10组时,其强度应同时满足下列要求:

$$m_{f_{cu}} \geqslant f_{cu,k} + \lambda_1 \cdot S_{f_{cu}} \tag{3-58}$$

$$f_{cu,min} \geqslant \lambda_2 \cdot f_{cu,k} \tag{3-59}$$

同一检验批混凝土立方体抗压强度的标准差应按下式计算:

$$S_{f_{cu}} = \sqrt{\frac{\sum_{i=1}^{n} f_{cu,i}^2 - n m_{f_{cu}}^2}{n-1}} \tag{3-60}$$

上述式中:$S_{f_{cu}}$——同一检验批混凝土立方体抗压强度的标准差(MPa),精确到0.1MPa;当检验批混凝土标准差$S_{f_{cu}}$计算值小于2.5MPa时,应取2.5MPa;

λ_1、λ_2——合格评定系数,按表3-86取用;

n——本检验期内的样本容量。

②非统计方法评定

当用于评定的样本容量小于10组时,应采用非统计方法评定混凝土强度。其强度应同时符合下列规定:

$$m_{f_{cu}} \geqslant \lambda_3 \cdot f_{cu,k} \tag{3-61}$$

$$f_{cu,min} \geqslant \lambda_4 \cdot 0.95 f_{cu,k} \tag{3-62}$$

式中：λ_3、λ_4——合格评定系数，应按表 3-87 取用。

合格评定系数　　表 3-87

强度等级	小于 C60	大于等于 C60
λ_3	1.15	1.10
λ_4	0.95	

5. 混凝土强度合格性评定

当检验结果满足式(3-53)、式(3-54)或式(3-58)、式(3-59)或式(3-61)、式(3-62)的规定时，则该批混凝土强度应评定为合格；当不能满足上述规定时，该批混凝土强度则评定为不合格。

对评定为不合格的混凝土，可按国家现行的有关标准进行处理。

第十一节　混凝土冬期施工

一、一般规定

(1)根据当地多年气温资料，室外日平均气温连续 5d 以上稳定低于 5℃时，混凝土、钢筋混凝土及预应力混凝土的施工，应按冬期施工办理。但每年的气温不一定完全相同，可能有突然的下降。因此，在以往资料制订的冬期时间前后，应密切注意气温的变化，以便及时采取防冻措施。

(2)冬期浇筑的混凝土，其受冻临界强度应符合以下规定：

①采用蓄热法、暖棚法、加热法施工的普通混凝土，采用硅酸盐水泥、普通硅酸盐水泥配制时，其受冻临界强度不应小于设计混凝土强度等级值的 30%；采用矿渣硅酸盐水泥、粉煤灰硅酸盐水泥、火山灰质硅酸盐水泥、复合硅酸盐水泥时，不应小于设计混凝土强度等级值的 40%；

②当室外最低气温不低于 -15℃时，采用综合蓄热法、负温养护法施工的混凝土，受冻临界强度不应小于 4.0MPa；当室外最低气温不低于 -30℃时，采用负温养护法施工的混凝土，受冻临界强度不应小于 5.0MPa；

③对强度等级等于或高于 C50 的混凝土，其受冻临界强度不宜小于设计混凝土强度等级值的 30%；

④对有抗渗要求的混凝土，其受冻临界强度不应小于设计混凝土强度等级值的 50%；

⑤对有抗冻耐久性要求的混凝土，其受冻临界强度不应小于设计混凝土强度等级值的 70%；

(3)冬期拼接装配式构件时，应先将构件接头预热到 5℃以上，再浇筑接头热混凝土；接头混凝土养护温度宜控制在 45℃以内，抗压强度达到设计混凝土强度等级值的 70% 后方可受冻。

(4)混凝土基础的地基，除永冻层地基外，开挖时不得使其受冻，浇筑混凝土后应立即保温，直至回填土完成。

(5)冬期施工应注意各项设备和材料的防冻措施和施工的安全措施，并应加强气温的观测工作。预应力钢材张拉设备的仪表，应根据实际使用时的环境温度选用工作油液和进行配套校验。

二、混凝土配制

1. 水泥的选用

选用水泥的种类、等级，应根据混凝土的养护方法确定。

(1)蓄热法养护

宜选用水化热较高的硅酸盐水泥、普通硅酸盐水泥，水泥强度等级不宜低于42.5。最小水泥用量不宜低于280kg/m³，水胶比不应大于0.55。

(2)蒸汽加热法养护

矿渣水泥、火山灰水泥及粉煤灰水泥中混合材料的掺量分别为20%～70%、20%～50%、20%～40%，多于普通水泥。此类掺入较多混合材料的水泥，配制混凝土后，凝结时间稍迟，但在蒸汽养护的条件下，硬化速度较快，后期强度较高。因此，适用于用蒸汽加热养护的混凝土。与此相反，高铝水泥(矾土水泥)，拌制混凝土后在较高温度环境中硬化时，混凝土强度显著降低，因此不适用于用蒸汽加热养护的混凝土。

2. 外加剂的选用

冬期浇筑的混凝土，宜掺入引气剂、引气型减水剂等外加剂，以提高混凝土的抗冻性能，但在预应力混凝土和钢筋混凝土中不可掺用氯盐或含氯离子外加剂，在预应力混凝土中也不得掺用引气型减水剂。掺用的引气剂、引气型减水剂及防冻剂，应符合现行国家标准《混凝土外加剂应用技术规范》(GB 50119—2013)的规定。

3. 混凝土的拌制

1)混凝土原材料的加热

(1)冬季施工混凝土原材料一般需要加热，加热时优先采用加热水的方法。加热温度根据热工计算确定，但不得超过表3-88的规定。如果将水加热到最高温度，还不能满足混凝土温度要求，再考虑加热集料。

拌和水及集料加热最高温度(单位：℃)　　表3-88

项　次	水泥强度等级	拌　和　水	集　料
1	小于42.5	80	60
2	42.5、42.5R及以上	60	60

当水、集料达到规定温度仍不能满足热工计算要求时，可提高水温到100℃，但水泥不得与80℃以上的水直接接触。

(2)水泥不得直接加热，使用前宜运入暖棚内存放；水加热宜采用蒸汽加热、电加热或汽水加热等方法。

2)投料程序

先投入集料和加热的水，待搅拌一定时间、水温降低至40℃左右时，再投入水泥继续搅拌到规定时间。

3)混凝土搅拌

为满足各组成材料的热平衡，冬季拌制混凝土时间相对于表3-89规定的拌制时间可适当地延长。混凝土搅拌的最短时间见表3-89。

混凝土搅拌的最短时间 表 3-89

混凝土坍落度(mm)	搅拌机容积(L)	混凝土搅拌最短时间(s)	混凝土坍落度(mm)	搅拌机容积(L)	混凝土搅拌最短时间(s)
≤80	<250	90	>80	<250	90
	250~500	135		250~500	90
	>500	180		>500	135

注:采用自落式搅拌机时,应较表中搅拌时间延长 30~60s;采用预拌混凝土时,应较常温下预拌混凝土搅拌时间延长 15~30s。

4)混凝土拌和物的温度计算

一般混凝土拌和物的温度应通过热工计算予以确定。混凝土拌和物的温度计算包括两类:一是利用热量公式计算;二是利用有关数据,按事先编制的图表来计算。

由于混凝土拌和物的热量系由各种材料提供,各种材料的热量则可按材料的重量、比热容积温度的乘积相加求得,因而混凝土拌和物的温度计算见式(3-63):

$$T_0=\frac{0.92(m_{ce}T_{ce}+m_sT_s+m_{sa}T_{sa}+m_gT_g)+4.2T_w(m_w-w_{sa}m_{sa}-w_gm_g)}{4.2m_w+0.9(m_{ce}+m_s+m_{sa}+m_g)}+\frac{C_w(w_{sa}m_{sa}T_{sa}+w_gm_gT_g)-C_i(w_{sa}m_{sa}+w_gm_g)}{4.2m_w+0.9(m_{ce}+m_s+m_{sa}+m_g)} \tag{3-63}$$

式中: T_0——混凝土拌和物的温度(℃);

m_w、m_{ce}、m_s、m_{sa}、m_g——水、水泥、拌和物、砂、石用量(kg);

T_w、T_{ce}、T_s、T_{sa}、T_g——水、水泥、拌和物、砂、石的温度(℃);

w_{sa}、w_g——砂、石的含水率(%);

C_w、C_i——水的比热容[kJ/kg·K]及冰的溶解热(kJ/kg)。

当集料的温度大于 0℃时,$C_w=4.2$,$C_i=0$;

当集料的温度小于等于 0℃时,$C_w=2.1$,$C_i=335$。

三、混凝土的运输和浇筑

在运输过程中,要注意防止混凝土热量散失、表面冻结、混凝土离析、水泥浆流失、坍落度变化等现象。混凝土浇筑时入模温度除与拌和物的出机温度有关外,还取决于运输过程中的蓄热程度。因此,运输速度要快,距离要短,倒运次数要少,保温效果要好。

1. 混凝土运输过程中的温度降低

1)拌和物的出机温度

拌和物的出机温度可由式(3-64)计算:

$$T_1=T_0-0.16(T_0-T_p) \tag{3-64}$$

式中:T_1——混凝土拌和物出机温度(℃);

T_0——混凝土拌和物的温度(℃);

T_p——搅拌机棚内温度(℃)。

2)混凝土运输至浇筑时的温度降低

混凝土拌和物运输与输送至浇筑地点时的温度可按下列公式计算:

①现场拌制混凝土采用装卸式运输工具时:

$$T_2=T_1-\Delta T_y \tag{3-65}$$

②现场拌制混凝土采用泵送施工时：

$$T_2 = T_1 - \Delta T_b \tag{3-66}$$

③采用商品混凝土泵送施工时：

$$T_2 = T_1 - \Delta T_y - \Delta T_b \tag{3-67}$$

式中：ΔT_y、ΔT_b——分别为采用装卸式运输工具运输混凝土时的温度降低和采用泵管输送混凝土时的温度降低，可按下列公式计算，

$$\Delta T_y = (\alpha t_1 + 0.032n) \times (T_1 - T_a) \tag{3-68}$$

$$\Delta T_b = 4\omega \times (3.6/0.04 + d_b/\lambda_b) \times \Delta T_1 \times t_2 \times D_w/C_c \cdot \rho_c \cdot D_1^2 \tag{3-69}$$

T_2——混凝土拌和物运输与输送到浇筑地点时的温度(℃)；

ΔT_1——泵管内混凝土的温度与环境气温差(℃)，当现场拌制混凝土采用泵送工艺输送时，$\Delta T_1 = T_1 - T_a$；当商品混凝土采用泵送工艺输送时，$\Delta T_1 = T_1 - T_2 - T_a$；

T_a——室外环境温度(℃)；

t_1——混凝土拌和物运输的时间(h)；

t_2——混凝土在泵管内输送时间(h)；

n——混凝土拌和物运转次数；

C_c——混凝土的比热容[kJ/(kg·K)]；

ρ_c——混凝土的质量密度(kg/m^3)；

λ_b——泵管外保温材料导热系数[W/(m·K)]；

d_b——泵管外保温厚度(m)；

D_1——混凝土泵管内径(m)；

D_w——混凝土泵管外围直径(包括外围保温材料)(m)；

ω——透风系数，可按表5-90取值；

α——温度损失系数(h^{-1})；采用混凝土搅拌车时：$\alpha = 0.25$；采用开敞式T形自卸车时，$\alpha = 0.20$；采用开敞式小型自卸车时，$\alpha = 0.30$；采用封闭式自卸车时，$\alpha = 0.10$；采用手推车或吊斗时，$\alpha = 0.50$。

透风系数 ω 表3-90

围护层种类	透风系数 ω		
	$v_w < 3m/s$	$3m/s \leq v_w \leq 5m/s$	$v_w > 5m/s$
围护层由易透风材料组成	2.0	2.5	3.0
易透风保温材料外包不易透风材料	1.5	1.8	2.0
围护层由不易透风材料组成	1.3	1.45	1.6

注：v_w为风速。

2. 入模温度

混凝土入模温度与自然温度、保温材料及条件、结构表面系数和混凝土强度要求等因素有关，一般由热工设计来确定。考虑模板和钢筋的吸热影响，混凝土浇筑成型完成时的温度，可按式(3-70)计算：

$$T_3 = (C_c m_c T_2 + C_f m_f T_f + C_s m_s T_s)/(C_c m_c + C_f m_f + C_s m_s) \tag{3-70}$$

式中：T_3——考虑模板和钢筋吸热影响，混凝土成型完成时的温度(℃)；

C_c、C_f、C_s——混凝土、模板、钢筋的比热容[kJ/(kg·K)],混凝土取1kJ/(kg·K),钢材取0.48kJ/(kg·K);

m_c——每立方米混凝土质量(kg);

m_f、m_s——与每立方米混凝土相接触的模板、钢筋质量(kg);

T_f、T_s——模板、钢筋的温度,未预热者可采用当时的环境温度(℃)。

四、混凝土强度估算

1. 用成熟度法估算混凝土强度

混凝土的强度可用成熟度法来估算,其应用范围及条件应符合下列规定。

(1)本法适用于不掺外加剂在50℃以下正温养护和掺外加剂在30℃以下正温养护的混凝土,亦可用于掺防冻剂的负温混凝土,也适用于估算混凝土强度标准值60%以内的强度值。

(2)使用本法估算混凝土强度,需要用实际工程的混凝土原材料和配合比,制作不少于5组混凝土立方体标准试件,在标准条件下养护,得出1d、2d、3d、7d、28d的强度值。

(3)使用本法同时需取得现场养护混凝土的温度实测资料(温度、时间)。

2. 用计算法估算混凝土强度的步骤

(1)用标准养护试件各龄期强度数据,经回归分析拟合成下列形式曲线方程:

$$f = a\mathrm{e}^{-b/D} \tag{3-71}$$

式中:f——混凝土立方体抗压强度(MPa);

D——混凝土养护龄期(d);

a、b——参数。

(2)根据现场的实测混凝土养护温度资料,用式(3-72)计算混凝土已达到的等效龄期(相当于20℃标准养护的时间)。

$$D_e = \sum(\alpha_T \cdot \Delta t) \tag{3-72}$$

式中:D_e——等效龄期(h);

α_T——等效系数,按表3-91采用;

Δt——某温度下的持续时间(h)。

(3)以等效龄期D_e代替D代入式(3-71)可算出强度。

等效系数　　表3-91

温度(℃)	等效系数α_T	温度(℃)	等效系数α_T	温度(℃)	等效系数α_T
50	2.95	41	2.25	32	1.66
49	2.87	40	2.19	31	1.59
48	2.78	39	2.12	30	1.53
47	2.71	38	2.04	29	1.47
46	2.63	37	1.98	28	1.41
45	2.55	36	1.92	27	1.36
44	2.48	35	1.84	26	1.30
43	2.40	34	1.77	25	1.25
42	2.32	33	1.72	24	1.20

续上表

温度(℃)	等效系数 α_T	温度(℃)	等效系数 α_T	温度(℃)	等效系数 α_T
23	1.15	10	0.58	-3	0.22
22	1.10	9	0.55	-4	0.20
21	1.05	8	0.51	-5	0.18
20	1.00	7	0.48	-6	0.17
19	0.95	6	0.45	-7	0.15
18	0.90	5	0.42	-8	0.13
17	0.86	4	0.39	-9	0.12
16	0.81	3	0.35	-10	0.11
15	0.77	2	0.33	-11	0.10
14	0.74	1	0.31	-12	0.08
13	0.70	0	0.28	-13	0.08
12	0.66	-1	0.26	-14	0.07
11	0.62	-2	0.24	-15	0.06

3. 用图解法估算混凝土强度的步骤

(1)根据标准养护试件各龄期强度数据,在坐标上画出龄期－强度曲线;

(2)根据现场实测的混凝土养护温度资料,计算混凝土达到的等效龄期;

(3)根据等效龄期数值,在龄期—强度曲线上查出相应强度值,即为所求值。

五、蓄热法和综合蓄热法养护

1. 适用范围

当室外最低温度不低于－15℃时,地面以下的工程,或表面系数 M 不大于 5m^{-1} 的结构,宜采用蓄热法养护。对结构易受冻的部位,应采取加强保温措施。

当室外最低温度不低于－15℃时,对表面系数为 $5\sim15\text{m}^{-1}$ 的结构,宜采用综合蓄热法养护,围护层散热系数宜控制在 $50\sim200\text{kJ/(m}^3\cdot\text{h}\cdot\text{K)}$ 之间。

2. 施工注意事项

(1)采用综合蓄热法施工时,应选用早强剂或早强型复合防冻剂,并应具有减水、引气作用。

(2)混凝土浇筑后要在裸露的混凝土表面先用塑料薄膜等防水材料覆盖,然后铺设保温材料。对边、棱角部位的保温厚度应增大到面部的2~3倍。

(3)混凝土浇筑后应有一套严格的测温制度,如发现混凝土温度下降过快或遇寒流袭击,应立即采取补加保温层或人工加热措施。

(4)采用组合钢模板时,宜采用整装整拆方案,并确保模板保温效果和减少材料消耗。

(5)采用综合蓄热法养护的混凝土,起始养护温度应满足热工计算的要求,且不得低于5℃。

(6)采用综合蓄热法养护时,当维护层的总传热系数与结构表面系数乘积 KM_s 在 $50\sim200\text{kJ/(m}^3\cdot\text{h}\cdot\text{K)}$ 的范围时,应满足下列公式要求:

$$T_{m,a} \geqslant 10\{\ln[L/(223\times0.803^N)]-0.0022m_{ce,1}\} \tag{3-73}$$

式中:$T_{m,a}$——平均气温(℃),系指从混凝土浇筑完成开始到达到预期强度止这段时间的平均气温，可取3昼夜预报或预计气温，$T_{m,a}$不应低于-12℃。

L——散热系数[$kJ/(m^3 \cdot h \cdot K)$]，$L=K \cdot M_s$，L的使用范围为$50 \leqslant L \leqslant 200$；

M_s——结构表面系数(m^{-1})，$5 \leqslant M_s \leqslant 15$；

K——维护层的总传热系数[$kJ/(m^2 \cdot h \cdot K)$]；

N——水泥类别($N=1\sim4$)，为1时，将1代入式中；为2时，将2代入式中，余类推；

$m_{ce,1}$——水泥用量(kg/m^3)，掺入的粉煤灰及磨细矿粉在有根据情况下，可用当量系数折合成水泥，一般情况，由于其早期水化热不高，可不计算，作为安全储备。

根据《通用硅酸盐水泥》(GB 175—2007)早期3d强度代替7d强度的特点，将水泥归纳为4类(宜按表3-92采用)，以方便冬期施工热计算。

综合蓄热法可行性判别系数 表3-92

水泥类别	1	2	3	4
水泥名称	P.Ⅱ52.5/P.Ⅱ42.5/P.O52.5	P.Ⅱ52.5/P.O42.5，P.O32.5R/P.S42.5R	P.S42.5，P.S32.5R	P.S32.5
判别系数ξ	1.97	1.5	1.28	1.00

式(3-73)为综合蓄热法可行范围的判别式，即满足式(3-73)环境温度$T_{m,a}$条件时采用综合蓄热法可行。

3.热工计算

(1)蓄热法施工的混凝土养护，应根据以下原则计算和确定混凝土冷却到0℃所需水温保温材料、冷却时间和所达到的强度。

①根据既定的保温模板、混凝土入模温度及室外气温来计算混凝土降到0℃所需水温保温材料、冷却时间和所达到的强度。

②根据混凝土温度降至0℃这段时间及其平均温度来计算混凝土是否达到要求的受冻临界强度。

③如计算满足不了要求，再采取增加或改变保温材料品种或厚度，改变水泥品种或提高入模温度等措施，使之达到要求。

(2)混凝土在降至0℃时，采用蓄热法养护的混凝土受冻临界强度应符合表3-93的要求。

蓄热法养护混凝土降至0℃时的受冻临界强度 表3-93

序号	配制混凝土的水泥品种	强度下限值	备　注
1	硅酸盐水泥或普通硅酸盐水泥	时间强度的30%	
2	矿渣硅酸盐水泥	时间强度的40%	
3	混凝土强度等级不大于C15	5MPa	应与序号1、2规定同时满足

(3)蓄热法的热工计算按以下公式进行：

①混凝土蓄热养护开始到任一时刻t的温度，可按式(3-74)计算：

$$T_4 = \eta e^{-\theta \cdot v_{ce} t_3} - \varphi e^{-v_{ce} t_3} + T_{m,a} \tag{3-74}$$

②混凝土蓄热养护开始到任一时刻t的平均温度，可按式(3-75)计算：

$$T_m = 1/(v_{ce} \times t_3) \times [\varphi \times e^{-v_{ce} \cdot t_3} - (\eta/\theta) \times e^{\theta \cdot v_{ce} \cdot t_3} + (\eta/\theta) - \varphi] + T_{m,a} \quad (3\text{-}75)$$

其中 θ、φ、η 为综合参数,按式(3-76)计算:

$$\left.\begin{aligned} \theta &= (\omega \cdot K \cdot M_s)/(v_{ce} \cdot C_e \cdot \rho_c) \\ \varphi &= (v_{ce} \cdot Q_{ce} \cdot m_{ce,1})/(v_{ce} \cdot C_c \cdot \rho_c - \omega \cdot K \cdot M_s) \\ \eta &= T_3 - T_{m,a} + \varphi \end{aligned}\right\} \quad (3\text{-}76)$$

上述式中:T_4——混凝土蓄热养护开始到任一时刻 t 的温度(℃);

T_m——混凝土蓄热养护开始到任一时刻 t 的平均温度(℃);

t_3——混凝土蓄热养护开始到任一时刻的时间(h);

$T_{m,a}$——混凝土蓄热养护开始到任一时刻 t 的平均气温(℃);

ρ_c——混凝土的质量密度(kg/m^3);

$m_{ce,1}$——每立方米混凝土水泥用量(kg/m^3);

Q_{ce}——水泥水化累积最终放热量(kJ/kg);

v_{ce}——水泥水化速度系数(h^{-1});

C_e——混凝土的比容热[kJ/(kg·K)];

ω——透风系数;

M_s——结构表面系数(m^{-1});

K——结构围护层的总传热系数[$kJ/(m^2 \cdot h \cdot K)$];

e——自然对数底,可取 e=2.72。

注:①结构表面系数 M_s 值可按下式计算:

$$M_s = A/V \quad (3\text{-}77)$$

式中:A——混凝土结构表面积(m^2);

V——混凝土结构的体积(m^3)。

②结构围护层的总传热系数可按下式计算:

$$K = 3.6/(0.04 + \sum_{i=1}^{n} d_i/\lambda_i) \quad (3\text{-}78)$$

式中:d_i——第 i 层围护层厚度(m);

λ_i——第 i 层围护层的导热系数[W/(m·K)]。

③平均气温 $T_{m,a}$ 取法,可采取蓄热养护开始到 t 时气象预报的平均气温,亦可按每时或每日平均气温计算。

(4)水泥水化累积最终放热量 Q_{ce}、水泥水化速度系数 v_{ce} 及透风系数 ω 取值见表3-94和表3-90。

水泥水化累积最终放热量 Q_{ce} 和水泥水化速度系数 v_{ce} 表3-94

水泥品种及强度等级	Q_{ce}(kJ/kg)	v_{ce}(h^{-1})
硅酸盐、普通硅酸盐水泥 52.5	400	0.018
硅酸盐、普通硅酸盐水泥 42.5	350	0.015
矿渣、火山灰质、复合硅酸盐水泥 42.5	310	0.013
矿渣、火山灰质、复合硅酸盐水泥 32.5	260	0.011

(5)当需要计算混凝土蓄热养护冷却至0℃的时间时,可根据式(3-74)采用逐次逼

近的方法进行计算。如果蓄热养护条件满足 $\varphi/T_{m,a} \geqslant 1.5$，且 $KM_s \geqslant 50$ 时，也可按式(3-79)直接计算：

$$t_0 = 1/v_{ce} \times \ln(\varphi/T_{m,a}) \tag{3-79}$$

式中：t_0——混凝土蓄热养护冷却至0℃的时间(℃)。

(6)混凝土蓄热养护各种保温模板的传热系数，可用表3-95查得。

各种保温模板的传热系数　　表3-95

保温模板构造	传热系数 K[W/(m² · K)]
钢模板，区格间填以聚苯乙烯板50mm厚	3.0
钢模板，区格间填以聚苯乙烯板50mm厚，外包岩棉毡30mm厚	0.9
钢模板，外包毛毡三层20mm厚	3.5
木模板，外包岩棉毡30mm厚	1.1
木模板，外包草帘50mm厚	1.0

六、暖棚法养护

1. 适用范围

暖棚法施工适用于地下结构工程和混凝土量比较集中的结构工程。

2. 暖棚构造

暖棚通常以脚手架材料(钢管或木杆)为骨架，用塑料薄膜或帆布围护。

加热用的能源一般为煤或焦炭，也可使用以电、燃气、煤油或蒸汽为能源的热风机或散热器。

3. 施工注意事项

(1)当采用暖棚法施工时，棚内各测点温度不得低于5℃，并应设专人检测混凝土及棚内温度。暖棚内测温点应选择具有代表性的位置布置，在离地面500mm高度处必须设点，每昼夜测温不应少于4次。

(2)养护期间应测量棚内湿度，混凝土不得有失水现象。当有失水现象时，应及时采取增湿措施或在混凝土表面洒水养护。

(3)暖棚的出入口应设专人管理，并应采取防止棚内温度下降或引起风口处混凝土受冻的措施。

(4)在混凝土养护期间应将烟火燃烧气体排至棚外，注意采取防止烟气中毒和防火措施。

4. 能耗计算

暖棚内的热量消耗，可根据暖棚尺寸、围护构造、地面的导热系数和室内换气次数(一般按每小时2次计算)等来计算确定。

七、电加热法养护

1. 分类及适用范围

混凝土的电加热养护根据其所用的发热元件不同分为不同的方法。常用的有：电极法、电热器法(一般用电热毯)、工频涡流法、线圈感应法、红外线加热法等。其适用范围见表3-96。

电加热法分类及适用范围 表3-96

分类	适用范围
电极法	适用于以木模板浇筑的混凝土构件，耗电量比其他方法高，只能在特殊条件下使用
电热毯法	适用于以钢模板浇筑的构件
工频涡流法	适用于大模板现浇墙体，梁、柱结构和梁柱接头等构件
线圈感应法	适用于梁、柱结构，以及各种装配式钢筋混凝土接头混凝土的加热养护，亦可用于钢管及型钢混凝土的钢体、密筋结构的钢筋和钢板预热，及受冻钢筋混凝土结构构件的解冻
红外线加热法	适用于薄壁钢筋混凝土结构、装配式钢筋混凝土结构接头处混凝土、固定预埋铁件、受冻混凝土的加热

电极加热法养护混凝土的适用范围宜符合表3-97的规定。

电极加热法养护混凝土的适用范围 表3-97

分类		常用电极规格	设置方法	适用范围
内部电极	棒形电极	ϕ6～12的钢筋短棒	混凝土浇筑后，将电极穿过模板或在混凝土表面插入混凝土体内	梁、柱、厚度大于150mm的板、墙及设备基础
	弦形电极	ϕ6～12的钢筋，长为2.0～2.5m	在浇筑混凝土前将电极装入，与结构纵向平行。电极两端弯成直角，由模板孔引出	含筋较少的墙、柱、梁大型柱基础，以及厚度大于200mm单侧配筋的板
表面电极		ϕ6钢筋或厚1～2mm、宽30～60mm的扁钢	电极固定在模板内侧，或装在混凝土的外表面	条形基础、墙及保护层大于50mm的大体积结构和地面等

2. 施工要点

(1)电加热法养护混凝土的温度应符合表3-98的规定。

电加热法养护混凝土的温度(单位:℃) 表3-98

水泥强度等级	结构表面系数(m^{-1})		
	<10	10～15	>15
32.5	70	50	45
42.5	40	40	35

(2)混凝土采用电极加热法养护应符合下列要求：

①电路接好后应经检查合格后方可合闸送电。当结构工程量较大，需边浇筑边通电时，应将钢筋接地线，电热现场应设安全围栏。

②棒形和弦形电极应固定牢固，并不得与钢筋直接接触，电极与钢筋之间的距离应符合表3-99的规定。

电极与钢筋之间的距离 表3-99

工作电压(V)	最小距离(mm)	工作电压(V)	最小距离(mm)
65.0	50～70	106.0	120～150
87.0	80～100		

注：当因钢筋密度大而不能保证钢筋与电极之间的上述距离时，应采取绝缘措施。

③电极加热法应使用交流电，不得使用直流电，电极的形式、尺寸、数量及配置应能

保证混凝土各部位加热均匀，且仅应加热到设计混凝土强度标准值的50%，在电极附近的辐射半径方向每隔10mm距离的温度差不得超过1℃。

④电极加热应在混凝土浇筑后立即送电，送电前混凝土表面应保温覆盖。混凝土在加热养护过程中其表面不应出现干燥脱水，并应随时向混凝土上表面洒水，洒水应在断电后进行。

(3)混凝土采用电热毯法养护应符合下列要求：

①电热毯宜由四层玻璃纤维布中间夹以电阻丝制成，其几何尺寸应根据混凝土表面或模板外侧与龙骨组成的区格大小确定，电热毯的电压宜为60~80V，功率宜为75~100W/块。

②当布置电热毯时，在模板周边的各区格应连续布毯，中间区格可间隔布毯，并应与对面模板错开，电热毯外侧应设置耐热保温材料(如岩棉板等)。

③电热毯养护的通电持续时间应根据气温及养护温度确定，可采取分段间断或连续通电养护工序。

(4)混凝土采用工频涡流法养护应符合下列要求：

①工频涡流法养护的涡流管应采用钢管，其直径宜为12.5mm，壁厚宜为3mm，钢管内穿铝芯绝缘导线，其截面面积宜为25~35mm²，技术参数宜符合表3-100要求。

工频涡流管技术参数 表3-100

项　目	取　值	项　目	取　值
饱和电压降值(V/m)	1.05	钢管极限功率(W/m)	195
饱和电流值(A)	200	涡流管间距(mm)	150~250

②各种构件涡流模板的配置应通过热工计算确定，也可按下列规则配置。

a. 柱：四面配置。

b. 梁：当高宽比大于2.5时，侧模宜采用涡流模板，底模宜采用普通模板，当高宽比小于等于2.5时，侧模和底模皆宜采用涡流模板。

c. 墙板：距墙板底部600mm范围内应在两侧对称拼装，涡流模板600mm以上部位应在两侧采用涡流和普通钢模交错拼装，并使涡流模板对应面为普通模板。

d. 梁柱节点：可将涡流钢管插入节点内，钢管总长度应根据混凝土量按6.0kW/m³计算，节点外围应保温养护。

(5)当采用工频涡流法养护时，各阶段送电功率应使预养与恒温阶段功率相同，升温阶段功率应大于预养阶段功率的2.2倍，预养、恒温阶段的变压器一次接线为Y形，升温阶段接线应为△形。

(6)混凝土采用线圈感应加热养护应符合下列要求：

①变压器宜选择50kVA和100kVA低压加热变压器，电压宜在36~110V间调整。当混凝土量较少时也可采用交流电焊机。变压器的容量宜比计算结果增加20%~30%。

②感应线圈宜选用截面面积为35mm²铝质或铜质电缆，加热主电缆的截面面积150mm²。可选用电流不宜超400A。

③当缠绕感应线圈时，宜靠近钢模板。构件两端线圈导线的间距应比中间加密一倍，加密范围宜由端部开始向内至一个线圈直径的长度为止。端头应密缠五圈。

④最高电压值宜为80V，新电缆电压值可采用100V，但应使接头绝缘，养护期间电流不得中断，并防止混凝土受冻。

⑤通电后应采用钳形电流表和万能表随时检查测定电流，并应根据具体情况随时调

整参数。

(7)采用红外线加热法对混凝土进行辐射加热养护时,辐射器与混凝土表面的距离不宜小于300mm,混凝土表面温度以70~90℃为好。

八、蒸汽养护法

1. 蒸汽养护法适用范围

蒸汽养护法主要包含棚罩法、蒸汽套法、热模法、内部蒸汽法等,其特点及适用范围见表3-101。

蒸汽养护法特点及适用范围　表3-101

方　法	简　　述	特　　点	适用范围
棚罩法	用帆布或其他罩子扣罩,内部蒸汽养护混凝土	设施灵活,施工简便,费用较小,但耗汽量大,温度不易均匀	预制梁、板、地下基础、沟道等
蒸汽套法	制作密封保温外套,分段送汽养护混凝土	温度能适当控制,加热效果取决于保温构造,设施复杂	现浇梁、板、框架结构、墙、柱等
热模法	模板外侧配置蒸汽管,加热模板养护	加热均匀,温度易控制,养护时间短,设备费用大	墙、柱及框架结构
内部蒸汽法	结构内部留孔道,通蒸汽加热养护	节省蒸汽,费用较低,入汽端易过热,需处理冷凝水	预制梁、柱、桁架,现浇梁、柱、框架单梁

2. 施工要点

(1)由于使用普通硅酸盐水泥的混凝土最终强度比不经加热在低正温下硬化的混凝土强度低,所以蒸汽养护宜采用矿渣或火山灰水泥,但不得使用矾土水泥。

(2)凡是掺有引气型的外加剂或氯盐的混凝土,在蒸汽作用下,会增加含气量,推迟凝结时间,降低强度,因此不宜用于蒸汽养护。

(3)基土为不得受水浸的土,不宜采用蒸汽加热。

(4)用于蒸汽加热的低压湿饱和蒸汽,要求相对湿度100%,温度95℃,压力0.05~0.07MPa。当使用高压蒸汽时,应通过减压阀或过水装置方可使用。

(5)蒸汽养护应包括升温、恒温、降温三个阶段,各阶段加热延续时间可根据养护终了要求的强度确定。整体结构采用蒸汽养护时水泥用量不宜超过350kg/m^3,水灰比宜为0.4~0.6。坍落度不宜大于50mm。采用蒸汽养护的混凝土可掺入早强剂或无引气型减水剂,但不宜掺用引气剂或引气减水剂,亦不应使用矾土水泥。蒸汽加热养护混凝土时应排除冷凝水,并防止渗入地基土中;当有蒸汽喷出口时,喷嘴与混凝土外露面的距离不得小于30mm。

(6)混凝土的最高加热温度如采用普通硅酸盐水泥时不应超过80℃,采用矿渣硅酸盐水泥时可提高到85 ℃。但采用内部通汽法时,最高加热温度不应超过60℃。

(7)整体浇筑结构混凝土的升温和降温速度应按照表3-102规定执行。

整体浇筑结构混凝土的升温和降温速度　表3-102

表面系数(m^{-1})	升温速度(℃/h)	降温速度(℃/h)
≥6	15	10
<6	10	5

注:厚大体积的混凝土应根据实际情况确定。

九、掺外加剂法

1. 适用范围

掺外加剂混凝土冬期施工主要包括低温早强混凝土、掺防冻剂的负温混凝土等，主要用于冬期不易保温的框架结构，高层建筑结构，一般梁、板、柱结构，以及地下结构或大面积的板式基础结构。当最低温度不低于 -5℃时，可采用早强剂或早强减水剂；当最低温度不低于 -20℃时，应采用防冻剂进行混凝土施工；若最低气温低于 -20℃时，宜采用加热养护方法进行混凝土冬期施工。

2. 施工要点

(1)施工时要求对原材料进行加热，要求提高混凝土出机温度和入模温度。一般采用集料加温、加热水拌和、运输车保温覆盖等措施。混凝土浇筑后，裸露面要及时覆盖塑料薄膜，避免风袭失水，同时覆盖保温材料提高养护效果。

(2)混凝土受冻前强度应高于允许受冻临界强度，低温早强混凝土受冻温度应高于0℃，掺防冻剂的负温混凝土的控制温度为防冻剂规定的温度。

(3)低温早强混凝土施工

①当早强混凝土使用早强剂时，可以配置成溶液，亦可直接使用，使用时可以与水泥同时使用，适当延长搅拌时间，保证搅拌均匀。

②如采用蒸汽养护时，注意早强剂的水泥适应性，并须有适当的预养时间。一般当温度为30℃时，预养时间不宜少于3～4h。初期强度不宜低于0．6MPa。

(4)负温混凝土施工

①搅拌混凝土时应设专人投放外加剂，要严格按要求剂量投入，并做好记录。使用液体外加剂时，应随时测定溶液的温度和浓度，当发现浓度有变化时，应加强搅拌或加热搅拌，直到溶液达到要求浓度且均匀为止。

②搅拌混凝土前，搅拌筒内部应用热水或蒸汽进行冲洗。混凝土搅拌时间应比常温搅拌时间延长50%。其具体出机温度，应根据当时的施工气温状况，拌和物运输过程中的热损失，以及拌和物捣运、浇筑入模温度要求等产生的热损失，通过热工计算确定。

③当防冻剂和其他外加剂复合使用时，除预先测定其相容性外，投入的次序要按试验室试验的要求进行。如外加剂中含有引气组分时，在搅拌出罐时，随时测定含气量，最大含气量不得超过7%。

④负温混凝土浇筑入模温度，在严寒地区应控制不低于10℃，在寒冷地区控制不低于5℃。

⑤混凝土在浇筑前，应清除模板或钢筋上的冰雪和污垢，但不得用蒸汽直接融化冰雪，防止再结冰。

⑥混凝土到浇筑地点应立即进行浇筑，尽量减少热损失，提高入模温度。混凝土浇筑后，应采用机械振捣，注意相互之间衔接，间歇时间不宜超过15min。按随浇筑、随振捣、随覆盖保温的原则进行操作。

⑦负温混凝土浇筑后，可采用蓄热法养护。为防止冬期混凝土失水，混凝土浇筑后要立即用一层塑料薄膜覆盖，然后上面再盖一层保温材料保温。对于框架结构如梁、柱等不易覆盖草袋保温时，应采用保温布条包裹覆盖养护。

⑧混凝土浇筑后，在养护期间应加强测温，特别注意前7d的测温。

混凝土在养护期间，在达到允许受冻临界强度以前，混凝土的温度不得低于防冻剂的规定温度。当达到临界强度以后，混凝土内部温度允许低于规定温度。但后续时间亦要注意覆盖塑料布等养护，以防止混凝土失水影响水泥的后期水化反应，对混凝土强度增长不利。

十、混凝土质量控制

(1)冬期施工时，对于混凝土质量的检查除按本章第九节进行外，还应符合以下规定：

①检查外加剂质量及掺量。外加剂进入施工现场后应进行抽样检验，合格后方准使用。

②检查水、集料、外加剂溶液和混凝土出罐及浇筑时的温度。

③检查混凝土从入模到拆除保温层或保温模板期间的温度。

(2)施工期间的测温项目与频次应符合表3-103的规定。

施工期间的测温项目与频次 表3-103

测温项目	频次
室外气温	测量最高、最低气温
环境温度	每昼夜不少于4次
搅拌机棚温度	每一工作班不少于4次
水、水泥、矿粉掺和料、砂、石及外加剂溶液温度	每一工作班不少于4次
混凝土出机、浇筑、入模温度	每一工作班不少于4次

(3)混凝土养护期间温度测量应符合下列规定：

①采用蓄热法或综合蓄热法养护时，在混凝土达到受冻临界强度之前，应每隔4～6h测量一至两次。

②掺防冻剂混凝土在强度未达到规范规定的受冻临界强度之前应每隔2h测量一次，达到受冻临界强度以后每隔6h测量一次。

③采用加热法养护混凝土时，升温和降温阶段应每隔1h测量一次，恒温阶段每隔2h测量一次。

④采用非加热法养护时，测温孔应设置在易于散热的部位；采用加热法养护时，测温孔应分别设置在离热源的不同位置。全部测温孔均应编号，并绘制布置图。测温孔应设在有代表性的结构部位和温度变化大易冷却的部位，孔深宜为100～150mm，也可为板厚或墙厚的1/2。测温时，测温仪表应采取与外界气温隔离措施，测温仪表测量位置应处于结构表面下20mm处，并留置在测温孔内不少于3min。

(4)检查混凝土质量除应按标准留置试块外，尚需做下列检查：

①检查混凝土表面是否受冻、粘连、收缩裂缝，边角是否脱落，施工缝处有无受冻痕迹。

②检查同条件养护试块的养护条件是否与施工现场结构养护条件相一致。

③采用成熟度法检验混凝土强度时，应检查测温记录与计算公式要求是否相符，有无差错。

④采用电热法养护时，应检查供电变压器二次电压和二次电流强度，每一工作班不少于两次。

(5)模板和保温层在混凝土达到要求强度并冷却到5℃后方可拆除。拆模时混凝土温度与环境温度差大于20℃时，拆模后的混凝土表面应及时覆盖，使其缓慢冷却。

(6)混凝土冬期施工时,除留标准养护试件外,应制取相同数量与结构同条件养护的试件。对于用蒸汽加热法养护的混凝土结构,除制取标准养护试件外,应同时制取与混凝土结构同条件蒸养后再在标准条件下养护到28d的试件,以检查经过蒸养后混凝土28d的强度。冬期施工混凝土质量的评定方法与常温施工混凝土相同。

第十二节　混凝土结构检测

一、一般规定

(1)检测结构或构件中混凝土强度,宜采用回弹法理、超声—回弹综合法等非破损方法,其检测结果可作为评定混凝土强度的依据。

(2)用回弹法和超声—回弹综合法等检测结构或构件中混凝土强度,应预先建立混凝土强度与回弹值的相关关系或混凝土强度与回弹值混凝土声速之间的相关关系,作为换算结构中混凝土强度的依据。

(3)用非破损方法检测的结构中混凝土强度,适用于C10~C60的强度,推定的强度值相当于边长的150mm立方体试件抗压强度。

(4)对采用非破损方法推定的混凝土强度结果有怀疑时,可钻取少量芯样试件进行校核修正。

二、回弹法推定混凝土强度要求

(1)回弹仪检测混凝土强度不得用于表层与内部质量有明显差异或内部存在缺陷的混凝土结构和构件。

(2)测定混凝土回弹值的仪器,宜采用示值系统为指针的直读式混凝土回弹仪,亦可采用经鉴定认可的回弹仪。

(3)回弹仪按标称动能及用途可分为下列几种类型:

①中型回弹仪,适用于C10~C45的混凝土。

②重型回弹仪,适用于大体积混凝土或集料最大粒径大于50mm的混凝土。

③高强度回弹仪,适用于C50~C60的混凝土。

回弹仪的维护和保养应及时完成。

(4)测试步骤应符合下列规定:

①检查回弹仪的弹击拉簧处于自由状态,弹击锤与弹击杆碰撞瞬间,弹击锤起跳点应相应于指针指示刻度尺上“0”处。

②进行率定值“R_N”测试,其结果应符合表3-104的标准[参照《港口工程混凝土非破损检测技术规程》(JTJ/T 272—1999)]。

率定值 R_N　　表3-104

回弹仪型号	中　型	重　型	高强度型
率定值 R_N	80±2	63±1	80±2

③检测结果不符合标准状态的回弹仪不得在工程中使用。

(5)测区、测点应满足下列要求:

①测区数不应少于3个,相邻两测区的间距不宜大于2.0m。

②测区应均匀分布,并应避开钢筋和铁制预埋件。

③测区面积应能容纳8个或16个回弹测点,如图3-3所示。

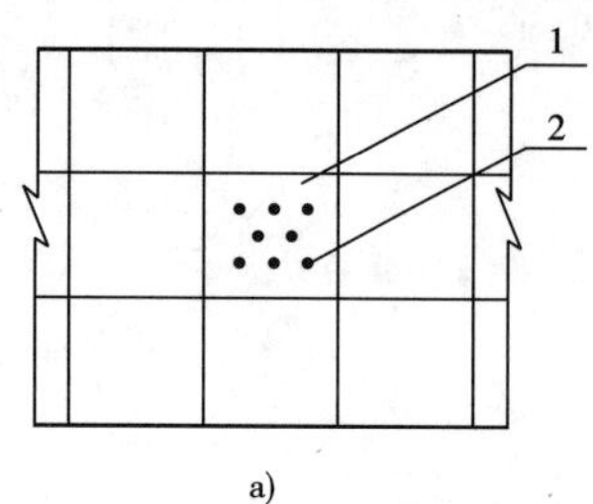

a)

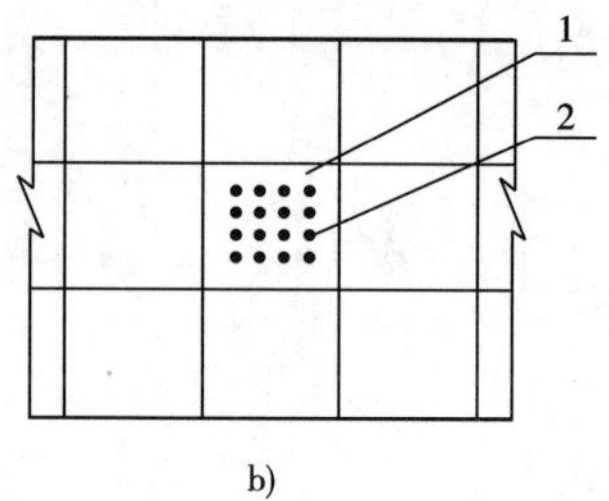

b)

图3-3　测区表面分布示意图

a)8个测点分布示意图;b)16个测点分布示意图

1-测区;2-回弹测点

④测区表面应清洁,平整、干燥,不应有接缝、饰面层、粉刷层、浮浆、油垢、蜂窝和麻面等表观缺陷。

⑤测区应标有清晰编号,并标于简图中。

(6)测定回弹值应符合下列规定。

①回弹仪宜处于水平方向测试混凝土浇筑的侧面,当不能满足这一要求时,亦可按非水平方向测试。

②每个测区应弹击16个测点。当测区具有两个侧面时,每个侧面可弹击8个测点;当不具有两个侧面时,可在一个侧面上弹击16个测点,如图3-3所示。

③弹击回弹值测点时,应避开气孔或外露石子。一个回弹值测点只允许弹击一次,回弹值测点间的间距不宜小于30mm。

④回弹仪的轴线垂直于结构或构件的混凝土表面,缓慢均匀施压,不宜用力过猛或冲击。

⑤一个回弹测点测试完毕,可将回弹仪的弹击杆压在混凝土表面,读取回弹测点值,亦可按下回弹仪上的按钮,锁住机芯读数。

⑥读数完毕后,应使回弹仪的弹击杆自机壳内伸出,挂钩挂上弹击锤,待测定下一个回弹测点。

(7)碳化深度测定应符合下列规定:

①应采用电动冲击锤在回弹值的测区内,钻一个直径为20mm,深约80mm的孔洞。

②应清除孔洞内混凝土粉末,用1%酚酞溶液滴在孔洞内壁的边缘处,用0.5mm精度的钢直尺测量混凝土表面至不变色交界处的垂直距离2~3次,计算其碳化深度平均值,即为混凝土碳化深度。

③当测定的碳化深度值小于1.0mm时,可按无碳化处理。

(8)测试数据整理应符合下列规定:

①测区回弹值应以回弹仪水平方向测试混凝土浇筑侧面的测值为基准。

②测区回弹平均值的计算,应在16个回弹测点值中,剔除3个最大值和3个最小值后,剩余10个回弹值,计算测区平均回弹值。

③在混凝土浇筑的顶面或底面测得的回弹值,应按下列公式修正[参照《回弹法检测混凝土抗压强度技术规程》(JGJ/T 23—2011)]:

$$R_m = R_m^t + R_a^t$$

$$R_m = R_m^b + R_a^b$$

式中：R_m^t、R_m^b——水平方向检测混凝土浇筑表面、底面时，测区的平均回弹值，精确至0.1；

R_a^t、R_a^b——浇筑表面、底面回弹值的修正值，应按表3-105取值。

不同浇筑面的回弹修正值 表3-105

R_m^t 或 R_m^b	表面修正值 R_a^t	底面修正值 R_a^b	R_m^t 或 R_m^b	表面修正值 R_a^t	底面修正值 R_a^b
20	+2.5	-3.0	36	+0.9	-1.4
21	+2.4	-2.9	37	+0.8	-1.3
22	+2.3	-2.8	38	+0.7	-1.2
23	+2.2	-2.7	39	+0.6	-1.1
24	+2.1	-2.6	40	+0.5	-1.0
25	+2.0	-2.5	41	+0.4	-0.9
26	+1.9	-2.4	42	+0.3	-0.8
27	+1.8	-2.3	43	+0.2	-0.7
28	+1.7	-2.2	44	+0.1	-0.6
29	+1.6	-2.1	45	0	-0.5
30	+1.5	-2.0	46	0	-0.4
31	+1.4	-1.9	47	0	-0.3
32	+1.3	-1.8	48	0	-0.2
33	+1.2	-1.7	49	0	-0.1
34	+1.1	-1.6	50	0	0
35	+1.0	-1.5			

注①R_m^t 或 R_m^b 小于20或大于50时，分别按20或50查表。

②表中有关混凝土浇筑表面的系数，是指原浆抹面的修正值；有关混凝土浇筑底面的系数，是指构件底面与侧面采用同一类模板在正常浇筑情况下的修正值。

③表中未列相应于 R_m^t 或 R_m^b 的 R_a^t 和 R_a^b，可采用内插法求得，计算精确至0.1。

④当回弹仪在非水平方向测试时，应按下式换算成水平方向回弹平均值［参照《回弹法检测混凝土抗压强度技术规程》（JGJ/T 23—2011）］：

$$R_m = R_{ma} + R_{a\alpha}$$

式中：R_{ma}——非水平检测时测区的平均回弹值，精确至0.1；

$R_{a\alpha}$——非水平方向检测时回弹值修正值，应按表3-106取值。

非水平方向检测时回弹值修正值 表3-106

$R_{a\alpha}$	测试角度 α(°)							
	+90	+60	+45	+30	-30	-45	-60	-90
20	-6.0	-5.0	-4.0	-3.0	+2.5	+3.0	+3.5	+4.0
30	-5.0	-4.0	-3.5	-2.5	+2.0	+2.5	+3.0	+3.5
40	-4.0	-3.5	-3.0	-2.0	+1.5	+2.0	+2.5	+3.0
50	-3.5	-3.0	-2.5	-1.5	+1.0	+1.5	+2.0	+2.5

注：表中未列入的相应于 $R_{a\alpha}$ 的修正值可用内插法求得，计算精确至0.1。

(9)混凝土强度推定值的确定应符合下列规定[参照《港口工程混凝土非破损检测技术规程》(JTJ/T 272—1999)]。

①用测定的回弹值换算混凝土强度时,宜优先采用专用测强曲线。当无专用测强曲线时,可根据回弹仪型号,按下列混凝土强度相关关系式进行换算:

a. 中型回弹仪:

普通混凝土强度 $f_{cuRo}=0.02497m_R^{2.016}$

引气混凝土强度 $f_{cuRo}=15m_R-152$

b. 重型回弹仪:

混凝土强度 $f_{cuRo}=77e^{0.04m_R}$

c. 高强度回弹仪:

混凝土强度 $f_{cuRo}=f(R_{Ni})$

式中:f_{cuRo}——回弹值的混凝土换算强度值(MPa);

m_R——测区回弹平均值;

R_{Ni}——率定值。

②当混凝土的碳化深度大于1.0mm时,应将换算的混凝土强度值按下式进行修正:

$$f_{cuRom}=\eta_m f_{cuRo}$$

式中:f_{cuRom}——经碳化深度修正后,回弹法的混凝土换算强度值(MPa);

η_m——碳化深度修正值,如表3-107所示。

碳化深度修正值 η_m 表3-107

测区强度(MPa)	碳化深度(mm)					
	1.0	2.0	3.0	4.0	5.0	≥6.0
10.0~19.9	0.95	0.90	0.85	0.80	0.75	0.70
20.0~29.9	0.94	0.88	0.82	0.75	0.73	0.65
30.0~39.9	0.93	0.86	0.80	0.73	0.68	0.60
40.0~50.0	0.92	0.84	0.78	0.71	0.65	0.58

(10)经碳化修正后的混凝土强度换算值,按下式推定混凝土强度。

$$f_{cuRe}=f_{cuRom}(1-t\delta_e)$$

式中:f_{cuRe}——回弹法的混凝土强度推定值;

t——正态分布概率度,对于专用测强相关关系式,$t=0.5$;对于通用测强相关关系式,$t=1.0$;

δ_e——剩余变异系数,对于专用测强相关关系式,δ_e可自行求得;对于通用测强相关关系式,取$\delta_e=0.14$。

三、超声—回弹综合法推定混凝土强度

(1)超声—回弹综合法系指用超声波检测仪和回弹仪,在混凝土结构或构件的同一测区内,测得的混凝土声速平均值和回弹平均值,并以此推定混凝土强度。

(2)超声—回弹综合法不宜用于遭受冻害、化学腐蚀、火灾损伤、埋有块石的混凝土以及经超声波法检测判定混凝土均匀性不合格的结构或构件。

(3)超声回弹综合法采用的超声波检测仪、换能器和回弹仪应符合《港口工程混凝土非破损检测技术规程》(JTJ/T 272—1999)的规定。

(4)测试步骤应符合下列规定：

①根据混凝土均匀性的检测结果，选取测区。

②测区应符合下列要求：

a. 每个构件不应少于 3 个测区；

b. 一个测区应是一个矩形网格或正方形网格，网格面积 225 ~ 2 500cm^2。

c. 一个测区上由 4 个超声波测点和 16 个回弹值测点组成，如图 3-4 所示。

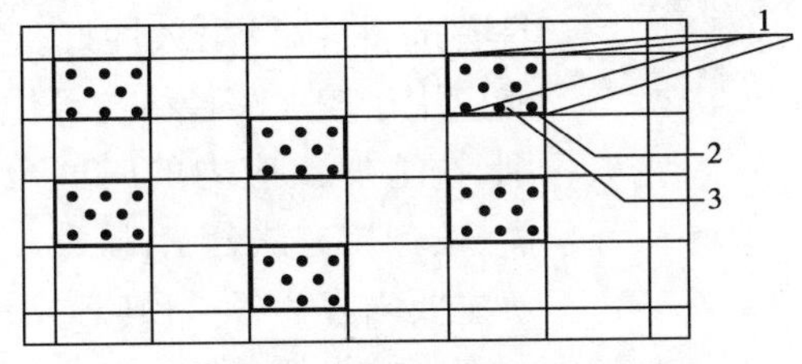

图 3-4　超声—回弹综合法测区分布图

1-超声波测点；2-回弹测点；3-测区

③计算测区声速平均值。测区回弹平均值可按《港口工程混凝土非破损检测技术规程》(JTJ/T 272—1999)第 5.2.9 条规定的方法求得。

(5)混凝土强度推定值的确定应采用下列方法。

①测定的测区声速平均值和测区回弹平均值换算测区混凝土强度时，应优先采用专用混凝土强度相关关系式；当无专用混凝土强度相关关系式时，可采用下列通用混凝土强度相关关系式。

a. 中型回弹仪：

普通混凝土强度　　$f_{\text{cuvRo}} = 0.008\, m_{\text{v}}^{1.72}\, m_{\text{R}}^{1.57}$

引气混凝土强度　　$f_{\text{cuvRo}} = 0.04\, m_{\text{v}}^{1.54}\, m_{\text{R}}^{1.30}$

b. 重型回弹仪：

混凝土强度　　$f_{\text{cuvRo}} = 0.022\, m_{\text{v}}^{1.99}\, m_{\text{R}}^{1.19}$

c. 高强度回弹仪：

混凝土强度　　$f_{\text{cuvRo}} = f(v_i \cdot R_{\text{N}i})$

式中：m_{v}——混凝土声速平均值(m/s)；

m_{R}——测区回弹平均值；

v_i——各测点的混凝土声速值(m/s)；

其余符号意义同上。

②混凝土强度换算值确定后，应按下式计算混凝土推定强度值：

$$f_{\text{cuvRe}} = f_{\text{cuvRo}}(1 - t\delta_{\text{e}})$$

式中：f_{cuvRe}——混凝土推定强度值；

t——正态分布概率度，对专用混凝土强度相关关系式，$t = 0.5$；对于通用混凝土强度相关关系式，$t = 1.0$；

δ_{e}——剩余变异系数，对专用混凝土强度相关关系式，可自行求得；对通用混凝土强度相关关系式，取 $\delta_{\text{e}} = 0.14$。

第四章

预应力混凝土

第一节　概　　述

预应力混凝土与非预应力的钢筋混凝土相比，具有抗裂性高、耐久性好、自重轻、材料省、造价低、能应用于较大跨径结构等优点。预应力混凝土的类别，按施加预应力的时间分，有先张法和后张法两类，按张拉方法分，有机械张拉和电热张拉两类。本章主要内容为各类预应力混凝土工程中施加预应力所需张拉设备、锚具、夹具的规格、类别和技术要求，预应力钢材加工，施加预应力工艺，孔道压浆工艺及浇筑混凝土的特殊注意事项等；关于预应力钢材的技术标准及冷拉、冷拔、焊接等工艺，以及浇筑混凝土的一般技术要求，可参见本手册第二章和第三章。

第二节　张 拉 设 备

一、各种张拉方法所需设备

1. 先张法

先张法常用的张拉设备有：液压拉伸机（千斤顶、高压油泵）、电动张拉机、卷扬机、电动葫芦和倒链等；测力设备有：弹簧测力器、杠杆式测力器、油压表和平衡重等。配套使用方式一般有下列几种类型：

（1）用液压拉伸机张拉即用千斤顶张拉，用油压表控制应力。

（2）用电动张拉机或卷扬机张拉，用弹簧测力器或杠杆式测力器控制张拉力。

（3）用卷扬机、电动葫芦或倒链等进行张拉，用弹簧测力器或平衡重控制张拉力。

2. 后张法

后张法张拉一般采用液压拉伸机，包括单作用千斤顶、双作用千斤顶或三作用千斤顶及配套高压油泵、油压表等。单作用千斤顶只能完成张拉一个动作，双作用千斤顶能完成张拉、顶压两个动作，三作用千斤顶则能完成张拉、顶压、退楔三个动作。

3. 电热张拉法

电热张拉机具有:低压变压器或电焊机、交流电压表、钳式电流表、万能表、铁壳开关、可逆式电磁开关、手提式变形仪(或拉伸机)、百分表、电夹具、秒表、测温计等。

二、常用张拉设备的技术性能、构造及操作方法

1. 液压拉伸机的技术性能

液压拉伸机由千斤顶、配套高压油泵及外接油管等组成。

1)千斤顶技术性能

千斤顶按其构造可分为台座式、拉杆式、穿心式及锥锚式等形式。台座式千斤顶为普通油压千斤顶,其型号及技术性能见相关资料。拉杆式千斤顶、穿心式千斤顶及锥锚式千斤顶的主要技术性能见表 4-1 ~ 表 4-3。

2)高压油泵技术性能

高压油泵有手动式及电动式两种,其技术性能见表 4-4。

常用液压千斤顶技术性能 表 4-1

项 目	YL60 型拉杆式	YC60 型穿心式	YC18 型穿心式	60t 双作用锥锚式	TD-60 型三作用锥锚式	YG-170 型三作用锥锚式	85t 三作用锥锚式	YG-70 型穿心式
额定压力(MPa)	40	40	50	50	28	28	51.5	40
张拉液压面积(cm^2)	162.6	162.6	40.6		227		165.13	
顶压液压面积(cm^2)		84.2	13.5		104		86.6	
最大张拉力(kN)	650	650	203	600	635	635	850	
最大顶压力(kN)		334	54	280	333	333	416	
张拉行程(mm)	150	150	250	300	215	180	250	100
顶压行程(mm)		50	15	35	60	60	60	
穿心孔径(mm)		55	27					
回程液压面积(cm^2)		12.4	22					
外形尺寸(cm)	ϕ19 × 65	ϕ20 × 43	ϕ11 × 43		ϕ33 × 64	ϕ36 × 88	ϕ33 × 71	
质量(kg)	65	62.5	17	90			120	85

注:YG-70 型穿心式单作用千斤顶用于张拉高强粗钢筋。

YCD 千斤顶技术规格 表 4-2

项 目	YCD20	YCD120	YCD200
额定张拉力(kN)	200	1 200	2 000
最大张拉力(kN)	200	1 450	2 200
张拉油压(MPa)	40	50	50
张拉缸工作面积(cm^2)	51	290	440
额定行程(cm)	20	18	18
额定顶楔力(kN)	55	$n \times 26$	$n \times 26$
顶楔油压(MPa)	40	50	50

续上表

项　　目	YCD20	YCD120	YCD200
顶楔缸工作面积(cm^2)	14	$n\times5.2$	$n\times5.2$
穿心孔直径(mm)	31	128	160φ32×58
轮廓外径(cm)×长度(cm)	φ12×39	160φ32×58	φ40×58
质量(kg)	19	190	270
相应锚具	XM12-1,XM15-1	XM15-(3~7)	XM15-(8~12)
相应钢绞线束	1φ12,1φ15	(3~7)φ15	(8~12)φ15
相应7φ5钢丝束数	1	(3~7)	(8~12)

YCQ 千斤顶技术性能　　　　表 4-3

项　　目	YCQ100	YCQ200	YCQ350	YCQ500
额定油压(MPa)	63	63	63	63
张拉行程(mm)	150	150	150	200
张拉缸活塞面积(cm^2)	219	330	550	788
理论张拉力(kN)	1 380	2 080	3 464	4 960
回程缸活塞面积(cm^2)	113	185	273	427
回程油压(MPa)	<30	<30	<30	<30
穿心孔直径(mm)	90	130	140	185
外形尺寸(cm)	φ25×44	φ34×46	φ42×45	φ51×53
质量(kg)	110	190	320	580
外接胶管(mm)	φ6×6 000 快装接头			

常用高压油泵技术性能　　　　表 4-4

项　　目		SYB-1 型 手动油泵	ZB4/500 型 电动油泵	LYB-44 型 立式高压油泵	58M-4 型 卧式双缸油泵	LYB-610 型 电动油泵
额定压力(MPa)		70	50	40	40	40
柱塞	直径(mm)	12/18	10	10	16	
	行程(mm)	20.5	6.8	6.8	30	
	个数(个)		2×3	2×3		
最大流量(L/min)		0.002/0.012	2×2	2×2	2.18	2×2
油箱容量(L)		0.77	50	42	28	
电动机	功率(kW)		3	2.2		
	转速(r/min)		1 430	1 430	940	1 430
外形尺寸(cm)		62×17×17	75×50×100	68×49×80	125×57×98	
质量(kg)		9	120	120	280	120

2. 液压拉伸机构造、工作原理及操作程序

1) YC60 型穿心式千斤顶

YC60 型穿心式千斤顶为双作用千斤顶,主要用于张拉和顶压。锚固采用 JM12 型锚具的高强钢筋束和高强钢绞线束。YC60 型千斤顶主要由张拉油缸、顶压油缸、顶压活塞和弹簧等组成。在构造上沿千斤顶轴线有一个直通的穿心孔道,用来穿预应力钢材。沿

千斤顶的径向,有内外两层工作油缸(均为环形),其中,一个为张拉油缸(又称大缸),另一个为顶压油缸(又称小缸)。张拉油缸回程采用液压法。

YC60 型双作用千斤顶在张拉后进行顶压锚固,张拉油缸和顶压油缸必须同时进油,以保持基本稳定的张拉力,这样两油缸的液压不一定相等,故需用两台油泵分别向张拉油缸和顶压油缸供油。但作为单作用千斤顶使用时,两油缸可不同时工作(进油),故有一台带有分配阀的电动油系即可,分配阀可控制两条油路的进油和回油流向。

YC60 型千斤顶如卸去撑套和工具式锚具,安上传力架、张拉杆、连接器等附件作为单作用千斤顶使用时,也可用于张拉使用螺丝端杆锚具的预应力钢材。如在前端装上分束顶压器、套环和接长传力筒,后端配上锥销式工具锚,也可组成锥锚式张拉装置,用以张拉使用锥形锚具的碳素钢丝。

操作程序如下:

(1)张拉预应力钢材。将预应力钢材穿入构件预留孔道,并在构件两端安装好锚具,将夹片按编号顺序嵌入预应力钢材之间,轻轻敲入锚环内,使夹片平整一致。然后将安装好锚具的预应力钢材束穿入千斤顶中心孔道,并在张拉油缸的端面上用工具式锚具(JM12 型锚具)加以锚固,即可进行张拉。

张拉时,开动油泵,先使张拉油缸进油。高压油由 A 油嘴进入张拉工作油室Ⅰ后,张拉活塞(即顶压油缸)即顶住锚环的凸缘。张拉油缸继续进油时,油室Ⅰ的容积便扩大,使张拉油缸向左移动,从而使预应力钢材受到张拉。在张拉过程中,由于张拉油缸向左移动,张拉回程油室Ⅲ的容积必须随之减小,因此,必须将顶压缸油嘴 B 开启,使油室Ⅲ回油,才能顺利张拉。

(2)顶压锚固。当预应力钢材按规定的张拉程序张拉到需要的应力值后,就稳定在张拉吨位。然后再使顶压缸进油,此时,高压油由 B 油嘴经 C 孔进入顶压工作油室Ⅱ,推动顶压活塞向右移动,顶住夹片端面后便可按所要求的顶压力将夹片顶入锚环内。锚固端的锚具和千斤顶上的工具锚,可在张拉过程中随之压紧。

(3)张拉缸液压回程。回程时应将油嘴 A 打开,使张拉油缸(油室Ⅰ)回油,顶压油缸则由油嘴 B 继续进油。由于顶压活塞仍顶压着夹片,油室Ⅱ的容积不变,故所加进去的高压油全部进入油室Ⅲ,如此在张拉时被缩小的油室Ⅲ的容积逐渐扩大,使张拉油缸在液压回程力作用下,逐渐向右移动,直到初始位置为止。

(4)顶压活塞弹簧回程。回程时油泵停止工作,将油嘴 B 打开,则油室Ⅱ、Ⅲ即可回油、卸荷,同时依靠弹簧的力量,顶压油缸的顶压活塞即可自动回程。最后卸下工具锚,张拉即告完成。

YC60 型千斤顶的操作程序如表 4-5 所示。

2)锥锚式千斤顶

锥锚式千斤顶按其功能分为双作用和三作用两种,用于张拉采用锥形锚具的碳素钢丝束。张拉吨位有 600kN 和 850kN 两种。

锥锚式千斤顶一般由张拉油缸、顶压油缸、楔形卡盘、楔块、对中套或退楔翼板等部分组成。

张拉时,高压油液通过 A 油嘴进入张拉缸,张拉缸带动楔形卡盘向左移动,张拉钢丝束。张拉到设计吨位后,关闭 A 油嘴,B 油嘴进油,顶压活塞杆向右推进,将锚塞顶入锚环内,锚固钢丝束。然后 A 油嘴回油,张拉油缸右移复位,B 油嘴进油,由液压的作用，用退楔翼板顶退楔块，最后，A、B 油嘴均回油，在弹簧力的作用下，使顶压活塞杆左移复位。

YC60 型千斤顶操作程序 表 4-5

顺序	程序名称	进油回油情况		动作情况
		A 油嘴	B 油嘴	
1	张拉前准备	回油	回油	油泵停车或空载运转；安装锚具，千斤顶和工具锚；千斤顶对中就位
2	张拉预应力钢材	进油	回油	顶压缸和撑套右移顶住锚环；张拉缸左移张拉预应力钢材
3	顶压锚固	关闭	进油	张拉缸持荷，稳定在设计的张拉力；顶压活塞杆右移，将夹片强力顶入锚环内；顶压活塞的回程弹簧被压缩
4	张拉缸液压回程	回油	进油	张拉缸右移回程复位；工具锚松脱
5	顶压活塞弹簧回程	回油	回油	油泵停车或空载运转；在弹簧力的作用下，顶压活塞左移复位；卸下工具锚和千斤顶

锥锚式（三作用）千斤顶的操作程序如表 4-6 所示。

锥锚式千斤顶操作程序 表 4-6

顺序	程序名称	进油回油情况		动作情况
		A 油嘴	B 油嘴	
1	张拉前准备	回油	回油	油泵停车或空载运转，安装锚杆，对中套和千斤顶开泵后，将顶压油缸伸出一定长度，供退楔用；将钢丝按顺序嵌入卡盘槽内，用楔块夹紧
2	张拉预应力钢筋	进油	回油	顶压缸右移顶住对中套和锚杆；张拉杆带动卡盘右移张拉钢丝束
3	顶压锚塞	关闭	进油	张拉缸持荷，稳定在设计的张拉力；顶压活塞杆右移，将锚塞强力顶入锚环内；弹簧压缩
4	液压退楔	回油	进油	张拉缸右移回程复位；退楔翼板顶住楔块使之松脱
5	顶压活塞杆弹簧回程	回油	回油	油泵停车或空载运转；在弹簧力的作用下，顶压活塞杆左移复位

3）YL60 型拉杆式千斤顶

YL60 型拉杆式千斤顶系单作用千斤顶，用于后张法、先张法或后张自锚法等工艺中用螺杆锚具或夹具、镦头锚具或夹具的单根粗钢筋、钢筋束或钢丝束。

YL60 型千斤顶主要由油缸、活塞、拉杆、端盖、撑脚、张拉头和动、静密封闭等部分组成。

张拉预应力钢材时，A 嘴进油，B 嘴回油，差动阀的小活塞杆弹簧（设在活塞拉杆内）回程，锥阀关闭，A、B 油室断绝（A 油室为张拉油室，B 油室为回程油室）。此时拉杆左移张拉预应力钢材，B 油室回油。

当配用 ZB4/500 型电动油泵或其他双联式拉伸机油泵时，拉杆有三种回程方法：

(1)单路进油差动回程。此时,A 油室关闭,B 油室进油,在 B 油室内造成油压,小活塞杆(设在活塞拉杆内)在差压作用下向右移动,接触并推开锥阀,使 A、B 油室连通,在差压作用下,活塞拉杆回程。回程完毕卸压后,A、B 油室重新隔绝,即可开始下一次张拉。

(2)双路进油差动回程。此时,A、B 油室同时进油,工作原理和单路进油时相同,但由于 A 油室流量也进入 B 油室,故回程速度比单路进油时快一倍(回程油压不大于 10MPa),且只控制 B 路卸荷阀。

(3)带压差动回程。即张拉、锚固完毕后,A 油室不卸压,使 B 油室进油回程,但使用时应注意如回程始动、出现预应力钢材超张、锚固松动现象时,应检查 B 油室是否混入空气,B 路进油量是否足够和是否泄漏。

YL60 型千斤顶的操作程序如表 4-7 所示。

YL60 型千斤顶操作程序 表 4-7

<table>
<tr><th rowspan="2">顺序</th><th rowspan="2" colspan="2">程序名称</th><th colspan="2">进油回油情况</th><th rowspan="2">动作情况</th></tr>
<tr><th>A 油嘴</th><th>B 油嘴</th></tr>
<tr><td>1</td><td colspan="2">张拉前准备</td><td>回油</td><td>回油</td><td>油泵停车或空载运转,连接拧入螺丝端杆;千斤顶对中就位</td></tr>
<tr><td>2</td><td colspan="2">张拉预应力钢材</td><td>进油</td><td>回油</td><td>油缸和撑角顶住构件断面;活塞拉杆左移张拉预应力钢材;预应力钢材张拉到设计张拉力后持荷;拧紧螺丝端杆上的螺母</td></tr>
<tr><td rowspan="3">3</td><td rowspan="3">液压差动回程</td><td>单路进油回程</td><td>关闭</td><td>进油</td><td rowspan="3">差动阀活塞杆顶开锥阀;A、B 油室连通,活塞拉杆右移回程。复位后,打开油泵上控制阀;油泵停车或空载运转;卸下连接头</td></tr>
<tr><td>双路进油回程</td><td>进油</td><td>进油</td></tr>
<tr><td>带压双路进油回程</td><td>进油</td><td>进油</td></tr>
</table>

注:YL60 型千斤顶有张拉保护装置,满行程张拉到底时,张拉缸油压不升高,但无回程保护装置,操作时应注意防止回程超压,或调整泵上的安全阀控制压力。

4)高压油泵

(1)高压油泵的选用

高压油泵与液压千斤顶配套使用,为液压拉伸机的动力和操纵部分。为与千斤顶配套,高压油泵的额定压力(表 4-8)应等于或大于千斤顶的额定压力。

选用配套油泵的额定压力 表 4-8

千斤顶额定压力(MPa)	配套油泵额定压力(MPa)	千斤顶额定压力(MPa)	配套油泵额定压力(MPa)
32 ~ 40	40	50 ~ 63	63
40 ~ 50	50		

高压油泵又有小流量、超高压、泵阀配套和可移动等特点,常用的有 SYB-Ⅰ型手动高压油泵、ZB4/500 电动高压油泵、LYB-44 电动立式高压油泵及 58M-4 型电动卧式高压油泵等,见表 4-4。

(2)高压油泵的构造及操作

①手动高压油泵

手动高压油泵由油箱、油泵、换向阀、压力表及管路等组成。

操作时,摇动手柄,高压油即经过四通接头进入压力表及换向阀。换向阀有 4 个接头,其中一个为进油接头,一个为回油接头,另外两个为工作接头,分别接千斤顶。换向阀可更换其极限位置,使油进入千斤顶的一个缸,而将另一个缸的油压回油箱。在四通接头上安装有放油阀,工作时关闭,张拉完成后松开、逐渐降低油压(油压降低不能太快,否则压力表易受损)。

②ZB4/500 型电动高压油泵

ZB4/500 型电动高压油泵是目前较常用的拉伸机油泵，主要与额定压力 50MPa 的中等吨位的 YC60 型、YL60 型等千斤顶配套使用。此外，也可供对流量无特殊要求的较大吨位的千斤顶和对油泵自重无特殊限制的小吨位千斤顶使用，还可供液压镦头、结构荷载试验、液压机具和作为超高压辅助油泵使用。

ZB4/500 型电动高压油泵由泵体、控制阀、油箱小车和充电设备等部分组成。

泵体系采用直轴斜盘、点接触、阀式配流、双联式轴向定量泵结构形式。双联式即将同一泵体的柱塞分为两组，共用一台电动机由公共的油嘴进油，左、右油嘴各自出油，左、右两路的油量和压力互不干扰。

控制阀由节流阀、卸荷阀、溢流阀、单向阀、压力表和进油嘴、出油嘴、回油嘴等部分组成。总装时，通过内接进、回油管和泵体、油箱形成一个油路系统。

ZB4/500 型电动高压油泵采用旁路节流、单向阀持荷的控制油路系统，有两条独立的油路，可满足千斤顶的张拉、顶压、回程、持荷、调压、调速和有关液压机具加压进油和卸压回油等施工操作要求。各控制阀的功能和动作情况见表 4-9，操作情况见表 4-10。

ZB4/500 型电动油泵控制阀功能 表 4-9

名称	功能	动作情况	应用举例
节流阀	调节输出流量，控制千斤顶工作速度	右旋手轮，输出量大；左旋手轮，输出量小	千斤顶张拉，顶压和液压回程
		左旋全开，空载运转	试车，持荷，空转
截止阀	控制向千斤顶进油或回油，实现千斤顶工作或回程	手轮右旋至关闭，千斤顶进油	千斤顶张拉，顶压和液压回程
		手轮左旋全开，千斤顶回油	卸荷或超荷降压
单向阀	控制千斤顶油液倒流，实现停车和空载运转，千斤顶持荷，减少压力表指针跳动	开车时，单向阀钢球浮动，停车或节流阀全开时，钢球自动关闭	千斤顶张拉时，稳压，持荷
溢流阀	限制油泵或千斤顶最高工作压力，保护设备安全工作	溢流阀螺母右旋，控制压力高，反之则低	限制液压系统最高压力；控制千斤顶工作压力

ZB4/500 型电动油泵控制阀操作 表 4-10

工作情况操作阀门	节流阀		截止阀		应用举例
	左	右	左	右	
空载运转	开	开	开或关	开或关	初运转，排气中间运转
左右路同时进油	关	关	关	关	千斤顶顶压锚固，张拉缸持荷
卸荷回程	开	开	开	开	千斤顶卸荷，弹簧回程
左(右)路单路进油	关(开)	开(关)	关	关	LD10 镦头器镦头及卸荷，其他单路液压机具有加荷及卸荷
左(右)路单路回油	开	开	开	开	

操作时保持油路系统压力不降、油缸作用力稳定的持荷方法有三种：

a. 停车持荷。在截止阀关闭的情况下，由单向阀截止油路。

b. 开车持荷。此时应全开节流阀，油泵空载运转。

c.补压持荷。即将节流阀适当右旋，保持一定的进油量和恒定的压力值。

上述三种持荷方法中，前两种适用于油缸密封装置及油泵单向阀、截止阀等密封性能较好的情况，后一种适用于油路系统密封性能较差的情况。

需要将油路系统降压时，可将截止阀适当左旋，降压至所要求的数值后再关闭。

③LYB-44型电动立式高压油泵

LYB-44型电动立式高压油泵由泵体、控制阀、管路、车架等部分组成。泵体为自吸式轴向柱塞泵。电动机直接带动主轴旋转，主轴在旋转中通过斜置于主轴上的推力轴承逐次将柱塞压入油缸，再由弹簧作用而复位，使柱塞在油缸中往复运动。此泵共有六个油缸，沿圆周均匀排列，又交错分成两排油路，每排油路均由三个相间120°角的油缸组成。各排油路单独出油，互不干扰。

使用时通过控制阀操作。控制阀设有送油阀、安全阀、持压阀、进油嘴、出油嘴、回油嘴、压力表等。当送油阀打开时，由于自身循环，没有高压油输出，油泵空运转。当送油阀关闭时，高压油进入千斤顶工作缸。

操作时，向右旋转（关闭）送油阀手柄，油液进入千斤顶。当压力接近要求时，开始向右旋转持压阀手柄。当压力表上指针到达要求数值时，立即关闭持压阀，以保证工作油压持恒、表针稳定，便于读数。张拉完毕后，立即向右旋转（打开）送油阀手柄，使油泵卸压回程。控制阀操作情况如表4-11所示。

LYB-44油泵控制阀操作表 表4-11

工作情况操作阀门	送油阀		持压阀		应用举例
	左	右	左	右	
空运转	开	开	开或关	开或关	初运转，排气中间运转
左（右）路供油，右（左）路回油	关（开）	开（关）	开	开	千斤顶张拉，液压回程
双路同时供油	关	关	开	开	千斤顶顶压锚固
卸荷回程	开	开	开	开	千斤顶卸荷，弹簧回程
左（右）单路使用	关（开）	开（关）	开（关）	关（开）	用于其他液压机械

5）油管、接头及油嘴

千斤顶和油泵之间需用油管、按头及油嘴等部件连接。油管可采用钢丝编织胶管或紫铜管。钢丝编织胶管和接头组件有两种规格产品，如表4-12所示，可根据千斤顶实际工作压力选用。但需注意，6Ⅲ-3000胶管接头的螺纹为M14×1.5，与拉伸机定型产品的油嘴螺纹（M16×15）不一致，应改制。近年来，还研制成快装接头。

目前，紫铜管规格，即外径（mm）×壁厚（mm）目前有10×2.5、8×2等，接头形式有平口式和扩口式两种。平口式接头由紫铜管、油管接头（平口）和接头螺母组成；组装时，紫铜管端部插入油管接头内，然后用气焊将紫铜管和油管接头焊牢。扩口式接头由紫铜管、套管（扩口）和接头螺母组成；组装时，先将紫铜管端部穿过接头螺母，再将套管按一定方向套在紫铜管上，将紫铜管端部扩口后即成。

油嘴系与接头配套使用，也有两种。M16×1.5平端油嘴与平口式接头配套使用，为YC60型千斤顶、YL60型千斤顶、LD10型钢丝镦头器和ZB4/500型电动油泵四种产品采用的统一油嘴；垫片ϕ3.5mm×ϕ7mm×2mm（外径×内径×厚）紫铜垫片，适用于扣压式钢丝编织胶管接头组件和紫铜管平口接头组件。M18 ×1.5 锥锚油嘴与紫铜管扩口式接头配套使用。

钢丝编织胶管与接头组件型号规格　　表 4-12

项目名称		单位	规格	
工作压力		MPa	32	40
钢丝编织胶管	胶管内径 d	mm	8	6
	公称通径 d_0	mm	8	6
	钢丝层层数	层	Ⅲ	Ⅲ
	胶管长度 l	m	3	3
胶管接头组件	形式		A 型扣压式	B 型扣压式
	公称通径 d_0	mm	8	6
	钢丝层层数	层	Ⅲ	Ⅲ
	胶管长度 l	m	3	3
	连接螺母螺纹	mm	M16 ×1.5	M14 ×1.5

3. 机械式张拉设备

1）手动张拉机具

手动张拉机具有 SL1 型手动螺杆张拉器，适用于规模较小的预制厂台座上，每次张拉 1 根 ϕ ~5mm 的冷拔低碳钢丝，最大张拉力为 10kN，最大张拉行程为 400mm。

除 SL1 型手动螺杆张拉器外，也可自制平衡重张拉小车、手动张拉车等简易张拉机具。

2）电动张拉机具

机械式电动张拉机具有 DL1 型电动螺杆张拉机，由电动机、减速箱、梯形螺杆和螺母、测力弹簧、钢丝钳、支撑杆、胶轮、手柄、配电箱等部分组成，主要用于预制厂长线台座上，每次张拉 1 根 ϕ3 ~ 5mm 的冷拔低碳钢丝、最大张拉力为 10kN，最大张拉行程为 780mm，张拉速度为 2m/min。

此外也可自制杠杆测力卷扬机式电动张拉车、弹簧测力卷扬机式电动张拉车等张拉机具。

三、张拉设备的选用及校验

1. 张拉设备的选用

张拉设备必须根据构件特点、生产工艺及预应力钢材的规格、根数等情况选用，一般主要选择适宜的张拉吨位及行程以及压力表的规格。

1）张拉设备需要的张拉力

为保证张拉工作的安全可靠和准确性，所选用张拉设备的张拉力应大于所张拉预应力钢材的张拉力。预应力钢材张拉力的计算方法如下：

$$N_y = \sigma_k A_g n \frac{1}{1\,000} \cdot (1.03 \sim 1.05) \tag{4-1}$$

式中：N_y——预应力钢材的张拉力（kN）；

σ_k——预应力钢材的张拉控制应力（MPa）；

A_g——每根预应力钢材的截面面积(mm^2);

n——同时张拉的预应力钢材根数;

1.03~1.05——超张拉系数,不超张拉时为1.0。

张拉设备的张拉力应有一定的富余量。

2)张拉设备需要的行程

张拉设备的张拉行程应大于预应力钢材的张拉伸长值。伸长值的估算可采用下列公式:

$$\Delta L = \frac{\sigma_k}{E_g}L \tag{4-2}$$

式中:ΔL——预应力钢材的张拉伸长值(cm);

σ_k——预应力钢材的张拉控制应力(MPa);

E_g——预应力钢材的弹性模量(MPa);

L——预应力钢材张拉时的有效长度(cm)。

当张拉设备的行程不足时,也可采取分级重复张拉的方法,但所用锚夹具须能适应。

3)压力表的选用

油压表上的读数反映出拉伸机工作活塞上单位面积所承受的压力,正确掌握油压的大小,才能保证正确的张拉力和生产的安全。压力表读数与张拉力的关系如下列公式:

$$P_u = \frac{N_y}{A_u} \tag{4-3}$$

式中:P_u——压力表读数(MPa);

N_y——预应力钢材的张拉力(N);

A_u——张拉设备的工作油压面积(mm^2)。

为保证压力表的安全,压力表最大量程应为P_u的2.0~7.5倍,精度不应低于1.5级。

2.张拉设备的核验

油压千斤顶的作用力一般用油压表测定和控制。油压表上的指示读数为油缸内的单位油压,在理论上,将其乘以活塞面积即为千斤顶的作用力。但由于油缸与活塞之间有一定的摩阻力,此项摩阻力抵消一部分作用力,因此,实际作用力要比理论的小。为正确控制张拉力,一般均用校验标定的方法测定油压千斤顶的实际作用力与油压表读数的关系。校验时,应将千斤顶及配套使用的油泵、油压表一起配套进行。校验仪器可采用压力试验机、标准测力计或传感器等,一般采用长柱压力试验机的方法。

1)用长柱压力试验机校验

压力试验机的精度不得低于±2%。校验时,应采取被动校验法,即在校验时用千斤顶顶试验机,这样活塞运行方向、摩阻力的方向与实际工作时相同,校验比较准确。

在进行被动校验时,压力试验机本身也有摩阻力,且与正常使用时相反,试验机表盘读数反映的也不是千斤顶的实际作用力。因此,用被动法校验千斤顶时,必须事先用具有足够吨位的标准测力计对试验机进行被动标定,以标定试验机的度盘读数值。标定后,在校验千斤顶时就可以从试验机度盘上直接读出千斤顶的实际作用力以及相应的油压表的准确读数。

用压力试验机校验的步骤如下:

(1)千斤顶就位。当校验穿心式千斤顶时,将千斤顶放在试验机台面上,千斤顶活塞面或撑套与试验机压板紧密接触,并使千斤顶与试验机的受力中心线重合。

当校验拉杆式千斤顶时,先把千斤顶的活塞杆推出,取下封尾板,在缸体内放入一根厚壁无缝钢管,然后将千斤顶两脚向下立于试验机的中心线部位。放好后,调整试验机,使钢管的上端与试验机上压板接紧,下端与缸体内活塞面接紧,并对准缸体中心线。

(2)校验千斤顶。开动油泵,千斤顶进油,使活塞杆上升,顶试验机上压板。在千斤顶顶试验机的平缓增加负载的过程中(此时不得用试验机压千斤顶),自零位到最大吨位,将试验机被动标定的结果,逐点标定到千斤顶的油压表上。

标定点应均匀地分布在整个测量范围内,且不少于5点。各标定点应重复标定3次,取平均值,并且只测读进程,不测读回程。

将以上校验数值填写到校验记录表内(格式可参照表4-13),以供张拉预应力钢材时使用。

张拉设备校验记录表 表4-13

送检单位________

检定地点________ 检定日期________

检定时室温________℃ 有效期至________

张拉设备		名称	型号规格	精度等级	制造厂	出厂标号
	油压千斤顶					
	高压油泵					
	油压表					
检定吨位(kN)		油压表检验读数				
		(一)	(二)	(三)	平均	
试验机	型号规格					
	精度等级					
	制造厂					
	出厂编号					
	备注					

检定单位(盖章)

2)用标准测力计校验

用水银压力计、测力环、弹簧拉力计等标准测力计校验千斤顶,为一种简单可靠的方法,校验拉杆式千斤顶的附加装置与用压力试验机时相同。

校验时,开动油泵,千斤顶进油,活塞杆推出,顶压测力计。当测力计达到一定吨位时,立即读出千斤顶油压表相应读数 P_1,同样方法可得 T_2、P_2、T_3、P_3;此时,T_1、T_2、T_3……即为相应于油压表读数 P_1、P_2、P_3……的实际作用力。将测得的各值绘成曲线,实际使用时,即可由此曲线找出要求的 T 值和相应的 P 值。

3)用电测传感器校验

传感器是在金属弹性元件表面贴上电阻应变片所组成的一个测力装置。当金属元件受外力作用变形后,电阻片也相应变形而改变其电阻值。改变的电阻值通过电阻应变仪测定出来,即可从预先标定的数据中查出外力的大小。将此数据再标定到千斤顶油压表上,即可用以进行作用力的控制。

电测传感器校验千斤顶的装置。横梁与传感器间应设置可转动的球铰,横梁宜设球座。

四、张拉设备的使用及故障的排除

1. 液压拉伸机使用注意事项

(1)油泵中的油液,一般冬天用 10 号机油,夏天用 20 号机油,也可用 2 号或 3 号锭子油、变压器油等性质相近的液压用油。灌入油箱的油液须经过滤清,不得有杂质。通常油液使用半年或 500 工时后,应更新换油并对油路进行清洗。油箱内应保持 85% 左右的油位,不足时应补充,补充的油应与油泵中的油相同。箱内油温宜为 10~40℃。

(2)连接油泵和千斤顶的油管应保持清洁,不用时应用螺丝堵封。油泵和千斤顶不使用时,油嘴也应用螺帽封住,防止灰尘、杂物进入机内。

(3)油泵接电源时,机壳必须接地线,线路必须绝缘良好。

(4)油泵运转时,应将各油路调节阀松开,然后开动油泵,待空负荷运转正常后,再紧闭回油阀,逐渐旋拧进油阀杆,增大负荷,并注意压力表指针是否正常。

(5)千斤顶油泵不宜超负荷工作,油泵安全阀需按设备额定油压或使用油压调整压力,不可任意调整。

(6)油泵停止工作时,应先将回油阀缓缓松开,待压力表指针退回至零位后,方可卸开千斤顶的油管接头螺母。不可在负荷状态下拆换油管或压力表等。

(7)配合双作用千斤顶的油泵,以采用两路同时输油的双联式油泵(如 ZB4/500 型)为宜。

(8)千斤顶在使用时必须保证活塞外露部分清洁,使用完毕后各油缸应回程到底,保持进出口的清洁。

(9)千斤顶张拉升压的,应观察有无漏油、偏斜等情况,必要时应回油调整。进油升压必须徐缓、均匀、平稳,回油降压时应缓慢松开回油阀,并使各油缸回程到底。

(10)双作用千斤顶在张拉过程小,应使顶压油缸全部回油。在顶压过程中,张拉油缸应予持荷,以保证恒定的张拉拉力,待顶压锚固完成后,再使张拉缸回油。

(11)张拉机具应由专人使用和管理,并应经常维护、定期校验。一般在使用前应全面进行校验;使用时,每超过两个月或 200 次,以及在出现不正常现象时,应进行一次校验。

(12)拉伸机的使用必须符合有关规范和使用说明书的规定。

2. 高压油泵常见故障及其排除方法

1)不出油或出油不足

(1)故障产生的原因:①吸、出油阀密封不严;②吸、出油阀垫片失效;③吸油管或滤清器堵塞;④油箱油面太低;⑤油太黏或太脏。

(2)排除方法:①清洗吸、出油阀或更换;②拆换垫片;③除去堵塞物,清洗滤清器;④添加油液;⑤换油。

2)压力上不去

(1)故障产生的原因:①吸油管漏入大量空气;②吸、出油阀密封不严或过度磨损;③吸油阀垫片失效;④压力表座堵塞;⑤有泄漏。

(2)排除方法:①查找漏入空气的位置并予消除;②清洗吸、出油阀或更换;③拆换垫片;④拆下清洗;⑤查找泄漏点,并予消除。

3)压力表指针不稳

(1)故障产生的原因:进油孔油压脉冲过大。

(2)排除方法:一路中孔进油改为二路侧面进油,减缓脉冲。

4)过度发热

(1)故障产生的原因:①泵体内部漏油过多;②油太黏;③冷却跟不上;④工作压力过高。

(2)排除方法:①检查吸、出油阀密封并修理;②换油;③加大油箱容量或附加冷却装置;④检验压力表,避免超负荷。

5)漏油

(1)故障产生的原因:①丝堵松动;②油封垫失效;③柱塞衬套过度磨损。

(2)排除方法:①上紧丝堵;②拆换垫片;③更换柱塞衬套。

6)有噪声

(1)故障产生的原因:①油中混入空气;②吸、出油路有局部堵塞;③油太黏;④轴承磨损;⑤齿轮过度磨损。

(2)排除方法:①查出空气进入途径并予以消除;②除去脏物,使油路畅通;③换油;④换轴承;⑤换齿轮。

7)压力波动

(1)故障产生的原因:①吸、出油阀密封不严或过度磨损;②丝堵松动或垫片失效;③输油系统中存有空气;④衬套移位。

(2)排除方法:①清洗或更换吸、出油阀;②上紧丝堵,更换垫片;③放气,可将油泵连接螺帽拧松,大缸进油,使油液喷出一些,再拧紧螺母;④纠正衬套的位置。

3. 千斤顶常见故障及其排除方法

1)漏油

(1)故障产生的原因:①油封失灵;②油嘴连接部位不密封。

(2)排除方法:①检换密封圈;②修理连接油嘴或更换垫片。

2)千斤顶张拉活塞不动或运动困难

(1)故障产生的原因:①操作阀用错;②回程缸没有回油;③张拉缸漏油;④油量不足;⑤活塞密封圈胀得太紧。

(2)排除方法:①正确使用操作阀;②使回程缸回油;③按漏油原因排除;④加足油量;⑤检换密封圈。

3)活塞不回程或回程困难

(1)故障产生的原因:①操作阀用错;②张拉缸未回油;③回程缸漏油;④回程时油量不足。

(2)排除方法:①正确使用操作阀;②使张拉缸回油;③查漏油原因并排除;④加足油量。

4)千斤顶活塞运行不平稳

(1)故障产生的原因:油缸中存有空气。

(2)排除方法:空载往复运行几次,排除油缸内空气。

5)千斤顶缸体或活塞刮伤

(1)故障产生的原因:①密封圈上混有铁屑或砂粒;②缸体变形。

(2)排除方法:①检查密封圈、消除杂物,修复缸体或活塞;②检查缸体材料、尺寸、硬度,修复或更换。

6)千斤顶连接油管爆裂

(1)故障产生的原因:①油管拆卸次数过多,使用过久;②压力过高;③焊接不良。

(2)排除方法:①注意装拆,避免弯折,不易修复时更换油管;②检查油压表是否失灵,压力是否超过规定;③焊接牢固。

第三节 锚具和夹具

一、锚具和夹具的选用

锚具和夹具是锚固预应力钢材包括冷拉钢筋、热处理钢筋、钢丝、钢绞线等的工具。其中,锚具是在预应力混凝土结构或构件上永久锚固预应力钢材的工具,一般用于后张法;夹具是在张拉阶段和混凝土成形过程中夹持预应力钢材的工具,可重复使用,一般用于先张法。锚具用作张拉时的工具锚时,可重复使用。有些锚具,实际上既可作为锚具,也可作为夹具使用。

在选用锚夹具时应注意下列条件:

(1)锚固或夹持预应力钢材的作用必须充分可靠。

(2)有足够的强度储备,以确保安全。

(3)宜优先选用具有自锚条件和预应力钢材强度利用系数较高的锚夹具。

(4)锚夹具与预应力钢材的品种、规格和张拉设备配套。

(5)构造简单,体形小,造价低,容易保证匀质性。

(6)夹具能重复使用,坚固耐久,张拉锚固及拆卸均方便。

(7)锚夹具符合预应力混凝土结构设计和有关锚夹具的规定。

锚夹具类型很多,各有其一定的适用范围。国内常用的锚夹具如表4-14所示,供选用时参考。

常用锚夹具 表4-14

形式	类别	名称	适用范围		
			预应力钢材	张拉方法	张拉设备
螺杆式	螺杆锚具	YGM 型锚具	高强粗钢筋	后张法	YG-70 型穿心式千斤顶
		螺丝端杆锚具	粗钢筋	后张、先张、电张	
		锥形螺杆锚具	钢丝束	后张	拉杆式千斤顶或穿心式千斤顶或简易张拉机具
	螺杆夹具	螺杆销片夹具	钢筋束	后张自锚	
		单根镦头钢筋螺杆夹具	钢筋束,钢丝束	先张	
镦头式	镦头锚具	钢丝束镦头锚具	钢丝束	后张	拉杆式千斤顶或穿心式千斤顶
	镦头夹具	单根镦头夹具	钢筋	先张	
夹片式	夹片锚具	JM12 型锚具	钢筋束,钢绞线束	后张	穿心式千斤顶
		XM 型锚具	钢绞线束,钢丝束		
		QM 型锚具	钢绞线束,钢丝束		
	夹片夹具	圆套筒三片式夹具	钢筋,钢绞线	先张	拉杆式千斤顶或穿心式千斤顶
		方套筒两片式夹具	钢筋		
锥销式	锥销锚具	钢质锥形锚具	钢丝束	后张	锥锚式千斤顶
		KT-Z 型锚具	钢筋束,钢绞线束		
	锥销夹具	圆齿槽式夹具	冷拔低碳钢丝	先张	手动或电动简易张拉机具
		圆齿板式夹具	碳素钢丝		
其他		帮条锚具	粗钢筋	电张、先张、后张	

注:表中钢筋包括冷拉钢筋和热处理钢筋。

二、常用锚具技术条件及施工应用

常用的锚具,按照锚固原理分,也可分为机械锚固和摩阻锚固两大类。机械锚固是在预应力钢材端部焊上螺丝端杆或将钢筋端头镦粗制成,如螺丝端杆锚具和镦头锚具等。摩阻锚固类的锚具,大多是利用楔形锚固原理制成,如锥形锚、夹片锚等,其构造上的共同特点是都具有一个圆锥形孔的锚圈(或锚环),以及能够锚固若干根预应力钢材的锥形锚塞或夹片,此类锚具用于锚固端时,需具有足够的自锚能力,用于张拉端时,需在适当的顶压力下,能够锚固牢靠,且锚塞或夹片的滑移值小。

常用锚具的技术条件及施工应用如下。

1. 螺丝端杆锚具

螺丝端杆锚具由螺丝端杆及螺母组成,使用时,将螺丝杆与预应力钢筋焊接成一整体,张拉后用螺母锚固预应力钢筋。

螺丝端杆锚具适用于锚固直径为 12~36mm 的冷拉 HRB335、HRB400 钢筋。

螺丝端杆系用热处理 45 号钢制作,不得有裂纹和伤痕,其抗拉强度不小于 700MPa (N/mm^2),伸长率(δ_3)不小于 14%,热处理硬度 HB251~283。螺丝端杆也可用冷拉 45 号钢或与预应力钢筋同品种的冷拉钢筋(但直径应大于预应力钢筋)制作,但冷拉后的机械性能应通过试验确定,并不得低于所焊接的预应力钢筋(冷拉后)的性能指标。

螺母系用 A3 号钢制作,不作热处理。

螺丝端杆与顶应力钢筋的焊接,应在预应力钢筋冷拉以前进行,对焊接头的抗拉强度不得低于预应力钢筋的抗拉强度。在冷拉两端已焊好螺丝端杆的预应力钢筋时,应将螺母放在其端部。经冷拉后,螺丝端杆和螺母均不得发生塑性变形。

张拉一股采用 YL60 型拉杆式千斤顶或 YC60 型、YC18 型穿心式千斤顶(采用电张法时还需配用其他专用设备)。张按时的操作程序除表 4-7 所列外,并应注意下列事项:

(1)千斤顶就位、螺丝端杆连接头进入千斤顶张拉头内后,将连接头扭转 90°,与张拉头连接并卡牢,使千斤顶的撑脚(传力架)支承在构件端部的预埋垫板上。

(2)张拉完毕、拧紧螺母后,应将螺母与螺丝端杆用电弧焊焊接两点,防止螺母松扣,但每个焊点不宜过大,以防过热变形。

2. 锥形螺杆锚具

锥形螺杆锚具系内锥形螺杆、套筒、螺母及垫板等部分组成,适用于锚固 28 根以下直径 5mm 的碳素钢丝。

锥形螺杆和套筒系用 45 号钢制作,调热处理后硬度 HRC30 ~ 35,抗拉强度不小于 700MPa(N/mm^2),锥头 70mm 内的螺纹硬度要求 HRC55 ~ 58,淬透深度 2 ~ 2.5mm。螺母及垫板用 A3 号钢制作,不作热处理。

使用前,应仔细检查,如有裂纹或变形,则不能使用。使用时,应将钢丝均匀分布在锥形螺杆的周围,套上套筒,用千斤顶及工具式预紧器进行预紧,预紧力为张拉力的 105%,以使钢丝牢固地锚着在锚具内、在张拉时不致滑动。

钢丝束一端预紧后,在其末预紧端装上穿束器(套筒外径比中间孔道直径小 10mm 的小型锥形螺杆锚具),在穿束器前栓上牵引用的 $\phi8$ 钢筋,然后即可向清理过的孔道内穿束(钢丝束在孔道内不得有扭结现象)。穿入孔道后,未顶紧端即可进行预紧。

张拉时,应将锚具的螺母连同垫板拧紧于构件端面。注意垫板的排气槽应向上,且放在便于疏通的位置。张拉完毕,应将螺母与锥形螺杆用电弧焊两点,防止螺母松动。

3. 钢丝束锻头锚具

钢丝束镦头锚具可锚固 12 ~ 54 根直径 5mm 碳素钢丝束、主要用于后张法预应力混凝土结构。

钢丝束镦头锚具,分 A 型和 B 型两种。A 型锚具由锚环和固定锚环的螺母组成,用于张拉端,锚环内装上工具式张拉螺杆,再通过工具螺母与千斤顶相连,即可进行张拉。B 型锚具系一锚板,用于固定端。

锚环及锚板均用 45 号钢制作,调质热处理后硬度 HB257 ~ 291。螺母用 30 号钢制作,不经热处理。工具式张拉螺杆和螺母材质同螺丝端杆锚具。

使用时,钢丝穿过锚环或锚板孔眼后,用专用冷镦机将钢丝端部镦成圆头与锚环或锚板固定。

张拉前,先在一端套好锚环、完成镦头(同一束两端分别配有 A、B 型两种锚具时,先完成 A 型锚具一端),待钢丝束穿过孔道后,在另一端套上锚环(或 B 型锚具)完成镦头,接着连接工具螺杆,安装千斤顶。此时,应注意:

(1)工具拉杆与锚环丝扣必须拧足 10 牙以上,与千斤顶的连接工具螺母也需拧足。

(2)千斤顶中心轴线与端部孔道(扩孔)同心,撑脚对正、垫稳。

两端张拉的钢丝束，正式张拉前需进行定位，其方法是，通过数次往复串动钢丝束，使两端锚环离开构件端面距离相等。

上述工作就绪后，按程序张拉。当张拉到控制应力时，锚环被拉出，再用螺母拧紧在锚环外丝扣上，固定在构件端部。配合此锚具采用穿心式或拉杆式千斤顶均可，对于大跨度、长钢丝束等拉伸量大者，宜采用穿心式千斤顶。

4. JM12 型锚具

JM12 型锚具由锚环和夹片组成。锚环有圆、方两种，均用 45 号钢制作，圆锚环用机加工成形，热处理硬度 HRC32 ~ 37；方锚环用模锻成形，不需热处理。夹片由 3 ~ 6 片（冷拉钢筋）或 5 ~ 6 片（钢绞线）组成，用 45 号钢制作，机加工成形，热处理硬度 HRC40 ~ 45。

JM12 型锚具适用于后张工艺中锚固 3 ~ 6 根直径 12mm 的冷拉Ⅳ级钢筋（光圆或螺纹）组成的钢筋束，或 5 ~ 6 根直径 12mm 的 7 支 4mm 钢绞线组成的钢绞线束。各种 JM12 型锚具均可作为工具锚重复使用；但绞 JM12（锚固钢绞线）的夹片，为防止齿纹过于伤损，在用于工作锚前，只可在工具锚中使用两次。

5. 钢质锥形锚具

钢质锥形锚具由锚圈和锚塞组成，均用 45 号钢制作。锚圈与锚塞锥度需吻合；锚塞热处理硬度 HRC55 ~ 58；锚圈需经过磁力射线或超声波等方法探伤，无内伤时方可使用。

钢质锥形锚具适用于锚固以锥锚式千斤顶（双作用或三作用）张拉的钢丝束，每束由 12 ~ 24 根直径 5mm 碳素钢丝组成。还可锚固直径 4mm 的碳素钢丝，但锚具的尺寸需由钢丝的直径确定。

张拉时，必须使锚具和千斤顶对准构件孔道的中心，并通过调整千斤顶卡盘上楔片的松紧，使各根钢丝受力均匀，然后即可进行张拉。张拉到吨位后，顶压锚塞，顶压力不应低于张拉力 60%。

6. XM 型锚具

XM 型锚具由夹片和不同规格、型号的锚环组成。锚环用 45 号钢制成，硬度 HB285。夹片由 60 硅 2 锰（或 20 铬合金钢）制成，硬度 HRC53 ~ 58。

XM 型锚具系列与 YCD20、YCD120、YCD200 等千斤顶配套使用，适用于锚固 1 ~ 12 根 $\phi5$ 钢绞线、钢绞线束（不包括 2 根），1 根 $\phi2$ 钢绞线及 1 ~ 12 束（不包括 2 束）$7\phi5$ 钢丝束。

XM 型预应力设备体系应用操作要点：

1）编束

（1）钢绞线的编束用 20 号镀锌低碳钢丝绑扎，间距 1 ~ 1.5m，束两端各 2m 区段内间距需加密至 50cm。编束时，需将钢绞线理顺，再进行绑扎。

（2）钢绞线下料时用砂轮切割，切口两侧需先用 20 号钢丝绑扎，以防切割后松散。

2）穿束

可以整束索引或用穿束机穿束。

3）安装工作锚

（1）锚具必须经过规定的试验验收程序，合格时方可使用。

（2）锚具使用前需清洗干净，锚圈表面、锚孔内和夹片上均不得粘有油污、铁屑、泥砂等杂物。

(3)应采取适当的定位措施,以保证锚环与孔道对中。

(4)钢绞线端头宜套上长度不等的锥形导帽,以便于逐根穿入锚环的锚孔,穿入时应保持钢绞线顺直,无扭结现象。

(5)每个锚孔中各装入 3 个夹片,并轻轻打齐,但不宜用力过大,以防将夹片打碎。

4)安装千斤顶

(1)检查工作锚安装情况,锚环与孔道是否对中,每个锚孔中是否有 3 个夹片。

(2)安装液压顶压器。

(3)安装千斤顶。

(4)在千斤顶尾部安装工具锚。

5)工具锚

(1)工具锚与工作锚完全相同。

(2)安装前工具锚锚孔需对中,并均匀地涂抹一层厚约 1mm 的蜡质润滑剂,以便张拉完毕后能自动松开。

(3)工作锚、顶压器、工具锚之间的钢绞线必须保持顺直,不能相互扭结,以保证张拉的顺利进行。

(4)工具锚的夹片,其重复使用次数一般不宜超过 10 次。对于重复使用不超过两次的夹片,经清洗干净后可用于工作锚中。

6)张拉

(1)张拉油路的连接。

(2)液压顶压阀使用前应作密封性检查。

(3)张拉:

①张拉达到设计吨位后(由张拉油路上的压力表测出),持荷 2min,关闭进油阀,慢慢打开回油阀卸压,使张拉油路保持油压,将工作锚夹片顶入锚孔中锚固。

在顶压过程中,注意张拉油路升压情况,一般不超过 1 ~ 2MPa,否则应停止顶压,检查原因。

②卸下工具锚、千斤顶及顶压器。

(4)张拉过程中需注意的事项:

①千斤顶行程不得超过 180mm。

②千斤顶油压不得超过最大张拉油压。

③千斤顶的张拉油缸进油时,回程油缸及液压顶压器必须处于回油状态。

④千斤顶的回程油缸进油时,张拉油缸必须处于回油状态。

⑤顶压过程中,必须密切注意张拉油路的升压情况,不得超过 1 ~ 2MPa。

7. 帮条锚具

帮条锚具由一块方形成圆形衬板与三根帮条焊接而成,帮条应采用与预应力钢筋同级别的钢筋,衬板可用普通低碳钢板。

三根帮条应成 120°角,并使帮条与衬板接触的截面在一个垂直面上,以免受力时弯曲。帮条的施焊方向应由里向外,并采用间跳焊,引弧及熄弧均应在帮条上,不使顶应力钢筋咬边及温度过高;同时,帮条锚具的焊接应在预应力钢筋冷拉前进行。

帮条锚具适用于锚固直径 12 ~ 40mm 的冷拉 HRB335、HRB400 钢筋。

三、常用夹具技术条件及施工应用

1. 单根镦头钢筋螺杆夹具

单根镦头钢筋螺杆夹具是在张拉螺杆的一端连接一开有凹槽的大头，将预应力钢筋的镦粗头嵌入凹槽中，即可通过螺杆进行张拉。

此种锚具可在先张法中用以锚夹单根镦粗头的冷拉 HRB335、HRB400、HRB500 钢筋。

2. 单根镦头夹具

由镦头夹具和张拉套筒或抓钩式连接头组成。头夹具用 45 号钢制作，热处理硬度 HRC30 ~ 35，张拉套筒与抓钩式连接头也用 45 号钢制作，热处理硬度 HRC40 ~ 45。

单根镦头夹具与 YL60 型千斤顶配套，适用于具有镦粗头（热镦）的冷拉Ⅱ、Ⅲ、Ⅳ级螺纹钢筋。张拉锚固操作程序如下：

（1）将油泵（LYB44、ZB4/500 等型）与千斤顶张拉油缸接通，使千斤顶的抓钩式连接头卡住夹具两耳。

（2）使回程油缸处于回油状态。

（3）向张拉油缸供油，张拉至规定张拉力（换算成油压值）并测量预应力钢筋伸长值以做参考，使张拉油缸保持油压，垫上垫片，张拉油缸回油，使预应力钢筋锚固。

（4）向回程油缸供油，千斤顶活塞回程至初始位置，张拉结束。

3. 圆套筒三片式夹具

圆套筒三片式夹具由套筒及三片夹片组成。圆套筒内壁呈圆锥形，与夹片锥度吻合；圆锥形夹片内侧开有凹槽，刻有细齿，以夹持钢筋。套筒和夹片均用 45 号钢制作并经热处理，套筒硬度 HRC35 ~ 40，夹片硬度 HRC40 ~ 45。

圆套筒三片式夹具与 YC18 型千斤顶配套，主要在先张法预应力混凝土构件的生产中，用以夹持直径 12 ~ 16m 单根冷拉 HRB335、HRB400、HRB500 热轧螺纹钢筋。使用时，钢筋直径必须与夹具的规格一致，三个夹片应平齐均布地夹持钢筋，并用手锤适当敲紧。

初次使用的夹具，或生过锈又打光的夹具，宜在套筒内壁稍涂黄油，以保证夹具的楔紧作用和便于用毕后退出夹片。

4. 圆锥齿板式及槽式夹具

圆锥齿板式夹具适用于先张法冷拔低碳钢丝或碳素钢丝（刻痕）预应力混凝土构件的生产，它由圆套筒与销子组成，销子切去一块，在切削面上刻有细齿（称齿板）。

圆锥齿板式夹具的套筒及销子均用 45 号钢制作，当夹持冷拔低碳钢丝时，套筒不需进行热处理，销子热处理硬度 HRC40 ~ 45，当夹持碳素（刻痕）钢丝时，套筒热处理硬度 HRC32 ~ 36，销子热处理硬度 HRC48 ~ 52。

圆锥槽式夹具同样由套筒及销子组成，其套筒与圆锥齿板式夹具的套筒通用，但销子上留有 1 ~ 3 个沟槽（称锥销）；当为 3 个沟槽时，沟槽的尺寸大小不等，可分别用以夹持 $\phi3$、$\phi4$、$\phi5$ 的钢丝。

两种夹具每次每个夹具仅能夹持 1 根钢丝。锚固时，将销子的齿板面紧贴钢丝，或将销子沟槽对准钢丝，然后将销子击入套筒内，直至销子小头离套筒端 0.5 ~ 1cm。靠销子挤压所产生的摩擦力锚紧钢丝，但需注意：夹具在定位板接触处易打斜，需在套筒端翘起处用垫板或细钢筋垫紧，使夹具均匀受力。

5. 螺杆销片夹具

螺杆销片夹具在预应力后张自锚工艺或在先张工艺中，用于成束张拉直径 12mm 的冷拉Ⅱ、Ⅲ级钢筋。此种夹具由锚板、销片、螺杆及螺母等组成。锚板有 6 孔、8 孔、10 孔几种，呈长椭圆形，分别最多能锚夹 6 ~ 10 根钢筋。销片为两个半圆片，分软硬两种，中部均开有半圆形凹槽，硬销片槽壁并刻有倒齿，钢筋即是被锚夹于两销片中间。

锚板用 45 号钢制作，热处理硬度 HB269 ~ 298。螺杆也用 45 号钢制作，粗加工后调质热处理，硬度 HB269 ~ 298，最后精加工至设计尺寸。螺母也均用 45 号钢制作，原材料调质热处理，硬度 HB245 ~ 269。

用于后张自锚的操作方法如下：

(1)将预应力钢筋束穿入构件的预留孔道(预应力钢筋束应比构件长 30cm 以上)，将钢筋按顺序穿入夹具锚板的锥形孔内。

(2)安装销片。应在销片背面涂以黄油，便于销片滑进。打紧销片时，其松紧程度应比较均匀。装好销片后即安装螺杆。

(3)安装承力架。在螺杆穿过承力架孔洞后，使承力架的中心线对准钢筋束的中心线，随即拧紧螺母，并在螺杆上拧上张拉头。

(4)安装千斤顶进行张拉。按规定张拉至控制应力时，拧紧螺母，使其锚固在承力架上以后，即可卸去千斤顶。

(5)浇灌自锚头混凝土和孔道灌浆。当其强度达到要求时，用氧—乙炔焰或电弧切割外露钢筋，取下锚板、螺杆、螺母上的水泥浆及油污，涂以黄油，备下次使用。

螺杆销片夹具用于先张法时，在钢筋束中预先穿入定位板，使预应力钢筋的排列符合设计要求位置，然后安装此夹具，安装方法与后张法相同。

四、锚夹具的检验及技术标准(GB/T 14370—2007)

预应力钢材锚夹具进场时，使用单位应按有关产品标准和施工技术规范的规定抽样进行检验，试验项目、方法和标准一般如下：

1. 外观检查

抽样不少于 10%，检查锚夹具的外观和尺寸，应符合设计要求，不得有裂纹，尺寸不得超过允许偏差。钢质锥形锚的锚圈还应进行探伤检验。

2. 硬度检验

抽样不少于 5%，作硬度检验，每个零件测试 3 点，其硬度的平均值应在设计要求的范围内，且任一点的硬度不应大于或小于设计要求范围 3 个洛氏硬度单位(HRC)。如有一个零件不合格，则应逐个检验，合格者方可使用。

3. 强度检验

锥形锚、JM12 型锚等锚具的锚圈、锚环，应在压力试验机上进行强度试验，其安全系数不应小于有关锚具标准的规定。锥形锚具安全系数的计算方法如下：

$$K_p = \frac{p}{\sigma_k A_y} \tag{4-4}$$

式中：p——锚具试验时锚塞连同钢丝的滑脱力(在试验时，将锚塞连同钢丝束压入锚圈，当锚圈发生塑性变形、不能继续提高压力时的轴向力)(kN)；

σ_k——预应力钢丝束的张拉控制应力(kN/mm^2)；

A_y——预应力钢丝束的总截面面积(mm^2)；

K_p——锚具强度安全系数,应符合有关标准和产品标准的规定(锥形锚不小于1.2～1.5,JM12型锚轴向力不低于该锚具规定张拉力的两倍)。

4. 锚固能力检验

预应力钢材和锚夹具组装件静载试验测定的锚固效率系数,计算方法如式(4-5)所示。

$$\eta_a = \frac{F_{apu}}{\eta_p F_{pm}} \tag{4-5}$$

式中：η_a——预应力筋—锚具组装件静载试验测得的夹具效率系数；

F_{apu}——预应力筋—锚具组装件的实测极限拉力；

F_{pm}——预应力筋的实际平均极限抗拉力,由预应力钢材试件实测破断荷载平均值计算得出；

η_p——该值的取用：预应力筋—锚具组装件中,预应力钢材为1～5根时,$\eta_p=1$；为6～12根时,$\eta_p=0.99$；为13～19根时,$\eta_p=0.98$；20根及以上时,$\eta_p=0.97$。

锚具的静载锚固性能应同时满足下列两项要求：

$$\eta_a \geqslant 0.95$$

$$\varepsilon_{apu} \geqslant 2.0\%$$

式中：ε_{apu}——预应力筋—锚具组装件达到实测极限拉力时预应力筋的总应变。

预应力筋—锚具组装件的破坏形式应是预应力钢材的断裂(逐根或多根同时断裂)锚具零件的变形不应过大或碎裂,且应按(GB/T 14370—2007)中6.2.5的规定确认锚固的可靠性。

夹具的静载锚固性能η_g应≥0.92,η_g为预应力筋—夹具组装件静载试验测得的夹具效率系数。

5. 疲劳试验

预应力筋—锚具组装件,除应满足静载锚固性能外,尚应通过200万次循环的疲劳试验。试验应力上限为钢丝、钢绞线或热处理钢筋标准抗拉强度的65%,疲劳应力幅度不应小于80MPa(N/mm^2)。试验后预应力钢材因锚具影响疲劳破坏的面积不大于试验总面积的5%时,即认为合格。

6. 周期荷载试验

在有抗震要求的结构中使用的锚具,还应能承受50次循环的周期荷载试验,试验应力范围为40%～80%预应力筋钢材抗拉强度标准值,试验后不发生破断为合格。

第四节　预应力钢材加工

一、预应力钢材下料长度计算

1. 确定预应力钢材长度时应考虑的因素

预应力钢材下料长度应通过计算确定,计算时应考虑下列因素：

(1)张拉方法。先张法、后张法及电热张拉法等不同的张拉法对预应力钢材在构件外需留出的长度不同。

(2)构件类型,包括构件长度、孔道直曲、孔道长度、一端张拉、两端张拉等。

(3)锚夹具的类别。各种锚夹具的长度、锚夹方法不同,需要的预应力钢材长度不同。

(4)张拉机具类别。各种张拉机具所需留出的预应力钢材长度不同。

(5)预应力钢材类别。钢筋需要冷拉,应考虑冷拉率、弹性回缩率;有的还需要对焊接长考虑接头需要的预留量;钢丝则有的需要应力下料,应力下料后将有弹性回缩的问题。

(6)垫板厚度。包括垫板的数量及各块垫板的厚度。

2.预应力钢材下料长度的简易计算

1)预应力钢材(钢绞线)下料长度的计算(图4-1)

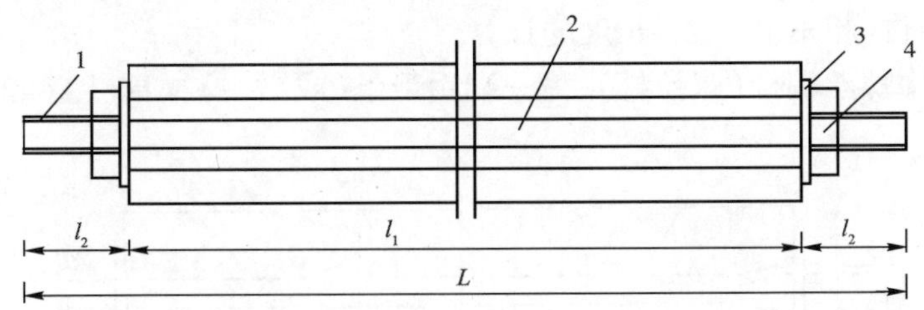

图4-1 预应力钢筋下料长度计算示意图

1-外露预应力钢筋;2-预应力钢筋;3-垫板;4-螺母或锚具

(1)用JM12型锚具以YC60型穿心式千斤顶在构件上张拉时,下料长度L(cm)的计算如下:

①两端张拉时

$$L = l_1 + 2 \times l_2 + \Delta \tag{4-6}$$

②一端张拉时

$$L = l_1 + l_2 + l_3 + \Delta \tag{4-7}$$

式中:l_1——预应力钢筋孔道长度;

l_2——张拉端预应力钢材超出构件外露长度,当采用YL60型千斤顶时,l_2不小于60cm;

l_3——非张拉端预应力钢材伸出构件外露长度,取l_3等于8cm;

Δ——预应力钢筋下料后的弹性回缩值(cm)。

(2)用XM型锚具及相应配套千斤顶在构件上张拉时,下料长度的计算:钢绞线束伸出孔道的长度,张拉端为84cm,非张拉端为20cm。钢绞线束的下料长度L(cm)为:

①一端张拉时

$$L = l_1 + \Delta + 84\text{cm} + 20\text{cm} = l_1 + 104\text{cm} \tag{4-8}$$

②两端张拉时

$$L = l_1 + \Delta + 168\text{cm} \tag{4-9}$$

式中符号意义同前。

(3)用锥形螺杆锚具及拉杆式千斤顶在构件上张拉时,下料长度的计算如下。

钢丝束成品长度

$$L = l_1 + 2 \times l_2 \tag{4-10}$$

式中符号意义同前。

(4)用锥形锚具及锥锚式千斤顶张拉时，下料长度L(cm)的计算如下。

①一端张拉时

$$L = l_1 + l_4 + l_5 + \Delta \tag{4-11}$$

②两端张拉时

$$L = l_1 + 2 \times l_4 + \Delta \tag{4-12}$$

式中：l_5——固定端钢丝束伸出构件外的长度(包括垫板、锚具、钢丝外露锚具的长度等，一般不小于10cm)；

l_4——张拉端钢丝束伸出构件外长度(包括垫板厚度、锚具长度、千斤顶端部至夹盘尾部长度及钢丝露出夹盘外的长度，一般不少于70~80cm)；

其他符号意义同前。

2)预应力钢材(粗钢筋)下料长度的计算

(1)当一端用螺丝端杆(张拉杆)、另一端用帮条(或镦头)锚具(图4-2)时。

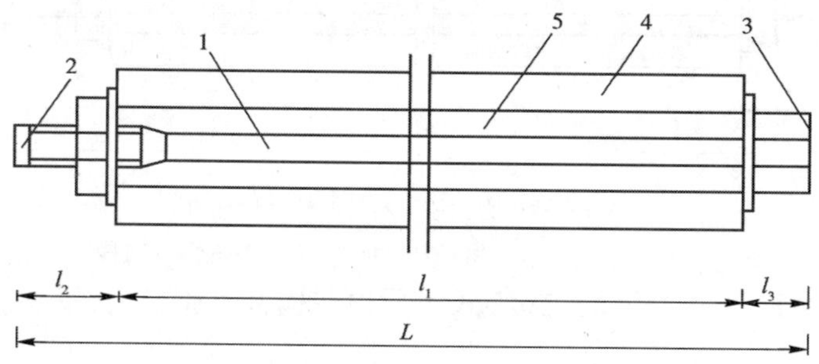

图4-2 粗钢筋下料长度计算示意图(一)

1-预应力筋;2-螺纹张拉杆锚具;3-帮条锚具;4-混凝土构件;5-预应力孔道

$$L = l_1 + l_2 + l_3 \tag{4-13}$$

式中：l_1——预应力孔道长度(cm)；

l_2——张拉工作长度(含锚垫板和锚固螺母厚度)(cm)；

l_3——帮条锚具长度，取7~8cm。

(2)当一端采用螺丝端杆(张拉杆)锚具、另一端采用镦头锚具(图4-3)时，下料长度计算与式(4-13)相同，只是l_3变换为镦头锚具的长度。

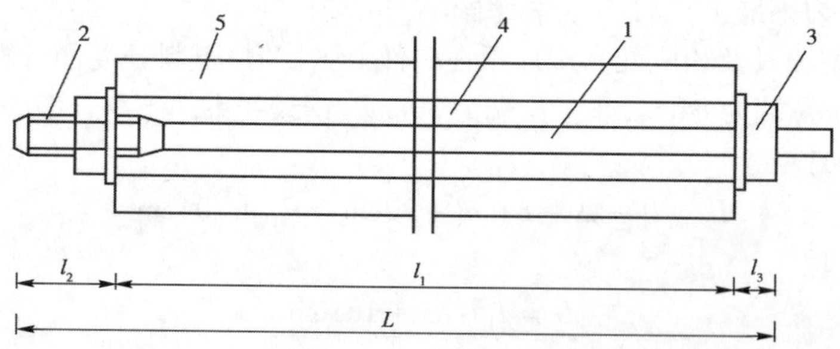

图4-3 粗钢筋下料长度计算示意图(二)

1-预应力筋;2-螺纹张拉杆锚具;3-镦头锚具;4-预应力孔道;5-混凝土构件

(3)两端张拉时，下料长度计算如下：

$$L = l_1 + 2 \times l_2 \tag{4-14}$$

式中符号意义同前。

二、预应力钢材镦粗头

1. 常用镦头机械性能及适用范围

预应力钢材采用镦头锚具时，其端头必须镦粗。镦粗的方法有热镦和冷镦两种，冷镦又有机械式镦头和液压式镦头。钢筋（丝）常用镦头方法及适用范围参见表4-15及表4-16。

钢筋（丝）镦头方法及常用镦头机械性能　　表4-15

镦头方法		适用范围
电热镦头法		钢筋
冷镦法	机械镦头	冷拔低碳钢丝
	液压镦头	高强钢丝

注：本表参考《公路桥涵施工技术规范》（JTG/T F50—2011）编制。

冷压冷镦机技术性能　　表4-16

项　目	SLD－10	SLD－40	YLD－45
冷镦钢筋直径（mm）	5	5～14	5～12
额定油压（MPa）	30	30	40
最大镦头力（kN）	100	400	450
镦头活塞行程（mm）	8	—	25
夹紧活塞行程（mm）	6	—	32
生存率（头/min）	4～6	1.5	4～5
外形尺寸（cm）	15×24	26×42	15×35
质量（kg）	1.85	80	33

2. 电热镦粗头

1）电热镦粗头设备

钢筋电热镦粗头可采用UN_1－75型或UN_1－100型手动对焊机，唯需增加两个零件，一个是紫铜棒（用优质紫铜制成，端面平整），起电极和顶头双重作用，另一个是镦头模具，上下模具均用紫铜制作，做成合适的喇叭口和纵槽，其尺寸根据要求而定。

2）电热镦粗头操作要点

先将端面经过除锈、磨平的钢筋放入模具，根据钢筋直径d的大小留出一定的“镦粗余量”（一般为$1.5d$～$2.0d$），然后接通电源，调整电流极数，同时接上冷却水，再用操纵杆使钢筋头与紫铜棒端头接触，在一定压力下经多次脉冲式通电加热，待钢筋端部发红变软，即交替加热加压，直到预留的镦粗余量完全加压，待镦粗的钢筋冷却后重新放入模具中顶紧紫铜棒端面，进行脉冲式通电至钢筋呈现暗红色为止。

3）电热镦粗头注意事项

（1）镦粗头钢筋端头15～20cm范围内的锈需除净。钢筋端头需磨平且不能有弯曲。电极需夹紧，以免爆火烧伤钢筋，致使钢筋强度降低或镦头脆断。

（2）镦粗头时，通电加压应根据钢筋软化程度缓慢均匀地进行，不可等钢筋全部软化后过猛加压。为防止钢筋过软、成形不良,必须严格控制温度。

(3)镦粗头后,HRB335、HRB400 钢筋可不回火处理。

(4)镦粗头过程中,应注意防风、防雨、防潮、防突然冷却。冬季及阴雨天,应在室内操作,室内气温以保持在 10℃以上为宜,刚镦好的镦粗头应在室内逐渐冷却后方可运出。

3. 机械式冷镦器、冷镦机操作要点

1)SD5 手动冷镦器

操作时,扳动夹具的开合扳手使夹具张开后,将钢丝插入直抵镦头活塞。放松开合扳手,靠弹簧力量夹住钢丝。然后扳动偏心轴手柄冷镦钢丝。手柄复位后,扳动夹具的开合扳手,即可取出已镦头的钢丝。当冷镦不同直径的钢丝时,应调整夹具连接螺母,使钢丝有相应的镦锻预留长度。$\phi3$、$\phi4$、$\phi5$ 冷拔低碳钢丝的预留长度相应为 8 ~ 9mm、10 ~ 11mm、12 ~ 13mm。

2)YD5 型移动式电动冷镦机

操作时,开动电动机,冷镦机即进入不停的工作状态。待夹具张开后,将钢丝插入,冷镦机即自动完成夹紧、镦头作用。夹具再次张开时,即可取出已镦头的钢丝。当冷镦不同直径的钢丝时,应调整镦头模与夹具间的距离,使 $\phi4$、$\phi5$ 冷拔低碳钢丝分别有 10 ~ 11mm 或 12 ~ 13mm 镦锻预留长度。

3)GD5 型固定式电动冷锻机

操作时,开动电动机,冷镦机即进入不停地工作状态。冷镦方法同 YD5 型冷镦机。

4. 液压冷镦

镦头时,压力按钢筋直径大小确定,可用油泵的安全阀控制。先将冷镦机回油,夹片放大,再将钢筋端头插入三片夹片的各个孔内,进行送油和加压镦头,油压表达到规定值后立即回油、拉出钢筋。钢丝镦头预留长度应为钢筋直径的 1.5 ~2.0 倍,并需保证下料长度一致。

5. 镦粗头质量要求

镦粗头应逐根进行外观检查,不得有镦头歪斜或烧伤等缺陷。同时当第一次进行镦头工作时,还应取镦头总数的 3% 做抗拉试验,其抗拉强度不得小于母材抗拉强度的 98%,若有一根试件不合格,应加倍取样试验,如仍有试件不合格,则应逐根试验。镦粗头的质量及检验方法应符合有关施工技术规范的规定。

三、预应力钢材下料及编束

1. 钢丝束

1)调直下料

钢丝均为盘圆,下料前必须调直。$\phi5$ 大盘径钢丝用调直机调直后即可下料。小盘径钢丝,需采用应力下料的方法,以使钢丝束中每根钢丝的长度尽量相等,张拉时应力均匀。应力下料时的应力值一般可采用 300MPa(N/mm^2),例如直径 5mm 的钢丝(A_y = 9.63mm^2),就需要在 6kN(300 × 19.6 ≈6kN)的拉力下量出需要的长度,然后放松、切断。应力下料一般可用细钢筋冷拉设备,一次完成开盘、调直及应力下料工作。

当用镦粗头锚具时,同束钢丝中,下料长度的相对差值不应大于 L/5 000,且不得大于 5mm(L 为钢丝下料长度);在长度不大于 6m 的先张构件成组张拉时,相应差值不得大于 2mm。

当用锥形锚具时,只需调直,可不采用应力下料。

在夏季下料时，尚需考虑温度变化的影响，不同时间、不同温度下料的钢丝，应分别堆放和编束。

2)编束

编束前需逐根用游标卡尺检查钢丝两端的直径，同一束中钢丝直径偏差不宜超过0.1mm。

编束应在平整的地坪上进行，每束按规定的根数逐根排列理顺，一端对齐。每隔1.0～1.5m安放梳子板，分别将钢丝嵌入梳子板内，然后用18～22号铅丝在梳子板处按次序编织成片，最后每隔1.0～1.5m放一只外径与钢丝束内径相适应的弹簧圈或短钢管，将钢丝片合龙捆扎成束。

2.钢绞线束

1)预拉

钢绞线在下料时应进行预拉，以减少钢绞线的构造变形和应力松弛损失，同时也便于等长控制。预拉应力值取用钢绞线抗拉强度的80%～85%，预拉速度不宜过快，拉至规定应力后应保持5～10min再放松。

2)下料

下料时，切割口的两侧各5cm处先用铅丝绑扎，然后再切割。切割后应立即将切割口焊牢，以防松散。如用电弧切割，地线应靠紧割点并与钢绞线夹紧，以防火花烧伤钢绞线，降低强度。

3)编束

编束应在地坪上进行，使钢绞线平直。每束内各根钢绞线应编号并顺序摆放。每隔1m用18～22号铅丝编织、合龙捆扎。

3.钢筋束

1)下料

钢筋束的下料应经开盘、冷拉、调直等工序，当采用螺杆镦粗夹具等锚夹具时，尚需增加镦粗工序。下料时每束内钢筋的长度应力求一致，两端有镦头时，其长度更应保证精确。

2)编束

编束方法一般同钢丝束。但采用镦头锚具的钢筋束，在编束时应将镦头相互错开5～10cm，待穿出孔道后再敲平。

第五节　先　张　法

一、概述

先张法是在张拉台座或钢模上首先张拉预应力钢材、达到要求的控制应力后，用夹具将预应力钢材临时固定、然后浇筑混凝土的预应力混凝土施工方法。采用此种方法时，当混凝土达到一定强度(一般不低于设计规定混凝土强度等级的70%)后才能放松预应力钢材。顶应力钢材放松后，通过混凝土和预应力钢材间的黏结力，使混凝土构件获得预压应力。

先张法适用于预制厂或现场集中成批生产的各种中、小型预应力混凝土构件，较之后张法，其优点如下：

(1)由于多是在长线台座上成批生产，故生产效率高，也容易保证工程质量。

(2)由于预应力钢材是依靠与混凝土间的黏结力而自锚，故不需锚具；张拉时所使用的夹具可重复使用；也不需要预留孔道和压浆。因此，可节约材料、劳力和降低成本。

(3)由于预应力是通过预应力钢材与混凝土间的黏结力直接传递，应力控制较准确，整体性、抗裂性较好。

先张法的缺点为：

(1)一般需用固定的台座生产，占地面积较大，采用钢模时，则一次投入费用较大。

(2)在预制厂集中生产时，构件需运送到现场，长大构件和重型构件的生产和运输受到一定限制。

(3)采用蒸汽养护混凝土时，为减少温度应力损失，需采用两阶段养护方法，较费工。

先张法的基本工艺流程参见图4-4。

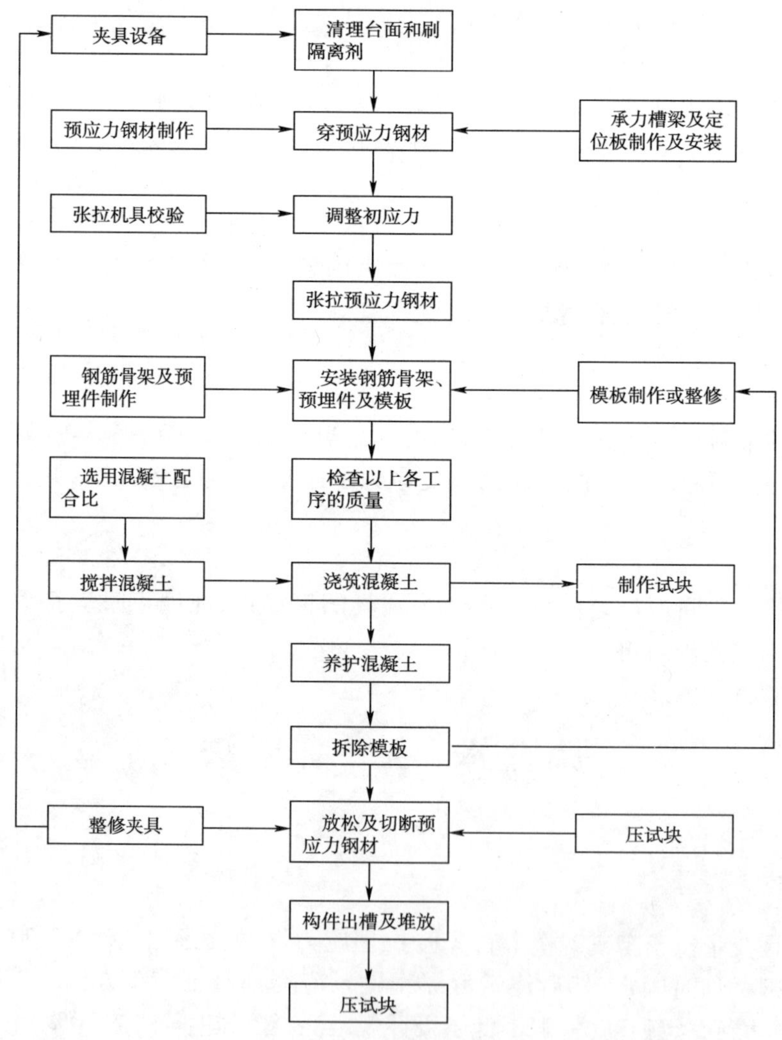

图4-4　先张法工艺流程图

二、台座

台座为先张法生产工艺的主要设备之一，承受预应力钢材张拉时的全部张拉力，因此，应具有足够的强度、刚度和稳定性。

台座按其构造形式可主要分为墩式、槽式，但也常采用简易式，应根据生产构件的种类、所需要的承载能力(即张拉时必须承受的总张拉力)、设备条件及地形、土质等情况，因地制宜地选用和设计。

1. 墩式台座

墩式台座适用于永久性的预制厂制作中小型预应力混凝土构件。此种台座主要由传力墩、台面、横梁等组成，由于台面宽广，可成批生产多种构件，也可采用叠层生产方式，不因受台座宽度限制而妨碍支模、浇筑混凝土等工作的进行。

1)台座构造

(1)传力墩

传力墩主要用于承受预应力钢材的张拉力，一般用钢筋混凝土建成，可做成整浇式，也可做成装配式。常用的形式如下：

①重力式墩。传力墩较多采用的是重力式墩。这种台座在张拉力作用时，主要依据自重抵抗倾覆，依靠台座与其基底土壤间的摩阻力和土壤顶推力抵抗水平滑移，适用于总张拉力 1 000 ~2 000kN 的张拉。

②传力墩与台面共同受力式。此种构造是利用局部加厚的台面分担张拉力，顶撑传力墩的滑移，这样便可减小传力墩体积或增加其抵抗张拉力的能力。

③爆扩桩式传力墩。此种传力墩一般由两根斜桩或一根直桩、一根斜桩构成。斜桩与地面交角成45°，桩径 30cm 左右，桩端直径 100cm 左右，垂直埋深 3 ~4m，适用于叠层生产各种板、梁等中小型构件。

④预制三脚架。三脚架一般采用钢筋混凝土构造，支架底面需设置砂砾垫层，支架上回填土需分层夯实。

⑤装配式传力墩。系全部用型钢装配而成。

⑥半装配式传力墩。此种传力墩，上部采用型钢制成，下部为钢筋混凝土底板，用螺栓将上下部连接起来。

(2)台面

台面一般有两种形式：一种为现浇式混凝土台面，一种为装配式混凝土台面。现浇混凝土台面是在夯实平整的基土上浇铺一层素混凝土，并适当设置伸缩缝。装配式台面一般是利用混凝土预制构件组成；铺筑时，在夯实平整的基土上铺一层预制构件，然后将构件之间的缝隙用素混凝土填实，连成整体；必要时再作一面层；此种台面的构件，用完后一般还可使用到工程上。

台面是在制作预应力混凝土构件时作底模用，因此，表面必须平整、光滑，并有 0.3% 左右的横向坡度以利于排水。

(3)横梁和定位板

横梁为主撑定位板、固定预应力钢材，并将张拉力传给台座的构件，一般用型钢或钢板焊接制成，也可采用钢筋混凝土梁。横梁的截面尺寸应根据横梁跨度和张拉力的大小，通过计算确定，必须具有足够的刚度和稳定性，避免受力后弯曲或翘曲，一般规定受力后挠度不大于2mm。

定位板用于固定预应力钢材，一般采用钢板，其厚度应根据横梁间距和张拉力大小通过计算确定。定位板上的孔径应比预应力钢材直径大1～2mm，也可开成长条形槽孔，便于调整预应力钢材的位置。

2）台座设计要点

（1）外形尺寸

台座长度（即张拉端与锚固端之间的距离）主要根据构件长度、生产规模和地形条件确定。生产用冷拔低碳钢丝或高强钢丝配筋的钢筋混凝土构件时，台座长度一般为100m左右，不大于150m，此种台座称为长线台座。台座宽度主要根据预应力混凝土构件数量、尺寸及操作条件确定，一般不大于2.5m。

（2）稳定性验算

①倾覆稳定性系数 K_1 应大于或等于1.5，验算方法如公式（4-15）所示。

$$K_1 = \frac{M_1}{M_2} \geqslant 1.5 \tag{4-15}$$

式中：M_1——抗倾覆力矩，主要由台座自重及土压力等产生；

M_2——倾覆力矩，主要由预应力钢材的张拉力产生。

②滑移稳定性系数 K 应大于或等于1.3，验算方法如公式（4-16）所示。

$$K_2 = \frac{T_1}{T_2} \geqslant 1.3 \tag{4-16}$$

式中：T_1——抵抗滑动的力，主要由台座底面与土壤之间的摩阻力、台面顶力及土壤顶力等产生；

T_2——滑动力，即总张拉力。

2. 槽式台座

槽式台座（又称柱式或压杆式台座）主要由传力柱、传力架（包括前后横梁、螺丝杆等）、台面等组成。槽式台座既可承受张拉力，又可作为构件蒸汽养护槽，适用于在预制厂制作用粗钢筋做预应力钢材的大型构件。

1）台座构造

传力柱与传力墩的作用相同，用于承受预应力钢材的张拉力，一般为整体浇筑的钢筋混凝土结构。临时性预制场地，也可用混凝土块体、钢管等组成或利用预制构件。

传力架（又称张拉架）系配合千斤顶供张拉使用。传力架有四横梁式和二横梁式。四横梁式包括前后活动横梁和前后固定横梁，可用于同时成组张拉多根预应力钢材。二横梁包括前后固定横梁，用于逐根张拉预应力粗钢筋。

2）设计要点

槽式台座长度的计算方法与墩式台座相同，即台座长度应为构件长度的倍数再加一定的施工操作需要长度。台座宽度主要决定于构件外形尺寸及生产操作的需要，一般每条生产线内部宽度为1～1.5m。台座深度应根据设备条件、施工难易的原则确定。

槽式台座的传力柱（包括端挂）可参照偏心受压柱构造进行计算。

3. 简易式台座

一些中小型构件，配筋不多，张拉力不大，预应力钢材离台面较近，因而张拉时的倾覆力矩不大。在设计此类台座时,可按传力墩和台面共同受力考虑,因而台座可较简单。

三、张拉控制应力及张拉程序

1. 控制应力

预应力钢材张拉时的控制应力 δ_k 由设计确定,δ_k 一般已考虑预应力的损失,未考虑到的预应力损失或设计中考虑的预应力损失与实际不符合时,可通过试验并经有关方面同意后进行调整。为减少预应力损失,张拉时常进行 3% ~5% 的超张拉。但在任何情况下,最大张拉应力不应超过表 4-17 的规定。

最大张拉应力　　表 4-17

预应力钢材类别	最大张拉应力	预应力钢材类别	最大张拉应力
HRB335/HRBF335、HRB400/HRBF400	屈服点的 95%	冷拉钢丝	抗拉强度的 75%
矫直回火钢丝、钢绞线、热处理钢筋	抗拉强度的 80%		

2. 预应力损失

预应力钢材在张拉时及张拉后会损失一部分预应力。这部分预应力损失在设计时一般已予以考虑,但在张拉时如发现控制应力和伸长率不正常,应核对设计上的依据并予以纠正。预应力损失原因、计算方法和减少措施一般如下:

1)预应力钢材与孔道壁之间的摩擦

由此项原因所引起的预应力损失 δ_{s1} 可按下列公式计算:

$$\delta_{s1} = \delta_k[1 - e^{-(\mu\theta + kx)}] \tag{4-17}$$

式中:δ_k——张拉钢材时锚下的控制应力;

μ——预应力钢材与管道壁的摩擦因数,可按表 4-18 采用;

θ——从张拉端至计算截面曲线管道部分切线夹角之和(rad);

k——管道每米局部偏差对摩擦的影响系数,见表 4-18;

x——从张拉端至计算截面的管道长度(m)。

预应力钢材与管道壁的摩擦因数表　　表 4-18

项次	孔道成形方式	k	μ 值	
			钢丝、钢绞线、光面钢筋	变形钢筋
1	预埋铁皮管道	0.003	0.35	0.40
2	橡胶管轴芯成形	0.001 5	0.55	0.60
3	钢管抽芯成形	0	0.55	0.60
4	预埋波纹管道	0.000 6 ~0.001	0.16 ~0.19(钢绞线)	

为减少预应力钢材与孔道壁之间的摩擦损失,应使孔道直顺、干净,并可在张拉时采取重复张拉的方法。孔道摩擦损失值可按下列步骤进行测定和核对。

(1)梁的两端安装千斤顶并同时充油,保持一定的张拉值(约 4MPa)。

(2)甲端封闭,乙端张拉。张拉时分级升压,直至张拉控制应力,如此反复进行三次,取两端压力差的平均值。

(3)仍按上述方法张拉，但乙端封闭，甲端张拉，取两端三次压力差的平均值；

(4)将上述两次压力差平均值再次平均，即为孔道摩擦力的测定值。但如两端为锥形锚，上述测定值应扣除锚圈口的摩擦力。

2)锚具变形、钢筋回缩和拼装构件的接缝压缩

此项预应力损失按下列公式计算：

$$\delta_{s1}=\frac{\sum\Delta l}{l}E_y \tag{4-18}$$

式中：Δl——锚具变形、钢筋回缩和接缝压缩值，一般按表4-19采用；

l——预应力钢材的有效长度；

E_y——预应力钢材的弹性模量。

一个锚具变形、预应力钢材回缩和一个接缝压密值 表4-19

项 次	锚具、接缝类型	变形形式	变形值(mm)
1	带螺母的锚夹具： 螺母缝隙； 每块后加垫板的缝隙	缝隙压密	 1 1
2	钢丝束的镦头锚具	锚具变形	1
3	锥形锚具	预应力钢材回缩及锚具变形	6
4	夹片式锚具	预应力钢材回缩及锚具变形	5
5	楔片式锚具： 用于预应力粗钢筋时 用于预应力钢绞线时	预应力钢材回缩、锚具变形及垫板压密	 2 3
6	分块拼装的接缝： 浇筑接缝或干接缝 薄胶接缝	接缝压密	 1 0.5
7	单根冷拔低碳钢丝的锥形锚具	锚具变形	5

当张拉时的锚具变形、预应力钢材回缩和拼装构件的接缝压缩与设计采用的不符而影响控制应力时，应加以调整。

3)先张法预应力混凝土构件采用加热养护时，由预应力钢材与台座间的温度差所引起的应力损失δ_{s8}(MPa)

$$\delta_{s8}=2(t_2-t_1) \tag{4-19}$$

式中：t_2——混凝土加热时，预应力钢材的最高温度(℃)；

t_1——张拉时场地的温度(℃)。

当采用分阶段蒸汽养护措施时，可减少温差引起的应力损失。当台座与构件共同受热、共同变形时，不计入温差引起的应力损失。

4)后张构件预应力钢材采用分批张拉时，先张拉的预应力钢材由于张拉后批预应力钢材所产生的混凝土弹性压缩引起的应力损失

$$\delta_{s4}=n_y\sum\Delta\delta_{h1} \tag{4-20}$$

式中：$\Delta\delta_{h1}$——在先张拉预应力钢材重心处，由张拉各批预应力钢材产生的混凝土法向应力；

n_y——预应力钢材与混凝土弹性模量比。

如在设计中未考虑分批张拉的预应力损失，则应在张拉时将计算的预应力损失分别加到先张拉预应力钢材的张拉控制应力值内，或采用同一张拉值，然后逐根复拉补足的方法。

5）在先张预应力混凝土构件中放松钢筋时，由于混凝土弹性压缩引起的预应力损失

$$\delta_{s4} = n_y\delta_{h2} \tag{4-21}$$

式中：δ_{h2}——在计算截面重心处，由预加应力产生的混凝土法向应力。

6）预应力钢材松弛

预应力钢材张拉后随时间的增加而逐渐松弛、应力降低。由松弛引起的应力损失的终极值，按下列公式计算。

（1）对于冷拔钢筋

一次张拉时 $$\delta_{s5} = 0.05\delta_k \tag{4-22}$$

超张拉时 $$\delta_{s5} = 0.035\delta_k \tag{4-23}$$

（2）对于钢丝、钢绞线

一次张拉时 $$\delta_{s5} = 0.07\delta_k \tag{4-24}$$

超张拉时 $$\delta_{s5} = 0.045\delta_k \tag{4-25}$$

式中：δ_k——张拉时锚下控制应力，如设计上按超张拉计算预应力损失，张拉时应进行超张拉。

7）预应力钢材与锚圈口的摩擦

预应力钢材与锚圈口的摩擦所引起的预应力损失，在设计上一般已考虑在内，当未考虑时，或在张拉过程中伸长值不正常时，应进行锚圈口摩擦损失的测定。用油压千斤顶测定时，可在张拉台上或用一根中心有直孔道的钢筋混凝土短柱进行。两端均用锥形锚时，其测定步骤如下：

（1）两端同时充油，油表数值均保持4MPa，然后将甲端封闭作为被动端，乙端作为主动端张拉至控制吨位。设乙端控制吨位为 N_z，甲端相应吨位为 $-N_b$，则锚圈口摩阻力：

$$N_0 = N_z - N_b \tag{4-26}$$

克服锚圈口摩阻力的超张拉系数：

$$n_0 = \sqrt{\frac{N_z}{N_b}} \tag{4-27}$$

测试反复进行三次，取平均位。

（2）乙端封闭，甲端张拉，同样按上述方法进行三次，取平均值。

（3）两次的 N_0 和 n_0 平均值再予以平均，即为测定值。

3. 张拉程序

张拉程序应符合设计的规定。当设计未规定时，可按表4-20的张拉程序进行张拉。

4. 张拉应力的校核

（1）钢丝张拉应力的测定及校核张拉钢丝时，一般用弹簧测力器或杠杆测力器测定，并自动控制钢丝的张拉力。弹簧测力器由压力弹簧、压板、传力杆、读数放大装置等组

成，弹簧最大压力应为钢丝张拉力的1.5倍以上。弹簧测力器需进行标定，使用过程中需定期校验。

先张法预应力钢筋张拉程序　　表4-20

预应力筋种类		张拉程序
钢丝、钢绞线	夹片式等具有自锚性能的锚具	普通松弛预应力筋：0→初应力→1.03σ_{con}（锚固）； 低松弛预应力筋：0→初应力→σ_{con}（持荷5min锚固）
	其他锚具	0→初应力→1.05σ_{con}（持荷5min）→0→σ_{con}（锚固）
螺纹钢筋		0→初应力→1.05σ_{con}（持荷5min）→0.9σ_{con}→σ_{con}（锚固）

注：①表中σ_{con}为张拉时的控制应力值，包括预应力损失值。

②张拉螺纹钢筋时，应在超张拉并持荷5min后放张至0.9σ_{con}，再安装模板，普通钢筋及预埋件等。

张拉应力也可用2CN－1型双控或单控钢丝内为测定仪等设备进行测定和校验。

张拉时，除核测钢丝应力外，尚应测定钢丝的张拉伸长值。实测张拉伸长值与计算伸长值相差应控制在一定范围[允许误差根据有关施工规范确定，按《公路桥涵施工技术规范》(JTG/T F50—2011)的规定为±6%]，如误差过大，应查明原因，重新张拉。

(2)钢筋张拉应力的测定及校核：

预应力钢筋张拉应力的校核，一般用预应力钢筋的伸长值进行。张拉前先按预应力钢筋的张拉力和长度计算出理论伸长值，然后与在张拉过程中实测的伸长值进行比较。误差允许范围同钢丝。

钢筋张拉应力也可用钢筋应力测定仪等设备进行测定和校核。

四、预应力钢材张拉

1.张拉前的准备工作

(1)计算预应力钢材的张拉力及其相应的伸长值。

(2)配套检验张拉机具。

(3)夹具准备。

(4)制作和安装定位板，检查定位板上的钻孔位置和孔径大小。预应力钢材定位板孔眼与台面距离必须准确，以确保预应力钢材的保护层厚度。

(5)制备和涂刷隔离剂。

(6)穿预应力钢材，沿台面每隔一定距离放置木楞或圆钢筋头垫起预应力钢材，以控制保护层厚度，防止穿预应力钢材时碰掉隔离剂或沾污预应力钢筋。

(7)接长预应力钢材。

2.张拉操作要点

1)单根钢丝张拉

(1)用SL1型手动螺杆张拉器张拉。工作原理系用扳手扳动张拉螺母，带动张拉螺杆沿轴向作往复直线运动。张拉力由夹具、张拉螺杆传到张拉螺母，后者压在测力弹簧上。对应于弹簧压缩变形的张拉力数值，由测力装置直接读出。

操作时，先打开夹具偏心块，将钢丝端部插入并夹牢。摇动扳手使钢丝受拉，直至达到规定的张拉力数值。在台座定位板上钳固好钢丝后，将棘爪换向，再摇动扳手，放松钢丝。至此即完成一次张拉操作。

(2)用DL1型电动螺杆张拉机张拉。工作原理为：电动机正向或反向转动时，通过减速箱带动螺母旋转，螺母即推动螺杆沿轴向作往复直线运动。

操作时,先按要求的张拉力调整好测力计标尺,将钢丝插入钢丝钳中夹住,然后开动电动机,螺杆向后运动,钢丝即被张拉。当达到张拉力数值时,电动机即自动停止转动。锚固好钢丝后,使电动机反向旋转。此时,螺杆向前移动,放松钢丝,即完成一次张拉操作。

(3)用弹簧测力卷扬机式张拉车张拉。张拉钢丝时,先将张拉车顶杆顶在定位板前;将钢丝端头插入齿轮式夹具内,扳动夹具手柄,将钢丝夹紧。开动电动机,通过变速箱传动,使卷扬机卷筒上的钢丝绳收绕,带动弹簧测力小车向前移动,使钢丝受拉。此时,通过传力杆端的压板,将测力弹簧压缩,当弹簧压缩到规定的位置时,压板上的顶针触动行程开关,便自动断电停车,完成一次张拉。按张拉程序张拉完毕后,用夹具将钢丝锚固在定位板上后,放松钢丝绳,测力弹簧恢复到原来位置,扳动手柄,松开张拉夹具,即可移至另一根钢丝进行张拉。

(4)用平衡重张拉小车张拉操作要点:

①在荷重盘上放置张拉所需的重物(计算确定)。

②用链滑车将荷重盘提高,使张拉夹具夹住钢丝,然后放下荷重盘,张拉钢丝,随即打紧锚固夹具。

③提起荷重盘,放松钢丝绳。

④检查钢丝应力,无误后,卸下张拉夹具,张拉完毕。

荷重坑深度与台座长度、钢丝伸长值有关,应计算确定。

当张拉两根钢丝时,可用滑轮平衡器使两根钢丝的张拉力一致。

2)成批钢丝张拉

成批钢丝张拉可采用三横梁或四横梁和台座千斤顶在张拉合座上张拉。张拉前应调整初应力,使每根预应力钢丝的初应力一致。然后再进行张拉;张拉完毕后,用螺母将预应力钢材锚固在横梁上。千斤顶行程不够时,可采用重复张拉的方法。

3)单根钢筋张拉

张拉单根钢筋,可用YC18、YC60或YL60千斤顶在台座上张拉,也可用简易机具进行张拉,直径12mm的钢筋一般用YC18型穿心式千斤顶较为适宜。用YC18型千斤顶张拉时,张拉端可用圆锥形夹具锚固,固定端可用镦粗头锚固。张拉操作步骤和方法如下:

(1)将钢筋穿入台座两端定位板中,并在张拉端用圆锥形夹具固定。

(2)安装千斤顶,千斤顶穿过钢筋并用千斤顶的顶压头顶紧夹具的套筒,钢筋尾部用圆锥形夹具或其他夹具夹紧。千斤顶轴线与预应力钢筋中心线应重合。

(3)打开高压油泵的油嘴A、关闭油嘴B,开动高压油泵,由A油嘴进油(如图4-5),使张拉油缸慢慢伸出,钢筋随之伸长。钢筋拉紧后应检查定位板位置是否准确,如有偏差,应调整定位板。

(4)张拉到规定张拉力后,关闭油嘴A,使张拉油缸在规定的张拉力下持荷,同时使顶压活塞顶压圆锥形夹具的夹片,锚紧钢筋。

(5)顶锚完毕后,开启B油嘴缓慢回油,使张拉油缸回程,使顶压头活塞在回程弹簧力作用下回程。

(6)松开尾部夹具,卸下千斤顶。

4)钢筋成批张拉

一般可用四横梁或三横梁和台座式千斤顶张拉,张拉方法同钢丝的成批张拉。

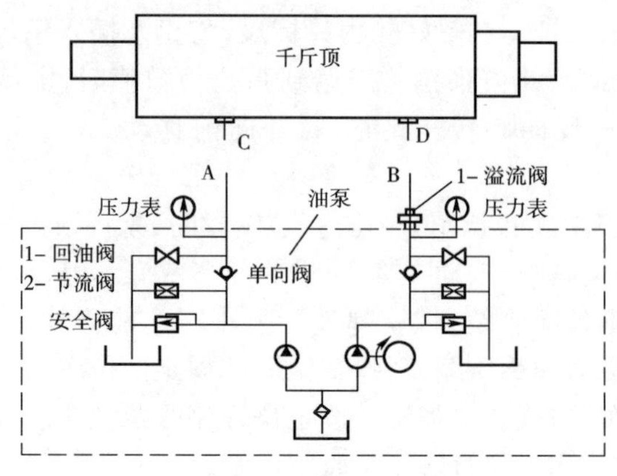

图 4-5 张拉操作示意图

五、混凝土浇筑及养护

1. 混凝土的浇筑

预应力钢材张拉完毕后，即可浇筑混凝土。在长线台座上浇筑混凝土时，一般可从台座的一端向另一端顺序进行，一次同时浇筑的生产线数取决于浇筑速度和模板的构造形式，但每条生产线上的构件必须一次连续浇筑完毕。

浇筑混凝土时，可根据构件的宽度、高度、厚度等情况适当选用插入式或平板式振动器振捣，振捣时，需特别注意防止碰撞预应力钢材，以防影响预应力钢材与混凝土间的黏结力和预应力钢材断裂伤人。

用叠层法生产构件时，应待下层构件混凝土强度达到设计强度的 30% 以上后，方可浇筑其上层构件的混凝土；每次浇筑时，必须先在下层构件的上表面涂刷隔离剂，以防上下层构件互相黏结。

2. 混凝土的养护

预应力混凝土构件可采用自然养护或蒸汽养护。采用蒸汽养护时，需注意防止预应力钢材与台座之间产生过大的温度而引起预应力损失。为减少这种应力损失，必须将温差控制在一定范围内，一般不超过 20℃。因此，采用蒸汽养护时，应采用二次升温的方法，即初次升温控制在考虑预应力损失的设计计算温差（20℃）范围内，待构件混凝土强度达到 7.5MPa（粗钢筋配筋）或 10MPa（钢丝或钢绞线配筋）以上时，再按一般规定继续升温养护。

当采用钢模制作构件，预应力钢材与台座的温度一致时，可不考虑分次升温的方法。

六、预应力钢材的放松及切割

1. 放松的原则和顺序

预应力钢材放松前必须拆除模板；放松时，混凝土强度不宜低于设计强度的 70% 或设计的规定。

预应力钢材的放松顺序应按规定进行，如设计无规定时，可按下列顺序：

（1）轴心受压构件（如拉杆、桩等），所有预应力钢材应同时放松。

（2）偏心受压构件（如梁等），应先同时放松预应力较小区域的，再同时放松预应力较大区域的。

（3）如不能按（1）、（2）两项顺序放松时，应分阶段、对称、交错地放松，以防在放松过程中构件产生弯曲、裂纹或预应力钢材断裂。

(4)长线台座生产的钢丝构件(钢丝作预应力钢材的构件),减断钢丝宜从台座中部开始;叠层生产的构件,宜从中间开始,采用由上而下顺序进行。

2. 放松方法

1)螺杆放松

放松时将螺母反向拧动即可。此方法一般用于单根钢筋的放松。

2)千斤顶放松

张拉前在台座与固定端的承力支架(传力墩)与横梁之间安放两个千斤顶(螺旋式或油压式),张拉完毕并待构件混凝土强度达到放松要求后,两个千斤顶同时回程,使拉紧的预应力钢材徐徐回缩,从而放松张拉力。

在四横梁长线台座上,可利用张拉时所使用的千斤顶放松。放松应分多次进行,第一次放松时千斤顶充油至螺母能拧动(但控制应力不得超过规定),当两个螺母松至同一距离后,将千斤顶缓慢回油,如此重复进行 2 ~4 次即可放松。

3)砂箱放松

砂箱可单根或多根放松预应力钢材。装砂时,将活塞抽出 1/3 ~2/5 的长度,从进砂口灌满铁砂或烘干的砂子,并用千斤顶以大于张拉力的压力压紧砂箱,然后在张拉前将砂箱放在台座与横梁之间(一般放在锚固端)。放松时可打开出砂口,砂子徐徐流出,预应力钢材逐渐被放松。

4)混凝土缓冲块放松

在浇筑构件混凝土时,在台座的一端浇筑一块混凝土缓冲块。此缓冲块可在应力状态下切割预应力钢材时,使构件不受或少受冲击。

七、安全技术和注意事项

1. 安全技术

(1)台座两端应有防护措施。张拉时,沿台座长度方向每隔 4 ~5m 应放一防护架。人员不得站在台座两端或进入台座。

(2)当预应力钢材张拉到控制张拉力后,宜停 2 ~3min 再打紧夹具或拧紧螺母,此时,操作人员应站在侧面。

2. 注意事项

(1)当多根预应力钢材同时张拉时,应事先调整初应力(其值可取控制应力的 10% 左右),确保应力一致。各根预应力钢材预应力偏差绝对值不得大于或小于按一个构件全部预应力钢材预应力总值的 5% 。

(2)在钢丝、钢绞线配筋的构件内,受压区或受拉区钢丝拉断数量不得大于各自钢丝总数的 1% ,否则应予调换。

(3)横梁受力后,挠度不应大于 2mm。

(4)应先张拉靠近台座截面重心的预应力钢材,防止台座承受过大的偏心压力。

(5)预应力钢材张拉完毕后,对设计位置的偏差不得大于 5mm,亦不得大于构件截面最短边长的 4% 。

(6)用三横梁整批张拉时,千斤顶应对称布置,防止活动横梁倾斜。

(7)张拉时,张拉方向与预应力钢材在一条直线上。

(8)顶紧锚塞时,用力不可过猛,以防预应力钢材折断,拧紧螺母时,应注意压力表读数始终保持在控制张拉力处。

第六节 后 张 法

一、概述

后张法是先制作构件(或块体),在预应力钢材部位留出孔道,待构件混凝土达到设计规定的强度(一般不低于混凝土设计强度的70%)后,再往孔道内穿入预应力钢材、施加预应力;张拉到控制应力后,用锚具将预应力钢材锚固起来,然后进行孔道压浆和封锚,完成后张法的全部工作。

预应力钢材设在构件外部时,可不留孔道。无黏结预应力钢材,则不需进行孔道压浆。

与先张法比较,后张法不需台座设备,在工厂、工地均可进行,大型构件可分块预制,运至现场后再用预应力钢材连成整体,施工方法比较灵活,对大跨径桥梁施工尤为适宜。其缺点是工序较多,锚具等钢材能用量较大。

后张法制作整体式预应力构件基本工艺流程如图4-6所示。

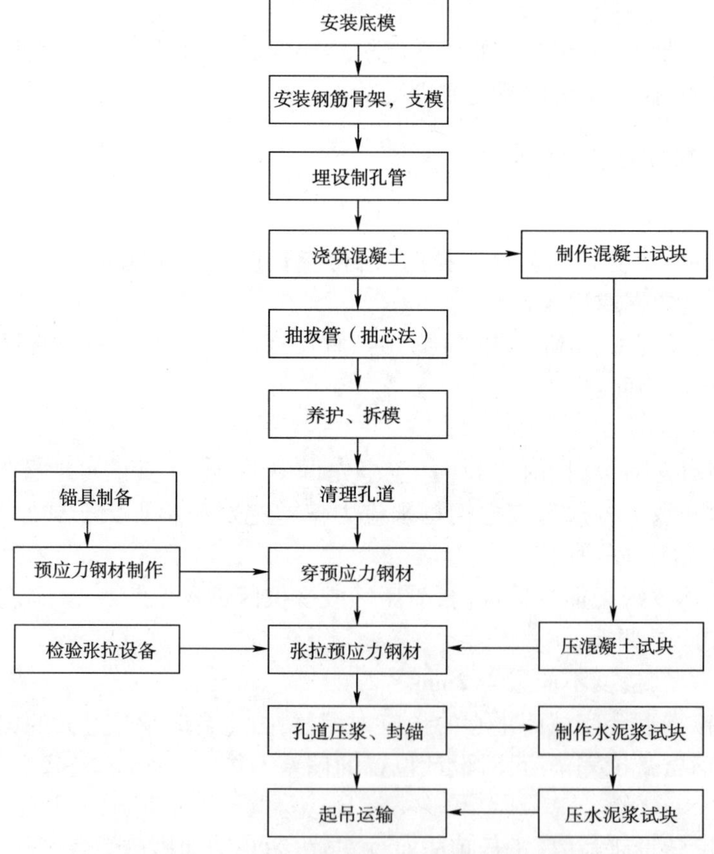

图4-6 后张法制作预应力构件基本工艺流程图

二、构件、块体制作及预留孔道

1. 混凝土的配制和浇筑

(1)混凝土用材料、配合比除应符合钢筋混凝土一般规定外,还应注意下列事项:

①粗集料宜采用密实、坚硬的碎石或卵石。细集料宜采用质地坚硬、级配合理、不含杂物的粗砂。

②水泥用量一般不超过500kg/m^3,最大不超过550kg/m^3。

③水灰比不宜超过0.45;采用外加剂时,不宜超过0.4。宜采用低塑性混凝土。

④混凝土中可掺入适宜的外加剂,但不得掺入氯化钙、氯化钠等氯盐及引气剂。从混凝土的各种组成材料引入混凝土的氯离子含量,不宜超过水泥用量的0.1%;当大于0.1%且小于0.2%时,宜采取掺加阻锈剂、增加预应力钢材保护层厚度、提高混凝土密实度等防锈措施。对于处于干燥环境中的小型构件,氯离子含量可提高一倍。

(2)混凝土的搅拌、运输、浇筑方法除符合一般钢筋混凝土的有关规定外,并应注意下列事项:

①每一构件或块体的混凝土尽可能一次连续浇筑完成。箱梁较高时,也可分次浇筑,但需注意处理好施工接缝。

②浇筑后张法梁体混凝土时,宜采用底模和侧模用附着式振动器联合振动为主,以插入式、平板式振动器振动为辅进行振动。箱梁腹板与底板及顶板连接处、预应力钢材锚固处,以及其他管道、预埋件等处,应特别注意振捣;振捣方法见第三章。

③浇筑混凝土时,应避免振动器碰撞预应力钢材管道、预埋件、模板等,以保证其位置和尺寸符合设计规定。

④纵向拼接的后张预应力混凝土梁,为达到接缝吻合、预留孔道通顺,预制时可采取各梁段按顺序或交错浇筑、几个梁段同时浇筑或单块浇筑等法。顺序浇筑或交错浇筑时,接线处应临时涂刷易于清洗的隔离剂。几个梁段或全梁各段同时浇筑时,接缝处应设置隔离板。单块浇筑时,端模宜采用尺寸精确的钢模板。

⑤采用蒸汽养护时,恒温温度应控制不超过60℃。

2. 预留孔道

预留孔道的位置应准确。其截面尺寸应能使预应力钢材顺利通过并能保证压浆的质量。一般孔道的尺寸,对于预应力钢材束,其截面面积不应小于预应力钢材束截面面积的2.5倍;对于单根预应力钢材,其孔道直径应比预应力钢材外径大10~15mm。预留孔道的方法可采用抽芯法或预埋管道法。

1)抽芯法

(1)胶管抽芯法

直线、曲线孔道均适用。胶管外径尺寸必须符合孔道直径要求,管壁工作拉力不小于5kN,在拉力作用下,管壁径向收缩不小于2mm,并有良好的挠曲适应性和耐磨性。胶管有帘布胶管和钢丝网胶管两种,可利用高压输水胶管或高压输气胶管。

为增加胶管的刚度及控制其安装位置,可在胶管内穿入一根衬管或芯棒(圆钢筋),衬管或芯棒直径应较胶管小8~10mm,长度较胶管长1~2m,其接头应磨光。

当孔道较长或为曲线孔道时,胶管宜由两根对接而成;接头处可套一长为30~40cm的铁皮管(铁皮管内径和胶管外径一致);接头必须牢固、严密,防止浇筑混凝土时脱节或漏浆。

当采用充气或充水胶管时，管内压力不得低于0.5MPa；充气或充水后，胶管外径应符合要求的孔道直径；水、气阀门应完好，使用前进行充气或充水试验时，从安装到抽拔的时间内应能保持压力不变。

安装胶管时，应用井字定位架加以固定。定位架间距一般为40～60cm，曲线处应适当加密。定位架应与钢筋骨架绑扎牢固并适当加焊。

(2)钢管抽芯

钢管抽芯适用于不长的孔道。钢管表面应光滑、平直，无锈蚀、污物、局部凹陷或焊疤。钢管长度不宜超过15m，不够长时可两根接起来，接头用白铁皮套严。钢管安装时的定位架间距以钢管不下垂为标准，一般为1～2m，接头处两侧均应设支架，避免接头受力。

采用钢管抽芯法时，应在浇筑混凝土期间定时转动钢管，一般在混凝土浇筑完成后随即转动一次，然后每隔5～15min转动一次，转动时间始终向一个方向旋转，不可左右摇动。

(3)芯管抽拔

抽拔胶管时，先抽芯棒或放气、放水。抽拔钢管时，应边转动边抽拔。抽拔各种芯管时，应速度均匀、缓慢进行。

抽拔芯管的时间应适当，宜在混凝土初凝以后、终凝以前根据气温情况确定。一般使用普通水泥时以在混凝土浇筑完成后120℃·h(气温℃×时间h)为宜，或参考表4-21确定。使用其他品种水泥时，可按所配制混凝土的凝结时间酌予调整。

芯管抽拔参考时间 表4-21

环境温度(°C)	抽拔时间(h)	环境温度(°C)	抽拔时间(h)
>30	3	20～10	5～8
30～20	3～5	<10	8～12

抽拔管的顺序宜先上后下。抽拔管时如构件表面出现细裂纹，应即用铁抹子轻压抹平。

2)预埋管道法

(1)预埋铁皮管

铁皮管一般用0.5mm白铁皮卷制。由于铁皮长度有限，一般需分节连成，连接处用钉固定并用沥青麻布缠扎。制作时，接头应紧密，防止脱开或漏浆。安装时，每节铁皮管宜支架三点以上使之符合孔道形状，并应绑扎牢固，防止位移或上浮。

(2)预埋波纹管

波纹管用钢带制成，可在工地用制管机加工。此种管道为半刚性，既可弯曲，又有一定刚性。管道连接系用大一号的管道套接并用胶带包缠连接处，防止漏浆，此种管道的预应力钢材，可在浇筑混凝土后穿入，也可在浇筑混凝土前穿入。

3.压浆孔及排气孔的留设

除非锚具上已设置，无论何种管道或孔道均需设置压浆孔以及排气孔、检查孔，其位置可按设计的规定，一般排气孔应设在孔道最高位置。压浆孔直径不小于20～25mm，排气孔直径8～10mm，可用木塞或钢筋头预留，木塞或钢筋头应与管道顶紧，混凝土初凝后拔出。

三、施加预应力

1. 张拉控制应力及预应力损失

后张法控制应力见表 4-17,预应力损失的计算见本章第五节先张法。

2. 张拉原则及张拉程序

1)张拉原则

后张法预应力混凝土构件的张拉原则,应根据构件的类别、长度、截面形式及预应力钢材种类、数量、部位、所用锚具和张拉设备的特点,以及构件制作方法、现场条件等因素,加以综合考虑,要求能获得准确的张拉力,构件不致出现裂纹或翘曲,尽量减少预应力钢材与孔道间的摩擦,并需保证安全作业。因此,张拉时应考虑以下原则:

(1)曲线预应力钢材或长度不小于 25m 的直线预应力钢材,宜在两端张拉。当设备不足时,可先在一端张拉锚固后,再在另一端张拉补足预应力值。

(2)张拉时,应避免构件截面偏心受压过大。因此,应对称于构件截面张拉,或先张拉靠近截面重心部位的,再张拉距截面重心较远部位的。

(3)受弯构件在受拉区和受压区均配有预应力钢材时,为防止张拉过程中混凝土发生裂缝,应分区进行张拉,先张拉受压区再张拉受拉区的。

(4)当同一截面中或截面的同一区中配置的预应力钢材束较多、并受张拉设备条件的限制,需分批张拉时,考虑分批张拉的预应力损失,各批预应力钢材的实际张拉应力值 σ,一般在设计上有相应规定。当无此规定时,可参照下列公式近似的进行计算

$$\sigma_{1-m} = \sigma_k + [m - (1 \sim m)]n\sigma_h \tag{4-28}$$

式中:σ_{1-m}——各批预应力钢材实际张拉应力值;

σ_k——设计张拉控制应力;

m——分批张拉的次数;

n——预应力钢材弹性模量与构件混凝土弹性模量(采用张拉时混凝土强度的相应值)的比值;

σ_h——张拉每一批预应力钢材束时,在合力点处混凝土的预压应力值。

(5)张拉时,千斤顶张拉力作用线应与预应力钢材的轴线重合一致。

(6)预应力钢材在张拉控制应力达到稳定后,方可锚固。

2)张拉程序

张拉程序应符合设计的规定,设计未规定时,应根据预应力钢材的类别和锚具的类别确定,当采用超张拉方法时,可参考表 4-22 确定。

后张法预应力钢材张拉程序　　表 4-22

锚具和预应力筋类别		张拉程序
夹片式等具有自锚性能的锚具	钢绞线束、钢丝束	普通松弛预应力筋:0→初应力→1.03σ_{con}(锚固)
		低松弛预应力筋:0→初应力→σ_{con}(持荷 5min)(锚固)
其他锚具	钢绞线束	0→初应力→1.05σ_{con}(持荷 5min)→σ_{con}(锚固)
	钢丝束	0→初应力→1.05σ_{con}(持荷 5min)→0→σ_{con}(锚固)
螺母锚固锚具	螺纹钢筋	0→初应力→σ_{con}(持荷 5min)→0→σ_{con}(锚固)

注:①表中 σ_{con} 为张拉时的控制应力值,包括预应力损失值。

②两端同时张拉时,两端千斤顶升降压、画线、测伸长、插垫等工作应一致。

3. 张拉应力的校核

预应力钢材张拉时的控制应力,应以张拉时的伸长值进行校核。实际伸长值与理论伸长值相差应控制在6%以内,否则应暂停张拉,查明原因并采取措施加以调整后,再继续张拉。理论伸长值的计算及实际伸长值的量测方法如下:

理论伸长值的计算如式(4-29)及式(4-30)所示。

$$\Delta L = \frac{\bar{P} \cdot L \cdot 100}{A_y \cdot E_g} \tag{4-29}$$

$$\bar{P} = P \cdot \frac{1 - e^{-(kL+\mu\theta)}}{kL + \mu\theta} \tag{4-30}$$

式中:ΔL——预应力钢材理论伸长值(cm);

$\bar{P}$——预应力钢材的平均张拉力(N);

L——从张拉端至计算截面孔道长度(m);

A_y——预应力钢材截面面积(mm^2);

E_g——预应力钢材的弹性模量(MPa);

P——预应力钢材张拉端的张拉力(N);

θ——从张拉端至计算截面曲线孔道部分切线的夹角之和(rad);

k——孔道每米局部偏差对摩擦的影响系数,见表4-18;

μ——预应力钢材孔道壁的摩擦因数,见表4-18。

式(4-29)及式(4-30)考虑了孔道曲线及局部偏差对摩擦的影响系数,无此影响时,两公式可简化如下。

(1)当孔道为直线时,$\theta=0$,可简化为:

$$\Delta L = \frac{P}{kA_y \cdot E_g}(1 - e^{-kL})$$

(2)当孔道为直线且无局部偏差的摩阻时,$\bar{P} = P$,可简化为:

$$\Delta L = \frac{P \cdot L}{kA_y \cdot E_g}$$

实际伸长值的量测及计算方法如下:

预应力钢材张拉前,应先调整到初应力 σ_0(一般可采取控制应力的10%~25%)再开始张拉和计测伸长值。实际伸长值除量测的伸长值外,应加上初应力时的推算伸长值,对后张法尚应扣除混凝土结构在张拉过程中产生的弹性压缩值。实际伸长值总量 ΔL 的计算如下列公式:

$$\Delta L = \Delta L_1 + \Delta L_2 - C \tag{4-31}$$

式中:ΔL_1——从初应力至最大张拉应力间的实测伸长值;

ΔL_2——初应力 σ_0 时推算伸长值,$\Delta L_2 = \frac{\sigma_0}{E_g}L_1$;

C——混凝土构件在张拉过程中的弹性压缩值。

4. 预应力钢材断丝、滑移和内缩量的控制

在张拉过程中和锚固时,预应力钢材断丝、滑移不应超过表4-23的规定,锚固阶段,预应力钢筋回缩量不应超过表4-19的规定。超过上述规定时,应查明原因,予以更换或采取其他补救措施。

5. 预应力钢材张拉

1）张拉前的准备工作

（1）构件验收

构件混凝土和块体拼装构件的竖缝砂浆强度达到设计规定要求后才能张拉，设计未规定时，混凝土抗压强度不应低于设计强度等级的 70%，竖缝砂浆强度不低于 15MPa。穿束张拉前对构件或块体的质量、几何尺寸等应进行检查。对预留孔道应用通孔器或压气、压水等法进行检查和处理堵塞物，如与邻孔串通，应及时处理。构件端部预埋铁板与锚具和垫板接触处的焊渣、毛刺、混凝土残渣等清除干净。

后张法预应力钢材断丝、滑移限制　　表 4-23

项次	检测项目		控制数
1	钢丝、钢绞线断丝量	每束钢丝或钢绞线断丝、滑丝	1 根
		每个断面断丝的和占该断面钢丝总数的比例不大于	1%
2	单根钢筋	断筋或滑移	不允许

注：①断丝包括滑丝失效的钢丝。

②滑移量是指张拉完毕锚固后部分钢丝或钢绞线向孔道内滑移的长度。

（2）穿入预应力钢材

钢筋穿入前，螺丝端杆的丝扣部分应用水泥袋纸等包缠两三层，并用细铅丝扎牢或用套筒保护，防止受损。钢丝束、钢绞线束、钢筋束等穿束时，将一端打齐，顺序编号并套上穿束器，将穿束器的引线穿过孔道，然后向前拉动，直至两端均露出所需长度为止。

2）钢绞线束、钢筋束配 JM12 型穿心式千斤顶的张拉操作步骤和方法

（1）在穿束前，先将 JM12 型锚具锚环用电焊固定在构件预埋铁板上。锚具的位置应与孔道中心对正，焊接时可用木塞固定其位置，以保证位置准确。对曲线孔道，当端头面与孔道中心线不垂直时，可在锚环下另加斜垫板调整准确。

（2）穿束时，将每一束内的各根预应力钢材顺序编号，在构件两端对号检查，防止其在孔道内交叉扭结。

（3）将清洗过的夹片，按原来在锚具中的片位号依次嵌入预应力钢材之间。此时，注意当预应力钢材为螺纹钢筋时，应将其两条纵肋放在两夹片的空隙间，不可将其夹在夹片中，否则容易造成钢筋滑动。夹片嵌入后，随即用手锤轻轻敲击，使其夹紧预应力钢材，但夹片外露长度应整齐一致。

（4）安装千斤顶。将预应力钢材束穿入千斤顶，锚环对中，并将张拉油缸先伸出 2 ~ 4cm，再在千斤顶尾部安上垫板及工具锚，将预应力钢材夹紧。为便于松开销片，工具锚环内壁可涂少量润滑油。

（5）先张拉受压区，再张拉受拉区。张拉曲线预应力钢材时，宜从两端进行；也可从一端张拉，但必须在另一端张拉补足应力。

（6）使顶压油缸处于回油状态，向张拉缸供油，开始张拉。同时注意工具锚和固定端的工作锚，使夹片保持整齐（一般差 3mm 时不会明显影响夹持力），张拉至初应力时，做好标记，作为测量伸长量的起点。

（7）按规定程序张拉至规定吨位或换算的油压值，并测量预应力钢材的伸长值，以校核应力。

(8)在保持张拉油缸调压阀阀口开度不变的情况下,向顶压缸供油,直至需要的顶压力。在顶压过程中,如张拉油缸升压超过最大张拉力规定时,应将张拉油缸适当降压。需要的顶压力见表4-1。

(9)在保持继续向顶压油缸供油的情况下,使张拉油缸缓慢回油,完成油缸回油动作。

(10)打开顶压阀的回油缸,油泵停车,千斤顶借助其内部回程弹簧作用,顶压活塞自动回程,张拉锚固结束。

(11)当预应力钢材较长、千斤顶一次张拉行程不能满足预应力要求时,可以两端张拉或多次重复张拉。

(12)顶压过程中应注意工具锚夹片移动情况,发现不正常时,可按顶压油缸回油,用小钢针插入夹片缝隙,再将张拉油缸回油,取出夹片,找出原因后重新张拉。

3)钢丝束配用钢质锥形锚具、锥锚式千斤顶的张拉操作步骤和方法

(1)首先检查制作好的钢丝束绑扎是否牢固,总长度是否符合张拉要求,以及钢丝束两端有无弯折现象等。

(2)将钢丝束的钢丝顺序编号,在一端打齐并套上穿束器。将穿束器的引线穿入孔道,逐渐将钢丝拉出到另一端。

(3)安装锚固端的锚具。将锚环套在钢丝束外边,然后放入锚塞,并将钢丝按编号顺序均匀分布在锚塞周围,用锤打紧。

(4)安装张拉端的锥锚式千斤顶。先将锚环套在钢丝束外面,放入锚塞,将钢丝分开,然后千斤顶就位,钢丝按编号顺序放进千斤顶顶头的槽口内。此时,应注意钢丝不得交错。随之加上马蹄形铁垫板,再将钢丝放入千斤顶外圈卡球的槽口里,用楔块卡住,初步固定,找平千斤顶,使其支承面与锚环端面贴紧,用手锤敲紧楔块。

(5)预拉。开动高压油泵,使千斤顶大缸进油,随时调整锚圈及千斤顶的位置,使其对准孔道轴线;并检查每根钢丝是否达到长度一致,如发现有不一致时,退下楔块进行调整,然后再打紧楔块。

(6)初始张拉。预拉后继续张拉,到达初应力时在钢丝束做出控制记号,一个记号做在千斤顶支承圆锥的钢丝出口处,作为钢丝束张拉的伸长量测的起点,一个记号做在千斤顶顶卡盘的楔片前钢丝上,以此观察钢丝楔形夹具中的滑动量。

(7)超张拉。钢丝束张拉采用两端轮流分级加载的方法进行,每级加载可定为5MPa油压值,直到接近钢丝束的控制应力时,两端再分别加载到钢丝束的最大临时超张拉力。钢丝束张拉也可采用两端同时加载的方法进行,两端同时加载到钢丝束的最大临时超张拉应力。

(8)控制应力。钢丝束在达到临时超张拉应力时,油泵不能关闭,应使油压保持5min,以补偿钢丝松弛产生的应力损失。然后根据在钢丝上所做的记号,测出钢丝束的伸长量,并与理论伸长值比较,如伸长量不足,则应补足,然后进行顶压锚塞工作。

(9)顶压锚塞。顶压锚塞的力不应低于张拉力的60%。

4)伸长量的量测

(1)千斤顶活塞的伸长量量测方法。当钢绞线开始张拉至初应力时(一般为张拉控制应力的10%),量测出千斤顶活塞的伸长量ΔL_1,再张拉到控制应力时,再量测伸长量ΔL_2,$\Delta L_2-\Delta L_1$即为10%至100%控制应力的伸长量。

(2)直接量测钢绞线的伸长量。即在工具锚外侧的钢绞线上做标记，做为量测的基准，但是这种量测方法不方便。同时钢绞线在受力时，端头有发散现象，对钢绞线的伸长量有影响。

5)用其他张拉设备和锚具的张拉

具体内容见本章第一节。

四、孔道压浆及封锚

有黏结预应力钢材的后张法预应力混凝土构件，在预应力钢材张拉完毕后，均需向孔道内压满水泥浆，以保证预应力钢材不锈蚀，并与构件混凝土联成整体。压浆工作宜在张拉完毕后尽早进行，一般预应力混凝土构件，在张拉完毕、停10h左右、观察预应力钢材和锚具稳定后，即可进行；采用电热张拉的构件，待钢筋冷却后即可进行。压浆应缓慢、均匀地进行。比较集中和邻近的孔道，宜先连续压浆完成，以免串到邻孔后水泥浆凝固、堵塞孔道。不能连续压浆时，后压浆的孔道应在压浆前用压力水冲洗通畅。压浆后应随即检查压浆的密实情况，如有不实，应及时处理。压浆中途发生故障、不能连续一次压满时，应立即用压力水冲洗干净，故障处理后再压浆。

1.水泥浆的技术条件

(1)水胶比不宜大于0.33；抗压强度不应低于构件混凝土强度等级，宜与构件同等级。

(2)水泥宜采用硅酸盐水泥或普通水泥；采用矿渣水泥时，应加强检查，以防止材性不稳定。水泥的强度等级不宜低于42.5级。

(3)水泥浆应有良好的和易性；应掺入适量减水剂，其水胶比不大于0.33，所用水及减水剂应对预应力钢材无腐蚀作用。

(4)水泥浆凝结时间4～24h；24h自由泌水率0%；30min后流动度≤30s；含气量1%～3%；压力泌水率≤3.5%。

(5)水泥浆压入管道的水泥浆饱满密实，24h自由膨胀率为0～3%；泌水率和膨胀率的试验方法如下。

①试验容器用有机玻璃制成，带有密封盖，直径100mm，高120mm。放置于稳定的平面上。

②试验方法。往容器内填灌水泥浆约100mm深，测填灌高度并记录下来，然后盖严。置放3h和24h后量测其离析水面和水泥浆膨胀面，然后按下列公式计算其泌水率及膨胀率。

$$泌水率=\frac{100(a_2-a_3)}{a_1}(\%) \tag{4-32}$$

$$膨胀率=\frac{100(a_3-a_1)}{a_1}(\%) \tag{4-33}$$

(6)水泥浆出机稠度宜控制为18s±4s。稠度的测定采用1 725mL漏斗试验，水泥浆从漏斗流出的时间(s)，即为水泥浆的稠度。水泥浆面位置可用灌入1 725mL水的方法找出，用点测规标记。

(7)水泥浆调制后应经常搅动并应在30～45min的时间内用完。

预应力混凝土孔道灌浆剂的浆体性能指标见表4-24。

预应力混凝土孔道灌浆剂的浆体性能指标 表4-24

序　号	检测项目		指　标
1	凝结时间(h:min)	初凝	≥4:00
		终凝	≥24:00
2	流动时间(s)	出机	14.0~22.0
		30 min	≤30.0
3	泌水率(%)	24h自由泌水率	0.0
		3h毛细泌水率	0.1
		压力泌水率,0.22MPa	3.5
4	抗压强度(MPa)	7d ≥	25.0
		28d ≥	40.0
5	抗折强度(MPa)	7d ≥	5.5
		28d ≥	8.0
6	自由膨胀率(%)	7d	0.0~0.1
		28d	0.0~0.2
7	充盈度		合格

注:表中内容摘自《后张法预应力混凝土孔道灌浆外加剂》(JC/T 2093—2011)。

2. 工艺流程

张拉完成后,切割钢绞线后外露30~40mm→高压水冲洗管道→清除锚座面、密封槽及装配螺孔内的水泥浆→密封锚头→压浆前准备工作→抽真空及配制浆液→压浆→停抽真空和保压→工后清理→封锚。

3. 压浆

1)压浆设备

压浆设备采用高速搅拌压浆专用台车,真空泵。高速搅拌压浆专用台车可设定配合比、搅拌时间、稳压时间,能自动分批投料、自动计量、自动稳压,且能自动进行设备清洗,压浆台车为智能化一体机,集储料、计量、搅拌、压浆、走行五大系统为一身,真空泵负压能达0.092MPa。

2)压浆前准备工作

(1)预应力筋终张拉完成后,宜在48h内进行管道真空辅助压浆。

(2)压浆前应用高压水冲洗管道,排除孔内杂物,保持孔道畅通、湿润、清洁。

(3)张拉结束、锚外钢束切除后,用高强度等级水泥砂浆进行封锚(用水泥浆封锚时与外面平齐),密封锚头必须牢固、密实,确保水泥浆在最大压力下不漏浆,密封水泥浆达到一定强度后才可以进行抽真空作业。

(4)压浆前的准备工作包括安装真空泵机组、抽真空端的开关、抽气管道、压力表、空气滤清器、排浆阀及普通压浆系统,同时对管道密封情况进行检查。

保证压浆机具运行状态良好,配件数量充足,各输浆管道要有良好的通畅性和密封性。

(5)拌和水泥浆的搅拌机应有足够的容量。

(6)具备压浆作业条件。

①所用材料、配件已经检验并确认合格。

②所配备的设备完好。

③所用计量检测器具已经标定(含自校)并在有效期内。

3)技术要求

(1)真空度达到要求。

真空度要求的关键在于密封工作,在锚头位置的密封必须细致。

(2)准备工作要充分。

准备工作必须充分,指挥协调有序。各道工序衔接娴熟顺利,尤其是抽真空、注浆、关阀、停抽真空、排浆、关阀、保压工作必须流畅,阀门的操作不得随意,要及时、迅速,以保证负压状态压浆和足够的保压阶段。这样浆体才能充满所有的间隙,浆体才能致密,达到高强度、高致密性要求。

(3)检查和保养设备。

设备、阀门要勤检查和保养,及时更换有问题的管道和阀门。工作过程中不能出现故障,严格按照操作规程操作,保证工序顺利。

(4)外加剂。

水泥浆的配制要以试验为前提,配制时用料要准确,保证浆液符合设计要求。

(5)压浆用的胶管一般不超过 30m,若超过 30m,则压力需增加 0.1MPa,但最长不超过 40m。

(6)如中途发生故障,不能连续一次压满一个孔道时,应立即用高压水将未压满的孔道冲洗干净,故障处理后,再进行正常压浆。

(7)压浆过程中不得污染梁体,如已污染应立即用水冲洗干净,压浆结束后,应把所有压浆用机具设备、容器用清水冲洗干净。

4)施工要求

(1)真空辅助压浆原理

压浆前,先用真空泵抽吸预应力孔道中的空气,使孔道的真空度达到 -0.06 ~ -0.08MPa,然后在孔道另一端用压浆泵以一定的压力将搅拌好的水泥浆体压入预应力孔道并产生一定的压力。由于孔道内只有极少量空气,浆体中很难形成气泡;同时,由于孔道内和压浆泵之间的正负压力差,大大提高孔道内浆体的饱满和密实度。而且,在水泥浆中,由于降低水胶比,添加专用的外加剂,从而减少浆体的离析、析水和干硬收缩,同时提高浆体的强度。真空辅助压浆顺序如图 4-7 所示。

(2)抽真空及配制浆液

设备准备妥当后,关闭吸气开关以外的所有阀门,开始抽真空,使真空度稳定在 -0.06 ~ -0.08MPa 之间(如果无法保持,说明密封效果不好,应立即检查密封系统,直到达到负压要求)。在负压满足条件后,立即按照试验确定的水胶比拌制水泥净浆,水泥浆进入压浆设备前必须不停地搅动。压浆剂采用无收缩防腐蚀高性能预应力管道压浆剂。压浆用水量采用电子计量系统准确计量。

(3)压浆

①水泥浆的配制

采用强度等级不低于 42.5 级低碱普通硅酸盐水泥,掺高性能预应力管道压浆剂,在试验人员指导下进入砂浆搅拌机进行搅拌。

水泥、掺和料、外加剂及水的加注有准确的称量措施,以保证各自的称量误差不超过±1%，水泥浆拌制均匀后，经孔尺寸3mm×3mm的滤网后加入压浆容器中。

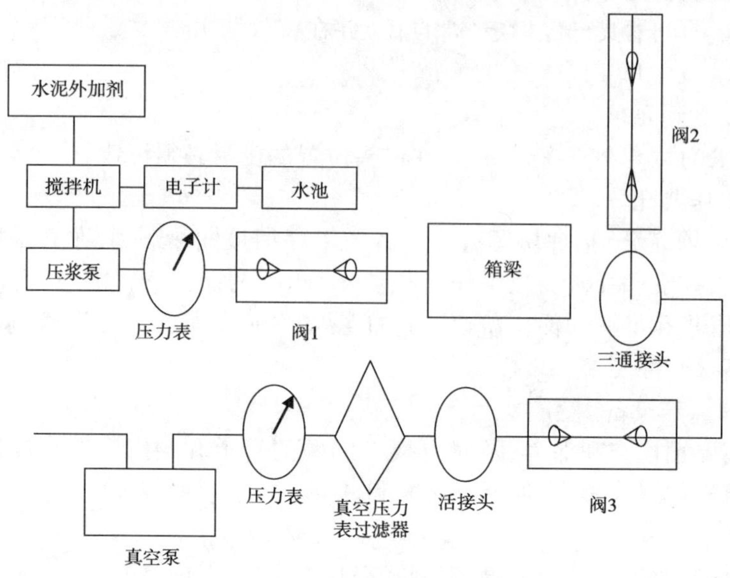

图4-7　真空辅助压浆顺序

拌和水泥浆时，严格按给定的配合比施工。先加实际用水量的80%，开动搅拌机，均匀加入全部压浆剂，边加入边搅拌，然后均匀加入全部水泥，全部粉料加入后再搅拌2min，然后加入剩余的20%的拌和水，继续搅拌2min。

不应在施工过程中由于流动度不够额外加水。

水泥浆从搅拌至压入孔道内的间隔时间不超过40min，在此时间内要不断搅拌水泥浆。每10盘测定一次浆体出机流动度，冬季压浆时采用保温措施，并掺加引气剂。

水泥浆压入管道温度为5~30℃；压浆时及压浆后3d内，压浆构件及环境温度均不得低于5℃。当环境温度低于5℃时，按冬期施工处理，并适当加入引气剂；当环境温度高于35℃时，选择在夜间进行。

②压浆

在真空度满足要求，浆液配制充足后，启动注浆泵（注意刚开始的浆液不能直接注入管道，先排出观察，达到正常浓度后慢慢打开进浆阀门，关闭观察阀），开始往管道内压浆。在压浆过程中，真空泵必须连续工作，且保证一定的负压。

③停抽真空和保压

在真空泵与抽气管道中设置一段透明加筋管道，也可以用玻璃管道，作为观察管道。如果看到观察管道内有水泥浆通过，立即关闭吸气开关，防止水泥浆进入空气滤清器，停抽真空。同时打开排浆阀和排气阀（此时压浆不能停止），水泥浆溢出，当溢出的水泥浆浓度和压入的浓度一致时关闭排浆阀和排气阀（此时排气阀流出的也是浓浆），按规范要求在0.50~0.60MPa下持压3min（压浆最大压力不宜超过0.60MPa），再关闭进浆阀，压浆工作完成。

5）浆体试验

在压浆过程中，每次制作两组标准养护试件40mm×40mm×160mm，必要时还需再留置一组随构件同条件养护试件，进行抗压强度和抗折强度试验。压浆试件取自出浆口制作，试件注明制作日期及编号。

砂浆搅拌均匀后，现场进行出机流动度试验，现场还需记录浆体搅拌时间、浆体温度、环境温度、保压压力及时间、真空度等。

6）工后清理工作

压浆工作完成，立即清洗设备或转入其他压浆，注意密封罩应在压浆完成2~4h拆除，管道上的阀门设备也要在水泥浆终凝完成后才能拆除，拆除后立即清洗，进行必要的检查后才允许重复使用。

7）压浆质量检验

（1）浆体的抗压强度和抗折强度满足设计要求。

（2）浆体的性能检验严格按照试验操作规程要求进行，试件取出浆口的水泥浆制作，并编号及注明施工日期。

（3）每个构件制作要求组数的标准养护试件40mm×40mm×160mm，必要时还需再留置一组随构件同条件养护试件，进行抗压强度和抗折强度试验。

（4）压浆强度未达到28d强度要求之前，不得进行静载试验。

（5）浆体性能指标及检验频次按照相关标准执行。

4. 封锚

孔道压浆完毕，经检查无不饱满情况，水泥浆已凝固后，及时进行梁体封锚作业。

1）封锚钢筋网

封端前先凿除锚头水泥浆，并将钢绞线和锚具清理干净，同时检查锚穴凿毛情况，保证露出石子，然后清理干净锚穴。

2）绑扎封锚钢筋

钢筋按设计图加工，在固定封端模板的螺杆上焊接一短钢筋，并用双扎丝将封锚钢筋牢固地绑扎在螺杆短钢筋处，锚穴钢筋需要保证设计的保护层厚度。

3）封锚混凝土

（1）封锚混凝土应采用干硬性补偿收缩混凝土，混凝土强度与构件同等级。出机30min坍落度为70~90mm。混凝土水中7d膨胀率不小于0.025%，空气中21d膨胀率不小于-0.02%。含气量为2%~4%。

（2）通过锚固在锚垫板上的螺栓来加固自制封锚模板（带漏斗口）。混凝土从漏斗口灌入，使用振捣棒插入振捣。

（3）封锚混凝土要加强捣固，要求混凝土密实，无蜂窝、麻面，与梁端面平齐，平整光滑，与梁体颜色基本一致，封端混凝土各处与梁体混凝土的错台不应超过1mm。

4）封锚混凝土的养护

封锚混凝土应有良好的养护条件，充分保持混凝土湿润，防止封端混凝土与梁体之间产生裂纹。

5）封锚混凝土强度的检验与评定

封锚混凝土的检验与评定按照《公路桥涵施工技术规范》（JTG/T F50—2011）及《混凝土强度检验评定标准》（GB/T 50107—2010）执行。

5. 设备配置

机械设备及工具每班配备见表4-25。

6. 注意事项

(1)真空度达到要求。真空度的实现关键在于密封工作,在锚头位置的密封必须细致。

(2)准备工作要充分。准备工作必须充分,指挥协调有序。各道工序衔接娴熟顺利,尤其是抽真空、注浆、关阀、停抽真空、排浆、关阀、保压工作必须流畅,阀门的操作不得随意,要及时、迅速,以保证负压状态压浆和足够的保压阶段。这样浆体才能充满所有的间隙,浆体才能致密,达到高强度、高致密性要求。

机械设备及工具配备表 表 4-25

序号	设备及工具	单位	数量	备注
1	真空泵	台	1	
2	压浆泵	台	1	
3	水泥浆搅拌车	台	1	转速 1 000r/min,每班备用 1 台
4	高压管	m	20	
5	真空压浆配套组件	套	1	
6	各种接头阀门		若干	

(3)检查和保养设备。设备、阀门要勤检查和保养,及时更换有问题的管道和阀门。工作过程中不能出现故障,严格按照操作规程操作,保证工序顺利。

(4)外加剂。水泥浆的配制要以试验为前提,配制时材料称量应准确,保证浆液符合设计要求。

(5)压浆用的胶管一般不超过 30m,若超过 30m,则压力需增加 0.1MPa,但最长不超过 40m。

(6)如中途发生故障不能连续一次压满一个孔道时,应立即用高压水将未压满的孔道冲洗干净,故障处理后再进行正常压浆。

(7)压浆过程中不得污染梁体,如已污染应立即用水冲洗干净,压浆结束后,应把所有压浆用机具设备、容器用清水冲洗干净。

(8)所有操作均按照设计及规范的条文进行,如遇到实施中确实有困难需要做调整的,需上报监理和设计单位,等得到批准后再进行施工。

7. 安全及环保要求

(1)进入施工现场必须戴安全帽,穿工作服及劳保鞋,禁止赤膊或穿拖鞋上班。

(2)压浆时操作工人不能正对压浆口,防止压浆管漏浆或爆裂;压浆管周围严禁站人。

(3)压浆时接管人员应注意安全,高空作业时应系好安全带,穿好防滑鞋。

(4)作业人员需正确使用安全防护用品和劳动保护用品。

(5)所有人员严禁在起重臂和吊起的物品下行走。

(6)施工用电必须符合施工现场临时用电安全规范的要求。

(7)压浆结束后,用水将梁体上的泥浆冲刷干净,做到文明施工。

(8)封锚施工平台应安全牢固,有防止倾覆措施。

(9)压浆、封锚剩余材料收集处理,严禁随意丢弃,污染周围环境。

五、后张自锚法

后张自锚是在制作构件时，将预留孔道端部扩大为具有一定直径和长度的锥形孔，预应力钢材张拉后，在自锚孔内浇灌混凝土，待这部分混凝土达到一定强度后，将预应力钢材锚住，成为一个自锚头。这种锚固方法不需要锚具和临时承受拉力用的支承架及夹具，可在割断外露预应力后重复使用。后张自锚法适用于直径12mm冷拉Ⅲ级螺纹钢筋。

后张自锚法自锚头构造及施工操作要点如下：

(1)自锚头锥形截面可选用方、长方、圆、椭圆等形状，小头边长或直径应稍大于孔道的直径，长度一般如表4-26所示，锥度一般为2.5°，其中心线应与钢筋束中心线重合，钢筋与锥形孔孔壁净距不小于10mm，钢筋束各根钢筋在锥形孔内应分散布置且间距不小于15mm，钢筋在锥形孔小头处弯折的位置应用圆环箍套固定。

自锚头长度 表4-26

钢筋种类	钢筋直径(mm)	自锚头长度
HRB400、HRB500	12	40
HRB400、HRB500	14~20	50
HRB400、HRB500	22~25	60

(2)锥形孔宜采用预埋铁皮成形或用木塞成形。浇筑孔可在构件顶面或侧面用木塞预留。锥形孔外框壁厚一般不小于40mm，应配置钢筋，验算其应力。

(3)预应力钢材可采用一般的拉伸机、销片夹具、锥形夹具或镦粗头夹具进行张拉。

(4)用于后张自锚法的预应力钢材下料长度，应根据所用夹具类别，比一般下料长度适当加长，下料长度计算原则如下：

①用销片夹具或锥形夹具时，下料长度比构件长出30cm以上。

②用镦粗头夹具时，除比构件长出20cm以上外，尚需严格控制长度相对偏差，对于小的偏差可用垫片加以调整。

(5)自锚头混凝土一般采用不低于C40的细石混凝土，当自锚头混凝土终凝后即可进行孔道压浆。

(6)浇灌自锚头混凝土时应注意下列事项：

①事先用压力水仔细冲洗孔道，润湿锥形孔壁。

②灌注混凝土前应堵严锥形孔端部钢筋周围空隙，并在端部最高点留排气孔。

③当排气孔向外排稠混凝土浆时即灌注完毕。

④混凝土灌注完毕后立即进行养护，以减少混凝土收缩，提高早期强度。

⑤锥形孔自锚混凝土强度达到30MPa以上才可使其传递应力和切割钢筋。切割点离构件端部的长度，如设计无规定，可不小于10~15cm。切割后，将露出的钢筋弯折90°贴住构件端部，再浇筑混凝土加以保护。

(7)后张自锚法的张拉方法同一般后张法。

六、无黏结后张法

无黏结后张法是预应力钢材和混凝土不黏结在一起的预应力混凝土结构和施工工艺。预应力钢材覆盖一层涂料和一层包裹物，浇筑混凝土前先放在设计位置，混凝土达到一定强度后，进行张拉和锚固。这种方法可省略一般后张法的预留孔道、穿束、压浆等工序，预应力则是全部通过构件端部的锚具传至混凝土。预应力钢材的涂料和包裹物用于防锈，应有较好的黏结性和化学稳定性，常用的涂料有黄油、沥青、硫黄等，以 1 号建筑油脂效果较好。包裹物有纸带、塑料布条、塑料套管等，可用人工缠结、机械缠结或挤压成形等法包裹成形，其中，以采用高压聚乙烯制成的塑料套管较好。这种塑料套管是由专用设备将塑料熔融物挤出，经过涂有防锈涂料的预应力钢材时，直接挤压而成，降温后即能结晶定型。

此种结构，在使用中全部预应力通过锚具传至混凝土，因此对锚具的锚固性能要求较高，一般以支承式锚具较好，当用碳素钢丝时，宜采用钢丝束镦头锚具。

预应力钢材安装时，位置必须准确，浇筑混凝土前应检查保护套是否完好，浇筑混凝土时须防止受振动器的碰撞。

混凝土达到设计规定张拉强度（一般不低于设计强度的70%）后，即可进行张拉。张拉所需机具及工艺同一般后张法。

七、体外预应力

混凝土结构的体外预应力与体内预应力最本质区别在于体外预应力筋（即体外索）布置在混凝土截面之外。

体外预应力结构与传统的体内预应力结构相比，具有截面尺寸小、自重轻、预应力筋替换与维护管理方便、预应力摩擦损失小、施工工期短以及耐久性好等优点。因此，体外预应力结构应用非常广泛，既可用于预应力混凝土桥梁、特种结构和建筑工程结构等的新建结构，也可用于既有混凝土结构的加固及维修，同时还可用于临时性预应力混凝土结构或施工临时性钢索。下面简要介绍混凝土箱梁体外预应力的施工。

体外预应力结构的基本组成：

体外预应力结构的构造，主要有体外预应力筋（水平筋、斜筋）及套管、锚具、连接器、垫板、力筋转向设施等。根据建成后是否考虑更换，体外预应力钢筋的制作和结构处理的方法包括：

①不考虑更换的体外预应力筋。最普通的是钢筋外套聚乙烯套管，内灌水泥浆。各节聚乙烯套管的接头采用热接；聚乙烯套管在转向块处与该部位的钢管连接；在锚固处与该部位的喇叭形钢管连接。

②考虑更换的体外预应力筋。体外预应力筋外套上套管、灌浆，在转向块处和锚固处，使套有套管的体外预应力筋通过设置于这些部位的钢管，钢管作为外层。

③既考虑更换又考虑多次张拉的体外预应力钢筋。采用不灌浆，用镀锌或聚乙烯涂刷的预应力筋。另外，也可采用往套管内注入石蜡或润滑油的无黏结预应力钢筋。

（1）体外预应力钢筋

体外预应力钢筋多由钢绞线或钢丝束组成。从形状上看，可将其分为水平筋和斜筋。由于水平筋作用的位置、方向与斜筋不同，故它们的作用也各不相同。水平筋的作用是在梁底部位施加纵向预应力。斜筋的作用是提供梁端部位的负弯矩和预剪力。

（2）锚具、连接器

体外预应力筋的锚具是结构的关键部件，必须具有规定的静力与动力强度（锚固强度）。铸件不得有砂眼、空隙与其他缺陷，所有加工件必须经过严格检查与探伤。锚下混凝土的支承应力不得超过规范的限值。楔形锚的夹片设计应注意防止预应力钢筋被刻伤或轧伤,导致过早破坏。在腐蚀环境中,锚具与套管的连接部分以及在楔片空隙部分均应采用密封措施,以防止渗入水分。拟重复张拉与不重复张拉力筋的锚头,可作不同的处理,但都不能暴露在腐蚀的环境中。不拟重复张拉时,锚头可设在梁端预留的锚穴内,锚固以后用环氧砂浆封闭,不使水分渗入。拟重复张拉时,锚头外部可罩以可以开启的密封罩,平时填充防腐油脂或蜡,装上张拉千斤顶,即可准备张拉。

(3)套管

套管材料应具备下列性质:有足够的强度以抵抗在制造、运输、安装、灌注混凝土及张拉时可能受到的损害;套管全长密不透水;在预计的温度范围内不脆化和软化;与混凝土、钢筋及防腐涂层不发生化学反应;抗使用状态下的损坏;特殊情况下的耐火性;孔道材料应具有徐变可控制的特性,并在折角块处能抵抗横向作用力。

(4)力筋转向装置

如能在横梁板或肋板处转向,则可以形成转向管直到顶板或底板的抵抗力筋转向力的压力区,并可以利用横隔板或肋板转向,否则要采用转向块。转向块的位置应设在底板或顶板与腹板交界的梗肋处或其附近。转向块是用来固定转向管并与梁体连成一体的凸块。力筋的垂直分力或水平分力有使转向块从梁体拉脱的倾向,故转向块钢筋应与梁体钢筋进行牢固的联系。转向块一般设两种钢筋。这些环筋与箍筋应按照抵抗力筋转向时产生的拉力、剪力来设计,并与梁底板或顶板中的纵向钢筋箍紧。

八、安全技术和注意事项

(1)操作高压油泵人员应戴护目镜,防止油管破裂时或接头不严时喷油伤眼。

(2)高压油泵与千斤顶之间所有连接点、紫铜管的喇叭口或接口必须完好无损,并应将螺母拧紧。

(3)张拉时,构件两端不得站人,并应设置防护罩。高压油泵应放在构件端部的两侧;拧紧螺母时,操作人员应站在预应力钢材位置的侧面。张拉完毕后,稍等几分钟再拆卸张拉设备。

(4)在雨天张拉时,应搭设防雨棚,防止张拉设备淋雨;在冬季张拉时,张拉设备应有保暖措施,防止油管和油泵受冻、影响操作。

(5)孔道压浆时,掌握喷浆嘴的人必须戴护目镜、穿水鞋、戴手套。喷嘴插入孔道后,喷嘴后面的胶皮垫圈需压紧在孔洞上,胶皮管与灰浆泵必须连接牢固。堵压浆孔时应站在孔的侧面,以防灰浆喷出伤人。

(6)张拉地区应有明显标记,禁止非工作人员进入张拉场地。

第七节　电热张拉法

电热张拉法是利用热胀冷缩原理,在钢筋上通电位其热胀伸长,待到达要求的伸长值时立即锚固,同时停电使其冷缩,使钢筋受拉、混凝土构件产生预压应力。电热张拉法适用于预应力钢材为冷拉钢筋的一般构件,抗裂度要求高的构件不宜采用,用金属管道作预留孔道的构件则不得采用此法。

后张电热张拉法的工艺流程如图4-8所示。

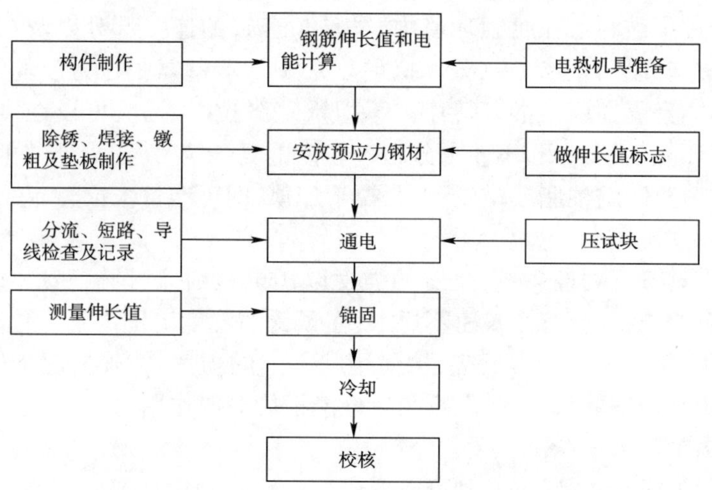

图 4-8　后张电热张拉法工艺流程

一、钢筋伸长值及温度的计算

1. 伸长值的计算

电张法以钢筋的伸长值控制其应力。伸长值 Δl(cm)的计算公式为:

$$\Delta l = \frac{\sigma_k + 30}{E_g} l \tag{4-34}$$

式中:σ_k——钢筋的控制应力(MPa);

E_g——钢筋的弹性模量(MPa);

l——电张前钢筋的长度(cm);

30——由于钢筋不直和热塑变形而产生的预应力损失值(MPa)。

在成批生产前,应根据实际预应力值复核的结果,对计算的伸长值进行必要的调整。

2. 钢筋电张所需温度

电张钢筋伸长值达到设计要求所需加热(增高)温度 θ_a(℃),可按下列公式计算:

$$\theta_a = \frac{\Delta l}{\alpha L} \tag{4-35}$$

$$\theta_f = \theta_0 + \theta_a \leqslant 350℃$$

式中:Δl——电张计算伸长值(cm);

θ_0——电张前的钢筋温度(℃);

L——钢筋长度(cm);

α——钢筋线膨胀系数,取 0.000 012℃$^{-1}$;

θ_f——电张后钢筋温度(℃)。

钢筋反复电张次数不应超过三次,电张后钢筋温度应变不小于 350℃。

二、电热张拉设备的选用

电张法的设备主要为变压器(或弧焊机)、导电夹具和导线三部分。

1. 变压器(弧焊机)

1)功率

变压器(或弧焊机)需要的功率主要根据钢筋的规格、长度和电张所需加热温度确定,一般可采用下列近似公式计算:

$$P_s = \frac{m_s c_s \theta_a}{1\ 591t} \tag{4-36}$$

式中:P_s——变压器(或弧焊机)需要的功率(kV·A);

m_s——同时电张的钢筋质量(kg);

c_s——钢筋的比热容,取0.482kJ/(kg·℃);

θ_a——电张加热(增高)温度(℃),计算方法见式(4-35);

t——钢筋的通电加热时间(h)。

2)耗电量

钢筋加热至所需温度的电能量W,可用近似式(4-37)计算:

$$W = \frac{m_s c_s \theta_a}{2\ 486} \tag{4-37}$$

式中:W——电能量(kW·h);

其他符号含义同前。

3)电热设备选择

(1)变压器

变压器功率应根据计算需要功率乘以1.10~1.25的系数,一般宜大于45kV·A,最好采用三相(225~300kV·A)低压变器,用星形(Y形)接法,或单相(75~100kV·A)的低压变压器,并应符合下列要求:

①一次电压为220~380V,二次电压为30~65V。电压降应保持2~3V/m。

②二次额定电流值,即钢筋中的电流密度不宜小于下列数值:

冷拉HRB335钢筋为120A/cm^2;

冷拉HRB400钢筋为150A/cm^2。

变压器宜带有冷却器,以便连续使用。

(2)弧焊机(电焊机)

现场无专用变压器时,可利用交直流弧焊机进行电热,但弧焊机容量宜在75kV·A以上。由于弧焊机一般次级电压较高,但次级电流有限,张拉粗钢筋或跨度较大(18m以上)的构件时,应将2~3台弧焊机并联使用,以加大电流,但应符合下列要求:

①变压器的一次及二次额定电压相等。

②变压器必须属于同一联结组。

③变压器额定短路相等。

④一次线必须接在电源同一相上。

弧焊机并联时,最好选用同一制造厂、同一型号的,以防因线圈绕组不同反而电流减低。数台弧焊机并联后,如电源和电压都能满足要求且电流有余力时,可将预应力钢筋串联,一次张拉多根,提高工作效率。如弧焊机数量有限或电流较小,为减少电阻、提高电流、缩短电热时间,可将预应力钢筋并联。

2. 导电夹具

导电夹具为供二次导线与钢筋连接用的工具,常用的有用紫铜制作的夹板式和钳式两种。夹具必须导电性能好,接头电阻小,与钢筋接触必须紧密,接触面不小于钢筋截面面积的1.2倍，构造宜简单，便于装拆。

3. 导线

一次导线用普通绝缘硬铜线或铝线，二次导线用绝缘软铜绞线。导线愈短愈好，一般不超过30m。导线的截面面积由二次电流的大小确定，可按表4-27选用。铜线的控制电流密度不超过5A/mm^2；铝线的不超过3A/mm^2，以确保导线温度控制在50℃以下。

铜质电焊机线选择 表4-27

截面面积（mm^2） 电流（A）	导线长度（m）								
	20	30	40	50	60	70	80	90	100
100	25	25	25	25	25	25	25	35	35
150	35	35	35	35	50	50	70	70	70
200	35	35	35	50	50	70	70	70	70
300	35	50	70	70	70	70	70	95	95
400	35	50	70	70	95	95	95	95	95
500	50	70	70	95	95	95	95	120	120
600	70	70	95	95	95	95	120	120	120

三、电热张拉操作

1. 操作步骤和方法

（1）做好钢筋的绝缘处理。

（2）正式张拉前应进行试张拉，检查电热系统线路、次级电压、钢筋中的电流密度和电压降是否符合要求。

（3）调整初应力，用拧紧螺母的方法将各根钢筋松紧一致，并做出测量伸长值的标记。

（4）张拉次序应符合设计规定，一般应分组对称张拉，防止构件产生偏心受压。方法是将两根或三根预应力钢筋用短导线联结在一条闭合电路中，同时通电张拉。如采用单根张拉，则对称的两根预应力钢筋先后张拉间隔时间控制在20min以内。平卧重叠生产的构件，电张次序应先下后上。

（5）电热过程中，应经常测量一、二次导线的电压、电流、钢筋温度、通电时间等。钢筋表面温度的测量可用温度计插入压浆孔内，或用测温笔、热电偶。

（6）伸长值的测量宜在构件的一端进行，另一端设法顶紧或用小锤敲击钢筋，使所有伸长值集中一端。

（7）锚固可用拧紧螺母或插入垫板的方法进行，应随着电热时钢筋的伸长随时进行，直至达到预定的伸长值后切除电源为止。

（8）停电冷却（一般应经过12h）后，将预应力钢筋、螺母、垫板和预埋铁板互相焊牢，然后即可压浆。

2. 安全技术和注意事项

（1）电张时，如发现碰火现象应立即停电，重新绝缘或夹紧接头后再通电。

(2)在电张过程中,如发现钢筋伸长很慢、构件混凝土温度升高很快、电热设备发生噪声、导线发热等现象,应停电检查原因进行处理。

(3)如通电时间较长、构件混凝土发热、钢筋伸长缓慢或不再伸长时,立即停电,待钢筋冷却后,加大电流进行。

(4)冷拉钢筋电热张拉重复次数不宜超过三次。

(5)其他应注意事项同一般张拉。

第五章 金属焊接、切割与栓接

金属的焊接与切割(热切割)是一种重要的加工工艺。不仅可以解决各种金属材料的连接,还可以解决铜、铝等有色金属材料的连接。随着现代工业生产的需要和科学技术的蓬勃发展,焊接技术得以不断进步和发展。因而广泛地运用在各种产品制造业和工程建设中。

第一节 焊 接

一、概述

金属焊接是指通过适当的手段,使两个分离的金属物体(简称金属或异种金属)产生原子(分子)间结合而连成一体的连接方法。

本节介绍在公路工程施工中常用的金属焊接方法、焊接材料和工艺的基础,供公路工程施工中需要从事金属结构焊接生产的工程技术人员参考,并希望有所帮助。

1. 金属的可焊性

采用一定的焊接工艺条件,将金属材料用焊接的方式形成与母材机械性能相当,甚至机械性能高于母材的优质接头的性能,称为金属的可焊性。在金属焊接作业中,由于物理、化学上或工艺方法上的原因均可影响金属的可焊性。

金属的可焊性一般可分为如下4类。

(1)可焊性良好:这种金属可在普通且简便的工艺条件下焊接,焊接后不产生裂缝。

(2)可焊性尚好:这种金属在0℃以上,周围平静无风条件下焊接时,焊接后不产生裂缝。

(3)可焊性较差:这种金属焊接时要求预热到一定温度,要适当注意焊接顺序等。

(4)可焊性差:这种金属焊接最难,要求预热到更高的温度,并采取各种措施。

在各种金属中,低碳钢、中碳钢、高碳钢与合金钢及铸铁四类钢材的可焊性依次为良好、尚好、较差、最差。在有色金属中,铜及铜合金可焊性较好,铝的可焊性最差,焊接困难。

2. 确定钢材可焊性的方法

钢材的可焊性指其冶金可焊性和热可焊性。与冶金可焊性有关的因素包括被焊钢材与焊条的化学成分、焊条涂料和焊剂的组成等；与热可焊性有关的因素主要是被焊钢材的成分、组织、性能及在焊接时产生的热作用下出现的变化。目前确定钢材和焊条可焊性的主要方法，是从它们的化学成分来决定。钢中含有的化学元素主要有碳 C、锰 Mn、硅 Si、硫 S、磷 P、铬 Cr、镍 Ni、钼 Mo、钒 V、铜 Cu 等多种。前 5 种元素中，含碳量的大小对钢和焊条的可焊性影响最大，其他 5 种元素则对钢的焊接，有不同程度的利弊。

(1)碳：含碳量过多时、会引起金属的飞溅，使焊缝中产生气孔，提高钢的脆性，焊缝易发生冷裂，从而降低了可焊性。一般使用的焊条中含碳量不能超过 0.2%（质量百分比，以下同）。

(2)锰：可除去焊缝金属中杂质硫，有减少产生热裂缝的作用。一般在焊条中含锰量为 0.35% ~0.60%，如含量太多，会提高钢的强度而降低塑性。

(3)硅：是一种还原剂，但在还原过程中，焊缝易产生非金属杂质。当含硅量过多时，焊接过程会引起金属强烈的飞溅，使熔池沸腾。一般焊条中含硅量不超过 0.3%。

(4)硫：硫是有害杂质，能使焊缝力学性能降低，引起钢的热脆。一般焊条中含硫量不超过 0.035%。

(5)磷：也是有害的杂质，能使焊缝力学性能降低，引起气孔和产生冷脆。一般焊条中含磷量不超过 0.04%。

按照钢材本身的化学成分决定它的可焊性时，由于钢的碳当量计算公式较多，对于公路工程中钢桥结构的碳当量可按照《桥梁用结构钢》（GB/T 714—2008）中碳当量公式(5-1)计算：

$$C_{eq} = P_C + \frac{P_{Mn}}{6} + \frac{P_{Si}}{24} + \frac{P_{Ni}}{40} + \frac{P_{Cr}}{5} + \frac{P_{Mo}}{4} + \frac{P_V}{14} \tag{5-1}$$

式中： C_{eq}——钢材中所含各种元素折合成碳当量百分数；

P_C、P_{Mn}、P_{Si}……——钢材中含量百分数。

通常认为计算出的 C_{eq} 小于 0.4% 时，钢材的可焊性为良好，碳当量超过 0.45% 时，则钢的可焊性较差，超过 0.48% 时，焊接困难，需采用特殊的焊接工艺和方法。

3. 金属焊接分类及其适用范围

金属焊接分类方法较多，早期常分为电焊与化学焊两大类，近来多分为熔化焊与加压焊两大类。现将按后法分类，其焊接原理及其适用范围如表 5-1 所示。

金属焊接分类、原理及其适用范围 表 5-1

分类			原理	适用范围
熔化焊	母材不熔化	钎焊	钎焊的能源可采用化学反应热或间接热能。利用熔点比被焊材料熔点低的金属作钎料，经过加热使钎料熔化，靠毛细管作用将钎料吸入到接头接触面的间隙内，润湿被焊金属表面，使液相与固相之间相互扩散而形成钎焊接头，是一种固相兼液相的焊接方法	用于焊接碳钢、不锈钢、高温合金、铝、铜等金属材料，还可以连接异种金属、金属与非金属、陶瓷与陶瓷。适于焊接受载不大或常温下工作的接头。对精密的、微型的以及复杂得多钎缝焊件尤其适用

续上表

分类			原理	适用范围
熔化焊	母材熔化	电渣焊	是以熔渣的电阻热为能源的焊接方法，焊接时，利用电流流过熔渣产生的电阻热将工件端部熔化。其优点是加热量大，生产效率高，对厚的焊件能一次焊成	用于各种钢结构的焊接，可用于铸铁的组焊，但由于加热及冷却较慢，热影响区宽，显微组织粗大，韧性低，在焊接后一般均需进行正火处理
		电弧焊	以外部包有药皮的焊条作为电极和填充金属，电弧在焊条端部和被焊工件表面燃烧。药皮在电弧热作用下，一方面产生气体以保护电弧，另一方面产生熔渣覆盖在熔池表面，防止熔化金属与周围气体的相互作用。熔渣更重要的作用是与熔化金属产生物理化学反应或添加合金元素，改善焊缝金属性能。可分手工焊、半自动焊和自动焊	具有设备简单、操作灵活、应用范围广，适于短小焊缝及各种位置的焊缝。配以相应的焊条可适用于大多数工业用碳钢、不锈钢、铸铁、铜、铝镍及其合金的焊接
		埋弧焊	以连续送进的焊丝作为电极和填充金属。焊接时，在焊接区的上方覆盖一层颗粒状焊剂，电弧是在焊剂层下燃烧，将焊条端部与母材局部熔化形成焊缝。在电弧热的作用下，部分焊剂熔化成熔渣并与液态金属发生冶金反应，熔渣浮在金属熔池表面可保护焊缝金属，防止空气污染，并与熔池金属产生物理化学反应，改善焊缝的金属成分及性能；另一方面还可使焊缝金属缓慢冷却	广泛用于碳钢、低合金结构钢和不锈钢的焊接。可采用较大的电流，与手工电弧焊相比，最大的优点是质量好，焊接速度高。因此，特别适用于焊接大型工件的直缝和环缝，而且多数采用机械化焊接。由于熔渣可降低接头冷却的速度，故某些高强度结构钢、高碳钢也可采用埋弧焊
		气体保护电弧焊	分为熔化极或不熔化极两种。用保护性气体将空气和熔化金属隔开，防止熔化金属氧化和氮化。保护气体可采用氢气、氩气、二氧化碳等，以氩气保护为佳。不熔化极焊利用钨极与工件之间的电弧将金属熔化形成焊缝。钨极不熔化只起电极作用，同时，由焊炬的喷嘴送进氩气或氦气作保护，可根据需要另外填充金属，在国际上通称TIG焊。 熔化极气体保护焊是利用连续送进的焊丝与工件之间燃烧的电弧作为热源，由焊炬喷嘴喷出气体来保护电弧进行焊接。常用的保护气体有氩气、氦气、CO_2、O_2或这些气体的混合气。以氩气、氦气等惰性气体作为保护气时国际上通称MIG焊接；对于以CO_2或CO_2+O_2的混合气为保护气的焊接称为MAG焊	钨极气体保护焊由于能够很好控制热输入，是薄板金属焊接和打底焊接的最好方法。这种方法几乎适用于所有的金属连接，尤其适用于铝、镁等容易形成难熔氧化物的金属以及如钛和锆等活泼金属。焊缝质量较高，但焊接速度较慢。 用于自动或手工焊接熔化极气体保护焊，能够方便地实现全位置焊接，具有焊接速度快，熔敷效率高的优点。适用于大部分金属的焊接。当采用惰性气体保护时，可用于不锈钢、铝、镁、铜、钛锆等金属的焊接

续上表

分类			原理	适用范围
熔化焊	母材熔化	等离子焊	等离子焊是不熔化极气体保护焊的一种，利用电极与工件之间的压缩电弧实行焊接。产生等离子弧的等离子气体可用氩气、氦气或二者的混合气。由于能量密度大、电弧温度高，因而电弧穿透能力强。生产率高，焊缝质量好，但弧焊设备较复杂，对焊接工艺参数的控制要求较高	用于焊接不锈钢、高强度钢、耐热合金钢以及钛、铜、钛合金等。并焊接高熔点及高导热性金属
		电子束焊	分为真空电子束焊和非真空电子束焊。真空电子束焊是利用高能聚焦后的电子束在真空中轰击焊件，使电子的动能变为热能，以达到熔焊的目的，焊接需在真空中进行。 非真空电子束焊是利用电子枪发射高能电子束，此电子束具有足够的能量密，能在大气中轰击焊件，达到熔化金属，形成焊缝的目的。 电子束焊具有焊缝的熔深大，熔宽小、焊缝金属纯度高的特点。既可用在很薄材料的精密焊接，也可用在很厚(300mm)的构件上焊接	所有用其他焊接方法进行熔化焊的金属及合金都可以用电子束焊接，主要用于高质量的产品的焊接。解决异种金属、易氧化金属和难熔金属的焊接尖端技术方面的活泼金属和高熔点金属、高纯度金属的焊接
		激光焊	利用大功率相干单色光子流聚焦而成的激光束为热源来熔化金属进行焊接。其优点是焊接不需在真空进行	适用于铝、铜、银、不锈钢、钨、钼等金属的精密焊接
		气焊	利用气体火焰为热源的焊接方法，使用最广泛的是用乙炔气为燃料的氧—乙炔火焰来熔化焊料及焊件表面部分而达到焊接目的的方法，使用设备简单，操作方便。但加热温度、速度及生产率较低，热影响区较大，容易产生较大的变形	可用于很多的黑色金属、有色金属及合金的焊接。一般用于焊接单件薄钢板和机械维修等场合
加热焊	表面部分熔化	接触焊	利用电流通过焊件产生的电阻热，使焊件达到局部熔化或呈塑性状态加压而进行焊接。其特点是机械化自动化程度较高。可分点焊、缝焊、对焊	可焊接薄板、板料棒料、钢筋等
加压焊	表面部分熔化	摩擦焊	利用焊件摩擦产生的热量，将工作加热到塑性状态，然后加压，形成接头	用于焊接导热性好、易氧化的金属，如有色金属及其合金
		锻焊	将焊件烧到白热(1 200～1 300℃)，然后以人工或气锤锤击，使两者熔化在一起	仅用于熟铁和低碳钢之间的锻焊和简单、中型焊接

续上表

分类			原理	适用范围
加压焊	不加热	冷压焊	不加热,仅靠强大的压力,使工件产生很大程度的塑性变形,工作接触面上金属产生流动,破坏了氧化膜,并在强大压力下,借助于扩散和再结晶过程使金属焊接在一起	主要用于导线焊接
		超声波焊	利用超声波机械振荡作用,加速工件接触面上的原子间扩散过程,它不加热,只加压力	点焊有色金属及其合金薄板,厚度在2mm以下
		爆炸焊	利用炸药产生的高压主冲击波,使两个金属体以极高的速度相互碰撞,相互接触的界面产生射流,冲刷金属表面,除去金属表面的氧化膜和吸附层,使两种金属达到焊接	不仅能焊接同种金属,也能焊接铅—铜、锆—铁、钛—铜、铝—铁等异种金属

注:本表参考《焊接手册　第1卷　焊接方法及设备》(第3版)(中国机械工程学会焊接学会编,机械工业出版社,2007年)。

4. 钢结构焊接生产工序

各种钢材要制成符合设计要求的焊接结构,一般需要经过钢材矫正、放样画线、下料、再矫正、边缘加工、组装、焊接、变形矫正、防锈油漆等。各道工序之间都需要进行质量检验,以保证焊接结构的质量。各道工序的要点如下。

1)生产准备

在认真研究并消化技术文件及设计施工图的基础上,对设计施工图进行工艺性复核,编制钢结构施工工艺文件,进行工艺试验,绘制施工图纸,制订作业指导书,设计专用设备及工装,保证钢结构制造工作顺利进行。

2)图纸转化

根据设计院提供的设计施工图和技术要求及相关的标准、规范,进行钢结构的三维放样,以获得各构件的准确数据,并完成施工图纸转化工作。

3)工艺评定

结构制造前按《公路桥涵施工技术规范》(JTG/T F50—2011)和设计要求进行工艺评定试验。以此确定适合的设备型号、工作参数、人员及管理等方面的最佳工艺参数,在实际制造中,严格按工艺评定确定的参数作业。

(1)切割工艺评定试验

在钢材加工之前,应对钢板进行火焰切割、等离子切割和半自动切割工艺评定试验,考核切割边缘的表面质量、硬度及零件切割精度,以确定切割参数、规范及零件切割补偿量,指导施工。

火焰切割的工艺要求:在钢材加工之前,应使用有代表性的试件进行火焰切割工艺评定。对于切割前已经过抛丸除锈预处理并喷上车间底漆的钢材,其进行火焰切割工艺评定的试件,亦应涂上同样的底漆。

进行火焰切割工艺评定的试件,当厚度为20mm时,其工艺评定的结果亦适用于小于20mm的各种厚度的钢材;当厚度为40mm时,其工艺评定的结果亦适用于大于20mm而小于40mm的各种厚度的钢材;当厚度大于40mm时,按每5mm为一级,分别进行工艺评定。

(2)火焰切割试件试验

需验证制作工作的热量控制并满足以下要求：

①火焰切割面无裂纹。

②局部硬度不超过 HV(10)350。

③不呈现其他危害永久性结构使用性能的缺陷。

④火焰切割的边缘应打磨或用机加工法除去明显的焰切痕迹线。

(3)焊接工艺评定试验

根据施工图确定的结构规格、焊接节点形式，结合影响焊接质量的因素，拟定焊接工艺评定书并进行焊接工艺评定试验。根据焊接工艺评定试验报告编制各种焊接工艺规程，规范焊接施工。

4)钢材矫正

钢材在轧制、运输及堆放过程中常会产生弯曲、扭曲、波浪形等变形。在下料、切割之前必须进行钢材矫正。钢板的矫正用多轴辊式矫正机，薄板用 7 轴、9 轴或 11 轴的辊床上滚平，厚板则用 5 轴辊床滚平。型钢则用型钢矫形机来矫正。

5)放样与画线

放样通常是在专门的放样台上进行，按照 1:1的比例画出展开图，然后制成种各样板、样杆和样箱，作为焊接结构构件画线、切割、加工、组装等工作的依据。放样时应留刨铣加工量、焊接收缩量，采用气割时应预留 2 ~4mm 的切口量。

光学号料是利用光学投影原理，用 1:5或 1:10 的比例绘制成的样片拍成照相底板，再通过投影放大机投到铜板上成 1:1的实形，然后在投影的线条上敲上硬印标记。

目前大多数钢结构制作工厂多采用三维设计软件 Pro/ ENGINEER 进行三维建模，对组成钢结构工程的各构件进行准确放样，绘制各构件零件详图并作为绘制下料套料图及数控编程的依据。

放样时，按工艺要求预留制作和安装焊接收缩补偿量和加工余量。

画线(也称号料)就是利用样板、样杆或草图将构件的外形画在钢板或型钢上，并标出加工及组装符号。画线用的样板通常为木板，样板、样杆、样条制作允许偏差如表 5-2 所示。

样板、样杆、样条制作允许偏差 表 5-2

项　目	允许偏差(mm)
两相邻孔中心线距离	±0.5
对角线、两极边孔中心距离	±1.0
孔中心与孔群中心线的横向距离	0.5
宽度、长度	+0.5，-1.0
曲线样板上任意点偏离	1.0

注：本表参照《公路桥涵施工技术规范》(JTG/T F50—2011)。

6)下料

就是按照画线(或号料线)把钢板切割成所需形状。常用的下料方法是剪切和气割，剪切常作为无坡口的焊接头边缘加工。

剪切机具有龙门剪切机、压力剪切机或圆盘剪切机。直线边缘可采用龙门剪切机或压力剪切机,一般可剪切厚度20mm以下的钢板,曲线边缘可采用圆盘剪切机。型钢可用锯床或型钢切割机切割。某些型钢如扁钢、角铁等,也可在压力剪切机上配以专用的刀具、模具剪切。剪切零件尺寸的允许偏差为±2mm。

气割是用可燃气体与助燃气体混合燃烧释放出热量,对金属进行的切割。它不但能切割很厚的钢板,而且能加工各种形状的坡口,如在半自动或自动切割机上安装2~3个割嘴,即可将V形或X形坡口一次加工割成。如图5-1所示。气割加工的坡口一般要用砂轮机磨光,以保证焊接质量。对切割直线形的薄板,仍用剪切机具,其效率高,用气割不仅工效低,而且容易变形。

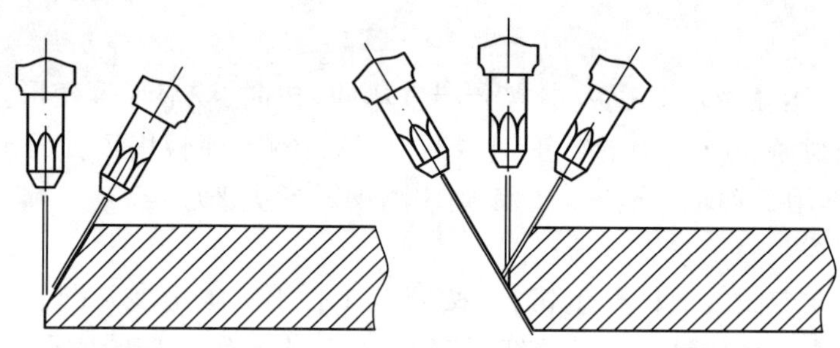

图5-1 一次切割成V形或X形坡口

气割零件尺寸的允许偏差:手工气割为±2mm。自动、半自动气割为±1.5mm,精密气割为±1mm。气割面垂直度偏差不应大于零件厚度的5%,且不应大于2mm。

为提高工效和下料精度、质量,降低工人的劳动强度,在大型钢结构加工工厂,钢板多采用激光、等离子或火焰切割下料,通常使用的切割设备有数控激光切割机、门式数控钻割机、数控等离子—氧乙炔多头切割机、门式自动多头切割机和数控火焰切割机、半自动切割机等。采用上述设备切割的钢材表面质量要求如表5-3所示。

切割表面质量要求 表5-3

项目	等级		
	用于主要零件	用于次要零件	备注
表面粗糙度 R_a	25μm	50μm	按相关标准进行,用样板检测
崩坑	不容许	1m长度内容许有1处1mm	超限应修补,按焊接有关规定进行
塌角	圆角半径≤0.5mm		
切割面垂直度	≤0.05t,且≤2.0mm		

注:①t为钢板厚度。

②本表参照《公路桥涵施工技术规范》(JTG/T F50—2011)。

7)变形矫正

切割后,母材如有变形应再矫正,矫正应满足以下要求:

(1)钢材矫正前,剪切的反口应修平,切割的挂渣应铲净。

(2)碳素结构钢在环境温度低于-16℃、低合金结构钢在环境温度低于-12℃时,不得进行冷矫正和冷弯曲。

(3)主要受力零件冷作弯曲时,环境温度不宜低于-5℃,内侧弯曲半径不得小于板厚的 15 倍，小于者必须热煨，热煨温度宜控制在 900 ~ 1 000℃之间。冷作弯曲后零件边缘不得产生裂纹。

(4)热矫温度应控制在 600 ~ 800℃之间，矫正后钢材温度应缓慢冷却，降至室温以前，不得锤击钢料或用水急冷。

(5)矫正后的钢材表面不应有明显的凹痕或损伤。零件矫正后的允许偏差应符合表 5-4的规定。

零件矫正允许偏差 表 5-4

项　目		允许偏差(mm)
钢板平面度	每米	1.0
钢板直线度	$L \leq 8m$	2.0
	$L > 8m$	3.0
型钢直线度	每米	0.5
角钢肢垂直度	全长范围	0.5*
角肢平面度	连接部位	0.5
	其余	1.0
工字钢、槽钢腹板平面度	连接部位	0.5
	其余	1.0
连接部位	连接部位	0.5
	其余	1.0

注：① * 角度不得大于 90°。

②本表参照《公路桥涵施工技术规范》(JTG/T F50—2011)。

8)边缘加工

下料后的零部件，有时需要边缘加工如开坡口等。常用的边缘加工方法有刨削、车削、凿削、碳弧气刨、冲孔和钻孔等。

用刨床或刨边机对钢板边缘进行直线加工的称为刨削。用刨削加工的坡口质量好，但成本比气割高。

车削常用于加工管子接头的坡口，当遇到较长、较重或无法搬动的管子时，可采用移动式的管子坡口机。

用风铲装上凿子，利用压缩空气为动力来凿削金属的称为凿削。因噪声大且加工不精确，已被碳弧气刨所代替。

碳弧气刨是利用碳极电弧的高温把金属加热到熔化状态，同时用压缩空气把熔化金属吹掉而成为需要的坡口。多用于造船、机械制造锅炉等金属结构中。

零部件上较小的孔常用冲孔机或钻床来加工。

9)成形加工

在焊接结构中，有曲度的部件需进行冷加工或热加工才能得到所要求的弯曲形状。对于简单的圆柱形或锥形曲板，可采用三轴辊机上加工成形。若构件数量较多，则可用专门的压模在液压上压制。对复杂曲度板，当成批生产，应采用专用压模在液压机上压制。若批量小或单体生产的产品，可用热加工的方法将钢板加热到 900 ~ 1 000℃，将其加工到所需要的形状。

对曲度较小的型钢部件，可直接用矫形机来弯制。对曲度较大的部件，应先用型钢矫形机弯出一定弯曲度,然后再加热弯曲成形。

金属结构零部件经过边缘加工后,其尺寸的允许偏差视其名称或在结构中的用途而不同,如表5-5所示。

零件加工尺寸允许偏差　　表5-5

项　目			允许偏差(mm)	
名　称		范围	宽度	孔边距
桁梁的弦、斜、竖杆,纵横梁,板梁主梁、平联杆件*	盖板(工形)	两边	±2.0	—
	竖板(箱形)	两边	+2.0,0	—
	腹板	两边	**	—
主桁节点板		三边	—	+2.0
座板		四边	±1.0	—
拼接板、鱼形板,桥门架用钢板		两边	±2.0	—
支承节点板、拼接板、支承角		支承边端	—	+0.5,+0.3
平联、横联节点板		焊接边	—	±0.3
箱形杆件内隔板		四边	+0.5***	—

注:①*长度不大于10m的直线度允许偏差为2.0mm,10m以上的为3.0mm,但不得有锐弯。

②**腹板宽度必须按盖板厚度及焊接收缩量配制。

③***箱形杆件内隔板板边垂直度偏差不得大于0.5mm。

④本表参照《公路桥涵施工技术规范》(JTG/T F50—2011)。

10)组装

金属材料经过下料、加工达到设计图纸所要求的尺寸和形状后,即可进行组装以便焊接,组装就是利用各种工、夹具来确定结构小各零部件相对位置。一般焊接结构的组装工具、夹具如下。

(1)定位器:又分挡铁(或称定位码),使构件在水平面或垂直面上定位用;定位销螺栓,当零部件具有圆孔时,常用定位销螺栓插入圆孔中定位;V形铁,在组装管子、轴、小型圆筒的对按接头时常用V形铁或槽钢,角钢定位。

(2)压夹器:使零部件间紧密接合,以保证相互间的位置,就必须使用螺旋弓形夹、带楔条的压紧夹等压夹器。

(3)拉紧—推撑器;大型工件在装配时,常利用拉紧器保证焊接接头的间隙。

现在组装和焊接所用的夹具多向液压、气动或电动的方向发展。

(4)组装时应注意事项如下:

组装前,结构零部件应经检查合格;连接接触面和焊缝边缘每边30~50mm范围内的铁锈、毛刺、污垢、冰雪等应清除干净,露出钢材金属光泽。正确掌握允许偏差,组装时的焊缝坡口形状、间隙应符合设计要求,间隙太大会加大焊件变形,而且增加了焊接工作量,太小则容易造成未焊透现象,影响焊接强度质量。故应按照有关标准、规范进行组装,使其间隙等符合要求。

组装采用螺栓紧固,以保证零件、部件相互密贴,一般在任何方向每隔320mm至少有一个螺栓。组装螺栓的数量不得少于孔眼总数的30%;组装螺栓的螺母下最少应放置一个垫圈,如放置多个垫圈时,其总厚不应超过30mm。

杆件的组装应在工作台上或工艺装备内进行。组装时应将焊缝错开,错开最小距离应符合规范的规定。应注意装、焊程序。如有钢材长宽尺寸不足，需要焊接接料者必须在零部件组装前进行。组装时要考虑到焊接的操作方便和尽量减少结构的变形。

使用冲钉组装时，应用冲钉使绝大多数孔正确就位，每组孔应打入10%的冲钉，但不得少于两个，冲钉直径不应小于设计孔径0.1mm。采用预钻小孔组装的杆件，使用的冲钉直径不应小于预钻孔径0.5mm。

焊接杆件和焊接箱形梁的组装允许偏差应分别符合表5-6和表5-7的规定。

正式焊接如采用埋弧自动焊、半自动焊时，应在焊接前先焊引弧板及引出板。

正式焊接前可先作定位焊，以固定焊接结构各部件之间的相对位置。焊前必须按施工图及工艺文件检查坡口尺寸、根部间隙等，如不符合要求，应处理改正。

定位焊所采用的焊接材料型号应与焊件材质相匹配。

定位焊缝应距设计焊缝端部30mm以上，焊缝长50～100mm，间距400～600mm，定位焊缝的焊脚尺寸不得大于设计焊脚尺寸的1/2。

定位焊不得有裂纹、气孔、夹渣、焊瘤等缺陷，否则应处理改正。如有焊缝开裂，应查明原因，清除后重焊。

杆件组装允许偏差 表5-6

简图	项目		允许偏差(mm)
	对接高低差	$t \geq 25$	1.0
		$t < 25$	0.5
	对接间隙 b		+1.0
	桁梁的箱梁杆件宽度 b		±1.0(有拼接时)
	桁梁的箱形杆件对角线差		2.0
	桁梁的H形杆件和箱形杆件高度 h		+1.5,0
	盖板中心与腹板中心线的偏移 Δ		1.0
	组装间隙 Δ		0.5
	纵横梁高度 h		+0.5,0
	板梁高度 h	$h \leq 2\text{m}$	+2.0,0
		$h > 2\text{m}$	+4.0,0

续上表

简　　图	项　　目		允许偏差(mm)
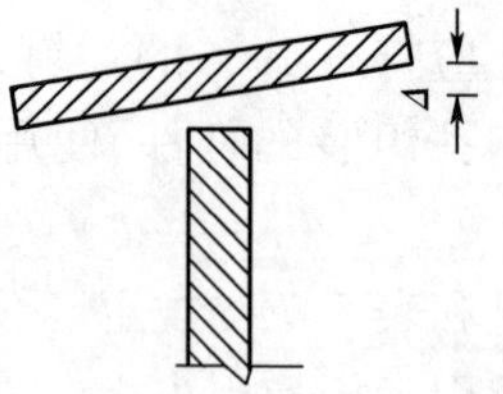	盖板倾斜Δ		0.5
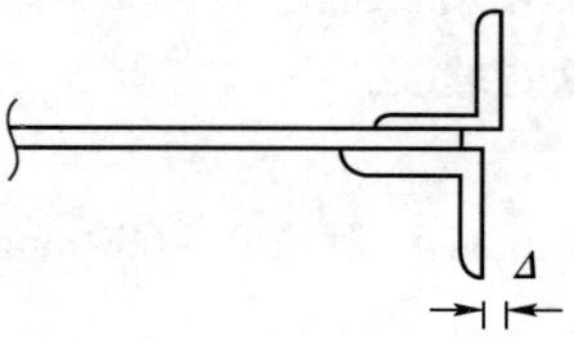	组合角钢肢高低差Δ	结合处	0.5
		其余处	1.0
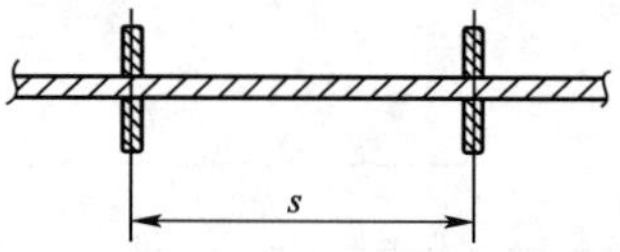	板梁,纵、横梁加劲肋间距 s	有横向联结	±1.0
		无横向联结	±3.0
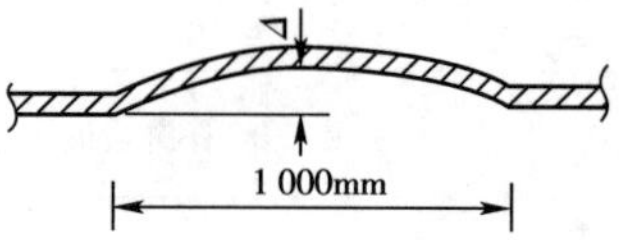 1 000mm	板梁腹板,纵、横梁腹板的局部平面度Δ		1.0
磨光顶紧	局部缝隙		≤0.2

注:本表参照《公路桥涵施工技术规范》(JTG/T F50—2011)。

箱形梁组装允许偏差　　表 5-7

简　　图	项　　目	允许偏差(mm)
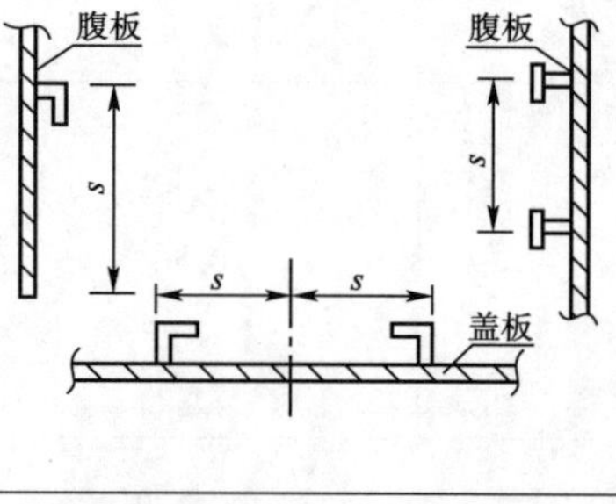 腹板 s 腹板 s s s 盖板	箱形梁盖板、腹板的纵肋、横肋间距 s	±1.0
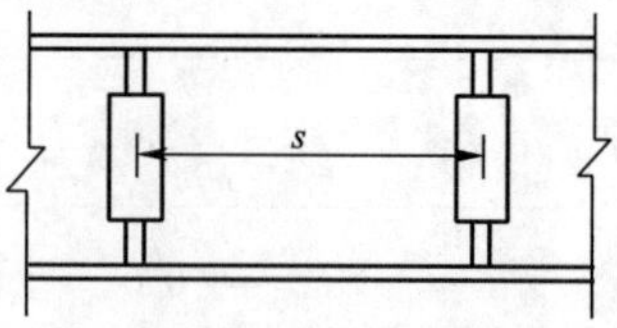 s	箱形梁隔板间距 s	±2.0

续上表

简图	项目		允许偏差(mm)
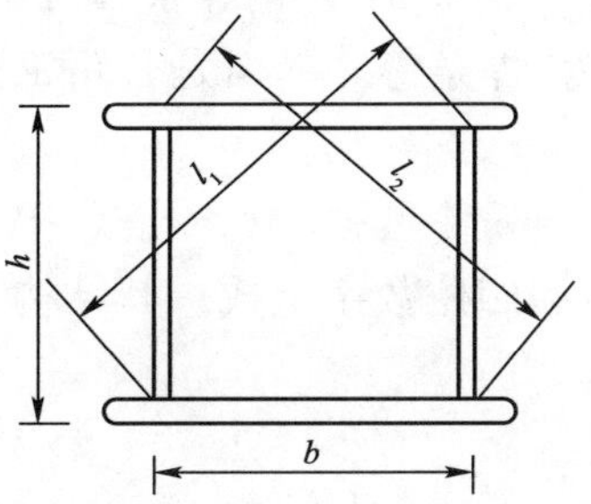	箱形梁宽度 b		±2.0
	箱形梁高度 h	$h \leq 2m$	±2.0,0
		$h > 2m$	±4.0,0
	箱形梁横断面对角线差		3.0
	箱形梁旁弯 f		5.0

注:本表参照《公路桥涵施工技术规范》(JTG/T F50—2011)。

11)焊接

正式焊接前应检查并确认所使用的设备工作状态正常、仪表工具良好、齐全可靠。同时在工厂或工地首次焊接之前或材料、工艺在施工过程中遇有须重新评定的变化,在分别按相应规范进行焊接工艺评定试验后方可施焊。

参加焊接的焊工应经过考试,熟悉焊接工艺要求,取得资格证书后方可从事焊接工作。采用的焊接方法、焊剂、焊条均应按设计规定。

焊接宜在室内进行,湿度不宜高于80%。焊接环境温度,低合金高强度结构钢不应低于5℃,普通碳素结构钢不得低于0℃。主要杆件应在组装后24h内焊接。

厚度25mm以上的低合金高强度结构钢进行定位焊、手弧焊及埋弧焊时,应进行预热,预热温度80~120℃,预热范围为焊缝两侧,宽度50~80mm。厚度大于50mm的碳素结构钢焊接前也应进行预热。

多层焊接宜连续施焊,但每一层焊缝焊完后应及时清理检查,清除药皮、熔渣、溢流和其他缺陷后,再焊下一层。

焊接完毕,所有焊缝必须进行外观检查,不得有裂纹、未熔合、夹渣、未填满弧坑和超出规范规定的缺陷。外观检查合格后,零、部(杆)件的焊缝应在24h后进行无损检验。

12)部件矫正

部件、杆件焊接完并经检验后,若发生变形,应再进行矫正,使其在有关标准、规范所规定的允许偏差之内。

13)除锈、油漆

为了延长金属结构的使用寿命,焊接结构在焊接、检验并矫正完毕后,应进行除锈油漆的工序。除锈油漆工艺按设计或《铁路钢桥保护涂装及涂料供货技术条件》(TB/T 1527—2011)要求进行。

二、焊接材料

焊接材料包括电弧焊、电渣焊、气焊和钎焊用的各种焊条、焊丝、熔剂和氧气、电石等。

1. 焊条

电焊条由内部为金属线、棒或管的焊条芯外部涂药皮组成，现分别介绍如下。

1）焊条分类

根据现行焊条国家标准，焊条可分为：碳钢焊条、低合金钢焊条、不锈钢焊条、铸铁焊条、堆焊焊条、镍及镍合金焊条、铜及铜合金焊条、铝及铝合金焊条等。下面是公路工程施工中常用的几类焊条的分类及型号编制方法。

根据《非合金钢及细晶粒钢焊条》（GB/T 5117—2012）和《热强钢焊条》（GB/T 5118—2012），焊条型号由五部分组成，主体结构由字母“E”和四位数字组成。其结构及含义如下：

（1）第一部分用字母“E” 表示焊条；

（2）第二部分为字母“E”后面的紧邻两位数字，表示熔敷金属的最小抗拉强度代号，见表 5-8；

熔敷金属抗拉强度代号 表 5-8

焊条类别	抗拉强度代号	最小抗拉强度值（MPa）
非合金钢及细晶粒钢焊条（GB/T 5117—2012）	43	430
	50	490
	55	550
	57	570
热强钢焊条（GB/T 5118—2012）	50	490
	52	520
	55	550
	62	620

（3）第三部分为字母“E”后面的第三和第四两位数字，表示药皮类型、焊接位置和电流类型，见表 5-9；

（4）第四部分为熔敷金属的化学成分分类代号，可为“无标记”或短划“ - ”后的字母、数字或字母和数字的组合，见表 5-10；

（5）第五部分为熔敷金属的化学成分代号之后的焊接状态代号，其中“无标记”表示状态，“P”表示热处理状态，“AP”表示焊态和焊后热处理两种状态均可。

E 表示焊条；

×1 ×2 熔敷金属抗拉强度的最小值（抗拉强度的最小值见表 5-8）；

×3 表示焊条的焊接位置（数字代表的焊接位置见表 5-9）；

×4 表示药皮类型和焊接电流种类（代表的焊接电流种类和药皮类型见表 5-9）。

根据以上焊条型号的编制规定，在实际应用中碳钢焊条的型号表示示例为 E4303、E5018M、E5016-1、E5018-1R、E4313-S 等。

药皮类型、焊接位置和电流类型代号 表 5-9

规范	代号	药皮类型	焊接位置[a]	电流类型
非合金钢及细晶粒钢焊条(GB/T 5117—2012)	03	钛型	全位置[b]	交流和直流正、反接
	10	纤维型	全位置	直流反接
	11	纤维型	全位置	交流和直流反接
	12	金红石	全位置[b]	交流和直流反接
	13	金红石	全位置[b]	交流和直流正、反接
	14	金红石 + 铁粉	全位置[b]	交流和直流正、反接
	15	碱性	全位置[b]	直流反接
	16	碱性	全位置[b]	交流和直流反接
	18	碱性 + 铁粉	全位置[b]	交流和直流反接
	19	钛铁矿	全位置[b]	交流和直流正、反接
	20	氧化铁	PA、PB	交流和直流正接
	24	金红石 + 铁粉	PA、PB	交流和直流正、反接
	27	氧化铁 + 铁粉	PA、PB	交流和直流正、反接
	28	碱性 + 铁粉	PA、PB、PC	交流和直流反接
	40	不做规定	由制造商确定	
	45	碱性	全位置	直流反接
	48	碱性	全位置	交流和直流反接

[a] 焊接位置见《焊缝—工作位置—倾角和转角的定义》(GB/T 16672—1996),其中 PA 为平焊、PB 为平角焊、PC 为横焊、PG 为向下立焊;

[b] 此处"全位置"并不一定包含向下立焊,由制造商确定

规范	代号	药皮类型	焊接位置[a]	电流类型
热强钢焊条(GB/T 5118—2012)	03	钛型	全位置[c]	交流和直流正、反接
	10[b]	纤维型	全位置	直流反接
	11[b]	纤维型	全位置	交流和直流反接
	13		全位置[c]	交流和直流正、反接
	15		全位置[c]	直流反接
	16		全位置[c]	交流和直流反接
	18		全位置(PG 除外)	交流和直流反接
	19[b]		全位置[c]	交流和直流正、反接
	20[b]		PA、PB	交流和直流正接
	27[b]		PA、PB	交流和直流正接
	40	由制造商确定		

[a] 焊接位置见《焊缝—工作位置—倾角和转角的定义》(GB/T 16672—1996),其中 PA 为平焊、PB 为平角焊、PG 为向下立焊;

[b] 仅限于熔敷金属化学成分代号 1M3;

[c] 此处"全位置"并不一定包含向下立焊,由制造商确定

熔敷金属化学成分分类代号 表 5-10

规范	分类代号	主要化学成分的名义含量(质量分数,%)				
		Mn	Ni	Cr	Mo	Cu
非合金钢及细晶粒钢焊条(GB/T 5117—2012)	无标记、-1、-P1、-P2	1.0	—	—	—	—
	-1M3	—	—	—	0.5	—
	-3M2	1.5	—	—	0.4	—
	-3M3	1.5	—	—	0.3	—
	-N1	—	0.5	—	—	—
	-N2	—	1.0	—	—	—
	-N3	—	1.5	—	—	—
	-3N3	1.5	1.5	—	—	—
	-N5		2.5	—	—	—
	-N7		3.5	—	—	—
	-N13		6.5	—	—	—
	-N2M3		1.0	—	0.5	—
	-NC		0.5	—	—	0.4
	-CC		—	0.5	—	0.4
	-NCC		0.2	0.6	—	0.5
	-NCC1		0.6	0.6	—	0.5
	-NCC2		0.3	0.2	—	0.5
	-G	其他成分				
热强钢焊条(GB/T5118—2012)	分类代号	主要化学成分的名义含量				
	-1M3	此类焊条中含有Mo,Mo是在非合金钢焊条基础上的唯一添加合金元素。数字1约等于名义上Mn含量两倍的整数,字母“M”表示Mo,数字3表示Mo的名义含量,大约0.5%				
	-×C×M×	对于含铬-钼的热强钢,标识“C”前的整数表示Cr的名义含量,“M”前的整数表示Mo的名义含量。对于在Cr和Mo之外还加入了W、V、B、Nb等合金成分,则按照此顺序,加入铬和钼标记之后。标识末尾的“L”表示含碳量较低。最后一个字母后的数字表示成分有所改变				
	-G	其他成分				

2)焊条药皮分类

焊条药皮由多种原料组成,按药皮的主要成分可以确定焊条药皮的类型。按药皮主要成分可将焊条分为:不定型、氧化钛型、氧化钛钙型、钛铁矿型、氧化铁型、纤维素型、低氢钾型、低氢钠型、铁粉钛钙型及铁粉钛型等。

按熔渣的酸碱性(即熔渣中酸性氧化物和碱性氧化物的比例)分,可将焊条分为酸性焊条和碱性焊条两大类(表5-11)。熔渣以酸性氧化物为主的焊条称为酸性焊条。熔渣以碱性氧化物和氟化钙为主的焊条称为碱性焊条。在碳钢焊条和低合金钢焊条中,低氢型焊条(包括低氢钠型、低氢钾型和铁粉低氢型)是碱性焊条;其他涂料类型的焊条均是酸性焊条。碱性焊条与强度级别相同的酸性焊条相比,其熔敷金属的延伸性和韧性高,扩散氢含量低,抗裂性能强。因此当产品设计和焊接工艺规程规定用碱性焊条时,不能用酸性焊条代替。但碱性焊条的焊接工艺性能(包括稳弧性、脱渣性和飞溅等)较差,对锈、水、油污敏感性大,容易出现气孔,有毒气体和烟尘大,毒性也大。

酸性焊条和碱性焊条的特性对比 表5-11

酸性焊条	碱性焊条
对水、铁锈的敏感性不大,使用前在100~150℃条件下烘焙1h	对水、铁锈的敏感性较大,使用前在300~350℃条件下烘焙2h
电弧稳定,可用交流或直流施焊	需用直流反接施焊,药皮加稳弧剂后,可交、直流两用施焊
焊接电流较大	与同规格酸性焊条相比,约小10%
可长弧操作	须短弧操作,否则易引起气孔
合金元素过渡效果差	合金元素过渡效果好
熔深较浅,焊缝成形较好	熔深稍深,焊缝成形一般
熔渣呈玻璃状,脱渣较方便	熔渣呈结晶状,脱渣不及酸性焊条
焊缝的常、低温冲击韧度一般	焊缝的常、低温冲击韧度较高
焊缝的抗裂性较差	焊缝的抗裂性好
焊缝的含氢量较高,影响塑性	焊缝的含氢量低
焊接时烟尘较少	焊接时烟尘稍多

各类焊条的药皮类型、主要成分和性能特点如表5-12所示。

焊条药皮类型及主要特点 表5-12

序号	药皮类型	电源种类	主要特点
0	不属于已规定类型	不规定	在某些焊条中采用氧化锆、金红石碱性型等,这些新渣系目前尚未形成系列
1	氧化钛型	DC(直流),AC(交流)	含较多量的氧化钛,焊条工艺性能良好,电弧稳定、再引弧方便、飞溅很小、熔深较浅、熔渣覆盖性良好、脱渣容易、焊缝波纹特别美观、可全位置焊接,尤宜于薄板焊接,但焊缝塑性和抗裂性稍差。随药皮中钾、钠及铁粉等用量的变化,分为高钛钾型、高钛钠型和铁粉钛型等

续上表

序号	药皮类型	电源种类	主要特点
2	钛钙型	DC,AC	药皮中含氧化钛质量分数30%以上,钙、镁的碳酸盐质量分数20%以下,焊条工艺性能良好,熔渣流动性好,熔深一般,电弧稳定,焊缝美观,脱渣方便,适应于全位置焊接,如J422即属此类型。它是碳钢焊条中使用最广泛的一种焊条
3	钛铁矿型	DC,AC	药皮含钛铁矿质量分数≥30%,焊条熔化速度快,熔渣流动性好,熔深较深、脱渣整齐,电弧稳定,平焊、平角焊工艺性能较好,立焊稍次,焊缝有较好的抗裂性
4	氧化铁型	DC,AC	药皮中含较多量的氧化铁和较多的锰铁脱氧剂,熔深大,熔化速度快,焊接生产率较高,电弧稳定,再引弧方便,立焊、仰焊较困难,飞溅稍大,焊缝抗热裂性能较好,适用于中厚板焊接。由于电弧吹力大,适于野外操作。若药皮中加入一定量的铁粉,则为铁粉氧化铁型
5	纤维素型	DC,AC	药皮中含15%以上的有机物、30%左右的氧化钛,焊接工艺性能良好,电弧稳定,电弧吹力大,熔化大,溶渣少,脱渣容易。可作立向下焊、深熔焊或单面焊双面成形焊接。立、仰焊工艺性好。适用于薄板结构、油箱管道、车辆壳体等焊接。随药皮中稳弧剂、黏结剂含量变化,分为高纤维素钠型(采用直流反接)、高纤维素钾型两类
6	低氢钾型	DC,AC	药皮组分以碳酸盐和萤石为主,焊条使用前须经300~400℃烘焙。短弧操作,焊接工艺性一般,可全位置焊接。焊缝有良好的抗裂性和综合力学性能。适宜于焊接重要的焊接结构。按照药皮中稳弧剂量、铁粉量和黏结剂不同,分为低氢钠型、低氢钾型和铁粉低氢型等
7	低氢钠型	DC	
8	石墨型	DC,AC	药皮中含有多量石墨,通常用于铸铁或堆焊焊条。采用低碳钢焊芯时,焊接工艺性较差,飞溅较多,烟雾较大,熔渣少,适应于平焊。采用有色金属焊芯时,就能改善其工艺性能,但电流不宜过大
9	盐基型	DC	药皮含较多量的氯化物和氟化物,主要用于铝及铝合金焊条。吸潮性强,焊前要烘干。药皮熔点低,熔化速度快。采用直流电源,焊接工艺性较差,短弧操作,熔渣有腐蚀性,焊后需用热水清洗

注:本表摘自《焊工手册　手工焊接与切割》(第3版)(中国机械工程学会焊接学会等编,机械工业出版社,2001年)。

3)焊条分型

各种类别的焊条可再分型,其分型原则是:结构钢焊条以熔敷金属的抗拉强度为主;

低温钢焊条以熔敷金属的使用温度为主;铸铁焊条以焊芯金属类型为主;其他各类焊条以熔化金属化学组成类型为主。

4)力学性能及用途

常用结构钢焊条的主要力学性能和用途如表5-13所示。

常用结构钢焊条的性能及用途 表5-13

焊条牌号	型号	药皮类型	焊接电源	主要特点及用途
J420G	E4300	特殊型	交、直流	高温高压电站碳钢管道焊接
J421	E4313	高钛钾型		焊接一般低碳钢薄板结构
J421X				用于碳钢薄板向下立焊及断续焊
J421Fe	E4313	铁粉钛型		焊接效率较J421稍高,焊接一般低碳钢结构
J421Fe13	E4324			效率约130%,焊接一般低碳钢结构的高效焊条
J421Fe16				效率约160%,焊接一般低碳钢结构的高效焊条
J421Fe18				效率约180%,焊接一般低碳钢结构的高效焊条
J421Z				效率不低于150%,焊接一般低碳钢结构的重力焊条
J422	E4303	钛钙型		焊接较重要的低碳钢结构和同强度等级的低合金钢
J422Y				能在低电压(36V)下施焊,用于焊接低碳钢薄板结构
J422GM				焊接成型美观,用于低碳钢结构的盖面焊接
J422Fe				焊接效率较J422稍高,用途同J422
J422Fe13	E4323	铁粉钛钙型		效率约130%,焊接重要低碳钢结构的高效焊条
J422Fe16				效率约160%,用途同J422Fe13
J422Fe18				效率约180%,用途同J422Fe13
J422Z				效率不低于150%,焊接重要低碳钢结构的重力焊条
J423	E4301	钛铁矿型		焊接低碳钢结构
J424	E4320	氧化铁型		
J424Fe14	E4327	铁粉氧化铁型		效率约140%,焊接低碳钢结构的高效焊条
J424Fe16				效率约160%,用途同J424Fe14
J424Fe18				效率约180%,用途同J424Fe14
J425	E4311	高纤维素钾型		用于向下立焊的低碳钢薄板结构,也可用于管道打底焊
J426	E4316	低氢钾型		焊接重要的低碳钢结构及某些低合金
J426DF				低尘焊条,用于重要的低碳钢结构通风不良环境中焊接
J427	E4315	低氢钠型	直流	焊接重要的低碳钢及某些低合金结构,如09Mn2等
J427Ni				低温韧性好,焊接重要的低碳钢及某些低合金钢结构

续上表

焊条牌号	型号	药皮类型	焊接电源	主要特点及用途
J501Fe	E5014	铁粉钛型	交、直流	效率约110%,焊接Q345(16Mn)及某些低合金钢结构
J501Fe15	E5024			效率约150%,焊接Q345(16Mn)及某些低合金钢结构
J501Z	E5024			效率约150%,利用重力焊架进行碳钢及低合金钢角焊
J502	E5003	钛钙型	交、直流	焊接Q345(16Mn)及同等级低合金钢一般结构
J502Fe16	E5023	铁粉钛钙型		效率约160%,用于低碳钢及相应强度低合金钢一般结构的高效焊条
J502Fe18				效率约180%,用于低碳钢及相应强度低合金钢一般结构的高效焊条
J503	E5001	钛铁矿型		焊接Q345(16Mn)及同等级低合金钢一般结构
J504Fe	E5027	铁粉氧化铁型		焊接Q345(16Mn)及同等级低合金钢一般结构
J504Fe14				效率约140%,用于低碳钢及相应强度低合金钢一般结构的高效焊条
J505	E5011	高纤维素钾型		用于低碳钢及某些低合金钢结构的高效率电焊条
J505MoD				单面焊双面成形,用于不铲焊根的打底焊
J506	E5016	低氢钾型		焊接中碳钢及某些重要的低合金钢结构,如Q345(16Mn)等
J506Fe16	E5028	铁粉低氢型		效率约160%,用于16Mn等低合金钢结构的高效焊接
J506Fe18				效率约180%,用于16Mn等低合金钢结构的高效焊接
J506GM	E5016	低氢钾型		焊接成型美观,用于低合金钢的压力容器等表面装饰焊缝的焊接
J506X				用于低合金钢的立向下焊
J506H				焊接重要的低合金钢
J506D				单面焊双面成形,用于不铲焊根的打底焊
J506DF				焊接时烟尘发生量及烟尘中可溶性氟含量低,适于通风不良环境焊接
J506LMA	E5018	铁粉低氢型		难吸潮药皮,用于低合金钢船舶结构焊接
J506Fe				效率约110%,焊接中碳钢及某些重要的低合金钢结构,如16Mn等
J506Fe-1	E5018-1			焊缝韧性好,用于重要的低合金钢结构,如16Mn、16MnR等
J506R	E5016-G	低氢钾型		焊缝韧性好,用于焊接海洋平台、船舶、压力容器等重要结构
J506FeNE				焊缝韧性好,用于核电工程主要管道及化工容器等焊接

续上表

焊条牌号	型号	药皮类型	焊接电源	主要特点及用途
J507	E5015	低氢钠型	直流	焊接中碳钢及16Mn等重要的低合金钢结构
J507H				超低氢焊条，用于海洋平台等重要低合金钢结构
J507D				用于管道及厚壁容器的打底焊
J507X				用于低合金钢结构的立向下焊
J507DF				焊接时烟尘量及烟尘中可溶性氟含量低，适于通风不良环境焊接
J507XG				用于立向下焊，焊接管子用焊条
J507Fe	E7018	铁粉低氢型		效率约110%，焊接中碳钢及16Mn等重要的低合金钢结构
J507Fe16	E5028			效率约160%，用于16Mn等低合金钢结构的高效焊接
J507R	E5015-G	低氢钠型		焊缝韧性好，用于压力容器的焊接
J507RH				超低氢高韧性焊条，用于海洋平台、桥梁等重要结构
J507TiBLMA				难吸潮药皮，用于船舶、压力容器等重要结构
J507NiTiB				焊缝韧性好，用于压力容器的焊接
J553	E5501-G	钛铁矿型	交、直流	焊接相应强度的低合金钢结构一般结构
J555	E5511-G	高纤维素钾型		焊接相应强度的低合金钢结构，如15MnV、15MnTi等
J556	E5516-G	低氢钾型		焊接中碳钢及低合金钢重要结构，如15MnV、15MnTi等
J556RH				超低氢高韧性焊条，用于压力容器、海洋平台梁等重要结构
J557	E5515-G	低氢钠型	直流	焊接中碳钢及低合金钢重要结构，如15MnV、15MnTi等
J557XG				管子立向下焊条，也可用于厚壁管打底焊
J557Mo				焊接中碳钢及低合金钢重要结构，如15MnV、15MnTi等
J557MoV				焊接中碳钢及低合金钢重要结构，如14MnMoVN等
J606	E6016-G	低氢钾型	交、直流	焊接中碳钢及相应强度的低合金钢结构，如15MnVN等
J606RH				超低氢高韧性焊条，焊接压力容器、海洋工程等，如CF60(62)钢
J607	E6015-G	低氢钠型	直流	焊接中碳钢及相应强度的低合金钢结构，如15MnVN等
J607Ni				焊接相应强度等级并有再热裂纹倾向钢结构
J707	E7015-G			焊接690MPa级低合金钢重要结构，如18MnMoNB等
J707Ni				焊接690MPa级低合金钢重要结构，如14MnMoVB等
J707RH				焊接690MPa级低合金钢重要结构
J707NiW				焊接690MPa级低合金钢重要结构，如15MnMoVN等
J757				焊接740MPa级低合金钢重要结构
J757Ni				焊接相应强度等级的低合金钢重要结构，如14MnMoVB
J807	E8015-G			焊接相应强度等级的低合金钢重要结构，如14MnMoVB
J857	E8815-G			焊接相应强度等级的低合金钢重要结构
J857Cr				焊接相应强度等级的低合金钢重要结构，如30CrMo
J907	E9015-G			焊接相应强度等级的低合金高强度钢
J907Cr				焊接相应强度等级的低合金高强度钢，如14CrMnMoVB、30CrMo等
J107	E10015-G			焊接相应强度等级的低合金高强度钢
J107Cr				焊接相应强度等级的低合金高强度钢，如30CrMnSi等

注：本表摘自《焊工手册 手工焊接与切割》(第3版)(中国机械工程学会焊接学会等编，机械工业出版社，2001年)。

5)金属焊接焊条的选用

焊条种类繁多,每种焊条都有一定的特性和用途。焊接生产批需考虑被焊工件的材质、工作条件(如静荷载、动荷载、腐蚀介质、工作温度等)、结构形状、刚度大小以及施工条件、生产设备等相关因素。此外还应考虑生产效率和经济效益。这些因素会给焊条的合理选用带来一定的困难。所以在选择焊条时,首先应认真了解各种焊条的性能、成分和用途,把被焊工件的材质、成分和性能作为选用焊条的主要依据;同时也该考虑工件的结构形状、刚性大小、使用工作条件等;其次,亦应考虑施工条件、生产效率和经济效益等。

(1)焊条选用的基本原则

焊件材质的力学性能、成分及焊接性是选择焊条的首要条件。

等强度:所谓等强度是指所选焊条熔敷金属的抗拉强度与被焊母材金属的抗拉强度相等或相近。这是焊接钢结构(碳钢、低合金高强度钢等)最常用最基本的原则,也是结构钢焊条选用的基本原则。

等韧性:所谓等韧度是指选焊条熔敷金属的韧性与被焊母材金属的韧性相等或相近。在焊接高强度钢结构时,从实际使用情况看,这类钢结构破坏往往不是强度不够,而是韧性不足,导致裂纹的产生和脆断。因此往往选用熔敷金属强度等级略低于母材金属而韧性相等或相近的焊条。这也是高强度焊接时的“低组配等韧性”接头形式。

等成分:使熔敷金属的化学成分符合或接近母材金属。这是不锈钢和耐热钢焊接时最主要、最基本的原则。

化学成分:当被焊材料的焊接性较差或硫、磷等有害杂质较高时,应选用抗裂性较高的焊条,如同等强度的低氢型焊条等。

(2)焊条的工作条件和使用性能

焊件的工作条件和使用性能是选用焊条的重要条件之一。

承受动荷载或冲击荷载:焊件在动荷载或冲击荷载的作用下,焊缝金属不仅保证足够的抗拉强度和屈服强度,而且对冲击韧度和塑性亦有较高的要求,此时应首先选用具有优良韧性和塑性的低氢型焊条,其次是钛钙型焊条。

焊件在腐蚀条件下工作:应根据介质的种类、浓度、工作温度腐蚀类型等选用相应的不锈钢焊条,对要求耐大气或海水腐蚀的,可选用含铜、磷的结构钢焊条。

承受磨损时:焊件在磨损条件下工作时,应根据磨损的性质(如金属间的磨损、冲击磨损、磨粒磨损)、工作温度(常温或高温)等选择适宜的堆焊焊条。

工作温度:处在高温或低温下工作的焊件,根据焊件所处的工作温度不同,选择相应的焊条,以保证在高温或低温时的力学性能。即选用适宜的耐热钢焊条或低温钢焊条。

焊件的形状及刚度:对形状复杂,厚度大、刚度大的焊件,在焊接过程中,冷却速度快,收缩应力大,易产生裂纹。在选用焊条时,应选用抗裂性能和韧性好、塑性高、含氢量低的焊条。如低氢型、超低氢型焊条和高韧度焊条等。

焊接部位的限制:当焊件和焊接部位不能翻转时,应选用适于全位置焊接的焊条。

受工作条件限制:在实际生产中,还应根据设备和生产现场的工作条件来合理选用焊条。如没有直流焊机时,必须选用可交、直流两用的焊条。现场不能进行焊后热处理消除应力的,通常选用于母材成分不同,但抗裂性和塑性好的焊条。如珠光体型耐热钢焊接时，选用奥氏体型不锈钢焊条，可免去焊后热处理。

在酸性焊条或碱性焊条都可以满足要求时，应尽量选用酸性焊条。

在密闭容器内或通风不良的现场进行焊接时，应尽量选用酸性焊条（如钛型、钛钙型）或低毒的碱性焊条。

对焊接工作量大的结构，在可能的条件下，应尽可能选用高效率焊条，如铁粉焊条、重力焊条、底层焊条、立向下焊条和高效不锈钢焊条等。这不仅有利于生产效率的提高，还可有利于焊接质量的稳定和提高。但盲目用增大焊条直径或提高焊接电流的方法来提高生产效率，不仅难以保证焊接质量，通常也是造成质量和安全事故的主要原因之一。

在保证性能的前提下，应尽量选用价格低的焊条。如采用国内资源丰富的钛铁矿型焊条来代替钛型或钛钙型焊条；对在常温下工作或一般腐蚀条件下工作的不锈钢焊件，就不必选用价格高的超低碳或含铌的不锈钢焊条，以降低材料费用，提高经济效益。

(3)焊接低碳钢时焊条的选用

根据等强度原则，焊接低碳钢时一般选用E43××(J42×)系列焊条。如通常使用的低碳钢Q235，其抗拉强度的平均值约417.5MPa，而E43××(J42×)系列的焊条抗拉强度不小于420MPa正好与之匹配。这也是低碳钢焊接时焊条选用的主要依据。E43××系列焊条有多种型号（或牌号），每种焊条的特点、性能也不尽相同，可根据受载情况、结构特点等加以选用。

根据接头形式、板厚和焊接位置等选择焊条。随着母材厚度的增大，焊接接头的冷却速度加快，促使焊缝金属硬化，接头内残余应力增大。因此，当厚度增加时，在同等强度等级中，应选用抗裂性能好的焊条，如低氢型焊条等。

焊接接头的形式或焊接位置不同，焊条的选用也有所不同。平对接焊或船形焊时，可按板厚选择焊条；平角焊时，可根据焊角尺寸来选择焊条，若焊角尺寸过大，应选用抗裂性好、直径较大的焊条；立、横、仰位置焊接时，应选用全位置焊接适应性较好，直径较小的焊条（一般小于4mm）；向下立焊时，最好选用专用的向下立焊条，如J421X、J425X、J426X；当背面不能进行焊接而又需打底焊时，应选用专用的底层焊条，如J505MoD、J506D等。

在低温环境下焊接低碳钢结构时，由于冷却速度加快，应力增加，产生裂纹倾向增大，特别是焊接大厚度、大刚度的结构时，裂纹倾向更大。应尽可能采用低氢型焊接材料，并配合预热、缓冷等工艺措施。表5-14是几种低碳钢结构焊条的选用示例。

几种低碳钢焊接时焊条的选用举例 表5-14

牌号	焊条选用				施焊条件
	一般结构		焊接动荷载、复杂和厚板结构、受压容器及低温下焊接		
	型号	牌号	型号	牌号	
Q235	E4313、E4303、E4301、E4320、E4311	J421、J422、J423、J424、J425	E4316、E4315（E5016、E5015）	J426、J427（J506、J507）	一般不预热

续上表

牌号	焊条				施焊条件
	选用				
	一般结构		焊接动荷载、复杂和厚板结构、受压容器及低温下焊接		
	型号	牌号	型号	牌号	
08、10 15、20	E4303、E4301、 E4320、E4311	J422、J423、 J424、J425	E4316、E4315 (E5016、E5015)	J426、J427 (J506、J507)	一般不预热
25、30	E4316、E4315	J426、J427	E5016、E5015	J506、J507	厚板结构预热150℃以上
20g、 22g	E4303、E4301	J422、J423	E4316、E4315 (E5016、E5015)	J426、J427 (J506、J507)	一般不预热
20R	E4303、E4301	J422、J423	E4316、E4315 (E5016、E5015)	J426、J427 (J506、J507)	一般不预热

注:本表摘自《简明焊接材料选用手册》(第3版)(张子荣主编,机械工业出版社,2011年)。

(4)焊接低合金高强度钢时焊条的选择

我国用于低合金高强度钢的焊条在《低合金钢焊条》(GB/T 5118—1995)中有50、55、60、70、75、80、85、90、100等9个强度系列共44类。在《碳钢焊条》(GB/T 5117—1995)中也有不少品种兼用于低合金钢的焊接。

低合金高强度钢焊接时焊条的选用原则:根据产品对焊缝金属的性能要求选用焊条。焊接低合金高强钢时一般应选用与母材强度相当的焊条,但必须综合考虑焊缝金属的韧度、塑性及强度。只要熔敷金属强度或焊接接头的强度不低于产品要求即可。若焊缝金属强度过高,将导致焊缝的韧度、塑性和抗裂性下降,从而降低焊接结构的使用安全性。

当焊接超高强钢或对韧度要求较高的钢时,从等韧度观点,可选用强度等级略低于母材的焊条,即所谓低组配(或低匹配),有利于提高焊接结构使用的安全性。

考虑焊后加工工艺的影响,对焊后需经热处理、热卷、热弯的焊件,应考虑焊缝金属经受高温处理作用对其力学性能的影响,应保证焊缝金属经热处理后仍具有要求的强度、塑性和韧性等。如焊后需经正火处理或消除应力处理的焊件,应选用焊缝金属合金成分较高的焊条;对焊后需冷弯、冷冲压的焊件,则应选用塑性好的焊条。

对于厚度、拘束度及冷裂倾向大的焊接结构,应选用低氢型或超低氢型焊条,以提高抗裂性能,降低预热温度,简化焊接工艺。焊接第一层打底焊时,最易产生裂纹,此时,可选用强度稍低而塑性和韧性好的低氢或超低氢型焊条。

对于某些低合金高强钢结构的重要产品,为确保其使用的安全性,焊缝金属应具有良好的低温冲击韧度和断裂韧度。如海上采油平台、压力容器、船舶等,应选用高冲击韧度的焊条。

为提高生产效率,改善劳动卫生条件等,应根据焊条选用的一般原则,在可能的条件下选用铁粉焊条、重力焊条、向下立焊焊条、底层焊条或低尘、低毒焊条。

低合金高强度钢焊接时,参照上述原则和结构钢焊条主要性能及用途,并根据低合金高强度钢的牌号、屈服强度等级及热处理状态等选用。

焊接低合金高强度钢时焊条的选用见表5-15。

焊接低合金高强度钢时焊条的选用　表 5-15

屈服强度等级(MPa)	钢 号	焊 条 牌 号
290	Q295(09Mn2、09Mn2Si、09MnV、12Mn)	J422、J423、J426、J427
350	Q345(16Mn、16MnRE、14MnNb)	J502①、J503①、J506、J507、J507H、J507RH
390	Q390(15MnV、15MnTi、14MnMoNb)	J506、J507、J556、J557、J556RH
440	Q420(15MnVN、14MnVTiRE)	J556、J557、J606、J607、J607RH
490	18MnMoNb、14MnMoV	J607、J607RH、J707
540	14MnMoVB	J607、J607RH、J707
590	12Ni3CrMoV、12MnCrNiMoVCu	65C-1②、803②
690	14MnMoNbB	H-14②、LZ-55②
	14CrMnMoVB	J-907Cr②
790	12Ni5CrMoV	840②
	30CrMnSiA、35CrMo	J107Cr、J107

注:①只适用于板厚不大于 14mm 的焊件。

②为非标准的专用焊条。

③本表摘自《焊工手册　手工焊接与切割》(第 3 版)(中国机械工程学会焊接学会等编,机械工业出版社,2001 年)。

(5)不锈钢焊条的性能和用途

不锈钢焊条的性能和用途如表 5-16 所示。

不锈钢焊条的性能和用途　表 5-16

统一牌号	《不锈钢焊条》(GB/T 983—1995)	机械性能		主要焊接用途
		抗拉强度 σ_b (MPa)	伸长率 (%)	
铬 20X	E410 – X	450	20	焊接接头为空气淬硬型材料,因此,需进行焊前预热和焊后热处理,以获得良好的塑性。通常用于焊接同类型不锈钢,也用于在碳钢上堆焊,以提高其抗腐蚀和擦伤的能力
铬 30X	E430 – X	450	20	熔敷金属中含铬较高,在通常使用条件下,有优良的耐腐蚀性能,经热处理后,可获得足够的塑性。焊接时通常需要预热和后热处理。经热处理后,焊接接头才能获得理想的机械性能和抗腐蚀能力
奥 002 奥 102	E308L – 16	520	35	除含碳量低外,熔敷金属合金含量与 E308 相同。由于含碳量低,在不含铌、钛等稳定剂时,也能抵抗因碳化物析出而产生的晶间腐蚀。但与铌稳定化的焊缝相比,其高温强度较低。通常用于焊接相同类型的不锈钢,如 Gr18Ni9、Gr18Ni12 型不锈钢
奥 13X	E347 – X	520	25	用铌或铌加钽作稳定剂,提高抗晶间腐蚀的能力。常用于焊接铌或钛作稳定剂成分相近的铬镍合金

续上表

统一牌号	《不锈钢焊条》(GB/T 983—1995)	机械性能		主要焊接用途
		抗拉强度σ_b(MPa)	伸长率(%)	
奥 20X	E316 – X	520	30	通常用于焊接0Cr17Ni12Mo2 型不锈钢及相类似的合金。由于钼提高了焊缝的抗蠕变能力,因此,也可用于焊接在较高温度下使用的不锈钢。当焊缝金属存在连续和非连续网状铁素体和焊缝金属的铬钼比小于8.2~1,并且焊缝金属在腐蚀介质中时,焊缝金属可能会发生快速腐蚀
奥 212	E318 – 16	550	25	除加铌外,熔敷金属中合金元素含量与E316 相近,铌提高了焊缝金属抗晶间腐蚀能力。通常用于焊接相同类型不锈钢
奥 022	E316L – 16	490	30	除含碳量低外,熔敷金属合金含量与 E316 相同。由于含碳量低,在不含铌、钛等稳定剂时,也能抵抗因碳化物析出而产生的晶间腐蚀。通常用于焊接低碳含钼奥氏体钢,当焊缝金属含碳量限制在0.04%以下时,在绝大多数情况下都可以防止晶间腐蚀。高温强度不如 E316H 型焊条
奥 222	E317MoGu – 16	540	25	熔敷金属中含铜较高,因此,具有较高的耐腐蚀性能。通常用于焊接同类型含铜不锈钢
奥 032	E317MoGuL – 16	540	25	熔敷金属中含钼量较高并含有铜,在硫酸介质中具有较高的耐腐蚀能力。通常用于焊接在稀、中浓度硫酸介质中工作的同类型超低碳不锈钢
奥 23X	E318V – X	540	25	除加钒外,熔敷金属中合金元素与 E316 相近。钒提高了焊缝金属热强度和抗腐蚀能力。通常用于焊接同类型含钒不锈钢
奥 50X	E16 – 25MoN – X	610	30	通常用于焊接淬火状态下的低合金钢、中合金钢、刚性较大的结构件及相同类型的耐热钢等,如用于淬火状态下的 30GrMoSi 钢。也可用于异种金属焊接,如碳钢与不锈钢的焊接

注:①统一牌号和《不锈钢焊条》(GB/T 983—1995)栏内尾字"–X"为药皮类型。

②本表参照《不锈钢焊条》(GB/T 983—1995)及《实用焊工手册》(孙景荣编,化学工业出版社,2007年)摘编。

(6)堆焊焊条的主要用途

堆焊焊条的主要用途如表 5-17 所示。

堆焊焊条主要用途 表 5-17

型号 (GB/T 984—2001)	近似统一牌号	堆焊层硬度 HRC(HB)	主要特点和用途
EDMn-B-16	D266	(170)	为高锰钢堆焊焊条,堆焊后硬度不高,但经加工硬化后可达 450 ~ 500HB。适用于严重冲击荷载和金属间摩擦条件下工作的零部件。如破碎机颚板、铁轨道岔等的堆焊
EDZ-B1-08 EDZ-B2-08	D678 D698	≥50 ≥60	为合金铸铁堆焊焊条,熔敷金属中含有少量 Cr、Ni、Mo 或 W 等合金元素除提高耐磨性能外,也改善耐蚀、耐热及抗氧化性和韧性。常用于混凝土搅拌机,高速混砂机,螺旋送料机等主要磨料受损部件的堆焊
EDZCr-B-03 EDZCr-C-15	D642 D667	≥45 ≥48	为高铬铸铁堆焊焊条。熔敷金属具有优良的抗氧化和耐气蚀性能,硬度高,耐磨料磨损性能好。常用于工作温度不超过 500℃ 高炉料钟、矿石破碎机等耐磨耐蚀件的堆焊
EDW-A-15	D707	≥60	碳化钨堆焊焊条,熔敷金属的基本组织上弥散地分布着碳化钨颗粒,硬度很高,抗高、低应力磨料磨损能力较强,可在 650℃ 以下工作,但耐冲击能力低,裂缝倾向大,适用于受岩石强烈磨损的机械零件,如搅拌机、挖泥机、泥浆泵活塞泵套筒和推土机刀片的表面堆焊

注:本表参照《堆焊焊条》(GB/T 984—2001)和《实用焊工手册》(孙景荣编,化学工业出版社,2007 年)摘编。

(7)铸铁焊条的主要用途

铸铁焊条的主要用途如表 5-18 所示。

铸铁焊条的主要用途 表 5-18

型号	近似统一牌号	焊芯金属	主 要 用 途
EZFe - X	铸 100	铸铁 或碳钢	EZFe 型按焊芯分为纯铁芯和低碳钢芯焊条。 EZFe-1 为纯铁芯药皮焊条,焊缝金属具有良好的塑性合抗裂性能,但熔合区白口严重,加工性能差,适用于焊补铸铁非加工面。 EZFe-2 为低碳钢芯、低熔点药皮的低氢型碳钢焊条,该焊条与《碳钢焊条》(GB/T 5117—1995)中的一般碳钢焊条不同,焊缝与母材结合较好,有一定强度,但熔合区白口严重,加工困难,适用于焊补铸铁非加工面

续上表

型号	近似统一牌号	焊芯金属	主要用途
EZG-X	Z208	低碳钢或铸铁	EZG 是钢芯或铸铁芯、强石墨化型药皮铸铁焊条,可交直流两用。 钢芯铸铁焊条药皮中加入适量石墨化元素,焊缝在缓慢冷却时变成灰口铸铁,若冷却过快,则会产生白口,不宜加工,冷却速度对切削加工性和焊缝组织影响很大。因此钢芯焊条要求连续施焊,焊后保温,使焊缝缓冷。焊前需预热至400℃左右后再施焊,对于小型薄壁部件刚度较小的部位施焊可不预热,焊后应保温缓冷。铸铁芯铸铁焊条采用石墨化元素较多的灰口铸铁浇注成焊芯,外涂石墨化药皮。焊后再一定的速度冷却下成为灰口铸铁。 焊条的特点是配合适当焊接工艺措施,不预热焊接时可基本避免白口,切削加工性能较好,可广泛用于不易产生裂纹的铸件部位。在焊补较大刚度处(不在铸件拐角部位,不能自由地热胀冷缩时)需局部加热或整体加热。碳、硅含量较高的 EZG 焊条通常冷焊和半热焊;碳、硅含量较低的 EZG 焊条通常热焊和半热焊
EZV-X	Z116 Z117	高钒钢	EZV 型是低碳钢芯,低氢型药皮焊条,药皮中含有大量的钒铁,碳化钒均匀分散在焊缝铁素体上,焊缝为高钒钢。其特点是焊缝致密性好,强度较高,但熔合区白口严重,加工困难。适用于补含高强度灰口铸铁及球墨铸铁。在保证熔合良好的条件下,尽可能采用小电流
EZNi-X	Z308	纯镍	EZNi 是纯镍芯、强石墨化的铸铁焊条,交直流两用,可进行全位置焊接。施焊时,焊件可不预热,是铸铁冷焊焊条中抗裂性、切削加工性能、操作工艺及机械性能等综合性能较好的一种焊条。广泛应用于铸铁薄件及加工面的补焊
EZNiFe-X	Z408	镍铁合金	EZNiFe 是镍铁芯、强石墨化药皮的铸铁焊条,交直流两用,可进行全位置焊接。施焊时,焊件可不预热,具有强度高、塑性好、抗裂性优良、与母材熔合好等特点。可用于重要灰口铸铁合球墨铸铁的焊补
EZNiCu-X	Z508	镍铜合金	EZNiCu 是镍铜合金焊芯、强石墨化的铸铁焊条,交直流两用,可进行全位置焊接。其抗裂性能合切削加工性能接近于 EZNiFe 和 EZNi 焊条。但由于收缩率较大,焊缝金属抗拉强度较低,不适用于刚度较大的铸铁件焊补。可在常温或低温预热(至 300℃左右)焊接,用于强度要求不高、塑性要求高的灰口铸铁件的焊补

注:本表参照《铸铁焊条及焊丝》(GB/T 10044—2006)和《实用焊工手册》(孙景荣编,化学工业出版社,2007年)摘编。

(8)特殊用途焊条简表

特殊用途焊条简表如表 5-19 所示。

特殊用途焊条简表 表 5-19

统一牌号	焊条名称	药皮类型	焊接电源	主要用途
TS202	水下焊接	钛钙型	直流	药皮具有防水外层,可全位置焊接。能在淡水或海水中进行一般结构钢的水下焊接
TS304	水下割条	氧化铁型	直流	用钢管外涂稳弧剂制成,用于水下全位置电弧—氧切割
TS404	开槽刨条	氧化铁型	交直流	用于铸铁件焊补前开坡口,也用于挖割合金钢,含碳量大于 0.45% 的中碳钢和铜合金中缺陷部分,以及去掉耐磨堆焊中疲劳层

注:本表参照《实用焊工手册》(孙景荣编,化学工业出版社,2007 年)摘编。

2. 焊丝

金属结构采用自动或半自动焊接的，即采用焊丝配合焊剂(又称熔剂)进行。此外气焊、氩弧焊、氢原子焊、二氧化碳气体保护焊、埋弧焊等也使用焊丝(焊条外面不包药皮的)。焊丝按成分分为钢焊丝和有色金属焊丝两种，此外，还有一种管焊丝。

1)常用钢焊丝的化学成分

常用碳钢、低合金钢焊丝的化学成分、力学性能和用途如表5-20所示。

碳钢和低合金钢药芯焊丝牌号、化学成分、力学性能和用途 表5-20

牌号(统一)	型号(AWS)	特征及用途	熔敷金属化学成分(质量分数,%)						熔敷金属的力学性能(≥)			
			C	Mn	Si	P	S	其他	σ_b (MPa)	$\sigma_{0.2}$ (MPa)	δ_5 (%)	A_{kv} (J)
YJ501-1	E501T-1 (E71T-1)	钛型 CO_2 气体保护药芯焊丝，全位置焊接，可向下立焊，综合工艺性好。用于碳钢及500MPa级高强钢的焊接	≤0.10	≤1.75	≤0.90	≤0.04	≤0.03	—	500	410	22	47(0℃) 27(-40℃)
YJ501 Ni-1	E501T-1 (E71T-1)	含少量Ni的 CO_2 气体保护药芯焊丝，全位置焊接，其工艺性能与YJ501-1相似。用于结构的对接和角接，如造船、桥梁和机械制造等	≤0.10	≤1.75	≤0.90	≤0.04	≤0.03	Ni ≤0.50	500	410	22	47 (-40℃)
YJ502-1	E500T-1 (E70T-1)	钛钙型 CO_2 气体保护药芯焊丝，直流反接，工艺性良好，效率高。用于重要低碳钢及相应强度低合金钢的焊接	≤0.10	≤1.75	≤0.90	≤0.04	≤0.03	—	500	410	22	27(0℃)
YJ502R-1	—	钛钙型 CO_2 气体保护药芯焊丝，全位置焊接，操作性能优良，熔敷金属力学性能优良。用于重要低碳钢和低合金高强钢的焊接，如船舶、压力容器、石油、化工容器等	≤0.10	≤1.75	≤0.90	≤0.04	≤0.03	—	500	410	22	27(-40℃) 47(0℃)

续上表

牌号（统一）	型号（AWS）	特征及用途	熔敷金属化学成分（质量分数，%）						熔敷金属的力学性能（≥）			
			C	Mn	Si	P	S	其他	σ_b（MPa）	$\sigma_{0.2}$（MPa）	δ_5（%）	A_{kv}（J）
YJ502R-2	—	钛钙型自保护药芯焊丝、全位置焊接，工艺性优良。用于低碳钢和低合金高强钢各类结构的焊接，如船舶、石油、压力容器等	≤0.10	≤0.90	≤0.30	≤0.04	≤0.03	Ti≤0.30	500	410	22	27（-40℃） 47（0℃）
YJ507-1	E500T-5（E70T-5）	低氢型药芯焊丝，CO_2 气体保护，直流反接，工艺性良好，可进行自动、半自动焊接。用于重要的低碳钢和相应强度等级的低合金高强钢的焊接，如压力容器、船舶、石油、化工等重要结构	≤0.10	≤1.75	≤0.90	≤0.04	≤0.03	—	500	410	22	27（-30℃）
YJ507 Ni-1	—	低氢型 CO_2 气体保护药芯焊丝，熔敷金属具有良好的塑性、韧性及抗裂性，工艺性良好。用于重要的低碳钢和相应强度等级的低合金高强钢的焊接，如船舶、压力容器等	≤0.12	≤1.75	≤0.90	≤0.04	≤0.03	Ni≤0.50	500	410	22	47（-30℃）
YJ507 TiB-1	E500T-5（E70T-5）	碱性高韧性 CO_2 气体保护药芯焊丝，含 Ni-Ti-B 元素，具有优良的低温韧性及断裂韧度。用于低温韧性要求高的重要结构的焊接，如桥梁、船舶等	≤0.12	≤1.60	≤0.75	≤0.04	≤0.03	Ni 0.35～1.0 Ti≤0.04 B≤0.005	500	410	22	47（-40℃）
YJ507-2	E500T-4（E70T-4）	自保护药芯焊丝，操作工艺性好，抗气孔能力强，宜用于平焊的单道焊及多道焊、角焊和棱角焊，如用于冶金高炉、船舶、桥梁等钢结构的焊接	—	≤1.75	≤0.90	≤0.04	≤0.03	Ni≤0.5 Al≤1.8	500	410	22	27（0℃）

牌号（统一）	型号（AWS）	特征及用途	熔敷金属化学成分（质量分数，%）						熔敷金属的力学性能（≥）			
			C	Mn	Si	P	S	其他	σ_b（MPa）	$\sigma_{0.2}$（MPa）	δ_5（%）	A_{kv}（J）
YJ507G-2	E500T-8（E70T-8）	自保护药芯焊丝，适于平焊及横焊的单道或多道焊，工艺性好，有较好的低温冲击韧度。用于焊接低碳钢的中、厚板结构		≤1.75	≤0.90	≤0.04	≤0.03	Ni≤0.5 Cr≤0.2 Mo≤0.3 Al≤1.8 V≤0.03	500	410	22	27(-30℃) 47(0℃)
YJ507R-2	E501T-8（E71T-8）	碱性短渣自保护药芯焊丝，具有优良的低温冲击韧度、工艺性良好。适用于焊接对低温冲击韧度要求较高的钢结构，亦用于船舶、桥梁、压力容器等的焊接	—	≤1.75	≤0.90	≤0.04	≤0.03	Al≤1.8	497	414	22	27(-30℃)
YJ507D-2	E500T-GS（E70T-GS）	自保护药芯焊丝，可进行平焊、横焊，工艺良好，适于室外作业。用于焊接低碳钢输油、气管道及其他普通中、薄板结构的单道焊	—	≤1.75	≤0.90	≤0.04	≤0.03	Ni≤0.5 Al≤1.8	500	—	—	纵向弯曲不应有>3mm的裂纹或其他缺陷
YJ602G-1	E601T-1（E91T-1）	钛钙型渣系，用于重要的低合金高强钢，如船舶、压力容器、起重机械等重要结构焊接	≤0.12	1.25~1.75	≤0.60	≤0.035	≤0.03	—	590	470	22	27(-40℃)
YJ607-1	E601T-5（E91T-5）	碱性渣系，用于焊接相应强度等级的低合金高强钢，如Q390（15MnV）、Q420（15MnVN）等，也可焊接中碳钢结构	≤0.12	1.25~1.75	≤0.60	≤0.035	≤0.03	Mo 0.25~0.45	590	450	15	27(-30℃)

续上表

牌号（统一）	型号（AWS）	特征及用途	熔敷金属化学成分（质量分数，%）						熔敷金属的力学性能（≥）			
			C	Mn	Si	P	S	其他	σ_b（MPa）	$\sigma_{0.2}$（MPa）	δ_5（%）	A_{kv}（J）
YJ707-1	E700T5-Ni1（E80T5-Ni1）	低氢型低合金高强度 CO_2 气体保护的药芯焊丝，效率高、力学性能良好。用于焊接15MnMoVN、14MnMoVB、18MnMoNb 等低合金高强钢结构	≤0.15	1.2～1.7	0.3～0.60	≤0.03	≤0.03	Mo 0.1～0.5 Ni 1.0～1.2	680	590	15	27（-30℃）
YR307-1	E550T5-B2（E80T5-B2）	低氢型低合金耐热钢 CO_2 气体保护的药芯焊丝，焊接效率高，焊后需经680～720℃回火。用于工作温度在520℃以下的Cr1Mo0.5 的低合金钢，如锅炉管道、高压容器、石油精炼设备等焊接	0.05～0.12	≤0.90	≤0.60	≤0.035	≤0.035	Cr 1.0～1.5 Mo 0.4～0.65	540	440	17	—

注：本表摘自《简明焊接材料选用手册》（第3版）（张子荣主编，机械工业出版社，2011年）。

从表5-20中可看出，各种焊丝的合金元素不同，主要是锰的含量差别较大。锰元素的主要作用是促使金属强化、提高焊缝强度、控制碳的有害作用、提高焊接接头的冲击韧性、降低低温脆变温度，但含锰过多，则会产生冷脆作用。碳元素可降低金属的冲击韧性，故含碳量不宜过多。硅元素能使焊接接头的强度硬度增加，但硅含量过高时，会使弯曲角或冲击韧性降低。

对于钢结构的自动焊接焊丝，一般常采用 H08A、H08MnA、H10Mn2 三种牌号。

2）堆焊焊丝

堆焊的方法是用焊接的方法将特殊的合金填充金属熔敷在金属材料或零件表面的技术。通过堆焊可以获得特定的表层性能（如抗各类型磨损、耐腐蚀等）和表面尺寸。堆焊多以延长设备或零部件的服役寿命为目的。广泛应用于耐磨损、耐腐蚀或有特殊性能要求的零件制造或修复中，在工程中，常采用堆焊的方法，以恢复机械设备零件尺寸为目的。

堆焊金属可分为铁基、铜基、镍基和钴基四大类，其中，以铁基堆焊材料应用最多、最广泛。

常用的堆焊方法有焊条电弧焊、TIG 焊、熔化极气体保护焊、埋弧焊、电渣焊等。表5-21为常用的硬质合金堆焊焊丝的性能及主要用途。表5-21 中焊丝材料为高铬铸铁合金和钴基合金，不能用锻、轧或拉拔等工艺制造，故一般以线材水平连铸法来制造。可用氧—乙炔或气体保护焊等方法进行堆焊。

气焊和 TIG 焊用硬质合金堆焊焊丝的堆焊层化学成分和用途 表 5-21

序号	牌号	用途	堆焊层主要化学成分(质量分数,%)									堆焊层硬度(HRC)
			C	Mn	Si	Cr	Ni	W	Co	Fe	其他	
1	HS101	用于堆焊耐磨损、抗氧化或耐汽蚀的部件,如铲车齿、泵套、排气叶片等	2.5~3.3	0.5~1.5	2.8~4.2	25~31	3~5					48~54
2	HS103	用于要求耐强烈磨损的场合,如牙轮钻头小轴、煤孔挖掘机、提升戽斗、破碎机辊等的堆焊	3.0~4.0	≤3.0	≤3.0	25~32			4~6		B 0.5~1.0	58~64
3	HS111	堆焊高温高压阀门、热剪刀刃、热铸模等	0.9~1.4	≤1.0	0.4~2.0	26~32		3.5~6.0	余量	≤2.0		40~45
4	HS112	堆焊高温高压阀门、内燃机阀、热轧辊孔等	1.2~1.7		0.4~2.0	26~32		7.0~9.5	余量	≤2.0		45~50
5	HS113	用于牙轮钻头轴承、粉碎机叶片等	2.5~3.3	≤1.0		27~33		15~19	余量			55~60
6	HS113G	堆焊螺旋送料器、高温热轧辊、油田钻头等	3.2~3.55		0.5~1.1	24~28		12~16	余量	≤2.5		≥54
7	HS113Ni	用于耐汽蚀、耐蚀性要求较高的内燃机气门、排气阀的堆焊	1.5~2.0		0.9~1.3	24~27	21~24	11.5~13	余量	0.85~1.35		37~40
8	HS114	堆焊牙轮钻头轴承、粉碎机叶片、螺旋送料机等	2.4~3.0	≤1.0	≤2.0	27~33		11~14	余量	≤2.0		≥52
9	HS115	加工硬化性好,堆焊阀门、水轮机叶片、铸模和挤压模等	0.15~0.35			25.5~29	1.75~3.25		余量	≤1.0	Mo 5.0~6.0	≥27

续上表

序号	牌号	用途	堆焊层主要化学成分(质量分数,%)									堆焊层硬度(HRC)
			C	Mn	Si	Cr	Ni	W	Co	Fe	其他	
10	HS116	堆焊铜基合金和铝合金的热压模、热挤压模等	0.7~1.2	≤0.5	≤1.0	30~34		12.5~15.5	余量			46~50
11	HS117	用于泵的套筒和旋转密封环、磨损面板、轴承套筒等的堆焊	2.3~2.7	≤0.5	≤1.0	31~34	≤3.0	16~18	余量			≥53
12	HSY710	将碳化钨颗粒填充在低碳钢管中的药芯焊丝,用于耐严重磨料磨损场合,如挖掘机叶片、螺旋推进器叶片、压榨机等									WC约60	约61
13	HS121	镍基硬质合金,用于耐蚀泵阀、轴承、螺旋送料器等零件的修复及预保护	0.5~1.0	≤0.1	3.5~5.5	12~18	余量			3.5~5.5	B2.5~4.5	58~62

注:本表摘自《简明焊接材料选用手册》(第3版)(张子荣主编,机械工业出版社,2011年)。

3)药芯焊丝

药芯焊丝是近年发展起来的一种新型焊接材料,分为自保护(无外加气体保护)和气保护(有外加气体保护)两大类。这种焊丝可用08HA钢带或盘条为基材,先轧制成形后再加入所要求的粉剂,经轧制、拉拔直至达到所要求的截面形状和尺寸后,再加入所要求的粉剂(有缝药芯焊丝);也可用满足一定要求的无缝钢管压入所要求的粉剂后经拉拔而成(无缝药芯焊丝)。

药芯焊丝适用于自保护焊接或熔化极气体保护焊,如TIG焊(Ar或Ar+少量CO_2或O_2的惰性气体保护)、MAG焊(CO_2或Ar+较多的CO_2或O_2的氧化性气体保护),有时也可用于非熔化极TIG焊的填充焊丝。药芯焊丝目前已应用于碳钢、低合金钢、不锈钢基堆焊金属的焊接。随着品种的不断增加,其用途也日趋广泛。

与实芯焊丝相比,药芯焊丝具有以下优点:

(1)合金成分调整方便,对钢材适应性强,由于通过药芯过渡合金增减方便,故便于调整到所要求的合金成分,以适应被焊钢材的需要,满足焊接质量的要求。对实芯焊丝无法拉拔或拉拔困难的合金焊丝、自保护焊丝,药芯焊丝则更显出独特的长处。

(2)飞溅少。由于药芯焊丝可以加入适当的稳弧剂,电弧燃烧稳定,熔滴成均匀的细颗粒过渡或喷射过渡，飞溅少，易清除。

(3)焊缝外观平坦，成形美观。由于实芯焊丝施焊时无法依靠熔渣起作用，仅依靠熔融金属自身的黏度和表面张力形成焊缝，故一般成形不良。药芯焊丝焊接时，能形成一定的熔渣，依靠渣的表面张力、适宜的黏度等可获得良好的焊缝成形。

(4)具有比实心焊丝更高的熔敷速度，特别是全位置焊接的场合，可使用较大的电流，提高焊接效率。

由于药芯焊丝具有高效率和良好的焊接工艺性能等特点，已成为最具有发展前途的焊接材料。

部分药芯焊丝的性能、特点和主要用途如表 5-22 所示。

3. 焊剂

焊剂(又称溶剂)主要由锰、硅等氧化物、萤石(氟化钙)的稀释剂以及氧化钨、氧化铝等组成。用于埋弧自动及半自动电弧焊和电渣焊，以稳定电弧，保护焊缝不被氧化，使焊缝成形良好，不产生气孔、裂缝，提高焊缝金属的机械性能。常用的埋弧焊、电渣焊焊剂牌号、成分及其应用范围如表 5-23 所示。

4. 埋弧焊用焊剂及焊丝的选用

1)焊剂与焊丝的选配原则

埋弧焊焊丝选配原则，主要是根据被焊钢材的类别及对焊接接头的性能要求加以选择，并与适当焊剂相配合。对低碳钢、低合金高强度钢的焊接，应根据等强的原则，选用与母材强度相匹配的焊丝。对耐热钢、不锈钢的焊接应选用与母材成分相匹配的焊丝。对低温钢的焊接，主要根据低温韧性或 CTOD 值来选用。对低温下工作的高强钢，还应注意焊缝金属的等强匹配。

焊剂与焊丝的选择和其他焊接材料一样，应注意坡口和接头形式的影响。如 HJ431 + H08A 焊接对接接头 Q345(16Mn)钢时，由于母材熔和比大，可以满足力学性能的技术要求；但 Q345(16Mn)钢厚板开坡口的对接接头，由于母材熔和比小，含 Mn 偏低，故焊缝强度也偏低。此时应选用 HJ431 + H08MnA 或 HJ431 + H10Mn 等，对 Q345(16Mn)钢角接焊缝，则应采用 HJ431 + H08A，若选用 HJ431 + H08MnA，则角焊缝塑性偏低。

焊丝与焊剂的不同组合，可获得不同性能不同成分的熔敷金属。所以在焊接生产中，应根据所焊产品的具体技术要求和生产条件，选择适宜的焊剂和焊丝组合，必要时应通过工艺评定来选用。

2)低碳钢埋弧焊焊剂与焊丝的选用

低碳钢埋弧焊时，由于焊缝中合金成分不多，主要考虑 Mn 和 Si 的含量。规范等强原则，应考虑焊丝或焊剂向熔敷金属过渡 Mn 和 Si 对力学性能的影响。在一般情况下，当采用高锰高硅低氟焊剂如 HJ430、HJ431 或 HJ433 等时，应选用含 Mn 较低的焊丝，如 H08A、H08E 等。目前应用最广泛的是 HJ431 + H08A。也可以选用中锰、低锰或无锰焊剂与含锰较高的焊丝(如 H08MnA、H10Mn2 等)相组合。也可获得满意的效果。

近几年，由于烧结焊剂的发展及其自身的优点，其应用更为广泛，如将 SJ301、HJ401 等焊剂与 H08A 配合焊接低碳钢，其焊缝质量优良，焊接效率高，可单面焊双面成形。目前已在管线、压力容器和锅炉上得到广泛应用。

部分药芯焊丝性能、特点和主要用途 表 5-22

焊丝类型	型号	熔敷金属力学性能					外保护气体	特点和主要用途
		抗拉强度（MPa）	屈服强度（MPa）	伸长率（%）	V 缺口冲击功 温度（℃）	V 缺口冲击功 冲击功（J）		
碳钢焊丝	E50 × T-1	480	400	22	-20	27	CO_2	使用 CO_2 或 $Ar+CO_2$ 为保护气体，其随着 Ar 的增加及焊缝中 Mn 和 Si 含量增加，可提高焊缝金属的抗拉强度并影响冲击性能。采用直流反接可全位置焊接。喷射过渡、飞溅小，焊道成形平滑、微凸，熔渣适中，熔敷速度高
	E50 × T-1M	480	400	22	-20	27	75% ~80% $Ar+CO_2$	
	E50 × T-2	480	—	—	—	—	CO_2	主要用于平焊、角焊的单道焊。焊丝中含有较高的脱氧剂，具有良好的力学性能。焊丝以熔滴过渡。其他性能与 E50XT－1、E50XT－1M 相似
	E50 × T-2M	480	—	—	—	—	75% ~80% $Ar+CO_2$	
	E50 × T-3	480	—	—	—	—	无	自保护型焊丝，直流反接。熔滴喷射过渡，焊接速度快。适用于平焊、立焊和横焊的单道焊。由于焊丝的硬化性敏感，母材厚度大于 4.8mm 的 T 形或搭接接头和母材厚度大于 6.4mm 的对接或角接接头不能使用该型焊丝
	E50 × T-4	480	400	22	—	—	无	自保护型焊丝，直流反接。熔滴为颗粒过渡，熔敷效率非常高，焊缝含硫量低，抗热性能好。一般用于非底层的浅熔深焊接
	E50 × T-5	480	400	22	-30	27	CO_2	使用 CO_2 或 $Ar+CO_2$ 为保护气体。主要用于平焊的单道焊。熔敷金属具有优异的抗热冲击韧性和抗热裂、冷裂性能。采用直流正接，可全位置焊接，但工艺性能不如氧化铁型焊丝
	E50 × T-5M	480	400	22	-30	27	75% ~80% $Ar+CO_2$	
	E50 × T-6	480	400	22	-30	27	无	自保护型焊丝，直流反接。熔滴为喷射过渡，熔敷金属具有良好的抗冲击韧性、根部熔透性和优异的脱渣性，宜用于深坡口焊接
	E50 × T-7	480	400	22	—	—	无	自保护型焊丝，直流反接。熔滴为细熔滴过渡。能适用平焊、立、横焊位置焊接，焊缝含硫量非常低，抗裂性能好
	E50 × T-8	480	400	22	-30	27	无	自保护型焊丝，直流反接。熔滴为细熔滴或喷射过渡。适用于全位置焊接，有较好的低温冲击性
	E50 × T-9	480	400	22	-30	27	CO_2	焊丝使用 CO_2 或 $Ar+CO_2$ 为保护气体，大直径焊丝（大于 2mm）用于平焊、横焊；小直径焊丝可全位置操作。焊丝的熔滴过渡和焊接特性与 E50XT－1、E50XT－1M 相似
	E50 × T-9M	480	400	22	-30	27	75% ~80% $Ar+CO_2$	

续上表

焊丝类型	型号	熔敷金属力学性能					外保护气体	特点和主要用途
		抗拉强度(MPa)	屈服强度(MPa)	伸长率(%)	V缺口冲击功			
					温度(℃)	冲击功(J)		
碳钢焊丝	E50×T-10	480	—	—	—	—	无	自保护型焊丝,直流正接。熔滴为细熔滴过渡。适用于平、横、立焊位置的高道焊
	E50×T-11	480	400	22	—	—	无	自保护型焊丝,直流正接。熔滴平稳的喷射过渡。一般用于单道或多道的全位置焊接。除非保证预热和层间温度,一般不用于厚度超过19mm的钢材
	E50×T-12	480~620	400	22	-30	27	CO_2	焊丝降低了含锰量,符合ASME标准第XI章中A-1的化学成分要求,抗裂性和硬度相应降低。其熔滴过渡和操作性能与E50T-1和E50T-1M类相似
	E50×T-12M	480~620	400	22	-30	27	75%~80% $Ar+CO_2$	
	E43×T-13	415	—	—	—	—	无	自保护型焊丝,直流正接,通常用于短弧焊接,可用于多种壁厚管道的打底层焊接。一般不推荐用于多道焊
	E50×T-13	480	—	—	—	—	无	
	E50×T-14	480	—	—	—	—	无	自保护型焊丝,直流正接,熔滴为平稳的喷射过渡。其特点是全位置高速焊,常用于镀锌、镀铝的涂层钢板
	E43×T-G	415	330	22	—	—	—	这类焊丝用于多道焊,现行标准除规定熔敷金属化学成分和拉伸性能外,对这类焊丝的要求未作规定,由供需双方协商
	E50×T-G	480	400	22	—	—	—	
	E43×T-GS	415	—	—	—	—	—	这类焊丝用于单道焊,现行标准除规定熔敷金属化学成分和拉伸性能外,对这类焊丝的要求未作规定,由供需双方协商
	E50×T-GS	480	—	—	—	—	—	

续上表

焊丝类型	型号	熔敷金属力学性能					外保护气体	特点和主要用途
		抗拉强度（MPa）	屈服强度（MPa）	伸长率（%）	V 缺口冲击功			
					温度（℃）	冲击功（J）		
低合金钢焊丝	E49×T1-XXX	490~620	≥400	≥20	-30	≥27		以 CO_2 为保护气体，必要时可使用 $Ar+CO_2$ 混合气体。直径不小于2mm时，用于平焊位置和横焊角焊缝，直径不大于1.6mm时，可用于全位置。焊丝的特点是熔滴呈喷射过渡，飞溅损失小，焊道平或微凸起。熔渣体积适中，可完全覆盖焊缝。熔渣为金红色主体的渣系。其中，E55、62×T1-Ni2C、Ni2M 冲击性能在-40℃时，不小于27J
	E55×T1-XXX	550~690	≥470	≥19	—	—		
	E62×T1-XXX	620~760	≥540	≥17	-20	≥27		
	E69×T1-XXX	690~830	≥610	≥16	-20	≥27		
	E69×T1-K7C/M	690~830	≥610	≥16	-50	≥27		
	E69×T1-K9C/M	690~830	≥610	≥16	-50	≥47		
	E76×T1-XXX	760~900	≥680	≥15	-20	≥27		
	E83×T1-XXX	830~970	≥745	≥14	—	—		
	E49×T4-XXX	490~620	≥400	≥20	-20	≥27	—	自保护型焊丝，直流正接。必要时可使用 $Ar+CO_2$ 混合气体。熔滴呈粗滴过渡，渣系具有较强的脱硫能力，焊缝金属具有很好的抗裂能力
	E49×T5-XXX	490~620	≥400	≥20	-30	≥27		
	E55×T5-XXX	550~690	≥470	≥19	—	—		
	E55×T5-K1C/M	550~690	≥470	≥19	-40	≥27		

续上表

焊丝类型	型号	熔敷金属力学性能					外保护气体	特点和主要用途
		抗拉强度(MPa)	屈服强度(MPa)	伸长率(%)	V缺口冲击功			
					温度(℃)	冲击功(J)		
低合金钢焊丝	E55×T5-Ni1C/M	550~690	≥470	≥19	-50	≥27		采用 CO_2 为保护气体,也可使用 $Ar+CO_2$ 混合气体。用于平焊位置的单道焊和双道焊,直流正接。采用 $Ar+CO_2$ 混合气体,可在非推荐位置平行焊接。熔滴呈粗滴过渡,焊缝表面微凸焊渣薄且不能完全覆盖焊道,具有氧化钙—氟化物碱性渣系
	E55×T5-Ni2C/M	550~690	≥470	≥19	-60	≥27		
	E62×T5-D2C/M	620~760	≥540	≥17	-50	≥27		
	E62×T5-Ni3C/M	620~760	≥540	≥17	-70	≥27		
	E62×T5-XXX	620~769	≥540	≥17	—	—		
	E69×T5-XXX	690~830	≥610	≥16	—	—		
	E76×T5-XXX	760~900	≥680	≥15	—	—		
	E83×T5-XXX	830~970	≥745	≥14	—	—		
	E43×T8-XXX	430~550	≥340	≥22	-30	≥27		自保护型焊丝,采用直流,焊丝接负极。可用于全位置的单道焊或多道焊。渣系具有产生较高的低温冲击性能的特点,还具有较高的脱硫能力,焊缝金属抗裂能力好
	E49×T8-XXX	490~620	≥400	≥20	-30	≥27		
	E55×T8-XXX	550~690	≥470	≥19	-30	≥27		
	E62×T8-XXX	620~760	≥540	≥17	-30	≥27		

注:本表内容摘自《碳钢药芯焊丝》(GB/T 10045—2001)、《低合金钢药芯焊丝》(GB/T 17493—2008)和《实用焊工手册》(第三版)(孙景荣编,化学工业出版社,2007 年)。

表 5-23

部分熔炼型埋弧焊剂牌号、成分及其应用范围

牌号	配用焊丝	渣系类别	主要成分(质量分数,%)											用途	使用电源种类
			SiO_2	CaF_2	CaO	MgO	Al_2O_3	MnO	FeO	K_2O+Na_2O	S	P	其他		
HJ130	H10Mn2	无锰高硅低氟	35~40	4~7	10~18	14~19	12~16	—	0~2	—	≤0.05	≤0.05	TiO_2 7~11	低碳钢及低合金钢	交、直流
HJ150	2Cr13	无锰中硅中氟	21~23	2.5~4.5	3~7	9~13	28~32	—	≤1	≤3	≤0.08	≤0.08	—	轧辊堆焊	直流
HJ172	相应钢种焊丝	无锰低硅高氟	3~5	45~55	2~5	—	28~35	1~2	≤0.8	≤3	≤0.05	≤0.05	ZrO_2 2~4 NaF2~3	高铬铁素体钢	直流
HJ173	相应钢种焊丝	无锰低硅高氟	≤4	45~58	13~20	—	22~33	—	≤1	—	≤0.05	≤0.04	ZrO_2 2~4	锰、铝高合金钢	直流
HJ230	H08MnA、H10Mn2	低锰高硅低氟	40~46	7~11	8~14	10~14	10~17	5~10	≤1.5	—	≤0.05	≤0.05	—	低碳钢及低合金钢	交、直流
HJ250	相应钢种焊丝	低锰中硅中氟	18~22	23~30	4~8	12~16	18~23	5~8	≤1.5	≤3	≤0.05	≤0.05	—	低合金高强度钢	直流
HJ251	Cr-Mo 钢焊丝	低锰中硅中氟	18~22	23~30	3~6	14~17	18~23	7~10	≤1	—	≤0.08	≤0.05		珠光体耐热钢	直流
HJ253	相应钢种焊丝	低锰中硅中氟	20~24	24~30	—	13~17	12~16	6~10	≤1	—	≤0.08	≤0.05	ZrO_2 2~4	低合金高强度钢薄板	直流

续上表

牌号	配用焊丝	渣系类别	主要成分(质量分数,%)											用途	使用电源种类
			SiO_2	CaF_2	CaO	MgO	Al_2O_3	MnO	FeO	K_2O+Na_2O	S	P	其他		
HJ260	F308 - H0Cr21Ni10	低锰高硅中氟	29 ~ 34	20 ~ 25	4 ~ 7	15 ~ 18	19 ~ 24	2 ~ 4	≤1	—	≤ 0.07	≤ 0.07	—	不锈钢轧辊堆焊	直流
HJ330	H08MnA、H10Mn2	中锰高硅低氟	44 ~ 48	3 ~ 6	≤3	16 ~ 20	≤4	22 ~ 26	≤1.5	—	≤ 0.08	≤ 0.08	—	重要低碳钢及低合金钢结构	交、直流
HJ350	Mn - Mo Mn - Si 及含 Ni 的高强度钢焊丝	中锰中硅中氟	30 ~ 35	14 ~ 20	10 ~ 18	—	13 ~ 18	14 ~ 19	≤1	—	≤ 0.06	≤ 0.07	—	重要低合金高强度钢结构	交、直流
HJ430	H08A、H08MnA	高锰高硅低氟	38 ~ 45	5 ~ 9	≤6	—	≤5	38 ~ 47	≤1.8	—	≤0.10	≤0.10	—	重要低碳钢及低合金钢结构	交、直流
HJ431	F4A0 - H08A	高锰高硅低氟	40 ~ 44	3 ~ 6.5	≤5.5	5 ~ 7.5	≤4	34.5 ~ 38	≤1.8	—	≤0.10	≤0.10	—	重要低碳钢及低合金钢结构	交、直流
HJ435	H08A	高锰高硅低氟	42 ~ 45	2 ~ 4	≤4	—	≤3	14 ~ 47	≤1.8	0.3 ~ 0.5	≤0.15	≤0.10	—	低碳钢	交、直流

注:①《埋弧焊用碳钢焊丝和焊剂》(GB/T 5293—1999)、《埋弧焊用低合金钢焊丝和焊剂》(GB/T 12470—2003)规定熔炼焊剂型号标注方法为:

F $\times_1\times_2\times_3$ H×××,其中,$\times_1$ 表示焊缝金属的拉伸力学性能;$\times_2$ 表示拉伸和冲击试样的状态;$\times_3$ 表示焊缝金属冲击吸收功不小于27J 的最低试验温度;H×××表示可配用焊丝牌号。但生产厂商的牌号是按成分类型区分的,即 HJabc 中 a 表示含锰量,b 表示含硅含氟量,c 表示同类不同牌号,实际中应注意辨明。

②本表内容摘自《焊接手册　第 1 卷　焊接方法及设备》(第 3 版)(中国机械工程学会焊接学会编,机械工业出版社,2007 年)。

表 5-24 列出部分低碳钢埋弧焊时焊剂与焊丝的组合。

低碳钢埋弧焊时焊剂与焊丝的组合

表 5-24

序号	焊丝与焊剂的组合			组合类型的特点与性能
	焊丝	焊剂		
1	H08A H08E	熔炼焊剂 高 Mn 高 Si 低 F	HJ430 HJ431 HJ433 HJ434	焊剂与焊丝的组合是目前低碳钢埋弧焊时应用最多的一种组合,其中 H08A + HJ431 应用最广。焊剂中的 MnO 和 SiO_2 在高温下与 Fe 反应,Mn 和 Si 得以还原,并起脱氧剂和合金剂的作用,保证焊缝金属的力学性能。 与 HJ431 相比,HJ430 具有较高的 CaF_2 和 MnO,故有更好的抗锈能力和抗气孔能力,但电弧稳定性稍差,熔渣流动性较大,不利于小直径环缝的焊接;而 HJ433 含 SiO_2 较高、CaF_2 较低,故熔化温度和黏度均较高,宜于快速焊接;而 HJ434 由于加入了 TiO_2,且 CaO 和 CaF_2 也较 HJ431 略高,故有更好的抗锈性能,脱渣性更好
2	H08MnA H08Mn2 H10MnSi H10Mn2	中 Mn 低 Mn 无 Mn 高 Si,低 F	HJ330(中 Mn) HJ230(低 Mn) HJ130(无 Mn)	当选用中 Mn、低 Mn 或无 Mn 的高 Si 低 F 焊剂时,应选用含 Mn 较高的焊丝,才能保证在焊接过程中有足够的 Mn、高 Si 过渡,以保证焊缝良好的脱氧和合格的力学性能
3	H08A H08E	烧结焊剂 硅锰型	SJ401 SJ402	在低碳钢埋弧焊中,H08A 与烧结焊剂的配合也日趋广泛,具有良好的焊接工艺性能、较高的抗气孔能力,与 SJ401 相比,SJ402 更适合薄板和中等厚度板的焊接
4	H08A H08E	硅铝型	SJ301 SJ302	具有良好的焊接工艺性能,具"短渣"特性,更适于环缝的焊接。与 SJ301 相比,SJ302 具有更好的脱渣性、抗潮性和抗裂性。可用于单道焊、多道焊、多丝焊、双面单道焊、可用于锅炉、压力容器、管线等结构焊接
5	H08A H08E H08MnA	铝钛型	SJ501 SJ502 SJ503	电弧稳定,脱渣好,成形良,具有较强的抗气孔能力。 SJ501 可用于多丝快速焊,特别适于双面单道焊; SJ502 适于快速焊; SJ503 具有更好脱渣性和抗裂性,尤其适用于中板和厚板的焊接

注:本表摘自《简明焊接材料选用手册》(第 3 版)(张子荣主编,机械工业出版社,2011 年)。

3)低合金高强度钢埋弧焊焊剂与焊丝的选用

由于埋弧焊的特性,对低合金高强度钢的焊接主要用于热轧和正火钢。在选用焊剂和焊丝时应保证焊缝金属的力学性能(如强度、韧性和塑性等)符合产品设计要求。但应注意焊缝金属的强度不宜过高,一般满足母材强度的下限即可。因为过高的强度,会使焊缝金属的韧性、塑性和接头的抗裂性降低。要根据焊缝强度级别和塑性的要求,分别采用不同合金的焊丝。屈服强度在 490MPa 级的焊缝可采用 Mn - Mo 系焊丝,如 H08MnMoA、H08Mn2MoA、H10MnSiMoTi 及 H10Mn2A 等;690 ~ 780MPa 级的焊缝多采用 Mn - Cr - Mo、Mn - Ni - Mo 或 Mn - Cr - Ni - Mo 系焊丝。对韧性要求较高的焊缝,可选用含镍的焊丝如 H08CrNi2MoA 焊丝等。

焊剂的选用:焊接 690MPa 级以下的钢种时,可选用熔炼焊剂,也可选用烧结焊剂;焊接 780MPa 级高强度钢时,为了得到高韧性,最好选用碱度高的烧结焊剂。由于过高的碱度会明显影响恶化熔炼焊剂的工艺性能，所以熔炼焊剂的应用受到一定的限制。

表 5-25 列举了常用低合金高强度钢埋弧焊时焊剂与焊丝的选用。

埋弧焊低合金高强度钢（热轧正火钢）时焊剂与焊丝的选用　　表 5-25

类别	钢号	强度级别 σ_s(MPa)	焊剂与焊丝的组合		简要说明
			焊剂	焊丝	
热轧及正火钢	Q295（09Mn2、09Mn2Si、09Mn2V、09Mn2VCu）	295	HJ430 HJ431 SJ301	H08A H08E H08MnA	HJ431 是我国用量最多的焊剂，可用来焊接碳钢和某些低合金高强钢。与 HJ431 相比，HJ430 的 CaF_2 含量略高，抗气孔较强，但电弧稳定性不如 HJ431
	Q345（16Mn、14MnNb 16MnCu、16MnR）	345	SJ501 SJ502	薄板： H08A H08MnA	SJ501 是一种高速焊剂，高温脱渣性好，但抗裂能力不大。宜用于薄板高速焊
			HJ430 HJ431 SJ301	不开坡口对接： H08A； 中板开坡口对接： H08MnA， H10Mn2A	SJ301 载流能力强，可使用大电流高速焊接，“短渣”特性。适用于各种直径环缝的焊接，常用于管线的焊接
			HJ350	厚板深坡口： H10Mn2A； H08MnMoA	HJ350 焊剂与 HJ431 相比，其氧化性较低，焊缝韧性较高，坡口脱渣性好，适用于深坡口焊接，是低合金高强钢焊接中常用的焊剂
	Q390（15MnV、15MnVCu、16MnNb、15MnVRE）	390	HJ430 HJ431 SJ101	不开坡口对焊： H08MnA； 中板开坡口对焊： H10Mn2，H10MnSi， H08Mn2Si	对中等厚度的钢板，也可选用 HJ250、HJ252、HJ350 或 SJ101 焊剂与 H10Mn2 焊丝相配合，可获得良好效果
			HJ250 HJ350 SJ101	厚板深坡口 H08MnMoA	HJ250 为高碱度焊剂，合金元素过渡系数高，韧性好，但深坡口脱渣性较差，不宜用于窄间隙焊，窄间隙焊宜选用 HJ350、SJ101 均具有良好的坡口脱渣性。也可选用 HJ252，其坡口脱渣较 HJ250 为好
	Q420（15MnVN、15MnVTiRE、15MnVNCu、15MnVNR）	420	HJ431	H10Mn2	对于含 V、Ti、Nb 的钢种，为降低热影响区粗晶脆化所造成的不利影响，应选择较小的热输入，如 Q420（15MnVN）宜在 40 ~ 45kJ/cm^2 以下，为保证良好的焊缝性能，宜采用碱度较高的焊剂
			HJ350 HJ250 HJ252 SJ101	H08MnMoA H10Mn2MoA	

续上表

类别	钢号	强度级别 σ_s(MPa)	焊剂与焊丝的组合		简要说明
			焊剂	焊丝	
热轧及正火钢	Q490（14MnMoV、18MnMoVNb、14MnMoVCu、18MnMoNbg、18MnMoNbR）	490	HJ250 HJ252 HJ350 SJ101	H08Mn2MoA H08Mn2MoVA H08Mn2NiMoA	18MnMoNbR钢是中温压力容器用钢，有较好的综合力学性能。 焊接时一般应预热150～180℃，对刚度较大的接头可预热至180～230℃，焊后进行250～350℃后热处理。 选用碱度较高的焊剂，有利于提高焊缝金属的韧性，降低扩散氢含量
管线钢	X60	415	HJ431	H10Mn2MoA	管线钢X60、X65目前多采用SJ101焊剂，一般说来效果良好。对环缝也可选用SJ301焊剂
			SJ101	H08MnMoA	
			SJ102	H10Mn2A	
	X65	450	SJ101	H10Mn2MoA	
			SJ102 SJ301	H08MnMoA	

注：①对调质高强钢，为避免焊后热影响区冲击韧性恶化，一般不推荐埋弧焊工艺（特别是粗丝、多丝、大电流），但窄间隙双丝埋弧焊工艺已成功用于低碳调质钢（20MnMoNb）压力容器的焊接。

②对中碳调质钢埋弧焊，航空工业总公司572工厂曾采用自制的低温烧结焊剂572F－6与HJ350（质量分数为80%～82%）混合焊剂，配用H18CrMoA焊丝，成功地焊接了30CrMnSiNi2A钢结构。

③对14MnMoNbR和12MnNiCrMoVCu等高强度钢，可选用HJ350＋H08Mn2Ni2CrMoA或HJ350＋H05MnNi2CrMoA。

④本表摘自《简明焊接材料选用手册》（第3版）（张子荣主编，机械工业出版社，2011年）。

4）碳钢和低合金钢气体保护焊焊接材料的选用

气体保护焊是目前应用最广泛，并有广阔前景的一种焊接方法。气体保护焊用焊接材料包括焊丝（实芯焊丝和药芯焊丝）保护焊用气体和钨极（对TIG焊用非熔化电极）等。

（1）气体保护焊焊接材料的选用

气体保护焊用气体的选用，主要取决于被焊金属性质、焊接接头的质量要求、焊件的厚度、焊接位置及所采用的焊接工艺等。一般来说，对于铝、钛、铬、镍等易氧化的金属及其合金，应采用惰性气体（Ar、He或Ar＋He等）保护；而对碳钢、低合金钢等则应选用活性（CO_2、CO_2＋Ar或Ar＋O_2）气体，采用活性气体保护可细化熔滴、稳定电弧、改善焊缝成形、防止咬边等。在焊接生产中，为提高生产效率，改善操作工艺性能，改变熔深和焊缝成形、消除未焊透、裂纹等缺陷，多数情况下选用Ar＋He、N_2、CO_2和O_2等气体。非熔化极气体保护焊一般选用纯Ar或Ar＋He，熔化极气体保护焊时，保护气体的使用范围见表5-26。

熔化极气体保护焊接时保护气体的使用范围 表5-26

被焊材料	保护气体成分	混合比	化学性质	简要说明
铝及铝合金	Ar	—	惰性	直流反接，有阴极破碎作用，焊缝表面光洁、美观
	Ar＋He	He一般加到10%	惰性	加He后可提高电弧温度，增大熔深，减少气孔，适于厚板焊接，但He不宜加入过多，否则飞溅较大

续上表

被焊材料	保护气体成分	混合比	化学性质	简要说明
钛、锆及其合金	Ar	—	惰性	有良好的保护效果,可获得优质焊缝
	Ar + He	75% +25%	惰性	增大输入热量、增大熔深,提高生产效率
铜及铜合金	Ar	—	惰性	射流过渡电弧稳定,但厚度大于 5 ~ 6mm 时,需预热
	Ar + He	50% +50%或30% +70%	惰性	增大输入热量,可降低预热温度
	N_2	—	—	输入热量增大,可降低或取消预热,但飞溅和烟雾较大
	Ar + N_2	80% +20%	—	输入热量比纯 Ar 大,但有一定飞溅
不锈钢及高强钢	Ar + O_2	$O_2$1% ~2%	氧化性	用于射流或脉冲电弧
	Ar + O_2 + CO_2	93% +2% +5%	氧化性	用于射流电弧、脉冲电弧或短路电弧
碳钢及低合金钢	Ar + O_2	加 $O_2$2%或1% ~5%	氧化性	用于射流电弧及对焊缝要求较高的场合
	Ar + CO_2	70% ~80% +30% ~20%	氧化性	有良好熔深,可用于短弧过渡或射流过渡电弧
	Ar + O_2 + CO_2	80% +15% +5%	氧化性	有良好熔深,可用于短弧、射流或脉冲电弧
	CO_2	—	氧化性	适用于短路电弧,有一定飞溅
镍基合金	Ar	—	惰性	对于射流、脉冲及短路电弧均适用,是焊接镍基合金的主要气体
	Ar + He	85% ~80% +15% ~20%	惰性	输入热量比纯 Ar 大

注:①表中"混合比"栏中的"%"均指该类气体的体积分数。

②本表摘自《简明焊接材料选用手册》(第3版)(张子荣主编,机械工业出版社,2011年)。

焊丝是气体保护焊的主要焊接材料,是影响焊缝精度成分和性能的主要条件。焊丝的选择要根据被焊母材的种类、焊接接头的质量要求、焊接施工条件(板厚、坡口形状、焊接位置、焊接条件等)及生产成本等综合考虑。被焊材料的种类是焊接材料选用的首要条件。

(2)常用碳钢与低合金钢气体保护焊焊接材料的选用

①焊接材料的选用原则

根据被焊结构的钢种选用焊丝。对于碳钢和低合金高强度钢,主要是按等强度的原则,选用满足力学性能要求的焊丝。对耐热钢和耐候钢,主要是考虑焊缝金属与母材化学成分基本相同或相近,以满足耐热性和耐蚀性要求。

焊接区的质量,尤其是冲击韧度的变化,与焊接条件、坡口形状、保护气体等施工条件有关,在确保焊接区质量的前提下,选用高效率、低成本的焊接工艺和焊接材料。

根据现场的焊接位置,选用适当的焊丝牌号及焊丝直径。

②焊接材料的选用

碳钢和低合金钢的气体保护焊,主要是采用氧化性气体进行保护,如 CO_2、CO_2 + Ar、Ar + O_2 等。其中应用最广的是 CO_2 气体保护焊。CO_2 气体的体积质量最大,隔离空气保护焊接区的效果好,价格便宜。CO_2 气体保护焊穿透力强、熔化快、生产效率高,有较强的抗锈能力,熔敷金属的含氢低;但电弧气氛氧化性强、合金元素烧损大,脱氧不足时易产生气孔,增大金属飞溅,故应选用含有 Si、Mn、Al 等脱氧元素较高的焊丝。

碳钢及低合金钢气体保护焊时,焊接材料的选用见表 5-27。

碳钢和低合金钢气体保护焊时焊接材料的选用 表 5-27

类别或屈服强度等级(MPa)	牌 号	焊接材料的选用		简 要 说 明
		保护气体（体积分数,%）	焊丝	
低碳钢	Q235(A、B、C、D) Q275(A、B、C、D) (15、20、20g、22g20R)	CO_2	ER49-1 (H08Mn2SiA) ER50-1 ER50-4 ER50-6 E50XT-× YJ502-1 YJ502R-1 YJ507-1	低碳钢的碳当量 $Ce_q<0.30\%$，焊接性能优良，是最易焊接的钢种。在气体保护焊中，CO_2 气体保护焊应用最广，实芯焊丝 ER49-1、ER50-6 应用最多，以选用镀铜焊丝为好，但 ER49-1 焊缝强度偏高(≥490MPa)。药芯焊丝主要采用 E501T-1 或 E500T-1 等。目前发展很快，可选范围不断扩大。 自保护药芯焊丝，一般说来烟雾较大，适用于室外工作，有较大的抗风能力。对某些结构也使用 TIG 焊，如锅炉集箱、换热器等用 ER50-4 焊丝进行封底焊
		自保护	E500T-3 E500T-4 E500T-6 E500T-7 YJ502R-2 YJ507-2 YJ507D-2 YJ507R-2	
中碳钢	35 40 45	CO_2	ER49-1 ER50-2、3、6、7 E50XT-× YJ501-1 YJ501Ni-1 YJ507Ni-1	中碳钢的碳当量 Ce_q 为 0.30% ~ 0.6%，焊接性稍差，一般仍可按低碳钢选用焊丝。应采用相宜的焊接工艺，如预热、后热、缓冷，严格控制焊接过程，避免热影响区产生马氏体组织和裂纹
		CO_2 或 Ar80 + $CO_2$20	GHS-60	
热轧、正火钢 345	Q345(A、B、C、D、E) (16Mn、16MnRE 14MnNb、 12MnV)	CO_2	ER49-1 ER50-2、6、7 E501T1× E501T5× GHS-50 YJ502-1 YJ502R-1 YJ507-1 YJ507Ni-1 YJ507TiB-1	熔化极气体保护，尤其是 CO_2 气体保护焊是热轧正火钢最常用的焊接方法。TIG 焊可用于全焊透的薄壁管或厚壁管等焊件的封底焊。焊丝的选用，应保证焊缝金属的强度、韧性和塑性符合产品设计要求，选用原则与焊条电弧焊基本相同。 不同的热轧、正火钢其脆化和裂纹倾向也不同。含碳低的热轧钢[如 Q295(09Mn2 等)]脆化和裂纹倾向小，对焊接热输入没有严格的要求。当含碳量偏高时，如 Q345 的含碳量偏上限，为降低淬硬倾向，防止冷裂纹，焊接热输入应偏大些；对含 V、Nb、Ti 的钢种，为降低热影响区粗晶区的脆化，应选用较小的热输入，如 Q420(15MnVN)焊接热输入宜在 40 ~ 45kJ/cm² 以下；对含碳及合金元素较高的正火钢($\sigma_s \geq 490MPa$)，如 18MnMoNb 等，因淬火倾向大，应选用较大的热输入，若在预热条件下，则应选用较小的热输入，焊后应及时进行后热和去氢处理。
热轧、正火钢 390	Q390(A、B、C、D、E)(15MnV、 16MnNb、15MnT、 10MnPNbRE)	自保护	E500T4 E500T6 YJ502R-2 YJ507-2 YJ507R-2 YJ502G-2	
热轧、正火钢 420	Q420(A、B、C、D、E) (15MnVN$_X$、 14MnVTiRE)	CO_2 或 Ar80 + $CO_2$20	ER49-1 ER50-2 ER55-D2 E550T4 GHS-60 YJ607-1 YJ607G-1	

续上表

类别或屈服强度等级(MPa)		牌　号	焊接材料的选用		简 要 说 明
			保护气体 (体积分数,%)	焊丝	
热轧、正火钢	460	Q460(C、D、E) 18MnMoNb 14MnMoV 14MnMoVCu	CO_2 或 Ar80 + $CO_2$20	ER55-D2 H08Mn2SiMoA E55×T1-B1× E55×TB2× GHS60 GHS60N GHS70 YJ607-1 YJ602G-1 YJ707-1	CO_2 保护焊是这类钢常用的熔化极气体保护焊,具有低氢的特点。有时保护气体可选用 Ar + CO_2。 这类钢由于含碳量和合金元素均较高,焊前一般应预热至 150 ~ 180℃,焊后应立即进行 250 ~ 350℃ 后热处理,防止产生冷裂纹
低碳调质钢	500	Q500(C、D、E) WCF-60 WCF-62	CO_2 或 Ar80 + $CO_2$20	ER55-D2 ER55-D2Ti E62×T1B3 E62×T5× GHS-60 YJ602G-1 YJ607-1	低碳调质钢最常用的焊接方法有焊条电弧焊、熔化极气体保护焊(实芯和药芯)、埋弧焊、钨极氩弧焊等。一般来说应根据对焊接接头的力学性能要求,对所选用的焊接材料进行评定试验,合格后方可用于结构焊接。 低碳调质钢产生冷裂纹的倾向较大,应严格控制焊缝金属中的氢。应注意焊件和焊丝的清理,不应有水、油污、锈等,对保护气体的水也应严格控制,CO_2 气应符合《工业液体二氧化碳》(GB/T 6052—2011)中的规定要求
	550	Q550(C、D、E) 15MnMoVN 15MnMoNRE QJ60 HQ70A HQ70B	CO_2 或 Ar80 + $CO_2$20	ER69-1 ER69-3 E62×T18 E62×T5-B3× GHS-60N GHS-70 YJ707-1	
	690	Q690(C、D、E) 12Ni3CrMoV 15MnMoVNRE QJ70 14MnMoNbB	Ar80 + $CO_2$20 或 Ar99 ~ 98 + $O_2$1 ~ 2	H05Mn2Ni2CrMoA H08Mn2Ni2MoA ER76-1 ER83-1 GHS-80B、80C	焊接热输入直接影响焊缝金属和热影响区的性能,一般不推荐大直径焊丝,应尽可能采用多层小焊道焊缝,最好采用窄焊道,以减小焊接变形,并改善和提高焊缝金属和热影响区的韧性。 可利用预热或后热或低温预热加后热的方法来防止冷裂纹。但预热温度不宜过高,否则会影响调质钢热影响区的韧性。 一般是在焊态下使用
		T-1 T-1A T-1B		ER76-1 ER83-1 GHS-80B、 SQJ707CrNiMo	
		WEL-TEN80 HQ8C			
	785	10Ni5CrMoV		H08Mn2Ni3MoA	
	880	HQ100		GHS100	

续上表

类别或屈服强度等级(MPa)	牌　号	焊接材料的选用		简 要 说 明
		保护气体 (体积分数,%)	焊丝	
中碳调质钢	D6AC	Ar	板厚5mm时 H08CrMoVA H10CrMoVA	由于含碳较高[w(C) = 0.25% ~ 0.50%],合金元素(如Mn、Si、Cr、Mo、Ni、V、B等)较多,强度高[σ_s = 880 ~ 1 176MPa],淬硬倾向大,M_s 点低,在调质状态焊接时,易产生冷裂纹、软化区等;焊接性差,一般须预热及后热。气体保护焊时,宜采用热量集中的脉冲氩弧焊,有利于减小热影响区的宽度,获得细晶组织,提高焊缝接头的力学性能和抗裂性 选用焊接材料时,在保证焊缝金属力学性能要求的前提下,尽量选用低碳合金系统,低的S、P含量。若焊后须热处理的构件,焊缝金属的合金成分应与基体相接近,但含碳量应适当降低
			H08Mn2Ni2MoV	
	30Cr3SiNiMoVA		H10Cr3MnNiMoV	
	34Cr3Ni3MoVA		H05SiCr2MoA	
	35CrMoA		H18CrMoA	
	35CrMoVA		SQJ807CrNiMo	
低温用钢	16MnDR 09MnTiCuREDR	CO_2 或 Ar80 + $CO_2$20	ER55-C1 ER55-C2 MGS-1N(日) YJ502Ni-1 YJ507Ni-1	低温用钢由于含碳量低,淬硬倾向和冷裂倾向小,具有良好的焊接性。关键是保证焊缝及粗晶区的低温韧性,焊接时应尽力避免焊接缺陷和应力集中。也可选用日本神钢公司的MGS-1N。 3.5Ni钢,最低使用温度为 -101℃,是利用降低C、P、S的含量,加入Ni等合金成分并利用热处理(正火或正火+回火)细化晶粒而确保低温韧性。 MGS-3N是日本神钢公司的产品,系3.5Ni钢用焊丝,在 -100℃下韧性良好。熔敷金属化学成分的质量分数及性能为: C 0.03%;Si 0.26%;Mn 1.18%;Ni 4.08%;Mo 0.20%;σ_b = 570MPa;$\sigma_{0.2}$ = 470MPa;δ_5 = 32%;A_{kv} = 130J(-101℃)
	3.5Ni钢	Ar98 + $O_2$2 或 Ar95 + $CO_2$5	MGS-3N(日) ER55-C3	

注:本表摘自《简明焊接材料选用手册》(第3版)(张子荣主编,机械工业出版社,2011年)。

5. 钎料与钎剂(熔剂)

钎焊是利用比焊件熔点低的钎料与焊件一同加热,使钎料熔化、湿润,并填满母材连接处的间隙,而形成钎焊缝。钎焊按其传热方法分为气体火焰钎焊、烙铁钎焊、电弧钎焊等。

1)钎料

钎焊接钎料的熔化温度分为软钎焊和硬钎焊。前者所用钎料称为易熔钎料，其熔点在450℃以下，后者所用钎料称为难熔钎料，其熔点在450℃以上。易熔钎料按其合金组成划分为锡铅钎料、镉铅钎料、锌锡钎科、锌镉钎料；难熔钎料按其合金组成划分为铜锌钎料、铜磷钎料、银基铅料、铝基钎料、纯铜钎料、镍基钎料等。两种常用钎料简介如下。

①锡铅钎料（即俗称焊锡）的化学成分、性能及主要用途如表5-28所示。

锡铅钎料的化学成分、性能和用途 表5-28

牌号	钎料型号	化学成分（质量分数，%）			熔化温度（℃）	抗拉强度（MPa）	用　途
		Sn	Sb	Pb			
HL600	S-Sn60Pb39Sb	59~61	≤0.1	余量	183~190	46	用于无线电、电气开关、计算机零件，易熔金属制品及热处理件的钎焊
HL601	S-Sn18Pb80Sb2	17~19	1.5~2.0	余量	183~279	27	用于钎焊铜、铜合金、镀锌铁皮等强度要求不高的零件
HL602	S-Sn30Pb68Sb2	29~31	1.5~2.0	余量	183~258	32	用于钎焊铜、黄铜、铁、镀锌铁皮、无线电元件、电缆护套及电动机的扎线等
HL603	S-Sn40Pb58Sb2	39~41	1.5~2.0	余量	183~238	37	用于钎焊铜及铜合金、钢、锌制零件，如散热器零件、无线电及电器开关设备、工业仪表、镀锌铁皮及白铁皮等
HL604	S-Sn90Pb10Sb	89~91	≤0.1	余量	183~215	42	可钎焊大多数钢材及其他金属，特别是食品器皿、医疗器材的内部钎缝
HL608	S-Sn5Pb93Ag	4~6	Ag1~2	余量	296~301	34	用于铜及铜合金、钢的烙铁钎焊及火焰钎焊
HL610	S-Sn60Pb39Sb1	59~61	0.3~0.8	余量	183~190	46	与HL600相同，适宜钎焊电子仪表精密件等产品
HL613	S-Sn50Pb49Sb1	49~51	0.3~0.8	余量	183~215	37	适用钎焊铜、黄铜、镀锌或镀锡铁皮，以及散热器、计算机零件等

注：本表摘自《焊工手册　手工焊接与切割》（第3版）（中国机械工程学会焊接学会等编，机械工业出版社，2001年）。

②铜锌纤料的化学成分、性能及主要用途如表5-29所示。

铜锌钎料的化学成分、性能及用途 表5-29

牌号	钎料型号	化学成分(质量分数,%)				熔化温度(℃)	用途
		Cu	Zn	Mn	其他		
H62	B-Cu 62 Zn	60.5~63.5	余量	—	—	1 083	应用最广泛的铜锌钎料,用来钎焊受力大的铜、镍、钢制零件
HL101	B-Cu 36 Zn	34.0~38.0	余量	—	—	800~823	钎料极脆,钎焊接头性能差,主要用于黄铜的钎焊
HL102	B-Cu 48 Zn	46.0~50.0	余量	—	—	660~870	钎料相当脆,钎焊接头强度低,塑性差,常用来钎焊H62黄铜和铜合金不承受冲击和弯曲的工件
HL103	B-Cu 54 Zn	53.0~55.0	余量	—	—	885~888	钎料延性较差,钎焊接头强度和塑性不高,常用来钎焊铜、青铜和钢不承受冲击和弯曲的工件
HL104	B-Cu 62 ZnMn(RE)	61.0~63.0	余量	0.1~0.3	Sn、Si、Ni	850~875	具有良好的机械性能和耐腐蚀性能,适用于自行车,船舶,制冷设备,消防器材,纺织工业中铜、钢、铜镍合金、灰口铸铁、硬质合金的火焰钎焊、盐浴钎焊及高频钎焊
HL105	B-Cu 58ZnMn	57.0~59.0	余量	3.7~4.3	Fe 0.15	880~909	锰提高了钎料的强度、塑性和润湿性,用于硬质合金刀具、模具和采掘工具的钎焊
HL106	B-Cu58ZnMnCo	56.5~58.5	余量	1.5~2.5	Co 1.5~2.5	890~930	钴提高了钎料与硬质合金的润湿性和结合力,用于硬质合金刀具和工具,石油、矿山钻头的钎焊

注:本表摘自《焊工手册 手工焊接与切割》(第3版)(中国机械工程学会焊接学会编,机械工业出版社,2001年)。

2)钎剂

钎剂的分类通常与钎料的分类相应,可分为软钎剂和硬钎剂两大类。不同的钎料、母材和钎焊方法,要用不同的钎剂。

(1)软钎剂

软钎剂是在450℃以上配合软钎料进行钎焊时使用的钎剂,可分为两种。

①一般用途的软钎剂

这类钎剂主要指铜及铜合金、钢、镀锌铁皮等材料软钎焊时使用的钎剂 。这类钎剂可以只采用氧化锌,加少量氧化铵可增加其活性。钎焊不锈钢时必须加一些盐酸,以增加钎剂的去膜作用。钎焊怕腐蚀的铜零件时,可以用松香、松香酒精溶液等非腐蚀性钎剂,还可适当加些氧化锌增加活性。

②铝及铝合金用钎剂

钎焊铝及铝合金的软钎剂按其组成可分为有机钎剂和反应钎剂两类。

有机钎剂的主要组成为有机物的三乙醇胺,为了提高活性还加入氟硼酸或氟硼酸盐。反应钎剂通常含锌、锡等重金属氧化物,为了改善润湿性,还含有氧化铵或溴化铵等。

(2)硬钎剂

硬钎剂就是在450℃以上配合硬钎料使用的钎剂。它可分为铜基和银基钎料用钎剂和铝基钎料用钎剂两种。

①铜基和银基钎料用钎剂

配合铜基和银基钎料用的钎剂主要由硼化物组成。对熔点高的钎料及表面氧化膜容易去除的金属,可以用硼砂。熔点较低的钎料及表面氧化膜不易去除的金属,则要调整钎剂的组成,由几种盐配成。由硼砂和硼酸等组成的钎剂可与黄铜钎料、银钎料配合,用来钎焊碳钢、铸铁、铜及铜合金等。但对于表面存在铬、钛氧化物的不锈钢和耐热钢等,钎剂中必须加入具有去膜能力更强的氟化物或氟硼化物,以提高钎剂的活性。

②铝基钎料用钎剂

主要用来钎焊铝及其合金,配合它使用的钎剂主要由金属的卤化物组成。碱金属及碱土金属的氧化物低熔共晶是这类钎剂的基本组分,为了提高钎剂的去膜作用,必须加入氟化物,为了增强用于火焰钎焊钎剂的活性,通常还加入能与铝反应的重金属卤化物。

钎剂一般以粉末状、糊状、液态或气态使用。钎焊时不同的母材所使用钎料、钎剂组合的选用如表5-30所示。

钎焊各种材料常用的钎料和钎剂　　表5-30

母材	钎　料	钎　剂
碳钢	铜锌钎料(如HL101等) 银基钎料(如HL303等) 锡铅钎料(如HL603等)	硼砂、硼砂和硼酸 氟硼酸钾和硼酐(如QJ102等) 氯化锌和氯化铵溶液
不锈钢	铜锌钎料(如HL101等) 银基钎料(如HL312等) 锡铅钎料(如HL603等)	硼砂和氟化钙等(如200号等) 氟硼酸钾和硼酐(如QJ102等) 氯化锌和盐酸溶液
铸铁	铜锌钎料 银基钎料 锡铅钎料	硼砂、硼砂和硼酸 氟硼酸钾和硼酐(如QJ102等) 氯化锌和氯化铵溶液
硬质合金	铜锌钎料(如HL105等) 银基钎料(如HL315等)	硼砂、硼酐 氟硼酸钾和硼酐(如QJ102等)
铝及铝合金	铝基钎料(如HL401等) 锡锌钎料(如HL501等)	氯化物和氟化物(如QJ201等) 氧化锌、氟化亚锡(如QJ203等)
铜及铜合金	铜磷钎料(如HL201等) 铜锌钎料(如HL103等) 银基钎料(如HL303等) 锡铅钎料(如HL603等)	钎焊铜时不用钎剂,钎焊铜合金时用QJ102等 硼砂、硼酸(如QJ301等) 氟硼酸钾和硼酐(如QJ102等) 松香酒精、氯化锌溶液

注:本表摘自《焊工手册　手工焊接与切割》(第3版)(中国机械工程学会焊接学会等编,机械工业出版社,2001年)。

6. 气焊材料

气焊是利用气体火焰作为热源,熔焊方法。与电弧焊接相比,气焊的火焰温度低,热量分散，效率低，变形大，接头性能差。但气焊熔池易于控制，易实现单面焊双面成形，不需电源，还可用于预热或后热焊等。气焊常用于薄板、管件的焊接和铸铁的焊补等。

气焊、气割最常用的是氧—乙炔焰。对气割目前还有采用液化石油气、煤气等可燃性气体。可燃性气体只有在纯氧燃烧时才可能达到最高温度，故用于气焊、气割的氧气纯度应大于99.5%（体积分数）。如果氧气的纯度不够，会明显影响燃烧效率和切割效果。

气焊焊丝起填充金属作用，与熔化的母材一起组成焊缝金属。一般情况下，应选用与母材成分类型相同的焊丝。对碳素钢、低合金钢、铸铁、铜、铝及其合金进行气焊时，所用焊丝与埋弧焊或气体保护焊的各类焊丝大致相同，可参照选用。

气焊需用的材料有气焊熔剂和各种燃烧或助燃气体，其主要性能及用途如下。

1）气焊熔剂

是氧—乙炔焊的助溶剂，其作用是除去气焊时熔池中形成的氧化物等杂质，保护金属熔池，减少空气的侵袭，并改善金属熔池的湿润性。气焊粉主要用于铸铁，合金钢及各种有色金属的气焊，低碳钢的气焊不必使用气焊粉。气焊熔剂的牌号、主要成分及用途见表5-31，分别应用于不锈钢及耐热钢、铸铁、铜及铜合金、铝及铝合金。

气焊熔剂的牌号、主要成分及用途 表5-31

牌号	名　称	化学组分（质量分数，%）	简要说明
CJ101	不锈钢及耐热钢气焊熔剂	瓷土粉 30 大理石 28 钛百粉 20 低碳锰铁 10 硅铁 6 钛粉 6	不锈钢及耐热钢气焊熔剂。使用时将熔剂用相对密度1:3的水玻璃均匀搅拌成糊状，均匀地涂在焊接处反面，其厚度不小于0.4mm和焊丝表面，气焊时有助于焊丝的润湿作用，能防止熔化金属被氧化。焊后覆盖在焊缝金属表面的熔渣容易去除
CJ201	铸铁气焊熔剂	H_3BO_3 18 Na_2CO_3 40 $NaHCO_3$ 20 MnO_2 7 NaO_3 15 熔点≈650℃	铸铁气焊熔剂，有潮解性。使用时将焊丝和焊件加热后沾上或撒上本熔剂，能有效地去除铸铁在气焊过程中所产生的硅酸盐和氧化物，焊渣容易浮起，并能起加速金属熔化的功能
CJ301	铜气焊熔剂	H_3BO_3 76～79 $Na_2B_4O_7$ 16.5～18.5 $AIPO_4$ 4～5.5 熔点≈650℃	纯铜及黄铜合金气焊或钎焊时作助熔剂 。焊接时将焊丝一端煨热沾上熔剂即可施焊，能有效熔解氧化铜和氧化亚铜，焊接时呈液体熔渣覆盖于焊缝表面，防止金属的氧化
CJ401	铝气焊熔剂	KCl 49.5～52 NaCl 27～30 LiCl 13.5～15 NaF 7.9～9 熔点≈560℃	铝及铝合金气焊时作助熔剂，并起精炼作用，也可用作气焊铝青铜时的熔剂。焊丝涂上用水调成糊状的熔剂或焊丝，煨热蘸取适量的干熔剂即可施焊。能有效地破坏氧化铝膜，改善润湿性和焊缝成形。焊后须将焊件表面熔剂残渣用热水洗刷干净，以免引起腐蚀

注：本表摘自《简明焊接材料选用手册》（第3版）（张子荣主编，机械工业出版社，2011年）。

2）氧气

在常温和大气压下，氧气为无色、无味、能助燃的气体。其分子式为 O_2。与乙炔混合燃烧时，可得高温（3150℃）火焰。当增加氧气压力时，可使反应加速。工业用氧气分一级（纯度不低于99.2%）和二级（纯度不低于98.5%）两种，氧气的纯度对气焊、气割质量、速度以及氧气本身的消耗量都有直接影响。

脂肪或油类、煤粉等如与氧气接触，会自行燃烧而爆炸，因此，在使用时必须注意安全。

3）乙炔

乙炔分子式为 C_2H_2，在常温和大气压下为无色气体。其密度为1.17kg/m^3，比空气轻。工业用的乙炔，主要是用水分解工业用电石而得到的。其化学反应是放热反应。因此，乙炔发生器应有较好的散热条件，以避免发生器的温度过高而发生爆炸。

4）电石

工业用电石是由生石灰（CaC）和焦炭在电炉中熔炼而成。电石按发气量大小分为四级。从一级至四级的发气量（L/kg）分别为300、285、265、235。乙炔中磷化氢（PH_3）含量（体积含量）均要求为0.08%，乙炔中硫化氢（H_2S）含量（体积含量）均要求为0.15%。

5）液化石油气

是裂化石油的副产品，其主要成分是丙烷（C_3H_3）、丁烷（C_4H_{10}）、丙烯（C_3H_8）、丁烯（C_4H_8）和少量的乙烷（C_2H_6）、乙烯（C_2H_4）、戊烷（C_5H_{12}）等碳氢化合物。工业用液化石油气是将石油气加压力（一般为0.8～1.5MPa），使之变成液体，便于装入瓶中储存和运输。液化石油气在气态时是一种略带臭味的无色气体，在标准状态下，石油气的密度为1.8～2.5kg/m^3，比空气略重。

石油气是一种混合易燃气体，与空气混合亦具有爆炸性。但是由于石油气与空气混合燃烧范围小，故比乙炔安全。石油气与氧混合燃烧时产生的温度比乙炔与氧混合燃烧时的温度低，故气焊、气割时对工件预热的时间增加，但质量较好，在切割时，由于石油气与氧燃烧速度低，因此要求割炬应有较大的混合气体喷出截面，降低流速才能保证良好地燃烧，使气割时割口表面光滑平整。

三、焊接与切割设备

1. 焊接设备

按照《电焊机型号编制办法》（GB/T 10249—2010）将焊机分为17大类，再按使用性能分为不同小类和附加特征。其名称、代表符号和简称详见《电焊机型号编制办法》（GB/T 10249—2010）。

电焊机主要有以下类型。

1）直流弧焊发电机

直流弧焊发电机系指直流弧焊电源与其驱动装置组成的旋转直流弧焊机。按不同的驱动方式分为：以交流电动机驱动组合成一体者，称为直流弧焊电动发电机；以柴、汽油机驱动组合成一体者，称为直流弧焊柴、汽油发电机。这种直流弧焊发电机因其坚固耐用，不易出故障，工作电流稳定而受到用户欢迎。但由于存在效率低、制造复杂、空载消耗多、噪声大等缺点，由交流电动机驱动的弧焊发电机国内已经淘汰，需要使用这类弧焊电源的场合绝大部分由弧焊整流器取代。但柴（汽）油弧焊发电机是野外无电网处施工所必需的焊机，需求量仍然很大，故仍有一定的存在价值。

2）埋弧焊机

埋弧焊机是一种电弧在焊剂层下进行焊接的方法，由于采用铺撒焊剂保护，焊丝通过送丝机构自动连续送给，这样不仅可使焊接时焊缝得到良好的保护，又可使焊丝的伸出长度稳定并处在较短的位置，短的焊丝伸出长度可使埋弧焊能采用高电流密度进行焊接，而大电流与高电流密度的焊接可使焊接得到高熔敷率和深熔特性。因此，埋弧焊是一种高性能，高生产率的焊接方法，广泛应用在造船、锅炉、压力容器、化工、汽车建筑等领域的焊接工艺。

埋弧焊机分为自动和半自动两种，半自动埋弧焊机由于焊炬太重，使用不方便而逐步被 CO_2 自动焊机取代，现在使用很少。

自动埋弧焊机的主要功能是：连续不断地向电弧区送进焊丝；输出焊接电流；使焊接电弧沿焊缝移动；控制电弧的主要参数；控制焊接的启动与停止；向焊接区输送焊剂；焊接前调整焊丝伸出端长度。

自动弧焊机由机头、导轨（或支架）、控制箱和焊接电源四部分组成。按用途分为专用和通用两种，通用焊剂广泛应用于各种结构的对接、角接、环缝和纵缝的焊接，而专用焊机则适用于特定的焊缝或构件，如埋弧自动角焊机、T 形梁焊机、埋弧堆焊机等。

按送丝方式分为等速送丝式和变速送丝式两种，前者适用于细丝高电流密度条件下的焊接，后者适用于粗丝低电流密度条件下的焊接。

按行走机构形式分为小车式、门架式和悬臂式三种，通用焊机多采用小车式结构，可适合平板对接、角接及内外环缝的焊接；门架走行机构适用于大型结构件的平板对接、角接；悬臂式焊机则适用于大型工字梁、化工容器、锅炉汽包等圆筒圆球形结构上的纵缝和环缝的焊接。

按焊丝数目可分为单丝、双丝、多丝和带状电极电焊机。焊接生产应用最广泛的是单丝焊机；双丝或多丝焊机是提高焊接生产效率的有效方法，目前使用得最多的是双丝和三丝埋弧焊；带状电极埋弧焊机主要用作大面积堆焊。

3）气体保护电焊机

气体保护焊分为熔化极气体保护焊和非熔化极气体保护焊两类。其中，非熔化极气体保护焊常用的是一种钨极在氩气保护下，利用钨极与工件间产生的电弧热熔化母材（若使用焊丝，同时也熔化焊丝）的焊接方法。实施这种焊接方法的设备称为钨极氩弧焊机。氩弧焊机由焊接电源和焊炬组成。

钨极氩弧焊机按焊剂的种类分为直流、交流、脉冲三种。

钨极氩弧焊机有下列优点：氩气作为保护气体可有效隔绝周围空气，且不和任何金属发生反应；钨极电弧稳定，在极小电流甚至几安培情况下，仍能稳定燃烧，故特别适于薄板焊接；具有阳极清理作用，可有效地焊接化学性质活泼的有色金属和易氧化金属；飞溅小，焊缝成形好；可进行填丝焊，由于填丝和热能分别控制，所以热源输入易调节，适合全位置焊接。

其不足之处在于：氩气价格贵，焊接成本高；熔深较浅，熔敷速度低，生产率低；钨极承载能力较差，不宜大电流焊接。

鉴于上述特点，钨极氩弧焊多用于镁、铝、钛、不锈钢等有色金属的焊接。有时为了保证重要构件的焊接质量，也用于各种金属打底焊。

钨极氩弧焊焊炬的作用是夹持钨极、传导焊接电流、输送保护气体。为此焊炬要求满足如下要求:保护气体应有一定挺度和流动性,以实现有效保护;有良好的导电性;钨极与喷嘴可靠的绝缘;应有足够的冷却,保证连续焊接;结构合理、质量轻,方便操作,便于维修。

钨极氩弧焊焊炬按冷却方式可分为气冷式和水冷式两种,分别用于小电流焊接和中等以上电流焊接。

4)电渣焊机

电渣焊机是利用电流通过熔融的熔渣时所产生的电阻热源来熔化电极(即填充金属)和焊件,组成金属熔池,冷却后形成焊缝的焊机。

电渣焊的特点是:可焊较厚大的工件且不需开坡口,可一次焊好,不需多层焊接,经济效果好,焊丝消耗量较埋弧焊减少30% ~40%,焊剂消耗量仅为明弧焊的1/15 ~1/20,电力耗能量较自动埋弧焊减少35%。由于金属熔池上面覆盖着一定深度的渣池,可防止空气对液态金属的有害作用,也使金属熔池冷却缓慢,有利于熔池中气体和杂质的排出,故不易产生气孔、夹渣等缺陷。渣焊的主要缺点是焊缝和热影响区晶粒粗大,接头冲击韧性较低,对较重要的结构,需进行热处理。

5)电阻焊机

电阻焊机是利用电流通过焊件焊接区的电阻产生热量,同时对焊接区施加压力,并按程序定时控制,而实现焊接操作的一种焊接设备。

电阻焊机一般由阻焊变压器,传动及压力机构,焊接回路,机身,水路、气路系统,及控制器等部分组成。

电阻焊与铆接或其他焊接工艺相比,具有接头质量高、辅助工序少、一般无需添加焊接材料、焊后不清理、生产效率高等优点。因此,电阻焊机是实现焊接机械化、自动化的首选设备之一。

6)等离子体设备

等离子体在物质三态(固态、液态、气态)之后,称为物质第四态。等离子弧是经过压缩的高能量密度的电弧,它具有高温(可达15 000 ~30 000℃)、高速(焰流可数倍于声速)、高能量密度(480kW/cm^2)的特点。

焊接领域所用的等离子弧是一种压缩电弧,由钨极气体保护焊发展而来。在钨极气体保护焊的电弧通道上,用一个水冷铜喷嘴来压缩电弧,即可形成等离子弧。压缩程度不同,等离子弧的电弧能量、弧柱挺度、电弧压力、能量密度也就不同。利用等离子弧作热源,就有了不同的用途,通过改变等离子电流、压缩喷嘴的孔径和形状、等离子气的种类和流量、钨极内缩长度等因素,调节等离子弧的特性,可满足不同的加工需要。

等离子弧焊机的组成,包括焊接电源、控制系统、焊枪、气路机水路系统。若是自动焊还包括焊接小车、转动夹具的行走机构及相应的控制电路。

等离子弧焊机分为焊接设备和堆焊设备两大类。

7)超声波焊机

超声波焊接是将频率16k ~21kHz超声波的机械振动送入焊接区,再稍加压力使工件连接的一种方法。超声波焊接的优点是:不加热到高温,故没有熔化和过热现象,金属组织变化极小,可以焊接较小的工件,可以焊接异种金属,对工件表面加工要求不高,电功率消耗小。

超声波焊接在航空工业和电子工业等方面应用较多。超声波焊接机有SD-0.25和SE-0.25两种型号,前者用于点焊,后者用于缝焊。

8)真空电子束焊机

真空电子束焊机是利用电子枪阴极发射出来的电子，经过直流向压电场加速，使电子获得很高的能量，并被静电场与磁场聚焦成束，在真空中轰击焊件，使电子的巨大动能变为热能，达到熔焊的目的。其特点是：能量密度高，特别适宜焊接高熔点金属、活泼性金属和高纯度金属；电子束流细，能量密度集中，热影响区和变形甚小，焊接速度快，焊缝的熔深与熔宽比很大，对厚焊件可不开坡口进行焊接；能量密度具有可调性，适用于不同能量要求的异种金属材料的焊接，以及各种厚薄金属的焊接。

真空电子束焊机有 HDZ－1G/D～HDZ－30G/D、EZ－60/100、EZ1－60/100 等多种型号。

9）激光焊机

激光焊机是利用激光束聚焦后获得的高功率密度光斑，使材料吸收的光能转换为热能，其温度可达 5 000～9 000℃，使材料被熔化而焊接。它的特点是焊接能量集中，热影响区微小；焊接过程迅速；材料不易氧化；一般可在大气中进行，不需真空或惰性气体保护；焊件表面不需清洁处理；可以进行异种材料和难焙金属如钨、钼的焊接。激光焊机不仅可进行焊接，还可进行切割或进行精密打孔，适用于半导体元件、精密仪表、无线电工程及电信器材等部门。

10）摩擦焊机

摩擦焊机是在两个焊件的焊接面上加一定的轴向压力，并使接触面作剧烈的摩擦运动而产生热，加热到焊接温度时（一般稍低于该材料的熔点，如碳钢的焊接温度是 900～1 300℃）急速停止运转，并施加一定的顶锻压力，使焊件产生塑性变形，从而把两个焊件焊接在一起的焊机。目前摩擦焊机有 QM－5、HSMZ－9 等型号。由于其主要设备只需一合异步电动机，可自行制造。

11）钎焊机

钎焊机有 QQ－0.5 型，用于固体电路引线与其他电路（印刷板）的焊接，是电子工业的专用设备，QQ－12 型、QQ－20 型适用于金属刀杆和合金刀头的焊接。

12）自动振动堆焊机

堆焊工艺有等离子弧焊、埋弧堆焊、管状焊丝堆焊、手工电弧堆焊、氧—乙炔焰堆焊等。故上列焊接工艺的焊机、设备均可用于堆焊。自动振动堆焊机有 UN－300－1 型一种。它是由堆焊机床、电器箱和蒸汽发生器组成。堆焊机床用作夹持工件，使工件导电，并出主轴箱使之以不同转速转动，同时与自动送进焊丝的堆焊机头一起将被堆焊的工件焊上一层均匀的金属层。用于修复交通运输机械及拖拉机零件，如曲轴、花键轴以及其他轴类和圆形零件。

13）冷压焊机

冷压焊机是在常温下将焊件施以很大的压力，使焊接区的金属产生塑性变形，形成金属面间的原子接合而连接起来。由于不加热，没有软化区，焊接区金属的化学成分不发生任何变化，所以冷压焊接头有着与原材料等同的强度，且接头表面平整。冷压焊接只能用于有足够塑性的材料，如铬、锌、锡、铝、镍、钛等金属。焊接前需清除焊件表面的油污和氧化物，冷压焊机有 LHJ－5、LHJ－15 和 LHJ－80 三种型号。常用于铜铅导线的接头。

14）螺柱焊机

金属结构加工制造的高速发展和技术进步对将金属螺柱（或类似的金属紧固件，如栓、钉、锚等）焊到板件（或管件）上形成 T 形接头的连接方法不断提出新的要求，于是逐渐产生并生成了一种特殊的焊接技术，即螺柱焊，也称作植焊。根据螺柱焊接技术的特殊要求，研制出的焊机简称螺柱焊机。

螺柱焊机有电容储能螺柱焊机、拉弧式电容储能螺柱焊机、短周期螺柱焊机几种。

15）直流冲击波点焊机

可保证焊接工序，根据焊接规范要求对各工序时间进行调整，同步地接通与切断焊接变压器的初级电源，并均匀地调节电压。

2. 气焊及切割设备

1）乙炔发生器

乙炔发生器是利用电石（碳化钙）同水相互作用而制取乙炔气体的设备。有排水式（电石入水式）与联合式（水入电石式）两种形式。排水式用于小型乙炔生器。仅供断续使用，有移动与固定两种型号。小型排水式乙炔发生器由于其体积较小，质量较轻，移动方便，适用于工地非固定车间金属的气焊与气割。但其本身固有的安全性差、电石废渣不易集中处理而对环境造成污染等缺陷，随着钢瓶装乙炔气体生产、灌装和使用的日益广泛，目前已逐渐退出施工现场。联合式可以连续生产，需要固定安装在专门的乙炔站内，用于机械工厂的气焊、气割、火焰淬火、加热等。

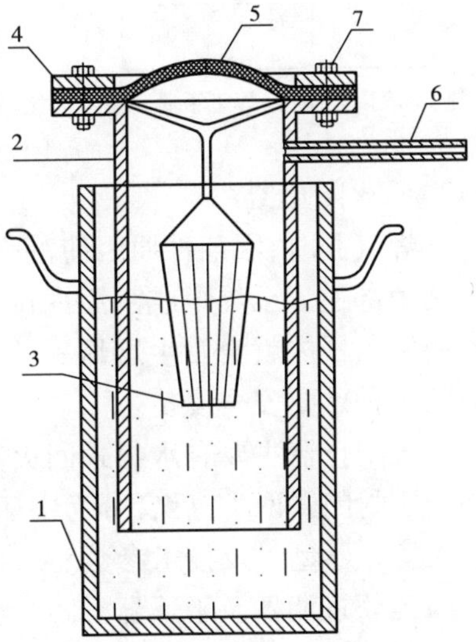

图 5-2　排水式乙炔发生器

1-定桶；2-浮桶；3-电石筐；4-法兰；5-橡皮薄膜；6-乙炔出口接回火防止器；7-法兰螺丝

小型排水式乙炔发生器构造示意如图 5-2 所示。

中压乙炔发生器的种类和技术性能如表 5-32 所示。

中压乙炔发生器的技术性能　　表 5-32

型　号	Q3-0.5	Q3-1	Q3-3	Q4-5	Q4-10
正常生产率（$m^3 \cdot h^{-1}$）	0.5	1	3	5	10
乙炔工作压力（MPa）	0.045～0.1	0.045～0.1	0.045～0.1	0.1～0.12	0.045～0.1
电石允许颗粒度（mm）	25×50 50×80			15×25	15×25 25×50 50×80
安全阀泄气压力（MPa）	0.115			0.150	
防爆膜爆破压力（MPa）	0.18～0.28				
发气室乙炔最高温度（℃）	90				
电石一次装入量（kg）	2.4	5	13	12.5	25.5
发生器水容量（L）	30	65	330	338	818
结构形式	排水式			联合式	
安装形式	移动式		固定式		

续上表

型号		Q3-0.5	Q3-1	Q3-3	Q4-5	Q4-10
质量(不含水和电石)(kg)		45	115	260	750	980
外形尺寸(mm)	长	515	1 210	1 050	1 450	1 700
	宽	505	675	770	1 375	1 800
	高	930	1 150	1 755	2 180	2 690

注:本表内容摘自《焊工手册　手工焊接与切割》(第3版)(中国机械工程学会焊接学会等编,机械工业出版社,2001年)。

2)回火防止器

气焊气割时,因某种原因使混合气体喷射速度小于混合气体的燃烧速度,火焰由焊炬或割炬部逆流至焊炬或割炬内部燃烧称为回火。回火后燃烧气体如倒流至乙炔管道或乙炔发生器内就会发生爆炸事故。回火防止器就是防止倒燃火焰进入乙炔器而引起爆炸的一种重要安全设备。

回火防止器主要有水封式回火器和干式回火器两种。前者较常用,可分为低压开口式和中压封闭式两类,后者分为中压防爆膜式和中压冶金片式两类。表5-33为常用的干式回火防止器型号及技术参数。

3)乙炔过滤器及干燥器

乙炔气体中含水蒸气、硫化氢、磷化氢等杂质,会降低焊缝质量,影响火焰温度,水蒸气在冬季还会引起管道冻结,因此,在焊接铝和耐热钢及其他重要产品时,宜使用过滤器及干燥器。

干式回火防止器型号及技术参数　　表5-33

型号 \ 技术参数		进气压力(kPa)	输出压力(kPa)	通气流量(m^3/h)	外形尺寸(mm)	质量(kg)	备注
HF系列	HF-W1		10~150	0.3~4.5	φ22 (74+42)	0.11	焊割炬用
	HF-P1	10~150	9.8~147	0.4~6	φ31.2×93	0.25	瓶用
	HF-P2	10~150	9.8~147	0.4~6	φ25.2×73	0.15	瓶用
	HF-G1	10~150	9.8~147	0.95~4.7	φ42×98	0.43	管道用
XZ系列	Ⅰ型	120	—	5	—	—	—
	Ⅱ型			3			—
	Ⅲ型			6			—
	Ⅳ型			20			—
	Ⅴ型			8			—
	Ⅵ型			80			法兰连接

续上表

型号 \ 技术参数	进气压力（kPa）	输出压力（kPa）	通气流量（m^3/h）	外形尺寸（mm）	质量（kg）	备注
ZH-4 型	5	—	1	—	—	焊割炬用
	10	—	1.2	—	—	
	20	—	2	—	—	
	30	—	2.5	—	—	
	40	30	1.4	ϕ38×122	0.5	瓶用
	50	30	2.5			
	60	30	4			
	80	40	5			
	100	55	6			
	120	70	7			
	150	85	9			

注：本表内容摘自《焊工手册　手工焊接与切割》（第 3 版）（中国机械工程学会焊接学会等编，机械工业出版社，2001 年）。

过滤器一般常使用化学药剂以除去上述杂质。干燥器则常使用块状电石以吸收水蒸气。

4）减压器

它的作用是将储存在瓶内的高压气体，减小到工作需要的压力，并能使工作压力基本保持稳定的装置。减压器的种类、型号很多，常用减压器的型号性能如表 5-34 所示。

常用减压器型号及性能　　表 5-34

型号	名　　称	最高工作压力（MPa）	压力调节范围（MPa）	公称流量（m^3/h）	出口孔径（mm）	连接螺纹	质量（kg）	用途
QD-1	单级氧气减压器	15/2.5	0.1～2.5	80	6	G5/8″	4	瓶用
QD-2A	单级氧气减压器	15/1.0	0.1～1.0	40	5	G5/8″	2	
QD-3A	单级氧气减压器	15/0.2	0.01～0.2	10	3	G5/8″	2	
QD-50	双级氧气减压器	15/2.5	0.5～2.5	220	9	G1″	9	管道用
QY9-25/10	单级氧气减压器	2.5/1.0	0.1～1.0	40	5	G5/8″	1.5	
QY11-150/15	双级氧气减压器	15/1.5	0.1～1.5	100	6	G5/8″	5.8	
QD-20	单级乙炔减压器	1.6/0.15	0.01～0.15	9	4	夹环	2	瓶用
QW5-25/0.6	单级液化石油气减压器	2.5/0.06	0.01～0.06	6	5	G5/8″左	2	

注：本表内容摘自《焊工手册　手工焊接与切割》（第 3 版）（中国机械工程学会焊接学会等编，机械工业出版社，2001 年）。

5)气瓶及气阀

气瓶是储存和运输气体的高压容器,按其储存的气体性质不同可分氧气瓶和乙炔瓶。

氧气瓶通常将空气制取的氧以15MPa的压力压入氧气瓶内,便于运输和储存。氧气瓶是用低合金钢直接热冲压、拔伸、收口而制成的圆柱形无缝瓶体,瓶头上装有瓶阀,瓶阀要气密性好,不漏气,瓶头外套上瓶帽,以保护瓶阀不受意外碰撞而损坏。目前常用氧气瓶的容量为40L,瓶重60kg,外表涂上天蓝色,在15MPa的压力下可储存$6m^3$的氧气。

乙炔瓶是储存和运输乙炔的容器,其外观与氧气瓶相似,但瓶内装有浸满了丙酮的多孔性填料,可使乙炔瓶在不太高的压力下,容纳更多的乙炔气。乙炔瓶的工作压力是1.5MPa,其外表漆成白色。

6)焊炬

焊炬也称焊枪,是气焊用的主要工具。通过焊炬把分别从储存瓶里或乙炔发生器里流出来的乙炔和氧气按一定的比例混合,并以一定的流速从焊嘴喷出而形成适合焊接要求的稳定燃烧火焰,以进行焊接。焊炬可分为射吸式和等压式两种。射吸式焊炬构造示意如图5-3所示,它是在低压乙炔焊接时使用,同样适用于中压和高压乙炔。射吸式焊炬的型号、性能如表5-35所示。等压式焊炬结构示意如图5-4所示。

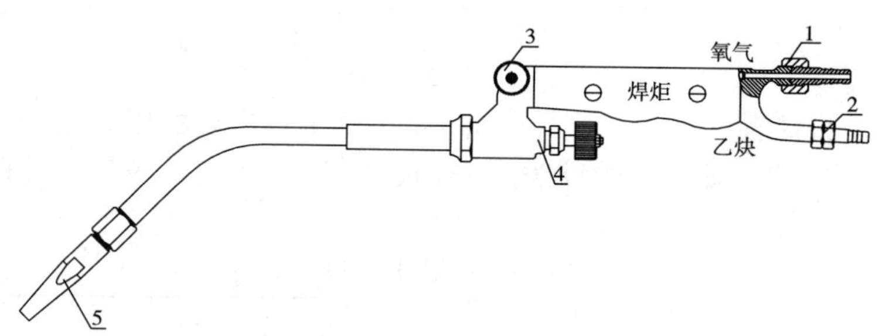

图5-3 射吸式焊炬构造示意图

1-乙炔气管接头;2-氧气管接头;3-乙炔气开关;4-氧气开关;5-焊嘴

射吸式焊炬型号、性能 表5-35

型号	焊接钢板厚度(mm)	氧气工作压力(MPa)					乙炔使用压力(MPa)	焊嘴孔径(mm)					焊炬总长度(mm)
		1号	2号	3号	4号	5号		1号	2号	3号	4号	5号	
H01-2	0.5~2	0.1	0.125	0.15	0.2	0.25	0.001~0.1	0.5	0.6	0.7	0.8	0.9	300
H01-6	2~6	0.2	0.25	0.3	0.35	0.4		0.9	1.0	1.1	1.2	1.3	400
H01-12	6~12	0.4	0.45	0.5	0.6	0.7		1.4	1.6	1.8	2.0	2.2	500
H01-20	12~20	0.6	0.65	0.7	0.75	0.8		2.4	2.6	2.8	3.0	3.2	600

注:本表内容摘自《焊工手册 手工焊接与切割》(第3版)(中国机械工程学会焊接学会等编,机械工业出版社,2001年)。

等压式焊炬的特点：只要保证进入焊炬的气体压力不变，就能保证火焰的稳定燃烧。由于乙炔的压力高，等压式焊炬产生回火的可能性比射吸式焊炬小，但等压式需要使用中压式高压乙炔。

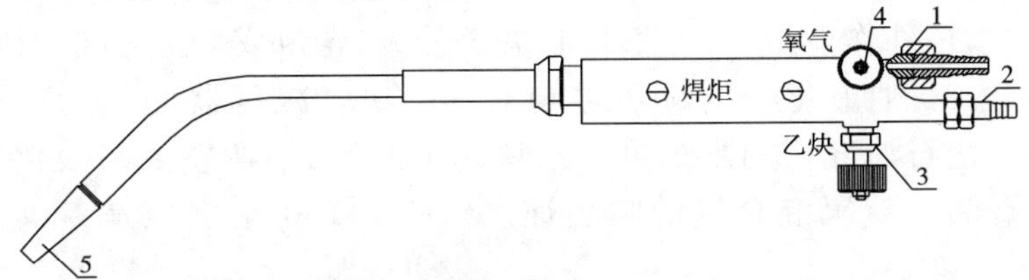

图 5-4　等压式焊炬结构示意图

1-乙炔气管接头；2-氧气管接头；3-乙炔气开关；4-氧气开关；5-焊嘴

7）割炬

割炬是使可燃气体与氧气混合，形成预热火焰，并能在预热火焰中心喷射出较高压力的氧流进行切割。常用割炬分为射吸式和中压式。射吸式割炬（图 5-5）是以射吸式焊炬为基础，增加了切割氧通道和阀门，并采用专门割嘴、割嘴中心灶切割氧喷孔，预热火焰均匀分布在它的周围，分为梅花形割嘴和环形割嘴。中压式割炬类似等压式焊炬，乙炔预热氧和切割氧分别由单独通道进入割嘴，预热氧和乙炔在混合室混合，经混合气体通道到割嘴而产生预热火焰。中压式割炬具有专门的中压割嘴，需使用中压或高压乙炔，火焰燃烧稳定不易回火。

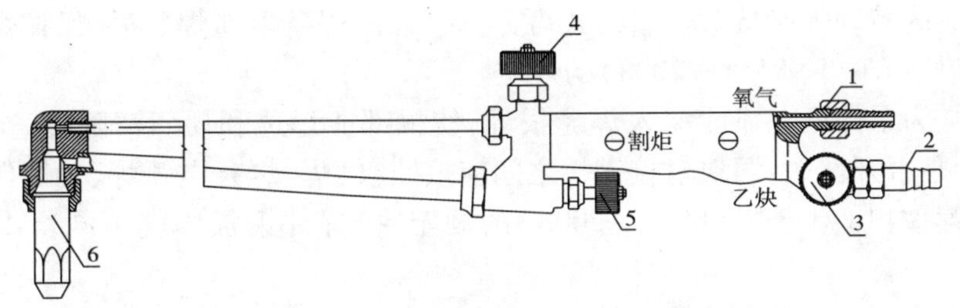

图 5-5　射吸式割炬

1-氧气管接头；2-乙炔管接头；3-乙炔开关；4-切割氧气开关；5-混合氧开关；6-割嘴

氧—乙炔射吸式割炬的型号、性能如表 5-36 所示。

氧—乙炔射吸式割炬的型号、性能　　表 5-36

型号	氧气工作压力（MPa）				乙炔使用压力（MPa）	可换割嘴个数	割嘴切割氧孔径（mm）				割炬总长度（mm）
	1 号	2 号	3 号	4 号			1 号	2 号	3 号	4 号	
G01-30	0.2	0.25	0.3	—	0.001～0.1	3	0.7	0.9	1.1	—	500
G01-100	0.3	0.4	0.5	—		3	1.1	1.3	1.6	—	550
G01-300	0.5	0.65	0.8	1.0		4	1.8	2.2	2.6	3.0	650

注：①本表内容摘自《焊接设备选用手册》（成都电焊机研究所等编，机械工业出版社，2006 年）。

②型号符号含意：H-焊炬；G-割炬；01-射吸式：02-中压式；2、6、12、20、30、100、300-能焊接或切割的最大厚度（mm）。

8)液化石油气切割用设备

液化石油气切割用设备分为液化石油气供应设备和气割割炬。前者包括气瓶、汽化器、调压器等,其常用气瓶分为10kg、12.5kg、15kg和20kg四种,容积分为23.5L、29L、34L、47L,耐压试验均为3.2MPa。瓶外表均涂银灰色。汽化器即为蛇管式和列管式换热器,冬季户外作业或液化气中丁烷含量大,饱和蒸汽压力低时使液化气蒸发时需热用。氧—石油液化气的调压器与氧—乙炔气减压器的作用相同。内部构造稍有区别。液化石油气切割割炬可用乙炔割炬改制,使调整氧与液化石油气混合的比例并降低石油气与氧混合气的喷出速度。G07-100型割炬是专供液化石油气用的割炬。

9)辅助工具

辅助工具包括护目镜、工作台、打火机、橡皮管、钢丝刷、手锤、锉刀、通针等。

10)等离子体切割机

等离子体切割机分手把式和自动式两类,前者有LG 1-400和LG 3-400型,可进行直线和各种几何形状的切割,后者有LG-400-1、LG2-300型,可用来自动切割直线和圆形的工件。

四、焊接接头形式

1. 手工电弧焊接接头及坡口形式

在手工电弧焊接中,由于金属材料、结构形状、工件厚度及工艺要求不同,其接头形式及坡口形式也有不同。一般接头形式有对接、搭接、角接及丁字接头等。对低碳钢和普通低合金钢的各种焊接接头坡口形式可详见《气焊、焊条电弧焊、气体保护焊和高能束焊的推荐坡口》(GB/T 985.1—2008)的规定。

开坡口是为了保证电弧能深入焊缝根部,使根部能焊透和便于清除熔渣,获得较好的焊缝,无论是否开坡口,两块对接钢板之间应按照《气焊、焊条电弧焊、气体保护焊和高能束焊的推荐坡口》(GB/T 985.1—2008)的规定,按焊件钢板厚度不同留出所要求的间隙。

角接头和T形接头可分为不开坡口、单面开坡口和双面开坡口三种,由焊件承受荷载的情况决定。当结构处于交变荷载的情况下,为了保证接头强度,使接头焊透,就必须开坡口。

手工电弧焊各种坡口形状示意图详见《气焊、焊条电弧焊、气体保护焊和高能束焊的推荐坡口》(GB/T 985.1—2008)。

对不同厚度的板料对接焊时,如果厚度差($\delta-\delta_1$)不超过表5-37的规定时,接头的基本形式与尺寸可按较厚板选取。

不同厚度的板料对接进的厚度差范围 表5-37

较薄板的厚度(mm)	2~5	6~8	9~11	≥12
允许厚度差($\delta-\delta_1$)	1	2	3	4

如果对接焊板料超过上述范围的厚度差($\delta-\delta_1$)或在双面超过了$2(\delta-\delta_1)$,则应在较厚的板上作成单面或双面的斜边,如图5-6所示。

2. 在焊剂层下自动焊与半自动焊焊接接头及坡口形式

(1)与手工电弧焊的焊接接头类型及坡口形式相同,也分为对接、搭接、角接和T形四种接头,并分为不开坡口和V形、K形、X形等坡口形式。

(2)由于在焊剂层下的埋弧自动焊或半自动焊的焊接电流较大,电弧具有较强的穿透能力,对板材厚度不大于12mm的对接焊,可仅留出0.5~2mm间隙不开坡口进行;板材厚度为14~20mm的对接焊,应开V形坡口,坡口角60°±5°,板底部留8~10mm钝边。板材厚度为20~25mm的对接焊,应开X形坡口,坡口角60°±5°,板材厚度4~25mm的搭接焊、角接焊和T形接头焊一般将焊丝倾斜45°左右,也可不开坡口,板厚超过25mm,则需开V形或K形坡口。

(3)焊接其他金属的接头类别与坡口形式、尺寸与碳素钢及低合金钢焊接结构基本相同,可参见相关资料。

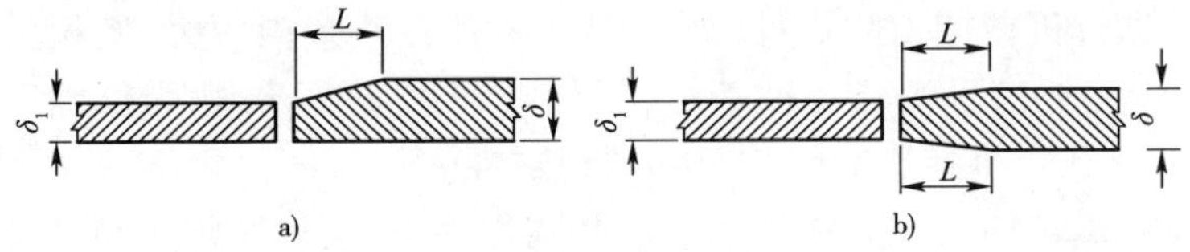

图5-6 不同厚度钢板对接

a) $L=5(\delta-\delta_1)$;b) $L=2.5(\delta-\delta_1)$

五、焊接应力与变形

1.概述

因为一般焊接工作并非均匀加热,因而使焊件产生不均匀的膨胀。焊接接头附近高温区的焊件,在加热过程中膨胀量大,但受到周围温度较低、膨胀量较小的金属的限制,便阻止高温区金属不能够自由地膨胀,因而在焊件内部产生了压缩内应力。同理,当焊件在冷却过程中,由于焊件各部分受热不同,所以焊件各部分冷却的速度也不一致。因此,在焊件急切冷却部分也必然受到其他缓冷部分的阻止收缩而受到拉伸。于是,在焊件中又出现了一个与焊接加热的方向相反的内应力场,使焊件产生了残余内应力和残余变形。

焊接应力与变形的分布及大小,取决于焊件材料的线膨胀系数、弹性模量、屈服强度、导热系数、比热容、密度,另外还取决于焊件的形状、尺寸和焊接工艺参数。

由于焊接时,温度变化幅度大,从室温到材料熔点以上,材料的力学和物理性有较大的变化,其变化规律相当复杂。因此,在生产中采用实际测量和理论分析相结合的办法来估算焊接应力和变形。

2.焊接残余应力

1)残余应力的分布

厚度不大的焊件的残余应力基本上是纵横两个方向的,厚度方向的残余应力很小。只有在大厚度焊件中,厚度方向的应力才可达到较大数值。纵向应力沿焊缝长度分布也不均匀,靠近焊缝端面处较小,中间较大,如果焊缝长度较长,则中段应力保持恒值,而两端过渡区则由恒值降为零。圆筒环缝引起的纵向(圆筒切向)应力的分布规律与平板直缝不同,其数值取决于圆筒直径、厚度及焊接规范。

横向(垂直焊缝方向)应力可以分为两个组成部分,一部分由焊缝及其附近塑性变形的纵向收缩引起的应力,它的数值与板的尺寸有关;另一部分是由焊缝及其附近塑性变形区横向收缩不同时所引起的应力,它的分布与焊接方向和顺序有关。

厚板焊接接头中除纵向和横向应力外，还存在较大的厚度方向残余应力。这3个方向的内应力，在厚度上的分布是不均匀的，它们的分布规律与焊接工艺方法有密切关系。

2）焊接残余内应力对焊接结构的影响

（1）当外载产生的应力与结构中某一区域中内应力叠加之和达到焊件材料屈服强度时，结构就会产生塑性变形，丧失了进一步承受外载的能力，结构刚度也随之降低。

（2）由于焊接工艺和设计原因造成严重应力集中，如果与较高的拉伸内应力叠合，就有可能在工作温度低于脆性临界温度条件下，降低结构的静载强度，在远低于屈服强度的外载应力作用下使结构发生脆性断裂。

（3）如果在应力集中处存在着拉伸内应力，会使结构的疲劳强度降低。

（4）焊接后进行机械加工的焊件，如果焊件中存在残余内应力，则机械加工后，焊接内应力将重新分布，原有平衡状态被破坏，焊件将产生变形，影响焊件加工精度；焊接内应力随时间的变化还会直接影响焊件尺寸的稳定性。

（5）焊件在焊接拉伸内应力和化学侵蚀共同作用下，会加速焊件腐蚀开裂。

3）焊接残余内应力的调节措施

（1）设计措施

①尽显减少焊缝的数量和尺寸。

②焊缝间应保持足够的距离。

③对称地布置焊缝，使焊接时产生均匀的变形，防止弯曲或翘曲。

④将焊缝布置在最大工作应力区域以外，以减少焊接残余应力对结构强度的影响。

⑤焊接制造过程中采用简单装配焊接胎夹具。

（2）工艺措施

①选择合理的焊接顺序和方向，先焊收缩量较大的焊缝，使焊缝能较自由地收缩；先焊错开的短焊缝，后焊直通长焊缝，先焊在工作时受力较大的焊缝，使内应力合理分布。

②焊接时采用刚性法固定焊件，使焊件在焊接时不能移动，在焊完并完全冷却后将焊件放开，这时焊件仍可能变形，但比自由状态下焊接时所发生的变形小些。固定焊件可采用固定在刚性平台上；利用焊件组成刚性更大的结构；利用焊接夹具增加结构的刚性；加上临时支撑，增加局部刚性等。

③采用反变形法。预先把焊件人为地制成一方向相反、数值相等的反变形，使焊件焊接完成后，变为需要的形状。

④选择合理施焊方法及焊接参数。用焊接速度较高的自动焊代替手工焊；用小直径焊条和小电流代替粗焊条和大电流，用多层焊代替单层焊，用电弧焊代替热量不集中的气焊等。上述措施的共同原则是减少线能量。

⑤在施焊方法上力求减轻加热的不均匀性，以减少焊接变形，具体做法有：逐步退焊法、分中逐步退焊法、跳焊法、分中对称焊法。各法中以逐步退焊法和分中对称焊法减少变形效果较好。

⑥锤击法。对焊缝及其周围区域进行锤击，可以减小收缩应力及变形，并可改善金属组织和提高焊接接头的机械性能。锤击可在冷的金属或焊缝在高温500℃时进行。

⑦预热：常在焊接合金钢和低碳钢时采用，并可防止焊接区产生淬硬组织，减小焊接应力和变形。

4)焊接残余应力的消除措施

一般情况下焊件内部的残余应力可不必消除。但对于某些受冲击、振动荷载以及在低温下工作的结构,内部残余应力可使结构出现脆性破坏,需要消除其内部残余应力。此外,存在内应力的零件在机械加工时会引起内应力重新分布而带来新的变形,故对尺寸精度要求较高的零件,在精加工前需去除内应力。

消除焊件的残余应力措施如下。

(1)焊件整体高温回火:本法消除内应力的效果与热处理的温度和时间有关。温度越高,时间越长,内应力消除得越多,但过长时间处理是不必要的。一般钢材所需热处理时间按每毫米厚度需时1~2min计算,一般不宜少于30min,不必多于3h。各种金属材料所需回火热处理温度如表5-38所示;热处理一般在炉内进行。

各种金属材料的回火热处理温度 表5-38

材料种类	碳钢及低、中合金钢	奥氏体钢	铝合金	镁合金	钛合金	铌合金	铸铁
回火温度(℃)	580~880	850~1050	250~300	250~300	550~600	1100~1200	500~600

(2)局部温度回火:一般只用于比较简单的约束度较小的焊接接头。为了取得较好的降低应力的效果,应保证有足够的加热宽度。圆筒接头加热宽度一般采取 $B=5\sqrt{RS}$。长板的对接头取 $B=W$。式中,R 为圆筒半径,S 为管壁厚度,B 为加热宽度,W 为对接板的宽度。

局部热处理可采用气焰、红外线、间接电阻或高频感应加热。

(3)机械拉伸法:对焊件结构进行加载,使焊接塑性区受到拉伸,从而减少由焊接引起的局部压缩变形量,使内应力降低。在确定加载压力时,必须充分估计在工作时可能出现的各种附加应力,使加载时的应力高于实际工作时的应力。

(4)温差拉伸法(低温消除应力法):在焊缝两侧各用一个适当宽度的氧—乙炔焰加热,在焰炬后一定距离处喷水冷却。这样可造成一个两侧高(约200℃)、焊缝区低(约100℃)的温度场。两侧的金属因受热膨胀对温度较低的焊缝区进行拉伸,使之产生拉伸塑性变形,以清除原来的压缩塑性变形,从而消除内应力。

(5)振动法:利用振动所产生的变载应力来消除内应力。其设备简单价廉、处理费用低、时间短,也没有高温回火时金属表面氧化问题,但振动时使之既能消除应力又不致使结构发生疲劳破坏等问题尚待研究。

3. 焊接残余变形

1)焊接残余变形的形式及其影响

焊接残余变形大致可分为纵向变形、横向变形、挠曲变形、角变形、波浪变形、螺旋变形等,简述如下:

(1)纵向收缩变形:其变形量是随焊缝及两侧的压缩塑性变形区的面积和构件长度(焊缝长度)的增加而增加,随构件面积的增加而减少。自由状态下手工电弧焊的焊缝纵向收缩量(经验值)如表5-39所示。

焊缝纵向收缩近似值(单位:mm/m) 表5-39

对接焊缝	连续角焊缝	间断角焊缝
0.15~0.3	0.2~0.4	0~0.1

（2）横向收缩变形：对接接头的横向收缩量比较大，与板厚、坡口形式、坡口角度和间隙大小有关。自由状态下手工电弧焊的焊缝横向收缩量（经验值）如表5-40所示。

焊缝横向收缩近似值（单位：mm）　　表5-40

接头类型 \ 板厚（mm）	5	6	8	10	12	14	16	18	20	24
V形坡口对接焊缝	1.3	1.3	1.4	1.6	1.8	1.9	2.1	2.4	2.6	3.1
X形坡口对接焊缝	1.2	1.2	1.3	1.4	1.6	1.7	1.9	2.1	2.4	2.8
单面坡口十字角焊缝	1.6	1.7	1.8	2.0	2.1	2.3	2.5	2.7	3.0	3.5
单面坡口角焊缝	0.8	0.8	0.8	0.8	0.7	0.7	0.6	0.6	0.6	0.4
无坡口单面角焊缝	0.9	0.9	0.9	0.9	0.9	0.8	0.8	0.7	0.7	0.4
双面间断角焊缝	0.4	0.3	0.3	0.25	0.2	0.2	0.2	0.2	0.2	0.2

注：本表内容摘自《焊工手册　手工焊接与切割》（第3版）（中国机械工程学会焊接学会等编，机械工业出版社，2001年）。

（3）挠曲变形：当焊缝不在构件截面中性轴上时，无论是纵向收缩还是横向收缩，都会引起挠曲变形。当挠曲变形由焊缝纵向收缩引起时，焊缝距构件截面中性轴的距离越大，焊件挠度越大；构件越长，挠度越大；构件惯性矩越大；挠度越小。当挠曲变形由焊缝的横向收缩引起时，焊缝横向收缩量越大，焊缝数量越多，焊缝离构件截面中性轴越远，挠曲也就越大。

（4）角变形：堆焊、角焊、搭接接头、T形接头和对接接头部可能产生角变形。其根本原因是焊缝的横向收缩在厚度上分布不均匀。对接接头的角变形随坡口角度增大而增大；单层埋弧自动焊、电渣焊及电子束焊缝的角变形都较小；多层焊比单层焊的大；焊缝层数、道数越多，角变形越大。

T形接头的角变形取决于角焊缝的焊脚尺寸和板厚。

当焊缝的焊角越大，板越薄，角焊接的角变形越大。

（5）波浪变形：在焊接内应力的压应力作用下，薄板可能失去稳定，产生波浪变形。压应力越大，薄板宽度与厚度之比较大，就越易失稳而产生波浪变形。压应力随焊缝的尺寸和焊接线能量的增加而增加。因此，减小焊缝尺寸和线能量，加大壁厚，缩小板宽，可以降低波浪变形。

（6）螺旋变形：它的产生过程比较复杂，一般来说，它与焊接顺序和焊接方法等因素有关。

2）防止焊接变形的措施

（1）设计上的措施

与焊接残余内应力的调节措施大致相同。即选用合理的焊缝尺寸和形状，在保证构件的承载能力条件下，尽量采用较小的焊缝尺寸，尽可能减少焊缝的数量，合理地安排焊缝位置，只要结构上允许，尽可能使焊缝对称于构件截面的中性轴，或接近中性轴，用接触点焊代替熔化焊接头。

（2）工艺上的措施

①反变形法。在装配焊接时造成一个反向的变形，使之与焊接所引起的变形相抵消。反变形的大小一般根据经验确定。

②刚性固定法。就是结构件加以固定来限制焊接变形，本法对防止弯曲的效果不如反变形法，但角变形和波浪变形较有效。

③选用合理的焊接方法。选用热源比较集中的方法，可以减小变形，例如采用二氧化碳气体保护焊、等离子弧焊代替气焊和手工电弧焊进行薄板焊接，可减少或控制变形量。

选用合理的装配焊接顺序。把结构适当地分成部件，分别装配焊接，然后再拼焊成整体，使不对称的焊缝或收缩量较大的焊缝能比较自由地收缩而不影响整体结构。

3)焊接变形的矫正

(1)机械矫正法。通常采用油压机、千斤顶等机械对构件施加外力，造成与焊接变形相反的变形，达到矫正的目的，但对高强钢应慎用。用手工锤击矫正对高强钢也应慎用。用多辊平板机矫正，适用于薄板拼焊件。用窄轮碾压机，利用圆盘形辊轮碾压焊缝及其两侧，使之延伸来消除焊接变形，用于焊缝比较规则的薄板结构。

(2)火焰矫正法。本法是利用金属局部受火焰加热后引起的新变形与焊接变形相抵消来达到矫正目的。本法具有方便、机动、适用面广的优点。但在使用中，必须掌握好火焰加热的变形规律，正确地定出加热位置，控制好适当的加热量。对经热处理的高强度钢的加热温度不应超过回火温度。

六、常用焊接方法的工艺技术

1. 手工电弧焊

1)焊接规范

通常包括焊条直径、焊接电流、电弧电压和焊接速度。主要选择前两者，后两者常由焊工根据具体情况选定。

(1)焊条直径：厚度较大杆件应选用大直径焊条，焊接平缝的焊条应比焊接其他位置的大一些；立焊时，焊条直径不宜超过5mm，而仰焊、横焊时，焊条直径不宜超过4mm，在进行多层焊时，第一层焊道应采用直径较小的焊条，以后各层可以根据焊件厚度选用直径较大的焊条。在一般情况下，焊条直径可按焊件厚度选择，如表5-41所示。

手工电弧焊条直径的选择 表5-41

焊件厚度(mm)	2	3	4~5	6~8	9~12	13~15	16~20	>20
焊条直径(mm)	2	8	3~5	4	4~5	5	5~6	6~10

(2)焊接电流：焊接时决定电流强度的因素很多，如焊条类型、焊条直径、焊件厚度、接头形式、焊缝位置和层数等，但主要的是焊条直径和焊缝位置，焊接电流与焊条直径的关系一般可按式(5-2)确定：

$$I = Kd \tag{5-2}$$

式中：I——焊接电流强度(A)；

d——焊条直径(mm)；

K——经验系数，d为1~2mm时，$K=20\sim25$；d为2~2.5mm时，$K=25\sim30$，d为3.2mm时，$K=30\sim40$；d为4~6mm时，$K=40\sim50$。

焊接平缝时可选择较大电流;焊接立缝时电流应比平缝小15%左右。而仰焊应比平焊少10%左右。使用碱性焊条时,焊接电流应比酸性焊条小一些。

(3)电弧电压:电弧长,电弧电压高;电弧短,电弧电压低。在焊接时力求使用短电弧,一般要求弧长不超过焊条直径。以保电弧稳定,减少熔化金属飞溅,增加熔深,减少咬边等缺陷。

(4)焊接速度:就是焊条沿焊接方向移动的速度。应在保证质量基础上采用较大的焊条直径和焊接电流。同时应根据具体情况调整焊接速度,以保证焊缝高低和宽窄的一致性。

2)电极及电极连接

电弧焊接电源可用直流电,也可用交流电。采用直流电焊接时,如把正极导线连接到焊件上,而把负极导线连接到焊条上,这种连接法称为正联(也叫直流正接);与上述连接电路相反的接法称为反联(也叫直流反接)。

用直流电焊低碳钢时,常采用正联,这是因为正电极可产生较大的热量,能获得较大的溶化深度。当采用某些涂料焊条、有色金属焊条或焊接薄钢板、生铁或高碳钢时,则采用反联。以碱性焊条焊重要结构时,常采用直流反联焊接。而酸性焊条则可交直流电两用。

炭精电弧用直流电时,炭精电极须永远连于负极,焊件连于正极。

交流电路的正负极是时刻变换的,所以焊件或焊条可任意与正极或负极连接。

使用直流电焊接时,要明确知道电流的正负极。可采用电表鉴别:把通电的导线分别连在电压表的正负极上,如负极导线接在电压表的正极,电压表的指针指向反对的方向,则证明另一端导线为正极。如无电压表,则可用盐水鉴别:把通电的电线两端浸入食盐水溶液里,发生气泡较多的一端是负极。

3)引弧方法

有划擦法和直击法两种。划擦法是将焊条如擦火柴一样擦过焊件,然后即将焊条提高至10mm左右,电弧发生后,使焊条与焊件保持在所用焊条直径的距离,直击法是将焊条对准焊缝,然后将焊条放下轻轻碰一下焊件,并即将焊条提起10mm,电弧发生后,使焊条与焊件保持在所用焊条直径的距离。

使用碱性焊条时,宜用划擦法引弧,若用直击法引弧易产生气孔。引弧的起始点应选在焊缝起点外8~10mm之处。引弧时如焊条被黏在焊件上,应将焊条左右摆动几下,可脱离焊件。施焊时,除换夹新焊条时,才应引弧外,在整根焊条使用中不应断弧,因断弧处焊缝的密致度和强度都要受到影响。对断弧的地方应小心焊透,并将断弧时所形成的弧坑焊满。

4)运条方法

焊条电弧引燃后,焊条要有3个方向的运动,如图5-7所示,才能使焊缝良好成形。运条方法是焊工将焊条朝不同方向作一系列摆动的方法。常用的运条手法有下列几种:

(1)圆圈形运条法:它是将焊条末端连续作圆圈形运动并不断前进,如图5-8所示,图5-8a)的正圆圈形运条法适用于焊接较厚焊件的平焊缝,此法能使熔化金属有足够高的温度,使熔解在熔池中的氧、氮易于析出,同时便于熔渣上浮。图5-8b)的斜圆圈形运条法适用于平、倾位置的T形接头焊缝和对接接头的横焊缝。此法能控制熔化金属不受重力影响而避免下淌现象,有助于焊缝成形。

(2)锯齿形运条法:它是将焊条末端沿焊接方向作锯齿形连续摆动,并在两边稍停片刻,以防止咬边,如图 5-9 所示,此法能使熔化金属流动减慢、散热较快,将焊缝焊得宽些,在焊接横焊和仰焊的宽焊缝时最为适宜,并且适用于厚钢板的焊接,其具体应用范围是平焊、立焊、仰焊的对接接头和立焊的角接接头。

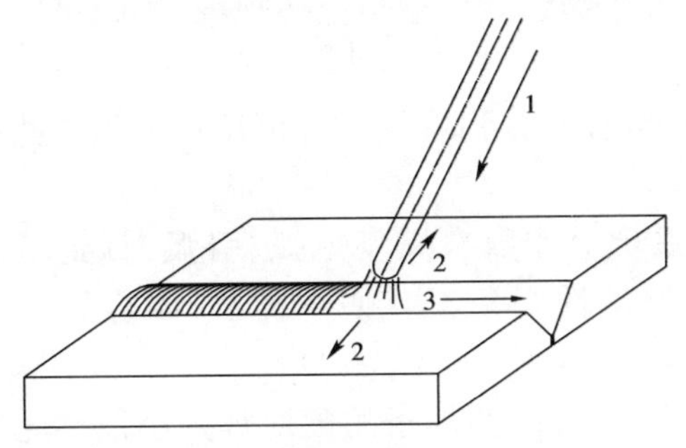

图 5-7　焊条端 3 个运动方向

熔池方向送进;2-向左右摆动;3-沿着焊接方向移动

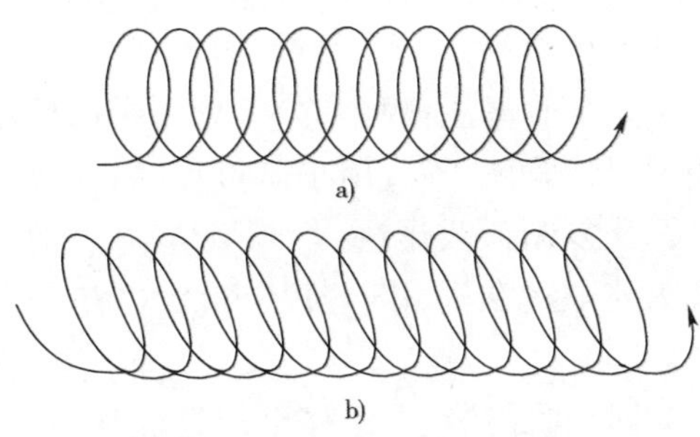

图 5-8　圆圈形运条法示意

a)正圆圈形运条法;b)斜圆圈形运条法

(3)月牙形运条法:它是将焊条末端沿焊接方向作月牙形左右摆动,如图 5-10 所示,采用此法时要注意使焊条末端作片刻停留,以保证焊缝在整个宽度上均匀熔化,使焊缝边缘有足够的熔化深度,并防止产生咬边现象。此法的金属熔化良好,有较长的保温时间,容易使气体析出和熔渣浮到表面上来。可以加快焊接速度。其适用范围与锯齿形运条法基本相同,但其焊缝的高度较大。

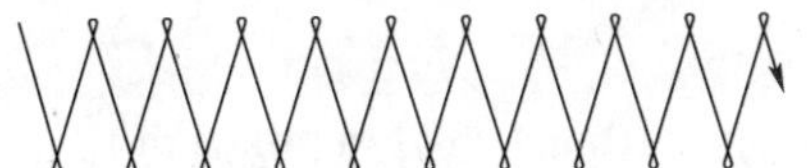

图 5-9　锯齿形运条法示意

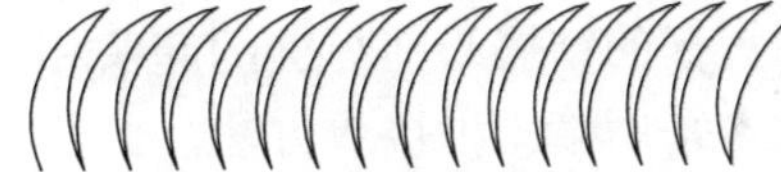

图 5-10　月牙形运条法示意

(4)直线形运条法:它是在焊接时保持一定的弧长,并沿焊接方向作不摆动的前移,电弧较稳定,能获得较大的熔化深度。但焊缝宽度较窄,一般不超过焊条直径的 1.5 倍,多用于板厚 3 ~5mm 的不开坡口的对接平焊、多层焊道的第一层焊道。

(5)直线往返形运条法:它是将焊条末端沿焊缝方向作夹回直线运动。此法焊接速度快,焊缝窄,散热也快。适用于薄板焊接和间隙较大的焊缝,可横焊或仰焊。

(6)三角形运条法:它是将焊条末端作连续三角形运动,并不断向前移。可分为斜三角形运条法和正三角形运条法两种形式,如图 5-11 所示。图 5-11a)法适用于焊接角接接头(仰焊)和对接接头(开 V 形坡口横焊)。此法能借焊条的摆动来控制熔化金属,使焊缝成形良好。图 5-11b)法适用于角接接头(立焊)和对接接头。此法能一次焊出较厚的焊缝断面,焊缝不易产生夹渣等缺陷。两法运条时在三角形顶端要稍作停留,曲线部分的移条也应慢一些,以保证焊缝的美观。

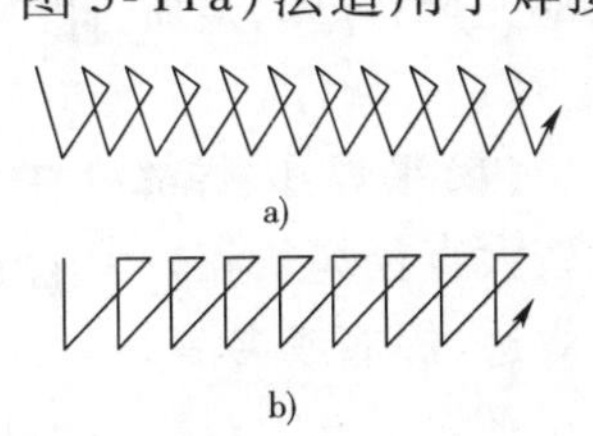

图 5-11　三角形运条法示意图

a)斜三角形运条法;

b)正三角形运条法

5)焊缝的起头、收尾及连接

(1)焊缝的起头:焊件在未焊之前温度较低,而引弧后并不能很快使这部分金属温度升高，故起点部分的熔深较浅，使焊缝的强度减弱，因此，应在引弧后先将电弧稍微拉长，对焊缝端头进行预热，然后适当缩短电弧进行正常焊接。

（2）焊缝的收尾：是指一条焊缝结束时如何收尾。若收尾时即拉断电弧，则会形成弧坑，使焊缝收尾处强度减弱，并造成应力集中而产生裂缝。为避免上述现象，一般可采用以下几种方法。

①划圈收尾法：焊条移至焊缝终点时，作圆圈运动，直到填满弧坑再拉断电弧。此法适用于厚板收尾，不宜用于薄板收尾。

②反复断弧收尾法：焊条移至终点时，在弧坑上作数次反复熄弧、引弧，直到填满弧坑为止。此法适用于薄板和大电流焊接。但碱性焊条不宜使用此法，因容易产生气孔。

③回焊收尾法：焊条移至焊缝收尾处即停住，并且改变焊条角度回焊一小段。此法适用于碱性焊条。

在焊接重要结构时，不能用上述的焊缝起头和收尾方法，必须在起头和收尾处各连接一块引弧板，正式焊接后，将引弧板去掉，以保证焊缝起头和收尾的质量。

（3）焊缝的连接：手工电弧焊时，由于受焊条长度的限制，不可能一根焊条完成一条焊接，因而出现了前后两段焊缝的连接问题。焊缝连接处要求均匀、美规、不产生接头处过高、过低、脱节、宽窄不一致和强度不足的缺陷。一般有 4 种连接法：

①后焊缝的起头与前焊缝的结尾相接。

②后焊缝的起头与前焊缝的起头相接。

③后焊缝的结尾与前焊缝的结尾相接。

④后焊缝的结尾与前焊缝的起头相接。

通常多采用第①种接头方法。此法是在弧坑前约 10mm 处引弧，电弧可比正常焊接时稍长些（低氢焊条电弧不可长，否则易产生气孔），然后接电弧移到原弧坑后 2/3 处，填满弧坑后即向前进入正常焊接。电弧不要后移太多，否则会造成接头过高，也不要后移太少，以免造成焊缝脱节、弧坑未填满。接头处更换焊条应动作迅速，在熔池尚未冷却时进行接头焊，能保证接头质量，焊缝外表也美观。

6）各种位置的焊接法

焊缝根据它在空间位置不同，分为平焊缝、立焊缝、横焊缝和仰焊缝；按接头类型不同，可分为对接焊缝、角焊缝（搭接接头和 T 形接头均为角焊缝）。各种焊接操作要点是：应保持正确的焊条角度，掌握好运条的 3 个动作，严格控制熔池温度，使熔池金属的冶金反应完全，气体、杂质排除较彻底，与焊材金属很好熔合。各种焊缝位置的操作方法简介如下。

（1）平焊：因焊缝处在水平位置，熔滴可从焊条上靠自重掉进焊缝。故操作较易，可用较大直径焊条和较大电流，观察焊缝方便，生产率高。但若操作不当，容易在根部形成未焊透、焊瘤或夹渣。

平焊可分为对接平焊和角接平焊。

①对接平焊：当焊件厚度小于 6mm 时，可采用不开坡口（重要构件除外）。焊接正面焊缝时，宜用直径 3 ~ 4mm 的焊条，并用短弧焊接，使熔深达到焊件厚度的 2/3，焊缝宽度为 5 ~ 8mm，加强高度应不大于 1.5mm。焊接时运条方法用直线形。

当焊件厚度不小于6mm时,应开坡口,开坡口的对接接头的焊接可采用多层焊法或多层多道焊法。多层焊时,第一层打底焊道应采用直径较小的焊条,间隙较小时可采用直线运条法;间隙较大时则宜采用直线往返形运条法。在焊接第二层时,应先将第一层熔渣清除干净,随后用直径较大的焊条和较大的电流进行焊接,用直线形、幅度较小的月牙形或锯齿形运条法,并采用短弧焊接。以后各层的焊接,均可采用月牙形或锯齿形运条法,但其摆动幅度应随焊接层数的增加而逐渐加宽。为了保证质量和防止变形,层与层之间的焊接方向应相反,焊缝接头也应相互错开。

多层多道焊接是由数条窄焊道并列组成,以达到较大的焊缝宽度。焊接时宜采取直线运条法。

在采用低氢型焊条进行对接平焊时,焊条一定要烘干,焊接处必须彻底清除油污、铁锈、水分等杂质,以免产生气孔。操作时一定要用短弧,以防空气浸入熔池。运条法宜采用月牙形,可降低熔池冷却速度,有利于焊缝中气体析出,以提高焊缝质量。

②角接平焊:主要是指T形接头平焊、搭接接头平焊和船形焊三种焊接方法。

a. T形接头平焊:必须根据两块焊板的厚度来调节焊条的角度。当焊接两块厚度不同的板材时,电弧要偏向于厚板的一边使两板受热的温度均匀,如图5-12所示,以防咬边、未焊透、下垂、夹渣等缺陷。

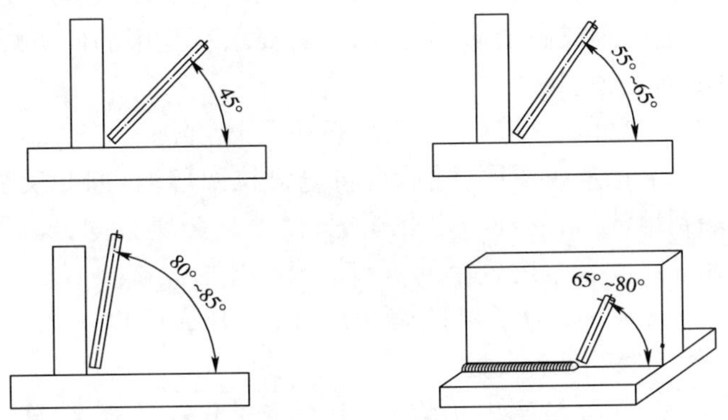

图5-12 T形接头平焊时焊条角度

T形接头的焊接当设计需要时,也可采用多层焊或多层多道焊。

一般焊脚尺寸小于8mm的多用单层焊,焊条直径根据钢板厚度选用3~5mm。焊脚小于5mm的焊缝,采用直线形运条法和短弧进行焊接,焊条与水平板成45°,与焊接前进方向呈65°~80°的夹角。焊脚尺寸在5~8mm时,可采用斜圆圈形或反锯齿形运条法焊接。当焊脚尺寸为8~10mm时,可采用二层二道的焊接方法,焊接第一层时可采用直径3~4mm的焊条,焊接电流稍大些,焊接第二层之前,必须将第一层的熔渣清除干净,焊接第二层时可采用直径4mm的焊条,焊接电流不宜过大,以防止产生咬边。运条方法与单层焊相同。当焊脚尺寸大于10mm时,应采用多层多道焊。其焊条直径、运条方法等与多层焊基本相同。

b. 搭接接头平焊:其焊接方法与T形接头平焊相似。

c. 船形焊:在实际生产中,角接焊的焊件如果能翻动,应尽可能把焊件搁放成船形位置进行焊接,如图5-13所示。因船形焊操作方便、熔滴不会流淌到水平面上去,能避免咬边和下垂等缺陷,可得到平整美观的焊缝,同时有利于使用大直径焊条和大电流,能获得较大熔深，能一次焊成较大断面的焊缝，以提高生产率。运条可用圆圈形、月牙形或锯齿形。焊接第一层时采用小直径焊条及稍大电流，以后各层的焊接与开坡口对接平焊相似。

(2)立焊：进行立焊缝焊接时，熔化的金属受重力影响容易下淌，应采取下列方法：

①在对接立焊时，焊条角度左右方向各为90°，向下与焊缝呈60°~80°，而角接立焊时，焊条与两板之间各为45°，向下与焊缝呈60°~90°，如图5-14所示。

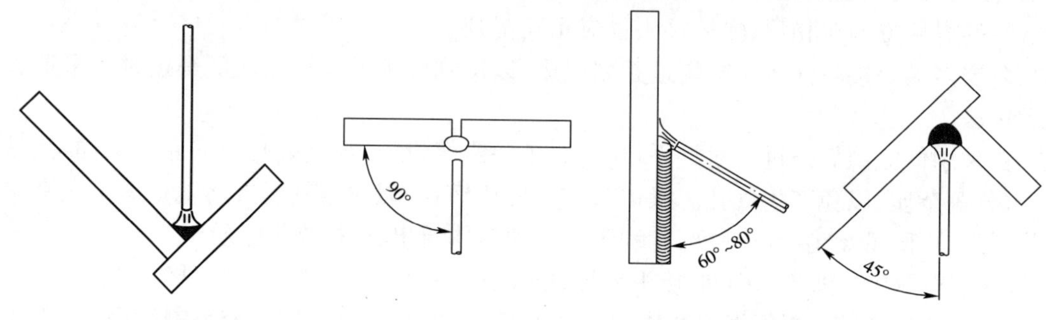

图5-13 船形焊

图5-14 立焊时的焊条角度

②用较小的焊条直径和较小的焊接电流(一般比平焊小10%~15%)。

③采用短弧焊接，使焊条的熔滴过渡到熔池的距离缩小，焊缝易于形成。

立焊可以由下向上施焊或由上向下施焊，后者要求有专用的向下焊条才能保证焊缝成形。目前仍以由下向上施焊法为主。

对于薄板的对接立焊可不开坡口，采用跳弧法(当熔滴脱焊条末端到熔池后，即将电弧向焊接方向提起，使熔化金属凝固，随后再将电弧拉回熔池，如此反复进行)或灭弧法(熔滴脱离焊条末端到熔池后，立即将电弧熄灭，使熔化金属凝固，随后重新在弧坑引起电弧，这样交错地进行)，配合幅度较小的锯齿形或月牙形焊接。

当钢板厚度大于6mm时，为了保证熔化深度，应开成坡口。施焊时一般采用多层焊，其层数多少，根据焊件厚度来决定。

对T形接头的立焊，因容易产生角焊根部(角顶)不易焊透，焊缝两旁易咬边，施焊时，焊条角度向下焊成与焊缝呈60°~90°，左右为45°，运条至焊缝两边应稍作停留，采用短弧焊接。

(3)横焊：横焊时的熔化金属受重力作用，容易下淌而产生咬边、焊瘤及未焊透等缺陷。故其焊接工艺近似于立焊，应采用短弧、小直径焊条、适当的电流强度和运条法。

当板厚为3~5mm时，可不开坡口，采取双面焊接，焊接正面焊缝时宜采用直径3~4mm焊条，焊条角度与向下的竖直线呈75°~80°，与焊缝前进方向也呈75°~80°，运条采用直线往返运条法。对较厚的焊件可采用圆圈形运条法，以得到适当的熔化深度。焊接速度应稍快并均匀，避免形成焊瘤，同时要防止焊缝上部产生咬边，以免影响焊缝成形。

当板厚大于6mm时，对接横焊应采取开V形或K形坡口，一般是下板不开坡口，仅上板开坡口。并采用多层焊，当板厚大于8mm时应采用多层多道焊。

(4)仰焊：由于熔化金属在重力作用下自动向下流，不利于熔滴过渡到熔池，不易控制熔池形状和大小，故易出现未焊透、凹陷现象。因此，仰焊宜采用小直径焊条和最短的电弧焊。短弧能使熔滴易于由焊条过渡到弧坑,熔滴接触着弧坑液体金属后在表面张力的影响下,从焊条上分开而与弧坑金属汇合。电流宜比平焊稍小,但应比立焊时大些,以免根部不易焊透,造成夹渣及焊缝不良等缺陷。

当焊件厚度为4mm左右时,对接仰焊可采取不开坡口,用直径3.2mm焊条,焊条与焊缝前进方向的角度为70°~80°,左右方向为90°。

厚度大于5mm的焊件宜开坡口,并采用多层焊或多层多道焊。

T形接头的仰焊较对接仰焊易于掌握。当焊脚尺寸小于6mm时,宜采用单层焊;当焊脚尺寸不小于6mm时,宜采用多层焊或多层多道焊,并可使用稍大的电流强度提高生产率。

2. 埋弧焊

1)概述

埋弧焊又称为焊剂层下电弧焊,可分为自动、半自动两种。自动电弧焊的实质是在一定大小颗粒(粒径为1~2mm)的焊剂层下,由电极(焊丝)与焊件金属之间产生了放电而形成电弧和发生高热,使焊丝的端头和焊件金属熔化凝结来完成金属的焊接。其一般焊接过程如图5-15所示,焊件金属1在焊接前已开了坡口(当需要开坡口时),焊前把焊件1与焊接变压器接通电路,在进行焊接时,当焊丝2与焊件间产生电弧3和熔池4后,焊丝就由电动机带动输送轮而从焊丝盘中拉出,输送于引燃的电弧3中进行焊接。在焊丝输送的同时,焊剂6由焊剂斗中自动地漏出并覆盖在电弧3上,使电弧不与外界空气接触,同时也不使弧光散射出来刺激焊工眼睛。在焊接后所形成的是焊缝7和由焊剂6熔化后所凝成的焊边,另一部分还未熔化的焊剂将由通有压缩空气的焊剂吸回器把剩下的这些焊剂吸回到焊剂斗中再行使用。

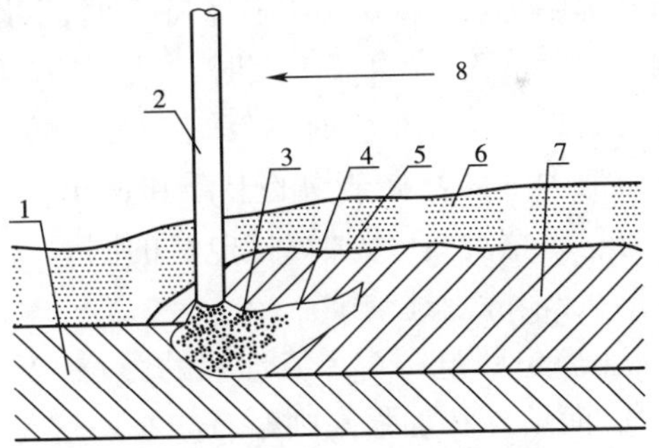

埋弧自动焊与手工电弧焊比较,其优点是生产率高、焊接质量好、节省钢材和电能、减轻焊工的劳动强度、焊接变形小等。其缺点是设备成本高;焊件与焊丝的熔化过程看不见,必须在焊前正确校正焊丝与焊接缝间位置,增加了焊前准备工作;不能进行仰焊和超过15°的斜坡焊,一般不宜超过6°~8°。

焊丝送进由专门机构自动完成,而电弧焊接方向的移动靠人手操纵完成的称为半自动埋弧焊。

图5-15 埋弧焊焊缝形成过程示意图

1-焊件;2-焊丝;3-电弧;4-熔池;5-熔渣;6-焊剂;7-焊缝;8-焊接方向

自动埋弧焊和半自动埋弧焊适用于焊接焊件厚度为3~150mm的碳钢(主要是低碳钢)、低合金钢或不锈钢,接头形式可采用对接焊、搭接焊、堆焊和电铆焊,焊位只能采用俯焊,焊接装配要求较高;为保证工件反面成形良好,一般在焊接时,需在焊隙的背面加焊剂托垫或铜垫板。

2)埋弧焊的焊接规范参数对焊缝形状的影响

焊接规范参数包括焊接电流、电弧电压、焊丝直径、焊接速度和工艺因素等。此外,焊剂类型、坡口形式、焊接电流种类、极性等都对焊缝形状、尺寸有影响。

(1)埋弧焊时焊缝的基本形状和尺寸如图5-16所示。

焊缝形状系数ψ($\psi = b/h$)对焊缝的质量影响很大,当ψ选择不当时,会使焊缝内部产生气孔、夹渣、裂缝等缺陷。一般 ψ 宜控制在 1.3 ~ 2 范围内。焊缝的熔合比 $\gamma(\gamma=\frac{F_m}{F_m+F_t})$ 的大小会影响焊缝的化学成分、金相组织和机械性能。γ 与焊缝的接头形式、焊接规范和焊接技术有关。焊缝形状系数 y 和熔合比 γ 的数值大小主要取决于焊接规范。

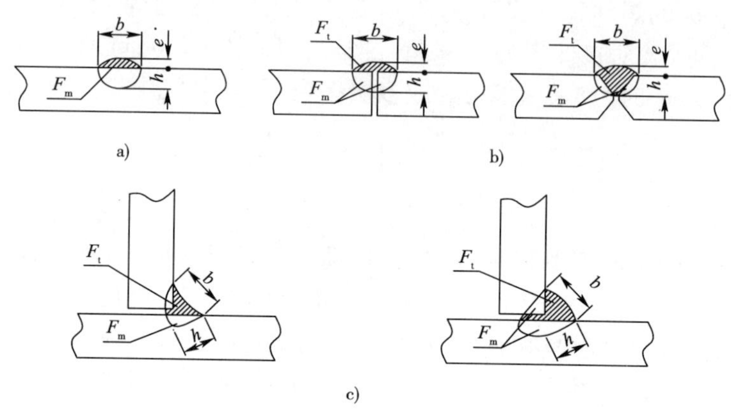

图 5-16 各种焊缝接头的焊缝形状尺寸

a) 堆焊焊缝;b) 对接焊缝;c) 角接焊缝

b-熔宽;h-熔深;e-加强高;F_m-焊缝中基本金属熔化的横截面面积;F_t-填充金属的横截面面积;F_m+F_t-焊缝的横截面面积

(2) 焊接电流对焊缝形状的影响:当其他参数不变时,增加焊接电流,焊接熔深和加强高都增加,而熔宽则几乎保持不变,实践证明,熔深 h 和焊接电流 I 成直线关系即 $h=KI$。K 为系数,当直流正接时,一般取 $K=1$;当直流反接和交流时,一般取 $K=1.1$。

当焊接电流很大时,熔深较大,而熔宽变化不大,所得焊缝形状系数 Ψ 便较小,不利于熔池中气体及夹杂物的上浮和逸出,容易使焊缝产生气孔、夹渣和裂缝等缺陷。为了改善这一情况,在增加焊接电流的同时,必须相应地提高电弧的电压,以求得到合适的焊缝形状,消除上述缺陷。

(3) 电弧电压对焊缝形状的影响:当其他参数不变时,随着电弧电压增大,熔宽显著增加,而熔深和加强高则略有减小。这是因为电弧电压越高,电弧长度越长,电弧摆动加剧,因此,焊件被电弧加热的面积也增加,则熔宽就增加。另外,电弧拉长后,较多的电弧热量被用来熔化焊剂,而焊丝的熔化量不大,故焊缝的加强高也减少了。同时,由于电弧摆动作用加剧,熔池底部受电弧热减少,故熔深反而会减小。

适当地增加电弧电压,对提高焊缝质量是有利的,但应与增大焊接电流相配合(表 5-42)。单纯增加电压会使熔深减小,造成焊件未焊透、焊缝表面焊波粗糙、脱渣困难,严重时会造成焊缝边缘咬肉。

埋弧焊电弧电压与电流的关系　　表 5-42

电弧电流 I(A)	焊丝直径 $d=2$mm			焊丝直径 $d=5$mm			
	180 ~ 300	300 ~ 400	500 ~ 600	600 ~ 700	700 ~ 800	850 ~ 1 000	1 000 ~ 1 200
电弧电压 U(V)	32 ~ 34	34 ~ 36	36 ~ 40	38 ~ 40	40 ~ 42	40 ~ 43	40 ~ 44

(4)焊接速度对焊接形状的影响：当其他条件不变，焊接速度增大，开始时熔深略有增加而熔宽减小，但速度增加到一定值以后，熔深和熔宽都随速度增大而减小。这是因为焊接速度增加时，一方面使电弧吹力作用方向从竖直向下而向后倾斜，电弧对熔池底部的液态金属向后排开作用加大，因而使熔深增加，另一方面，当焊接速度显著增加时，电弧停留于焊件的时间减少，使焊接热量不及充分传递于焊件，会使熔宽、熔深都减小。焊接速度在40m/h以内时，前者起主要作用，使熔深随速度略有增加；速度超过40m/h以后，后一因素的影响超过前者，熔深就随速度增加而减小了。

(5)焊丝直径对焊缝形状的影响：当焊接电流保持不变时，随着焊丝直径的增大，电流密度减小，电弧的吹力减弱，电弧的摆动作用加强，焊缝的熔宽增加，而熔深则稍有减小。反之，当焊丝直径减小，则焊缝熔深增大。故当焊件厚度一定时，用小直径焊丝可节省电能。

(6)焊丝倾斜的影响：当焊丝按顺焊接方向(后倾)倾斜时，熔深和加强高都有增加。但对防止焊缝中气孔和裂缝不利，且易造成焊缝边缘未熔合或咬肉，使焊缝成形不良。

焊丝逆焊接方向倾斜时，熔池有所减小，但电弧对熔池前面的基本金属预热作用加强，熔宽有所增加。薄板焊接可采用此法以防止烧穿。

(7)焊件倾斜的影响：焊件倾斜为上坡焊时，与焊丝后倾相似，焊缝的熔深和加强高有增加，而熔宽减小，易形成窄而高的焊缝，严重时会造成焊缝边缘咬肉。下坡焊时与上坡焊相反，易造成焊件未焊透，焊缝边缘未熔合等缺陷。

(8)焊剂成分及颗粒度的影响：焊剂成分中含有易电离的物质较多时，焊接电弧稳定，熔化深度略有增加，在其他条件相同的情况下，颗粒度大的焊剂，熔宽增大，熔深略有减小。反之，颗粒度小，熔深增加，熔宽减小。

(9)焊接电源种类与极性的影响：当使用高锰高硅含有氟化钙的焊剂进行焊接时，阴极的温度比阳极为高，当反接极时，可使焊缝熔深增加，熔宽变化不大，而加强高则减小。当正接极时，焊丝的熔化速度大于反接极时熔化速度，故焊缝的加强高较大。利用交流电源焊接时，焊缝形状尺寸介于直流正接极与反接极两者之间。

(10)焊丝伸出长度之影响：焊丝伸出长度是指焊丝从导电嘴中伸出的长度。当焊丝伸出长度增加时，电阻增大，焊接电流通过此段焊丝所产生的电阻热便增加，则这段焊丝被预热，熔化速度加快，因而使焊缝的熔深减小，熔合比也减少。当采用直径小于3mm的焊丝时，焊丝伸出长度对焊缝形状的影响较为显著，故应对其严格控制。焊丝伸出长度一般为20～60mm。

3)埋弧焊焊接规范的选择原则

正确的焊接规范应能保证电弧燃烧稳定，焊缝形状尺寸合适，表面光洁整齐、内部无夹渣、气孔、未焊透及裂缝等缺陷。在保证焊缝质量的前提下，尽可能使用大电流和快速度的焊接，以达到最高生产率，并尽量减少电能及焊接材料的消耗。

埋弧焊的焊接规范多数是通过试验或凭经验来初步确定的，但必须在生产过程中加以修正，才能制订出符合实际情况的焊接规范。

现将自动焊埋弧中的“对接接头单面焊”和“对接接头双面焊”两种焊接工艺参数(条件)参考值列于表5-43～表5-49。

对接接头在电磁平台—焊剂垫上单面焊的焊接条件　表5-43

板厚(mm)	装配间隙(mm)	焊丝直径(mm)	焊接电流(A)	电弧电压(V)	焊接速度(cm/min)	电流种类	焊接垫中焊接颗粒	焊接垫软管中的空气压力(kPa)
2	0~1.0	1.6	120	24~28	73	直流反接	细小	81
3	0~1.5	1.6	275~300	28~30	56.7	交流	细小	81
		2	275~300	28~30	56.7			
		3	400~425	25~28	117			
4	0~1.5	2	375~400	28~30	66.7	交流	细小	101~152
		4	525~550	28~30	83.3			101
5	0~2.5	2	425~450	32~34	58.3	交流	细小	101~152
		4	575~625	28~30	76.7			
6	0~3.0	2	475	32~34	50	交流	正常	101~152
		4	600~650	28~32	67.5			
7	0~3.0	4	650~700	30~34	61.7	交流	正常	101~152
8	0~3.5	4	725~775	30~36	56.7	交流	正常	101~152

注:本表摘自《焊接手册　第1卷　焊接方法及设备》(第3版)(中国机械工程学会焊接学会编,机械工业出版社,2007年)。

对接接头在焊剂垫上单面焊的焊接条件　表5-44

板厚(mm)	装配间隙(mm)	焊接电流(A)	电弧电压(V)		焊接速度(cm/min)
			交流	直流	
10	3~4	700~750	34~36	32~34	50
12	4~5	750~800	36~40	34~36	45
14	4~5	850~900	36~40	34~36	42
16	5~6	900~950	38~42	36~38	33
18	5~6	950~1 000	40~44	36~40	28
20	5~6	950~1 000	40~44	36~40	25

注:①焊丝直径5mm。

②本表摘自《焊接手册　第1卷　焊接方法及设备》(第3版)(中国机械工程学会焊接学会编,机械工业出版社,2007年)。

在龙门架焊剂铜垫板上单面焊的焊接条件　表5-45

板厚(mm)	装配间隙(mm)	焊丝直径(mm)	焊接电流(A)	电弧电压(V)	焊接速度(cm/min)
3	2	3	380~420	27~29	78.3
4	2~3	4	450~500	29~31	68
5	2~3	4	520~560	31~33	63
6	3	4	550~600	33~35	63
7	3	4	640~680	35~37	58
8	3~4	4	680~720	35~37	53.3
9	3~4	4	720~780	36~38	46
10	4	4	780~820	38~40	46
12	5	4	850~900	39~41	38
14	5	4	880~920	39~41	36

注:本表摘自《焊接手册　第1卷　焊接方法及设备》(第3版)(中国机械工程学会焊接学会编,机械工业出版社,2007年)。

不开坡口对接接头悬空双面焊的焊接条件　　表 5-46

工件厚度(mm)	焊丝直径(mm)	焊接顺序	焊接电流(A)	电弧电压(V)	焊接速度(cm/min)
6	4	正	380～420	30	58
		反	430～470	30	55
8	4	正	440～480	30	50
		反	480～530	31	50
10	4	正	530～570	31	46
		反	590～640	33	46
12	4	正	620～660	35	42
		反	680～720	35	41
14	4	正	680～720	37	41
		反	730～770	40	38
16	5	正	800～850	34～36	63
		反	850～900	36～38	43
17	5	正	850～900	35～37	60
		反	900～950	37～39	48
18	5	正	850～900	36～38	60
		反	900～950	38～40	40
20	5	正	850～900	36～38	42
		反	900～1 000	38～40	40
22	5	正	900～950	37～39	53
		反	1 000～1 050	38～40	40

注:①装配间隙 0～1mm,MZ-1 000 直流。
②本表摘自《焊接手册　第 1 卷　焊接方法及设备》(第 3 版)(中国机械工程学会焊接学会编,机械工业出版社,2007 年)。

对接接头预留间隙双面焊的焊接条件(一)　　表 5-47

工件厚度(mm)	装配间隙(mm)	焊丝直径(mm)	焊接电流(A)	电弧电压(V)	焊接速度(cm/min)
14	3～4	5	700～750	34～36	50
16	3～4	5	700～750	34～36	45
18	4～5	5	750～800	36～40	45
20	4～5	5	850～900	36～40	45
24	4～5	5	900～950	38～42	42
28	5～6	5	900～950	38～42	33
30	6～7	5	950～1 000	40～44	27
40	8～9	5	1 100～1 200	40～44	20
50	10～11	5	1 200～1 300	44～48	17

注:①采用交流电,HJ431,第一面在焊剂上焊。
②本表摘自《焊接手册　第 1 卷　焊接方法及设备》(第 3 版)(中国机械工程学会焊接学会编,机械工业出版社,2007 年)。

对接接头预留间隙双面焊的焊接条件(二)　　表 5-48

工件厚度(mm)	装配间隙(mm)	焊丝直径(mm)	焊接电流(A)	电弧电压(V)	焊接速度(cm/min)
6	0 +1	3	380 ~ 400	30 ~ 32	57 ~ 60
		4	400 ~ 550	28 ~ 32	63 ~ 73
8	0 +1	3	400 ~ 420	30 ~ 32	53 ~ 57
		4	500 ~ 600	30 ~ 32	63 ~ 67
10	2 +1	4	500 ~ 600	36 ~ 40	50 ~ 60
		5	600 ~ 700	34 ~ 38	58 ~ 67
12	2 ±1	4	550 ~ 580	38 ~ 40	50 ~ 57
		5	600 ~ 700	34 ~ 38	58 ~ 67
14	3 ±0.5	4	550 ~ 720	38 ~ 42	50 ~ 53
		5	650 ~ 750	35 ~ 40	50 ~ 57
≤16	3 ±0.5	5	650 ~ 850	36 ~ 40	50 ~ 57

注:①根据上海锅炉厂提供的资料编。

②本表摘自《焊接手册　第 1 卷　焊接方法及设备》(第 3 版)(中国机械工程学会焊接学会编,机械工业出版社,2007 年)。

开坡口工件双面焊的焊接条件　　表 5-49

工件厚度(mm)	焊丝直径(mm)	焊接顺序	焊接电流(A)	电弧电压(V)	焊接速度(cm/min)
14	5	正	830 ~ 850	36 ~ 38	42
		反	600 ~ 620	36 ~ 38	75
16	5	正	830 ~ 850	36 ~ 38	33
		反	600 ~ 620	36 ~ 38	75
18	5	正	830 ~ 850	36 ~ 38	33
		反	600 ~ 620	36 ~ 38	75
22	6	正	1 050 ~ 1 150	38 ~ 40	30
	5	反	600 ~ 620	36 ~ 38	75
24	6	正	1 100	38 ~ 40	40
	5	反	800	36 ~ 38	47
30	6	正	1 000	36 ~ 40	30
		反	900 ~ 1 000	36 ~ 38	33

注:①第一面在焊剂垫上焊接。

②根据江南造船厂提供的资料。

③本表摘自《焊接手册　第 1 卷　焊接方法及设备》(第 3 版)(中国机械工程学会焊接学会编,机械工业出版社,2007 年)。

4）埋弧焊工艺

自动埋弧焊应用范围广泛，根据焊件厚度不同，可采用单面焊或双面焊，有坡口或无坡口，有衬垫或无衬垫，单道焊或多层焊等。

（1）对接焊缝在焊剂垫上的双面自动焊：其结构布置如图 5-17 所示。适用于焊件厚度 6 ~ 12mm。衬垫的作用是防止熔渣和熔池金属流失，并防止焊件被烧穿。焊剂应紧贴在焊件背面，整条焊缝长度上应保持焊剂的衬托力均匀一致。根据焊件厚度，两焊件间应留有一定间隙。进行正面焊缝时，熔深必须超过焊件厚度的 1/2 或 2/3。焊件翻身后，反面焊缝可在焊件悬空的情况下进行焊接。电流、电压等焊接规范参数可与正面焊缝基本相同或稍减小，以保证焊件焊透。

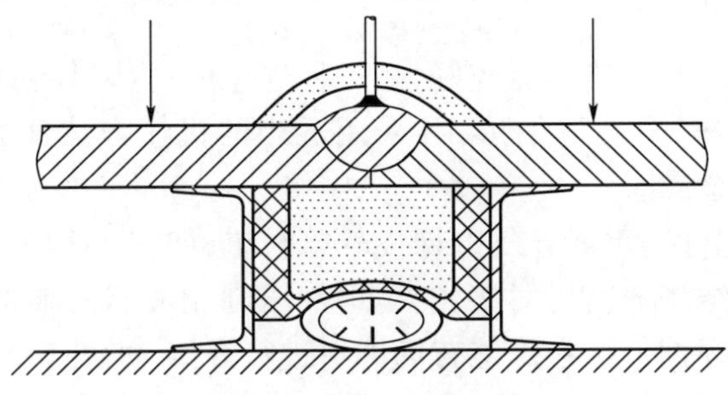

图 5-17　焊剂衬垫双面自动焊

对于厚度大于 14mm 的焊件，可采用开坡口焊接。

（2）对按焊缝无间隙或小间隙的无衬垫双面自动焊：适用于厚度 5 ~ 14mm 的焊件。焊件边缘必须平直，装配间隙应小于 1mm，如图 5-18 所示。为了使焊缝有足够的熔深，又不至于烧穿，在焊第一面焊缝时，熔深一般为焊件厚度的 40% ~50%，翻身后进行反面焊缝的焊接时，熔深应达到焊件厚度的 60% ~70%。熔深的大小靠经验来估计。

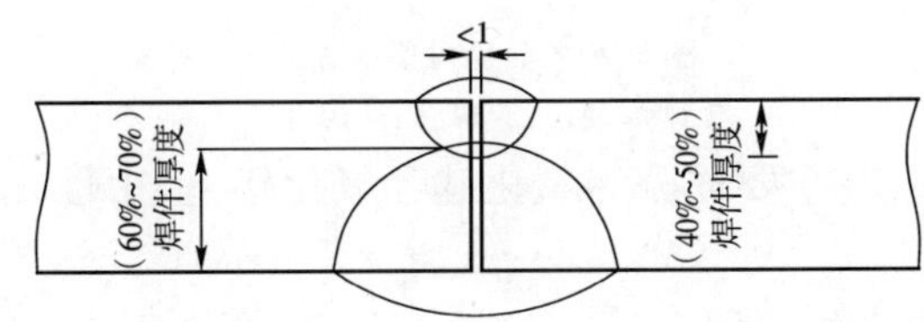

图 5-18　无衬垫双面自动焊的焊缝断面（尺寸单位：mm）

（3）对接焊缝手工封底单面自动焊：适用焊件较大、不能转动翻身实现双面自动焊的对接焊缝。此工艺是在背面焊缝先用手工焊仰焊封底，然后再用埋弧自动焊焊接正面焊缝，如图 5-19 所示。为了使焊缝有足够熔深，手工焊预先封底时焊缝的熔深应为焊件厚度的 30% ~35%。自动焊焊接正面焊缝时，熔深应为焊件厚度的 75% ~85%，焊接时，要随时观察焊缝背面情况，及时调整焊接规范参数。

（4）对接焊缝双面成形自动焊：此工艺是增强焊接电流，将焊件一次焊透，使熔池金属在衬垫上冷却凝固而达到一次成形的目的。衬垫应具有在熔池高温作用下保持自身形状以防止烧穿的性能；沿焊缝坡口应有良好的紧贴性，以防液体金属从缝隙中流出；应能控制反面焊缝的宽度和加强高比较均匀。目前使用的衬垫基本上为铜垫及焊剂垫两类。

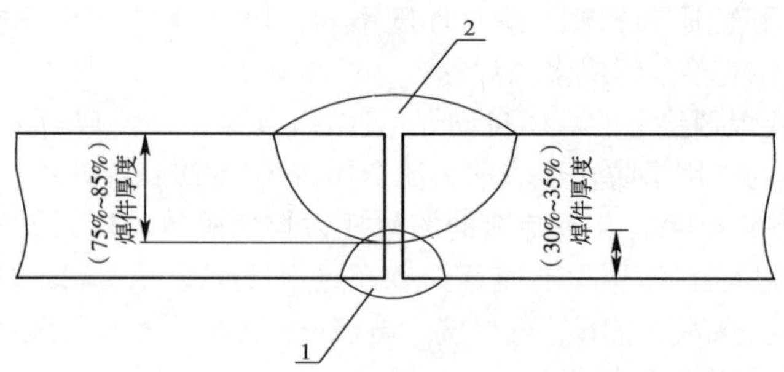

图 5-19　手工先封底单面自动焊焊缝断面

1-背面焊缝;2-正面焊缝

铜垫常用紫铜制成,其导热性能较好,是一种理想的衬垫材料,在具有一定宽度和厚度的紫铜板上加工成一条合适的槽形,并采用适当的机械方法使其紧贴在焊缝坡口下面,能有效地衬托熔池金属。

焊剂衬垫是利用焊件自重或充气的橡皮软管衬垫,如图 5-17 所示。

此外,还有一种黏结型的简易衬垫,它是焊剂压制成玻璃纤维带状或胶合成形带状。使用时,用黏结剂将此焊剂带贴在焊缝背面即可进行焊接,如图 5-20 所示。

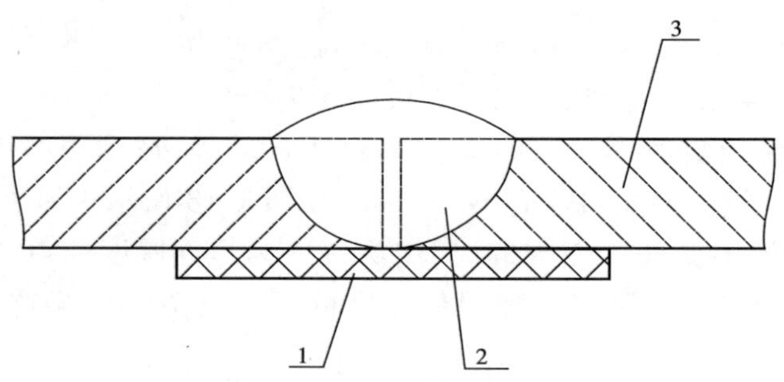

图 5-20　简易衬垫示意图

1-焊剂带;2-焊缝;3-焊件

此外,还有陶瓷焊垫,其主要成分为氧化硅和氧化铝,呈中性,既不熔入熔池,也不与焊缝金属发生反应。

(5)角接船形埋弧自动焊:适用于焊件较小易于翻转的情况,如图 5-13 所示。但搭接焊时,焊丝与焊件侧面夹角应为 60°,而焊件端头应为 30°。船形焊的焊丝处于竖直状态,熔池在水平位置,焊缝质量容易保证。但当焊件间隙超过 1.5mm 后,则易产生熔池金属流失和烧穿的现象,因此,要注意装配质量。当装配间隙大于 1.5mm 时,宜在焊缝背面用手工焊封底或用石棉垫、焊剂垫来防止熔池金属的流失。确定焊接规范参数时,电弧电压不宜过高,以免产生咬肉。

(6)角接斜焊丝埋弧自动焊:当焊件太大,不易翻转或其他原因而不能使焊件搁于船形位置焊接时,可采用焊丝倾斜的角焊。此种工艺的优点是对焊件间隙敏感性较小,不易产生流渣及熔池金属流失现象。当焊缝的焊脚尺寸不超过 8mm 时,可采用单道焊,焊脚尺寸大于 8mm 时,必须采用多道多层焊。为了保证焊缝的成形良好,防止咬肉或焊偏,焊丝与竖直板的夹角应保持在 15°~45°的范围内(一般为 20°~30°),电弧电压不宜过高,使焊剂的熔化量减少,防止熔渣流失。

(7)埋弧半自动焊:它可以焊接自动焊不能完成的各种弯曲和短的对接缝、角接缝等。

在进行对接平焊缝时运动焊丝的手把,焊工可以骑跨焊缝,握住手把向后倒退焊接,也可以蹲在焊缝侧面,自左向右的方向移动焊接。

对于短的或弯曲的对接焊时,手把上不必装支柱,将手把悬空进行焊接,如焊缝较长,则应采用支柱,使其沿焊缝中心线移动,以保证焊缝质量。

在进行单面或双面对接半自动焊时,所采取的工艺措施与自动焊基本相同。

用埋弧半自动焊焊接角焊缝时,与埋弧自动焊一样,也可分为船形焊和倾斜角焊两种。其把手焊丝的掌握角度与埋弧自动焊相同。

3. 气体保护电弧焊

1)概述

气体保护焊是利用气体作为保护介质的一种电弧熔焊方法,可采用三种方式焊接,如图5-21所示。一种是采用两根不熔化电极的间接电弧施焊,如氢原子焊;另一种是采用一根不熔化电极的直接电弧施焊,如钨极氩弧焊;第三种是采用一根或多根熔化电极的直接电弧施焊,如熔化极的氩弧焊、氮弧焊、二氧化碳气体保护焊等。应用最多的保护气体是氮气和二氧化碳气体。

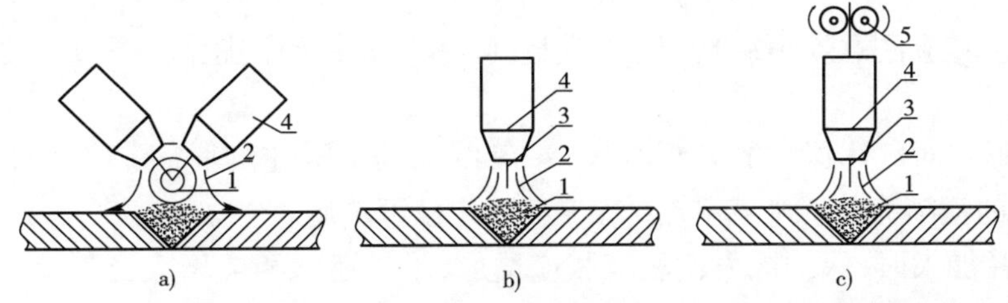

图5-21　气体保护电弧焊

a)不熔化极间接电弧焊;b)不熔化极直接电弧焊;c)熔化极直接电弧焊

1-电弧;2-保护气体;3-电极;4-喷嘴;5-焊丝滚轮

2)氩弧焊

因为氩气不与金属起化学反应,也不溶解于液体金属,能充分保护金属熔池不被氧化,也不会因空气侵入而产生气孔,故氩气焊的焊接质量高;又因为氮、氩气是单原子气体,高温时不分解,没有吸热作用,氩气的比热容和热传导值都很小,故燃烧的电弧热损失量少。故电弧热量集中、稳定、热影响区小、焊件变形小。

氩弧焊在应用交流电源时,氩弧燃烧很不稳定,而用直流电源则较好,如果利用振荡器或脉冲激弧器协助引弧,也可采用交流电源,但电源的空载电压要求较高。

氩弧焊可分为熔化极和非熔化极(钨极或钍钨极)两种。非熔极氩弧由于焊接电流受到防止钨极熔化的限制,电弧功率较小,生产率低,只适用于焊接薄板工作。而熔化极氩弧焊可以采用较大的焊接电流,电弧的热功率大,适于焊接厚板工作,且生产率高,易于实现焊接自动化。一定的钨极直径具有一定的极限电流,若超过极限电流,则钨极强烈发热、熔化和蒸发,引起电弧不稳定和焊缝夹钨问题。不同材料钨极和不同直径钨极的容许电流值如表5-50所示。

不同直径及钨极材料容许电流 表 5-50

电极直径(mm)	直流电流(A)				交流电流(A)	
	正接(电极 -)		反接(电极 +)			
	纯钨	钍钨、铈钨	纯钨	钍钨、铈钨	纯钨	钍钨、铈钨
0.5	2~20	2~20	—	—	2~15	2~15
1.0	10~75	10~75	—	—	15~55	15~70
1.6	40~130	60~150	10~20	10~30	45~90	60~125
2.0	75~180	100~200	15~25	15~25	65~125	85~160
2.5	130~230	160~250	17~30	17~30	80~140	120~210
3.0	140~280	200~300	20~40	20~40	100~160	140~230
3.2	160~310	225~330	20~35	20~35	130~190	150~250
4.0	275~450	350~480	35~50	35~50	180~260	240~350
5.0	400~625	500~645	50~70	50~70	240~350	330~460
6.0	500~625	620~650	60~80	60~80	260~390	430~560
6.3	500~675	650~850	65~100	65~100	300~420	430~575
8.0	—	—	—	—	—	650~830

注:本表内容摘自《焊工手册 手工焊接与切割》(第3版)(中国机械工程学会焊接学会等编,机械工业出版社,2001年)。

氩弧焊接时应注意焊炬结构、气体流量、喷嘴与焊件间的距离、焊接速度、焊接接头等因素。

喷嘴的形状对气体保护的影响放大,一般以末端带圆柱[圆柱长 $L=(1.2\sim1.5)d$]或带7°锥角的喷嘴为佳。喷嘴孔径,对于不熔化极可选用8~12mm。

喷嘴孔径加大时,保护区表面积应相应增加,用时还须相应增大氩气流量,以保持必须的气体流速。对于熔化极的喷嘴,孔径可在16~26mm。

对于气体流量,在一定的喷嘴孔径下,气体保护性能随气体流量增加而提高,但超过一定的限度,气体保护性能反而降低。对于孔径8~20mm的喷嘴,尤其是12mm左右的喷嘴,气体流量在10~15L/min时,保护效果较好。

喷嘴与焊件之间的距离,在同一喷嘴、同一流量时,越小越好,若距离增大,气体消耗量将增加。对于直径为8~18mm的喷嘴,一般不应超过15mm。焊接速度对气体与熔化的保护作用不大,但为了使正在凝固冷却的焊缝金属和焊材金属不被氧化变色,焊接速度也不宜太大。

焊接接头为T形接头、对接接头时,气体保护效果较好;角接接头气体流失较大,气体保护效果较差。

3)二氧化碳气体保护焊

它是以二氧化碳(CO_2)作保护气体的一种熔化极电弧焊,采用等速送进的可熔化焊丝与焊件之间的电弧作为热源来熔化焊丝和母材金属,形成熔池和焊缝的焊接方法。图5-22是气体保护焊的示意图。为了得到良好的焊缝,利用外加气体作为电弧介质并保护熔滴、熔池金属及焊接区高温金属免受周围空气的有害侵蚀。它的特点是:电弧热量集中,加热面积小,二氧化碳有较大的冷却作用,故焊后变形较小;对铁锈的敏感性较低,对钢板表面清洁度要求不高;使用小电流密度较大,熔深较大,焊丝熔化速度较快;容易实现机械化、自动化,故生产率高;二氧化碳气体来源多、价格便宜;因为是明弧焊,可直接观察到焊接过程，操作简单，可进行全位置焊接。它除了适用于低碳钢、低合金钢外，还可焊接不锈钢、耐热钢。

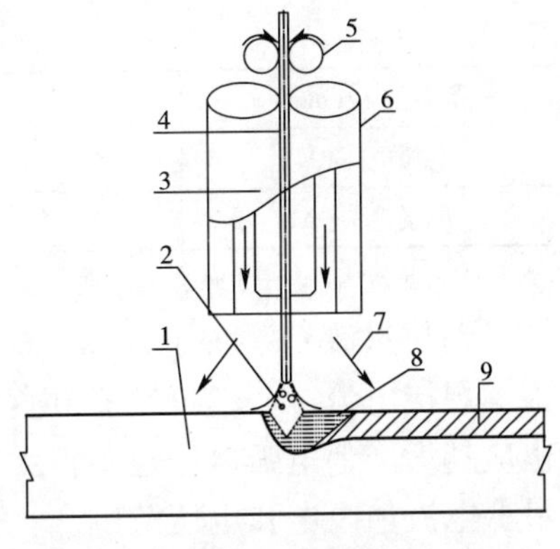

图 5-22　熔化极气体保护焊示意图

1-母材；2-电弧；3-导电嘴；4-焊丝；5-送丝轮；6-喷嘴；7-保护气体；8-熔池；9-焊缝金属

二氧化碳气体保护焊虽然有前述优点，但还存在下述问题：

①气孔：由于熔池受到二氧化碳气流的冷却，使熔池金属凝固较快，若熔池中的气体在液体金属凝固前来不及逸出，就会造成气孔。克服气孔产生的办法是采用脱氧焊丝，焊件表面清除锈迹、油污，不使喷嘴堵塞，喷嘴设计合理，选用适当的气体流量，低的电弧电压，用直流反极性焊接，适当地降低焊接速度（一般为15～40m/h），可防止气孔产生。

②合金元素烧损：二氧化碳在电弧高温作用下有强烈的氧化性，因而会使铁及其他合金元素烧损。采用低电压短弧并使用H08Mn2SiA脱氧焊丝可减少合金元素的烧损。

③飞溅问题：熔池和熔滴中产生的一氧化碳在高温中产生爆炸，形成飞溅。飞溅使焊件表面被熔滴金属沾染，造成喷嘴堵塞，使气体保护焊效果差而形成气孔。一般可限制焊丝中的含碳量在0.08%～0.11%之间，增加脱氧元素，采用直流反接，减小电极压力能减少飞溅。

(1) CO_2 气体保护焊工艺

CO_2 气体保护焊通常采用短路过渡及细颗粒过渡工艺。工艺参数主要有焊接电流、电弧电压、焊接速度、焊丝直径、焊丝伸出长度、气体流量、焊枪角度及焊接方向。

(2) CO_2 工艺参数的选择

①焊丝直径

短路过渡的 CO_2 焊一般采用细丝，以提高过渡频率，稳定焊接电弧，通常采用的焊丝直径有0.8mm、1.2mm及1.6mm。

细粒过渡 CO_2 焊采用的焊丝直径一般大于1.2mm，通常采用的焊丝直径有1.6mm、2.0mm、3.0mm和4.0mm等。

②焊接电流及电压

对于短路过渡的 CO_2 焊来说，电弧电压是最重要的焊接参数，因为它直接决定了熔滴过渡的稳定性与飞溅大小，进而影响焊缝成形及焊接接头的质量。对于一定的焊丝直径，有一最佳电弧电压范围，电弧电压小于该范围的下限时，易导致固体短路（未熔化的焊丝直接穿过熔池金属与未熔化的工件短路），导致很大的飞溅；电弧电压大于该范围的上限时，易产生大滴排斥过渡，飞溅很大、电弧不稳。

短路过渡 CO_2 焊通常用直流反接。当采用直流反接时，电弧稳定飞溅小、熔深大。但在堆焊或焊补铸件时，应采用直流正接，因直流正接时焊丝为阴极，阴极产热大，焊丝熔敷速度快，生产率高。

电流的大小应与电弧电压相匹配，表5-51给出了三种直径焊丝最佳短路过渡焊接规范。

短路过渡的最佳焊接规范 表 5-51

焊丝直径(mm)	0.8	1.2	1.6
电弧电压(V)	18	19	20
焊接电流(A)	100 ~ 110	120 ~ 135	140 ~ 180

注:本表摘自《实用焊接技术手册》(李亚江等主编,河北科学技术出版社,2002 年)。

细粒过渡 CO_2 焊也采用直流反接。首先应根据被焊材料和板厚选择焊接电流,然后根据焊接电流、焊丝直径选择电弧电压,焊接电流越大、焊丝直径越小,选择的电弧电压也应越大。但电弧电压也不得太高,否则飞溅将显著增大。表 5-52 给出了细粒过渡的最低电流值及电弧电压范围。

细粒过渡的最佳焊接规范 表 5-52

焊丝直径(mm)	电流下限值(A)	电弧电压(V)
1.6	400	34 ~ 45
2.0	500	
3.0	650	
4.0	750	

注:本表摘自《焊接手册　第 1 卷　焊接方法及设备》(第 3 版)(中国机械工程学会焊接学会编,机械工业出版社,2007 年)。

③焊接速度

焊接速度要与焊接电流适当配合才能得到良好的焊缝成形,在热输入不变的条件下,焊接速度过快,熔宽、熔深减小,甚至产生咬边、未熔合、未焊透等缺陷。如果焊接速度过慢,不但直接影响了生产率,而且还可能导致烧穿、焊接变形过大等缺陷。

④焊接回路电感

短路过渡:回路电感主要是控制短路电流上升速度及短路电流峰值。短路过渡 CO_2 焊要求具有合适的短路电流上升速度,以保证爆破力将大部分熔滴金属过渡到熔池中,同时还要求具有合适的短路电流峰值,以便爆破能量适中,不至于产生很大的细颗粒飞溅。不同的焊丝直径要求不同的短路电流上升速度,焊丝越细、熔化速度越大、短路过渡频率越大,要求的短路电流上升速度就越高。表5-53 给出了不同直径焊丝要求的短路电流上升速度。

不同直径焊丝要求的短路电流上升速度 表 5-53

焊丝直径(mm)	送丝速度(mm)	电弧电压(V)	焊接电流(A)	短路电流上升速度(kA/s)
0.8	500	18	100	50 ~ 150
1.2	250	19	130	40 ~ 130
1.6	175	20	160	20 ~ 75
2.0	125	21	175	8 ~ 20

注:本表摘自《焊接手册　第 1 卷　焊接方法及设备》(第 3 版)(中国机械工程学会焊接学会编,机械工业出版社,2007 年)。

短路电流上升速度$\left(\frac{\mathrm{d}i}{\mathrm{d}t}\right)$取决于回路电感:

$$\frac{\mathrm{d}i}{\mathrm{d}t} = \frac{U_o - iR}{L}$$

式中：U_o——电源空载电压；

i——瞬时电流；

R——焊接电路中的电阻；

L——焊接电路中的电感。

因此，在焊接电路中应串接适当的电感，表5-54列出了不同直径的焊丝所要求的电感值。

合适的直流电感 表5-54

额定电流(A)	200	350	500
直流电感(mH)	0.04～0.40	0.08～0.05	0.30～0.80
适于焊丝直径(mm)	0.8～1.2	1.2	1.6

注：本表摘自《焊接手册 第1卷 焊接方法及设备》(第3版)(中国机械工程学会焊接学会编，机械工业出版社，2007年)。

细粒过渡：细粒过渡 CO_2 焊回路电感对抑制飞溅作用不大，一般不要求焊接回路中加电感元件。

⑤焊丝干伸长度

短路过渡 CO_2 焊所用的焊丝很细，因此，焊丝干伸长度对熔滴过渡、电弧的稳定性及焊缝成形均具有很大的影响。干伸长度过大时，电阻热增大，焊丝容易过热而熔断，导致严重飞溅和电弧不稳。此外，干伸长度过大时，焊接电流降低，电弧熔透能力下降，易导致未焊透。而干伸长度过小时，喷嘴离工件距离很小，飞溅金属颗粒容易堵塞喷嘴。

短路过渡 CO_2 焊时，焊丝干伸长度应控制在5～15mm以内。

细颗粒过渡 CO_2 焊所用的焊丝较粗，焊丝干伸长度对熔滴过渡、电弧稳定性及焊缝成形的影响不如短路过渡那样大。但飞溅较大，喷嘴易堵塞，因此，焊丝干伸长度应比短路过渡选得大一些，一般应控制在10～20mm内。

⑥气体流量

保护气体流量一般根据焊接电流大小、焊接速度、焊丝干伸长度来选择。这些参数越大，气体流量也应适当加大。但不能太大，以免产生紊流，使空气卷入焊接区，降低保护效果。

短路过渡 CO_2 焊的保护气体流量一般为5～15L/min。

细颗粒过渡 CO_2 焊所用焊接电流比短路过渡大，焊接速度也大。因此，采用的保护气体流量也应适当增大，一般为10～20L/min。

⑦喷嘴至工件的距离

短路过渡 CO_2 焊时，喷嘴距工件的距离应尽量小一些，以保证良好的保护效果及稳定的过渡。但也不能过小使飞溅颗粒易堵塞喷嘴，阻挡焊工的视线。喷嘴距工件的距离一般应取焊丝直径的12倍左右。

⑧焊丝位置及焊接方向

CO_2 焊一般采用左焊法，而右焊法也有其优点，在某些情况下有良好的工艺性能。表5-55对各种接头的左焊法和右焊法进行了比较。左焊法时焊枪的后倾角应保持10°～20°，倾角过大时，焊缝宽度增大，而熔深变浅，而且还易产生大量的飞溅。右焊法焊枪前倾10°～20°，倾角过大时，余高增大，易产生咬边。

不同焊接方法左焊法和右焊法的比较　　表 5-55

接头形式	左焊法	右焊法
薄板 0.8 ~ 4.5mm,$G \geqslant 0$	可得到稳定的背面成形,焊道宽而余高小;G 较大时采用摆动法易于观察焊接线	易烧穿,不易得到稳定的背面焊道,焊道高而窄,G 大时不易焊接
中厚板的背面成形焊接 $R \geqslant 0, G \geqslant 0$	可得到稳定的背面成形,G 大时作摆动,根部能焊得好	易烧穿,不易得到稳定的背面焊道,G 大时最易烧穿
水平角焊缝焊接,焊脚尺寸在 8mm 以下	易于看到焊接线,即能正确地瞄准接缝,周围易附着细小的飞溅	不易看到焊接线,但可看到余高,余高易呈圆弧状,基本上无飞溅,根部熔深大
船形焊焊脚尺寸在 10mm 以下 坡口对接焊	余高呈凹形,因此熔化金属向焊枪前方流动,焊趾处易形成咬边,根部熔深浅(易造成未焊透),摆动易产生咬边,焊脚过大时难焊	余高平滑,不易发生咬边,易看到余高,因熔化金属不吹向前方,焊缝宽度、余高均易控制
水平横焊: I 形坡口 V 形坡口 $G \geqslant 0$	容易看见焊接线,G 较大时也能防止烧穿,焊道整齐	熔深大、易烧穿,焊道形成不良、窄而宽,飞溅少,焊道宽度和余高不易控制,易生成焊瘤
高速焊接 (平焊、立焊和横焊等)	可通过调整焊枪角度来防止飞溅	易产生咬边,且易呈沟状连续咬边,焊道窄而高

注:本表摘自《焊工手册　埋弧焊 · 气体保护焊 · 电渣焊 · 等离子弧焊》(第 2 版)(中国机械工程学会焊接分会等编,机械工业出版社,2006 年)。

⑨典型焊接工艺参数的设定

焊接参数(焊接电流、电弧电压、焊接速度、焊丝伸出长度、气体流量等)的选定是比较困难的,因为各种焊接参数不是孤立的,而是相互影响的。焊接参数要通过大量的反复试验进行确定。表 5-56 列出了碳钢的 CO_2 半自动焊和自动焊焊接参数,但这些并不是唯一的,如果改变某一参数,则其他参数也必须加以修改,以形成一组新的参数。

表 5-56a

碳钢的 CO_2 半自动焊和自动焊焊接参数(对接接头)

母材厚度(mm)	坡口形式	焊接位置	有无垫板	焊丝直径(mm)	坡口或坡口面角度(°)	根部间隙(mm)	钝边(mm)	根部半径(mm)	焊接电流(A)	电弧电压(V)	气体流量(L/min)	自动焊接速度(m/h)
1.0~2.0	I	平	无	0.5~1.2	—	0~0.5	—	—	35~120	17~21	6~12	18~35
			有	0.5~1.2	—	0~1.0	—	—	40~150	18~23	6~12	18~35
		立	无	0.5~0.8	—	0~0.5	—	—	35~100	16~19	8~15	—
			有	0.5~1.0	—	0~1.0	—	—	35~100	16~19	8~15	—
2.0~4.5	I	平	无	0.8~1.2	—	0~2.0	—	—	100~230	20~26	10~15	20~30
			有	0.8~1.6	—	0~2.5	—	—	120~260	21~27	10~15	20~30
		立	无	0.8~1.0	—	0~1.5	—	—	70~120	17~20	10~15	—
			有	0.8~1.0	—	0~2.0	—	—	70~120	17~20	10~15	—
5.0~9.0	I	平	无	1.2~1.6	—	1.0~2.0	—	—	200~400	23~40	15~20	20~42
			有	1.2~1.6	—	1.0~3.0	—	—	250~420	26~41	15~25	18~35
10~12	I	平	无	1.6	—	1.0~2.0	—	—	350~450	32~43	20~25	20~42
5~60	V	平	无	1.2~1.6	45~60	0~2.0	0~5.0	—	200~450	23~43	15~25	20~42
			有	1.2~1.6	30~50	4.0~7.0	0~3.0	—	250~450	26~43	20~25	18~35
		立	无	0.8~1.2	45~60	0~2.0	0~3.0	—	100~150	17~21	10~15	—
			有	0.8~1.2	35~50	4.0~7.0	0~2.0	—	100~150	17~21	10~15	—
		横	无	1.2~1.6	40~50	0~2.0	0~5.0	—	200~400	23~40	15~25	—
			有	1.2~1.6	30~50	4.0~7.0	0~3.0	—	250~400	26~40	20~25	—

续上表

母材厚度（mm）	坡口形式	焊接位置	有无垫板	焊丝直径（mm）	坡口或坡口面角度（°）	根部间隙（mm）	钝边（mm）	根部半径（mm）	焊接电流（A）	电弧电压（V）	气体流量（L/min）	自动焊接速度（m/h）
5 ~ 60	V	平	无	1.2 ~ 1.6	45 ~ 60	0 ~ 2.0	0 ~ 5.0	—	200 ~ 450	23 ~ 43	15 ~ 25	20 ~ 42
			有	1.2 ~ 1.6	35 ~ 60	2.0 ~ 6.0	0 ~ 3.0	—	250 ~ 450	26 ~ 43	20 ~ 25	18 ~ 35
		立	无	0.8 ~ 1.2	45 ~ 60	0 ~ 2.0	0 ~ 3.0	—	100 ~ 150	17 ~ 21	10 ~ 15	—
			有	0.8 ~ 1.2	35 ~ 60	3.0 ~ 7.0	0 ~ 2.0	—	100 ~ 150	17 ~ 21	10 ~ 15	—
10 ~ 100	K	平	无	1.2 ~ 1.6	40 ~ 60	0 ~ 2.0	0 ~ 5.0	—	200 ~ 450	23 ~ 43	15 ~ 25	20 ~ 42
		立	无	0.8 ~ 1.2	45 ~ 60	0 ~ 2.0	0 ~ 3.0	—	100 ~ 150	17 ~ 21	10 ~ 15	—
		横	无	1.2 ~ 1.6	45 ~ 60	0 ~ 3.0	0 ~ 5.0	—	200 ~ 400	23 ~ 40	15 ~ 25	—
	X	平	无	1.2 ~ 1.6	45 ~ 60	0 ~ 2.0	0 ~ 5.0	—	200 ~ 450	23 ~ 43	15 ~ 25	20 ~ 42
		立	无	1.0 ~ 1.2	45 ~ 60	0 ~ 2.0	0 ~ 3.0	—	100 ~ 150	19 ~ 21	10 ~ 15	—
20 ~ 60	U	平	无	1.2 ~ 1.6	10 ~ 12	0 ~ 2.0	2.0 ~ 5.0	8.0 ~ 10	200 ~ 450	23 ~ 43	20 ~ 25	20 ~ 42
40 ~ 100	双 U	平	无	1.2 ~ 1.6	10 ~ 12	0 ~ 2.0	2.0 ~ 5.0	8.0 ~ 10	200 ~ 450	23 ~ 43	20 ~ 25	20 ~ 42

注：本表摘自《焊接手册　埋弧焊·气体保护焊·电渣焊·等离子弧焊》（第 2 版）（中国机械工程学会焊接学会编，机械工业出版社，2006 年）。

表 5-56b

碳钢的 CO_2 半自动焊和自动焊焊接参数(T 形接头)

母材厚度(mm)	坡口形式	焊接位置	有无垫板	焊丝直径(mm)	坡口或坡口面角度(°)	根部间隙(mm)	钝边(mm)	焊接电流(A)	电弧电压(V)	气体流量(L/min)	自动焊接速度(m/h)
1.0~2.0	I	平	无	0.5~1.2	—	0~0.5	—	40~120	18~21	6~12	18~35
		立	无	0.5~1.2	—		—	40~120	18~21	6~12	—
		横	无	0.5~0.8	—		—	35~100	16~19	6~12	—
2.0~4.5	I	平	无	0.8~1.6	—	0~1.0	—	100~230	20~26	10~15	20~30
		立	无	0.8~1.0	—		—	70~120	17~20	10~15	—
		横	无	0.8~1.6	—		—	100~230	20~26	10~15	—
5.0~6.0	I	平	无	0.8~1.6	—	0~2.0	—	200~450	23~43	15~25	20~42
		立	无	0.8~1.2	—	0~2.0	—	100~150	17~21	10~15	—
		横	无	0.8~1.6	—	0~2.0	—	200~450	23~43	15~25	—
50~60	V	平	无	1.2~1.6	40~60	0~2.0	0~5.0	200~450	23~43	15~25	20~42
			有	1.2~1.6	30~50	4.0~7.0	0~3.0	250~450	25~43	20~25	18~35
		立	无	0.8~1.2	45~60	0~2.0	0~5.0	100~150	17~21	10~15	—
			有	0.8~1.2	35~50	4.0~7.0	0~2.0	100~150	17~21	10~15	—
		横	无	1.2~1.6	40~50	0~2.0	0~5.0	200~400	23~40	15~25	—
			有	1.2~1.6	30~50	4.0~7.0	0~3.0	250~400	26~40	20~25	—
10~100	K	平	无	1.2~1.6	45~60	0~2.0	0~5.0	200~450	23~43	15~25	20~42
		立	无	0.8~1.2	45~60	0~2.0	0~3.0	100~150	17~21	10~15	—
		横	无	1.2~1.6	45~60	0~3.0	0~5.0	200~400	23~40	15~20	—

注:本表摘自《焊接手册　埋弧焊·气体保护焊·电渣焊·等离子弧焊》(第 2 版)(中国机械工程学会焊接学会编,机械工业出版社,2006 年)。

表 5-56c

碳钢的 CO_2 半自动焊和自动焊焊接参数(角接接头)

母材厚度(mm)	坡口形式	焊接位置	有无垫板	焊丝直径(mm)	坡口或坡口面角度(°)	根部间隙(mm)	钝边(mm)	焊接电流(A)	电弧电压(V)	气体流量(L/min)	自动焊接速度(m/h)
1~2	I	平	无	0.5~1.2	—	0~0.5	—	40~120	18~21	6~12	20~35
		立	无	0.5~0.8	—		—	35~80	16~18	6~12	—
		横	无	0.5~1.2	—		—	40~120	18~21	6~12	—
2~4.5	I	平	无	0.8~1.6	—	0~1.5	—	100~230	20~26	10~15	20~30
		立	无	0.8~1.0	—		—	70~120	17~20	10~15	—
		横	无	0.8~1.6	—		—	100~230	20~26	10~15	—
5~30	I	平	无	0.8~1.6	—	0~2.0	—	200~450	23~43	20~25	20~42
		立	无	0.8~1.2	—	0~1.0	—	100~150	17~21	10~15	—
		横	无	0.8~1.6	—	0~2.0	—	200~400	23~40	15~25	—
5~60	V	平	无	1.2~1.6	45~60	0~2.0	0~3.0	200~450	23~43	15~25	20~42
			有	1.2~1.6	30~50	2.0~7.0	0~3.0	200~450	26~43	20~25	18~35
		立	无	0.8~1.2	45~60	0~2.0	0~3.0	100~150	17~21	10~15	—
			有	0.8~1.2	35~50	4.0~7.0	0~2.0	100~150	17~21	10~15	—
		横	无	1.2~1.6	40~50	0~2.0	0~5.0	200~400	23~40	15~25	—
			有	1.2~1.6	30~50	2.0~7.0	0~3.0	250~400	26~40	20~25	—
	V	平	无	1.2~1.6	45~60	0~2.0	0~5.0	200~450	23~40	15~25	20~42
			有	1.2~1.6	35~60	2.0~6.0	0~3.0	250~450	26~43	20~25	18~35
		立	无	0.8~1.2	45~60	0~2.0	0~3.0	100~150	17~21	10~15	—
			有	0.8~1.2	35~60	3.0~7.0	0~2.0	100~150	17~21	10~15	—
10~100	K	平	无	1.2~1.6	40~60	0~2.0	0~5.0	200~450	23~43	15~25	20~42
		立	无	0.8~1.2	40~60	0~2.0	0~3.0	100~150	17~21	10~15	—
		横	无	1.2~1.6	40~60	0~3.0	0~5.0	200~400	23~40	15~25	—

注:本表摘自《焊接手册　埋弧焊·气体保护焊·电渣焊·等离子弧焊》(第2版)(中国机械工程学会焊接学会编,机械工业出版社,2006年)。

4. 电渣焊

1）概述

把电源的一端接在电极上，另一端接在焊件上，电流由电极经过具有一定导电性的熔渣质（渣池）再传到焊件上，由于熔渣电阻较大，电流通过时就产生大量的热，将渣池加热到很高温度（1 700～2 000℃）时，高温的渣池把热传给电极与焊件，使电极与渣池接触的焊件表面金属熔化。因液体金属的密度较熔渣大，故液体金属下沉形成金属熔池（图5-23），渣池始终浮于金属熔池上部，金属熔池由循环冷水冷却过的滑块强迫冷却凝固后，即形成焊缝。

2）电渣焊的类型

根据所用的电极形状不同，电渣焊可分为以下几种。

（1）丝极电渣焊。它是用焊丝作为熔化电极，根据焊件的厚度可用一根或多根焊丝。在焊接时，焊丝不断送入熔池熔化，作为填充金属。此法适用于中小厚度焊件和长焊缝的焊接。

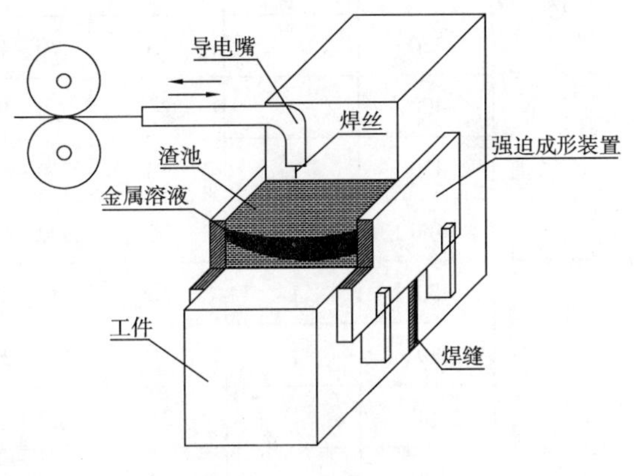

图5-23　电渣焊示意图

丝极电渣焊的主要规范参数有：焊接电压、焊接电流、渣池深度、接缝间隙、焊丝伸出长度、焊丝根数和间距、焊丝摆动速度和在两端停留时间等，在熔嘴电渣焊中还应增加熔嘴数及其间距。

这些规范参数对焊缝质量起着决定性的影响，规范参数的选择需考虑众多的因素。实际使用电流范围为400～700A，每根焊丝上的焊接电压常用范围是34～45V。最佳渣池深度为50～70mm。接缝间隙通常取28～32mm。最常用的焊丝直径是3mm。单丝不摆动可焊厚度极限是80mm，板厚超过70mm可采用双丝。焊件厚度超过120mm时，应采用三丝。

表5-57列出各种板材不同板厚直缝对接丝极电渣焊的焊接参数。

直缝丝极电渣焊的典型焊接参数　　表5-57

钢材牌号	焊件厚度（mm）	焊丝数目（根）	装配间隙（mm）	焊接电流（A）	送丝速度（m/h）	焊接电压（V）	渣池深度（mm）	焊接速度（m/h）
Q235 Q345 20，20g	50	1	30	520～550	270～290	43～47	60～65	≈1.5
	70	1	30	650～680	360～380	49～51	60～70	≈1.5
	100	1	33	710～740	400～420	50～54	60～70	≈1
	120	1	33	770～800	440～460	52～56	60～70	≈1
25 20MnMo 20MnSi 20MnV	50	1	30	350～360	150～160	42～44	45～55	≈0.8
	70	1	30	370～390	170～180	44～48	45～55	≈0.8
	100	1	33	500～520	260～270	50～54	60～65	≈0.7
	120	1	33	560～570	300～310	52～56	60～70	≈0.7

续上表

钢材牌号	焊件厚度(mm)	焊丝数目(根)	装配间隙(mm)	焊接电流(A)	送丝速度(m/h)	焊接电压(V)	渣池深度(mm)	焊接速度(m/h)
25 20MnMo 20MnSi 20MnV	370	3	36	560~570	300~310	50~56	60~70	≈0.6
	400	3	36	600~620	330~340	52~58	60~70	≈0.6
	430	3	38	650~660	360~370	52~58	60~70	≈0.6
	450	3	38	680~700	380~390	52~58	60~70	≈0.6
35	50	1	30	320~340	130~140	40~44	40~45	≈0.7
	70	1	30	390~410	180~190	42~46	45~55	≈0.7
	100	1	33	460~470	230~240	50~54	55~60	≈0.6
	120	1	33	520~530	270~280	52~56	60~65	≈0.6
	370	3	36	470~490	240~250	50~54	55~60	≈0.5
	400	3	36	520~530	270~280	50~55	60~65	≈0.5
	430	3	38	560~570	300~310	50~55	60~70	≈0.5
	450	3	38	590~600	320~330	50~55	60~70	≈0.5
45	50	1	30	240~280	90~110	38~42	40~45	≈0.5
	70	1	30	320~340	130~140	42~46	40~45	≈0.5
	100	1	33	360~380	160~180	48~52	45~50	≈0.4
	120	1	33	410~430	190~210	50~54	50~60	≈0.4
	370	3	36	360~380	160~180	50~54	45~55	≈0.3
	400	3	36	400~420	190~210	50~54	55~60	≈0.3
	430	3	38	450~460	200~240	50~55	50~60	≈0.3
	450	3	38	470~490	240~260	50~58	60~65	≈0.3

注:①接头形式为对接接头。

②本表摘自《焊工手册 埋弧焊·气体保护焊·电渣焊·等离子弧焊》(第2版)(中国机械工程学会焊接分会等编,机械工业出版社,2006年)。

(2)板极电渣焊。它是用板或棒极代替多根焊丝,设备简单,不需要横向摆动电极和送丝机构(板条可手动送给),只要板极材料与焊件相同即可。本法生产率高,但需要大功率焊接电源。要求板极长度约为焊缝长度的3.5倍。故焊缝长度不宜超过1.5m,本法适用于较小断面钢件焊接及焊补铸铁工件。

(3)熔嘴电渣焊。它是采用板极和丝极联合组成的电极。板极的形状与焊件断面相同,板极和焊件绝缘,板极上端接焊接电源,侧面开槽或附钢管,焊接时,焊丝通过钢管进入渣池,补充板极的不足,这种板极称为熔嘴,起着导电、填充金属和送进焊丝的导向作用,此类电渣焊设备简单,可焊接大断面的长焊缝和变断面的焊缝。可焊接厚度1m,焊缝长度10m的焊件。熔嘴电渣焊焊接条件见表5-58。

熔嘴电渣焊焊接条件 表 5-58

结构形式	工件材料	接头形式	工件厚度(mm)	熔嘴数目(个)	装配间隙(mm)	焊接电压(V)	焊接速度(m/h)	送丝速度(m/h)	渣池深度(mm)
非刚性固定结构	Q235A Q345 20	对接接头	80	1	30	40~44	≈1	110~120	40~45
			100	1	32	40~44	≈1	150~160	45~55
			120	1	32	42~46	≈1	180~190	45~55
		丁字接头	80	1	32	44~48	≈0.8	100~110	40~45
			100	1	34	44~48	≈0.8	130~140	40~45
			120	1	34	46~52	≈0.8	160~170	45~55
	25 20Mn 20MnSi	对接接头	80	1	30	38~42	≈0.6	70~80	30~40
			100	1	32	38~42	≈0.6	90~100	30~40
			120	1	32	40~44	≈0.6	100~110	40~45
			180	1	32	46~52	≈0.5	120~130	40~45
			200	1	32	46~54	≈0.5	150~160	45~55
		丁字接头	80	1	32	42~46	≈0.5	60~70	30~40
			100	1	34	44~50	≈0.5	70~80	30~40
			120	1	34	44~50	≈0.5	80~90	30~40
	35	对接接头	80	1	30	38~42	≈0.5	50~60	20~40
			100	1	32	40~44	≈0.5	65~70	30~40
			120	1	32	40~44	≈0.5	75~80	30~40
			200	1	32	46~50	≈0.4	100~120	40~45
		丁字接头	80	1	32	44~48	≈0.5	50~60	30~40
			100	1	34	46~50	≈0.4	65~75	30~40
			120	1	34	46~52	≈0.4	75~80	30~40
刚性固定结构	Q235A Q345 20	对接接头	80	1	30	38~42	≈0.6	65~75	30~40
			100	1	32	40~44	≈0.6	75~80	30~40
			120	1	32	40~44	≈0.5	90~95	30~40
			150	1	32	44~50	≈0.4	90~100	30~40
		丁字接头	80	1	32	42~46	≈0.5	60~65	30~40
			100	1	34	44~50	≈0.5	70~75	30~40
			120	1	34	44~50	≈0.4	80~85	30~40

续上表

结构形式	工件材料	接头形式	工件厚度(mm)	熔嘴数目(个)	装配间隙(mm)	焊接电压(V)	焊接速度(m/h)	送丝速度(m/h)	渣池深度(mm)
大断面结构	25 35 20MnMo 20MnS	对接接头	400	3	32	38 ~ 42	≈0.4	65 ~ 70	30 ~ 40
			600	4	34	38 ~ 42	≈0.3	70 ~ 75	30 ~ 40
			800	6	34	38 ~ 42	≈0.3	65 ~ 70	30 ~ 40
			1 000	6	34	38 ~ 44	≈0.3	75 ~ 80	30 ~ 40

注:①焊丝直径 3mm,熔嘴板厚为 10mm,熔嘴管尺寸为 φ10mm × 2mm,熔嘴尺寸须按要求选定。

②本表摘自《焊接手册 第 1 卷 焊接方法及设备》(第 3 版)(中国机械工程学会焊接学会编,机械工业出版社,2007 年)。

(4)气电渣焊。它是气渣联合保护的自动立焊法。填充金属是 φ2.0 ~ 3.2mm 的管状焊丝。焊件可不开坡口,留间隙 18 ~ 22mm,可焊接 12 ~ 75mm 厚度的焊件,板厚大于 30mm 时,焊丝需作摆动。焊接设备与丝极电渣焊设备相近,采用直流频特性电源,反接,气电渣焊特点是引弧容易,接弧处不易产生缺陷,接头性能比电渣焊好,焊后或经过 650℃消除应力处理,就可以应用到工程上。

5. 等离子弧焊

1)概述

等离子弧焊接的热源是高能量密度的等离子弧。它的高能量密度是由于电弧通过水冷喷嘴造成机械压缩效应和在电弧外围通入冷却气体强烈冷却弧柱使之导电截面大大减小,造成热收缩效应,以及电磁场的作用使弧柱截面进一步收缩,进而造成电磁收缩效应而获得的。等离子焰流的流速可达 30 ~ 1 000m/s,弧柱中心温度可达 15 000 ~ 30 000℃。等离子弧发生装置如图 5-24 所示。

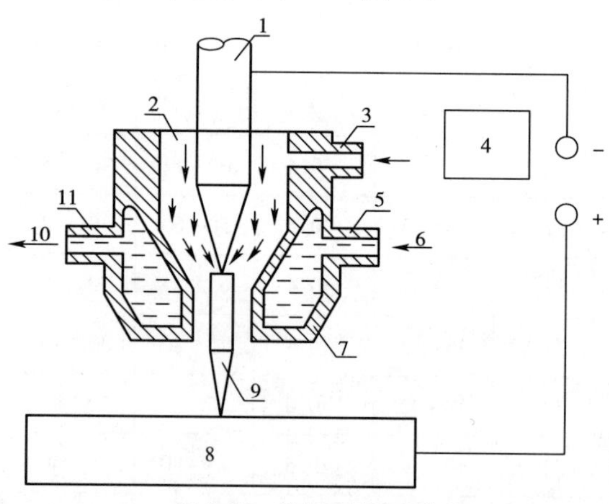

图 5-24 等离子弧发生装置

1-钨极;2-气流;3-进气管;4-振荡器;5-进水管;6-进水;7-喷嘴;8-焊件;9-等离子弧;10-出水;11-出水管

按焊透的程度不同,等离子弧焊接可分为熔透与穿透两类。前者主要靠熔池的热传导熔化待焊截面,多用于 3mm 以下的薄板焊接,后者则靠强动的等离子焰流的高能量密度的加热和它的动能穿透整个待焊截面,多用于厚度为 3 ~ 12mm 的板材焊接。

2)等离子弧焊接特点

(1)焊缝质量高,因热源能量密度大,热量集中,焊件加热范围小,焊接速度快,故焊缝收缩小,引起的焊接变形和焊接应力小,用穿透方式焊接时,可获得单面焊双面成形的优质焊缝。

(2)有良好的电弧稳定性,因等离子弧电离程度极高,故放电过程稳定。当弧长变化时,电弧电压与焊接电流变化都较小,因此,可用较大电流(100 ~ 350A)焊 2 ~ 12mm 厚的工件,也可用较小的电流(0.1 ~ 0.5A)焊 0.01 ~ 0.5mm 厚的薄件。

(3)生产率高,因焊透能力强,不开坡口一次可焊透 12mm 以下的不锈钢板材,并可达到单面焊双面成形的效果。

(4)装配精度要求不高,便于生产使用。

3)等离子弧焊接的应用范围

适用于焊接高熔点的合金钢、不锈钢、钛及钛合金、镍及镍合金、低合金钢、低碳钢等,铜、钨、钼、钛等金属也可焊接。上述金属一次焊接的厚度如表5-59所示。

等离子弧一次焊接厚度(单位:mm) 表5-59

材　料	不锈钢	钛及钛合金	镍及镍合金	低合金钢	低碳钢
焊接厚度范围	≤8	≤12	≤6	≤7	≤8

注:本表摘自《焊接手册　第1卷　焊接方法及设备》(第3版)(中国机械工程学会焊接学会编,机械工业出版社,2007年)。

4)等离子弧焊接工艺参数

表5-60是小孔型等离子弧焊接工艺参数。

小孔型等离子弧焊焊接参数参考值 表5-60

材料	厚度(mm)	接头形式及坡口形式	电流(直流正接)(A)	电弧电压(V)	焊接速度(cm/min)	气体成分	气体流量(L/min)		备注
							离子气	保护气体	
碳钢和低合金钢①	3.2(1010)	I形对接	185	28	30	Ar	6.1	28	小孔技术
	4.2(4130)	I形对接	200	29	25	Ar	5.7	28	小孔技术
	6.4(D6ac)	I形对接	275	33	36	Ar	7.1	28	小孔技术②
不锈钢③	2.4	I形对接	115	30	61	Ar95% + $H_2$5%	2.8	17	小孔技术
	3.2	I形对接	145	32	76	Ar95% + $H_2$5%	4.7	17	小孔技术
	4.8	I形对接	165	36	41	Ar95% + $H_2$5%	6.1	21	小孔技术
	6.4	I形对接	240	38	36	Ar95% + $H_2$5%	8.5	24	小孔技术
	9.5								
	根部焊道	V形坡口④	230	36	23	Ar95% + $H_2$5%	5.7	21	小孔技术
	填充焊道		220	40	18		11.8	83	填充丝⑤
钛合金⑥	3.2	I形对接	185	21	51	Ar	3.8	28	小孔技术
	4.8	I形对接	175	25	33	Ar	8.5	28	小孔技术
	9.9	I形对接	225	38	25	He75% + Ar25%	15.1	28	小孔技术
	12.7	I形对接	270	36	25	He50% + Ar50%	12.7	28	小孔技术
	15.1	V形坡口⑦	250	39	18	He50% + Ar50%	14.2	28	小孔技术

续上表

材料	厚度(mm)	接头形式及坡口形式	电流(直流正接)(A)	电弧电压(V)	焊接速度(cm/min)	气体成分	气体流量(L/min)		备注①
							离子气	保护气体	
铜和黄铜	2.4	I 形对接	180	28	25	Ar	4.7	28	小孔技术
	3.2	I 形对接	300	33	25	He	3.8	28	一般熔化技术⑧
	6.4	I 形对接	670	46	51	He	2.4	28	一般熔化技术
	2.0(Cu70-Zn30)	I 形对接	140	25	51	Ar	3.8	28	小孔技术③
	3.2(Cu70-Zn30)	I 形对接	200	27	41	Ar	4.7	28	小孔技术③

注:①碳钢和低合金焊接时喷嘴高度为 1.2mm;焊接其他金属时喷嘴高度为 4.8mm;采用多孔喷嘴。

②预热到 316℃;焊后加热到 399℃;保温 1h。

③焊缝背面须用保护气体保护。

④60°V 形坡口,钝边高度 4.8mm。

⑤直径 1.1mm 的填充金属丝,送丝速度 152cm/min。

⑥要求采用保护焊缝背面的气体保护装置和带后拖的气体保护装置。

⑦30°V 形坡口,钝边高度 9.5mm。

⑧采用一般常用的熔化技术和石墨支撑衬垫。

⑨本表摘自《焊接手册 第 1 卷 焊接方法及设备》(第 3 版)(中国机械工程学会焊接学会编,机械工业出版社,2007 年)。

6. 接触焊

接触焊可分为点焊、凸焊、缝焊和对焊等。其中用于钢筋的点焊与对焊可参见本书第二章。接触焊的其他应用范围可参见本节“焊接与切割设备”中的 4 种接触焊机。现将常用的几种接触焊工艺介绍如下。

1)点焊

点焊的电极与焊件,焊件与焊件的接触面均应清洁无污锈。各种钢材可用酸洗、喷砂或机械法。不锈钢可用电抛光。点焊的工艺参数应使熔核直径等于焊件的厚度的两倍加 3mm,高度等于焊件厚度的 35% ~70%,焊点表面的压坑深度不超过焊件厚度的 10% ~20%。

焊件的加热和熔化速度主要由焊接电流大小和通电时间决定。一般采用大电流、短时间和压坑深度小的焊接参数,可使热影响区小、焊件变形小、电极磨损慢、电能损耗小、生产率高,但要求电功率大并控制准确,否则容易产生飞溅。

电极压力应能保证顺利通电和消除焊点的疏松或裂缝。压力稍大能使焊点质量稳定。但压力过大,将使焊件电阻变小,从电极散失的热量将增加,需加大焊接电流或通电时间。一般强度较高的母材,较厚的焊件应采用较大的电极压力。

点焊除用于钢筋交叉点的焊接外,可用于焊接钢丝网(如砂石筛网)和骨架结构。

低碳钢的含碳率低于 2.5%,其电阻率适中,需要的焊剂功率不大;塑性温度区宽,易于获得所需的塑性变形，而不必使用很大的电极压力；碳与微量元素含量低，无高熔点氧化物，一般不产生淬硬组织和夹杂物。结晶温度区间窄，高温强度低，热膨胀系数小，因而开裂倾向小。这类钢具有良好的焊接性，其焊接电流、电极压力和通电时间等焊接参数具有较大的调节范围。表 5-61 是美国 RWMA 推荐的低碳钢点焊的焊接条件，可供参考。

低碳钢点焊的焊接条件 表 5-61

板厚(mm)	截锥形电极尺寸		A 级			B 级			C 级		
	d (mm)	*D* (mm)	焊接时间(周)	电极压力(kN)	焊接电流(kA)	焊接时间(周)	电极压力(kN)	焊接电流(kA)	焊接时间(周)	电极压力(kN)	焊接电流(kA)
0.4	3.2	12	4	1.18	5.4	7	0.74	4.4	17	0.39	0.35
0.5	3.5	12	5	1.32	6.0	9	0.88	5.0	20	0.44	0.39
0.6	4.0	12	6	1.47	6.6	11	0.98	5.5	23	0.49	0.43
0.8	4.5	12	7	1.72	8.0	13	1.18	6.4	25	0.69	0.50
1.0	5.0	12	8	2.16	9.0	17	1.47	7.2	30	0.83	0.56
1.2	5.5	12	10	2.70	10.0	19	1.72	8.0	33	0.98	0.61
1.4	6.0	12	12	3.14	10.8	22	1.96	8.6	38	1.18	0.66
1.6	6.3	12	13	3.63	11.6	25	2.26	9.2	43	1.32	0.71
1.8	6.7	16	15	4.22	12.5	28	2.55	9.8	45	1.52	0.76
2.0	7.0	16	17	4.71	13.2	30	2.94	10.4	48	1.72	0.80
2.3	7.6	16	20	5.59	14.4	37	3.24	11.0	54	1.96	0.86
2.8	8.5	16	24	6.87	16.0	43	4.22	12.4	60	2.26	0.95
3.2	9.0	16	27	8.04	17.4	50	4.71	13.2	65	2.80	10.2
3.6	9.5	20	34	9.02	18.4	60	5.30	14.0	85	3.09	10.8
4.0	10	20	42	10.2	19.8	75	5.98	15.0	129	3.53	11.3
5.0	11.2	20	58	13.5	22.4	100	7.65	16.8	175	4.32	12.7

注：①单相交流电源 50Hz。

②当焊机容量足够大时，应选用 A 级条件，容量不足时，选用 B 级或 C 级条件。

③本表摘自《焊接手册　第 1 卷　焊接方法及设备》（第 3 版）（中国机械工程学会焊接学会编，机械工业出版社，2007 年）。

2）凸焊

凸焊与点焊的差别在于，凸焊的工件上需要预制一定形状和尺寸的凸点，焊接过程中电流的通路大小取决于凸点尺寸，而不像点焊那样决定于电极端面尺寸。因此，凸焊电极的端面尺寸可以做得很大，电极中电流密度可以更低，从而可选用强度更高而导电性稍差的电极材料。

凸焊主要用于焊接低碳钢和低合金钢的冲压件。凸焊的种类很多，除板件凸焊外，还有螺母、螺钉类零件的凸焊，线材交叉凸焊，管子凸焊和板材 T 形凸焊等。板材凸焊最适宜的厚度为 0.5 ~4mm，焊接更薄的板件时，凸点设计要求严格，需要随动性极好的焊机。因此厚度小于 0.25mm 的板件更适宜于采用点焊。

凸焊前，应将焊件之一在焊接处冲好焊点，焊后，凸点被压平。

连接形式与点焊相同。凸点使电流密集，可同时焊多点，能用于多点焊无法进行的场合(如焊点密集、电极无法布置),也可焊不等厚件。常用于低碳钢焊接的大量生产。为保证各点加热均匀,凸点高度差应不大于±1mm。各凸点间及凸点到工件边缘的距离,不应小于$2D$。凸点也可为环状。不等厚件凸焊时,凸点应设在厚板上,但两板的厚度比超过3:1时,凸点应设在薄板上。

焊接电流可按各点电流总和的2/3,电极压力按多点(按不通电时凸点压下不超过10%为准)总和的1.5倍计算。通电时间则为焊一个点的通电时间。单点电极压力:板厚1mm时为0.5~0.8kN,5mm时为5~6kN。单点通电时间为2.5s。焊件厚度大于3mm时,可多次通电(3~5次),每次通电0.04~0.08s,间隔0.06~0.2s,以防止个别点过热。

焊每一个凸点所需的电功率按厚度不同,大致为40~50kV·A(焊件厚1mm),80~100kV·A(焊件厚3mm)。

3)缝焊

缝焊是用一对滚轮电极代替点焊的圆柱形电极,窄焊接过程中滚轮压紧工件,滚轮转动驱动工件运动,同时,滚轮向工件馈送连续或断续的焊接电流,从而形成一个个熔核相互搭叠的密封焊缝的焊接方法。缝焊广泛应用于油桶、罐头罐、暖气片、飞机和汽车的油箱,以及航空发动机、火箭、导弹中的密封容器的薄板焊接。

缝焊工艺与点焊相似,仅工艺参数多一个焊接速度,以及与此有关的休止时间,以决定各焊点的中心距。低合金钢、低碳钢密封缝焊工艺参数见表5-62和表5-63。

低合金钢(30CrMnSiA)缝焊的焊接条件 表5-62

板厚(mm)	滚轮宽度(mm)	电极压力(kN)	时间(周)		焊接电流(kA)	焊接速度(cm/min)
			焊接	休止		
0.8	5~6	2.5~3.0	6~7	3~5	6~8	60~80
1.0	7~8	3.0~3.5	7~8	5~7	10~12	50~70
1.2	7~8	3.5~4.0	8~9	7~9	12~15	50~70
1.5	7~9	4.0~4.5	9~10	8~10	15~17	50~60
2.0	8~9	5.5~6.5	10~12	10~13	17~20	50~60
2.5	9~11	6.5~8.0	12~15	13~15	20~24	50~60

注:①滚轮直径为150~200mm。

②本表摘自《焊接手册 第1卷 焊接方法及设备》(第3版)(中国机械工程学会焊接学会编,机械工业出版社,2007年)。

4)对焊

对接电阻焊(简称对焊)是利用电阻热将两工件沿整个端面同时焊接起来的一种焊接方法。

对焊一般分为电阻对焊和闪光对焊两种形式。关于钢筋的对焊可详见本书第二章钢筋。本节只简介钢管与钢带对焊工艺。

(1)电阻对焊:电阻对焊是将两工件夹在导电夹具内,加上电压使电流通过工件,利用电阻热将焊接区加热至塑性状态,然后迅速施加顶锻压力完成焊接的方法。其接头质量受焊前接头清理程度的影响较大,而且接头强度较低,冲击韧性差,要求焊机功率大,故应用受到限制。

低碳钢搭接缝焊的焊接条件(气密性接头) 表 5-63

板厚(mm)	滚轮尺寸(mm)			电极压力(kN)		最小搭接量(mm)		高速焊接				中速焊接				低速焊接			
	最小 w	标准 w	最大 W	最小	标准	对应最小 w	对应标准 w	焊接时间(周)	休止时间(周)	焊接电流(kA)	焊接速度(cm/min)	焊接时间(周)	休止时间(周)	焊接电流(kA)	焊接速度(cm/min)	焊接时间(周)	休止时间(周)	焊接电流(kA)	焊接速度(cm/min)
0.4	3.7	5.3	11	2.0	2.2	7	10	2	1	12.0	280	2	2	9.5	200	3	3	8.5	120
0.6	4.2	5.9	12	2.2	2.8	8	11	2	1	13.5	270	2	2	11.5	190	3	3	10.0	110
0.8	4.7	6.5	13	2.5	3.3	9	12	2	1	15.5	260	3	2	13.0	180	2	4	11.5	110
1.0	5.1	7.1	14	2.8	4.0	10	13	2	2	18.0	250	3	3	14.5	180	2	4	13.0	100
1.2	5.4	7.7	14	3.0	4.7	11	14	2	2	19.0	240	4	3	16.0	170	3	4	14.0	90
1.6	6.0	8.8	16	3.6	6.0	12	16	3	1	21.0	230	5	4	18.0	150	4	4	15.5	80
2.0	6.6	10.0	17	4.1	7.2	13	17	3	1	22.0	220	5	5	19.0	140	6	6	16.5	70
2.3	7.0	11.0	17	4.5	8.0	14	19	4	2	23.0	210	7	6	20.0	130	6	6	17.0	70
3.2	8.0	13.6	20	5.7	10.0	16	20	4	2	27.0	170	11	7	22.0	110	6	6	20.0	60

注:①w 为滚轮接触面宽度,W 为滚轮厚度。

②本表摘自《焊接手册 第1卷 焊接方法及设备》(第3版)(中国机械工程学会焊接学会编,机械工业出版社,2007年)。

低碳钢电阻对焊的工艺参数：电流密度为20～60A/mm²；通电时间为0.5～15s；顶锻压力为15～30MPa。顶锻留量为1.5～2.5mm（焊件直径为4～10mm时），伸出长度为焊件直径的0.5～1.0倍。

（2）闪光对焊：闪光对焊可分为连续闪光对焊和预热闪光对焊。连续闪光对焊由闪光阶段和顶锻阶段组成。预热闪光对焊只是在闪光前先经断续的电流脉冲加热工件，然后再进入闪光和顶锻阶段。闪光对焊时，被加热到高温的金属微粒强烈氧化，使间隙中含氧量降低，空气难以进入，因而接头质量较高，焊前不需要清理，除对焊各种直径的钢筋外，可焊宽度2m，厚度1.5～3mm的板材，和直径达500mm的钢管以及钢轨的焊接。

闪光对焊的主要工艺参数有：伸出长度、闪光电流、闪光留量、闪光速度、顶锻留量、顶锻速度、顶锻电流、夹钳夹持力等。预热闪光对焊时尚有预热参数。

焊接电流与焊件材料、焊件大小、工艺方法等因素有关。一般导电导热好、易氧化的材料，要求烧化速度快，焊件断面大的焊件，焊接电流要求大，连续闪光焊所需电流比预热闪光焊时要大。工频交流闪光对焊低碳钢所需电功率按焊件断面形状不同，一般为0.1～0.2kV·A/mm²。

闪光留量、顶锻留量与焊件断面大小有关，低碳钢棒材闪光对焊的时间和留量如表5-64所示。

低碳钢棒材闪光对焊的时间和留量 表5-64

工件直径(mm)	预热闪光对焊					连续闪光对焊			
	留　量(mm)			时　间(s)		留　量(mm)			时间(s)
	总留量	预热与闪光	顶锻	预热	闪光与顶锻	总留量	闪光	顶锻	
5	—	—	—	—	—	6	4.5	1.5	2
10	—	—	—	—	—	8	6.0	2.0	3
15	9	6.5	2.5	3	4	13	10.5	2.5	6
20	11	7.5	3.5	5	6	17	14	3.0	10
30	16	12	4.0	8	7	25	21.5	3.5	20
40	20	14.5	5.5	20	8	40	35.5	4.5	40
50	22	15.5	6.5	30	10	—	—	—	—
70	26	19	7.0	70	15	—	—	—	—
90	32	24	8.0	120	20	—	—	—	—

注：本表摘自《焊接手册　第1卷　焊接方法及设备》（第3版）（中国机械工程学会焊接学会编，机械工业出版社，2007年）。

焊件伸出夹钳长度：除了保证必要的留量外，要能调节温度场的分布。一般伸出量为(0.75～1)d(d为圆断面直径)。

顶锻压力、顶锻速度：顶锻压力的大小决定于焊件材料的高温强度与焊件上的温度场。一般低碳钢和低合金钢焊件在连续闪光对焊时的顶锻压力为40～70MPa；在预热闪光对焊时的顶锻压力为30～40MPa。预锻速度要求越快越好，对于易氧化的材料焊件则要求更快些。表5-65是碳素钢和合金钢闪光对焊工艺参数的参考值。

碳素钢和合金钢闪光对焊工艺参数的参考值 表5-65

类别	平均闪光速度(mm/s)		最大闪光速度(mm/s)	顶锻速度(mm/s)	顶锻压强(MPa)		焊后热处理
	预热闪光	连续闪光			预热闪光	连续闪光	
低碳钢	1.5~2.5	0.8~1.5	4~5	15~30	40~60	60~80	不需要
低碳钢及低合金钢	1.5~2.5	0.8~1.5	4~5	≥30	40~60	100~110	缓冷、回火
高碳钢	≤1.5~2.5	≤0.8~1.5	4~5	15~30	40~60	110~120	缓冷、回火
珠光体高合金钢	3.5~4.5	2.5~3.5	5~10	30~150	60~80	110~180	回火、正火
奥氏体钢	3.5~4.5	2.5~3.5	5~8	30~160	100~140	150~220	一般不需要

注:本表摘自《焊接手册 第1卷 焊接方法及设备》(第3版)(中国机械工程学会焊接学会编,机械工业出版社,2007年)。

7.钎焊

按照本节二第5项使用适宜的钎料和钎剂(熔剂),可以用钎焊焊接碳钢、合金钢、不锈钢、铸铁和各种有色金属及其合金。

1)钎接接头形式

可分为对接、搭接、斜对接3种。对接接头的强度比焊件(母材)低,受力时常沿钎缝破坏,只用于不重要的或低负荷的零件;搭接接头在钎焊中应用较广,钎料能较充分地发挥毛细管作用,较完全地填满间隙,并可改变搭接长度(一般为板厚的2~5倍),使钎缝与焊件强度相等。斜对接接头兼有对接和搭接的优点。

2)钎焊的种类

根据热源和加热方式不同,钎焊分为烙铁法、火焰法、电阻热法、高频感应热法、炉热法、浸沾法等。

(1)烙铁法:一般采用电烙铁,温度较低,适用于钎焊温度低于300℃的软钎料(锡铅或铅基钎料),宜焊薄件小件,焊时需焊剂。

(2)火焰法:一般采用气焊焊炬加热,常用氧—乙炔焰。本法设备简单、通用性好,手工操作时生产率低并要求操作技术高。适用于钎焊焊件形状复杂或限于设备不能使用其他方法钎焊的工件,本法需用钎料。

(3)电阻热法:利用较大电流通过焊件时所产生的电阻热来加热焊件进行钎焊。本法加热快、生产率高,可在钎焊机上进行,常用于钎焊刀具、电器触头、导线端头、仪表元件等。本法焊剂使用钢磷钎料时,可不用钎剂。

(4)高频感应热法:加热快、生产率高,宜采用熔化温度范围小的钎料,如银基、铜基钎料。适宜于焊件形状对称的管接头、法兰接头、一字形、十字形钻头等。

(5)炉热法:炉温易于控制、加热均匀、焊件整体加热、变形小;可同时焊多工件,适于大量生产、成本低,故用途广。

(6)浸沾法:将熔融状态的盐浴槽作为热源,加热快、生产率高,当设备能力大时,可同时焊多工件。主要用于软钎料焊钢、铜和合金,特别适于焊缝多的复杂工如自行车架、散热器等。

3)钎焊工艺

(1)焊件设备:应用机械法或化学法清除焊件表面的氧化膜。

(2)装配间隙:钎焊间隙应适中。过大或过小都影响毛细管作用而使焊缝强度降低。间隙大小与钎焊方法、钎料种类、钎剂特点、钎焊温度、钎焊时间、钎焊金属有关,一般为0.05~0.15mm。

(3)钎焊温度:一般高于钎料熔点25~50℃。提高温度可使焊件金属与钎料之间的作用增强,但温度过高会产生过烧和熔蚀等缺陷。

(4)保温时间:应使焊件金属与钎料发生足够的作用。选择保温时间应考虑钎料与基本金属作用的强弱,作用强的保温可短些,弱的应长些;间隙大的保温应长些;焊件尺寸大的保温应长些。

(5)加热速度:与焊件尺寸、导热性及钎料的成分有关。一般是焊件尺寸小;导热性好或钎料内含易蒸发元素多时,加热速度应尽量快些。

8. 堆焊

堆焊是在部件、零件表面或边缘焊敷耐磨、耐蚀或特殊性能的金属层,以制造双层金属部件或修复外形已磨蚀的零件的工艺方法。堆焊在公路施工上常用于焊补推土机刀片、履带板、破碎机颚板、搅拌机叶片、螺旋送料机螺叶、钻孔钻锥、铁轨道岔、挖抛机斗齿等。

堆焊焊条和焊丝可按表5-17和表5-21选择。

凡用金属熔化进行焊接的方法都可用于堆焊。

1)氧—乙炔焰堆焊

用焊丝填充堆焊时,其熔敷效率为0.45~2.7kg/h,用焊粉填充堆焊时,其熔敷效率为0.45~6.8kg/h,它们的最小堆焊厚度均为0.8mm,本法使用设备简单、成本低、堆焊层表面平滑,但要求焊工操作技术高、劳动强度大,适于堆焊批量不大的小型工件。

2)手工电弧堆焊

熔敷效率为0.7~4.2kg/h,最小堆焊厚度2.4mm。用于堆焊形状不规则和修补各种工作,堆补时应注意焊速和运条方法。

3)单丝埋弧堆焊

熔敷效率4.8~8.1kg/h,最小堆焊厚度为3.2mm。堆焊时应尽量减小熔深。可采用增加电压、降低电流、减小焊速、采用下坡焊、焊丝后倾、增加焊丝直径等工艺措施。

4)多丝埋弧堆焊

可分为串列双丝双弧堆焊、并列多丝单熔池堆焊和串联电弧埋弧堆焊。它们的熔敷效率可达11~16kg/h,最小堆焊厚度为4.5mm。

5)带极埋弧电焊

一般用厚0.4~0.6mm金属带堆焊,熔敷效率可达12~36kg/h,最小堆焊厚度为3mm;熔深浅而均匀,焊道宽且外形美观,设备可采用自动埋弧焊机改装。电源宜用直流反接。

6)振动堆焊

振动堆焊是将焊丝在送进的同时按一定频率振动,造成焊丝与工件周期性地短路、放电,使焊丝在较低电压(12~20 V)熔化并稳定均匀地堆焊到焊件表面。设备可采用UN-300-1型自动振动堆焊机,焊丝可按表5-20选择,直径1.2~1.6mm,送丝速度0.75~1.7m/min,振动频率为100r/s,振动幅度1.2~2.5mm。适用于堆焊汽车、拖拉机小直径轴类,还可用于修复铸铁零件。

9. 摩擦焊

1)摩擦焊的优点

(1)可焊接的金属范围广,可焊接非金属材料如塑料,并可将异种金属进行焊接。

(2)焊接表面不易氧化,接头组织细密,不易产生气孔、裂缝等缺陷,较易得到与母材相等的接头。

(3)焊接质量较稳定,容易实现工艺参数及质量的自动控制。

(4)由于被加热金属薄层体积很小,加热的整个周期长根据材料性质和被焊工件断面尺寸一般只需几秒至几十秒钟,故生产率高。

(5)摩擦焊加热金属的体积小,因此,消耗的能量与功率比接触对焊少 80% ~90%。焊件材料损耗少。

(6)摩擦焊在一般情况下不要求接头表面加工光洁和精确,允许稍有污锈。

(7)焊后焊件的尺寸精度及几何精度高,可作为加工后的精密装配焊。

(8)工艺卫生条件好,不产生紫外线,不产生有害气体,不产生温度很高的金属飞溅,便于放在机械加工车间使用。

由于上述优点,在圆形式管形工件的对焊上,有逐步取代闪光焊的趋势。

2)摩擦焊的接头形式和应用

在旋转运动中的摩擦焊接,要求焊接的工件中有一个是旋转体(圆棒或管子),而它的中心轴要与旋转运动体的轴重合。因此,圆棒与圆棒的对接,管子与管子的对接,圆棒与管子的对接,圆棒或管子与具有平面的工件(如法兰)对接等接头均可使用摩擦焊接法。根据工件的形状和尺寸应选择适当的夹具。

目前,实心焊件断面直径为 2 ~100mm,管形焊件最大直径可达几百毫米。可应用于锅炉制造业中各种管子的焊接,土木建筑业的钢筋焊接,铜铝导线的对焊,钻杆焊接和汽车轴套、圆柄刀具等的焊接。

3)焊接工艺

大多数碳钢与碳钢焊接时,焊接工艺参数一般为:摩擦压力 41 ~103MPa;顶锻压力 100 ~400MPa,焊机转速 600 ~2 370r/min;摩擦时间 1 ~40s,顶锻速度一般为 10 ~40mm/s;制动时间即工作从转速 n 降到零的时间通常为 0.1 ~1s。

七、常用金属材料的焊接工艺

1. 碳素钢的焊接

1)碳钢的焊接特点

钢的含碳量为 0.1% ~0.25% 时,称为低碳钢,含碳量为 0.25% ~0.6% 时,称为中碳钢,含碳量大于 0.6% ~2% 时,称为高碳钢。

低碳钢的可焊性好、塑性好,焊缝不易出现裂纹、焊前不需预热(寒冷地区焊接刚性较大部件时,宜将部件加热至 100 ~200℃)。

中碳钢的可焊性较低碳钢差,主要是在基本金属近缝区容易产生低塑性的淬硬组织。钢中含碳量愈高,工件厚度愈大,则淬硬倾向也愈大。如焊条或焊接规范参数选用不当,焊件在焊后冷却至 300℃ 以下时,容易沿热影响区的淬硬区产生冷裂纹。

2)低碳钢焊接

几乎各种焊接方法都可适用于焊接低碳钢,只要正确地选择焊接材料(焊条、焊丝、焊剂等)和焊接工艺,就可以得到优质的焊接接头。一般低碳钢的焊接可采用酸性焊条,但焊接大厚度工件、大刚度结构以及在低温条件下施焊时,需考虑采用碱性焊条。

低碳钢经常采用的手工电弧焊和埋弧自动焊的焊接材料见表5-14,并可参考表5-11和表5-12。

焊接低碳钢的焊条或焊剂应在焊前按照说明的要求烘干;焊件的坡口及其附近应仔细清除铁锈及油污,以避免出现裂纹。当母材含碳量接近上限(0.21% ~0.25%)时,遇到焊接角焊缝,对接多层焊的第一道,整个板厚焊透的单层单面焊缝、大间隙对接焊的第一道焊缝等情况时,应注意在工艺上避免使用窄而深的焊缝,并采用碱性低氢型焊条,以免出现热裂缝。

在-10℃以下的严寒天气,露天焊接低碳钢大刚度结构时,应适当考虑焊前预热。

低碳钢弧焊的各种焊接规范参数,对热影响区的性能无较大影响,但仍应避免接头严重过热。

沸腾钢含氧量较高,化学成分不均匀,钢板厚度中心有显著偏析带,焊接时易产生裂缝,故其焊接接头一般不宜用于承受动荷载,或用于严寒下工作的重要结构。

3)中碳钢和高碳钢焊接

其可焊性较差,焊缝易产生气孔和热裂纹,近焊缝处易产生淬硬组织和冷裂。焊接接头的塑性及抗疲劳强度均较低。可采取如下措施。

(1)尽可能采取碱性低氢焊条,在某些情况下也可选用钛铁矿型或钛钙型焊条。

(2)采取焊件预热措施。预热温度取决于焊件的含碳量、焊件的大小和厚度,选用小焊条类型和焊接规范参数等。一般钢号25~45时,预热温度应为50~200℃,并采用低氢型焊条,为消除接头应力,应采用600~650℃温度进行回火。

(3)焊接工艺措施为坡口尽量开成U形;用气割或碳弧气刨开坡口,应预热或放慢切割速度;在不允许预热时,可采用铬镍不锈钢焊条;不论采用何种焊条,均应使用小电流,慢焊速和多层焊;焊后尽可能减慢冷却速度;可采用锤击焊缝的方法,以减少焊接残余应力;焊补大型中碳钢结构,预热有困难时,也可采用碱性低氢焊条(结507)进行不预热焊接,但应采取立焊或立焊位置,把焊条作横向摆动,摆动幅度取焊条直径的5~8倍。

2. 低合金钢的焊接

低合金钢一般按屈服强度 σ_s 分级:σ_s 为300~400MPa时,称为普通低合金钢;σ_s 为450~800MPa时,称为低合金高强度钢。普通低合金钢的韧性好,碳当量低,可焊性好。一般不需采取特殊工艺措施,只是在厚板、接头拘束度高以及低温下焊接时,为防止冷裂缝,应注意制订正确焊接工艺。对于低合金高强度钢,则焊接时在热影响区将发生淬硬倾向;在焊缝金属和热影响区产生冷裂缝;某些类型的低合金高强度钢,还具有热裂缝倾向、热影响区微裂缝倾向、再热裂缝倾向和层状撕裂倾向。

低合金钢常用的焊接方法有手工电弧焊、埋弧自动焊及 CO_2 气体保护焊等。

(1)低合金钢常用焊接方法的焊接材料选择如表5-66所示,并可参考表5-12、表5-13、表5-18和表5-21。

低合金钢常用焊接方法焊接材料选择 表 5-66

屈服强度 σ_s (MPa)	钢 号	手工弧焊电焊条		埋弧自动焊		电 渣 焊		CO_2 气体保护焊焊丝
		牌号	国标型号	焊丝	焊剂	焊丝	焊剂	
295	09Mn2、09MnNb、09MnV、12Mn	J422、J423 J426、J427	E4313、E4301 E4320、E4311	H08A H08MnA	HJ431 HJ430			H08MnSi
345	16Mn 16MnRe 14MnNb	J502 J506 J507	E5016、E5015	H08A H08Mn2 H10MnSi H10Mn2 H6MnNiA	HJ431 HJ430 SJ402 SJ301 SJ201	H08MnMoA H10MnSi H10Mn2	HJ360 HJ431	H08Mn2Si H08Mn2SiA
390	15MnV 15MnTi 14MnMoNb	J506 J507 J556 J557	E5016 E5015 E5516 - G E5515 - G	H08MnA H10MnSi H10Mn2 H08MnMoA	HJ431 HJ430 SJ301 SJ201 HJ350	H08Mn2MoVA H10MnMo	HJ360 HJ431	H08Mn2Si H08Mn2SiA (Ar80% + $CO_2$20%) (数字为体积分数)
440	15MnVN 14MnVTiRe HQ60 CF60	J556、J557 J606、J607 J607G	E5516 E5515 E6016 - D1 E6015 - D1	H08MnMoA H10Mn2 H10Mn2Si H08MnMoTi	HJ431 HJ360	H10Mn2MoVA	HJ360 HJ431	H08Mn2SiA H08Mn2SiMo HS60
490	18MnMoNb 14MnMoV	J607 J707	E6015 - D1 E7015 - D2	H08Mn2MoA H08Mn2MoVA H08Mn2NiMo	HJ360 HJ431	H10Mn2MoVA H10MN2MoA H10MN2NiMoA	HJ360 HJ431	
540	14MnMoVB	J607 J707	E6015 - D1 E7015 - D2	H08Mn2MoVA H10MnMoVA	HJ250 SJ101 HJ350			

注:①本表摘自《焊接手册 手工焊接与切割》(第 3 版)(中国机械工程学会焊接学会等编,机械工业出版社,2001 年)。

②焊条、焊剂使用前必须烘干,以减少氢的来源,防止冷裂缝,烘干的焊条、焊剂应在 100 ~ 150℃的干燥箱中保存,随用随取。

(2)低合金钢的焊接工艺如下。

①焊前准备:包括坡口加工,一般用氧—乙炔焰切割或碳弧气刨,要求精度高时可采用机械加工;坡口两侧 50mm 范围内应去除水、油污、脏物;焊条、焊剂烘干,焊丝严格除油;装配间隙不能过大,装配定位焊缝要有足够的厚度和长度(不小于 50mm),并采用与正式焊缝同一类型的焊条。

②预热,层间保温及后热:为了防止冷裂缝,降低冷却速度,减小焊接应力作用,工件在焊接前应进行预热。不同强度等级的低合金钢所需预热温度如表 5-54 所示。为保持预热的作用并促进焊缝和热影响区中的氢扩散逸出,层间温度通常应等于或略高于预热温度。后热可加速氢的扩散逸出,主要用于强度等级较高的低合金钢和大厚度的焊接结

构,后热也称"消氢处理"。如工艺中确定焊后要热处理,且在焊后立即处理,则后热工序可省略。预热方法可采用氧—乙炔焰、煤气加热或其他加热方法,要求加热时不影响母材的性能。加热范围一般应在焊缝两侧不少于80mm。

③焊后热处理:为了对某些钢种、钢型在某些情况下消除焊接内应力,提高构件尺寸的稳定性,增强应力构件抗腐蚀性能,改善接头组织及力学性能,提高结构长期使用的质量稳定性和工作安全性等,需要进行焊后热处理。强度较低的低合金钢一般不需焊后热处理。当焊接板厚较大、焊接残余应力较大,焊接低温下工作的结构时,或焊接承受动荷载、有应力腐蚀性能要求、尺寸稳定性要求的结构时,应采用消除应力退火焊后热处理;当使用电渣焊焊接的结构需改善接头组织及性能时,应采用正火加回火或正火的焊后热处理;当用调质钢焊接的结构或焊接后要作调质处理的结构,应作淬火加回火的焊后热处理。热处理过程中要注意防止结构产生变形;焊后消除应力的退火温度,一般应比基本金属的回火温度低30~60℃;对于含有一定数量的Cr、Mo、V、Ti、Nb等元素的低合金钢焊接结构,消除应力退火时应注意防止再热裂纹。

表5-67推荐了不同强度级别的热轧和正火低合金高强钢的焊接预热温度供参考。几种低合金高强度钢不同焊后热处理的推荐参数见表5-68。

推荐用于轧钢和正火状态低合金高强钢的预热温度(单位:℃) 表5-67

厚度(mm)	焊条类型	最低屈服强度(MPa)				
		310	345	380	413	448
<10	普通	不预热	不预热	不预热	38	66
	低氢	不预热	不预热	21	21	21
10~19	普通	不预热	38	66	93	121
	低氢	不预热	不预热	21	21	21
19~38	普通	66	66	93	121	—
	低氢	不预热	不预热	66	66	—
38~51	普通	93	121	149	—	—
	低氢	66	66	107	—	—
51~76	普通	149	149	177	—	—
	低氢	107	107	149	—	—

注:①表中的不预热是指母材温度必须高于10℃,如果低于10℃,必须预热到21~38℃。

②本表摘自《焊接手册 第2卷 材料的焊接》(第3版)(中国机械工程学会焊接学会编,机械工业出版社,2007年)。

几种低合金高强度钢不同焊后热处理的推荐参数 表5-68

强度等级(MPa)	钢号	回火温度(℃)	正火温度(℃)	消除应力处理温度(℃)
295	09Mn2 09MnV 09Mn2Si		900~940	550~600
345	14MnNb 16Mn	580~620	900~940	550~600

续上表

强度等级（MPa）	钢　号	回火温度（℃）	正火温度（℃）	消除应力处理温度（℃）
390	15MnV 15MnTi 16MnNb	620 ~ 640	910 ~ 950	600 ~ 650
420	15MnVN 14MnVTiRE	620 ~ 640	910 ~ 950	600 ~ 660
460	14MnMoV 18MnMoNb	640 ~ 660 620 ~ 640	920 ~ 950	600 ~ 660

注：本表摘自《焊接手册　第 2 卷　材料的焊接》（第 3 版）（中国机械工程学会焊接学会编，机械工业出版社，2007 年）。

3. 不锈钢的焊接

1）不锈钢分类

①按化学成分可分为铬不锈钢，其含铬量一般不低于 12%，基本类型为 Cr13 钢；铬镍不锈钢，系在铬不锈钢中掺入镍，可提高耐蚀性、可焊性及冷变形性，其基本类型为 Cr18Ni8。

②按金相组织可分为马氏体、铁素体、奥氏体三大类不锈钢。

2）奥氏体不锈钢的焊接

因奥氏体不锈钢具有较好的耐蚀性、可焊性、塑性，故焊接的不锈钢多选用奥氏体不锈钢。奥氏体不锈钢焊接时，应注意防止发生热裂缝、脆化、晶间腐蚀和应力腐蚀、气孔等问题。防止热裂缝措施是：控制焊缝中铁素体组织为 4% ~ 12%；减少 P、S 等杂质含量；选用低氢焊条和无氧焊剂；选用小功率、大焊速、低层间温度、焊条不摆动等工艺。防止晶间腐蚀措施是：选用含碳量小于 0.03% 和 Ti、Nb 的不锈钢焊条；焊接时采用小电流、焊条不摆动、快速焊、焊缝反面加铜垫板；焊缝接触介质的一面最后施焊，焊后固熔处理，将焊件加热至 1 050 ~ 1 150℃ 淬火；减缓或防止母材和焊缝金属应力腐蚀破裂的措施是：焊后进行热处理，消除或减少残余应力；选用产生较小残余应力的焊接方法、焊接次序和工艺参数；采用高镍（Ni = 40%）的铬镍不锈钢母材及焊缝。消除气孔的措施是：消除坡口上的油污、水分，烘干焊剂和焊条，采用直流电反接等。

不锈钢焊接焊条的性能与用途可参考《焊工手册　手工焊接与切割》（第 3 版）（中国机械工程学会焊接学会等编，机械工业出版社，2001 年）。

3）马氏体不锈钢与铁素体不锈钢的焊接

马氏体不锈钢焊接后焊缝区在空冷条件下，其硬度高，焊后的残余应力大，易产生裂缝，避免措施是进行预热，预热温度 200 ~ 450℃。焊接时可采用铬 202（E410 – 16）、铬 207（E410 – 15）焊条，焊后需进行 730 ~ 790℃ 的局部高温回火处理。如采用奥 102（E308 L – 16）、奥 107（E308 L – 15）等奥氏不锈钢焊条焊接，则焊后可不进行热处理，但热影响区有淬硬层，接头的工作可靠性稍差。

铁素体不锈钢焊接时，焊缝区不会硬化，但其冲击韧性急剧降低，变脆而易开裂。减少或防止措施也是将不锈钢预热，预热温度为 70 ~ 150℃。预热温度和时间不可过高、过长，防止产生脆化和裂缝。焊接工艺可采用小电流快速焊接，焊条不要摆动；多层焊时，要控制层间温度，待前道焊缝冷却到预热温度后，再焊下一道焊缝。焊接时，可选用铬

302(E430－16)、铬307(E430－15)等焊条。焊后需进行700～750℃回火处理。如用奥氏体钢焊条焊接,则焊后可不进行热处理。

4. 铸铁的焊补

铸铁是含碳量大于2%的铁碳合金。此外,还含有硅、锰、磷、硫等元素。按碳在组织中存在的形式不同,铸铁可分为白口铸铁、灰铸铁、球墨铸铁或可锻铸铁等。白口铸铁断面呈银白色,其性能硬而脆,切削加工困难,在工业上很少用于制造铸件,灰铸铁是因碳以片状石墨形式分布于金属基体中,断口呈灰暗色,具有良好的铸造、加工件能和较高抗压强度,并且有耐磨性、消振性,在工业上应用极广;石墨以球状分布在铁基体中的称为球墨铸铁,系在铁水中加入镁合金和硅铁处理而成,其强度接近于碳铜,且有良好的塑性和一定的塑性;可锻铸铁是用白口铸铁经长期退火而制成,具有良好的塑性和较高的抗拉强度,宜于制造形状复杂、受冲击荷载的薄壁零件。

1)灰铸铁的焊补

焊补存在下列问题:

(1) 焊缝处易产生白口组织,使切削加工困难。防止措施是:将焊件预热到400℃或600～700℃后进行焊接,或在焊接后将焊件保温,以减慢焊缝的冷却速度;在焊条或焊丝中加入大量的碳、硅元素,促使焊缝金属的 Fe_3C 分解而避免形成白口组织。

(2)焊缝处容易产生裂缝,防止措施是:焊前预热和焊后缓冷;选用塑性较好的焊接材料,如镍、铜、镍铜等焊条作为填充金属,使焊缝金属通过塑性变形松弛应力,防止裂缝;选用小直径焊条、小电流、断续焊(间歇焊)、分散焊(跳焊)的方法,以减小焊缝处和基本金属的温差而减小焊接应力;通过锤击焊缝以消除应力,防止裂缝;在焊件坡口内钻孔攻螺纹口后,把螺钉拧在坡口上,然后进行补焊,使焊区的应力由螺钉承受,防止焊缝处出现裂缝。

常用铸铁焊条的牌号及用途如表5-69所示。

常用铸铁焊条的牌号及用途 表5-69

焊条名称	牌号	焊芯组成	药皮类型	焊缝金属	焊接电源	主要用途及适应方法
氧化型钢芯铸铁焊条	Z100	低碳钢	氧化型	碳钢	交直流	一般灰铸铁件非加工面,一般用于冷焊法
铁粉型钢芯铸铁焊条	Z112Fe	低碳钢	钛钙铁粉型	碳钢	交直流	一般灰铸铁件非加工面,一般用于冷焊法
低碳钢焊条	J422	低碳钢	钛钙型	碳钢	交直流	一般灰铸铁件加工面,一般用于冷焊法
	J507		低氢型		直流反接	
高钒铸铁焊条	Z116	低碳钢	石墨型	高钒钢	交直流	强度较高的灰铸铁及球墨铸铁、可锻铸铁,可加工,一般用于冷焊法
	Z117				直流(反接)	
钢芯石墨化铸铁焊条	Z208	低碳钢	石墨型	灰铸铁	交直流	灰铸铁。须预热至400℃以上,刚度较小可不预热,加工性差,易裂

焊条名称	牌号	焊芯组成	药皮类型	焊缝金属	焊接电源	主要用途及适应方法
钢芯球墨铸铁焊条	Z238	低碳钢	石墨型	可锻球墨铸铁	交直流	球墨铸铁。须预热至500℃以上，焊后退火或正火后可以加工
钢芯石墨球化通用铸铁焊条	Z268	低碳钢	石墨型	球墨铸铁	交直流	球墨铸铁、灰铸铁，可采用不预热焊工艺及半热焊，薄壁件焊后可加工，补焊球墨铸铁球化稳定、化学性能及抗裂性好
铸铁芯铸铁焊条	Z248	灰铸铁	石墨型	灰铸铁	交直流	灰铸铁加工面及非加工面，可采用不预热焊工艺，刚度大时应预热
纯镍铸铁焊条	Z308	纯镍	石墨型	镍	交直流	主要灰铸铁，可以加工，如机床、气缸加工面，一般用于冷焊法
镍铁铸铁焊条	Z408	镍铁合金	石墨型	镍铁合金	交直流	球墨铸铁、灰铸铁、球铁与钢，可加工，一般用于冷焊法
铜镍铸铁焊条	Z508	镍铜合金	石墨型	镍铜合金	直流	灰铸铁、可加工、抗裂性及强度较差，一般用于冷焊
铜铁铸铁焊条	Z607	纯铜	低氢型	铜-铁混合物	交直流	灰铸铁、抗裂性好，加工性差，强度较低，常用于气缸等薄壁件非加工面，一般用于冷焊
	Z612	铜芯铁皮或铜管钢芯	钛钙型			

注：本表内容摘自《焊工手册　手工焊接与切割》(第3版)(中国机械工程学会焊接学会等编，机械工业出版社2001年)。

2)球墨铸铁的焊补

由于铸铁中加入球化剂镁，使焊接时易形成白口及淬硬马氏体组织，对加工及抗裂有不利影响，球墨铸铁焊接时也易于产生裂缝，可采取下列措施：

(1)手工电弧焊时用铸408镍铁合金焊条按冷焊工艺焊接，焊后可加工。如焊件预热200～250℃，或焊后退火或正火处理，或采用短段多层焊，可进一步改善加工性能。

(2)用高钒焊条(铸116、铸117)作手工电弧焊时，其工艺与镍铁焊条相同，但熔合区白口层较厚，加工性能较差，应在焊后退火，可以改善加工性能。

(3)用钢芯球墨铸铁焊条作手工电弧焊(热焊)时，铸238药皮中含有石墨化球化剂，使焊缝慢冷时变为球铁。应采用热焊，小件预热500℃，大件预热700℃。焊后应进行退火或正火处理，使焊缝达到基本金属性能。

(4)球墨铸铁用气焊易避免白口，接头组织性能较好，适于焊补重要的中小型构件。焊丝应用特制的含镁量较高的球墨铸铁焊丝。

(5)球墨铸铁可采用气电焊进行焊补或焊接。用高钒焊丝、高钒管状焊丝或低碳低合金型焊丝时，可用二氧化碳保护，当采用纯镍或铁镍合金焊丝时，用氩气保护。

3)可锻铸铁的焊补

可锻铸铁重新熔化部分易产生白口，常用焊补方法：

(1)恢复磨损部分尺寸时，可用黄铜或铸铁焊丝钎焊，钎焊温度应小于1 000℃，不可使母材熔化。

(2)螺孔损坏可于扩孔后用铸铁焊丝气焊修补。

(3)遇裂缝,可用J422、J506、Z100、Z116或不锈钢焊条电弧冷焊或细丝CO_2气体保护焊,用小电流,多层焊焊补。焊补后不加工。

5. 有色金属的焊接

1)铜及铜合金的焊接

含铜量达99.9%的铜称为紫铜(或称纯铜),铜和锌的合金称为黄铜;铜和铅、锡、磷的合金称为青铜。铜的熔点为1 083℃。

铜的焊接特点为:铜有很大的导热性(比钢大6倍),难于把铜加热到焊接温度;铜加热后,变色不显著,不容易掌握它的熔化情况;铜在高温时能溶解大量的氢,在凝固过程中将氢放出,生成水汽,引起气孔;铜及铜合金的线膨胀系数大,凝固时收缩率大,因此,焊接变形大,焊件刚度大时易产生裂缝。

铜及铜合金焊条的牌号、焊缝金属化学成分及用途如表5-70所示。

铜及铜合金焊条　　表5-70

牌号	符合国标GB	药皮类型	焊接电源	主要化学成分(质量分数)(%)	熔敷金属力学性能		主要用途及工艺特点
					$\sigma_b\geq$ (MPa)	$\delta_5\geq$ (%)	
T107	ECu	低氢型	直流正极	Cu>95.0,Si≤0.5,Mn≤3.0,P≤0.3,Pb≤0.02,其他≤0.50	170	20	用于焊接导电铜排、铜制热交换器、船舶用海水导管等铜结构件,也可在碳钢零件表面堆焊,以用于耐海水腐蚀的环境。不宜焊接电解铜及含氧铜。焊前工件预热400~500℃
T207	ECuSi-B	低氢型	直流正极	Cu>92.0,Si2.5~4.0,Mn≤3.0,P≤0.3,Pb≤0.02,其他≤0.50	270	20	用于焊接铜、硅青铜、黄铜以及化工机械管道等内衬的堆焊。焊接硅青铜或在钢上堆焊时不需预热,焊接纯铜时预热450℃,焊接黄铜时预热300℃
T227	ECuSn-B	低氢型	直流正极	Cu余量,Sn7.0~9.0,P≤0.3,Pb≤0.02,其他≤0.50	270	12	用于焊接纯铜、磷青铜、黄铜等同种或异种金属,也可以用于铸铁的补焊及堆焊。广泛用于堆焊磷青铜轴衬、船舶推进器叶片等,焊前预热温度:磷青铜150~250℃,纯铜450℃,碳钢200℃

续上表

牌号	符合国标GB	药皮类型	焊接电源	主要化学成分（质量分数）（%）	熔敷金属力学性能		主要用途及工艺特点
					$\sigma_b \geq$（MPa）	$\delta_5 \geq$（%）	
T237	ECuAl－C	低氢型	直流正极	Cu余量，Al6.5～10.0，Si≤1.0，Mn≤2.0，Fe≤1.5，Pb≤0.02，其他≤1.0	390	15	用于铝青铜及其他铜合金的焊接，也可用于铜合金和钢的焊接以及铸铁的补焊，如各种化工机械、海水散热器、阀门的焊接，水泵、气缸等堆焊及船舶螺旋浆的修补。铝青铜的焊接和碳钢的堆焊，薄件不需预热，厚件预热200℃
T307	ECuNi－B	低氢型	直流正极	Cu余量，Ni29.0～33.0，Si≤0.5，Mn≤2.5，Fe≤2.5，Ti≤0.5，P≤0.02	350	20	用于焊接70～30铜镍合金或70～30铜镍合金/645－Ⅲ钢复合金属及70～30铜镍合金做覆层、645－Ⅲ钢做基层的衬里结构的复合金属

注：本表内容摘自《焊工手册　手工焊接与切割》（第3版）（中国机械工程学会焊接学会等编，机械工业出版社，2001年）。

2）铝及铝合金的焊接

铝及铝合金分为工业纯铝、非热处理强化变形铝镁和铝锰合金、热处理强化硬铝合金和锻铝合金，以及铸造铝合金中的铝硅和铝镁合金等。其中，除热处理强化变形的硬铝、锻铝和超硬铝合金可焊性较差，不宜使用弧焊外，其余的铝合金都具有较好的可焊性。一般铝及铝合金的焊接特点是：铝极易氧化产生氧化铝（Al_2O_3）薄膜，其熔点高达2 025℃，组织致密，阻碍铝金属之间良好结合，并形成焊缝夹渣，铝的导热系数大、导电性好，要达到与钢相同的焊速，焊接能量应为钢的2～4倍，电阻焊时比钢需要更大功率的电源；铝的高温强度低、塑性差、线膨胀系数大以及所需线能量大等，在焊接时易产生较大的热应力、变形和裂缝；因液态铝能溶解大量氢，在焊接熔池快速冷却和凝固过程中易在焊缝中形成气孔。

多种焊接方法分别通用于不同的铝合金，下面介绍几种常用的焊接工艺。

（1）铝及铝合金气焊

①焊前应使用化学清洗或机械清理方法，严格清除焊件焊口及焊丝表面的氧化膜和油污，板厚不小于15mm时，应进行焊前预热，预热温度为200～300℃。

②铝和铝合金焊接时，可选用与母材金属化学成分相同的焊丝或切条，例如丝301为纯铝焊丝，HS311为铝硅合金焊丝，HS321为铝锰合金焊丝，HS331为铝镁合金焊丝，焊接时常用的熔剂为CJ401，其作用可熔解、清除覆盖在熔池表面的氧化膜，并在熔池表面形成一层较薄的熔渣，保护熔池金属不被氧化。

③火焰应选用中性焰或轻微碳化焰，禁止使用氧化焰。

④焊嘴与焊缝相交呈20°~45°角,焊接速度尽可能快些。

⑤纯铝气焊一般采用平焊对接接头,不宜采用搭接接头。

⑥焊接层次应尽量减少,防止层次多增加焊缝的气孔和夹渣物。

⑦每道焊缝应一次焊完,尽量避免中间间断、停歇,焊缝尽可能避免过宽和补强过高现象。

⑧焊后应用硬毛刷将焊缝表面的熔渣及焊药彻底清除干净。

(2)铝及铝合金氩弧焊

由于在焊接过程中有氩气保护,金属熔池和填充金属不致被氧化,因此焊缝金属质量稳定可靠,焊接接头耐腐蚀,机械性能高;焊接热量集中,热影响区小,焊接变形小,焊缝成形美观;焊接速度高,生产率高;对焊工技术水平要求较低,故当前对质量要求高的重要铝及铝合金焊接多采用氩弧焊。氩弧焊可利用“阴极破碎”作用来破碎熔池表面的氧化膜,故在焊接时不用焊粉,这就减少了焊后清洗焊粉的工序。铝和铝合金氩弧焊时,氩气纯度不应低于99.95%,焊丝采用与母材金属成分相近的标准焊丝或焊条。

①钨极氩弧焊(不熔化极氩弧焊):适用于焊接厚度为1~10mm的铝及铝合金,选用电流强度为25~280A,视板厚而定。采用高熔点的钨或钍钨棒做电极,一般可用手工操作,当板厚大于8~12mm时,要求焊前预热,以保证焊透。预热温度一般为150~250℃。

②熔化极氩弧焊:采用金属丝做电极,使用的电流大、热量集中、熔深大,对中厚铝板可以不经焊前预热即可焊透,焊接生产率比钨极氩弧焊高3~5倍。目前,熔化极电弧焊可分为半自动和自动焊两种,可焊接厚度8~22mm的铝板。半自动焊的焊丝直径为2~2.5mm,喷嘴直径为2mm,焊接电流为180~470A,电弧电压为20~42V,氩气流量为25~50L/min。自动焊时,板厚为8~28mm,焊丝直径为2.5~4mm,喷嘴直径为22~26mm,焊接电流为300~550A,电弧电压为30~32V,氩气流量为30~60L/min。

八、水下焊接

公路施工水下焊接常用于焊补桥梁钢沉井、焊接或焊补钢板桩以及打捞施工沉船的焊补等工作。水下焊接目前有“干法”和“湿法”两种。

1.“干法”水下焊接

“干法”水下焊接又称潜水钟法焊接。即焊工随着潜水钟下潜到焊接工作点,然后用压缩空气将潜水钟内的水全部排出,焊工在具有一定压力(与该处水深的压力相当)的气体环境中进行焊接工作。“干法”焊接可采用钨极填丝氩弧焊或手工电弧焊,焊接时钟内的烟气必须净化或排除。“干法”焊接的接头质量可达到陆地上焊接的水平,但适用性较窄(多用于海底、江底管线的焊接)、辅助工作时间长、费用高,而且潜水钟内有爆炸危险。对焊工不安全,故其应用受到一定限制。

2.“湿法”水下焊接

“湿法”水下焊接是潜水焊工和焊件在水中直接进行的。一般多采用手工电弧焊和气体保护半自动焊方法。前者又称为一般湿法焊接,后者可称局部排水湿法焊接。

湿法手工电弧焊接的原理是电弧在水中燃烧时,在电弧的周围由金属的蒸气、焊条的药皮和氢气的燃烧物组成一个气袋,使电弧和水隔开,创造了电弧在水中燃烧的条件。

一般湿法焊接的特点是:

(1)因水中能见度很低,潜水焊工穿着潜水服活动性和稳定性差,焊接操作困难较大。

(2)由于手工电弧焊设备较简单,故适应性广、较方便灵活、成本低。

(3)焊缝金属含氢量较高,易造成氢脆、气孔和裂缝。

(4)由于水中温度较低、焊件冷却速度较陆地快,焊接接头易出现高硬度细微组织及夹渣、未焊透等缺陷,焊接接头塑性和韧性也较低。

局部排水湿法焊接原理:利用焊接时产生的 CO_2 保护气体局部排开水而进行的半自动焊接,它的焊接接头质量较一般湿法焊接明显改善。焊缝及湿影响区最高硬度可不超过 HV350。接头的力学性能可达到陆地上酸性焊条(J422)的焊接接头水平。

3. 水下焊接的电源和焊接材料

水下焊接使用的手工电弧焊和气体保护焊电源与陆地上的相同,但电流强度应比陆地上的大 10% ~15% 。

我国目前使用的水下专用焊条(表 5-71),主要是上海东亚焊条厂生产的 T202 和华南理工大学等单位开发的 T203,焊条属于钛钙型药皮低碳钢焊条,焊芯是 H08A。焊条涂有防水层,可焊接低碳钢及碳当量不大于 0.04% 的低合金钢。

水下低碳钢焊条的化学成分及力学性能 表 5-71

焊接型号	焊缝化学成分(质量分数)(%)					接头力学性能	
	C	Si	Mn	S	P	抗拉强度(MPa)	冷弯角(°)
T202	≤0.12	≤0.25	0.3 ~0.5	≤0.035	≤0.04	≥420	~90($d=3a$)
T212	≤0.12	≤0.30	0.8 ~1.0	≤0.035	≤0.04	≥500	~90($d=3a$)
T203(10 -1)	0.070	0.126	0.383	0.015	0.022	400	130($d=3a$)
15 -1	0.050	0.109	0.399	0.015	0.023	417	123($d=3a$)
TSH -1	<0.10	<0.20	0.35 ~0.65	<0.05	<0.05	≥420	

注:本表摘自《焊接手册 第1卷 焊接方法及设备》(第3版)(中国机械工程学会焊接学会编,机械工业出版社,2007年)。

九、焊接质量及检验

1. 焊缝的缺陷

焊缝缺陷可分成外缺陷和内缺陷,前者位于焊缝外表面,用肉眼或低倍放大镜即可看到,后者位于焊缝内部,需依靠破坏性试验或各种探伤仪具来检验。各种焊接方法产生的缺陷和原因也不相同,在熔化焊中常见的外缺陷为焊缝尺寸不符合要求、咬边、焊瘤弧坑、表面气孔、表面裂纹等,常见的内缺陷为气孔、夹渣、未焊透、内部裂纹等。

1)焊缝尺寸不符合要求

该项缺陷包括焊缝表面形状高低不平、焊波宽度不齐、焊缝尺寸过大或过小等。

产生的主要原因是:焊件坡口开得不当或装配间隙不均匀,焊接电流过大或过小,焊接速度或运条手法不当,以及焊条(或半自动焊手把)的角度选择不当,埋弧自动焊的焊接规范参数选择不当等。

上列缺陷会损坏焊缝的形状,降低接头强度并形成应力集中,对焊接接头不利。

上列缺陷的防治方法是针对缺陷产生原因予以纠正。

2)咬边

为焊接时焊缝边缘母材被电弧熔化,没有得到金属的补充而留下的沟槽。

产生的主要原因是:焊接电流太大,焊接速度太快或运条方法不当,焊条、焊丝的倾斜角度不正确,埋弧时电压过低等。

咬边削弱了接头受力截面,使接头强度降低,且易在咬边处造成应力集中,受载时产生裂缝,导致结构破坏。

一般结构咬边深度超过0.5mm时,应予焊补,低的加高,窄的加宽,单边的应加焊一道,太宽、太高或波形粗劣的应适当凿削修复。咬边的防治方法是针对产生的原因予以改正。

3)弧坑

弧坑为焊缝末端收弧处的熔池未被填充满,在凝固收缩后形成的凹坑。

其产生原因主要是:焊缝收弧时操作不当、埋弧自动焊时送丝工序与电源同时切断、氩弧保护焊时无焊丝返烧或电流衰减。

弧坑减少焊缝截面,降低了焊缝强度,弧坑中常带有气孔、夹渣或裂纹,影响结构使用性能,故应针对产生的原因,于熄弧时将弧坑填满。

4)焊瘤

焊瘤是焊缝边缘或焊件背面、焊缝根部存在的未与母材熔合的金属堆积物,经常产生在横焊、仰焊或立焊焊缝中,用埋弧自动焊焊接小环缝时,也容易出现焊瘤。

焊瘤不但影响焊缝美观,改变焊缝横截面,对动荷载不利,管子焊缝如有焊瘤,则减小了管孔的有效截面;焊瘤处常存在夹渣和未焊透,容易导致裂缝产生。

焊瘤产生的主要原因是焊接电流太大、电弧过长(电弧电压太高)、运条方法不当和焊接速度太慢等。

防止措施是尽可能使焊缝处于平焊位置,并针对上述产生原因予以纠正。

5)严重飞溅

在手工电弧中少量的飞溅是正常的,如出现大量严重的飞溅,则不仅浪费焊条,而且影响焊件整洁和正常施焊,多层焊道时的严重飞溅还容易产生气孔。

严重飞溅的主要原因是:电弧电压太高、焊接电流太大,焊接时产生磁偏吹或碱性焊条错用正极性,电焊机的外特性和动特性不佳,焊条变质如药皮开裂、焊芯锈蚀等,碱性焊条受潮。

防止措施是针对产生原因予以纠正。已产生的飞溅应加以铲除,以便于除锈、油漆。多层多道焊的严重飞溅必须铲除,以利于继续施焊。

6)夹渣

夹渣是焊接后残存在焊缝中或熔合线内的非金属夹杂物。

夹渣常成条状,表面凸凹不平,它降低了接头强度、冲击和冷弯性能。连续较长的夹渣更是危险的缺陷,易产生裂缝导致结构损坏,必须防止。

夹渣产生的根本原因是熔池中溶化金属的凝固速度大于溶渣的流动速度。主要由下列因素形成:焊接电流过小,焊接速度过快,焊波来不及浮起;焊条的角度和运条不当;焊缝熔宽与熔深比过小,咬边过深;焊层形状不良,坡口角度太小;多层多道焊时,每层熔层没有彻底清除;焊条选择不当,其工艺性能不好。

防止夹渣的措施是针对形成因素,改正各项焊接规范参数。

7)未焊透

未焊透是焊缝金属与母材之间,或母材与母材之间存有局部未熔合现象。按其产生的部位不同,可分为根部未焊透、边缘未焊透和层间未焊透。

未焊透使焊缝的强度降低,并使应力集中,对接头抗疲劳和冷弯性能影响很大,易导致结构破坏,是不允许的缺陷。焊缝中如发现有未焊透,必须铲除,重新补焊。

未焊透产生的主要原因是:坡口角度太小,钝边太厚,接头间隙太小;焊条、焊丝角度或运条方法不当;焊接电流太小,电压过低,焊接速度过快;电弧太长或电弧偏吹;坡口或夹层的渣、锈未清除干净;埋弧自动焊焊偏等。

防止未焊透的措施是针对上述原因,予以纠正。

8)气孔

气孔是在焊接过程中因气体来不及退出而留在焊缝金属内部或表面的空穴。

气孔位焊缝的有效工作截面减小,降低了焊缝的强度和冲击韧性、弯曲性能;破坏了焊缝的致密性;连续气孔还会导致焊接结构的破坏。

气孔产生的主要原因是:碱性焊条或埋弧焊的焊剂潮湿未烘干;填充金属与母材表面的油污、锈迹未清除干净;埋弧焊丝清理不当;酸性焊条的烘焙温度过高,使药皮成分失效;焊条的药皮脱落,焊芯锈蚀;焊接电流过大,而使药皮脱落,保护作用失效;未将引弧和熄弧位置错开;未采用后退法熔化引弧点;焊件预热温度过低,焊接速度过快;电弧过长,熔池面积过大,立、仰焊时运弧手法不当。

防止气孔产生的措施是针对产生的原因加以改正。

9)裂纹

裂纹是焊缝中最危险的缺陷,大部分焊接结构的破坏是由裂纹造成的。故应尽量避免产生。

裂纹产生的原因有:

(1)焊接含碳量或碳当量较高以及含硫、磷较高的焊件时,未采取相应的焊接工艺措施。

(2)焊接结构设计不合理,使焊缝过于集中。

(3)焊接结构的刚性过大,使焊缝金属所受的应力超过本身的极限强度。

(4)焊接顺序不当而造成过大的拉伸应力。

(5)焊接规范参数选择不合理或焊接线能量控制不当。

(6)焊接材料选择不当或焊接材料质量有问题。

(7)焊前预热和焊后缓冷的措施选择不当。

(8)焊接某些合金钢没有预热措施或在低温下焊接。

防止措施是分析裂纹产生的原因采取相应的措施。

经过检验,如果发现裂纹,应凿除或以碳弧气刨清除,清除补焊。某些合金钢结构发生裂纹,经清掉补焊后仍然开裂的,可用塑性好的不锈钢焊条补焊。

2. 焊接接头质量检验

焊接质量检验分为焊前检验、焊接中检验和成品检验。

焊前检验的内容是检验技术图纸、工艺规程、焊接材料(焊条、焊剂等)、焊接设备、母材金属以及焊工操作水平等是否齐备、完善、符合质量要求。

焊接中检验的内容是对设备运行情况、焊接规范参数,以及夹渣、未焊透等缺陷由焊接者进行自检。

成品检验是在焊接工作完毕和焊缝清理干净后进行。成品检验分为破坏性试验和非破坏性检验两类。前者又分为机械性能试验,包括拉伸、弯曲、硬度、冲击、断裂韧性疲劳等试验;化学分析及试验包括化学分拆、腐蚀试验、含氢量测定;金相检验包括宏观组织、微观组织,可焊性试验等,后者分为外观检验,水压试验、致密性试验和无损探伤。无损探伤包括荧光检验、着色检验、超声波探伤、射线探伤和磁粉检验等。

1)外观检验

检验前应将焊缝表面熔渣、泥污等清洗干净,一般以肉眼观察为主,也可利用5~20倍放大镜进行观察,可发现焊缝的咬边、外部气孔、外部裂纹、弧坑、焊瘤、烧穿等缺陷,并用焊缝尺度样板测量焊缝外形尺寸,外观检验的具体要求可参见各项工程或设备所规定的焊接质量检验标准。

2)致密性检验

储存液体或气体用的容器压力容器(如锅炉、管道等)都要进行焊缝的致密性检验。以鉴定其不渗透性和缺陷位置。常用致密性检验分为:

(1)水压试验:在容器内灌水,视焊缝有无漏水或渗水现象。常用于管子、油箱、水柜、船舶的水密舱室等容器的检查。

水压试验分加压试验和常压试验两种。前者适用于能密封的容器,将水灌满并堵好一切孔眼,用水泵将容器内的水压提高到产品工作压力的1.25~1.5倍,并持续约5min以后,再降压至工作压力进行致密性试验。用1~1.5kg圆头小锤轻轻敲打距焊缝15~20mm处沿线,如发现焊缝某处有水滴或水渍出现,则表明该处有渗漏缺陷,应作出标记,以便修补。常压试验是用开口容器,用水将容器灌满,不附加压力来检验焊缝的致密性。检查方法与加压试验基本相同。

(2)气压试验:在容器内泵入一定压强的压缩空气,而在焊缝处的反面涂抹肥皂水,如发现有逐渐扩大的肥皂泡,就表明该处有穿透性的缺陷。

(3)煤油试验:在焊缝的一面涂上白垩水溶液,待干燥后在焊缝的另一面涂上煤油,待20~60min(按板厚而定)后,如涂白粉的一面焊缝上出现黑色斑纹,即表明该处有渗漏。超过规定时间如无黑斑出观,即认为焊缝的致密性合格。

3)无损探伤

无损探伤是利用超声波、X射线、γ射线、磁力线等物理现象,在不损害被检验产品的情况下,检查内部缺陷的方法。目前常用的无损探伤方法如下。

(1)超声波探伤

其基本原理是采用定向的超声波声束穿透焊缝,在缺陷表面产生反射波而形成反射信号脉冲波来探测焊缝的内在缺陷。由于焊缝表面的高低不平,焊缝的超声波探伤法主要是采用斜角探伤法,在焊缝两侧进行探测。

超声波探伤一般适用于厚板,它的优点是设备轻巧、操作方便、成本低、不需拍片;探测速度快、灵活方便,适于现场探测;灵敏度高、穿透力强、探伤效率高,对人体无辐射性损害。目前超声波探伤法一般只能确定焊缝内缺陷位置、深度、大小和分布情况,而不能直观缺陷是何种性质(如夹渣、气孔、未焊透或裂纹)。因此,如与射线探伤结合使用时,可互相补充，获得更好的效果。

焊缝超声波探伤的技术如下：

①斜探头角度选择：斜探头有30°、40°及50°三种，角度选择与焊接的板厚有关，一般板厚小于40mm时采用50°，40mm时采用40°，大于120mm时采用30°。

②对钢板表面粗糙度要求，一般新轧钢板可直接探伤；如焊缝两侧钢板表面凸凹不平，有飞溅、污垢、锈蚀，则必须清除磨光。

③探伤时一般可采用机油（或甘油）作耦合剂。

④探头的移动要保证焊缝截面和焊缝长度上全部探到。

(2) X射线或γ射线探伤

其基本原理是将射线照射焊件时，缺陷与无缺陷部分的射线具有不同程度的吸收来检验缺陷。射线探伤按照射线吸收后反映的方法可分为荧光法、照相法、电离法和工业电视法等，应用最多的是照相法。

①射线探伤的应用范围

射线能探伤的金属厚度与射线的能量有关，一般X射线在200mm以下，γ射线在300mm以下。对钢板来说，厚度在60mm以下时主要用X射线检验，厚度增大时，用γ射线检验。

射线探射易于发现焊缝中与射线呈平行方向并具有一定尺寸的缺陷，如焊缝中的裂纹、未焊透（未熔合）、夹渣、气孔等，基本上能确定缺陷的性质、位置、大小、形状和分布情况。

②射线探伤的灵敏度

X射线照相法的灵敏度（$=s/t\times100\%$，s为缺陷在射线方向的深度；t为被检验金属在射线方向的深度）一般为1%～2%，γ射线的灵敏度较低，一般为3%～5%。当厚度大于50mm时，两者的灵敏度就逐渐接近。

③射线探伤的优缺点

X射线：当检验厚度小于30mm钢板的焊缝时，其显示的灵敏度比γ射线高、透视时间短、速度快，但设备复杂、费用大、穿透能力较γ射线小。

γ射线：穿透能力比X射线大，设备轻便，操作简单，透视时不需要电源，在野外使用方便，检验环形焊缝时，可一次曝光，但透视时间较长。

两种射线作用对人体均有害，使用时均应注意安全，以铅板防护。

④射线探伤的鉴别方法

经过X射线或γ射线透视所得的照相胶片上较黑的斑点和线条，其尺寸、形状与焊缝所具有的内部缺陷相似。焊缝在黑色的金属背景上是白色条纹，焊缝的缺陷在照片上则显出不同的发黑度。

裂缝在底片上常呈现为曲折的、波浪状的黑色条纹，有时也呈直线细纹，轮廓较为分明。

未焊透在底片上常是一条断续或连续的黑直线。在不开坡口的对接焊缝中，宽度常是较均匀的，V形坡口焊缝中未焊透者，在照片上的位置多是偏离焊缝中心，呈断续的线状，即使连续也不会太长，宽度不一致，黑度不均匀，线状条纹一边较直而且发黑。

手工电弧焊产生的气孔在底片上常呈圆形或椭圆形黑点，其黑度一般呈中心处较大并均匀地向边缘减小。边缘轮廓不太明显，分布不一致。埋弧自动焊产生的气孔通常较大（直径2～3mm），呈圆形或卵形，黑度较大，边缘轮廓颇为显明。

夹渣在底片上多呈现为不同形状的点或条纹。点状夹渣呈单独的黑点,外观不太规则,带有棱角,黑度均匀,条状夹渣呈宽而短的粗线条纹;长条形的夹渣,线条较宽,宽度不太一致。

4)机械性能试验

属于破坏性检验法,焊接工作完成后,必须进行机械性能(或称力学性能)试验,以确定焊接接头与焊缝金属的机械性能是否满足设计要求,在使用新的钢材或新的焊接材料时,也应进行该项试验,据以选择适当的焊接工艺。机械性能试验包括拉力试验、弯曲试验、冲击韧性试验和硬度试验。这些试验都是在专用的试验机上进行的。

(1)拉力试验:是为了测定焊缝金属和焊接接头的抗拉强度 σ_b、屈服点强度 σ_s、延伸率 δ 和断面收缩率 Ψ 等机械性能指标。试样的截取位置和形式尺寸可参见《金属材料 拉伸试验 第1部分:室温试验方法》(GB/T 228.1—2010)。

(2)弯曲试验:是为了测定焊接接头弯曲时的塑性。以试样承受规定弯曲角度的弯曲变形性能和显示的缺陷(如裂纹等)作为评定指标。

(3)冲击韧性试验:是为了测定焊接接头或焊缝金属的冲击韧性。它是以一定尺寸和形状的金属试样,在规定类型的试验机上受冲击负荷折断时,试样刻槽处单位横截面面积上所消耗的冲击功来评定。一般在标准温度(20℃ ±5℃)进行,但也有在0℃、-20℃、-40℃甚至更低的温度下进行试验,以测定焊接接头和焊缝金属在低温工作下的塑性。

(4)硬度试验:是为了确定焊缝金属、热影响区和基本金属的硬度。截取硬度试验用的试样,一般应使试样能包含焊接接头的所有部分,根据技术条件规定,也允许摄取单为测定某一部分硬度的试样。硬度一般分为洛氏硬度和布氏硬度,根据设计要求来确定做哪一种硬度试验。

以上各种机械性能试验的试验方法均可参照中国标准出版社、人民交通出版社2008年出版的《公路工程金属试验规程汇编》中相关方法和标准进行。

在破坏性试验中,还有焊接接头金相组织分析、焊缝金属化学分析、腐蚀试验等,需要做这些试验时,可参阅有关专业书刊。

(5)焊接接头质量标准:目前国内外焊接接头质量评定标准是各种各样的。国内各行业、部门规定的焊接质量标准也不尽相同。

公路钢桥焊接的质量标准可参见《公路桥涵施工技术规范》(JTG/T F50—2011)钢桥,公路、房建钢结构焊接质量标准可参见《钢结构工程施工质量验收规范》(GB 50205—2001)。

第二节 金属切割

一、概述

金属切割是在机械零部件或钢结构杆件制造、连接(铆接、焊接或栓接)之前所必需的一道工序。它使工厂生产的原始形状的金属,经过切割加工成为连接前所需的形状,并使其尺寸、边缘和精度均满足构造上的要求。

切割方法目前常用的有:机械切割、火焰切割(气割)、电弧切割(碳弧气刨和切割)、等离子切割和激光切割等。

无论使用何种方法切割,必须先号料,号料所画的切割线必须准确清晰。号料尺寸允许偏差为±1mm。零、部件刨(铣)加工量、焊接收缩量应按样板、样杆要求预留;当零部件采用气割时,应根据钢板厚度和切割方法预留切口量。一般预留2~4mm的切口量,厚者宜多留。在未切边的钢板(毛边料)上号料时,必须甩去毛边不计。

二、机械切割

1. *机械切割方法*

机械切割常使用剪板机、万能剪冲机、角钢剪断机、锯床等进行。有时还需使用刨边机和端部刨床来刨削边缘,使钢材边缘清洁、整齐,并满足构造上的要求。

剪板机、万能剪冲机和角钢剪断机切割钢材原理是借剪刀机械力的作用而将钢材切断。

1)剪板机切割钢板

剪板机切割钢板如图5-25所示。

在剪板机的机台上有两片钢刀,钢刀间放置需要剪切的钢板,下面的钢刀片固定在机台上,剪切时上面的钢刀片被压向下竖直移动,而将钢板剪断。两刀刃间的水平间隙约0.5mm。在剪板机附近设有合适的操作台和能推动钢板的工具设备,以减轻工人的体力劳动强度。一般可在操作台上按其轮廓装配能左右移动的转动辊。

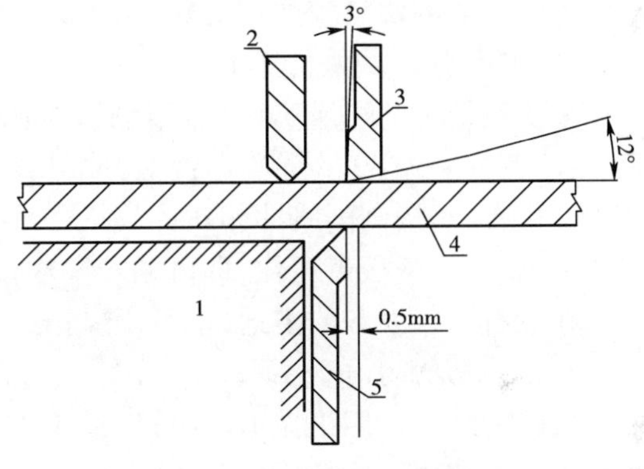

图5-25　剪板机切割钢板

1-机台;2-压板;3-上刀片;4-被切钢板;5-下刀片

钢板经过画线号料后,用天车吊到操作台上,用人力推向剪板机刃口处,将剪切的切口对齐剪刀刃口,经检查无误后,压上压板,使钢板位置固定,然后脚踏开关,操纵剪刃以切割之。

2)万能剪冲机切割钢材

万能剪冲机除能剪板冲孔外,还能剪切各种型钢。它同样需要设置相应的操作台,以便于工作和提高生产效率。使用该机时,先开动电动机,使齿轮与其相连的偏心轴旋转(偏心轴设在机体内),带动上剪刃及冲头起落而发生剪切作用。剪板的剪刃是顺着机身安设的,把板端剪开后,即可无阻地由机身两侧直推而过。万能剪冲机一般只能剪切小块钢板。由于剪刃倾斜角度较大,剪切下来的部件需要矫正。

剪切角钢时,机身前后设有V形转动辊的操作台。当被切的角钢推上操作台辊道,经过剪切机顶上挡板压住压板后,踏动开关,操作剪刃,即可将角钢剪断。切割其他型钢的操作过程与此相同。

冲孔时,将经过号孔并打有冲印的钢板放在漏盘上,校对冲头的冲心,确认对正孔心冲印后,扳动开关,即成孔心。但冲成的孔多有翻边,除次要结构部件外,通常需经扩孔处理。

3)角钢剪断机

角钢剪断机可分为斜行滑板剪断机和直行滑板剪断机两种。角钢剪断机适合安装于V形转动操作台上，它的切割过程与万能剪冲机切割角钢相同。

4）锯床切割

工字钢、槽钢、钢轨、角钢均可用锯床切割。锯床的锯盘分有齿和无齿两种。前者切割表面平整，但锈切速度慢，较少采用。

无齿锯床切割系利用锯盘快速旋转，因锯片与钢材的快速摩擦，使钢材熔化而被切割。圆锯盘则因高速旋转，转盘各部分与钢材接触的时间不长，本身受热的温度不高，又被喷向切割处的凉水所冷却。一般锯盘直径为600～1 400mm，厚度为8～10mm，锯片速度为1 500～3 000r/min，线速度为120～140m/s，进刀量为200～500mm/min，每个锯盘可使用500～600h。

锯床切割操作程序是用天车将要切割的钢材吊放在设有辊杠的操作台上，操作方向与锯片垂直，按需要的长度在辊道的另一端设置挡板，将钢材推移，顶住挡板后，对正卡紧，然后开动锯床，钢材即被切断。

无齿锯床的缺点为噪声震耳，火花飞溅，故宜在隔音室操作。操作工人应于耳中设置避音器或塞入棉花，以防噪声造成耳聋病。

无齿锯切的质量较剪切的好，切成的边较整洁，稍有毛刺，易于铲除。

5）刨床刨边（边缘加工）

重要钢结构的边缘修正，多用刨边机床进行。其操作程序：用吊车将要刨削的钢板束（通常为4～6层）吊至操作台上，放整齐，并用螺栓或卡具将板束卡紧后，用人力推移至刨削位置上，按刨削线冲印对齐放正。然后放下刨床梁上的固定螺旋千斤顶或压缩空气的夹紧器，将钢板束压住，即可顺着操作台，移动安有刀具的刀架，进行刨削。

在没有刨床设备的工地，也可用风铲或电动手持式砂轮来加工。

2. 机械切割的质量要求

公路钢结构采用机械剪切时，仅适用于次要零部件，或剪切后尚需矫正、边缘加工的零部件。剪切边缘经过矫正和边缘加工后应整齐，无毛刺、反口、缺肉等缺陷。

剪切零部件的允许偏差：板件长宽±2mm；型钢长度±22mm；型钢剪切线与边缘垂直度不大于1.5mm。

刨边的零件，其刨边线与号料线的容许偏差为±1mm；刨边线的弯曲矢高不应超过弦长的1/3 000，且不得大于2mm；铣平面的表面粗糙应不得大于0.03mm。

三、火焰切割

1. 概述

火焰切割简称气割，按气体燃料类别可分为氧—乙炔气割、氧—丙烷（液化石油气）与氧—甲烷（天然气）气割等。按操作方式可分为手工气割、自动或半自动气割和精密气割等。

手工气割的各种机具设备参见本章第二节。

火焰切割的设备较简单，操作方便，切割厚度范围广，常用于切割低碳钢和低合金钢的钢材下料。也可用于铸钢、锻钢体毛坯的切割和表面清理。

火焰精密快速切割是新发展的一种气割工艺。它可提高切割尺寸精度，提高切口边缘粗糙度和切割速度。故除在公路钢结构中常优先采用外，在某些场合还可用以代替零件的机械加工。

采用石油液化气或天然气代替乙炔，可提高切口质量，降低切割成本。

2. 火焰切割原理

用割炬（切割器）把切割处的金属用预热火焰加热到燃烧温度，然后打开切割氧，使该处金属氧化燃烧并放出巨热，促使下一层的金属也自行燃烧、熔化；燃烧后的金属成为液体状态的氧化物，被高速喷出的氧气从切口中吹走，形成一条狭小而整齐的割缝，从而实现金属的切割。

3. 适宜于火焰切割的金属条件

（1）金属的燃烧点应比熔点低（即先燃烧而后熔化），否则不能达到切割而成为熔割。

（2）金属需在氧焰内能剧烈地燃烧，所成氧化物的熔点，应比金属的熔点低，且要稀薄而轻，易于流动。

（3）金属在氧中的燃烧热量应大，而导热性能应当低。

（4）金属中所含杂质要少。

一般低碳钢和低合金钢都合乎上述条件，可以不进行预热而冷割。

高碳钢（含碳2% ~2.5%）、铬钢（含铬1.5% ~10%）、钨钢（含钨10% ~17%）以及高强度合金钢，因受切割时加热及急剧冷却的影响，使切口附近的金属变硬、变脆，发生冷裂倾向，需要采取一些技术措施。如提高火焰功率，将工件预热，降低切割速度，或切割后再行回火等。

铸铁及多数有色金属如铜、铝、镍、黄铜等，因不具备上述条件，所以不能气割，或很不好气割，必须采用特殊割炬和特殊工艺进行。

4. 手工火焰切割

1）切割前准备工作

（1）检查工作场地、乙炔发生器和回火防止器，然后将气割设备管路等连接好。

（2）将工件垫平，工件下面应留出一定间隙，以利于氧化铁渣的吹出。

（3）将氧调节到所需压力。对于射吸式割炬，应检查是否有射吸能力。

（4）检查风线（即切割气流），应为笔直而清晰的圆柱体，并有适当长度。如果风线形状不规则时，应修整内割嘴的表面，使之光滑。

（5）预热火焰的长度应根据板材的厚度不同加以调整。火焰性质均应采用中性火焰，即打开切割氧时，火焰不出现碳化焰为合适。

2）手工气割规范参数选择

氧乙炔射吸式工艺参数可参考表5-72。一般可根据切割工件的厚度选择割炬的型号。用同一型号的割炬切割不同厚度的钢材时，一般只根据板厚调节切割氧的压力。而同一把割炬的几个不同号码的割嘴，则尽量不要经常调换。

3）气割操作

首先点燃割炬，随后调节火焰。火焰大小，应根据钢板厚度调整适当，然后进行切割。操作姿势可随个人习惯而定。一般是按从右向左的方向切割。

开始切割时，先预热钢板的边缘，待出现略红的时候，将火焰局部移出边缘线以外，同时慢慢打开切割氧气阀门。当有氧化铁渣随气流一起飞出时，证明已割透。这时可移动割炬逐渐向前切割。在切割时，如嘴头产生鸣爆声并发生回火现象，应迅速关闭预热氧气和氧气切割阀门，阻止氧气倒流入乙炔管内，使回火熄灭。处理完毕后，检查割炬的射吸能力，然后才可以更新点燃割炬。

氧乙炔射吸式工艺参数 表 5-72

型号 G01	割嘴号码	割嘴形式	切割低碳钢厚度(mm)	切割氧孔径(mm)	气体压力(MPa)		气体消耗量(L/min)	
					氧气	乙炔	氧气	乙炔
30	1	环形	3~10	0.7	0.2	0.001~0.1	13.3	305
	2		10~20	0.9	0.25		28.3	4.0
	3		20~30	1.1	0.3		36.7	5.2
100	1	环形	10~25	1.0	0.3		36.7~45	5.8~6.7
	2		25~50	1.3	0.4		58.2~71.7	7.7~8.3
	3		50~100	1.6	0.5		91.7~121.7	9.2~10
300	1	环形	100~150	1.8	0.5		130~150	11.3~13
	2		150~200	2.2	0.65		183~233	13.3~18.3
	3		200~250	2.6	0.8		242~300	19.2~20
	4		250~300	3.0	1.0		367~433	20.8~26.7

注:本表摘自《焊接手册 第1卷 焊接方法及设备》(第3版)(中国机械工程学会焊接学会编,机械工业出版社,2007年)

在气割过程中,切割者需要移动身体位置时,应先关闭切割氧气阀门,然后移动身体。当继续切割时,嘴头一定要对准割缝的接割处,并适当预热,然后慢慢打开切割氧气阀门,继续切割。

切割近尾声时,嘴头应向切割前进方向倾斜一些,以利于钢板下部提前割透,使收尾的割缝较整齐。到达终点时,应迅速关闭切剖氧气的阀门,并将割炬抬起,再关闭乙炔阀门,最后关闭预热氧气阀门。

4)提高气割切口质量方法

(1)切割氧压力应掌握适当。过大时,切口过宽,表面粗糙;过小时,切割的氧化铁渣吹不掉,熔渣易黏在一起,不易清除。

(2)预热火焰温度要合适。过大时,钢板表面棱角熔化;过小时,切割容易中断,切口表面不整齐。

(3)切割速度要适当。太快时,产生较大的后拖量,不易割透,容易发生回火;太慢时,钢板两侧棱角熔化,薄钢板易产生变形。

(4)割炬要保持清洁,割嘴内要光滑。这是提高气割质量和工作效率重要条件之一。

5. 半自动、自动火焰切割

1)半自动火焰切割设备

半自动气割机由切割小车、导轨、割炬、气体分配器、自动点火装置及割圆附件等组成。切割小车采用直流电动机驱动,以可控硅控制,进行无级调速。

半自动气割机主要用于对低、中碳钢板和钢锭进行直线、弧形或圆形气割,以及斜面和V形的气割。气割表面粗糙度可以达到25,一般气割后可不再在切割表面加工。

几种半自动气割切机的型号及主要技术参数如表5-73所示。

半自动切割机的型号及主要技术参数 表 5-73

型　号		CG1 – 30	CG1 – 100	G1 – 100A	GCD2 – 100	GCD2 – 30	BGJ – 150	CG – Q2	QCD1 – 100
切割直径（mm）		ϕ200 ~ 2 000	ϕ200 ~ 2 000	ϕ50 ~ 1 500	ϕ200 ~ 2 000	—	> ϕ150	ϕ30 ~ 1 500	
切割厚度（mm）		5 ~ 60	8 ~ 100	10 ~ 100	根据割嘴参数定	5 ~ 100	5 ~ 150	6 ~ 150	5 ~ 100
切割速度（mm/min）		50 ~ 750	50 ~ 750	50 ~ 1 200	100 ~ 700	50 ~ 750	0 ~ 1 200	0 ~ 1 000	100 ~ 700
电源电压（V）		AC220	AC220	AC220	AC220	AC220	AC220	AC220	AC220
电动机	型号	S261	S261	S261	S261	—	—	S261	S261
	电压（V）	110	110	110	110	DC24	—	110	110
	功率（W）	24	24	24	24	20	—	24	24

注：本表摘自《焊接手册　第 1 卷　焊接方法及设备》（第 3 版）（中国机械工程学会焊接学会编，机械工业出版社，2007 年）。

2）自动火焰切割设备

由于其机器较重，设备较复杂，一般只在工厂内使用。它适用于低、中碳钢板和低合金钢板的直线垂直切割、直线斜向切割、圆形切割和任何形状的垂直切割。

目前国产小型自动火焰切割机有 CG3 – 150 型直角坐标气割机和 CG3 – 150A 型光电跟踪气割机两种。前者是一种多用途的气割设备。在厚为 5 ~ 100mm 的钢板上，用磁力头按照样板自动仿形扫描运动，而使割嘴切割成与样板同样形状的零件，也可采用导向轮和投射器，按照预先画在工作台面上或画在被切钢板上的图线切割成各种形状的零件；利用割圆附件时，可以切割直径 152 ~ 1 500mm 的圆形零件或圆孔；可以使用 2 ~ 3 个割炬同时切割小零件；还可以一次切割出 V 形成 X 形焊接坡口。切割精度较高，一般在切割后不需再对切口边缘进行机械加工。

CG3 – 150A 型光电跟踪气割机是 1∶1滚轮驱动式光电跟踪气割机，它带有附件磁力头和光十字头，也是一种多用途的气割设备。在 5 ~ 100mm 厚度的钢板上，用跟踪头和十字头借导向轮作驱动，按照预先固定在工作台上的图纸，可切割各种形状的零件；用磁力头作驱动时，可同 CG3 – 150 型一样，按样板仿形可切割任意形状的零件；用滚轮驱动时，借割圆装置可以切割 120 ~ 1 500mm 的圆形零件或圆孔。也可使用 2 ~ 3 个割炬同时切割小零件，并可开单面坡口。

跟踪的原理是采用光量感应法，用硅光电池作为光电转换元件，光电照射在图纸上再反射到硅光电池，给硅电池以光照度，由于光照度改变，使光电输出的功率也相应改变，以此电功率作为信号与标准信号相比较，经比较放大后，输出正负信号，控制电动机转动方向，使线条保持在黑白交界处，同时校正导轮前进方向，实现跟踪。

另外，还有一种大型光电跟踪气割机。它是由跟踪机和切割机执行机构两部分分离组成，实行遥远控制。其工作原理是采用脉冲相位法来控制。

切割机的形式有双臂式和龙门架式两种类型。每个臂可安装 1 ~ 2 个切割头。

本机使用的仿形图采用 1∶20 比例，用透明涤纶纸，表面打毛，线条用黑绘图墨水绘制，切割时，将图纸和钢板分别装在跟踪机和切割机的工作台上，然后将光电头对准图纸，并事先调整好切割火焰气体，即可进行切割加工工作。

3）半自动和自动火焰切割工艺

（1）切割前准备工作：

①详细检查切割机具是否完好。

②被切割的钢材应平放在空心的钢架上，使其放热火焰的热力和切割时产生的氧化铁能及时流散；不要搁放在实心的工作台上（与手工切割要求相同）。

③被切割处的钢材表面，绝对不要有油污、铁锈、尘土，要预先以钢丝刷等清除干净。

④要检查氧气、电石等的储量是否够用；氧气调节器、乙炔发生器、回火防止器、橡胶管等工具性能是否良好；切割机各连接处是否严密；割嘴是否清洁畅通。

⑤使用半自动和自动切割机时，应将切割机外壳接地后，再将切割机具的电源连接。

⑥当室内外温度过低，使用半自动和自动气割机时，应先使气割机空转 2 ~ 3min，以加热润滑。

⑦根据切割钢材厚度，按照表 5-74 选定氧气和乙炔压力，调节切割用割嘴孔径，确定切割钢材表面喷嘴间距，选择必要的切割速度。

氧乙炔等压式割炬（机器切割）工艺参数 表 5-74

板厚（mm）	切割氧孔径（mm）	氧气压力（MPa）	切割速度（cm/min）	气体消耗量（L/min）	
				氧气	乙炔
5	0.5 ~ 1.0	0.1 ~ 0.21	50 ~ 81	8.3 ~ 26.7	2.3 ~ 4.3
6	0.8 ~ 1.5	0.11 ~ 0.24	51 ~ 70	16.7 ~ 43.3	2.8 ~ 5.2
9	0.8 ~ 1.5	0.12 ~ 0.28	48 ~ 66	21.7 ~ 55	2.8 ~ 5.2
12	0.8 ~ 1.5	0.14 ~ 0.30	43 ~ 61	36 ~ 58.3	3.8 ~ 6.2
19	1.0 ~ 1.5	0.15 ~ 0.35	38 ~ 56	55 ~ 75	5.7 ~ 7.2
25	1.2 ~ 1.5	0.15 ~ 0.38	35 ~ 48	61.7 ~ 81.7	6.2 ~ 7.5
38	1.7 ~ 2.1	0.16 ~ 0.38	30 ~ 38	86.7 ~ 113	6.5 ~ 8.5
50	1.7 ~ 2.1	0.16 ~ 0.42	25 ~ 35	86.7 ~ 123	7.5 ~ 9.5
75	2.1 ~ 2.2	0.20 ~ 0.35	20 ~ 38	98.3 ~ 157	7.5 ~ 10.8
100	2.1 ~ 2.2	0.28 ~ 0.42	16 ~ 23	138 ~ 182	9.8 ~ 12.3
125	2.1 ~ 2.2	0.35 ~ 0.45	14 ~ 19	163 ~ 193	10.8 ~ 13.7
150	2.5	0.37 ~ 0.45	14 ~ 17	188 ~ 232	12.3 ~ 15.2
200	2.5	0.42 ~ 0.63	9 ~ 12	240 ~ 293	14.7 ~ 18.3
250	2.5 ~ 2.8	0.49 ~ 0.63	7 ~ 10	288 ~ 353	17.5 ~ 21.2
300	2.8 ~ 3.0	0.49 ~ 0.74	6 ~ 9	340 ~ 415	19.8 ~ 24.5
350	2.8 ~ 3.0	0.74	5 ~ 8	392 ~ 493	22.7 ~ 27.8
400	3.2 ~ 4.0	0.77	4.5 ~ 7.5	442 ~ 643	27 ~ 33.8
450	3.7 ~ 4.0	0.84	4.3 ~ 7.5	493 ~ 795	30.7 ~ 39.2
500	4.0 ~ 5.0	0.95	3.8 ~ 7.5	547 ~ 970	30.8 ~ 46.7

注：本表摘自《焊接手册　第 1 卷　焊接方法及设备》（第 3 版）（中国机械工程学会焊接学会编，机械工业出版社，2007 年）。

⑧ 一般焰割钢材应先经过精确画线，打上冲印，据以切割。如用蓝图切割时，必须考虑留出切口宽度和加工量。自动气割机射光灯的箭头十字相交处必须离开蓝图线条 $S/2+P$[其中，S 为切口宽度（mm）；P 为机械加工量（mm）]，偏向切割的废料一边，即切外边时，箭头在图纸线的外边，切内边时，箭头在图纸线的内边。

⑨使用自动切割机以样板切割时，在制作样板时，电磁头小轮的直径、切口宽度和机械加工量必须予以考虑。样板可用含碳小于 0.15%、厚 12～15mm 钢板制作。样板的工作面必须水平，并垂直于样板面。样板可用锉刀、铣床精密加工。描图样板或图纸应夹紧在放机械的桌面上，并将要切割的钢板平放在机床面并列的钢架上。

⑩使用半自动气割机直线切割时，先将导轨的凹槽面向上，放置在平稳的支座和钢板本身平面上，把气割小车，放在槽轨之上，使有开关的一侧面向操作者。圆形切割时，把半径杆和中心支点组合，夹在气割后的销孔中，不需轨道即可进行切割。

使用自动和半自动气割时，应检查外界电源电压是否与气割机相适应，否则需安设变压器来调整。

（2）采用等压式割炬的半自动和自动气割常用工艺参数如下。

①切割器倾斜角度：对直线切割 4mm 以下的薄钢板，割嘴应向前进的反方向倾斜，与钢板呈 25°～45°角；对直线切割 5mm～30mm 的钢板，割嘴向后，即向前进的反方向与钢板倾斜 20°～30°；对各种厚度的曲线切割，割嘴必须严格垂直于钢板表面；对大于 30mm 的原板，割嘴也应垂直于钢板表面。

②割嘴与工件表面的距离：对 4mm 以下的薄钢板为 10～15mm；对 5～30mm 的钢板应为焰芯长度加上 2～4mm。

③预热火焰：给送切割氧前，应以预热火焰将工件切割起点表面加热到一定温度（钢为 900℃左右）。预热火焰应采用中性焰。切割 5～200mm 厚钢板的预热时间需 3～10 s。

（3）半自动气割机切割操作：其作业程序大体与手工切割相同，但需在切割用氧的气流烧穿钢材的全部厚度以后，再接通电动机，以使小车按规定速度走行，继续往下焰割。当操作完全停止时，应将气割机从电路中撤出、并将供应的气体切断。

（4）自动气割机切割操作：由于各类气割机构造不同，其操作程序亦不相同。可按自动气割机的说明书进行切割操作。

6. 精密火焰切割

1）原理和特点

火焰精密切割与火焰普通切割的区别是后者的割嘴为直孔型，其允许工作压力低，气流出口速度慢，涡流大；而前者的割嘴孔道称为拉瓦尔喷管型，如图 5-26 所示。

当具有一定压力的氧气流经过稳定段均化，并经收缩段加速至喉部时，达到临界速度，然后氧气流在扩散段内扩散，膨胀加速为超音速气流。这种射流长、冲击力大、边界整齐的氧气流可提高切割速度、改善切口断面质量，实现快速精密切割。

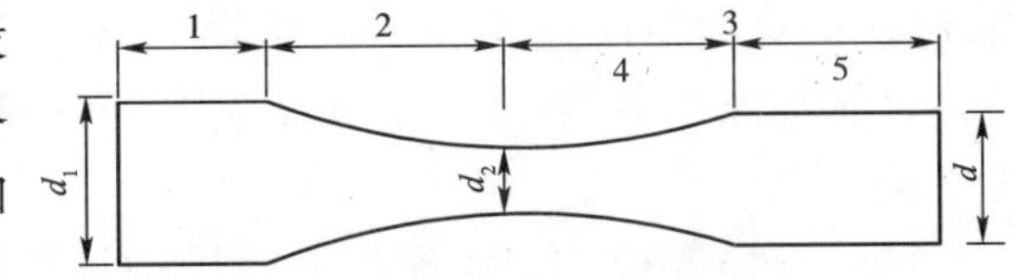

图 5-26　优质火焰切割割嘴

1-稳定段；2-收缩段；3-扩散段；4-初始膨胀；5-过渡

与普通火焰气割相比，精密切割切口表面粗糙度可提高一级以上，可达到$\sqrt{18.5}$ ~ $\sqrt{25}$，切割速度可提高40% ~100%，节省氧气10% ~20%，切口热影响区宽度和切割变形也相应减小。

2）精密切割工艺参数

（1）切割氧孔道（割嘴）：其喉部（图5-26）直径 d_2 值取决于被切割钢板的厚度.可按表5-75选择。扩散段出口马赫数 M_e（气流速度与音速之比值）取决于切割氧管道供氧压力及对切割速度的要求，一般 M_e 为1.8 ~2.0，当要求割速更高时，可选用2.5或更高值。出口直径 d 取决于喉部直径 d_2。

优质快速割嘴的切割参数　　表5-75

割嘴号	割嘴喉部直径（mm）	切割厚度（mm）	切割速度（mm/min）	气体压力（MPa）			割口宽度（mm）
				氧气	乙炔	丙烷	
1	0.60	5 ~10	750 ~600	0.70	0.025	0.03	≤1
2	0.80	10 ~20	600 ~450	0.70	0.025	0.03	≤1.5
3	1.00	20 ~40	450 ~380	0.70	0.025	0.03	≤2
4	1.25	40 ~60	380 ~320	0.70	0.03	0.035	≤2.3
5	1.50	60 ~100	320 ~250	0.70	0.03	0.035	≤3.4
6	1.75	100 ~150	250 ~160	0.70	0.035	0.04	≤4
7	2.00	150 ~180	160 ~130	0.70	0.035	0.04	≤4.5
1A	0.60	5 ~10	560 ~450	0.50	0.025	0.03	≤1
2A	0.80	10 ~20	450 ~340	0.50	0.025	0.03	≤1.5
3A	1.00	20 ~40	340 ~250	0.50	0.025	0.03	≤2
4A	1.25	40 ~60	250 ~210	0.50	0.03	0.035	≤2.3
5A	1.50	60 ~100	210 ~180	0.50	0.03	0.035	≤3.4

注：本表摘自《焊接手册　第1卷　焊接方法及设备》（第3版）（中国机械工程学会焊接学会编，机械工业出版社，2007年）。

（2）预热火焰孔道：预热孔道截面比普通割嘴大25%左右。乙炔割炬多用出口为圆形的整体式结构。采用石油液化气（丙烷）割嘴宜用嘴芯外侧为齿槽形的组合式结构。

（3）切割氧气压力与纯度：当割嘴的马赫数决定后，可据以决定氧气的工作压力。例如1.8马赫与2.0马赫的割嘴，氧气压力可分别为0.5MPa和0.7MPa，氧气压力过高或过低，会使切割速度和切割质量下降，或浪费氧气。氧气压力与被切割钢板厚度无关。氧气纯度要99.5%以上，否则会使切割速度下降，产生凹心，粗糙度变差等缺陷。

（4）预热乙炔焰压力：预热焰要用中性焰。乙炔压力大小与切割板厚有关，压力过小，会使预热焰达不到钢材燃烧温度，而不能切割。当板厚加大时，应适当加大乙炔压力，以提高预热焰温度。也可使压力不变，而加大乙炔流量来调整预热焰温度。一般吸射割炬常用的乙炔压力为0.003 ~0.01MPa，等压式割炬为0.03 ~0.1 MPa。

(5)割炬后倾角 α:厚度小于 30mm 的钢板直线切割时,推荐 $\alpha=5°\sim30°$,可使切割速度提高。对厚度不小于 30mm 的钢板,α 宜为 0°,即割嘴垂直于钢板。

(6)切割速度:影响切割速度的因素为氧气纯度,其纯度越低,切割速度越低;预热焰温度越高,切割速度越快,但易产生塌边;割嘴至钢板表面距离以 5mm 为宜,过高过低均影响切割速度。另外,切割速度过快,会产生后拖量,使熔渣不能顺利排除,破坏了切割氧流的正确形状,使凹心加大,纹路变粗,粗糙度下降。一般当要求粗糙度为$\sqrt{12.5}$时,切割速度以 200 ~ 300mm/min 为宜;速度增至 400 ~ 500mm/min 时,粗糙度相应地降至$\sqrt{25}$和$\sqrt{50}$。

3)精密切割防止变形方法

火焰精密切割要求零件一次成形,必须防止切割过程中的热变形,它属于非均匀变形,随着切割温度的提高和部件刚度的变化,切割变形会逐步增加或减少;被切割部件的横向刚度越小,变形就越大。常用防止被切割钢材变形的方法有以下几种。

(1)对称切割:在龙门切割机上采用多头切割,使两边或多边温度场均匀。如为单割炬单边切割,则在工件另一边也需打开预热焰与割嘴同时、同向运行,使工件两边热膨胀速度一致,就可防止马刀弯曲变形产生。

(2)合理的切割顺序:若对一块钢板逐步进行切割,可按图 5-27 的次序进行切割。由于切割时板材的刚度是对称的,一部分变形可以相互抵消,因此,可防止产生较大的变形,保证切割精度。

(3)封闭式切割:如图 5-28 所示,先切割 AB 段,其切割热变形被 AC、BD 未切割开的部分所约束,不能自由变形。待工件温度降到室温时,再切割 AC 和 BD 段。这种切割法,可最大限度地减少切割热变形。

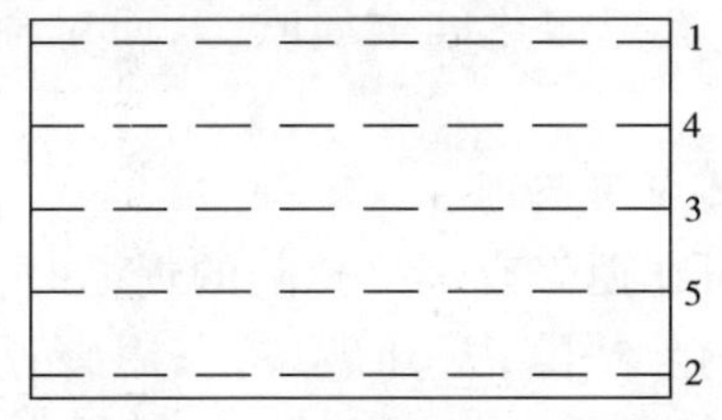

图 5-27　板材合理切割顺序

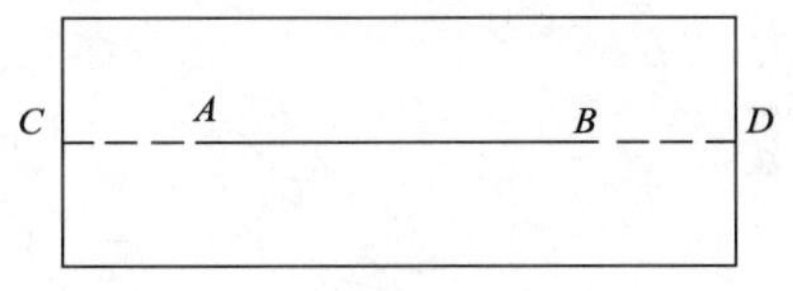

图 5-28　封闭式切割顺序

7. 切割质量允许偏差和检验

1)机械切割

公路钢结构采用机械切割时,仅适用于次要零件或切割后尚需加工边缘的零件。机械切割质量要求是边缘整齐无刺、反口、缺肉等缺陷。机械切割零件的允许偏差,对板件长、宽: ±22mm;对型钢长度: ±2mm,型钢切割线与边缘垂直度不大于 1.5mm。

2)火焰切割

公路钢结构应优先采用火焰精密切割或自动、半自动切割,火焰手工切割仅适用于次要零件或切割后仍需边缘加工的零件。火焰切割零件尺寸的允许偏差:手工切割 ±2mm;自动、半自动切割 ±1.5mm;精密切割 ±1.0mm;切割面垂直度偏差不应大于零件厚度的 5%,且不应大于 2mm。

切割断面淬硬层硬度与被切割钢板厚度成正比。硬度与钢材含碳量大小成正比。16 锰钢板切割后的表面最高硬度 HV 以不超过 300 为宜。

经过火焰切割后的断面,其热影响区附近的金属化学成分将发生变化,一般含碳量增加30%左右,而锰和硅则在切割中被烧损,导致割缝外边缘机械性能下降。避免方法是在切割中预热焰不要应用强氧化焰,以采用弱中性焰为宜。

根据试验结果,精密切割的钢材疲劳强度较机械切割的高。

四、电弧切割

电弧切割法是利用电弧高温将钢材熔化,并利用电弧吹力形成的气流将液体金属吹走,熔坑水平面逐渐降落而形成割缝。电极沿钢材割口上下移动前进。电极可用炭精极或金属极。用直流电切割时,电极接负极,钢材接正极。电弧切割的质量、粗糙度、切割速度、切割口宽度要求均较火焰切割差。

电弧切割用炭精极时,适宜于切割铸铁及有色金属(这些金属通常不能用氧炔焰切割),也可用于切割拆除钢材厚度不超过20~30mm的钢结构架。用金属极的电弧切割,只有当现场缺乏氧气或切割工作量很小时才采用。

电弧切割设备可使用一般的电焊设备,金属切割可用普通电焊条。炭精极切割则常用石墨制成的电极。

由于电弧切割质量太差,切割速度太低,目前已逐步淘汰,而被碳弧气刨和碳弧切割代替。

五、碳弧气刨和碳弧切割

1. 原理

碳弧气刨和碳弧切割原理与电弧切割相同,只是当碳极与工件间产生电弧高温,将工件金属局部加热到熔化状态时,用压缩空气的气流把熔化的金属吹掉,而对金属进行刨削或切割,如图5-29所示。

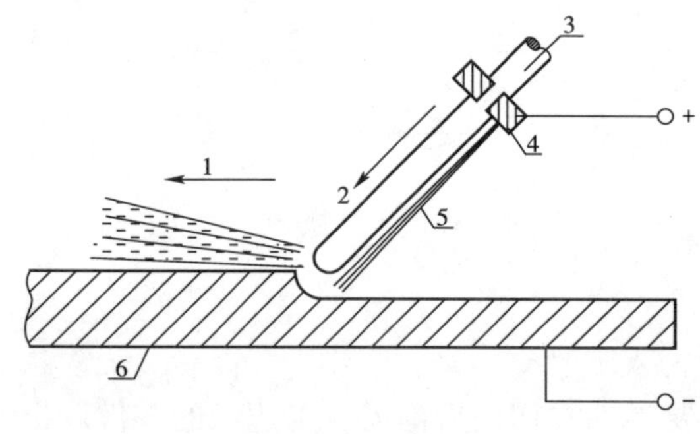

图5-29 碳弧气刨示意图

1-刨削方向;2-电极进给;3-电极;4-刨钳;5-压缩空气流;6-工件

2. 应用范围

可在返修有焊接缺陷的焊缝时,用碳弧气刨清除缺陷,并开破口;采用碳弧气刨开破口,特别是开U形破口,工效更高;可清理铸件的毛边、飞刺、浇铸冒口及清理铸件中的缺陷;可切割不锈钢、高合金钢的中、薄板及切割铝、铜及其合金等。

3. 碳弧气刨和切割设备

1)电源

电源与手工电弧焊相同,要求用直流电源,具有陡降的外特性和较好的动特性。电流较大,且连续时间较长,故应选用功率较大的直流焊机。

2)碳棒

要求耐高温、导电性好、不易折裂、断面组织细致、成本低、灰分少等,一般采用镀铜实心碳棒。可分圆碳棒和扁碳棒两种。也可用报废的石墨电极加工成碳棒。扁形碳棒刨槽较宽,适用于大面积的刨槽或刨平面。

3)气刨枪

有侧面送风和圆周送风两种形式。前者是在钳口端部设有小孔,压缩空气从小孔喷出,并集中吹在碳棒电弧的后侧。周围送风刨枪是在枪体头部设有分辨弹性夹头,周围方向有若干个方形出风槽,压缩空气由出风槽沿碳棒四周吹出,碳棒冷却均匀。生产上常用侧面送风式风枪。

4. 碳弧气刨工艺

1)电源极性

采用直流电反接(即工件接负极,碳棒接正极)可使碳钢、低合金钢和不锈钢的液体金属因渗碳而熔点降低,流动性增大,刨削过程稳定,刨槽光滑。对铸铁、铜及其合金则以正接为宜;对铝及其合金则正、反接均可。

2)电流与碳棒直径

采用大电流可增加刨削槽宽和槽深,还可提高刨削速度和刨槽的光滑度。一般碳弧气刨专用碳棒规格及适用电流如表5-76所示。

碳棒直径可根据钢板厚度选择,钢板厚度为4~6mm,碳棒直径为4mm;厚度6~8mm、8~10mm、大于10mm和大于15mm时,碳棒直径分别为5~6mm、6~7mm、7~9mm和10mm。碳棒直径还应比要求的刨槽宽度小2~4mm。在刨削较大的表面时,可采用矩形断面碳棒。

3)刨削速度

刨削速度要合适,过快或过慢都不能最有效地利用电弧能量。刨削电流为300A时,最佳速度约为13mm/s。当电流有增减时,速度应相应调整。

4)压缩空气压力

压力高时,对刨削有利,压力不足时,刨槽表面残留一层富碳层,影响刨削质量,常用压力为0.4~0.6MPa。

5)电弧长度

以1~3mm为宜。过大时电弧不稳定,甚至熄弧。也不宜过短,否则易引起"夹碳"缺陷。

6)碳棒与工件的倾角

其大小影响刨槽的深度。倾角增大,槽深增加。一般倾角采用25°~40°。

7)碳棒伸出长度

从钳口导电嘴到电弧端的碳棒长度为其伸出长度。伸出太长,压缩空气吹的过远,显的风力不足,不能将熔渣吹走;伸出越长,碳棒的烧损也大。一般以80~100mm为宜。当烧损到20~30mm时,应更换碳棒。

8)刨缝装配间隙

刨开坡口时,装配间隙不宜大于1mm。

5. 碳弧气割工艺

(1)铸铁件的碳弧切割。碳弧气割一般用于割切铸铁件的毛边、飞刺和切割不锈钢。清理切割铸铁件的毛边、飞刺时,宜采用扁形碳棒,棒宽应大于毛刺宽2~3mm。切割电流,对要求机械加工的表面,宜选用偏低或正常电流。对于非加工表面,可选取偏大一些的电流。

(2)不锈钢的碳弧切割。碳弧切割不锈钢在操作上与碳弧刨削基本相同,可一次割透或在切割线上重复多次刨槽,直至切透。切割厚度20mm以下时,用5mm×18mm的矩形碳棒，两侧送风的钳式气刨枪，电流500A左右（表5-76）。切割时用碳棒的侧面与钢板整个厚度引弧，并“切入”钢板，切口光洁整齐。

碳弧气刨专用碳棒规格及适用电流　　表5-76

断面形状	直径×长度（mm）	适用电流（A）	断面形状	短边×长边×长度（mm）	适用电流（A）
圆形	3×305	150～180	矩形	3×12×305	200～300
	4×305	150～200		4×8×305	180～270
	5×305	160～250		4×12×305	200～400
	6×305	180～300		5×10×305	300～400
	7×305	200～350		5×12×305	350～450
	8×305	250～400		5×15×305	400～500
	10×355	350～500		5×18×355	450～550
	12×355	450～550		5×20×355	500～600

注：本表内容摘自《焊工手册　手工焊接与切割》（第3版）（中国机械工程学会焊接学会等编，机械工业出版社，2001年）。

六、等离子弧切割

1. 等离子弧切割原理和应用

等离子弧切割是利用等离子弧的热能实现金属熔化的切割方法。根据切割气流的不同，分为氮等离子切割、空气等离子弧切割和氧等离子弧切割等。切割用等离子弧温度一般在10 000～14 000℃之间，远远超过所有金属和非金属的熔点，因此能够切割大部分金属和非金属材料。

等离子弧割枪的基本设计与等离子弧焊枪类似。用于焊接时，用低速的离子气流熔化母材金属，以形成焊接接头；用于切割时，采用高速的离子气流熔化母材并吹掉熔融金属形成切口。切割用离子气焰流速度及强度取决于离子气种类、气体压力、电流、喷嘴孔径比及喷嘴至工件的距离等参数。

等离子弧切割诞生于20世纪50年代，最初用于氧—乙炔焰无法切割的金属材料，如铝合金、高合金钢、铸铁、铜和不锈钢等金属及非金属材料的切割，等离子弧切割的切口较宽，切割边的质量较光洁、整齐。被切割工件厚度不大时，切割较快。切割厚度可达150～200mm。随着这种方法的发展，其应用范围已经扩大到碳钢和低合金钢切割。

2. 切割设备

等离子弧切割设备包括电源、割炬、控制系统、气路系统和水冷系统。机动切割还带有速度可调的切割小车。

1）电源

因等离子弧的直径很细，电流密度很高，故要求电源的工作电压和空载电压都较高。一般工作电压应在80V以上，空载电压为150～400V。宜采用直流电、正接（电极接负），并要求具有陡降的外特性曲线。目前用于等离子切割的电源可采用2～3台普通直流弧焊机串联，或专用的整流器型电源。

2）割炬

主要由上体（包括电极夹持、调节及水路部分）、下体（包括进气管、冷却水管和导电部分）和喷嘴等组成。割炬内腔几何形状如图5-30和表5-77所示。电极中心与喷嘴中心应尽可能处于同一竖直线上，这样可保证切割过程正常，提高切口质量和喷嘴寿命。为此，宜采用电极中心可调整的割炬。

等离子弧割炬下体内腔尺寸参考 表5-77

符号	D	H	d	d_s	L	d_1	α
数值（mm）	12	33～37	2.4～4	4～5	$(1.5\sim1.8)d$	4.5～5.5	30°

3）控制系统

控制系统主要包括控制接触器、高频振荡器、电磁器阀等。控制系统应完成以下的程序控制：接通电源的输入回路；通冷却水使水压开关动作，并控制线路做好动作准备；接通小气流；接通高频振荡器；接通小电弧电流回路；接通切割电流回路，同时断开小电弧电流和高频电流；接通切割气流；停止切割，全部控制电路复原。

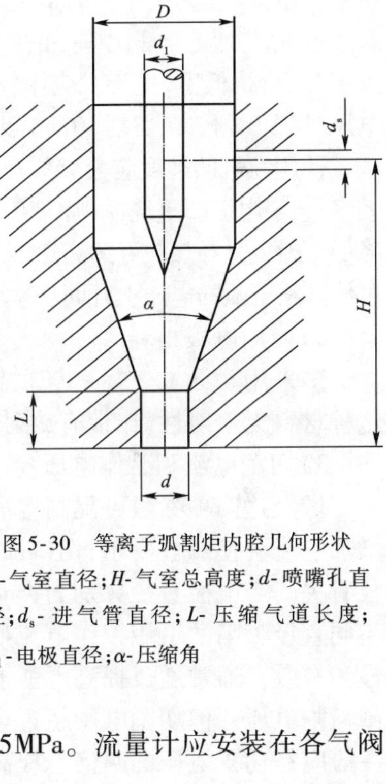

图5-30 等离子弧割炬内腔几何形状

D-气室直径；H-气室总高度；d-喷嘴孔直径；d_s-进气管直径；L-压缩气道长度；d_1-电极直径；α-压缩角

4）水冷却系统

等离子弧切割在10 000K以上的温度下工作，必须通水冷却，以免烧毁割炬等设备。即使瞬间断水，喷嘴也立即烧毁。冷却水的流量应大于3L/min，水压为0.15～0.2MPa，水管不应太长。一般采用工厂的自来水或水泵采水循环冷却。

5）气路系统

等离子弧切割采用气体的作用是防止钨极气化，压缩电弧和保护喷嘴不被烧坏等。故气路系统和水冷却系统一样，必须保证畅通无阻。输送气体的管路不宜太长，输气管可采用硬橡胶管，气体压力为0.25～0.35MPa。流量计应安装在各气阀后面。

3. 等离子弧切割工艺和切割规范参数

等离子弧切割过程包括：给气，采用高频高压或脉冲高压在电极和喷嘴间先引燃非转移弧；然后，把电弧转移到电极和切割件之间，供给较大的电流进行切割。自动切割还需要控制割炬的行走速度和轨迹。

1）气体选择

等离子弧切割使用的离子气有N_2、Ar、Ar－H_2、N_2－H_2、空气及氧气等。离子气的种类决定切割时的弧压，弧压越高，切割功率越大，切割速度及厚度也相应提高。但弧压越高，要求切割电源的功率也越高，否则难以引弧或电弧在切割过程中容易熄灭。表5-78是等离子弧切割时常用气体的选择。

等离子弧切割常用气体的选择 表 5-78

工件厚度(mm)	气体种类(体积分数)	空载电压(V)	切割电压(V)
≤120	N_2	250 ~ 350	150 ~ 200
≤150	N_2 + Ar ($N_2$60% ~ 80%)	200 ~ 350	120 ~ 200
≤200	N_2 + H_2 ($N_2$50% ~ 80%)	300 ~ 500	180 ~ 300
≤200	Ar + H_2 (H_2 约 35%)	250 ~ 500	150 ~ 300

注:本表摘自《焊接手册 第 1 卷 焊接方法及设备》(第 3 版)(中国机械工程学会焊接学会编,机械工业出版社,2007 年)。

N_2 是一种广泛使用的切割离子气,用 N_2 作为离子气时需要 165V 以上的空载电压。用 Ar 作为离子气时,只需要 75 ~ 80V 空载电压,但切割厚度仅在 30mm 以下,因经济原因不常使用。用 H_2 作为离子气时需要 350V 以上的空载电压才能产生稳定的等离子弧。以上任意两种气体的混合都比单一的气体好,尤其是 Ar - H_2 及 N_2 - H_2 混合气切口质量最好,但由于 N_2 价格低廉,生产中应用较多。压缩空气作离子气时热焓值高,弧压 100V 以上,电源电压 200V 以上,在切割 30mm 以下厚度的材料时,已有取代氧—乙炔焰切割的趋势。

使用氩气的纯度应为 95% 以上,氮气纯度则应为 99.5% 以上。否则由于其中含氧及水分太多,会使电极严重烧损、喷嘴寿命缩短,并使切割规范参数不稳定、切口不光不齐、切割厚度降低。因氢是导热较好的高热容气体,对电弧有强烈的压缩作用,故采用加氢的混合气体时,可使等离子弧的电压上升而功率增大,电弧高温区加长,可提高切割效率和切割厚度。

2)使用电极材料

多采用含钍 1.2% ~ 2% 的钨电极(牌号为 WT - 15 或 WT - 2),也可采用铈钨电极。这种材料无放射性,比带有放射性的钍钨电极好。

3)切割电流和工作电压

增大这两项参数可提高等离子弧的功率,从而使切割速度和切割厚度增大。若单纯增加电流会使弧柱变粗,切口加宽,喷嘴也容易烧坏。最大容许电流与电极直径、喷嘴直径有关。当电极直径分别为 4mm、5mm、6mm 时,相应最大容许电流为 250A、360A、550A。不同直径喷嘴的适用工作电流如表 5-79 所示。所以在切割大厚度工件时提高切割电压最为有效。通常通过提高电弧电压来增加功率,也可以通过调整或改变切割气体成分提高切割电压。但切割电压超过电源空载电压 2/3 时,容易熄弧,因此选择电源空载电压一般应是切割电压的两倍。提高电压可采用改变气体成分(改用氮氢或氩氢混合气)、增加气体流量、提高电弧压缩程度等方法。

不同直径喷嘴的适用工作电流 表 5-79

喷嘴孔径(mm)	2.4	2.8	3.0	3.2	3.5	4.0
工作电流(A)	135 ~ 160	185 ~ 215	210 ~ 245	240 ~ 280	290 ~ 340	375 ~ 440

注:本表内容摘自《焊工手册 手工焊接与切割》(第 3 版)(中国机械工程学会焊接学会等编,机械工业出版社,2001 年)。

4)喷嘴孔直径和长度

这两项参数决定了等离子弧的机械压缩程度。孔道过小、过长时,电弧不稳,甚至引不起弧,对切割能力和切割质量也有影响。孔道比即喷嘴孔道长度与喷嘴孔直径的比值为 1.5 ~ 1.8 时较好。

5)气体流量和切割速度

增加气体流量可使电弧柱热压缩作用增强,工作电压升高,能量更集中,吹力加大,有利于提高切割速度和切割质量,并有利于避免烧坏喷嘴。但当气体流量过大时,反而会使切割效率减弱,这是因为部分热量被冷却气流带走,使熔化金属的热量减少;同时,电弧燃烧也不稳定,影响切割过程正常进行。通常当切割厚度在一定范围内时,不必增加气体流量。

6)切割速度

合适的切割速度能使切口表面光滑、割口背面无黏渣。在功率不变的情况下宜提高切割速度,使割件的受热面积减小并变窄,热影响区缩小。但当速度太快时,不能切穿割件。反之切割速度太慢,则生产效率低、切口不光洁、毛刺增多。一般要求在保证质量的前提下,尽可能选用较高的切割速度。

7)内缩(钨极至喷嘴端部距离)

合适的内缩使电弧在喷嘴内受到良好的压缩、电弧稳定、切割能力强。压缩太大,对割件加热效率低,破坏电弧的稳定性;内缩太小,等离子弧压缩效果差,切削能力减弱,并易烧坏喷嘴。一般内缩量以孔道长 l 加 2 ~4mm 为宜。

8)喷嘴至割件的距离

对于一般厚度的工件,喷嘴至割件的距离一般为 6 ~8mm;当切割厚度更大的工件时,距离可增大到 10 ~15mm。距离过大,电弧能量散失量增加,使切割能力减弱;距离过小,使操作控制困难。割炬与工件表面一般应垂直。

空气等离子弧切割所需距离略小,正常切割时一般为 2 ~5mm。除正常切割外,空气等离子切割时还可以将喷嘴与工件接触,即将喷嘴贴着工件表面滑动,这种切割方式称作接触切割或称笔式切割,切割厚度约为正常切割时的一半。

9)常用金属的切割参数

几乎所有的金属和非金属材料都可以进行等离子弧切割。等离子弧切割工艺参数与切割机电源特性,尤其是割炬的结构有关。相同功率的割炬,因制造厂的设计不同,特别是对电弧的压缩程度不同,其切割工艺参数也有差异。以下以 LG8 -25 型小电流空气等离子弧为例,介绍一些切割工艺参数,见表 5-80。

LG8 -25 型小电流空气等离子弧切割工艺参数 表 5-80

材料	板厚(mm)	喷嘴直径(mm)	切割电流(A)	空气压力(MPa)	空气耗量($L \cdot min^{-1}$)	切割速度($mm \cdot min^{-1}$)
碳素钢	2	1.0	25	0.35	8	>1 000
	4					700
	6					400
	8					200
不锈钢	2	1.0	25	0.35	8	1 000
	4					6 100
	6					400
	8					200
铝	2	1.0	25	0.35	8	1 020
	4					350

注:本表内容摘自《焊工手册　手工焊接与切割》(第 3 版)(中国机械工程学会焊接学会等编,机械工业出版社 2001 年)。

七、水下切割

1. 水下电弧切割

1)概述

水下电弧切割原理、操作方法与在空气中切割基本相同。但进行水下电弧切割时,不使用普通焊接用的涂药焊条。一般水下电弧切割焊条的涂药可采用含铁渣55%、碳酸钙38%、普通水泥6%的三种原料拌和,再掺入上述原料质量30%~40%的水玻璃和适量的水,调拌为膏状,涂于含碳量小于2.5%的钢丝周围,涂药厚度约2mm。涂药需分三次涂敷和晒干。上述切割焊条适用于直流电源。

采用交流电进行水下切割时,涂药应含铁渣70%、碳酸钙25%、氢氧化钾5%,水玻璃为上述原料混合物质量的25%。调拌、涂敷方法与前述相同。

这种涂药的切割焊条的熔化速度较普通焊条慢,可在焊条末端形成一个涂药的导管,保持气袋稳定。

进行水下切割时,焊条与被切割表面的倾斜角度为40°~70°,并沿切割口上下移动前进,如图5-31所示。

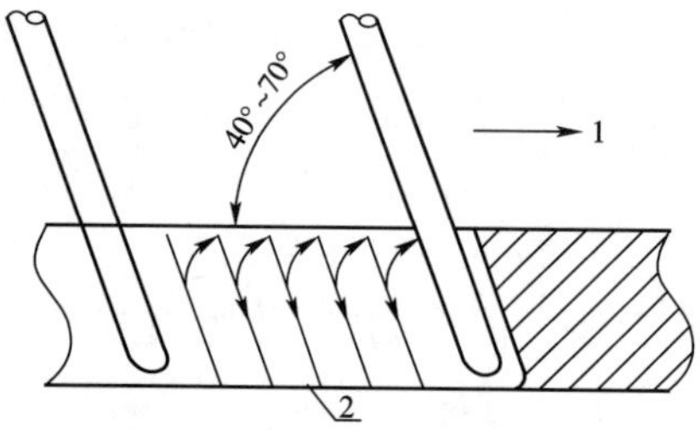

图5-31　水下切割焊条运行示意

1-切割进行方向;2-割条运行方向

当钢材厚度小于15mm时,采用水下电弧切割较为经济。当钢材厚度大于30mm时,宜采用水下电弧氧气切割或水下等离子弧切割。

2)水下电弧切割注意事项

在进行水下电弧切割时,所需电流较大,为500~1 000A,因此需用较大的电焊机,或将几台电焊机并联使用。电极夹钳应绝缘良好。水中电线套上绝缘的橡皮软管。所有导电部分均应有周密的绝缘,潜水电弧切割工手上应戴上橡皮手套,所穿戴的金属潜水盔和潜水衣都需有良好的绝缘设备,以免发生触电事故。

在水下工作的条件下,电压不得超过12V。电弧燃烧时,其电压一般不宜超过35~40V,在更换电条时,电压将增加到70~110V,为安全计,需在电路中串联一个闸刀开关,由水上潜水工作值班员按照潜水电弧切割工的信号指示来开关。潜水盔观察窗上必须嵌入有色护目玻璃,遮盖部分视界,以便观察。

潜水切割工下水工作时,应先将工作对象的位置和情况了解清楚。选择工作地位时,应留有转身的工作余地,以利于工作进行,脚手架应结实稳固。水流湍急时,应事先有所防备,如水底应配备有适当的照明电灯,切割时应注意割断部分跌落时不致伤人和起吊的方便。还要选择最经济的切割断面。

2. 水下电弧氧气切割

1)概述

水下电弧氧气切割与水下电弧切割的不同是:后者的切割焊条是实心的,而前者的切割焊条是空心的管形。表5-19的中TS304型水下割条就是专为水下电弧氧气切割用的,它是由外径8mm、内径3mm的钢管,外涂氧化铁型药皮制成,药皮厚2mm,也可使用空心碳棒作电极。本法的切割原理是利用电弧来加热钢材,通过电极管中心吹出高压氧气,使炽热了的金属燃烧,并把切割口内熔化的金属渣吹掉。本法可适用于100m的深水中，可割断厚120mm以下的钢材。还可切割不锈钢、铸铁和有色金属。

2）切割设备

切割设备有电焊机、焊接导电线、电极夹钳、氧气钢瓶、气阀、压力调节器和氧气软管等。

水下电弧氧气切割的电焊机一般采用直流电弧焊机（反接）。所需电流大小等参数与切割钢材厚度和水深有关，表5-81列出水深10m时，ϕ8mm钢管割条水下电弧氧气切割不同板厚钢板时的工艺参数。对于同一直径的割条，在同一水深切割等厚同质的材料，切割电流越大，切割速度越快。为此，在实际工作中，尽量选用较大的切割电流。但受切割电源功率和电缆导电截面的限制，超负荷使用会损坏设备以，以及受割条直径限制，过大的电流会使割条过热，药皮脱落，电弧短路，甚至断弧等，切割电流不能无限制增加。

ϕ8mm钢管割条工艺参数经验值（10m水深）　　表5-81

钢板厚度（mm）	切割电流（A）	氧气压力（MPa）	切割速度（m/h）
5～10	280～320	0.3～0.4	56～40
10～20	320～340	0.4～0.5	40～30
20～50	340～370	0.5～0.6	30～10
50～80	370～400	0.6～0.7	10～7

注：本表摘自《焊接手册　第1卷　焊接方法及设备》（第3版）（中国机械工程学会焊接学会编，机械工业出版社，2007年）。

水下焊钳与割钳一般可通用。钳上应装设启闭阀，随切割电流通过和中断而启闭。钳头部为夹持焊条或割条的夹头。电极夹钳设有输送切割氧气通过电极管装置，并在电流通过处有良好的绝缘性能。

切割氧的压力应比被切割处水深压力大。可由氧气瓶外的压力调节器进行调节。氧气压力的选择一般是由被切割金属的性质、厚度及所处水深决定。切割难氧化金属时，氧气流量（即氧气压力）要大些，随着钢板厚度和水深的增加，氧气压力也要增加。实践证明，氧气压力大些，可提高切割速度切口质量，切口背面挂渣少，不易出现黏连现象。但氧气压力亦不能无限制增加，以免超过气管的承压能力和过大的氧气流量导致割缝过冷，导致电弧不稳定，反而使切割速度下降。

为了防止在工作中断时氧气的损耗，应在水面上的氧气管路中装设一个氧气自动开关阀，并将它和切割电路连接。当电路中有电流通过时，则开启，电流中断时，则关闭。

3）水下电弧氧气切割应注意事项

电弧氧气切割时，应先点燃电弧，再开氧气阀。电弧熄灭时，应立即关闭氧气阀。其他有关准备工作及切割时应注意事项与水下电弧切割相同。

3. 水下等离子弧切割

水下等离子弧切割的原理、设备和切割工艺，基本上与陆地相同。水下等离子弧切割是利用高温高速等离子气流加热熔化待切割材料，并借助高速气流或水流将熔化材料排除形成切口，直至切断该材料。由于等离子弧难以在电极与工件之间形成，必须利用高频或直接接触的方式直接在钨极和喷嘴之间引燃引导电弧，然后在转移过渡到钨极和工件之间。目前用于水下金属材料切割的等离子弧切割枪，都是转移引弧形式。

水下等离子弧切割用电源与陆上等离子弧切割电源大体相似，只是空载电压高些，功率要求大些。

水下等离子弧切割炬与陆用不同之处在于增设屏蔽喷嘴，喷出的气体（或水）环绕等离子弧形成屏蔽,保护等离子弧不受水的干扰,同时对等离子弧也起到一定的压缩作用,使其能量进一步集中。

可用作等离子气的气体主要有:N_2、H_2 + Ar 混合气体、O_2 和压缩空气。用于形成屏蔽和保护气体有:CO_2、N_2、Ar 和压缩空气。使用不同的离子气,电极材料也不同。一般情况下,等离子气为 N_2、H_2 + Ar 混合气体时,应选用钨电极;等离子气为压缩空气和 O_2 时,应选用铪电极。因水下切割需要较大电流,为增加电极的使用寿命,应采用水冷却电极。

由于水下离子弧受到水的冷却和压缩,比陆上等离子弧切割电弧稳定性。为确保水下引弧顺利,切割过程稳定,需要较高的电弧电压和切割电流。经验表明切割相同厚度的金属材料,水下切割比陆上切割时电弧电压提高 20% ~50%,切割电流增加一倍以上。如在 8m 水深处切割厚度 30 ~100mm 不锈钢工件时,工作电流需 300 ~1 000A,工作电压需 180 ~450V,维弧电流需 75 ~100A。水下切割的割炬应保持各部件密封良好。喷嘴外部应装一个外喷嘴,使高速旋转的冷却水从喷嘴端部经外喷嘴孔道喷射出,形成伞形水屏,以提高等离子弧燃烧稳定性。

水下等离子弧切割的准备工作和切割时应注意事项与水下电弧切割相同。

第三节　焊接与切割安全

一、通用规则

1. 总则

1)设备及操作

(1)设备条件

所有运行使用中的焊接、切割设备,必须处于正常的工作状态,存在安全隐患(如:安全性或可靠性不足)时,必须停止使用,并由维修人员修理。

(2)操作

所有的焊接与切割设备,必须按制造厂提供的操作说明书或规程使用,并且还必须符合以下相关要求。

2)责任

管理者、监督者和操作者对焊接及切割的安全实施负有各自的责任。

(1)管理者

管理者必须对实施焊接及切割操作的人员及监督人员进行必要的安全培训。培训内容包括:设备的安全操作、工艺的安全执行及应急措施等。

管理者有责任将焊接、切割可能引起的危害及后果以适当的方式(如:安全培训教育、口头或书面说明、警告标识等)通告给实施操作的人员。

管理者必须标明允许进行焊接、切割的区域,并建立必要的安全措施。

管理者必须明确在每个区域内单独的焊接及切割操作规则。并确保每个有关人员对所涉及的危害有清醒的认识并且了解相应的预防措施。

管理者必须保证只使用经过认可并检查合格的设备(诸如焊割机具、调节器、调压阀、焊机、焊钳及人员防护装置)。

(2)现场管理及安全监督人员

焊接或切割现场应设置现场管理和安全监督人员。这些监督人员必须对设备的安全管理及工艺的安全执行负责。在实施监督职责的同时,他们还可担负其他职责,如:现场管理、技术指导、操作协作等。

监督者必须保证:

①各类防护用品得到合理使用。

②在现场适当地配置防火及灭火设备。

③指派火灾警戒人员。

④所要求的热作业规程得到遵循。

在不需要火灾警戒人员的场合,监督者必须要在热工作业完成后做最终检查并组织消灭可能存在的火灾隐患。

(3)操作者

操作者必须具备对特种作业人员所要求的基本条件,并懂得将要实施操作时可能产生的危害以及适用于控制危害条件的程序。操作者必须安全地使用设备,使之不会对生命及财产构成危害。

操作者只有在规定的安全条件得到满足,并得到现场管理及监督者准许的前提下,才可实施焊接或切割操作。在获得准许的条件没有变化时,操作者可以连续地实施焊接或切割。

2.人员及工作区域的防护

1)工作区域的防护

(1)设备

焊接设备、焊机、切割机具、钢瓶、电缆及其他器具必须放置稳妥,并保持良好的秩序,使之不会对附近的作业或过往人员构成妨碍。

(2)警告标志

焊接和切割区域必须予以明确标明,并且应有必要的警告标志。

(3)防护屏板

为了防止作业人员或邻近区域的其他人员受到焊接及切割电弧的辐射及飞溅伤害,应用不可燃或耐火屏板(或屏罩)加以隔离保护。

(4)焊接隔间

在准许操作的地方、焊接场所,必要时可用不可燃屏板或屏罩隔开形成焊接隔间。

2)人身防护

在依据《个体防护装备选用规范》(GB/T 11651—2008)选择防护用品的同时,还应考虑以下几方面。

(1)眼睛及面部防护

作业人员在观察电弧时,必须使用带有滤光镜的头罩或手持面罩,或佩戴安全镜、护目镜或其他合适的眼镜。辅助人员亦应佩戴类似的眼保护装置。

面罩及护目镜必须符合《职业眼面部防护　焊接防护　第1部分:焊接防护具》(GB/T 3609.1—2008)的要求。

对于大面积观察(诸如培训、展示、演示及一些自动焊操作),可以使用一个大面积的滤光窗、幕,而不必使用单个的面罩、手提罩或护目镜。滤光窗或幕材料必须对观察者提供安全的保护效果,使其免受弧光、碎渣飞溅的伤害。

(2)身体保护

①防护服

防护服应根据具体的焊接和切割操作特点选择。防护服必须符合《防护服装 阻燃防护 第2部分:焊接服》(GB 8965.2—2009)的要求,并可以提供足够的保护面积。

②手套

所有焊工和切割工必须佩戴耐火的防护手套。

③围裙

当身体前部需要对火花和辐射做附加保护时,必须使用经久耐火的皮制或其他材质的围裙。

④护腿

需要对腿做附加保护时,必须使用耐火的护腿或其他等效的用具。

⑤披肩、斗篷及套袖

在进行仰焊、切割或其他操作过程中,必要时必须佩戴皮制或其他耐火材质的套袖或披肩罩,也可在头罩下佩戴耐火质地的斗篷,以防头部灼伤。

⑥其他防护服

当噪声无法控制在《工业企业噪声控制设计规范》(GB/T 50087—2013)规定的允许声级范围内时,必须采用保护装置(诸如耳套、耳塞或用其他适当的方式保护)。

3)呼吸保护设备

利用通风手段无法将作业区域内的空气污染降至允许限值或这类控制手段无法实施时,必须使用呼吸保护装置,如:长管面具、防毒面具等。

3. 通风

1)充分通风

为了保证作业人员在无害的呼吸氛围内工作,所有焊接、切割、钎焊及有关的操作必须要在足够的通风条件下(包括自然通风或机械通风)进行。

2)防止烟气流

必须采取措施避免作业人员直接呼吸到焊接操作所产生的烟气流。

3)通风的实施

为了确保车间空气中焊接烟尘的污染程度低于《车间空气中电焊烟尘卫生标准》(GB 16194—1996)的规定值,可根据需要采用各种通风手段(如:自然通风、机械通风等)。

4. 消防措施

1)防火职责

必须明确焊接操作人员、监督人员及管理人员的防火职责,并建立切实可行的安全防火管理制度。

2)指定的操作区域

焊接及切割应在为减少火灾隐患而设计、建造(或特殊指定)的区域内进行。因特殊原因需要在非指定的区域内进行焊接或切割操作时,必须经检查、核准。

3)放有易燃物区域的热作业条件

焊接或切割作业只能在无火灾隐患的条件下实施。

(1)转移工件

有条件时,首先要将工件移至指定的安全区进行焊接。

(2)转移火源

工件不可移时,应将火灾隐患周围所有可移动物移至安全位置。

(3)工件及火源无法转移

工件及火源无法转移时,要采取措施限制火源以免发生火灾,如:

①易燃地板要清扫干净,并以洒水、铺盖湿沙、金属薄板或类似物品的方法加以保护。

②地板上的所有开口或裂缝应覆盖或封好,或者采取其他措施以防地板下面的易燃物与可能由开口处落下的火花接触。对墙壁上的裂缝或开口、敞开或损坏的门、窗亦要采取类似的措施。

4)灭火

(1)灭火器及喷水器

在进行焊接及切割操作的地方必须配置足够的灭火设备。其配置取决于现场易燃物品的性质和数量,可以是水池、沙箱、水龙带、消防栓或手提灭火器。在有喷水器的地方,在焊接或切割过程中,喷水器必须处于可使用状态。如果焊接地点距自动喷水头很近,可根据需要用不可燃的薄材或潮湿的棉布将喷头临时遮蔽。而且这种临时遮蔽要便于迅速拆除。

(2)火灾警戒人员的设置

在下列焊接或切割的作业点及可能引发火灾的地点,应设置火灾警戒人员。

①靠近易燃物之处。建筑结构或材料中的易燃物距作业点10m以内。

②开口。在墙壁或地板有开口的10m半径范围内(包括墙壁或地板内的隐蔽空间)放有外露的易燃物。

③金属墙壁。靠近金属间壁、墙壁、天花板、屋顶等处另一侧易受传热或辐射而引燃的易燃物。

④船上作业。在油箱、甲板、顶架和舱壁进行船上作业时,焊接时透过的火花、热传导可能导致隔壁舱室起火。

(3)火灾警戒职责

火灾警戒人员,必须经必要的消防训练,并熟知消防紧急处理程序。

火灾警戒人员的职责是监视作业区域内的火灾情况;在焊接或切割完成后,检查并消灭可能存在的残火。

火灾警戒人员可以同时承担其他职责,但不得对其火灾警戒任务有干扰。

5)装有易燃物容器的焊接或切割

当焊接或切割装有易燃物的容器时,必须采取特殊的安全措施并经严格检查批准方可作业,否则严禁开始工作。

5.封闭空间内的安全要求

在封闭空间内作业时,要求采取特殊的措施。

注:封闭空间是指一种相对狭窄或受限制的空间,诸如箱体、锅炉、容器、舱室等等。“封闭”意味着由于结构、尺寸、形状而导致恶劣的通风条件。

1)封闭空间内的通风

除了正常的通风要求之外，封闭空间内的通风还要求防止可燃混合气的聚集及大气中富氧。

(1)人员的进入

封闭空间在未进行良好的通风之前，禁止人员进入。如要进入，必须佩戴合适的供气呼吸设备并由戴有类似设备的他人监护。

必要时在进入之前，对封闭空间要进行毒气、可燃气、有害气、氧量等的测试，确认无害后方可进入。

(2)邻近的人员

封闭空间内适宜的通风不仅必须确保焊工或切割工自身的安全，还要确保区域内所有人员的安全。

(3)使用的空气

通风所使用的空气，其数量和质量必须保证封闭空间内的有害物质污染浓度低于规定值。

供给呼吸器或呼吸设备的压缩空气必须满足正常的呼吸要求。

呼吸器的压缩空气管，必须是专用管线，不得与其他管路相连接。

除了空气之外，氧气、其他气体或混合气不得用于通风。

在对生命和健康有直接危害的区域内实施焊接、切割或相关工艺作业时，必须采用强制通风、供气呼吸设备或其他合适的方式。

2)使用设备的安置

(1)气瓶及焊接电源

在封闭空间内实施焊接及切割时，气瓶及焊接电源必须放置在封闭空间的外面。

(2)通风管

用于焊接、切割或相关工艺局部抽气通风的管道，必须由不可燃材料制成。这些管道必须根据需要进行定期检查，以保证其功能稳定，其内表面不得有可燃残留物。

3)相邻区域

在封闭空间邻近处实施焊接或切割而使封闭空间内存在危险时，必须使人知道封闭空间内的危险后果，在缺乏必要的保护措施条件下，严禁进入这样的封闭空间。

4)紧急信号

当作业人员从人孔或其他开口处进入封闭空间时，必须具备向外部人员提供救援信号的手段。

5)封闭空间的监护人员

在封闭空间内作业时，如存在着严重危害生命安全的气体，封闭空间外面必须设置监护人员。

监护人员必须具有在紧急状态下迅速救出或保护里面作业人员的救护措施；具备实施救援行动的能力。他们必须随时监护里面作业人员的状态，并与他们保持联络，备好救护设备。

6. 公共展览及演示

在公共场所进行焊接、切割操作的展览、演示时，除了保障操作者的人身安全之外，还必须保证观众免受弧光、火花、电击、辐射等伤害。

7. 警告标示

在焊接及切割作业所产生的烟尘、气体、弧光、火花、电击、热、辐射及噪声可能导致危害的地方，应通过使用适当的警告标志使人们清楚地了解其危害。

二、专用规则

1. 氧燃气焊接及切割安全

1）一般要求

（1）与乙炔相接触的部件

所有与乙炔相接触的部件（包括：仪表、管路、附件等）不得由铜、银以及铜（或银）含量超过70%的合金制成。

（2）氧气与可燃物的隔离

氧气瓶、气瓶阀、接头、减压器、软管及设备必须与油、润滑脂及其他可燃物或爆炸物相隔离。严禁用沾有油污的手或带有油迹的手套去触碰氧气瓶或氧气设备。

（3）密封性试验

检验气路连接处密封性时，严禁使用明火。

（4）氧气的禁止使用

严禁用氧气代替压缩空气使用。氧气严禁用于气动工具、油预热炉、启动内燃机、吹通管路、衣服及工件的除尘，为通风而加压或类似的应用。氧气喷流严禁喷至带油的表面、带油脂的衣服或进入燃油或其他储罐内。

（5）氧气设备

用于氧气的气瓶、设备、管线或仪器严禁用于其他气体。

（6）气体混合的附件

未经许可，禁止装设可能使空气或氧气与可燃气体在燃烧前（不包括燃烧室或焊炬内）相混合的装置或附件。

2）焊炬及割炬

只有符合有关标准［如《气割机用割炬》（JB/T 5101—1991）、《射吸式焊炬》（JB/T 6969—1993）、《射吸式割炬》（JB/T 6970—1993）和《等压式焊炬、割炬》（JB/T 7947—1999）等］的焊炬和割炬才允许使用。

使用焊炬、割炬时，必须遵守制造商关于焊、割炬点火、调节及熄火的程序规定。点火之前，操作者应检查焊、割炬的气路是否通畅、射吸能力、气密性等。

点火时应使用摩擦打火机、固定的点火器或其他适宜的火种。焊割炬不得指向人员或可燃物。

3）软管及软管接头

用于焊接与切割输送气体的软管，如氧气软管和乙炔软管，其结构、尺寸、工作压力、机械性能、颜色必须符合《气体焊接设备焊接、切割和类似作业用橡胶软管》（GB/T 2550—2007）的要求。软管接头则必须满足《气焊设备焊接、切割和相关工艺设备用软管接头》（GB/T 5107—2008）的要求。

禁止使用泄漏、烧坏、磨损、老化或有其他缺陷的软管。

4）减压器

只有经过检验合格的减压器才允许使用。减压器的使用必须严格遵守《焊接、切割及类似工艺用气瓶减压器》(GB/T 7899—2006)的有关规定。

减压器只能用于设计规定的气体及压力。

减压器的连接螺纹及接头必须保证减压器安在气瓶阀或软管上之后连接良好、无任何泄漏。

减压器在气瓶上应安装合理、牢固。采用螺纹连接时,应拧足五个螺扣以上;采用专门的夹具压紧时,装卡应平整牢固。

从气瓶上拆卸减压器之前,必须将气瓶阀关闭,并将减压器内的剩余气体释放干净。

同时使用两种气体进行焊接或切割时,不同气瓶减压器的出口端都应装上各自的单向阀,以防止气流相互倒灌。

当减压器需要修理时,维修工作必须由经劳动、计量部门考核认可的专业人员完成。

5)气瓶

所有用于焊接与切割的气瓶都必须按有关标准及规程制造、管理、维护并使用。

使用中的气瓶必须进行定期检查,使用期满或送检未合格的气瓶禁止继续使用。

(1)气瓶的充气

气瓶的充气必须按规定程序由专业部门承担,其他人不得向气瓶内充气。除气体供应者以外,其他人不得在一个气瓶内混合气体或从一个气瓶向另一个气瓶倒气。

(2)气瓶的标志

为了便于识别气瓶内的气体成分,气瓶必须按《气瓶颜色标志》(GB/T 7144—1999)规定做明显标志。其标志必须清晰、不易去除。标志模糊不清的气瓶禁止使用。

(3)气瓶的储存

气瓶必须储存在不会遭受物理损坏或使气瓶内储存物的温度超过40℃的地方。

气瓶必须储放在远离电梯、楼梯或过道,不会被经过或倾倒的物体碰翻或损坏的指定地点。在储存时,气瓶必须稳固以免翻倒。

气瓶在储存时,必须与可燃物、易燃液体隔离,并且远离容易引燃的材料(诸如木材、纸张、包装材料、油脂等)至少6m以上,或用至少1.6m高的不可燃隔板隔离。

(4)气瓶在现场的安放、搬运及使用

气瓶在使用时,必须稳固竖立或装在专用车(架)或固定装置上。

气瓶不得置于受阳光暴晒、热源辐射及可能受到电击的地方。气瓶必须距离实际焊接或切割作业点足够远(一般为5m以上),以免接触火花、热渣或火焰,否则必须提供耐火屏障。

气瓶不得置于可能使其本身成为电路一部分的区域。避免与电动机车轨道、无轨电车电线等接触。气瓶必须远离散热器、管路系统、电路排线等,及可能供接地(如电焊机)的物体。禁止用电极敲击气瓶,在气瓶上引弧。

搬运气瓶时,应注意:

①关紧气瓶阀,而且不得提拉气瓶上的阀门保护帽。

②用吊车、起重机运送气瓶时,应使用吊架或合适的台架,不得使用吊钩、钢索或电磁吸盘。

③避免可能损伤瓶体、瓶阀或安全装置的剧烈碰撞。

气瓶不得作为滚动支架或支撑重物的托架。

气瓶应配置手轮或专用扳手启闭瓶阀。气瓶在使用后不得放空,必须留有不小于

98～196kPa 表压的余气。

当气瓶冻住时，不得在阀门或阀门保护帽下面用撬杠撬动气瓶松动。应使用40℃以下的温水解冻。

(5)气瓶的开启

①气瓶阀的清理

将减压器接到气瓶阀门之前，阀门出口处首先必须用无油污的清洁布擦拭干净，然后快速打开阀门并立即关闭，以便清除阀门上的灰尘或可能进入减压器的脏物。

清理阀门时，操作者应站在排出口的侧面，不得站在其前面。不得在其他焊接作业点、存在着火花、火焰(或可能引燃)的地点附近清理气瓶阀。

②开启氧气瓶的特殊程序

减压器安在氧气瓶上之后，必须进行以下操作：

a. 首先，调节螺杆并打开顺流管路，排放减压器的气体。

b. 其次，调节螺杆并缓慢打开气瓶阀，以便在打开阀门前使减压器气瓶压力表的指针始终慢慢地向上移动。打开气瓶阀时，应站在瓶阀气体排出方向的侧面而不要站在其前面。

c. 当压力表指针达到最高值后，阀门必须完全打开，以防气体沿阀杆泄漏。

③乙炔气瓶的开启

开启乙炔气瓶的瓶阀时应缓慢，严禁开至超过3/2圈，一般只开至3/4圈以内，以便在紧急情况下迅速关闭气瓶。

④使用的工具

配有手轮的气瓶阀门不得用榔头或扳手开启。

未配有手轮的气瓶，使用过程中必须在阀柄上备有把手、手柄或专用扳手，以便在紧急情况下可以迅速关闭气路。在多个气瓶组装使用时，至少要备有一把这样的扳手以备急用。

(6)其他

气瓶在使用时，其上端禁止放置物品，以免损坏安全装置或妨碍阀门的迅速关闭。使用结束后，气瓶阀必须关紧。

(7)气瓶的故障处理

①泄漏

如果发现燃气气瓶的瓶阀周围有泄漏，应关闭气瓶阀，拧紧密封螺母。

当气瓶泄漏无法阻止时，应将燃气瓶移至室外，远离所有起火源，并做相应的警告通知。缓缓打开气瓶阀，逐渐释放内存的气体。

有缺陷的气瓶或瓶阀应做适宜标志，并送专业部门修理，经检验合格后方可重新使用。

②火灾

气瓶泄漏导致的起火可通过关闭瓶阀，采用水、湿布、灭火器等手段予以熄灭。

在气瓶起火无法通过上述手段熄灭的情况下，必须对该区域进行疏散，并用大量水流浇湿气瓶，使其保持冷却。

6)汇流排系统的安装与操作

在气体用量集中的场合，可以采用汇流排供气。汇流排系统的设计、安装必须符合有关标准规程的要求。汇流排系统必须合理地设置回火保险器、气阀、逆止阀、减压器、滤清器、事故排放管等。安装在汇流排系统的这些部件均应经过单件或组合件的检验认可,并证明符合汇流排系统的安全要求。

气瓶汇流排的安装必须在对其结构和使用熟悉的人员监督下进行。

乙炔气瓶和液化气气瓶必须在直立位置上汇流,与汇流排连接并供气的气瓶,其瓶内的压力应基本相等。

2. 电弧焊接及切割安全

1)一般要求

(1)弧焊设备

根据工作情况选择弧焊设备时,必须要考虑到焊接的各方面安全因素。进行电弧焊接与切割时所使用的设备必须符合相应的焊接设备标准规定,还必须满足《焊弧设备》(GB 15579)的安全要求。

(2)操作者

被指定操作弧焊与切割设备的人员,必须在这些设备的维护及操作方面经适宜的培训及考核,其工作能力应得到必要的认可。

(3)操作程序

每台(套)弧焊设备的操作程序应完备。

2)弧焊设备的安装

弧焊设备的安装应满足下列要求。

(1)设备的工作环境与其技术说明书规定相符,安放在通风、干燥、无碰撞或无剧烈振动、无高温、无易燃品存在的地方。

(2)在特殊环境条件下(如:室外的雨雪中;温度、湿度、气压超出正常范围或具有腐蚀、爆炸危险的环境),必须对设备采取特殊的防护措施,以保证其正常的工作性能。

(3)当特殊工艺需要高于规定的空载电压值时,必须对设备提供相应的绝缘方法(如:采用空载自动断电保护装置)或其他措施。

(4)弧焊设备外露的带电部分必须设置完好的保护,以防人员或金属物体(如:货车、起重机吊钩等)与之相接触。

3)接地

焊机必须以正确的方法接地(或接零)。接地(或接零)装置必须连接良好,永久性的接地(或接零)应做定期检查。

禁止使用氧气、乙炔等易燃易爆气体管道作为接地装置。

在有接地(或接零)装置的焊件上进行弧焊操作,或焊接与大地密切连接的焊件(如:管道、房屋的金属支架等)时,应特别注意避免焊机和工件的双重接地。

4)焊接回路

(1)构成焊接回路的焊接电缆必须适合于焊接的实际操作条件。

(2)构成焊接回路的电缆外皮必须完整、绝缘良好(绝缘电阻大于1MΩ)。用于高频、高压振荡器设备的电缆,必须具有相应的绝缘性能。

(3)焊机的电缆应使用整根导线,尽量不带连接接头。需要接长导线时,接头处要连接牢固、绝缘良好。

(4)构成焊接回路的电缆禁止搭在气瓶等易燃品上,禁止与油脂等易燃物质接触。

在经过信道、马路时,必须采取保护措施(如:使用保护套)。

(5)能导电的物体(如:管道、轨道、金属支架、暖气设备等)不得用做焊接回路的永久部分。但在建造、延长或维修时可以考虑作为临时使用,其前提是必须经检查确认所有接头处的电气连接良好,任何部位不会出现火花或过热。此外,必须采取特殊措施以防事故的发生。锁链、钢丝绳、起重机、卷扬机或升降机不得用来传输焊接电流。

5)操作

(1)安全操作规程

指定操作或维修弧焊设备的作业人员,必须了解、掌握并遵守有关设备安全操作规程及作业标准。此外,还必须熟知本标准的有关安全要求(如:人员防护、通风、防火等内容)。

(2)连线的检查

完成焊机的接线之后,在开始操作设备之前,必须检查每个安装的接头,以确认其连接良好。其内容包括:

①线路连接正确合理,接地必须符合规定要求。

②磁性工件夹爪在其接触面上不得有附着的金属颗粒及飞溅物。

③盘卷的焊接电缆在使用之前应展开,以免过热及绝缘损坏。

④需要交替使用不同长度电缆时,应配备绝缘接头,以确保不需要时无用的长度可被断开。

(3)泄漏

不得有影响焊工安全的任何冷却水、保护气或机油的泄漏。

(4)工作中止

当焊接工作中止时(如:工间休息),必须关闭设备或焊机的输出端或者切断电源。

(5)移动焊机

需要移动焊机时,必须首先切断其输入端的电源。

(6)不使用的设备

金属焊条和碳极在不用时,必须从焊钳上取下,以消除人员或导电物体的触电危险。焊钳在不使用时,必须置于与人员、导电体、易燃物体或压缩空气瓶接触不到的地方。半自动焊机的焊枪在不使用时,亦必须妥善放置,以免使枪体开关意外启动。

(7)电击

在有电气危险的条件下进行电弧焊接或切割时,操作人员必须注意遵守下述原则。

①带电金属部件

禁止焊条或焊钳上带电金属部件与身体相接触。

②绝缘

焊工必须用干燥的绝缘材料,以保护自己免除与工件或地面可能产生的电接触。在坐位或俯位工作时,必须采用绝缘方法防止与导电体的大面积接触。

③手套

要求使用状态良好的、足够干燥的手套。

④焊钳和焊枪

焊钳必须具备良好的绝缘性能和隔热性能,并且维修正常。

如果枪体漏水或渗水,会严重威胁焊工安全时,禁止使用水冷式焊枪。

⑤水浸

焊钳不得在水中浸透冷却。

⑥更换电极

更换电极或喷嘴时,必须关闭焊机的输出端。

⑦其他禁止的行为

焊工不得将焊接电缆缠绕在身上。

6)维护

所有的弧焊设备,必须随时维护,保证处在安全的工作状态。当设备存在缺陷或安全危害时,必须中止使用,直到其安全性得到保证为止。修理必须由认可的人员进行。

(1)焊接设备

焊接设备必须保持良好的机械及电气状态。整流器必须保持清洁。

①检查

为了避免可能影响通风、绝缘的灰尘和纤维物积聚,对焊机应经常检查、清理。电气绕组的通风口也要做类似的检查和清理。发电机的燃料系统应进行检查,防止可能引起生锈的漏水和积水。旋转和活动部件应保持适当的维护和润滑。

②露天设备

为了防止恶劣气候的影响,露天使用的焊接设备应予以保护。保护罩不得妨碍其散热通风。

③修改

当需要对设备做修改时,应确保设备的修改或补充不会因设备电气或机械额定值的变化而降低其安全性能。

(2)潮湿的焊接设备

已经受潮的焊接设备在使用前必须彻底干燥并经适当试验。设备不使用时应储存在清洁干燥的地方。

(3)焊接电缆

焊接电缆必须经常进行检查。损坏的电缆必须及时更换或修复。更换或修复后的电缆,必须具备合适的强度、绝缘性能、导电性能和密封性能。电缆的长度可根据实际需要连接,其连接方法必须具备相应的绝缘性能。

(4)压缩气体

在弧焊作业中,用于保护的压缩气体应参照相应条款管理和使用。

3. 电阻焊安全

1)一般要求

(1)电阻焊设备

根据工作情况选择电阻焊设备时,必须考虑焊接各方面的安全因素。电阻焊所使用的设备必须符合相应的焊接设备标准及《电阻焊机的安全要求》(GB 15578—2008)标准的安全要求。

(2)操作者

被指定操作电阻焊设备的人员,必须在相关设备的维护及操作方面经适宜的培训及考核,其工作能力应得到必要的认可。

(3)操作程序

每台(套)电阻焊设备的操作程序应完备。

2)电阻焊设备的安装

电阻焊设备的安装,必须在专业技术人员的监督指导下进行,并符合相关标准规定。

3)保护装置

(1)启动控制装置

所有电阻焊设备上的启动控制装置(如:按钮、脚踏开关、回缩弹簧及手提枪体上的双道开关等)必须妥善安置或保护,以免误启动。

(2)固定式设备的保护措施

①有关部件

所有与电阻焊设备有关的链、齿轮、操作连杆及皮带都必须按规定要求妥善保护。

②单点及多点焊机

在单点或多点焊机操作过程中,当操作者的手需要经过操作区域而可能受到伤害时,必须有效地采用下述某种措施进行保护。这些措施包括(但不局限于):

a. 机械保护式挡板、挡块。

b. 双手控制方法。

c. 弹键。

d. 限位传感装置。

e. 任何当操作者的手处于操作点下面时防止压头动作的类似装置或机构。

(3)便携式设备的保护措施

①支撑系统

所有悬挂的便携焊枪设备(不包括焊枪组件)应配备支撑系统。这种支撑系统必须具备失效保护性能,即当个别支撑部件损坏时,仍可支撑全部荷载。

②活动夹头

活动夹头的结构,必须保证操作者在作业时,其手指不存在被剪切的危险,否则必须提供保护措施。如果无法取得合适的保护方式,可以使用双柄,即每只手柄上带有安在适当位置上的一或两个操作开关。这些手柄及操作开关与剪切点或冲压点保持足够的距离,以便消除手在控制过程中进入剪切点或冲压点的可能。

4)电气安全

(1)电压

所有固定式或便携式电阻焊设备的外部焊接控制电路,必须工作在规定的电压条件下。

(2)电容

高压储能电阻焊的电阻焊设备及其控制面板必须配置合适的绝缘及完整的外壳保护。外壳的所有拉门必须配有合适的联锁装置。这种联锁装置应保证:当拉门打开时,可有效地断开电源并使所有电容短路。

除此之外,还可考虑安装某种手动开关或合适的限位装置作为确保所有电容完全放电的补充安全措施。

(3)扣锁和联锁

①拉门

电阻焊机的所有拉门、检修面板及靠近地面的控制面板,必须保持锁定或联锁状态,以防止无关人员接近设备的带电部分。

②远距离设置的控制面板

置于高台或单独房间内的控制面板必须锁定、联锁住或者是用挡板保护,并予以标明。当设备停止使用时,面板应关闭。

(4)火花保护

必须提供合适的保护措施防止飞溅的火花产生危险,如:安装屏板、佩戴防护眼镜。由于电阻焊操作不同,每种方法必须做单独考虑。

使用闪光焊设备时,必须提供由耐火材料制成的闪光屏蔽,并应采取适当的防火措施。

(5)急停按钮

在具备下述特点的电阻焊设备上,应考虑设置一个或多个安全急停按钮:

①需要3s或3s以上时间完成一个停止动作。

②撤除保护时,具有危险的机械动作。

急停按钮的安装和使用不得对人员产生附加的危害。

(6)接地

电阻焊机的接地要求必须符合《电阻焊机的安全要求》(GB 15578—2008)标准的有关规定。

5)维修

电阻焊设备必须由专人做定期检查和维护。任何影响设备安全性的故障必须及时报告给安全监督人员。

4. 电子束焊接安全

1)一般要求

(1)电子束焊接设备

根据工作情况选择电子束焊接设备时,必须考虑焊接的各方面安全因素。

(2)操作者

被指定操作电子束焊接设备的人员必须在相关设备的维护及操作方面经适宜的培训及考核,其工作能力应得到必要的认可。

(3)操作程序

每台(套)电子束焊接设备的操作程序应完备。

2)潜在的危害

电子束焊接引发的下述危害必须予以防护。

(1)电击

设备上必须放置合适的警告标志。

电子束设备上的所有门、使用面板必须适当固定,以免突然或意外启动。所有高压导体必须完整地用固定好的接地导电障碍物包围。运行电子束枪及高压电源之前,必须使用接地探头。

(2)烟气

对低真空及非真空工艺,必须提供正面通风抽气和过滤。高真空电子束焊接过程中,清理真空腔室里面时,必须特别注意保持溶剂及清洗液的蒸汽浓度低于有害程度。

焊接任何不熟悉的材料或使用任何不熟悉的清洗液之前，必须确认是否存在危险。

(3) X 射线

为了消除或减少 X 射线至无害程度，对电子束设备要进行适当保护。对辐射保护的任何改动必须由设备制造厂或专业技术人员完成。修改完成后必须由制造厂或专业技术人员做辐射检查。

(4) 眩光

用于观察窗上的涂铅玻璃必须提供足够的射线防护效果。为了减低眩光，使之达到舒适的观察效果，必须选择合适的滤镜片。

(5) 真空

电子束焊接人员，必须了解和掌握使用真空系统工作所要求的安全事项。

第四节　高强度螺栓连接(栓接)

一、概述

1. 栓接的原理

高强度螺栓连接是近代钢结构连接的新方法。铆钉连接的钢梁构件的内力是由铆钉传递，铆钉在连接中承受剪力和压力，铆钉周围的钢板也承受压力；而高强度螺栓连接的传力原理和铆钉不同。作用于构件节点或接头的内力是通过钢板表面的摩擦力来传递的，钢板表面的摩擦力是通过拧紧高强度螺栓对板束施加了强大的夹紧力产生的。只有当外力超过滑动摩擦力之后，板层间才会产生相对滑动，而这种情况是可通过螺栓设计和对螺栓拧紧施工而避免的。

2. 栓接的优点

与铆接相比，栓接具有很多优点：高强度螺栓有强大的预拉力，使板束闭压得极为紧密，在运营过程中，螺栓不会松动，而且更换容易，便于维修养护；螺栓孔旁局部应力很小，提高了杆件的疲劳强度，与铆钉孔相比，栓接降低了孔的加工精度和较高的对中要求，极大地便利了杆件的加工和安装，安装的劳动强度较铆接低，特别是大桥板束很厚时，不需要高级铆工和大量辅助设备；在受力相等的情况下，栓接所用的高强度螺栓数量比铆接所用的工地铆钉数量少，相应的节点板、拼接板的几何尺寸可以减小可节约钢材，比铆接施工进度快，工程质量高。

与铆接相比，栓接的缺点是被连接的钢材接触面需要进行增加摩擦因数(使表面粗糙)和防锈的处理，带来机具、人力和时间的消耗。

栓接的优点与缺点两相比较，显然是优点较多，故近年来国内外的桥梁和建筑物钢结构中广泛使用高强度螺栓连接，而铆接有逐渐被淘汰的趋势。

二、栓接材料

1. 高强螺栓、螺母和垫圈材料

(1) 螺栓、螺母、垫圈的性能等级和制造钢材，如表 5-82 所示。

螺栓、螺母、垫圈的性能等级和制造钢材 表 5-82

类 别	性能等级	材 料	标准编号	适用规格
高强螺栓	10.9S	20MnTiB ML20MnTiB	GB/T 3077—1999 GB/T 6478—2001	≤M24
		35VB		≤M30
	8.8S	45、35	GB/T 699—1999	≤M20
		20MnTiB、40Cr、 ML20MnTiB	GB/T 3077—1999 GB/T 6478—2001	≤M24
		35 CrMo	GB/T 3077—1999	≤M30
		35VB		
高强螺母	10H	45、35 ML35	GB/T 699—1999 GB/T 6478—2001	
	8H			
垫圈	HRC35 - 45	45、35	GB/T 699—1999	

(2)制造高强螺栓钢材的机械性能:制造厂将制造螺栓的材料取样,经与螺栓制造中相同的热处理工艺处理后,制成试件进行拉伸试验,其结果应符合表 5-83 的规定。当螺栓的材料直径≥16mm 时,根据客户要求,制造厂还应增加常温冲击试验,其结果应符合表 5-83 的规定。

制造高强螺栓钢材的机械性能 表 5-83

性能等级	抗拉强度 σ (MPa)	规定非比例延伸强度 $R_{P0.2}$ (MPa)	断后伸长率 A (%)	断后收缩率 Z (%)	冲击吸收功 A_{ku2} (J)
		不小于			
10.9S	1 040 ~ 1 240	940	10	42	47
8.8S	830 ~ 1 030	660	12	45	63

2. 高强度螺栓、螺母、垫圈的形式与尺寸

高强度螺栓、螺母、垫圈的形式、尺寸及技术条件在标准 GB/T 1228 ~ 1231—2006 中有详细规定。直径规格有 12mm、16mm、20mm、22mm、24mm、27mm、30mm 共 7 种。目前公路钢桥中常用的有 22mm、24mm、30mm 三种。房建工程用的规格较多。

高强度螺栓的螺纹为粗牙普通螺纹,其基本尺寸按《普通螺纹 基本尺寸》(GB/T 196—2003)的规定。螺栓螺纹公差带按《普通螺纹 公差》(GB/T 197—2003)的 6g 级,螺母螺纹公差带按《普通螺纹公差》(GB/T 197—2003)的 6H 级。

3. 高强度螺栓、螺母、垫圈的技术要求

1)高强度螺栓

进行螺栓实物楔负载试验时,拉力荷载应在表 5-84 的范围内,螺栓的断裂位置只许发生在螺纹部分或螺纹与杆部交接处。

高强螺栓的拉力荷载 表 5-84

螺纹规格 d			M12	M16	M20	(M22)	M24	(M27)	M30
公称应力截面面积 A_s (mm^2)			84.3	157	245	303	353	459	561
性能等级	10.9S	拉力荷载(kN)	87.7~104.5	163~195	255~304	315~376	367~438	477~569	583~696
	8.8S		70~86.8	130~162	203~252	251~312	293~364	381~473	466~578

注:本表摘自《钢结构用高强度大六角头螺栓、大六角螺母、垫圈技术条件》(GB/T 1231—2006)。

螺栓的破坏荷载用楔负载试验得出。试验方法是将螺栓拧在有内螺纹的专用夹具上,至少旋入 6 圈,螺栓头下放置一个 10°的楔垫(斜垫圈),再装在拉力试验机上进行楔负载试验。各种螺栓试验用楔垫形式和尺寸及硬度按《紧固件机械性能 螺栓、螺钉和螺柱》(GB/T 3098.1—2010)的规定。

当螺栓 $L/d \leqslant 3$ 时,如不能做楔负载试验,允许做拉力荷载试验或芯部硬度试验。拉力荷载应符合表 5-84 规定,芯部硬度应符合表 5-85 的规定。

高强螺栓芯部硬度值 表 5-85

性能等级	维氏硬度		洛氏硬度	
	min	max	min	max
10.9S	312HV30	367HV30	33HRC	39HRC
8.8S	249HV30	296HV30	24HRC	31HRC

注:本表摘自《钢结构用高强度大六角头螺栓、大六角螺母、垫圈技术条件》(GB/T 1231—2006)。

螺栓芯部硬度试验在距螺栓末端等于螺栓直径 d 的截面上进行,芯部硬度测试点在距该截面中心等于 1/4 螺栓直径处任测 4 点,取其后 3 点的平均值。验收时如对 HRC 硬度有争议,则以维氏硬度(HV30)为仲裁。

螺栓的脱碳层应符合《紧固件机械性能 螺栓、螺钉和螺柱》(GB/T 3098.1—2010)的有关规定。试验方法按该标准规定进行。

2)高强度螺母、高强度垫圈、扭矩系数

高强度螺母、高强度垫圈的性能指标及高强度螺栓的扭矩系数和验收应按《钢结构用高强度大六角头螺栓、大六角螺母、垫圈技术条件》(GB/T 1231—2006)中的相关规定进行。

三、高强度螺栓接头强度和螺栓预拉力

根据高强度螺栓连接的原理,栓接接头的强度是依靠板束之间的摩擦力,而摩擦力的大小决定于每一个高强度螺栓施加在钢板上的正压力(即高强度螺栓的预拉力)大小、高强度螺栓数量、传力摩擦面数量和板层间的摩擦因数大小。高强度螺栓接头能接受外力的极限强度 S 也叫抗滑强度,可按式(5-3)计算:

$$S = nmPf \tag{5-3}$$

式中:n——接头上高强度螺栓数量;

m——摩擦面数,与铆钉相似有单面摩擦、双面摩擦;

f——被连接钢板的表面摩擦因数。

高强度螺栓接头的容许承载能力按式(5-4)计算:

$$S = \frac{nmPf}{K} \tag{5-4}$$

式中:K——抗滑安全系数,我国规定采用 1.7。

高强度螺栓的预拉力是通过强行拧紧螺母而取得的，预拉力值的大小可按式(5-5)计算：

$$P = [\sigma]F_0 \tag{5-5}$$

式中：P——高强度螺栓设计预拉力；

$[\sigma]$——高强度螺栓的设计应力；

F_0——高强度螺栓的公称截面面积。

高强度螺栓的设计应力可按式(5-6)计算：

$$[\sigma] = \frac{\sigma}{\eta_1\eta_2\eta_3\eta_4} \tag{5-6}$$

式中：σ——螺栓材料的屈服点；

η_1——复合应力系数，试验表明，用40B或45号钢生产的三级精度螺栓，并在螺母的螺纹和支承面涂黄油润滑时，η_1 可采用1.2；

η_2——预应力损失系数，主要包括螺栓的松弛、被连接铜板的蠕变、板束受压力后更为密贴、螺母和垫圈塑性变形的增加等，试验结果 η_2 在1.05～1.075之间；

η_3——高强度螺栓拧紧时施工误差系数；采用扭角法或扭矩法施工，其拧紧误差在10%左右，个别的可达15%，一般情况，扭矩可允许偏差±15%，故 η_3 可采用1.15；

η_4——材料匀质系数，因高强度螺栓极限抗拉强度是《钢结构用高强度大六角头螺栓、大六角螺母、垫圈技术条件》(GB/T 1231—2006)中的下限值，故材料匀质系数可采用1.00。

四、栓接接头钢板表面处理

高强度螺栓接头的钢板表面处理的目的是：对钢板进行除锈和打毛，以增加其摩擦因数，并在防锈和打毛后，在钢板上喷涂保护层，以防止钢板在安装前和使用时生锈。

1. 除锈打毛

栓接板面进行除锈打毛可以除去钢板表面的铁锈、氧化皮和污垢并增加钢板表面的粗糙度，因而能增加钢板表面与涂层之间的附着力，提高摩擦因数。国内外对栓接钢板除锈打毛的方法有：火焰清除、手工清除、喷砂或喷铁丸清除、酸洗清除等，处理地点在施工现场或在工厂。

1)火焰清除

它是利用高热还原焰烧掉钢板表面松软的氧化皮、铁锈、油污、泥垢、涂料和硬的轧皮，以满足表面的粗糙度。本法国内较少使用。由于火焰清除成本较高，处理后的摩擦因数仅为0.3～0.4，低于一般设计要求($f \geq 0.45$)。

2)手工清除

它是用钢丝刷将污物、锈皮、涂料除去，清除时，钢丝刷移动方向应与杆件受力方向垂直。该法最为简单，但劳动强度最大，效率最低，当施工条件不能采用喷砂、喷丸或酸洗清除时，或者为养护钢桥，更换个别高强螺栓时，只要将钢板表面仔细清除干净，也可获得一定的摩擦因数 f 值。

3)工地喷砂清除

它是在施工现场，用压缩空气将砂粒喷向钢板表面，将锈皮、油污等清除后，立即进行安装。采用该法清除时应注意事项如下。

(1)砂粒应选用硬度高、带锐角的石英砂,否则喷射在钢板上会自身粉碎,清除效果小。砂粒粒径为1~3mm,应保持干燥。风压宜为0.4~0.5MPa,喷嘴孔直径5~10mm,以耐高压陶瓷制成,经使用磨耗,使口径增大3mm时,应更换新的。喷嘴距板面5~20mm,喷嘴与板面的角度为50°~60°。喷砂后,钢材表面应呈银灰色。对不同的砂粒粒径宜选用不同的工艺,应视具体情况经过试验而定。喷射时间过长,也会降低板面摩擦系数,故在喷射时,应注意板面粗糙情况的变化,达到要求的粗糙度(事先试验确定)时,即应停止喷射。工地喷砂回收率差,砂的消耗量大,必须有足够数量的储备。

(2)喷砂清除时,由于部分砂粒被撞击成粉末,随高压气流到处飞扬,使工作条件变的极坏。因此,喷砂工人必须穿戴专用的保护服装,并宜在室内专门场地进行,应避开工人工作、生活集中区。

4)工厂喷砂清除

本法工艺与工地清除完全相同,但因钢板清除打毛后,需再运到施工现场安装,为了防止待运期间,钢板重新锈蚀,降低摩擦因数,必须在钢板上喷、涂保护层。

5)喷铁丸清除

该法基本原理与喷砂清除相同,只是以铁丸代替砂粒。铁丸直径为1~4mm,若直径太小(0.3~0.5mm),则只能起到除锈效果,而起不了打毛作用。铁丸为生铁制成。风压应较喷砂的高,一般为0.7~0.8MPa,喷射角为75°~90°,喷射距离为100~130mm。喷丸所用的设备及工具,如储丸罐管路、喷嘴头等,应有一定的强度、刚度和硬度,并防止铁屑、飞刺堵塞管路。其他喷射工艺与喷砂相同。

6)抛丸清除

此法除锈原理与喷丸相同。不同之处在于使用的工具抛丸机并不走动,而需除锈的钢板则以约1.5mm/min的速度走动,可根据锈蚀程度予以调整。抛出的铁丸,其直径约1.5mm,钢板距抛头约60cm。铁丸未抛到的锈迹,仍需以喷丸补充清除。

7)酸洗清除

本法的工艺过程是:先将栓接钢板浸放在酸液槽中酸洗,清除锈污;酸洗液一般采用浓度15%~17%的硫酸溶液,内掺1%的氯丁。酸液配制后用风管搅拌均匀,然后用蒸汽加热至30~60℃。钢板在酸液槽浸泡酸洗时间,应根据酸液浓度、温度和钢材锈蚀程度而定,以达到氧化皮、铁锈除净为止。一般可参照表5-86的规定进行,酸洗应经常检查、调整酸液浓度和温度,以免影响除锈效果。

钢材在硫酸溶液中酸洗所需时间(单位:min) 表5-86

温度(℃)	硫酸液浓度(%)								
	7	8	9	10	11	12	13	14	15
30	150	131	116	105	96	85	81	85	70
35	128	112	100	90	82	75	69	64	60
40	112	98	88	79	72	66	61	56	53
45	100	88	78	70	62	58	54	50	47
50	90	79	70	63	57	53	48	45	42
55	82	72	61	57	52	48	44	41	38
60	75	66	58	53	48	44	40	37	35

钢板酸洗后即取出，待酸液滴干净后置于冷水槽中冲洗，将钢板表面酸液冲走，然后再置于碱槽中中和。碱溶液用碳酸钠（Na_2CO_3）按5%浓度配制，温度保持在15～20℃。再将钢板取出，待碱液滴干净后置于冷水槽中，将表面碱液冲洗干净，然后再搁放在水温80～90℃的热水槽静置。最后将钢板吊出热水槽，用高压风吹冷表面水珠和缝隙水分。

上述各种消除除锈方法，以喷砂、喷铁丸或抛丸方法较佳。但不论在施工现场或工厂中，这三种方法空气污染严重，应配合一定的除尘、防尘设备，以免影响工人健康。

酸洗是化学除锈方法的一种，此法只能除锈而不能使钢板表面增加粗糙度。由于影响酸洗质量的因素较多，如酸液浓度、湿度、浸渍时间、碱中和程度、清水冲洗洁净程度等，质量不易得到保证。对于焊接构件在酸洗时，由于焊缝不要求焊透的部位或有焊接缺陷的部位，酸洗时会残留酸液，难以清洗干净，它会对构件增加发生腐蚀和氢脆的机会，是很不利的。

2. 喷涂保护层

喷涂保护层的材料和工艺较多，有喷锌、喷铝，及喷涂无机富锌漆等。

有喷涂保护层的栓接接头，受力滑动时，其破坏情况与无喷涂层的不完全一样，也比较复杂。一般有三种破坏形式：沿喷涂层与钢板接触层之间滑动；喷涂层本身受剪破坏而沿喷涂层内部滑动；沿两喷涂层表面滑动。实践表明，这三种破坏是同时存在的，而以其中一种情况为主。由此可见，如要提高喷涂保护层栓接接头的强度，应针对上述三种情况分别采取强化措施，针对第一种破坏情况，应提高该涂层与板面之间的附着力，这与喷涂层的性质、钢板表面处理方法和处理质量有关；针对第二种情况，应提高喷涂层本身的抗剪强度或采取抗剪强度较高的喷涂材料；针对第三种情况，应提高喷涂层的黏着强度，使其耐摩擦。

1）喷锌

它是利用氧—乙炔焰的高温，将直径2mm的锌丝熔化，同时用压缩空气将熔化了的锌吹成雾状，并迅速喷射到预先经过除锈打毛过的钢板上，形成一层极薄的紧密附在钢板表面的喷锌层。

喷锌的工艺要求为：采用中速自动调节式金属喷枪时，乙炔压力0.12MPa±0.02MPa，氧气压力0.13MPa±0.02MPa，喷锌时，两者配合产生中性火焰；压缩空气应保持干燥，不含油脂，压力不低于0.5MPa。锌丝直径2mm，进丝速度2m/s。

喷嘴至钢板表面距离以100～150mm为宜。若距离过小，则喷层温度高，使喷层和钢板之间温差过大，冷却时易导致锌层破裂；若距离过大，则锌粒动能大大减小，致使锌层结构疏松，甚至成片状脱落。

喷射方向与钢板法线方向的夹角称为喷射角，经试验以25°左右为宜。若喷射方向与钢板垂直，则锌粒喷射到钢板表面后，部分锌粒回弹到雾流中，使锌粒互相撞击，减弱了锌微粒对钢板的冲击力，锌层结构疏松，附着力降低；喷射角过大时，使锌微粒在钢板上滑移，喷损大，附着力也降低。

喷枪移动速度10cm/s左右。喷锌车间温度不应低于15℃。

2）喷铝

喷铝的方法基本与喷锌相同，也是用氧—乙炔焰为热源，将铝丝熔化，再通过高压空气的喷射，使熔化的铝液形成微粒，撞击在粗糙的钢板表面上而形成喷铝层。

喷铝的工艺要求为：采用SOR－1型吸射式喷枪；铝材采用二号防锈铝，代号LF_2，

ϕ3mm 应符合《变形铝及铝合金化学成分》(GB/T 3190—2008)的规定;氧气压力为 0.5 ~ 0.6MPa,纯度在二级以上(>98.5%);乙炔压力为 0.08 ~ 0.12MPa;压缩空气压力为 0.5 ~ 0.6MPa;无油、无水、无粉尘;喷枪移动速度为 0.2 ~ 0.4m/s;送丝速度为 60 ~ 90m/h;喷射角度以 90°最佳,不能小于 65°;喷枪至工件表面距离为 150mm ± 250mm。

喷铝除上述工艺要求外,尚需注意下列事项

(1)钢板表面喷涂前的粗糙度应达到《铁路钢桥保护涂装及涂料供货技术条件》(TB/T 1527—2011)的要求,钢表面粗糙度规定为 R_z25 ~ 60μm,即符合《表面粗糙度比较样块　第 3 部分:电火花抛(喷)丸、喷砂、研磨、锉、抛光加工表面》(GB/T 6060.3—2008)规定的粗糙度样块为 R_a6.3μm 和 R_a12.5μm 之间的粗糙度要求。电弧喷涂锌或铝金属时,钢表面粗糙度规定为 R_z50 ~ 100μm,即符合《表面粗糙度比较样块　第 3 部分:电火花抛(喷)丸、喷砂、研磨、锉、抛光加工表面》(GB/T 6060.3—2008)规定的粗糙度样块为 R_a12.5μm 和 R_a25.0μm 之间的粗糙度要求。涂装涂料涂层时,选用最大粗糙度不超过涂装体系干膜厚度的 1/3,表面粗糙度超过规定时需加涂一道底漆;喷涂锌铝涂层时,如果粗糙度超过 R_z100μm 时,涂层应超过轮廓峰 125μm。

(2)要采用高效能的氧化焰。火焰中有较多的过剩氧气,它与铝接触后生成三氧化二铝(Al_2O_3)。在常温下厚度为 10 ~ 20μm,在高温下与氧接触生成的氧化膜比常温下要厚得多。氧化铝膜的莫氏硬度为 9(但次于金刚石),显微组织为细晶态。

当铝颗粒表面形成致密的氧化膜,对铝颗粒起到保护作用,不再氧化。即火焰喷涂的铝层,外表是坚硬的氧化铝,内部是原金属铝。其他任何金属均不能产生这种特殊的涂层。

(3)因铝的线膨胀系数比钢铁大一倍,所以在喷涂时要控制涂层表面温度,使其不超过 50°C,以便减少冷却后涂层中的残余应力。当涂层中的残余应力大于涂层与钢板的附着力时,涂层就会脱落;当涂层中残余应力大于涂层的黏聚力时,涂层就会开裂,减少涂层中的残余应力是喷涂技术的关键。

(4)栓接面在喷涂前除如前述,表面清净度和粗糙度要达到要求外,还要将栓孔边缘的飞刺、板边上的卷边、飞溅在焊缝周围的焊豆等清除。

(5)涂层的厚度可用磁性测厚仪监测,使喷涂厚度符合设计要求。

3. 涂刷无机富锌漆

无机富锌漆有自固化和他固化两类,钢桥制造厂目前采用的两次固化无机富锌漆层属后一类。其配合比不断改进,最新配方加下:

锌粉(经过 400 目一次过筛)	15g
水玻璃(模数$\frac{SiO_2}{Na_2O}$=3.1,51°Bé)	1g
1% 海藻酸钠溶液	2.5g
金刚砂	适量
铝粉	适量

海藻酸钠溶液配法:将 1g 海藻酸钠(工业用)加入 100g 水中,稍加热,搅拌使其溶解,再加入 1/10 水杨酸酒精溶液 1g,搅拌均匀后静置 12h,待溶液均匀后即可使用。

将上述锌粉、铝粉、金刚砂、水玻璃、海藻酸钠溶液配好,搅拌均匀后即可涂刷。涂刷后经数小时,待其充分干燥后,再刷浓度 28% 氯化镁溶液、涂刷工作即告完成。

氯化镁溶液配法:将28g氯化镁溶液溶解于72g水中,由于氯化镁吸水性很强,按上法配好后,用相对密度计调整为1.116。

喷涂富锌漆的厚度为100~200μm。板面涂漆前,要喷砂或喷丸除锈打毛,使板面呈银灰色光泽,表面清洁、干燥,除锈后2~4h内即可涂漆。

喷涂富锌漆时要现配现用,漆配好后要在8h内用完。富锌漆中含锌量较高,易于沉淀,喷涂时应经常搅拌.在刷氯化镁溶液前,应待漆充分干燥后进行,否则抗水性差。检查漆是否充分干燥,可用指甲刮,如出现金属光泽,即说明已干燥。

4.喷锌、喷铝和喷涂无机富锌漆三种保护层的比较

国内最先使用的保护层是喷锌,栓接面喷锌后摩擦因数可达0.5左右,但由于喷锌时,氧化锌蒸汽污染空气,可能使工人中毒,又无防止污染空气功工艺措施,给工厂施工带来困难。20世纪70年代前后采用了涂刷无机富锌漆处理工艺。此工艺成本低廉,施工简便,新涂层摩擦因数可达0.5左右。但露天存放过久,摩擦系数便大幅度下降,有时降至设计要求值以下而须返工,造成重大浪费。另外其摩擦因数不稳定,离散性较大。

喷铝处理工艺是20世纪80年代后研究试验成功的,其特点是:

(1)与喷锌、喷涂无机富锌漆比较,喷铝的摩擦因数较高。

(2)有良好的防锈性能。

(3)采用的喷涂设备简单,自重小,在现场作业移动方便,适合在桥梁工地或工厂施工。

(4)喷涂条件适应性广,在常温零度以上均可作业;任何形状复杂的杆件表面均可喷涂。

(5)喷铝层的成本虽然比其他涂层高,但由于涂层摩擦因数高,获得的技术经济效益,可弥补上述不足。

(6)涂铝层的摩擦因数,随露天存放时间的延长有下降的趋势,但仍能满足设计要求(存放2d时摩擦因数f平均为0.86,18个月后f平均为0.56),不过安装时应保持板面清洁。

五、栓接面摩擦因数

在20世纪60年代,国内开始使用高强螺栓栓接时,大多采用将钢板在工地喷砂处理,短期即安装的工艺。其摩擦因数经实际测验如下述:

交通运输部公路科学研究院采用风压0.5~0.55MPa,喷嘴直径8mm,喷距15~25cm,砂粒直径1~3mm,砂粒含有15%的风化石的石英砂进行露天喷砂试验,试件为双摩擦面,两个螺栓,钢号为16锰,螺栓预拉力由贴在螺杆上的电阻应变片测得。螺栓直径22mm,当螺栓预拉力为382~535kN,滑动荷载为580~965kN时,在露天存放20h后,钢板表面有小面积黄色锈斑时,实测5个试件摩擦因数为0.67~0.92,平均为0.77。

原铁道部1964年修建我国第一座栓焊钢桥时,工地喷砂工艺的摩擦因数变化范围在0.56~0.65之间,其中大部分超过0.60。

从上述所述,工地喷砂工艺的摩擦因数,可以超过钢桥要求的0.55。但工地喷砂除锈打毛处理后,应尽早安装。在安装前应保持板面清洁、无油污,以免降低摩擦因数,切忌雨天拼装。

(1)工厂喷砂后喷锌的摩擦因数

在铁路钢桥工程中曾做过系统试验,结果总平均值0.50以上,超出一般钢桥设计值0.450。

(2)喷砂或喷铁砂后涂两次固化无机富锌漆的摩擦因数

目前,桥梁工厂采用的喷铁砂除锈,铁砂直径很小,风压也不大,与喷砂对钢板处理效果相同,故喷砂与喷铁砂处理合并叙述。根据试验:喷铁砂后涂两次固化无机富锌漆摩擦因数的平均值为0.473。喷砂涂漆的摩擦因数平均值为0.501。

(3)酸洗除锈后涂两次固化无机富锌漆的摩擦因数

其平均值为0.475。

(4)抛丸或喷丸后涂两次无机富锌漆的摩擦因数

在3个螺栓6个试件抛丸放置28h后的摩擦因数,平均值为0.658,在3个螺栓6个试件抛丸后再涂两次固化无机富锌漆再放置23h后的摩擦因数,其平均值为0.530。

(5)喷丸后再喷铝的摩擦因数

根据试验资料,无论采取喷锌、涂无机富锌漆或喷铝做防锈层,板面摩擦因数f均随露天存放时间的延长而下降,但下降到0.50~0.55后便趋于平稳。

涂层摩擦因数下降的主要原因是表面污染。包括涂层自身的氧化和外来物附着在涂层上。不论是涂无机富锌漆或喷锌、喷铝涂层,长期暴露于空气中,漆膜或锌、铝的氧化膜将增厚,通过涂层中的孔隙,水分会侵入钢板表面,而使钢板产生锈蚀。外来物的污染包括粉尘、油污,这些均会改变涂层的固有性质。当栓接面两个涂层之间接触后,其首先接触的是这些污染物,这是摩擦因数降低的主要原因。

《铁路钢桥制造规范》(TB 10212—2009)采用喷丸或抛丸除锈并喷铝保护层作防锈处理。此外,酸洗或酸洗后涂两次固化无机富锌漆工艺可能因残酸未清洗干净,而导致构件腐蚀或氢脆而破坏,且酸洗工艺复杂故不宜采用。

六、高强度螺栓栓接安装

1.施工准备

高强螺栓的清点和工地检验除前面验收规则所述外,还应按照下述内容办理。螺栓运到工地后,按螺栓、螺母、垫圈配套,并按螺栓长度分类进行清点和造册,分箱存放在专设的螺栓库房中。

(1)清点时的外观抽查:螺杆螺纹的粗糙度、头部与螺杆的垂直度;螺母的支承面及螺纹的粗糙度;垫圈的平整度、表面的光滑度;螺杆与螺母的配套情况,可用螺纹环规进行检查,有条件时还应进行探伤抽查。螺纹有碰伤的应修整,探伤有缺陷的应慎重研究,并决定能否使用。沾有油污或未经消化处理而生锈的应用煤油清洗。清洗后于螺母、螺纹及螺母支承面上涂抹MoS_2或少许黄油。

(2)力学性能抽查;螺杆作抗拉试验或硬度试验;螺母作保证荷载及硬度试验;垫圈做硬度试验,均应满足栓接材料的技术要求。

2.施拧工具及其标定

高强度螺栓安装需要的施拧工具,主要是扳手。扳手分人工的和机动的,人工扳手有开口式、套口式、示功扳手、灯光扳手、扭矩扳手。示功扳手是在扳手一定部位安装有百分表,使用前通过挂重标定,求得扭矩与变形的关系,用来对终拧的螺栓进行检查。灯光扳手或带响扳手是扭矩达到规定值时亮出灯光或发出响声，作为信号。扭矩扳手，在扳手上附有指示针与刻度盘，施拧螺栓上的扭矩可以直接读出。

以上各类人工扳手都比较简单，施工单位可自行制造。

机动扳手有风动和电动两种。风动的型号有 B－555、B－39、B－30、QB30 和储能风扳 SB4 型。储能风扳的质量仅 6.7kg，扭矩能达 120N · m；适用直径 20～30mm 的高强螺栓，使用气压 0.4～0.6MPa，工作耗气量约 1.0m^3/min，板机长 370mm，边心距 41mm，风管内径 13mm，拧紧时间不超过 5s。故很适合栓焊钢桥的安装使用。

电动扳手有 PLBD－150 型和 SDB180 型两种，能自动控制转角和扭矩。另配有控制仪，与扳手主机以 8 芯电缆连接；还配有反力臂、扳套。

风动扳手与电动扳手均应先经过标定。标定方法可通过一等强度的悬臂梁进行，先用挂重方法求得挂重力矩与等强度梁的挠度关系（用百分表测定），然后将扳手的反力臂支在等强度梁上，拧螺栓时读得梁的相应挠度，反求出风扳或电扳的输出力矩。

电扳手在温度变化为 10～40℃、电压变化在 200～240V 范围内使用时，其施拧扭矩的误差为 3%～5%（80% 合格范围内）。

使用电扳手时，必须注意电压的变化，特别是多种电动施工机械同时使用会引起电压降低，故使用电扳最好有专用输电线。

电扳手要在螺栓松扣的状态下启动施拧，输出扭矩才较为稳定，如果螺栓在初拧的状态下，不松扣继续施拧，其启动扭矩会超过标定扭矩值。

其他人工带响、带灯光、带百分表读数扳手标定方法都可通过挂重标定。

3. *高强度螺栓的施拧方法*

国内外采用过的高强度螺栓施拧方法有扭矩法、扭角法、转角法、张拉法等。国内常用的为扭矩法和扭角法。

1）转角法

适用于有明显屈服台阶、屈服强度较低的高强度螺栓，根据不同长度的螺栓，使螺母和螺栓产生一个相对的转角，控制不同长度螺栓的伸长量，使螺栓达到预定拉应力。螺母转到规定的角度后，螺栓中的应力达到屈服点。此法比较方便简单，也便于使用普通的冲击型扳手。但如何保证板层密贴的工艺不明确。而板层的密贴程度对转角是有影响的，这势必造成螺栓中拉力的误差。日本近年来生产一种自动控制高强度螺栓应力的电动扳手，利用高强度螺栓受力达到屈服点时，自动断电，扳手停止转动，可自动控制安装应力。

2）张拉法

用张拉器张拉螺栓，使其达到一定的张拉力，然后上紧螺母加以固定。它的优点是控制螺栓的预拉力比较准确，在张拉器上直接显示螺栓的拉力，螺栓的扭矩系数不影响拉力。而且出于直接张拉螺栓，因此，螺栓内无扭剪应力，故可提高设计预拉力，充分发挥材料潜力。此法施工速度较慢，与其他方法相比，因为与张拉器配合使用，螺栓要增加一定的长度，多费些钢材。

3）扭矩法

扭矩法的原理是控制施拧螺栓时的扭矩值，使螺栓达到一定的拉力。施拧扭矩与螺栓拉力的关系如式(5-7)所示。

$$K = \frac{M}{Pd} \text{或} M = KPd \tag{5-7}$$

式中符号含义同前。

由式(5-7)可知，当螺栓拉力或螺栓直径确定之后，施拧扭矩完全受扭矩系数的影响。在施工中，同一批螺栓的扭矩系数越小，则不仅可以减少施打扭矩，而且在一定的扭矩时，螺栓的安装内力比较均匀，误差可较小。扭矩系数的大小与工厂对螺栓的制造水平，螺栓、螺母表面处理情况，螺栓与螺母间滑润状态，及管理保存状况等有关。

本法的优点是比较简单，易于掌握，但在高强度螺栓扭矩系数离散率很大时，采用此法安装，其施拧扭矩误差很大。高强度螺栓的扭矩系数是出厂检验的标准之一。前已述及《钢结构用高强度大六角头螺栓、大六角螺母、垫圈技术条件》(GB/T 1231—2006)规定，同批螺栓扭矩系数规定为0.11～0.15，同批螺栓扭矩系数标准偏差应小于等于0.010。

高强度螺栓、螺母、垫圈的制造精度，如果不能完全达到现行国家标准GB/T 1228～1231—2006的要求时，其扭矩系数可达0.27，标准差可达0.38，离散率可达0.141。若将螺栓、螺母表面进行发黑处理，并在螺母内面喷涂 MoS_2 润滑剂，则扭矩系数可降低一点，但仍不能达到国标要求标准。将螺栓、螺母、垫圈表面由过去的发黑处理改为磷化处理，根据近年试验资料，扭矩系数平均值可降为0.115～0.120，个别最高值亦只为0.147，标准差为0.002 6～0.009 8，离散率为0.022～0.083，完全达到国标要求，且不需再喷涂M052润滑剂、MoS_2 润滑脂或润滑油膏。

采用扭矩法施拧时，应根据选用的施拧工具进行螺栓扭矩系数的试验，从试验数据求出数理统计值作为施拧依据。为克服扭矩系数离散率大的问题，可在初拧时进行重复施拧，使螺栓的扭矩系数趋于均匀，所谓重复施拧，即先初拧，再拧松，再初拧，多加一道初拧工序。

4)扭角法

此法是扭矩法与转角法的合并：分两步拧紧螺栓，第一步用扭矩法进行初拧，使板束密贴，第二步用转角法进行终拧，控制螺母转角，使螺栓达到稳定的拉力。初拧虽用扭矩控制，但初拧时螺栓内力较小，螺栓的初拧扭矩系数对终拧内力影响相应较小。施工中严格控制，可以获得较好的效果，但施工步骤较为烦琐。

5)特制螺栓法

为了准确地保证螺栓中的预应力，简化施拧工艺，国内外制成了各种特制螺栓，用以控制安装拉力，简述如下：

(1)扭剪型螺栓。国内已有《钢结构用扭剪型高强度螺栓连接副》(GB/T 3632—2008)国标。现只有16mm、20mm、22mm、24mm、27mm、30mm共六种直径。它是在螺栓的端部留有一截面较小的尾部，用特制的扳手，在拧紧螺母的同时，使螺杆尾部产生一反作用力矩，当尾部被拧断时，螺栓刚好达到预定的设计拉力。拧固这种螺栓，无需固定螺栓头，所以其螺栓头不必要求六角形，可用圆形，螺栓头下不要垫圈。它的优点是操作简易，但螺栓断面切口精度要求高。

(2)带冠垫圈。垫圈上设有4个特制的冠，当拧紧螺栓将此冠压平时，螺栓即达到设计拉力。

(3)变形螺母。先拉伸螺栓，使螺栓的应力达到设计应力，采用特制的扳手，以抓印刻痕的方法,使螺母变形伸长,固定安装应力。

以上各法,国内以采用扭矩法和扭角法为多。扭剪型螺栓,目前已在房建结构中使用。

4. 工地施拧试验

不论是采用何种施拧方法,施工前应做必要的工地施拧试验。

1)工地试验目的

(1)了解和控制所使用的施拧工具输出扭矩值的误差。

(2)模拟实际施拧的整套工序进行试验。试验中通过应变仪测定贴应变片的螺栓的各阶段实际预应力值,求得螺栓的综合的扭矩系数 K 值,并观测其预应力损失值,作为制定终拧扭矩值的依据;

(3)对试验资料进行分析,选用最佳的施工方法及数据,使螺栓预应力值的离散范围尽可能减少,达到设计要求。

2)工地试验要求

(1)由于影响螺栓应力值的因素很多,故在钢桥安装前,应尽可能地模拟实际情况进行。工地试验所用的螺栓、工具、仪器及试板应是实际施工使用的。试验可用一个特制的钢梁节点,所用的节点板即为钢梁的节点板,每做过一次即予以换新,参加试验人员为实际施工人员,试验宜在桥头旁的工棚内进行。

(2)要求用相当数量的螺栓进行试验,能从试验资料中选出一个比较可靠的和稳定的数据以供制订施工工艺之用。测定螺栓内力的试验螺栓。在螺栓的长条形平面上,对称贴电阻丝片,并将两片电阻丝片串联,在拧紧螺栓时,通过测量电阻丝片的应变确定内力。

(3)标定施工用扳手。前面所述的施拧工具及其标定中已介绍了扳手标定和计算扭矩的方法。一般人工扳手,均应由施工单位标定;风动或电动扳手出厂时多已进行过标定,可在指示器上读出扭矩的大小。但安装施工时要定期进行检验。

3)初拧内力试验

前已述及采用扭角法施拧时,需先进行初拧。初拧的目的是将被连接的板束夹紧密贴,使终拧所做的功,全部用于增加高强螺栓的拉力。以往用过的初拧工艺有两种:一种是用拉力控制,另一种是采用初拧扭矩控制。

(1)用拉力控制初拧。拉力控制的初拧工艺,是选定有代表性的螺栓施拧人员 20 人,使用长度 55cm 的短扳手用力拧紧螺栓,量测每一个人在正常操作条件下,拧紧螺栓的内力,取其平均值为初拧预拉内力,一般约为 70kN。

这种控制初拧内力工艺的缺点是受人为因素的影响大。初拧时,以一个人拧紧为准,而各人的体力是有差异的,同一人在不同时间的体力有变化,拧至什么程度才叫"拧紧"缺乏力学分析,很难衡量。

(2)用扭矩法控制初拧。扭矩值采用多少,才可将被连接的板束完全夹紧密贴,使终拧所做的功,能全部用于增长螺栓预拉内力,而不再耗费于板层的塑性变形,这个问题可在一个钢梁节点上试验。节点钢板应已经除锈、打毛,并喷涂防锈层,用不同厚度的钢板和不同数量的板层,组成钢桥上有代表性的栓合板束。用不同的初拧扭矩,测定终拧转角与螺栓内力的关系,以纵、横坐标分别表示螺栓内力和终拧转角,并绘成曲线。当螺母的终拧转角与螺栓的内力呈线性关系时,说明该螺栓的初拧扭矩已将板层夹紧,如梁旋转螺母所做的功还有一部分用于夹紧钢板和板束之间的塑性变形,则转角与螺旋内力的关系曲线不完全是直线,螺栓内力较低起始的一段将是曲线。随着转角加大到某一定值之后,关系曲线才成为直线。当初拧扭矩为320kN·m及375kN·m时,螺栓内力均与终拧转角呈线性关系。这说明在后两种初拧扭矩作用下,螺栓已将钢板束夹紧密贴,因此,转角所做的功,能全部用于螺栓杆的弹性变形。

选定初拧扭矩时,应考虑螺栓扭矩系数的偏差,在满足被连接板束密贴的前提下,初扭矩值宜采用小一点。

4)终拧转角试验

扭角法终拧转角的大小,因螺栓的设计内力、钢板厚度与层数、钢板表面处理方法及初扭工艺不同而异,应根据确定初拧预拉力后,按板束厚度、层数,经过试验测定螺栓轴力与相应转角(包括误差限度)之间的关系,选定终拧转角。

5)预拉力损失

一般情况,高强度钢材受一定的外力后,由于应力松弛及其他原因,会引起应力损失。故螺栓安装时内力一定要有足够的富余,以补偿这部分损失。根据以往试验,应力损失的绝大部分,在短时间内即能完成。一般情况,拉力总损失占总拉力的7%~8%。所以国内通常将螺栓拉力损失定为10~15kN。

6)扭矩系数试验

扭矩系数的测定方法、影响因数等问题,前面已经叙述。我国过去生产的高强度螺栓存在着扭矩系数太大和扭矩系数离散度太大两个问题,初拧扭矩系数最大高达0.35以上,终拧扭矩系数0.3以上,离散度为0.25~0.30。扭矩系数大,要求扳手的扭矩能力高,用的扳手自重也大,对钢桥高空作业不利。扭矩系数离散大,不宜用扭矩法施工,也不适宜于用扭矩法检查高强度螺栓的拉力。

目前,我国生产的表面磷化处理的成套高强度螺栓(螺栓1件,螺母1件,垫圈2件)和20MnTiB冷镦高强度螺栓已解决了这个问题。

5. 高强度螺栓安装施拧时注意事项

(1)钢桥拼装所使用的高强度螺栓长度,必须与拼装图一致。一般规定长度小于100mm的螺栓,螺纹外露长度为5~8mm;长度大于100mm时,螺纹外露长度为5~14mm。

(2)拼组钢桥时,为了保证几何尺寸的精度,应使用不少1/3栓孔总数的冲钉,固定钢板位置,其余钉孔均穿上螺栓。悬臂安装时,应将先穿的螺栓终拧后,再用螺栓换下冲钉,节点螺栓的终拧工作,不应落后于拼梁进度1~2节间。

(3)组装螺栓时,需注意将垫圈内径倒角与螺栓杆及螺栓头颈过渡圆弧处相配合,不得装反。

(4)螺栓安装方向,以施工方便及满足使用要求为原则,应注意全桥整齐一致,纵梁上翼缘连接处,为减轻螺栓杆的锈蚀,螺母应朝下。

(5)拧紧螺栓时,除个别死角处及纵梁上翼缘连接螺栓允许拧六角头外,其余一律旋拧螺母。

(6)螺栓施拧作业不得在雨天进行。

(7)初拧扭矩扳手应定期检查标定。

(8)钢桥安装螺栓上下层作业,应错开一个节间进行,以保证工作人员的安全。

(9)施工完毕的节间,应立即用腻子腻好朝上的板缝,以防雨水渗入板层内。

6. 高强度螺栓的检查

高强度螺栓施拧完毕,应按下述规定进行检查:

(1)应设专职人员进行检查,当天拧好的螺栓当天检查完。

(2)主桁节点及纵横梁连接处,每一个螺栓群检查的数量为其总数的 5%,每个主桁节点检查的数不得少于 5 个。如未按工艺施拧,则应返工重拧后再检查。

(3)采用螺母退扣检查时,刚刚转动的扭矩值、超拧值及欠拧值均不大于规定值的 10%者为合格。

(4)每个节点抽验的螺栓,其不合格者不得超过抽查总数的 20%,如超过此值,则应继续抽查直至累计总数 80%的合格率为止,然后对欠拧者应补拧,超拧者应更换。

(5)前述"规定值"由施工单位通过试验确定,即对已终拧后的试验件经一定时间,测定螺母退扣时刚刚转动的扭矩称为检查扭矩值,即所谓"规定值"。由于终拧后至测定的相隔时间不同,检查扭矩值即规定值与终拧扭矩值总有差别的。

(6)不同长度的螺栓及相应板层组合后的终拧转角允许转角误差如表 5-87 所示。

不同长度螺栓及相应板层组合终拧允许转角误差 表 5-87

板层数 螺栓长度(mm) 转角	2	3	4	5	6	7	允许偏差
60°	60						±3°
65°	65 170						±3°
70°	75 80						±3°
75°	85	70 75					±3°
80°	90 95 100	80 90					±3°
90°	110	95 100 110	95				±5°
100°		120	110 120	110			±5°
115°			130	120 130	120		±5°
130°				140 160	130 150 140	140	±5°
145°					170	170	±5°

本篇参考文献

[1] 中华人民共和国行业标准. JTG/T F50—2011　公路桥涵施工技术规范[S]. 北京:人民交通出版社,2011.

[2] 中华人民共和国行业标准. JTJ 025—1986　公路桥涵钢结构及木结构设计规范[S]. 北京:人民交通出版社,1986.

[3] 中华人民共和国国家标准. GB/T 17656—2008　混凝土模板用胶合板[S]. 北京:中国标准出版社,2008.

[4] 中华人民共和国国家标准. GB/T 13123—2003　竹编胶合板[S]. 北京:中国标准出版社,2003.

[5] 中华人民共和国行业标准. JTG D60—2004　公路桥涵设计通用规范[S]. 北京:人民交通出版社,2004.

[6] 中华人民共和国行业标准. JTG D62—2004　公路钢筋混凝土及预应力混凝土桥涵设计规范[S]. 北京:人民交通出版社,2004.

[7] 杨理准,武吉中,余军. 公路施工手册　基本作业[M]. 北京:人民交通出版社,1992.

[8] 交通部第一公路工程公司. 公路施工手册　桥涵[M]. 北京:人民交通出版社,2000.

[9] 建筑工程手册编委会. 建筑工程手册[M]. 北京:地震出版社,1993.

[10] 杨文渊,徐犇. 桥梁施工工程师手册[M]. 北京:人民交通出版社,1997.

[11] 中华人民共和国国家标准. GB 1499. 1—2008　钢筋混凝土用钢　第1部分:热轧光圆钢筋[S]. 北京:中国标准出版社,2008.

[12] 中华人民共和国国家标准. GB/T 5223. 3—2005　预应力混凝土用钢棒[S]. 北京:中国标准出版社,2005.

[13] 中华人民共和国国家标准. GB 5223—2002　预应力混凝土用钢丝[S]. 北京:中国标准出版社,2002.

[14] 中华人民共和国国家标准. GB/T 5224—2003　预应力混凝土用钢绞线[S]. 北京:中国标准出版社,2003.

[15] 中华人民共和国国家标准. GB/T 228. 1—2010　金属材料　拉伸试验　第1部分:室温试验方法[S]. 北京:中国标准出版社,2010.

[16] 中华人民共和国国家标准. GB/T 238—2002　金属材料　线材　反复弯曲试验方法[S]. 北京:中国标准出版社,2002.

[17] 中华人民共和国国家标准. GB/T 24238—2009　预应力钢丝及钢绞线用热轧盘条[S]. 北京:中国标准出版社,2009.

[18] 中华人民共和国国家标准. GB/T 2424. 1—2009　制丝用非合金钢盘条　第1部分:一般要求[S]. 北京:中国标准出版社,2009.

[19] 中华人民共和国行业标准. JGJ 18—2012　钢筋焊接及验收规程[S]. 北京:中国建筑工业出版社,2012.

[20] 机械工业部. 焊接设备选用手册[M]. 北京:机械工业出版社,1977.

[21] 中华人民共和国行业标准. JGJ 107—2010　钢筋机械连接技术规程[S]. 北京:中国

建筑工业出版社,2010.
[22] 中华人民共和国行业标准. JGJ 55—2011 普通混凝土配合比设计规程[S]. 北京:中国建筑工业出版社,2011.
[23] 中华人民共和国行业标准. JGJ/T 283—2012 自密实混凝土应用技术规程[S]. 北京:中国建筑工业出版社,2012.
[24] 中国土木工程协会标准. CECS 01—2004 混凝土结构耐久性设计与施工指南[S]. 北京:中国工业出版社,2004.
[25] 中华人民共和国国家标准. GB 50496—2009 大体积混凝土施工规范[S]. 北京:中国计划出版社,2009.
[26] 中华人民共和国行业标准. JG/T 3064—1999 钢纤维混凝土[S]. 北京:中国标准出版社,1999.
[27] 中交武汉港湾工程设计研究有限公司. 温州市大门大桥海工混凝土质量控制细则,2010-11.
[28] 中华人民共和国国家标准. GB/T 175—2007 通用硅酸盐水泥[S]. 北京:中国标准出版社,2007.
[29] 中华人民共和国国家标准. GB/T 14684—2011 建设用砂[S]. 北京:中国标准出版社 2011.
[30] 中华人民共和国国家标准. GB/T 14685—2011 建设用卵石、碎石[S]. 北京:中国标准出版社,2011.
[31] 中华人民共和国行业标准. JGJ 63—2006 混凝土用水标准[S]. 北京:中国建筑工业出版社,2006.
[32] 中华人民共和国国家标准. GB/T 8075—2005 混凝土外加剂定义、分类、命名与术语[S]. 北京:中国标准出版社,2005.
[33] 中华人民共和国国家标准. GB 50119—2003 混凝土外加剂应用技术规范[S]. 北京:中国标准出版社,2003.
[34] 中华人民共和国行业标准. JT/T 537—2004 钢筋混凝土阻锈剂[S]. 北京:人民交通出版社,2004.
[35] 中华人民共和国行业标准. JT/T 275—2000 海港工程混凝土结构防腐蚀技术规范[S]. 北京:人民交通出版社,2000.
[36] 中华人民共和国行业标准. JG/T 223—2007 聚羧酸系高性能减水剂[S]. 北京:中国标准出版社,2007.
[37] 中华人民共和国国家标准. GB/T 1596—2005 用于水泥和混凝土中的粉煤灰[S]. 北京:中国标准出版社,2005.
[38] 中华人民共和国国家标准. GB/T 18046—2008 用于水泥和混凝土中的粒化高炉渣粉[S]. 北京:中国标准出版社,2008.
[39] 中华人民共和国国家标准. GB/T 18736—2002 高强高性能混凝土用矿物外加剂[S]. 北京:中国标准出版社,2002.
[40] 中华人民共和国国家标准. GB/T 50107—2010 混凝土强度检验评定标准[S]. 北京:中国标准出版社,2010.
[41] 中华人民共和国行业标准. JGJ/T 193—2009 混凝土耐久性检验评定标准[S]. 北

京:中国建筑工业出版社,2009.
[42] 中华人民共和国行业标准. JC/T 2093—2011 后张法预应力混凝土孔道灌浆外加剂[S]. 北京:建材工业出版社,2011.
[43] 汪正荣,朱国梁. 简明施工手册[M]. 北京:中国建筑工业出版社,1986.
[44] 中华人民共和国行业标准. TZ 210—2005 铁路混凝土工程施工技术指南[S]. 北京:中国铁道出版社,2005.
[45] 中华人民共和国行业标准. TZ 213—2005 客运专线铁路桥涵工程施工技术指南,[S]. 北京:中国铁道出版社,2005.
[46] 中华人民共和国行业标准. TB/T 3192—2008 铁路后张法预应力混凝土梁管道压浆技术条件[S]. 北京:中国铁道出版社,2008.
[47] 中华人民共和国国家标准. GB/T 1231—2006 钢结构用高强度大六角头螺栓、大六角螺母、垫圈技术条件[S]. 北京:中国标准出版社,2006.
[48] 中华人民共和国行业标准. TB 1527—2004 铁路钢桥保护涂装[S]. 北京:中国铁道出版社,2004.
[49] 中华人民共和国行业标准. TB 10212—2009 铁路钢桥制造规范[S]. 北京:中国铁道出版社,2009.
[50] 中国机械工程学会焊接学会. 焊接手册[M]. 3 版. 北京:机械工业出版社,2007.
[51] 安继儒. 金属与焊接材料实用手册[M]. 成都:四川科学技术出版社,2006.
[52] 张子荣,时炜. 简明焊接材料选用手册[M]. 2 版. 北京:机械工业出版社,2004.
[53] 孙景荣. 实用焊工手册[M]. 3 版. 北京:化学工业出版社,2007.
[54] 中国机械工程学会焊接学会. 焊工手册 手工焊接与切割[M]. 3 版. 北京:机械工业出版社,2003.
[55] 成都电焊机研究所,等. 焊接设备选用手册[M]. 北京:机械工业出版社,2006.
[56] 电机工程手册编辑委员会. 机械工程手册[M]. 2 版. 北京:机械工业出版社,1997.
[57] 李亚江,等. 实用焊接技术手册[M]. 石家庄:河北科学技术出版社,2007.
[58] 中华人民共和国国家标准. GB/T 10249—2010 电焊机型号编制方法[S]. 北京:中国标准出版社,2010.
[59] 中华人民共和国国家标准. GB/T 10045—2001 碳钢药芯焊丝[S]. 北京:中国标准出版社,2001.
[60] 中华人民共和国国家标准. GB/T 17493—2008 低合金钢药芯焊丝[S]. 北京:中国标准出版社,2008.
[61] 中华人民共和国国家标准. GB/T 5293—1999 埋弧焊用碳钢焊丝和焊剂[S]. 北京:中国标准出版社,1999.
[62] 中华人民共和国国家标准. GB/T 12470—2003 埋弧焊用低合金钢焊丝[S]. 北京:中国标准出版社,2003.
[63] 中华人民共和国国家标准. GB 50017—2003 钢结构设计规范[S]. 北京:人民交通出版社,2003.

下篇

临时设施

第六章 绪 论

第一节 概 述

一、临时设施概述

1. 临时设施的定义

临时设施是指建筑行业为满足工程项目建设需要而修建和布置的非工程实体结构的各种临时性简易结构和设施。

公路桥梁临时设施是指为满足公路桥梁建设需要而修建和布置的非工程实体结构的各种临时性简易结构和设施。

本手册所称临时设施特指公路桥梁临时设施。

2. 临时设施的特点

(1)临时设施的使用具有临时性和阶段性;

(2)临时设施的使用功能仅针对具体公路桥梁工程项目,其修建标准相比永久工程要低;

(3)建设项目完工后临时设施需按规定拆除或恢复原貌;

(4)临时设施租(借)用和占用的各项资源需按国家、各级地方政府及特定行业的相关规定办理相关申请或报批手续。

随着近十多年来我国公路桥梁建设的迅猛发展,公路桥梁工程建设的施工技术得到长足的进步和提高,其建设规模和地域分布日渐扩大,不仅在跨江跨河及跨越峡谷的工程中广泛应用,而且随着我国经济实力的提升,各种建设条件更为恶劣和复杂的跨海公路桥梁也发展迅速。因此,为适应我国现有公路桥梁工程的建设需要,公路桥梁工程临时设施的概念也更为广义。

二、临时设施设计及布置的意义及作用

临时设施的设计和布置是为满足公路桥梁工程项目建设管理的需要而起步、应用和发展的,是工程项目建设管理规范化、标准化、科学化要求的具体体现,也是控制工程建设各项资源占用和耗费的有效手段,其意义和作用主要有以下几个方面。

(1)是工程项目建设管理方实现工程项目有效管控的方法和手段。

(2)是工程项目施工承包人进行项目施工规划的必要途径和手段,是项目管理科学决策的依据,是控制工程项目施工资源耗用以及施工成本的有效方法。

(3)是与工程项目相关联的各级地方政府管理部门实行有效管理、依法管控的需要。

(4)是与工程项目相关联的周边社会团体、企事业单位以及社会群众对所属各项资源办理租(借)用和占用相关手续的必要依据。

(5)是工程项目建设管理考核评价的重要内容。

第二节　临时设施的内容

公路桥梁工程由于所处地域和建设条件不同,各个工程项目的临时设施内容稍有不同,临时设施设计和布置的侧重点也有所区别。但总的来讲,公路桥梁工程根据施工地域、桥梁结构、桥梁规模的不同,其临时设施一般包括以下八个方面:①临时驻地;②临时便道;③临时供水;④临时供电;⑤临时便桥与栈桥;⑥临时码头;⑦临时水上施工平台;⑧临时消防。

(1)临时驻地

临时驻地是指公路桥梁工程项目建设期间为满足工程施工而修建的临时性生产及生活设施,包括临时性办公生活设施和临时性生产类设施两大部分。

临时性办公生活设施主要有:施工现场办公区所有设施(包括办公室、会议室、接待室、厕所、车库等)、施工人员生活区所有设施(包括宿舍、食堂、澡堂、厕所以及施工人员休息娱乐设施等)。

临时性生产类设施主要有:混凝土生产搅拌系统、混凝土构件预制场、钢结构加工及拼装场、钢筋与模板制作加工场、材料堆场和仓库等。

(2)临时便道

临时便道是指公路桥梁工程项目建设期间为满足各类工程设备和材料运输而修建的陆地临时通道,临时便道一般与工程所在区域现有的道路衔接,构成陆路运输网络。根据现场道路情况,临时便道可以新建,也可以对现有道路进行改建和扩建。

(3)临时供水

临时供水是指公路桥梁工程项目建设期间为满足施工生产以及施工人员生活所需而建的生产生活供水系统。

(4)临时供电

临时供电是指公路工程项目建设期间为满足施工生产以及施工人员生活所需而建的电力供应系统。

(5)临时便桥与栈桥

临时便桥是指公路桥梁工程项目建设期间为跨越施工区域内的沟渠、河流等障碍而修建的临时性通道;临时栈桥是指工程项目建设期间为通向临时码头或者桥梁墩台而修建的临时性通道,以满足施工设备和材料的运输以及施工人员的通行要求。

(6)临时码头

临时码头是指公路桥梁工程项目建设期间为满足水上材料、设备及施工人员通过船舶运输而临时修建的码头设施。

(7)临时水上施工平台

临时水上施工平台是指公路桥梁工程项目建设期间为满足江河、湖泊、近海及外海桥梁工程施工而在主体工程附近或者周边修建的临时性水上作业平台,以满足桥梁工程水上钢结构制作拼装、混凝土生产搅拌、钢筋模板制作安装、起重设备布置以及材料堆放等水上施工要求,弥补和克服江河、湖泊、近海及外海桥梁工程距离陆地较远的地域性限制。对于外海施工区域,临时水上施工平台也可以作为现场临时办公和生活平台。

(8)临时消防

临时消防是指公路桥梁工程项目建设期间为满足工程施工所覆盖区域的消防安全而进行的临时性消防设施规划和布置,包括陆上和水上消防设施。

第三节　临时设施设计及布置的原则和要求

临时设施是公路桥梁工程开工建设前期一项重要的工作内容,是工程项目总体策划的重要方面,临时设施的布置和设计是否合理对工程项目的建设施工有非常重要的影响,因此在工程前期必须做好临时设施的布置和设计工作。由于工程项目的个体差异较大,临时设施必须根据工程项目的具体特点和要求进行合理布置和设计,在临时设施布置和设计中应遵循以下原则和要求。

(1)功能性原则

临时设施设计和布置必须满足工程项目建设需要的使用功能。必须根据工程项目的特点和要求充分研究施工工艺流程,对临时设施进行功能分解,明确使用要求和使用时效,鼓励多功能并举,避免功能盲目扩大,合理选择和控制临时设施的建设等级和规模。

(2)合理化原则

临时设施设计和布置必须要合理适用。必须根据工程项目的具体特点和要求,根据工程项目所在区域的技术经济、自然条件来进行临时设施的设计和布置,准确把握工程项目需要和周边环境的结合点,力争做到临时设施设计和布置的合理最大化。

(3)经济性原则

临时设施设计和布置必须满足经济性原则,反对过多浪费和占用社会资源,特别在土地占用、航道及水域占用时要慎重考虑,因地制宜,合理布局。遵循经济性原则是工程项目管理的需要,是项目承包人控制施工成本的需要,也是集约型社会和国家的需要。

(4)协调性原则

临时设施设计和布置必须具有协调性。首先要结合周边环境因素,研究自然环境、人文因素,尽量利用工程周边已有设施,做到与环境协调;其次要研究工程特点和要求,做到与需求协调;三是要符合相关的各种规定、规程以及习俗。

(5)临时性原则

临时设施设计和布置必须考虑临时性和阶段性。认真研究工程项目的工期特点,准确把握临时设施设计和布置的等级、规模及使用年限,考虑工程项目完结后临时设施的拆除和原始状态的恢复,把阶段性使用原则贯穿到临时设施的设计和布置中。

第七章 临时驻地

第一节 概 述

一、临时驻地内容

临时驻地建设应坚持以人为本的原则,构建和谐交通,改善施工驻地工作生活条件,促进安全生产和文明施工,确保工程建设正常顺利进行。

临时施工驻地建设主要指生活区、办公区和生产区的临时房屋及设施建设,包括住房、施工与管理所需的办公用房、卫生室、试验室、加工车间、预制场、拌和场、储料场与仓库设施等。

二、一般要求

(1)结合施工现场具体情况,统筹安排,合理布置。

①布置要适应生产需要,方便职工上下班。

②不允许占用正式工程位置,避开取土、弃土场地。

③尽量靠近已有交通,或即将修建的正式或临时交通线路。

(2)贯彻执行国务院在基本建设中有关节约用地的指示,紧凑布置,充分利用山地、荒地、空地或劣地,尽量少占或不占农田并保护农田,在可能条件下结合施工采取造田,改造土壤的措施。

(3)尽量利用施工现场或附近已有建筑物,包括拟拆除但可暂时利用的建筑物。在新开辟地区,应尽可能提前修建能够利用的永久性工程。

(4)必须修建的临时建筑,应以经济适用为原则,合理地选择形式。

(5)符合安全防火要求。

三、布置原则

(1)在满足施工要求的前提下,尽可能紧凑布置,充分利用场地。

(2)施工区、辅助生产区、办公区和生活区应合理划分和布局,既要有利于施工和管理,又要避免相互干扰。

(3)作业场地的布置要符合工艺流程,最大限度缩短工地内运输距离,在保证工程顺利进行的前提下尽量减少临时设施。

(4)平面布置与空间景观相协调,提高环境质量,创造良好的生产条件和整洁的工作环境。

(5)力争做到标准、统一、美观、实用、经济。

(6)必须符合劳动保护、安全生产的要求,有利于防洪、消防、防盗等。

四、临时驻地平面布置图

公路工程中的大型或技术复杂的施工项目,由于施工环节多,需要组织较多的人力、机械设备等,而且施工过程中需要采用施工场地布置图形式表明施工作业现场、辅助生产设施、办公和生活等区域的布置情况。

根据布置要求将所要布置的内容用代号或图形按一定比例标注在图纸上,配以图例、表格、文字等形成布置图,并在图纸上进行优化调整。

第二节　生活区布置

一、生活区布置原则

视工程项目规模大小、工程长短、施工现场条件、项目管理机构设置类型等因素,生活区布置应满足下列原则:

(1)尽量利用现有的永久建筑,不足部分新建。

(2)租用民居、单位等房屋设施作为生活场所,但应符合消防、治安、卫生、环保等要求,满足工作生活需要。

(3)布置应方便职工生活、工作。

二、生活区布置要求

(1)生活用房应实用、整齐、美观、隔热通风,并符合施工管理需要。提倡采用装配式标准化房屋,不得将简易工棚作为生活用房。

(2)工程量相对集中,且场地自然条件较好时,可采用集中布置的方式。一般将几个施工队伍的生活驻地集中在一起,工人用的福利设施设置在工人较集中的地方,或工人必经之处。生活基地设在场外,距工地500~1 000m为宜。食堂可设在工地内部或工地与生活区之间。工程相对分散且每段的工程量相对较小时,可将生活基地根据划分的施工工区在各自施工工区就近设置。

(3)生活区和办公区应明确分隔,设置标志牌。场地及主要道路应硬化处理,并适当绿化,经常养护。项目经理部占地面积应与使用需求相适应。

(4)生活区应实行封闭式管理,设置封闭围墙,围墙应坚固、严密,高度不得低于1.8m,并且墙面应粉刷、保持整洁,无乱涂、乱画、乱张贴等痕迹。围墙材质应使用砌块砌筑,或使用专用金属定型材料、刺铁丝网隔离,有碍观瞻的地段不得采用刺铁丝隔离网。

三、生活区布置内容

生活区是工人居住、休息、娱乐的活动区域。生活场所一般包括职工宿舍、俱乐部、食堂、小商店、理发室、卫生室、洗浴间、厕所等。生活用房的种类、大小视工程所在位置、工期长短、规模大小等确定。

面积的计算要符合有关标准、规定，一般人均 8 ~ 10m² 为宜。

四、生活区面积计算

1. 计算内容

在工程建设期间，必须为施工人员修建一定数量供生活用的建筑房屋。生活用房的组织一般有以下内容：

(1) 计算施工期间使用生活用房的人数。

(2) 确定生活用房项目及其建筑面积。

(3) 选择生活用房的结构形式。

(4) 布置生活用房位置。

2. 确定使用人数

(1) 生产人员。生产人员中有直接生产人员和其他生产人员。

(2) 非生产人员。

3. 所需面积

计算公式为：

$$A = N \sum P_i \tag{7-1}$$

式中：A——所需建筑面积；

N——工地人数；

P_i——建筑面积指标。

第三节　办公区布置

一、办公区布置原则

根据工程项目规模大小、工期长短、施工现场条件、项目管理机构设置类型，办公区布置应满足以下原则：

(1) 利用拟拆除建筑。

(2) 租用民居、单位等房屋设施作为生活场所，但应符合消防、治安、卫生、环保等要求，满足工作生活需要。

(3) 新建暂用办公室，结构、装饰应相对简易。

(4) 采用装配式活动房屋。

(5) 先建永久性办公室供施工时用，待交工时重新装饰。

(6) 初期搭建简易办公用房，然后搬进新建房屋。

二、办公区布置要求

(1)工程量相对集中且场地自然条件较好时,办公用房应设在工地的出入口处,以方便对外联系;也可集中设在工地中间,便于管理全工地。工程相对分散且每段的工程量相对较小时,可将办公用房分设在工地两头。

(2)办公用房应根据设立的工程管理机构,设置项目经理、总工程师、计划财务、工程技术、安全保卫、档案资料、试验检测、会议场所等用房。各办公室应设标牌、工作人员姓名牌和工作去向插牌。

(3)办公用房应实用、整齐、美观、隔热通风,符合施工管理需要。提倡采用装配式标准化房屋,但不得将简易工棚作为办公、生活用房。

(4)办公室内应将规章制度、管理图表(包括平面图、组织机构框图、质量自检体系框图、安全管理体系框图、工程进度柱状图、工程管理曲线图、规章制度、工程总体目标、部门职责、工作计划、晴雨表及管理人员考勤表等)装裱上墙。

(5)办公区应实行封闭式管理,设置封闭围墙,围墙应坚固、严密,高度不得低于1.8m,并且墙面应粉刷、保持整洁,无乱涂、乱画、乱张贴等痕迹。围墙材质应使用砌块砌筑,或使用专用金属定型材料、刺铁丝网隔离,有碍观瞻的地段不得采用刺铁丝隔离网。

(6)办公区内应有施工现场总平面图,以及安全生产、消防保卫、环境保护、文明施工制度板。各种标识牌应字体正确规范、工整美观,并保持整洁完好。

(7)办公区大门处应有企业标识。在大门旁明显位置设立标牌,写明工程名称、工程概况、建设工期,建设、设计、施工、监理等单位和负责人的姓名、联系电话,以及质量监督单位、质量和廉政举报电话。标牌面积一般不小于2m×1.5m(长×高),字体为仿宋体,并安装牢固,底边距地面不得低于1.2m。

三、办公区布置内容

办公场所是为满足工程施工而设立的集体办公地点,一般包括办公室、会议室、值班室等。面积的计算应符合有关标准、规定。

四、办公区面积计算

计算公式为:

$$A = \sum N_i P_i \tag{7-2}$$

式中:A——所需建筑面积;

N_i——计算人数;

P_i——建筑面积指标。

第四节　生产区布置

一、生产区布置原则

临时施工生产区场地布置是为工程施工所需的材料、机具设备等提供合理的存放空间，为各种作业提供方便的作业空间。科学合理地布置，并对项目施工所投入的各项资源和工人的生产、生活场地作出统筹安排，避免施工时相互干扰，对满足文明施工的需要具有重要作用。因此，生产区的布置应遵循以下原则：

(1)交通便利。

(2)防洪、排水便利。

(3)尽量使用空闲地，少占或尽量不占耕地，达到节约用地的目的。

(4)尽量避开居民区，减少对周围居民的干扰。

(5)充分了解施工场地及周围的地质环境，避开软基、落石区、滑坡体等不良地质环境。

二、生产区布置要求

(1)根据地形条件，可分块布置或集中布置。

(2)应设置工地试验室，试验室面积根据工程规模及工程性质确定。室内应张挂岗位职责、操作规程等规章制度。试验检测仪器、设备均应经相应的计量部门、质监机构检定合格，使用中定期进行校正，并附有仪器设备检定标识。

(3)应合理选择预制(拌和)场设置地点，占地面积应与工程规模、工程性质相适应，满足施工需要。材料堆放区、拌和区、作业区、模板、钢筋制作区应分开或隔离；场内主要作业区、堆放区及场内道路应作硬化处理。

(4)预制(拌和)场地施工标牌，应根据监理规程有关原材料及混合料报验制度的规定，在材料堆放处设立原材料品名牌及报验牌。报验牌上应注明材料品名、规格、产地、抽检时间、合格率、监理工程师是否同意使用等内容。在拌和设备前设混合料配合比标牌，并严格按施工配合比施工。

(5)仓库区的规模和组成应能为储存材料、燃料、备件及其他物件提供足够的面积，所储存的材料及备件数量应能保证工程的需求。仓库、储料场及拌和场应保持整洁，地面应硬化。车间、库房等设施应牢固、稳定、布置合理，不得采用彩条布等易老化的材料作车间、库房的立墙，不得使用油毡、石棉瓦等作屋顶。施工机械停放场应保持通道畅通，机械设备停放有序，便于安全出入。

(6)施工材料应根据其特点采取相应的保管措施。钢筋、水泥应在室内架空堆放；不同规格砂石材料要严格分档、隔离堆放，严禁混堆；细集料应设置覆盖设施。检验合格材料与未检验材料分别堆放，不合格材料不得入库。

三、生产区布置内容

施工现场生产用房主要是根据工程所在地区的实际情况与工程施工的需要，首先确定需要设置的生产类型，然后再分别就不同需要逐一确定其生产规模、产品的品种、生产工艺、厂房的建筑面积、结构形式和厂址的布置。

施工现场生产区布置内容主要有钢筋混凝土构件预制厂、钢筋加工厂、木材加工厂、金属结构加工厂、施工机械管理维修厂、混凝土搅拌站、砂浆搅拌站、变电站(发电站)、锅炉房、空压机站、试验室等。

四、生产区面积计算

生产用房面积的大小，取决于设备的尺寸、工艺过程、工程设计及防火与安全等的要求。

1. 加工场地面积

预制构件、钢筋、木工的加工场地面积计算公式为：

$$A = \frac{KQ}{TS\alpha} \tag{7-3}$$

$$A_r = NA' \tag{7-4}$$

$$N = \frac{Q_c K_c}{T_c R} \tag{7-5}$$

式中：A——所需建筑面积；

Q——加工总量（m^3、t 等）；

K——生产不均匀系数；

T——加工总工期（月）；

S——每 m^2 场地的月平均产量；

α——场地或建筑面积利用系数；

A_r——混凝土搅拌站面积（m^2）；

N——搅拌机台数（台）；

A'——每台搅拌机所需面积（m^2）；

Q_c——混凝土总需要量（m^3）；

K_c——不均匀系数，等于 1.5；

T_c——混凝土工程施工总工作日；

R——混凝土搅拌机台班产量（m^3/台班）。

2. 仓库用房面积

确定仓库内的材料储备量，既要考虑保证连续施工的需要，又要避免材料积压，使仓库面积增大，积压资金。通常的储备量应根据现场条件、供应条件和运输条件来确定，对于场地狭小、运输方便的现场可少储存；对供应不易保证、运输困难、受季节影响大的材料可多储存些。生产受季节影响的材料，必须考虑中断因素，水运材料则须考虑枯水期及严寒对航运的影响，储备量可大些；加工生产周期较长的材料，亦应考虑大些。另外还须考虑供料制度中有的材料要求依次储备的情况。

（1）全现场的材料储备，一般按年、季度组织储备，按下式计算：

$$P_1 = \Sigma Q_1 K_1 \tag{7-6}$$

式中：P_1——总储备量；

K_1——储备系数，一般情况下对型钢、木材、砂石和用量小、不经常使用的材料取 0.3～0.4，对水泥、砖、瓦、块石、石灰、管材、暖气片、玻璃、油漆、卷材、沥青取 0.2～0.3，特殊条件下宜根据具体情况确定；

Q_1——该项材料最高年、季度需用量。

总储备量 P_1 包括能为本工程使用已经落实的材料，如已进入转运仓库和中心仓库的材料，以及有了货源又订了货的地方材料（砖、石、砂、灰）。

（2）单位工程的材料储备量应保证工程连续施工的需要，同时应综合考虑全现场的材料储备，做到减少仓库面积，节省资金，其储备量按下式计算：

$$P_2 = \frac{tKQ_2}{T} \tag{7-7}$$

式中：P_2——单位工程材料总储备量；

t——储备天数；

K——生产不均匀系数，$K=1.2\sim1.5$；

Q_2——计划期间内需用的材料数量；

T——需用该项材料的施工天数。

（3）仓库面积按下式计算：

$$A = \frac{P}{qK_2} \tag{7-8}$$

式中：A——仓库面积，包括通道面积（m^2）；

q——每平方米仓库面积存放材料数量；

P——材料储备量，用于全现场时为 P_1，用于单位工程时为 P_2；

K_2——仓库面积利用系数，一般为0.5～0.8。

（4）特殊要求。

特殊材料，如爆炸品、易燃或易腐蚀品的仓库面积，按有关安全要求确定。在设计仓库时，除满足仓库总面积外，还要正确地确定仓库的平面尺寸，即仓库的长度和宽度。仓库的长度应满足装卸要求，宽度要考虑材料存放方式、使用方便性。

第五节 附属设施布置

一、消防治安设施

（1）施工驻地要有明显的防火宣传标志，并配备消防器材和消防用水，做到布局合理，并经常检查、维护、保养，保证灭火器材灵敏有效。

（2）施工驻地必须设置临时消防车道，并保证临时消防车道的畅通，禁止在临时消防车道上堆物、堆料或挤占临时消防车道。

（3）施工驻地使用的电气设备和用电必须符合防火要求。临时用电必须安装过载保护装置，电闸箱内不准使用易燃、可燃材料。严禁超负荷使用电气设备。

（4）施工材料的存放场地、库房和使用应符合防火要求，库房应采用非燃材料搭建。易燃易爆物品必须有严格的保管制度和防火措施，专人负责，专库储存，分类单独存放，设置危险地点及危险物品安全警告标志牌，以确保安全。

（5）办公区、生活区、物资仓库、预制场（拌和站）等重要场所应实行封闭式管理，建立门卫和巡逻护场制度。加强对财务、库房、宿舍、食堂等要害部门、要害部位和易发案件区域的管理，严防被盗、破坏和治安灾害事故的发生。

二、卫生防疫设施

（1）办公区和生活区应设水冲式厕所，厕所墙壁屋顶严密，门窗齐全，地面应硬化，蹲位之间应设置隔板，化粪池应埋地，要有灭蝇措施，设专人负责定期保洁。

(2)办公区、生活区应保持卫生整洁。生活垃圾与施工垃圾不得混放，垃圾应存放在专门搭设的密闭式垃圾站或密闭式容器内，及时清运，严禁乱扔乱弃。

(3)生活区宿舍内应有必要的生活设施并保证必要的生活空间，室内保持通风。夏季应采取消暑和灭蚊蝇措施，冬季应有采暖和防煤气中毒措施。

(4)食堂应设置在远离厕所、生产作业区等污染源的地方。食堂和操作间的装修应便于清洁打扫，并且具备清洗消毒的条件，有排风、灭蝇灭鼠灭蟑螂和杜绝传染疾病的措施。不得使用石棉制品的建筑材料装修食堂。

(5)食堂操作间和仓库不得兼作宿舍使用。食堂内外应保持卫生整洁，炊具干净，生熟食品分开加工，加工、存放器具分别配置。

(6)施工现场应保证供应卫生饮水，有固定的盛水容器和设专人管理，并定期清洗消毒。设置排水沟，保持通畅，杜绝污染和蚊虫滋生。

(7)施工驻地应配备一般常用药品及急救器材。为有毒有害作业人员配备有效的防护用品。

三、环境保护设施

(1)施工组织设计中应有防治扬尘、噪声、固体废物和废水等污染环境的有效措施，并在施工作业中认真组织实施。

(2)水泥等可能产生尘污染的建筑材料应当在库房内存放或者严密遮盖，拌和楼必须配备降尘防尘装置，使用过程中应采取有效措施防止扬尘。

(3)存放油料时必须对库房进行防渗漏处理，储存和使用时都要采取措施，防止油料泄漏，污染土壤水体。生活、生产污水应妥善处理，符合排放标准后方能排出。

(4)预制场、加工车间的设置应避开居民区、学校、医院等对噪声敏感的区域。施工现场的强噪声设备应设隔音降噪措施，以减少噪声污染。

(5)工程竣工后，施工驻地设施应按规定及时拆迁，清除废弃污染物。

第八章 临时便道

第一节 概 述

在公路工程施工中,当不能利用现有的道路进行工程运输时,必须在施工准备期间尽早修建临时施工便道,保证施工人员、机械设备、材料、给养等及时运往工地,并保证施工期间各种运输车辆的畅通无阻。因此,施工便道被称为工程保障的“生命线”。便道在使用过程中要进行维护,以保证满足工程正常施工要求。由于临时便道是为短期维持通车而修建的,一般采用较低的建筑标准,通常在达到预期的使用目的后,即拆除或废弃。

施工便道具有如下使用特征:

(1)使用时间短,具有临时性。

(2)通行车辆以重型施工机械、工程车和材料运输车为主。

(3)建设标准低,受天气影响大。雨雪天气时路面抗滑性能低,被破坏的风险系数大。

(4)便道选线对地形依赖度大,难以满足人们对行车舒适性的要求。

第二节 便道分类

临时便道按功能可分为临时干线便道和临时支线便道。

1. 临时干线便道

既有公路(道路)至施工主要工点的道路,既有公路(道路)至主要施工现场的道路,称为临时干线便道。

2. 临时支线便道

干线施工道路至一般施工现场和施工驻地的道路,称为临时支线便道。

临时便道根据地形不同,又可分为平原区施工便道、丘陵区施工便道和山岭区施工便道三类。

第三节　便道布置原则

临时施工便道质量的好坏关系公路工程施工进展，在进行平、纵、横断面设计时，应遵循“安全、经济、适用、少破坏环境”的原则，结合实地地形，灵活选用线性指标。临时便道应根据运量、运距、工期、地形和当地材料设备条件，采用多种形式，灵活布置。

1. 靠近主要场地，便于工程运输

运输便道应尽可能靠近修建的公路和大型工点，但不能占用公路路基，并应尽量避免与公路线交叉，以减少施工时对行车的干扰。

2. 合理选线、造价低廉、快速建成

充分利用有利的地形，使线路顺直、运程短；避免地质不良地段和工程造价高的工程；尽量避免拆迁建筑物和穿过良田，少占农田；对原有道路经改善后，能利用者尽量利用，便道位置要避开不利地形地物，同时尽量取直就近布置，以节省工程量。

3. 兼顾当地居民利益，尽量永临结合

在有可能的情况下，运输便道的修建要与当地的交通规划相结合，且永久性工程与临时性工程相结合。这样，既满足了公路施工，又利于地方经济的发展。

第四节　便道设计

临时施工便道中使用最多的为汽车运输便道，一般采用单车道（设会车点）或双车道。设计的程序为，确定道路的技术标准、位置，在总平面图上编序编号，计算长度和工程数量，完成布置。

一、施工便道的技术标准

1. 行车密度

干线交通量平均每昼夜为200辆以下时，可采用单车道标准，交通量大于200辆时，应采用双车道标准。单车道路面宽3.5m，双车道路面宽6.0m，路面一般采用泥结碎石路面、级配碎（砂砾）石路面、碎砖路面、炉渣或矿渣路面、砂土路面、石灰土路面、混凝土路面等几种形式。

2. 行车速度

干线行车速度大于40km/h时，应采用双车道，行车速度小于20km/h时，可采用单车道标准。引入线不以计算行车速度为设计依据。

平原区施工便道：40～70km/h。

丘陵区施工便道：15～40km/h。

山岭区施工便道：15～40km/h。

3. 自然条件

施工便道的修建标准应根据当地的自然条件因地制宜。依据当地自然条件，道路最小曲线半径在平原微丘地区50m，山岭重丘地区15m，地形条件比较困难的地段可适当酌减;线路纵坡一般不超过10%,特殊地段最大纵坡一般不超过15%。

二、用地范围

便道建设应贯彻切实保护耕地、节约用地的原则,其用地范围为便道路堤两侧排水沟外边缘(无排水沟时为路堤或护坡道坡脚)以外,或路堑坡顶截水沟外边缘(无截水沟为坡顶)以外不小于1m范围内的土地。

三、路线设计

路线方案应在所选定走廊带与主要控制点基础上进行布局和总体设计,合理运用技术指标,对可行的路线方案进行比选,以确定设计方案。当采用不同的设计速度、技术指标或设计方案对工程造价、自然环境、社会经济效益等有明显差异时,应作同等深度的技术经济论证。

1. 选线原则

平原区地形的基本线形应是短捷顺直,一般应采用便捷的直线、较大半径的曲线,或中间加入缓和曲线的线形。

山岭地区山高谷深,地形较复杂,同时地质、气候、水文等变化较大,这些均影响到路线的布设。但山岭地区大多山脉水系清晰,路线方向明确,一般确定起点和终点后,路线多顺山沿河布设,必要时横越山岭。沿河布设时,应选择支沟较小、较少,地质、水文条件良好的河岸,且应充分利用地形宽坦的台地,沿河线应注意线位高于最高洪水水位,在水文资料不充分、经验不足时,优先选择高线位。越岭线的特点是路线需克服很大的高差,翻越山岭时,一般宜选择两侧易于展线的低垭口。

丘陵地区山丘连绵,岗坳交错,地面起伏较大,一般自然坡度较陡,具有低山区的特点。路线平、纵面大部分受地形限制,路线走向不如山岭地区明显,平面多曲折,纵面多起伏,采用技术指标的活动范围较大。选线时要注意协调好平、纵断面的关系,使平曲线满足加长车辆的最小转弯半径,横向挖填土石方应尽量平衡,纵坡应能满足重车的最大爬坡能力。攀山路线应尽量选在向阳坡面,少考虑路线过长的盘山路线;尽量绕避水系发育或有不明显流量的山涧溪流段,更不能发生与水争路的现象。

2. 线形指标

线形设计应综合考虑便道的平面、纵断面、横断面三者间的关系,做到平面顺适、纵面均衡、横面合理。

(1)平曲线线形指标

为了保证各种车辆安全、顺利行驶,平曲线设计应能适应长、短车的转弯规律,并结合地形、地物,力求达到工程建设和营运的经济性要求。施工便道平面线主要技术指标见表8-1。

施工便道平曲线主要技术指标(单位:m) 表8-1

施工便道类型		平原区	丘陵区	山岭区
圆曲线最小半径	一般值	100	30	30
	极限值	60	15	15
缓和曲线最小长度	一般值	30	15	15

注:①表中指标系按平原区便道时速40km/h,丘陵区和山岭区便道时速20km/h取值。

②实际便道指标可在参照上表的基础上灵活选用。

（2）纵断面线形指标

纵断面设计应能使重车、施工机械顺利爬坡，路线起伏综合考虑农田水利和环境方面的特殊要求，在保证路基强度和稳定性的前提下，争取填挖平衡，节省土石方及其他工程量，降低工程造价。一般纵断面主要线形指标包括纵坡、竖曲线半径及长度。

在纵断面设计中，应先选好高程控制点，尽量少选用极限坡度；为了满足纵向排水要求，纵坡应不小于1%；长距离的纵坡对行车不利，应对陡坡长度予以限制；同时在适当位置设置缓和坡段，缓和段平均坡度不大于5%；由于一般是重车进入工区，轻车出来，因此从工区通往外界方向的便道最大纵坡可结合地形适当调大；当有连续多级弯道时，可在转弯处进行路线纵坡缓和段处理。施工便道最大纵坡和最小纵坡见表8-2，竖曲线最小半径及长度见表8-3。

施工便道最大纵坡和最小纵坡 表8-2

施工便道类型	最大纵坡	最小纵坡
平原区	8%	1%
丘陵区	10%	1%
山岭区	10%	1%

注：①表中指标系按平原区便道时速40km/h，丘陵区和山岭区便道时速20km/h取值。

②实际便道指标可在参照上表的基础上根据实际情况适当放松。

施工便道竖曲线最小半径及长度（单位：m） 表8-3

施工便道类型			平原区	丘陵区	山岭区
竖曲线最小半径	凸形	一般值	1 500	400	400
		极限值	150	150	150
	凹形	一般值	1 500	400	400
		极限值	150	150	150
竖曲线最小长度		一般值	60	20	20
		极限值	20	15	15

（3）横断面

施工便道断面宜采用半填半挖形式，尽量使挖掘机作业半径内土石方平衡。一般作单车道设计。路基宽4.5m，路面宽3.5m，应在不大于300m的距离内选择有利地点设置错车道，并使驾驶者能看到相邻两错车道之间的车辆。错车带路基宽度≥6.5m，有效长度≥20m；平曲线加宽值为2.0m±1.0m；超高值设为8.0%±1.0%，以8.0%为宜；路拱横坡度设为3.0%±0.5%。

四、路基、路面设计

1. 一般要求

（1）路基路面应根据便道功能、交通量，结合沿线地形、地质及路用材料等自然条件进行设计，保证具有足够的强度、稳定性和耐久性。同时，路面面层应满足平整和抗滑的要求。

（2）路基设计应重视排水设施与防护设施的设计，取土、弃土应进行专门设计，防止水土流失、堵塞河道和诱发路基病害。

（3）路基断面形式应与沿线自然环境相协调，避免因深挖、高填对其造成不良影响。

(4)通过特殊地质和水文条件的路段,必须查明其规模及其对公路的危害程度,采取综合治理措施,增强其防灾、抗灾能力。

2. 路基

1)路基常用断面形式

路基断面形式一般分为填方路基、挖方路基和半填半挖路基等。挖方路基需设置边沟,必要时还需设置截水沟以利排水。填方路基根据具体情况可设置护坡道和排水沟(或边沟)。图8-1所示为一般路基常用的几种断面形式,设计时应结合现场条件具体设计。

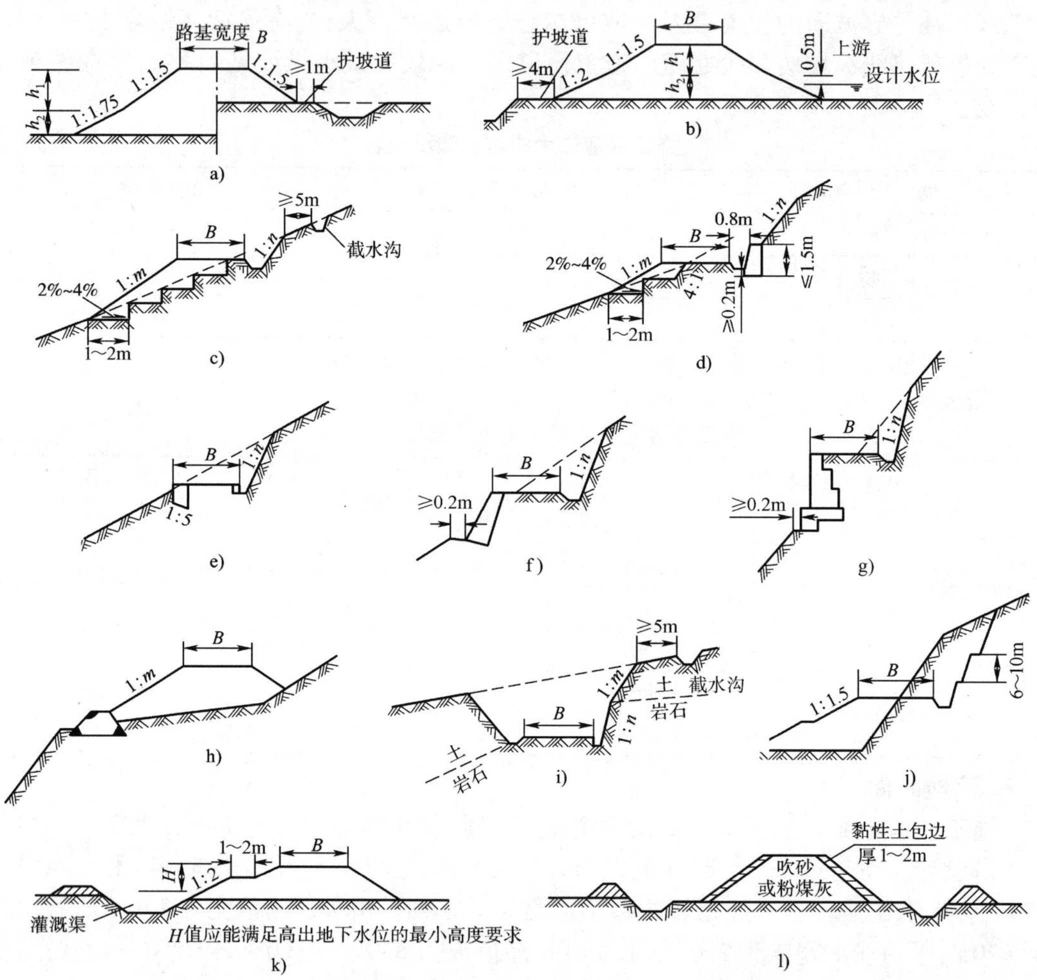

图8-1 路基常用断面示意图(尺寸单位:m)

a)一般路基;b)沿河路堤(桥头引道、河滩路堤);c)半填半挖路基;d)矮墙路基;e)护肩路基;f)砌石路基;g)挡墙路基;h)护脚路堤;i)挖方路基;j)边坡台阶形路基;k)利用挖渠的土填筑路堤;l)吹砂或粉煤灰路基

2)路基宽度

(1)为满足施工车辆正常通行要求,路基须有一定的宽度,其宽度一般是根据设计任务书的要求来确定,当设计任务书中没有明确规定时,则可按所选用的公路等级并结合沿线具体情况确定。

(2)施工临时便道一般按单车道设计,路基宽4.5m,路面宽3.5m,应在不大于300m的距离内选择有利地点设置错车道,错车带路基宽度应不小于6.5m,有效长度应不小于

20m，如图 8-2 所示。错车道应选在有利地点，并使相邻两错车道之间能够通视，以便驾驶员能及时将车驶入错车道，避让来车。

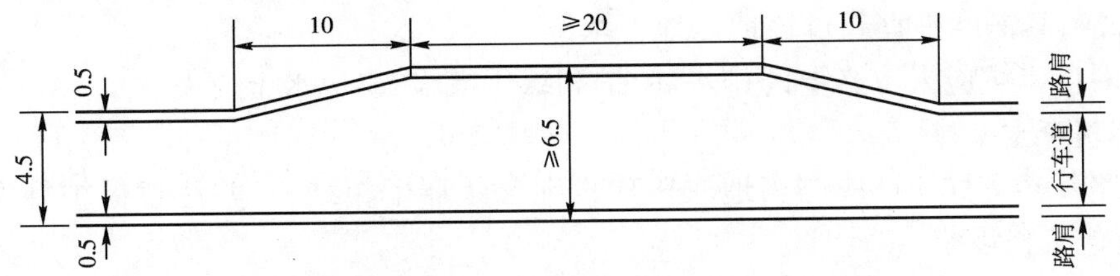

图 8-2　错车道示意图（尺寸单位：m）

（3）曲线路段的路基宽度应视路面加宽情况而定。弯道部分路面按《公路工程技术标准》（JTG B01—2003）规定加宽后，所留路肩宽度一般应不小于 0.5m，否则应加宽路基。

3）路基高度

（1）路基高度应使路肩边缘高出路基两侧地面积水高度，同时考虑地下水、毛细水的作用，不使其影响路基的强度和稳定性。

路基设计高程通常是路基边缘的高程，在平曲线范围内时设置超高、加宽前的内侧路基边缘高程（不计超高和加宽所引起的变动）。

（2）路基最小填土高度必须保证不因地面水、地下水、毛细水及冻胀作用的影响而降低其稳定性。

（3）路基最小填土高度的确定，应综合考虑地区的气候特征、水文地质、土质、路基结构、公路等级、路面类型及排水难易等因素对路基的影响，其数值参见《公路路基设计规范》（JTG D30—2004）。

（4）当路基填土高度受限制而不能达到规范的规定时，则应采取相应的处理措施，如做好排水设计、换土、设置隔离层或修筑地下渗沟等，以避免地面积水和地下水浸入路基，影响路基工作区内的土强度与稳定性。

4）路基填筑压实

路堤基底应清理和压实。基底强度、稳定性不足时，应进行处理，以保证路基稳定，减少沉降。路基压实度应符合《公路工程技术标准》（JTG B01—2003）中的相关规定。

在有大片低洼积水地段填筑便道时，可先作土埂排除积水，并将杂草、淤泥以及不适宜的材料清除出便道铺设地面以外，并翻晒湿土，再进行填筑与压实。

当地面横坡陡于 1∶5 时，应将原地面挖空成宽度大于 1m 的台阶，台阶顶面做成 2% ~ 4% 的内倾斜坡，再进行填筑。

5）路基防护

（1）路基防护应根据便道功能，结合当地气候、水文、地质等情况，采取相应防护措施，保证路基稳定。

（2）沿河路段必须查明河流特性及其演变规律，采取防止冲刷路基的防护措施。凡侵占、改移河道的地段，必须做出专门防护设计。

（3）深挖、高填路基边坡路段，必须查明工程地质情况，针对其工程特性进行路基防护设计。对存在稳定性隐患的边坡，应进行稳定性分析，采用加固、防护措施。

6）路基取土

（1）路线外集中取土坑的设置，应根据各地段所需取土数量，并结合路基排水、地形、土质、施工方法做出统一设计。

(2)取土坑至路基之间的距离不得影响路基边坡稳定。兼作排水的土坑,应确保水流通畅排泄,其深度不宜超过该地区地下水位。

(3)对取土坑应采取必要的排水、防护和绿化措施,避免水土流失。

7)路基弃土

(1)路基弃土堆设计应与当地农田建设和自然环境相结合,并注意保护林木、农田、房屋及其他工程设施。

(2)应合理设置弃土堆,不得影响路基稳定及斜坡稳定。

(3)弃土堆应堆放规则,进行适当碾压,并应采取必要的排水、防护和绿化措施。

(4)沿河弃土时,应防止加剧下游路基与河岸的冲刷,避免弃土阻塞、污染河道,必要时应设置防护支挡工程。

3. 路面

(1)路面设计标准轴载为双轮组单轴100kN。

(2)施工便道路面面层一般采用泥结石路面或碎(砾)石路面,路面厚度为8~16cm。

(3)路面结构面层所选材料应满足强度、稳定性和耐久性的要求,同时路面垫层材料宜采用水稳性好的粗粒料或各种稳定类粒料。

五、便道排水

(1)便道排水应合理布局,并与沿线排灌系统相协调,保护生态环境,防止水土流失和污染水源。

(2)地表排水设计应与坡面防护工程综合考虑,采取有效措施防止坡面岩土遭受冲刷和失稳。

(3)在护坡道外侧的排水沟,应按设计要求在沟的外侧填筑土埂,防止水流入;在路基范围内开挖的排水沟,如为起切断或降低地下水位作用时,应回填渗水性良好的砂砾料,以起到盲沟的作用。

(4)排水沟断面形式应结合地形、地质条件确定,沟底纵坡不宜小于0.3%,与其他排水设施的连接应顺畅。易受水流冲刷的排水沟应视实际情况采取防护和加固措施。

(5)便道排放的水流不得直接排入饮用水水源,也不宜直接排入养殖池、农田等。

(6)在潮湿或水田地段填筑便道时,应在便道外侧开挖纵向排水沟,排除积水,切断或降低地下水进行施工。

第五节　便道维护

(1)建立专门队伍对便道进行定期维护,及时处理各种路基、路面病害,保障便道畅通。

(2)应根据天气及便道车辆通行量等情况,对便道及时洒水,杜绝较大扬尘。洒水频率根据情况自行安排。

(3)在施工期间应保证便道基本平整、无坑洼、无积水、无堆积物,并保证便道安全畅通。

第九章 临时供水

第一节 概　　述

一、临时供水设计内容

工地临时供水的设计一般包括以下几个内容：

(1)决定需水量；

(2)选择水源；

(3)设计配水管网(必要时应设计取水、净水和储水构筑物)。

二、临时供水功能要求

建筑工地临时供水主要包括生产用水、生活用水和消防用水三种。

1.生产用水

(1)生产用水量标准

工地生产用水量标准应根据具体的生产产品及生产工艺过程的要求确定。可参照《工业用水标准化及用水定额》(常明旺,李贵宝等,中国标准出版社,2008年)执行。

(2)工业企业生产用水水质及水压

水质要求与生产工艺过程和产品的种类有密切关系。各类工业生产用水水质差异较大。水压要求视生产工艺要求而定。

2.生活用水

(1)生活用水定额

生活用水定额是指工地每人每天的生活用水量,按L/(人·d)计。工地的生活用水定额与室内给排水卫生设备完善程度、生活习惯以及地区气候条件等诸多因素有关,可根据《室外给水设计规范》(GB 50013—2006)中规定的城市居民生活用水定额选取。

(2)生活饮用水水质标准

生活饮用水的水质要求:无色、无嗅、无味、不混浊、无细菌、无病原体,化学物质的含量不影响使用,有毒物质的浓度在不影响人体健康的范围内。

(3)生活用水水压要求

工地给水管网应具有一定的水压,即最小服务水头。其值的大小根据供水区内建筑物层数确定:一层为10m,二层为12m,从三层起每增加一层其水头增加4m。

3. 消防用水

消防用水即扑灭火灾所需的水。工地室外消防用水量,应按同一时间内的火灾次数和一次灭火用水量确定。

工地消防系统一般采用低压消防给水系统,消防管网的水压不得小于10m。

三、临时供水总平面布置

临时供水总平面图按1:2 000~1:10 000绘制。图中应标明新建、扩建管道位置、范围与管道关系,还应表示出有关河流、风向玫瑰图、其他管道相互关系,以及必要的说明等。

第二节　用水量计算

一、工程用水量计算

1. 计算公式

工地施工的工程用水量 q_1 计算公式:

$$q_1 = K_1 \frac{\sum Q_1 N_1}{T_1 t} \frac{K_2}{8 \times 3\,600} \tag{9-1}$$

式中:q_1——施工用水量(L/s);

K_1——未预计的施工用水系数,取1.05~1.15;

Q_1——年(季)度工程量(以实物计量单位表示);

N_1——施工用水定额;

T_1——年(季)度有效作业天数;

t——每天工作班数;

K_2——用水不均衡系数,取1.5。

2. 实物工程量及计算系数的确定

由于工程结构施工阶段施工用水量大,故 Q_1 主要以混凝土工程量为计算依据,根据施工经验确定混凝土的大概实物工作量,混凝土养护用水定额取400L/m^3,拟定施工工期,每天按照1.5个工作班计算。

二、施工机械用水量计算

施工机械用水量计算公式:

$$q_2 = K_1 \sum Q_2 N_2 \frac{K_3}{8 \times 3\,600} \tag{9-2}$$

式中:q_2—— 施工机械用水量 (L/s);

K_1 ——未预计的施工用水系数,取1.05 ~1.15;

Q_2 ——同一种机械台数(台),取值见表9-1;

N_2 —— 施工机械台班用水定额,取值见表 9-1;

K_3 —— 施工机械用水不均匀系数,取 1.5。

施工机械用水定额 表 9-1

序号	用水定额 N_2	用水定额 Q_2	机械名称
1	20.0L(台·台班)	4.0 台·台班	木工场
2	250.0L(台·h)	1.0 台·h	点焊机 75 型

三、工地生活用水量计算

施工工地生活用水量计算公式:

$$q_3 = \frac{P_1 N_3 K_4}{b \times 8 \times 3\,600} \tag{9-3}$$

式中:q_3——施工工地生活用水量;

P_1 ——施工现场高峰期生活人数,按实际人数取;

N_3 ——施工工地生活用水定额,取 25L/人;

K_4 ——施工工地生活用水不均匀系数,取 1.30;

b ——每天工作班数(班),取 1。

四、生活区生活用水量计算

生活区生活用水量计算公式:

$$q_4 = \frac{P_2 N_4 K_5}{24 \times 3\,600} \tag{9-4}$$

式中:q_4——生活区生活用水量 (L/s);

P_2 ——生活区居住人数,按实际人数取;

N_4 ——生活区昼夜全部生活用水定额,取 10L/人;

K_5 ——生活区生活用水不均匀系数,取 2.00。

五、消防用水量计算

施工现场及生活区考虑同一时间内发生火灾次数为 1 次时,施工现场消防用水量为 20L/s。

根据消防范围及同一时间内发生火灾的次数确定消防用水量计算公式:

$$q_5 = 20n \tag{9-5}$$

式中:q_5——消防用水量(L/s);

n——考虑同一时间内发生火灾的次数。

六、总用水量计算

施工工地总用水量 Q 按照下式组合计算:

$$Q = \begin{cases} q_3 + \dfrac{(q_1 + q_2 + q_3 + q_4)}{2}, & q_1 + q_2 + q_3 + q_4 \leqslant q_3 \\ q_1 + q_2 + q_3 + q_4, & q_1 + q_2 + q_3 + q_4 > q_3 \end{cases} \tag{9-6}$$

计算的总用水量还应增加 10%,以补偿不可避免的水管漏水损失。

第三节　临时供水水源选择

一、临时水源选择原则

临时供水的水源,可用现成的给水管、地下水(如井水)及地面水(如河水、湖水等)等。在选择水源时,应该遵循以下原则:

(1)水量能满足最大需水量的要求;

(2)生活用水的水质应符合卫生要求;

(3)搅拌混凝土及灰浆用水的水质应符合搅拌用水的要求。

二、临时供水方式

临时供水方式有三种情况:

(1)利用现有的城市给水或工业给水系统。

(2)当新开辟地区没有现成的给水系统时,在可能条件下,应尽量先修建永久性给水系统。

(3)当没有现成的给水系统,而永久性给水系统又不能提前完成时,应设立临时性给水系统。

第四节　临时给水管网系统

临时供水管网是由敷设在供水区的若干条管线及附件组成的。根据作用不同分为输水管网和配水管网两部分。

一、临时给水管网

临时给水管网的布置,取决于工地平面布局、地形、河流、水源、调节构筑物的位置以及大用水量的位置等。常见的工地给水系统布置形式有以下几种。

1. 统一给水系统

生活、工业、消防用水均按生活饮用水水质标准,用统一的给水管网供给用户的给水系统。其特点有调度管理灵活,动力消耗较少,管网压力均匀,供水安全较好。

2. 分区给水系统

根据工地特点将给水系统分成几个系统,每个系统都可以独立运行,又能保持系统间的相互联系,以便保证供水的安全性和调度的灵活性。根据不同情况布置给水系统,可节约动力费用和管网投资,但设施分散、管理不方便。

3. 分质给水系统

原水经过不同的净化过程,通过不同管道系统将不同质量的水供给用户。水处理构筑物容积较少,投资省,且可节约药剂费用和劳力费用,但管线长、管理麻烦。

4. 分压给水系统

因用户对水压要求不同而采用扬程不同的水泵分别提供不同压力的水至高压管网和低压管网。减少高压管道和设备用量,减少动力费用,但管线长、设备多、管理麻烦。

以上四种给水系统均可以采用单水源供水,也可以采用多水源供水,应根据具体情况而定。

为节约用水、减少污染,还可以采用重复使用给水系统和循环给水系统。

二、临时配水管网

配水干管是整个给水工程中投资最大的部分,因此常需提出几个方案,在进行经济技术比较后选其中最佳方案。为此,布置时应符合下列原则:

(1)应根据用水量要求合理分布于全供水区。

(2)必须安全可靠,发生局部管网事故时仍能不间断供水。

(3)尽可能以最短的距离到达主要供水地区、大用户及调节构筑物。

(4)施工、运行方便,尽量避免与其他构筑物和管线冲突。

(5)考虑分期建设的可能,留有充分的发展余地。

三、临时供水管网管径计算

临时供水管网管径计算如下:

$$d = \sqrt{\frac{4Q}{\pi v 1\,000}} \tag{9-7}$$

式中:d——配水管直径(m);

Q——施工工地总用水量(L/s),由式(9-6)计算得出;

v——管网中水流速度(m/s)。一般最大流速限定为2.5~3.0m/s,最小流速限定为0.6m/s。具体需根据经济条件和经营管理费用等因素,选择适宜的流速。

第五节　临时供水系统施工

一、管材及施工方法

给水及消防合用系统管材选用焊接钢管,室外埋地1m,室内沿墙和利用合理部位敷设,横穿道路的室外埋地管道设保护钢套管,施工用水及消防用水立管应随结构施工进度及时升高。

二、管道预制加工

按照图纸画出管道分路、管径、变径、预留管口及其他附件位置等施工草图。在实际安装位置作出标记,按照标记量出实际安装的准确尺寸,然后按照草图及测得尺寸对管道及附件进行预制加工。

三、埋地管道的除锈及防腐

埋地管道在埋设前应进行除锈和防腐处理,供水管道除锈后刷一道热沥青。

四、保温

室外明装及室内非采暖房间管道及阀门外露部分采用铝箔玻璃棉进行保温，保证冬季管道内水不结冰。

五、管道安装坡度

所有管道坡度除图中注明者外均按照施工及验收规范要求进行。

六、水压试验

所有给排水管应在硬化路面浇注前试压完，给水管试水压力按照工作压力的 1.5 倍进行，注水 30min 不渗漏为合格。

第十章 临时供电

第一节 概 述

根据现代桥梁工程施工的特点,结合供配电专业的技术要求和桥梁施工过程中的临时设施对供配电的要求编写本章。

第二节 变(配)电所

一、变电所选址

变电所选址应综合考虑下列因素:

(1)接近负荷中心;

(2)进出线方便;

(3)设备运输及安装方便;

(4)不应设在有剧烈振动或高温场所;

(5)不应设在厕所、浴池或其他经常积水场所的正下方,也不宜与上述场所相贴临;不应设在低洼等经常积水场所。

(6)不应设在有爆炸危险的区域内,不宜设在有火灾危险区域的正上方或正下方。

二、变电所布置

(1)变压器布置要求紧凑合理,便于设备操作、搬运、检修、试验和巡视,尽量采用自然采光和自然通风。

(2)施工临时供电变电所一般采用10kV变电所,除特殊情况外一般不采用6kV变电所,变电所宜单层布置,采用双层布置时,变压器应设在底层。

(3)屋内变电所的每台油量在100kg及以上的三相变压器,应设在单独的变压器室内。

(4)配电室、变压器室、电容器室的门应向外开。相邻配电室之间有门时,该门应该双向开启或向低压方向开启。

(5)配电室内的高压配电柜、导体等的相互安全距离应符合《3~110kV高压配电装置设计规范》(GB 50060—2008)中的规定。

三、配电室布置

配电室应靠近电源，并应设在灰尘少、潮气少、振动小、无腐蚀介质、无易燃易爆物及道路畅通的地方。

(1)成列的配电柜和控制柜两端应与重复接地线及保护零线做电气连接。

(2)配电室和控制室应能自然通风，并应采取防止雨雪侵入和动物进入的措施。

(3)配电室布置应符合下列要求：

①配电柜正面的操作通道宽度，单列布置或双列背对背布置时不小于1.5m，双列面对面布置时不小于2m；

②配电柜后面的维护通道宽度，单列布置或双列面对面布置时不小于0.8m，双列背对背布置时不小于1.5m，个别地点有建筑物结构凸出的地方，则此点通道宽度可减少0.2m；

③配电柜侧面的维护通道宽度不小于1m；

④配电室的顶棚与地面的距离不低于3m；

⑤配电室内设置值班或检修室时，该室边缘距配电柜的水平距离应大于1m，并采取屏障隔离；

⑥配电室内的裸母线与地面垂直距离小于2.5m时，应采用遮拦隔离，遮拦下面通道的高度不小于1.9m；

⑦配电室围栏上端与其正上方带电部分的净距不小于0.075m；

⑧配电装置的上端距顶棚不小于0.5m；

⑨配电室内的母线涂刷有色油漆，以标志相序；以柜正面方向为基准，其涂色应符合表10-1的规定。

配电柜母线涂色要求 表10-1

相 别	颜 色	垂直排列	水平排列	引下排列
L_1(A)	黄	上	后	左
L_2(B)	绿	中	中	中
L_3(C)	红	下	前	右
N	淡蓝	—	—	—

第三节 负荷计算及功率因数补偿

一、负荷分级

根据对供电可靠性的要求及中断供电在政治、经济上所造成的损失或影响程度，将电力负荷分为三级。

一级负荷：中断供电将造成人员伤亡或重大政治、经济损失的负荷，中断供电将影响具有重大政治、经济意义用电单位正常工作的负荷。

在一级负荷中，当中断供电将发生中毒、爆炸和火灾等情况的负荷，以及特别重要的场所不允许中断供电的负荷应视为特别重要的负荷。

二级负荷:中断供电将在政治、经济上造成较大损失的负荷,中断供电将影响重要用电单位正常工作的负荷。

三级负荷:不属于一级和二级负荷的负荷。

负荷等级对供电电源的要求:一级负荷应有两个电源供电,当一个电源发生故障时,另一个电源不应同时受到损害;一级负荷中特别重要的负荷除上述两个电源外,还必须增设应急电源。二级负荷应有两个电源供电,即有两回路供电,供电变压器亦应有两台。

二、负荷计算

1. 设备功率的确定

进行负荷计算时,需将用电设备按其性质分为不同的用电设备组,然后确定设备功率。

(1)单台用电设备的功率。

①连续工作制电动机的设备功率等于电动机额定功率。

②短时周期工作制电动机(如起重用电动机)的设备功率是指将额定功率换算为统一负载持续率下的有功功率。

当采用需要系数法计算负荷时,应统一换算到负载持续率 $\varepsilon=25\%$ 时的有功功率。

$$P_e = P_r\sqrt{\frac{\varepsilon}{0.25}} = 2P_r\sqrt{\varepsilon} \tag{10-1}$$

当采用利用系数法计算负荷时,应统一换算到负载持续率 $\varepsilon=100\%$ 时的有功功率。

$$P_e = P_r\sqrt{\varepsilon} \tag{10-2}$$

电焊机的设备功率是将额定容量换算到负载持续率 $\varepsilon=100\%$ 时的有功功率。

$$P_e = S_r\sqrt{\varepsilon}\cos\phi \tag{10-3}$$

式中:S_r——电焊机额定容量(kV·A);

$\cos\phi$——功率因数。

③白炽灯和卤钨灯的设备功率为灯泡的额定功率。气体放电灯的设备功率为灯管的额定功率加上镇流器的功率损耗(荧光灯采用普通型电感镇流器加25%,采用节能型电感镇流器加15%~18%,采用电子镇流器加10%)。

(2)用电设备组的设备功率:是指不包括备用设备在内的所有单个用电设备功率之和。

(3)变电所或建筑物的总设备功率应取所供电的各个用电设备组设备功率之和,但应剔除不同时使用的负荷。例如消防设备的容量一般不计入总设备容量;季节性用电设备(如制冷设备和采暖设备)应选择其最大者计入总设备容量。

2. 需要系数法确定计算负荷

(1)用电设备组的计算负荷:

有功功率 P_c(kW)

$$P_c = K_xP_e \tag{10-4}$$

式中:K_x——需要系数,参考《工业与民用配电设计手册》(第三版)(中国航空工业规划设计研究院组编,中国电力出版社,2005年);

P_e——用电设备组的设备功率(kW)。

无功功率 Q_c(kvar)

$$Q_c = P_e \tan\phi \qquad (10\text{-}5)$$

式中:$\tan\phi$——用电设备功率因数角相对应的正切值;其余符号意义同前。

视在功率 S_c(KV·A)

$$S_c = \sqrt{P_c^2 + Q_c^2} \qquad (10\text{-}6)$$

计算电流 I_c(A)

$$I_c = S_c/(\sqrt{3}U_r) \qquad (10\text{-}7)$$

式中:U_r——用电设备额定电压(线电压)(kV);其余符号意义同前。

(2)变电所计算负荷:

有功功率 P_c(kW)

$$P_c = K_{\Sigma p} \Sigma (K_x P_e) \qquad (10\text{-}8)$$

无功功率 Q_c(kvar)

$$Q_c = K_{\Sigma q} \Sigma (K_x P_e \tan\phi) \qquad (10\text{-}9)$$

视在功率 S_c(kV·A)

$$S_c = \sqrt{P_c^2 + Q_c^2} \qquad (10\text{-}10)$$

(3)配电所或总降压变电所的负荷计算为各变电所负荷之和再乘以同时系数 $K_{\Sigma p}$和 $K_{\Sigma q}$,对配电所的 $K_{\Sigma p}$和 $K_{\Sigma q}$分别取 0.85~1 和 0.95~1;对总降压变电所的 $K_{\Sigma p}$和 $K_{\Sigma q}$分别取 0.85~0.9 和 0.93~0.97。

(4)对于台数较少(4 台以下)的用电设备。3 台以下用电设备的计算负荷,取各用电设备功率之和;4 台用电设备的计算负荷,取设备功率之和乘以 0.9 的系数。

3. 利用系数法确定计算负荷

利用系数法确定计算负荷时,不论计算范围的大小,都必须求出该计算范围内用电设备有效台数及最大系数,然后算出结果。

(1)用电设备组在最大负荷班内的平均负荷

有功功率 P_{av}(kW)

$$P_{av} = K_1 P_e \qquad (10\text{-}11)$$

式中:K_1——最大负荷班内利用系数;

P_e——用电设备组的功率,请参考《工业与民用配电设计手册(第三版)》(中国航空工业规划设计研究院组编,中国电力出版社,2005 年)。

无功功率 Q_{av}(kvar)

$$Q_{av} = P_{av} \tan\phi \qquad (10\text{-}12)$$

(2)平均利用系数

$$K_{lav} = \frac{\Sigma P_{av}}{\Sigma P_e} \qquad (10\text{-}13)$$

式中:ΣP_{av}——各用电设备组平均负荷的有功功率之和;

ΣP_e——各用电设备组的功率之和。

(3)用电设备有效台数

用电设备的有效台数 n_{yx}是将不同设备的功率和工作制的用电设备台数换算为相同

设备功率和工作制的等效值。

$$n_{yx} = (\Sigma P_e)^2 / \Sigma P_{le}^2 \tag{10-14}$$

式中：P_{le}——单个用电设备的功率。

(4)计算负荷

有功功率 P_c(kW)

$$P_c = K_m \Sigma P_{av} \tag{10-15}$$

无功功率 Q_c(kvar)

$$Q_c = K_m \Sigma Q_{av} \tag{10-16}$$

视在功率 S_c(kV·A)

$$S_c = \sqrt{P_c^2 + Q_c^2} \tag{10-17}$$

计算电流 I_c(A)

$$I_c = S_c / (\sqrt{3} U_r) \tag{10-18}$$

式中：U_r——额定电压(kV)；

K_m——最大系数。

4. 负荷计算的其他方法

(1)单位面积功率法

单位面积法计算有功功率 P_c(kW)

$$P_c = P'_e S / 1\,000 \tag{10-19}$$

式中：P'_e——单位面积功率(W/m^2)；

S——建筑面积(m^2)。

(2)单位指标法

单位指标法计算有功功率 P_c(kW)

$$P_c = P'_e N / 1\,000 \tag{10-20}$$

式中：P'_e——单位用电指标(W/户、W/t 等)；

N——单位数量。

5. 单相负荷计算

(1)单相负荷与三相负荷同时存在时，应将单相负荷换算为等效三相负荷再与三相负荷相加。

(2)在单相负荷换算时，一般采用计算功率。对需要系数法，计算功率即为需要功率；对利用系数法，计算功率为平均功率。

6. 不同季节和施工时段的负荷计算

(1)不同季节的负荷，如冬季取暖、夏季冷风负荷应分别按上述方法计算，取其大者计入总负荷。

(2)不同施工时间段负荷相差比较大时，应分别按上述方法计算负荷，取其大者计入总负荷。

三、无功功率补偿

供电部门一般要求用户的月平均功率因数达到 0.9 以上。当用户的自然平均功率因数较低，单靠提高用电设备的自然功率因数达不到要求时，应装设必要的无功功率补偿设备，以进一步提高用户的功率因数。

1. 功率因数计算

用户自然平均功率因数为：

$$\cos\phi = \sqrt{1/[1 + (\beta_{av}Q_c/\alpha_{av}P_c)^2]} \tag{10-21}$$

式中：P_c——企业的计算有功功率(kW)；

Q_c——企业的计算无功功率(kvar)；

β_{av}、α_{av}——年平均无功、有功负荷系数，一般取值分别为0.76~0.82和0.7~0.75。

采用人工补偿后，最大计算负荷时的功率因数应在0.9以上。

已经投入使用的用户，其平均功率因数为：

$$\cos\phi = W_m/\sqrt{W_m^2 + W_{rm}^2} \tag{10-22}$$

式中：W_m——月有功电能消耗量，即有功电能表的读数(kW·h)；

W_{rm}——月无功电能消耗量，即无功电能表的读数(kvar·h)。

2. 补偿容量的计算

补偿容量 Q_c(kvar)的计算按无功负荷曲线或下式计算：

$$Q_c = P_c(\tan\phi_1 - \tan\phi_2) \tag{10-23}$$

$$Q_c = P_c q_c \tag{10-24}$$

式中：$\tan\phi_1$——补偿前计算负荷功率因数角的正切值；

$\tan\phi_2$——补偿后计算负荷功率因数角的正切值；

q_c——无功功率补偿率(kvar/kW)，请参考《工业与民用配电设计手册》(第三版)(中国航空工业规划设计研究院组编，中国电力出版社，2005年)。

第四节 施工供配电系统

一、供配电系统设计原则

供配电系统设计应根据工程特点、规模，按照负荷性质、用电容量、地区供电条件，合理确定设计方案。

根据负荷等级、用电容量和地区供电条件，选择供电电源，确定供电回路数。

在设计一、二级供电负荷的供配电系统时，除一级负荷中特别重要的负荷外，不应按一个电源系统检修或故障的同时另一电源同时发生故障进行设计。

同时供电的两回路及以上供配电线路宜采用同级电压供电，其中一回路中断供电时，其余回路能满足全部一级、二级负荷的用电需要。

二、高压配电系统

1. 电压选择

用电单位的供电电压应综合考虑供电容量、用电设备特性、供电距离、供电线路的回路数、当地公共电网的现状等因素确定。

2. 接地方式选择

中性点接地方式与电网的电压等级、单相接地的故障电流、过电压水平以及保护配置等密切相关。中性点接地方式直接影响电网的绝缘水平,供电可靠性、连续性和运行的安全性,以及电网对通信线路及无线电的干扰。中性点接地方式分以下4类。

(1)中性点直接接地:中性点直接接地或经一低电阻接地的系统,称为有效接地系统。该系统的零序电抗与正序电抗的比值 $X_0/X_1 \leqslant 3$,零序电阻与正序电抗的比值 $R_0/X_1 \leqslant 1$,在施工供电的6~10kV供电系统中,一般采用中性点经一低电阻(一般不大于10Ω)接地的方式,它们是常用的有效接地系统。有效接地系统的优点是系统的过电压水平和输变电设备所需的过电压水平较低,系统的动态电压升高不超过系统额定电压的80%。该系统的缺点是发生单相接地故障的接地电流很大,必然引起断路器的跳闸,降低了供电的连续性和可靠性。选择接地点时应保证在任何故障时都不应使系统中性点变成不接地系统。

(2)中性点不接地系统:中性点不接地系统的非有效接地系统的优点是发生单相接地故障时,不形成短路电流回路,通过接地点的电流仅为接地电容电流。当单相接地电流很小时,只使三相对地电位发生变化,故障点的电弧可以自熄,熄弧后绝缘可自行恢复,能自行清除单相接地故障,无需使线路断开,可带故障运行一段时间,大大提高了供电的可靠性。缺点是发生单相接地故障时,会产生弧光重燃过电压。这种过电压会造成电气设备的绝缘损坏或开关柜绝缘子闪络,电缆绝缘击穿,所以要求系统绝缘水平较高。

(3)中性点经消弧线圈接地:当单相接地电流超过允许值时,可采用消弧线圈补偿电容电流保证接地电弧瞬间熄灭,消除弧光过电压。

(4)中性点经电阻接地:中性点经高电阻接地的方式以限制单相接地故障电流为目的,电阻值一般在数百至数千欧姆 。采用高电阻接地系统可消除大部分谐振过电压,对单相间歇弧光过电压具有一定的限制作用。

三、配电方式

根据供电可靠性的要求、变压器容量及分布、地理环境等情况,高压配电系统宜采用放射式,也可以采用树干式、环式及其组合式。

(1)放射式。优点是供电可靠性高,故障发生后影响范围小,切换操作方便,保护简单,便于自动化,缺点是配电线路和高压开关柜数量多而造价高。

(2)树干式。配电柜数量和配电线路少且投资少,但故障影响范围大,供电可靠性差。

(3)环式。有闭路环式和开路环式两种,为简化保护,一般采用开路环式,其供电可靠性较高,运行比较灵活,但是切换操作较麻烦。

施工常用的10kV配电系统的接线方式有:单回路放射式、双回路放射式、有公共备用干线的放射式、单回路树干式、单侧供电双回路树干式、双侧供电双回路树干式、单侧供电环式、双侧供电环式等。

四、变压器选择和变电所主接线

1. 变压器的选择

按环境条件选择变压器。常用变压器参数见表10-2。

变压器参数　　表 10-2

变压器形式	适用范围	参考型号
普通油浸变压器、密闭油浸变压器	一般正常环境的变电所	应优先选用 S9 ~ S11、S15、S9 - M 型变压器
干式	用于防火要求较高或潮湿、多尘环境变电所	SC(B)9 ~ SC(B)11 等系列环氧树脂浇注变压器,SG10 型非包封线圈干式变压器
密封式	用于具有化学腐蚀性气体、蒸汽或具有导电及可燃粉尘、纤维会严重影响变压器运行安全的场所	S9-M_a^b、S11-M. R 型油浸变压器
防雷式	用于多雷区及土壤电阻率较高的山区	SZ 等系列防雷变压器,即有良好的防雷性能。变压器组接线方法一般为 D、yn11 及 Y、yn0

2. 变压器的接线组别

Y、yn0 接线组别:主要适用于三相负荷基本平衡,其低压侧中性线电流不致超过低压绕组额定电流的 25%、系统谐波不严重的 10kV 配电系统。

Y、zn0 接线组别:主要适用于多雷区。

D、yn11 接线组别:适用于单相不平衡负荷引起的中性线电流超过变压器低压绕组额定电流 25% 时;供电系统中存在较大的谐波源,$3n$ 次谐波比较突出时。临时施工供电的 10kV 供配电系统一般采用此接线方式,但是采用此方式时,需要提高低压侧单相接地故障保护的灵敏度。

五、变压器调压方式的选择

一般情况下应采用无载手动调压,常用无载调压变压器(10kV ±5%/0.4kV)电压分接头分别为 +5%、0 和 -5%。其所对应的变压器低压侧的输出电压分别为 380V、400V、和 420V。

当无载调压不能满足要求时,可以采用有载调压,有载调压的范围一般可达到 30%。施工临时工程用的 10(6)kV 变压器一般不采用有载调压,但当地区电网电源不能满足要求时,可以采用有载调压变压器。

六、变压器台数和容量的选择

变压器台数应根据负荷特点和经济运行进行选择,当符合下列条件之一时,宜装设两台及以上变压器:

(1)有大量的一级和二级负荷;

(2)季节性负荷变化较大;

(3)集中负荷较大。

装有两台及以上变压器的变电所,当其中任意一台变压器停运时,其余变压器的容量应满足一级负荷及二级负荷的用电,并满足生产用电的需要。

变压器的容量应根据负荷计算进行选择。对昼夜或季节性波动较大的负荷,变电所可以采用容量不一样的两台变压器。

在一般情况下，动力和照明宜共用变压器，属下列情况之一时，可设专用变压器：

(1)照明负荷较大，或动力和照明共用变压器由于负荷变动引起的电压闪变或电压升高而严重影响照明质量及灯具寿命时，可设照明专用变压器。

(2)单台单相负荷很大时，可设单相变压器。

(3)冲击性负荷(如点焊机群及大型电焊设备)较大，严重影响电能质量时可设专用变压器。

(4)季节性负荷较大时可设专用变压器。

第五节　配电线路与电气设备选择

一、配电线路截面的选择

1. 架空线导线的截面选择

(1)导线中的计算负荷电流不大于其长期连续负荷允许载流量。

(2)线路末端电压偏移不大于其额定电压的5%。

(3)三相四线制线路的N线和PE线截面不小于相线截面的50%，单相线路的零线截面与相线截面相同。

(4)按机械强度要求，绝缘铜线截面不小于$10mm^2$，绝缘铝线截面不小于$16mm^2$。

(5)在跨越铁路、公路、河流、电力线路挡距内，绝缘铜线截面不小于$16mm^2$，绝缘铝线截面不小于$25mm^2$。

2. 电缆线路的截面选择

(1)导线中的计算负荷电流不大于其长期连续负荷允许载流量。

(2)线路末端电压偏移不大于其额定电压的5%。

(3)三相四线制线路的N线和PE线截面不小于相线截面的50%，单相线路的零线截面与相线截面相同。

(4)电缆中必须包含全部工作芯线和用作保护零线或保护线的芯线。需要三相四线制配电的电缆线路必须采用五芯电缆。

(5)五芯电缆必须包含淡蓝、绿/黄两种颜色绝缘芯线。淡蓝色芯线必须用作N线；绿/黄双色芯线必须用作PE线，严禁混用。

(6)电缆类型应根据敷设方式、环境条件选择。埋地敷设宜选用铠装电缆；当选用无铠装电缆时，应能防水、防腐。架空敷设宜选用无铠装电缆。

二、室内、室外布线

一般要求：布线方式应符合场所的环境条件，并考虑短路可能出现的机械应力，以及安装和运行区间中线路可能遭受的其他应力。

裸导体布线：裸导体布线适用于厂房内；无遮护的裸导体距地面的高度不小于3.5m，采用防护等级不小于IP2X级网状遮拦时不小于2.5m。

裸体导线的线间及裸体导线至建筑物表面的最小距离应符合现行《10kV及以下变

电所设计规范》(GB 50053)中有关配电装置最小电气安全净距的要求。

绝缘导线明敷:室内明敷采用护套绝缘导线,其截面不大于 $6mm^2$,布线固定点的距离不大于 300mm。在建筑物顶棚内严禁采用绝缘导线直敷或明敷布线,必须采用穿金属管、金属线槽布线。

穿管布线:穿管敷设的绝缘导线,其电压等级不小于 750V。明敷于潮湿环境或直埋于素土内的金属管布线,应采用焊接钢管;有酸碱盐腐蚀介质的环境,应采用阻燃型塑料管敷设;有爆炸危险的环境,应采用镀锌钢管,三根以上绝缘导线共管时,导线的总面积不应大于管内总面积的 40%。不同回路、不同电压等级、不同电流种类的导线,不宜穿同一根管。

三、电缆线路敷设

电缆敷设的一般要求:电缆敷设线路应尽量避开具有电腐蚀、化学腐蚀、机械振动或外力干扰的区域。电缆线路周围不应有热力管道或设施,线路要便于维护并选择尽可能短的路径。应尽量减少穿越管道、公路、铁路、桥梁的次数,不需穿越时最好垂直穿过。

电缆敷设的方式有如下几种:地下直埋;电缆沟;电缆隧道;桥梁或构架上;水泥排管内;水下。

电缆敷设方式不同时应选用不同的电缆,直埋时应选用具有铠装和防腐层的电缆;在室内、沟内和隧道内应采用不含有黄麻的电缆;水泥排管内的电缆应采用具有外护层的无铠装电缆。

电缆埋地敷设:电缆直埋敷设时,沿同一路径敷设的电缆数不超过 8 根;电缆在室外直埋时,其埋深在人行道、车行道下不小于 0.8m,穿越农田时不小于 1m;敷设时应在电缆的上面和下面各均匀铺设 100mm 厚的软土或细沙层;在寒冷的地区,电缆应敷设在冻土层以下。

电缆在沟内敷设:电缆沟可分为无支架沟、单侧支架沟、双侧支架沟。当电缆不多时(一般不超过 5 根)可用无支架沟,电缆敷在沟底。室内电缆沟应与地坪相平,室外电缆沟宜高出地面 50mm,电缆沟在进出建筑物时应设防火隔墙;电缆沟应采取防水措施,底部还应做不小于 0.5% 的纵向排水坡度。

电缆在隧道敷设:当电缆出线太多(一般为 40 根)时,应考虑将电缆敷设在隧道。电缆在隧道敷设时,隧道照明电压不超过 24V,否则需要采取安全措施;隧道净高不小于 1.9m。

电缆穿管敷设:保护管的内径不小于电缆外径的 1.5 倍,保护管的弯曲半径不小于保护管外径的 10 倍;电缆穿管没有弯头时,长度不超过 30m;有一个弯头时不超过 20m,有两个弯头时不超过 15m。

电缆在排管内敷设:电缆在排管内敷设,应采用塑料护套电缆或裸铠装电缆。同路径敷设的电缆数量不超过 16 根。排管孔的内径不应小于电缆外径的 1.5 倍。

四、电气设备的选择

1. 高压电器及开关柜的选择

1)高压电器及开关柜选择的条件

(1)按主要额定参数包括电压、电流、频率、开断电流等选择;

(2)按短路条件进行动稳定、热稳定条件校验;

(3)按承受过的电压能力及绝缘水平选择;

(4)按环境条件如温度、湿度、海拔等选择。

2)按工作条件选择高压电器

(1)按工作电压选择高压电器设备及开关柜。选用的高压电器设备及开关柜,其额定电压应符合所在回路的系统标称电压,所选设备的最高电压 U_{max} 应不小于所在回路的系统最高电压 U_y,即 $U_{max} \geqslant U_y$。

(2)按工作电流选择:高压电器及导体的额定电流 I_r 不应小于该回路的最大持续电流 I_{max},即 $I_r \geqslant I_{max}$。由于高压电器没有连续的过载能力,应满足各种运行方式下持续工作电流的要求。

3)开断电流的选择

(1)高压断路器:高压断路器的额定短路开断电流,包括开断短路电流的交流周期分量和开断直流分量百分比两部分;按开断电流的交流分量有效值来选择断路器时,宜取断路器实际开断时间的短路电流作为选择条件,即

$$I_{sc} \geqslant I_{sct}$$

式中:I_{sc}——断路器额定短路开断电流交流分量有效值(kA);

I_{sct}——断路器触头开始分离瞬间的短路电流交流分量有效值(kA)。

高压断路器的额定短路开断电流的直流分量采用对交流分量幅值的百分数表示,即

$$\% dc = 100e^{-\frac{(T_{op}+T_r)}{\xi}}$$

式中:T_{op}——直流分量百分数对应于时间间隔等于断路器首先分匣极的最短分闸时间(ms),可向断路器制造厂索取;

T_r——额定频率的一个半波时间(ms),对于自脱扣断路器 T_r 应设定为 0ms,对于仅由辅助动力脱扣的断路器,当额定频率为 50Hz 时,$T_r = 10$ms;

ξ——时间常数(ms)。

(2)高压负荷开关:高压负荷开关应能带负荷操作,但是不能开断短路电流,因此其开断能力应按切断最大可能的过负荷电流,即 $I_x \geqslant I_{omax}$。

(3)高压熔断器:高压熔断器按开断电流选择需要满足下式要求,$I_{sc} \geqslant I_{basym}$。

4)高压电器的绝缘配合

正常工作条件下,高压电器的绝缘应能长期耐受设备的最高电压。

2. 低压电器设备的选择

(1)低压电器选择的一般要求:低压电器指电压交流 1 000V 或直流 1 500V 以下的电路中起保护、控制、转换和通断作用的电器。

(2)低压电器选择必须满足正常工作条件:额定电压应与所在回路的标称电压相适应;电器的额定电流不小于所在回路的负荷计算电流;切断负荷电流的电气应效验其分断能力;接通和断开启动尖峰电流的电器应校验其接通、分断能力和每小时操作循环次数。保护电器还应具有保护的选择性。

(3)低压电器的选择应能满足短路时的工作条件:对可能通过短路电流的电器,应能满足短路条件下的短时耐受电流的要求;断开电流的保护电器,应能满足在短路条件下分断能力的要求。

(4)低压电器的选择应能满足所在场所的环境条件。

第六节 施工照明

(1)施工现场照明应采用高光效、长寿命的照明光源。在一个工作场所内,不得只装设局部照明。局部照明指仅供局部工作地点的照明。对于需要大面积照明的场所,应采用高压汞灯、高压钠灯或碘钨灯,灯头与易燃物的净距离一般不应小于0.5m,应与易燃物保持安全距离。流动性碘钨灯采用金属支架安装时,支架应稳固,灯具与金属支架必须做接零保护。根据工作环境条件,选择不同用途和类型的照明灯具。

(2)施工照明灯具露天装设时,应采用防水式灯具,且距地面高度不得低于3m。工作棚、场地的照明灯具可分路控制,每路照明支线上连接的灯数一般不超过10盏,若超过10盏时,每个灯具上应装设熔断器。

(3)室内照明灯具距地面不得低于2.4m。每路照明支线上灯具和插座数不宜超过25个,额定电流不得大于15A,并用熔断器或漏电保护开关。

(4)一般施工场所宜选用额定电压为220V的照明灯具,不能使用手电门和带电门的灯头,应选用螺口灯头。相线接在与中心触头相连的一端,零线接在与螺纹口相连的一端。灯头的绝缘外壳不得有损伤和漏电,照明灯具的金属外壳必须做保护接零。单项回路的照明开关箱内必须装设漏电保护开关。

(5)现场局部照明用的工作灯,在室内抹灰、水磨石地面等潮湿的作业环境,照明电源电压应不大于36V。在特别潮湿的场所,导电良好的地面、锅炉或金属容器内工作的照明灯具,其电源电压不得大于12V。工作手灯应有胶把和网罩保护。

(6)36V的照明变压器,必须使用双绕组型,严禁使用自耦变压器,二次线圈、铁芯、金属外壳必须有可靠的保护接零。一、二次侧应分别装设熔断器,一次线长度不应超过3m。照明变压器必须有防雨、防砸措施。

(7)照明线路不能拴在金属脚手架、龙门架上,严禁在地面乱拉、乱拖。灯具需要安装在金属脚手架、龙门架上时,线路和灯具必须用绝缘物与其隔离开,且距离工作面的高度在3m以上。控制刀闸应配有熔断器和防雨措施。施工现场的照明灯具应采用分组控制或单灯控制,以防止一处产生故障,造成整个现场黑暗而发生意外伤害。

(8)油库、油漆仓库除通风条件良好外,其灯具必须为防爆型,拉线开关应安装在库门外。施工现场夜间影响飞机或车辆通行的在建工程设备(塔式起重机等高突设备),必须安装醒目的红色信号灯,其电源线应设在电源总开关的前侧,从而在夜间不应工地其他处停电而导致红灯熄灭。

第七节 临时工程常用用电设备供电

临时工程常用用电设备主要包括起重机、钻孔机械、夯土机械、焊接机械、手持式电动工具等。

一、起重机

(1)起重机应做重复接地和防雷接地。轨道式塔式起重机接地装置的设置应符合下列要求:

①轨道两端各设一组接地装置;

②轨道的接头处做电气连接,两条轨道端部做环形电气连接;

③较长轨道每隔不大于30m加一组接地装置。

(2)起重机与架空线路边线的安全距离应符合表10-3的规定。

起重机与架空线路边线的最小安全距离 表10-3

安全距离(m) \ 电压(kV)	<1	10	35	110	220	330	500
沿垂直方向	1.5	3.0	4.0	5.0	6.0	7.0	8.5
沿水平方向	1.5	2.0	3.5	4.0	6.0	7.0	8.5

(3)轨道式塔式起重机的电缆不得拖地行走。

(4)需要夜间工作的塔式起重机,应设置正对工作面的投光灯。

(5)塔身高于30m的塔式起重机,应在塔顶和臂架端部设红色信号灯。

(6)在强电磁波源附近工作的塔式起重机,操作人员应戴绝缘手套、穿绝缘鞋,并应在吊钩与机体间采取绝缘隔离措施,或在吊钩吊装地面物体时,在吊钩上挂接临时接地装置。

(7)外用电梯梯笼内、外均应安装紧急停止开关。

(8)外用电梯和物料提升机的上、下极限位置应设置限位开关。

(9)外用电梯和物料提升机在每日工作前必须对行程开关、限位开关、紧急停止开关、驱动机构和制动器等进行空载检查,正常后方可使用。检查时必须有防坠落措施。

二、钻孔机械

(1)潜水式钻孔机电机的密封性能应符合现行国家标准《外壳防护等级(IP代码)》(GB 4208—2008)中IP68级的规定。

(2)潜水电机的负荷线应采用防水橡皮护套铜芯软电缆,长度不应小于1.5m,且不得承受外力。

(3)潜水式钻孔机开关箱中的漏电保护器的额定漏电动作电流不应大于15mA,额定漏电动作时间不应大于0.1s。

三、夯土机械

(1)夯土机械开关箱中的漏电保护器必须符合相关开关箱中漏电保护器的额定漏电动作电流不应大于30mA,额定漏电动作时间不应大于0.1s。

(2)夯土机械PE线的连接点不得少于两处。

(3)夯土机械的负荷线应采用耐气候型橡皮护套铜芯软电缆。

(4)使用夯土机械必须按规定穿戴绝缘用品,使用过程应有专人调整电缆,电缆长度不应大于50m。电缆严禁缠绕、扭结和被夯土机械跨越。

(5)多台夯土机械并列工作时,其间距不得小于5m;前后工作时,其间距不得小于10m。

(6)夯土机械的操作扶手必须绝缘。

四、焊接机械

(1)电焊机械应放置在防雨、干燥和通风良好的地方。焊接现场不得有易燃、易爆物品。

(2)交流弧焊机变压器的一次侧电源线长度不应大于5m,其电源进线处必须设置防护罩。发电机式直流电焊机的换向器应经常检查和维护,应消除可能产生的异常电火花。

(3)电焊机械开关箱中的漏电保护器的额定漏电动作电流不应大于30mA,额定漏电动作时间不应大于0.1s。交流电焊机械应配装防二次侧触电保护器。

(4)电焊机械的二次线应采用防水橡皮护套铜芯软电缆,电缆长度不应大于30m,不得采用金属构件或结构钢筋代替二次线的地线。

(5)使用电焊机械焊接时必须穿戴防护用品。严禁露天冒雨从事电焊作业。

五、手持式电动工具

(1)空气湿度小于75%的一般场所可选用Ⅰ类或Ⅱ类手持式电动工具,其金属外壳与PE线的连接点不得少于两处;除塑料外壳Ⅱ类工具外,相关开关箱中漏电保护器的额定漏电动作电流不应大于30mA,额定漏电动作时间不应大于0.1s,其负荷线插头应具备专用的保护触头。所用插座和插头在结构上应保持一致,避免导电触头和保护触头混用。

(2)在潮湿场所或金属构架上操作时,必须选用Ⅱ类或由安全隔离变压器供电的Ⅲ类手持式电动工具。使用金属外壳Ⅱ类手持式电动工具时,开关箱中漏电保护器的额定漏电动作电流不应大于30mA,额定漏电时间不应大于0.1s;其开关箱和控制箱应设置在作业场所外面。在潮湿场所或金属构架上严禁使用Ⅰ类手持式电动工具。

(3)狭窄场所必须选用由安全隔离变压器供电的Ⅲ类手持式电动工具,其开关箱和安全隔离变压器均应设置在狭窄场所外面,并连接PE线。漏电保护器的额定漏电动作电流不应大于30mA,额定漏电动作时间不应大于0.1s,符合用于潮湿或有腐蚀介质场所漏电保护器的要求。操作过程中,应有人在外面监护。

(4)手持式电动工具的负荷线应采用耐气候型的橡皮护套铜芯软电缆,并不得有接头。

(5)手持式电动工具的外壳、手柄、插头、开关、负荷线等必须完好无损,使用前必须做绝缘检查和空载检查,在绝缘合格、空载运转正常后方可使用。绝缘电阻不应小于表10-4规定的数值。

手持式电动工具绝缘电阻限值 表10-4

测量部位	绝缘电阻(MΩ)		
	Ⅰ类	Ⅱ类	Ⅲ类
带电零件与外壳之间	2	7	1

(6)使用手持式电动工具时,必须按规定穿戴绝缘防护用品。

六、其他电动建筑机械

(1)混凝土搅拌机、插入式振动器、平板振动器、地面抹光机、水磨石机、钢筋加工机械、木工机械、盾构机械、水泵等设备的漏电保护器的额定漏电动作电流不应大于30mA，额定漏电动作时间不应大于0.1s。

(2)混凝土搅拌机、插入式振动器、平板振动器、地面抹光机、水磨石机、钢筋加工机械、木工机械、盾构机械的负荷线必须采用耐气候型橡皮护套铜芯软电缆，并不得有任何破损和接头。

(3)水泵的负荷线必须采用防水橡皮护套铜芯软电缆，严禁有任何破损和接头，并不得承受任何外力。盾构机械的负荷线必须固定牢固，距地面高度不得小于2.5m。

(4)对混凝土搅拌机、钢筋加工机械、木工机械、盾构机械等设备进行清理、检查、维修时，必须首先将其开关箱分闸断电，呈现可见电源分断点，并关门上锁。

第八节　防雷与接地

电气的接地系统共有TN-C、TN-S、TN-C-S、T T和IT等系统，施工供电一般应采用TN-S系统。

一、保护接地

(1)在TN系统中，下列电气设备不带电的外露可导电部分应做保护接地。

①电机、变压器、电器、照明器具、手持式电动工具的金属外壳；

②电气设备传动装置的金属部件；

③配电柜与控制柜的金属框架；

④配电装置的金属箱体、框架及靠近带电部分的金属围栏和金属门；

⑤电力线路的金属保护管、敷线的钢索、起重机的底座和轨道、滑升模板金属操作平台等；

⑥安装在电力线路杆(塔)上的开关、电容器等电气装置的金属外壳及支架。

(2)城防、人防、隧道等潮湿或条件特别恶劣的施工现场的电气设备必须采用保护接地。

(3)在TN系统中，下列电气设备不带电的外露可导电部分，可不做保护接地：

①在木质、沥青等不良导电地坪的干燥房间内，交流电压380V及以下的电气装置金属外壳(当维修人员可能同时触及电气设备金属外壳和接地金属构架的除外)；

②安装在配电柜、控制柜金属框架和配电箱的金属箱体上，且与其可靠电气连接的电气测量仪表、电流互感器、电器的金属外壳。

二、接地与接地电阻

(1)单台容量超过100kV·A，或使用同一接地装置并联运行且总容量超过100kV·A的电力变压器或发电机的工作接地电阻值不得大于4Ω。

单台容量不超过100kV·A，或使用同一接地装置并联运行且总容量不超过100kV·A

的电力变压器或发电机的工作接地电阻值不得大于10Ω。

在土壤电阻率大于1 000Ω/m的地区，当达到上述接地电阻值有困难时，工作接地电阻值可提高到30Ω。

(2)TN系统中的N线与PE线应在配电室或总配电箱处分开，分开后N线与PE线不得再合二为一。

(3)在TN-S系统中，严禁将单独敷设的工作零线再做重复接地。

(4)每一接地装置的接地线应采用两根及以上导体，在不同点与接地体做电气连接。不得采用铝导体做接地体或地下接地线。垂直接地体宜采用角钢、钢管或光面圆钢，不得采用螺纹钢。接地可利用自然接地体，但应保证其电气连接和热稳定。

(5)移动式发电机供电的用电设备，其金属外壳或底座应与发电机电源的接地装置有可靠的电气连接。

(6)移动式发电机系统接地应符合电力变压器系统接地的要求。下列情况可不另做保护接地：

①移动式发电机和用电设备固定在同一金属支架上，且不供给其他设备用电时。

②不超过两台的用电设备由专用的移动式发电机供电，供、用电设备间距不超过50m，且供、用电设备的金属外壳之间有可靠的电气连接时。

(7)在有静电的施工现场内，对集聚在机械设备上的静电应采取接地泄漏措施。每组专设的静电接地体的接地电阻值不应大于100Ω，高土壤电阻率地区不应大于1 000Ω。

三、防雷

(1)在土壤电阻率低于200Ω/m区域的电杆可不另设防雷接地装置，但在配电室的架空进线或出线处，应将绝缘子铁脚与配电室的接地装置相连接。

(2)施工现场内的起重机、井字架、龙门架等机械设备，以及钢脚手架和正在施工的在建工程等的金属结构，当在相邻建筑物、构筑物等设施的防雷装置接闪器的保护范围以外时，应按表10-5的规定装防雷装置。

施工现场内机械设备及高架设施需安装防雷装置的规定 表10-5

地区年平均雷暴日(d)	机械设备高度(m)	地区年平均雷暴日(d)	机械设备高度(m)
≤15	≥50	≥40，<90	≥20
>15，<40	≥32	≥90及雷害特别严重地区	≥12

当最高机械设备上避雷针(接闪器)的保护范围能覆盖其他设备，且又最后退出于现场，则其他设备可不设防雷装置。

确定防雷装置接闪器的保护范围可采用滚球法。

(3)机械设备或设施的防雷引下线可利用该设备或设施的金属结构体，但应保证电气连接。

(4)机械设备上的避雷针(接闪器)长度应为1～2m。塔式起重机可不另设避雷针(接闪器)。

(5)安装避雷针(接闪器)的机械设备，所有固定的动力、控制、照明、信号及通信线路，宜采用钢管敷设。钢管与该机械设备的金属结构体应做电气连接。

(6)施工现场内所有防雷装置的冲击接地电阻值不得大于30Ω。

(7)做防雷接地机械上的电气设备，所连接的PE线必须同时做重复接地，同一台机械电气设备的重复接地和机械的防雷接地可共用同一接地体,但接地电阻应符合重复接地电阻值的要求。

四、一般规定

(1)在施工现场专用变压器供电的 TN-S 接地保护系统中,电气设备的金属外壳必须与保护地线连接。保护地线应由工作接地线、配电室(总配电箱)电源侧零线或总漏电保护器电源侧零线处引出。

(2)当施工现场与外电线路共用同一供电系统时,电气设备的接地采用 TN-S 接地保护系统,一般情况不宜采用接零保护。

(3)在 TN-S 接地保护系统中,PE 线应单独敷设。重复接地线必须与 PE 线相连接,严禁与 N 线相连接。

(4)施工现场的临时用电电力系统严禁利用大地做相线或 N 线。

(5)接地装置的设置应考虑土壤干燥或冻结等季节变化的影响,防雷装置的冲击接地电阻值只考虑在雷雨季节中土壤干燥状态的影响。

(6)PE 线所用材质与相线、工作零线(N 线)相同时,其最小截面铜芯不小于 $4mm^2$,铝芯不小于 $16mm^2$。与配电装置和电动机械相连接的 PE 线应为截面面积不小于 $2.5mm^2$ 的绝缘多股铜线。手持式电动工具的 PE 线应为截面不小于 $1.5mm^2$ 的绝缘多股铜线。

(7)PE 线上严禁装设开关或熔断器,严禁通过工作电流,且严禁断线。

(8)相线、N 线、PE 线的颜色标记必须符合以下规定:相线 L1(A)、L2(B)、L3(C)相序的绝缘颜色依次为黄、绿、红色;N 线的绝缘颜色为淡蓝色;PE 线的绝缘颜色为绿/黄双色。任何情况下上述颜色标记严禁混用和互相代用。

第九节 施工用电安全技术措施

配电系统应设置配电柜或总配电箱、分配电箱、开关箱,实行三级配电。配电系统宜使三相负荷平衡。220V 或 380V 单相用电设备宜接入 220/380V 三相四线系统;当单相照明线路电流大于 30A 时,宜采用 220/380V 三相四线制供电。

(1)总配电箱以下可设若干分配电箱,分配电箱以下可设若干开关箱。总配电箱应设在靠近电源的区域,分配电箱应设在用电设备或负荷相对集中的区域,分配电箱与开关箱的距离不得超过 30m,开关箱与其控制的固定式用电设备的水平距离不宜超过 3m。

(2)每台用电设备必须有各自专用的开关箱,严禁用同一个开关箱直接控制两台及两台以上用电设备(含插座)。

(3)动力配电箱与照明配电箱宜分别设置,当合并设置为同一配电箱时,动力和照明应分路配电。动力开关箱与照明开关箱必须分设。

(4)配电箱、开关箱应装设在干燥、通风及常温场所,不得装设在有严重损伤作用的瓦斯、烟气、潮气及其他有害介质中,亦不得装设在易受外来固体物撞击、强烈振动、液体浸溅及热源烘烤场所。否则,应予清除或做防护处理。

(5)配电箱、开关箱周围应有足够两人同时工作的空间和通道,不得堆放任何妨碍操作、维修的物品，不得有灌木、杂草。

(6)配电箱、开关箱应采用冷轧钢板或阻燃绝缘材料制作，钢板厚度应为1.2～2.0mm，其中开关箱箱体钢板厚度不得小于1.2mm，配电箱箱体钢板厚度不得小于1.5mm，箱体表面应做防腐处理。

(7)配电箱、开关箱应装设端正、牢固。固定式配电箱、开关箱的中心点与地面的垂直距离应为1.4～1.6m。移动式配电箱、开关箱应装设在坚固、稳定的支架上，其中心点与地面的垂直距离宜为0.8～1.6m。

(8)配电箱、开关箱内的电器(含插座)应先安装在金属或非木质阻燃绝缘电器安装板上，然后方可整体紧固在配电箱、开关箱箱体内。金属电器安装板与金属箱体应做电气连接。

(9)配电箱、开关箱内的电器(含插座)应按其规定位置紧固在电器安装板上，不得歪斜和松动。

(10)配电箱的电器安装板上必须分设N线端子板和PE线端子板。N线端子板必须与金属电器安装板绝缘；PE线端子板必须与金属电器安装板做电气连接。进出线中的N线必须通过N线端子板连接；PE线必须通过PE线端子板连接。

(11)配电箱、开关箱内的连接线必须采用铜芯绝缘导线。排列整齐，导线分支接头不得采用螺栓压接，应采用焊接，并做绝缘包扎，不有外露带电部分。

(12)配电箱、开关箱的金属箱体、金属电器安装板以及电器正常不带电的金属底座、外壳等，必须通过PE线端子板与PE线做电气连接，金属箱门与金属箱体必须采用编织软铜线做电气连接。

(13)总配电箱的电器应具备电源隔离，正常接通与分断电路，以及短路、过载、漏电保护功能。电器设置应符合下列原则：

①当总路设置总漏电保护器时，还应装设总隔离开关、分路隔离开关以及总断路器、分路断路器或总熔断器、分路熔断器。当所设总漏电保护器是同时具备短路、过载、漏电保护功能的漏电断路器时，可不设总断路器或总熔断器。

②当各分路设置分路漏电保护器时，还应装设总隔离开关、分路隔离开关以及总断路器、分路断路器或总熔断器、分路熔断器。当分路所设漏电保护器是同时具备短路、过载、漏电保护功能的漏电断路器时，可不设分路断路器或分路熔断器。

③隔离开关应设置于电源进线端，采用分断时具有可见分断点，并能同时断开电源所有极的隔离电器。如采用分断时具有可见分断点的断路器，可不另设隔离开关。

④熔断器应选用具有可靠灭弧分断功能的产品。

⑤总开关电器的额定值、动作整定值应与分路开关电器的额定值、动作整定值相适应。

(14)总配电箱应装设电压表、总电流表、电度表及其他需要的仪表。专用电能计量仪表的装设应符合当地供用电管理部门的要求。装设电流互感器时，其二次回路必须与保护零线有一个连接点，且严禁断开电路。

(15)分配电箱应装设总隔离开关、分路隔离开关以及总断路器、分路断路器或总熔断器、分路熔断器。

(16)开关箱必须装设隔离开关、断路器或熔断器，以及漏电保护器。当漏电保护器是同时具有短路、过载、漏电保护功能的漏电断路器时，可不装设断路器或熔断器。隔离开关应采用分断时具有可见分断点,能同时断开电源所有极的隔离电器,并设置于电源进线端。当断路器具有可见分断点时,可不另设隔离开关。

(17)开关箱中的隔离开关只可直接控制照明电路和容量不大于3.0kW的动力电路,但不应频繁操作。容量大于3.0kW的动力电路应采用断路器控制,操作频繁时还应附设接触器或其他启动控制装置。

(18)开关箱中各种开关电器的额定值和动作整定值应与其控制用电设备的额定值和特性相适应。

(19)漏电保护器应装设在总配电箱、开关箱靠近负荷的一侧,且不得用于启动电气设备的操作。

(20)漏电保护器的选择应符合现行国家标准《剩余电流动作保护电器的一般要求》(GB/Z 6829—2008)和《剩余电流动作保护装置安装和运行》(GB 13955—2005)的规定。

(21)开关箱中漏电保护器的额定漏电动作电流不应大于30mA,额定漏电动作时间不应大于0.1s。使用于潮湿或有腐蚀介质场所的漏电保护器应采用防溅型产品,其额定漏电动作电流不应大于30mA,额定漏电动作时间不应大于0.1s。

(22)总配电箱中漏电保护器的额定漏电动作电流应大于30mA,额定漏电动作时间应大于0.1s,但其额定漏电动作电流与额定漏电动作时间的乘积不应大于30mA·s。

(23)总配电箱和开关箱中漏电保护器的极数和线数必须与负荷侧负荷的相数和线数一致。

(24)配电箱、开关箱中的漏电保护器宜选用无辅助电源型(电磁式)产品,或选用辅助电源故障时能自动断开的辅助电源型(电子式)产品。当选用辅助电源故障时不能自动断开的辅助电源型(电子式)产品时,应同时设置缺相保护。

(25)漏电保护器应按产品说明书安装、使用。对搁置已久重新使用或连续使用的漏电保护器应逐月检测其特性,发现问题应及时修理或更换。

第十一章 临时便桥与栈桥

第一节 概 述

一、临时便桥与栈桥的定义及功能

(1)临时便桥是一种为工程施工和运输需要而修建的临时性桥梁。在山区跨越深沟山谷,或桥位处两岸的陆运与水运均不能满足施工和运输要求时,需修建施工便桥。施工便桥一般具有结构简单、造价低的特点,同时应保证安全、牢固,以满足工程施工和运输的要求。

(2)临时栈桥是一种形状像桥的建筑物,建在车站、港口、矿山或工厂,用于装卸货物或上下旅客。在桥梁建设中,临时栈桥是为运输材料、设备、人员而修建的连接前方施工场地与陆域的临时性排架结构物。目前世界上最长的施工栈桥——宁波杭州湾跨海大桥南岸施工栈桥,全长9 444m,共633跨,是海上主桥施工物资供应及交通出入的唯一通道,也是整座跨海大桥施工的基础性工程和控制性工程。

(3)临时便桥和栈桥都具有以下特点:

①使用的临时性

临时便桥和栈桥的使用时间,最少几个月,最多不过数年,远比一般永久性桥梁(正常使用寿命达数十年)短。

②施工的快速性

临时便桥和栈桥的施工时间,最少数天或数小时,最多不超过几个月,否则就不能满足临时桥梁的紧急使用要求。

③材料、部件可拆除回收再使用性

临时便桥和栈桥因系临时使用,使用期一过,就需要拆除,故要求修建后的桥梁在拆除后,其材料、部件能回收再利用,以避免浪费。因此,这类桥梁的材料多为钢材、木料或以钢材、木料组成的部件。水泥、砂、石材料浇砌的混凝土、砌石圬工,因其拆除后难以回收再利用,应尽量少用。

二、临时便桥与栈桥常见类型

临时便桥和栈桥常见类型可按以下两个方面

进行分类。

(1)按组成材料可分为钢桥、混凝土桥、钢—混组合结构桥、竹木桥等;

(2)按结构组成及受力特点的不同可分为以下四大类:

①装配式公路钢桥(俗称贝雷桥)

装配式公路钢桥由用高强度钢材制造的每节长3m的桁架部件以特强销栓连接而成,按各排、层组合,跨度可达9~69m。

②墩架桥梁

墩架桥梁的桥墩由钢、木排架或桩架组成,纵梁由圆木、型钢或轨束组成,桥面由木材或钢板组成,每孔跨径宜在6~8m以内,孔数不限。

③浮桥

浮桥由桥梁上部构造和浮船组成,浮船可使用钢浮箱、民船或军用舟桥系统,桥长不限。

④索桥

索桥有三种类型,均以钢缆承受荷载,不设较高的索塔,以减少土建工程,跨径为60~180m。

三、临时便桥与栈桥使用的场合和类型的选择

1. 永久式正桥施工时,为供应建桥料具和维持两岸交通的临时桥

此类场合,当河窄、水浅时可选用墩架桥梁;当河宽在69m以内且具备贝雷桁架部件时,可选用贝雷桥;当河宽、水浅,河中漂浮物(木排、流冰)不多且上、下游通航交通量不大时,可选用浮桥;当遇山区深峡谷时,可选用索桥。

2. 正桥被洪水冲毁或地震毁坏,修建维护交通的临时桥

此类场合,可根据河岸地形、河流水文情况,选用前述四种桥型中的一种。

3. 河流宽阔、水深,无修建正式桥梁的规划,渡船不能满足交通量需要而修建的临时桥

此类场合,当河宽小于69m时,可选用贝雷桥;当河宽大于69m而小于180m时,可选用索桥;当河宽大于180m且河中有漂浮物,上、下游通航交通量不大,可定时撤离部分浮船,开放上、下游通航交通时,可选用浮桥。

4. 战备和战争时的临时桥

此类场合,当河窄、水浅时可选用墩架桥梁;当河宽在69m以内且具备贝雷桁架部件,任何水深时,可选用贝雷桥;当河宽、水深时可选用浮桥,遇上、下游通航交通量大时,可于夜间将浮船集中架设浮桥,白天将浮桥拆开疏散;当河宽小于180m,任何水深时,可选用小跨索桥,为使白天从空中不易被侦查,可将主索淹没于水中深20~30cm,汽车于夜间凭两岸标注过桥。

第二节　选线及布置的原则和要求概述

(1)临时便桥和施工栈桥的选线及布置都要综合考虑多种因素,妥善处理好各方面的关系,遵循以下几条基本原则。

①多方案选择

在路线设计的各个阶段,应运用各种先进手段对路线方案作深入、细致的研究,在多方案论证、比选的基础上,选定最优路线方案。

②工程造价与营运、管理、养护费用的综合考虑

路线设计应在保证行车安全、舒适、迅速的前提下,做到工程量小、造价低、营运费用省、效益好,并有利于施工和养护。在工程量增加不大时,应尽量采用较高的技术指标,不要轻易采用极限指标,也不应不顾工程大小,片面追求高指标。

③工程地质和水文地质的影响

选线时应对工程地质和水文地质进行深入勘测调查,弄清它们对道路工程的影响。对严重不良地质路段,如滑坡、崩坍、泥石流、岩溶、泥沼等地段和沙漠、多年冻土等特殊地区,应慎重对待,一般情况下应设法绕避。当必须穿过时,应选择合适位置,缩小穿越范围,并采取必要的工程措施。

④选线布置应重视环境保护

选线时应重视环境保护,充分考虑由于道路修筑、汽车行驶所产生的影响和污染,如:

a. 路线对自然景观与资源可能产生的影响;

b. 占地、拆迁房屋所带来的影响;

c. 路线对城镇布局、行政区划、农业耕作区、水利排灌体系等现有设施造成分割引起的影响;

d. 噪声对居民生活的影响,以及汽车尾气对大气、水源、农田所造成的污染及影响。

(2)临时便桥和施工栈桥选线及布置的要求:

①临时便桥选线是在路线起终点之间的大地表面上,根据计划任务书规定的使用任务和性质,结合当地自然条件,选定便桥中线位置的过程。便桥选线是在道路规划路线起终点之间选定一条技术上可行、经济上合理,且符合使用要求的便桥中心线的工作,它面对的是十分复杂的自然环境和社会经济条件,需要综合考虑多方面因素。为达此目的,选线必须由粗到细,由轮廓到具体,逐步深入,分阶段分步骤地加以分析比较,才能定出最合理的路线来。

②栈桥的选线应结合桥址所在区域的地形地貌和水文气象条件,根据工程特点有针对性地设置,栈桥的布置应最大化地保证桥梁施工的流畅性。栈桥作为桥梁施工过程中的关键组成部分,线路选择的优劣关系到自身使用功能的发挥和整个桥梁工程施工的进度和质量控制,所以合理的栈桥线路选择可使桥梁施工达到快速、安全、经济的效果。

第三节 结构设计

一、自然条件

(1)临时便桥和栈桥在架设和使用过程中,常需要面临复杂多变的自然条件,归纳起来主要有风、浪、潮、流、冰、海啸、雨、雾、霜、温度、湿度、腐蚀、水中生物、地基变形及地震等。

(2)在结构设计中应考虑以下自然条件对结构产生的荷载效应。

①风

风荷载按《公路桥涵设计通用规范》(JTG D60—2004)中第4.3.7节规定进行计算:

$$F_{wh} = k_0 k_1 k_3 W_d A_{wh} \quad (11\text{-}1)$$

$$W_d = \frac{\gamma v_d^2}{2g} \quad (11\text{-}2)$$

$$W_0 = \frac{\gamma v_{10}^2}{2g} \quad (11\text{-}3)$$

$$V_d = k_2 k_5 v_{10} \quad (11\text{-}4)$$

$$\gamma = 0.012\,017 e^{-0.000\,1Z} \quad (11\text{-}5)$$

式中:F_{wh}——横桥向风荷载标准值(kN);

W_0——基本风压(kN/m^2),全国各主要气象台站10年、50年、100年一遇的基本风压可按《公路桥涵设计通用规范》(JTG D60—2004)附表A的有关数据经实地核实后采用;

W_d——设计基准风压(kN/m^2);

A_{wh}——横向迎风面积(m^2),按桥跨结构各部分的实际尺寸计算;

v_{10}——桥梁所在地区的设计基本风速(m/s),系按平坦空旷地面,离地面10m高,重现期为100年10min平均最大风速计算确定;当桥梁所在地区缺乏风速观测资料时,V_{10}可按《公路桥涵设计通用规范》(JTG D6—2004)附录A“全国基本风速图及全国各气象台站基本风速和基本风压值”的有关数据并经实地调查核实后采用;

v_d——高度Z处的设计基准风速(m/s);

Z——距地面或水面的高度(m);

γ——空气重力密度(kN/m^3);

k_0——设计风速重现期换算系数,对于单孔跨径指标为特大桥和大桥的桥梁,$k_0=1.0$,对其他桥梁,$k_0=0.90$;对施工架设期桥梁,$k_0=0.75$;当桥梁位于台风多发地区时,可根据实际情况适度提高k_0值;

k_3——地形、地理条件系数,按《公路桥涵设计通用规范》(JTG D60—2004)表4.3.7-1取用;

k_5——阵风风速系数,对A、B类地表$k_5=1.38$,对C、D类地表$k_5=1.70$,A、B、C、D地表类别对应的地表状况见《公路桥涵设计通用规范》(JTG D60—2004)表4.3.7-2;

k_2——考虑地面粗糙度类别和梯度风的风速高度变化修正系数,可按《公路桥涵设计通用规范》(JTG D60—2004)表4.3.7-3取用;位于山间盆地、谷地或峡谷、山口等特殊场合的桥梁上、下部结构的风速高度变化修正系数k_2按B类地表类别取值;

k_1——风载阻力系数,见《公路桥涵设计通用规范》(JTG D60—2004)表4.3.7-4~4.3.7-6;

g——重力加速度,$g=9.81$m/s^2。

②水流

水流荷载按《港口工程荷载规范》(JTS 144-1—2010)规定进行计算：

$$F_w = C_w \frac{\rho}{2} v^2 A \tag{11-6}$$

式中：F_w——水流力标准值(kN)；

v——水流设计平均流速(m/s)；

C_w——水流阻力系数；

ρ——水的密度(t/m^3)，咸水取1.025；

A——计算构件在与流向垂直平面上的投影面积(m^2)。

具体参数选择详见《港口工程荷载规范》(JTS 144-1—2010)。

③波浪

桩身波浪荷载按《海港水文规范》(JTS 145-2—2013)规定进行计算。

a. 桩身高度上的最大速度分力 $P_{D_{max}}$ 和对 Z_1 断面的最大弯矩 $M_{D_{max}}$：

$$P_{D_{max}} = C_D \frac{\gamma D H^2}{2} K_1 \tag{11-7}$$

$$M_{D_{max}} = C_D \frac{\gamma D H^2 L}{2\pi} K_3 \tag{11-8}$$

$$K_1 = \frac{\frac{4\pi Z_2}{L} - \frac{4\pi Z_1}{L} + \text{sh}\frac{4\pi Z_2}{L} - \text{sh}\frac{4\pi Z_1}{L}}{8\text{sh}\frac{4\pi d}{L}} \tag{11-9}$$

$$K_3 = \frac{1}{\text{sh}\frac{4\pi d}{L}}\left[\frac{\pi^2(Z_2 - Z_1)^2}{4L^2} + \frac{\pi(Z_2 - Z_1)}{8L}\text{sh}\frac{4\pi Z_2}{L} - \frac{1}{32}\left(\text{ch}\frac{4\pi Z_2}{L} - ch\frac{4\pi Z_1}{L}\right)\right] \tag{11-10}$$

b. 作用于桩身高度上的最大惯性分力 $P_{I_{max}}$ 和对 Z_1 断面的最大弯矩 $M_{I_{max}}$：

$$P_{I_{max}} = C_M \frac{\gamma A H}{2} K_2 \tag{11-11}$$

$$M_{I_{max}} = C_M \frac{\gamma A H L}{4\pi} K_4 \tag{11-12}$$

$$K_2 = \frac{\text{sh}\frac{2\pi Z_2}{L} - \text{sh}\frac{2\pi Z_1}{L}}{\text{ch}\frac{2\pi d}{L}} \tag{11-13}$$

$$K_4 = \frac{1}{\text{ch}\frac{2\pi d}{L}}\left[\frac{2\pi(Z_2 - Z_1)}{L}\text{sh}\frac{2\pi Z_2}{L} - \left(\text{ch}\frac{2\pi Z_2}{L} - \text{ch}\frac{2\pi Z_1}{L}\right)\right] \tag{11-14}$$

c. 通过对a.与b.结果进行比较，取较大值，求得作用于桩身上的最大总波浪力标准值 P_{max} 和最大总波浪力矩标准值 M_{max}。

波浪力作用点至泥面的距离：

$$Z = \frac{M_{max}}{P_{max}} \tag{11-15}$$

具体参数选择详见《海港水文规范》(JTS 145-2—2013)。

④潮汐

在海域上的临时桥的设计中,潮汐荷载是重要的考虑因素。潮汐可以被分为天文潮、风成潮、压差潮。后两者经常组合在一起,叫作风暴涌(storm surge),三者组合称为风暴潮(storm tide)。在临时桥的设计中,风暴潮的高程是基准面,风暴波浪叠加在它的上面。但是,日天文潮高程的变化决定临时桥上部结构的高程。

针对一些特殊地区,如浙江杭州钱塘江,涌潮因素影响比较大,在结构设计时应根据当地的涌潮参数条件,对临时桥的安全性进行验算。

⑤冰

在一些严寒地区的河流上架设临时便桥和栈桥时,冰荷载对临时桥结构的影响甚大。总冰力随临时桥的布置情况、基础的尺寸和形状、冰破坏的形式和单位冰强度等因素而变化。单位冰强度取决于冰的特征、温度、含盐量、荷载作用速度和冰的组成。

⑥温度

常见的临时桥结构一般为钢结构,对温度影响较为敏感,尤其是对于线路较长的临时桥结构,结构设计时必须根据工程所在地区的实际情况考虑温度荷载的影响,一般温差考虑20℃比较适宜。

⑦冲刷影响

冲刷是水流和波浪作用引起的水底土的移动。这样的冲刷可能是一种自然的地质现象,也可能是结构构件干扰了接近水底的自然流场而引起的。

根据观察,冲刷一般由下述几种类型组合而成:

a. 局部冲刷:桩和桩群结构周围形成的陡坡冲刷槽,一般可在水槽模型中见到。

b. 整体冲刷:由于结构整体影响、结构群之间的相互影响或者是波浪、土、结构之间的相互作用,所造成的结构物周围出现较大范围的浅冲刷盆。

c. 河床(海床)整体移动:在没有结构物的情况下,可能发生的沙坡、沙脊或沙洲的移动,能引起水底的沉降或堆积。

冲刷可能导致基础垂直和水平支撑的丧失,引起沉垫式基础产生超过要求的沉降和基础构件的超应力。当冲刷可能出现时,应在设计中予以考虑,或在临时桥使用工程中设置一些防止局部冲刷过大的措施。

⑧其他自然条件影响因素

其他自然条件影响因素,如地质活动、浅地层气体、水中生物、气候变化等因素,由于临时桥为桥梁施工中的辅助设施,这些影响因素可不作深度考虑,对于结构安全影响较大的因素应认真研究和勘察,对于使用时间较长的临时桥,则须根据情况酌情考虑处理。

二、使用条件

临时便桥和栈桥在架设和使用过程中的使用条件主要有起重设备荷载、车辆荷载、人群荷载和管线荷载等。

(1)起重设备主要有履带吊、龙门吊等,具体参数可参考相关产品性能参数指标。

(2)车辆荷载常见的有混凝土罐车、汽挂车和运输桥梁构件的平板车等。

(3)人群荷载主要在举行重大活动时产生,可按 $2.5kN/m^2$ 考虑,人群荷载不与起重设备荷载和车辆荷载同时考虑。

(4)管线荷载主要为输电管线、输油管线和混凝土输送泵管等荷载,可根据具体情况适当考虑。

三、设计标准及规范

(1)《钢结构设计规范》(GB 50017—2003)
(2)《公路桥涵设计通用规范》(JTG D60—2004)
(3)《建筑桩基技术规范》(JGJ 94—2008)
(4)《混凝土结构设计规范》(GB 50010—2010)
(5)《钢结构焊接规范》(GB 50661—2011)
(6)《公路桥涵施工技术规范》(JTG/T F50—2011)
(7)《公路桥涵钢结构及木结构设计规范》(JTJ 025—1986)
(8)《建筑结构荷载规范》(GB 50009—2012)
(9)《钢筋混凝土承台设计规程》(CECS 88—1997)
(10)《建筑地基基础设计规范》(GB 50007—2011)
(11)《港口工程桩基规范》(JTS 167-4—2012)
(12)《起重机钢轨》(YB/T 5055—1993)
(13)《港口工程荷载规范》(JTS 144-1—2010)
(14)《海港水文规范》(JTS 145-2—2013)
(15)《滩海环境条件与荷载技术规范》(SY/T 4084—2010)

四、结构布置要求

临时便桥和栈桥的结构布置需要考虑以下几个主要方面。

1. 车辆通行桥面宽度

根据通行车辆外形尺寸和车辆通行情况考虑单车通行还是双车通行,一般单车通行栈桥桥面宽度在4~5m,双车通行桥面宽度在7~8m。对于较长的单车通行临时桥,如需要考虑错车,则可在桥侧间隔200~300m布置一个错车平台。

2. 桥面高程

桥面设计高程按下式确定:

$$H = h_1 + h_2 + h_3 + h_4 \tag{11-16}$$

式中:H——桥面最低高程;

h_1——设计高潮位或设计高水位;

h_2——波浪高度;

h_3——桥上部结构高度;

h_4——高度安全值,一般取0.5m。

3. 桥上部结构的布置

(1)面层系:面层系采用钢面板、竹木面板或者混凝土面板时,应满足车轮作用于板跨中时的强度及挠度要求。面层系采用型钢间隔布置时,除型钢自身强度和刚度应满足车辆通行时最不利作用要求外,型钢之间的间距不宜过大,以避免车轮陷入型钢之间的空隙,型钢间隙一般取3~5cm。

(2)上部纵向梁系:上部梁系可采用型钢梁、桁架梁和贝雷梁等形式,具体选用哪种形式的梁系可根据施工现场备料情况和使用荷载情况决定,无论选用哪种梁系,除应满足使用过程中的竖向强度及刚度要求外，还应满足由于刹车荷载引起的纵向刚度要求，故要求纵向梁系和桥下部基础结构采取可靠的连接。纵向梁系横向间距不但决定其自身所承担的上部荷载范围，也同时决定着面层系的计算跨度，故纵向梁的横向布置间距应综合考虑此两方面因素。

4. 桥下部基础的布置

下部基础有桩基排架形式、墩柱形式以及浮箱形式。下部基础结构的间距决定自身分担上部荷载范围的同时，也决定上部纵向梁的计算跨度，下部基础纵向间距应综合此两方面因素考虑。下部基础不但要承担上部荷载产生的较大竖向荷载，大多数情况下还要承担由于水流、波浪、潮汐产生的横向荷载和上部车辆刹车产生的纵向荷载，所以基础布置应具备足够的纵横向刚度，特别是在深水大流速和浅覆盖层区域尤为重要。

五、结构计算内容

(1)荷载分析

(2)工况分析及各工况荷载组合

(3)计算假定及边界条件选取

(4)构件强度及刚度验算

(5)构件稳定性分析

(6)细部结构分析计算

(7)基础设计

第四节　临时便桥与栈桥的维护

1. 维护程序

(1)设立维护组织机构、临时桥维护队，负责临时桥使用期内的维护工作。

(2)使用期间要定期对所用工程项目进行全面、仔细的检查，特别是遇台风暴雨等人力不可抗拒的自然灾害后，要及时组织检查，对出现的工程缺陷或使用过程中的正常性损坏，立即组织维修、加固或更换，并分析原因。

(3)使用期内的维护要在不影响正常使用的情况下进行。

(4)各项缺陷的修复必须符合规范要求。

2. 维护要点

(1)施工期间(特别是洪水期)应对河床高程、风速及水流流速进行定期观测，以便采取必要的安全措施，并对水中临时桥所钩挂的遮流物定期监测，以便及时清理。

(2)随时做好基础的沉降及纵横向变形观测，如不在设计规定的正常范围内，应立即查明原因，对结构进行必要的加固处理。

(3)检查桥上部结构构件之间的连接是否脱落，防止因连接件脱落而造成临时桥在使用过程中发生事故。

(4)关键节点处是否由于架设期安装未到位和焊接等问题，发生结构性损坏和局部屈曲情况，若发现应立即对其加固处理。

(5)必须将临时桥的使用条件限制在设计条件范围内。

第十二章 临时码头

第一节 概 述

近年来,随着桥梁结构和形式向多样、复杂化方向发展,所在地理位置和自然条件的千差万别,桥梁施工难度越来越大,因此在施工中临时结构的重要性也越来越不容忽视。临时码头是为水上材料运输储备而建立的大型临时建筑工程。

一、临时码头的组成

临时码头由主体结构和码头设备两部分组成。

主体结构包括上部结构、下部结构和基础。

(1)上部结构,如重力式码头的胸墙,板桩码头的帽梁或胸墙,高桩码头的承台或梁板及靠船构件。其作用是直接承受船舶荷载和地面使用荷载,并将这些荷载传给下部结构,同时还起着将下部结构的构件连成整体的作用,另外,它也是设置防冲设施、系船柱、轨道、管沟的基础。上部结构大部分位于水位变化区,直接受波浪冲击、冰凌撞击、冻融和船舶撞击磨损等作用,要求有足够的整体性和耐久性。

(2)下部结构和基础,如重力式码头的墙身和抛石基床,板桩码头的板桩墙,高桩码头的桩基等。其作用是支承上部结构,并将作用在上部结构和本身的荷载传给地基。

码头设备是为船舶系靠和装卸作用而设置在码头上的固定设备,包括系船设施(系船柱、系船环等)、防冲设施(护木、橡胶护舷、系船桩等)、安全设施(系网环、护轮槛等)、工艺设施(工艺管沟、起重机和火车轨道等)和路面等。

二、临时码头的种类

常见临时码头有以下几种分类方法:

(1)按用途分,有材料码头、交通码头、出运码头。

(2)按结构形式分,有重力式、板桩式、高桩式、浮码头。

第二节 临时码头的布置及结构形式

一、临时码头的布置

1. 总平面布置原则

充分利用现有水域岸线及征地范围，考虑防汛抗洪、航道及环保等方面要求，力求合理布置。

综合考虑拟建码头区水域条件及风、水流、地质等自然因素的影响，结合船舶吃水要求，并从有利于桥梁施工等需求出发，合理确定码头前沿线位置、引桥轴线位置。

充分考虑码头的使用性质，根据各种机械设备的使用，材料运输和储备的需要，以及船舶停靠的要求，合理确定码头平面尺寸。

2. 船型选择

船型是决定码头位置和结构形式的重要条件之一。根据不同的用途和目的，采用不同的船型。船舶的主尺度有船长、船宽、型深和吃水，均是设计码头的主要依据数据。各种类型和不同吨级的设计船型尺度，可参考《海港工程设计手册（上册）》（顾民权，人民交通出版社，2001 年）内容。

3. 选址

临时码头是因桥梁施工而建造的临时设施，其目的是为了辅助桥梁施工，因此码头的选址首先从利于桥梁施工方面来考虑，必须满足施工材料运输和储备以及大型箱梁出运等需求。

除了使用要求，临时码头的选址应考虑满足船舶航行与停泊要求等。如需要水域地质条件好，承载力高，水域宽阔，足够布置船舶回旋、制动，港内航行、停泊和离靠操作。

水域各部分的尺度，往往是以设计船型尺度为基准，通过港口使用经验的总结、驾驶人员经验的归纳或通过实船观测和近代船舶操纵模型实验等手段，经科学分析后确定的。具体要求可参阅《海港工程设计手册（上册）》（顾民权，人民交通出版社，2001 年）。

4. 码头主尺度的确定

（1）码头前沿线位置

码头前沿线主要根据设计船型满载吃水要求，并根据码头前沿停泊水域和船舶回旋水域的要求综合考虑确定。

（2）码头泊位尺度的确定

泊位长度一般由船长 L 和船与船之间的必要间隔所构成，应满足船舶安全靠离、系缆和装卸作业的要求。其长度可按下列规定确定。

独立布置的单个泊位的泊位长度：

$$L_b = L + 2d \tag{12-1}$$

在同一码头前沿线连续布置多个泊位的泊位长度：

端部泊位

$$L_b = L + 1.5d \tag{12-2}$$

中间泊位

$$L_b = L + d \quad (12\text{-}3)$$

式中：L_b——泊位长度（m）；

L——设计船型长度（m）；

d——泊位富裕长度（m）。

（3）码头长度的确定

直立式顺岸码头泊位相应的码头长度应根据设计船型和装卸作业要求确定，并应符合表 12-1 的规定。

直立式顺岸码头泊位相应的码头长度 表 12-1

泊位		码头长度 L_m（m）	
		内河驳	江海轮
单个泊位		≥0.65L	$L+2d$
连续布置多个泊位	端部泊位	≥0.65L+0.5d	$L+1.5d$
	中间泊位	$L+d$	$L+d$

注：①L 为设计船型长度（m）；d 为泊位富裕长度（m），两相邻泊位船型不同时，d 值应按较大船型选取。

②有特殊使用要求时，单个泊位或端部泊位的码头长度可适当加长。

③移船作业的码头长度应根据装卸作业要求确定。

④有首尾系缆墩的直立式码头的长度为首尾系缆墩外侧之间的距离。

（4）码头前沿设计水深

受平原河流、山区河流、运河和潮汐影响不明显的感潮河段的码头前沿设计水深，可按下式计算：

$$D_m = T + Z + \Delta Z \quad (12\text{-}4)$$

式中：D_m——码头前沿设计水深（m）；

T——船舶吃水（m），根据航道条件和运输要求可取船舶设计吃水或枯水期减载时的吃水。设计船型为进江海船时，船舶吃水还应考虑由于咸淡水密度差而增加的吃水值；

Z——龙骨下最小富裕深度（m），可按表 12-2 选用；

ΔZ——其他富裕深度（m）。

龙骨下最小富裕深度 Z（m） 表 12-2

设计船型吨级 DWT（t）		100≤DWT<500	500≤DWT≤3 000
河床质	土质	0.20	0.30
	石质	0.30	0.50

注：设计船型载货量大于 3 000t 时，Z 值可适当加大；码头前沿河底有石质构筑物时，Z 值应按石质河床考虑。

其他富裕深度，应考虑下列因素取值：

①波浪富裕深度，是因波浪作用导致船舶下沉量的富裕深度。对波浪较大的河口、库区、湖区和水域开阔的港口的波浪推算，按现行行业标准《内河航运工程水文规范》（JTS 145-1—2011）执行。

②散货船和油轮码头，因船舶配载不均匀应增加船尾吃水，其值取 0.10～0.15m。

③码头前沿可能发生回淤时，应增加备淤的富裕水深。备淤富裕深度根据回淤强度、维护挖泥间隔期及挖泥设备性能确定，其值不小于 0.2m。

（5）码头前沿设计高程

码头前沿设计高程应考虑码头的重要性、设计船型、装卸工艺、码头布置及形式、前后方高程衔接条件、地形、地貌和工程投资等因素，并根据桥梁施工的要求，综合考虑。

有掩护的港口码头前沿设计高程应为码头设计高水位加超高。对于河港，超高值宜取0.1～0.5m；对海港，超高值宜取1.0～1.5m。

开敞式码头应满足码头面不被波浪淹没的要求，通常不考虑码头及连接桥上部结构直接承受波浪力的作用，码头面高程 E 可按式(12-5)确定，必要时应通过模型试验确定。

$$E = HWL + \eta_0 + h + \Delta \quad (12\text{-}5)$$

式中：HWL——设计高水位(m)；

η_0——设计高水位时的20年一遇波列波峰面高度(m)；

h——码头上部结构高度(m)；

Δ——波峰面以上至上部结构底面的富裕高度(m)，一般取0～1.0m。

另外，港区自然地面较高或对装卸工艺有特殊要求时，码头前沿设计高程可适当提高。受铁路、道路及衔接高程的限制，码头前沿设计高程可适当调整。波高较大的库区、湖区和河面开阔的港口，码头前沿设计高程可适当提高。

二、码头的结构形式

1. 常见码头形式

码头的结构形式繁多，在桥梁施工中用得最多而且最有代表性的有高桩码头(包括梁板式、栈桥式高桩码头)及浮码头。

(1) 高桩码头主要由上部结构、桩基、码头设备以及接岸结构等部分组成。其结构特点是利用打入地基一定深度的桩，将作用在码头上的荷载传至地基中。高桩码头的主要优点为：适用于任何可以打桩的地基，特别是软土地基；为透空式结构，消波性能好，能改善码头的泊稳条件。上部结构构成码头地面，将桩基连成一体，成为一个整体结构，安设各种码头设备，如防冲设施、系靠船构件、门机轨道等。上部结构直接承受作用在码头上的各种荷载和外力，并通过它将这些荷载和外力传给桩基。桩基的作用是支撑上部结构，并将作用在上部结构上的荷载和外力传到地基中，同时也起稳固地基的作用。码头与岸的衔接多采用栈桥、引桥以及桥台。

(2) 浮码头由趸船、趸船的锚系和支撑设施、引桥及护岸等部分组成。浮码头的特点是趸船随水位涨落而升降，因此使码头面和水面之间可以保持一个定值，特别适合于停靠干舷较小的船舶。趸船的锚系和支撑设施主要有锚和锚链、撑杆以及靠船桩等，主要用来保证趸船受水流、风浪作用以及系、靠船舶时不致产生过大的位移和摆动。引桥有活动引桥和固定引桥两种。

2. 码头结构形式选择

码头的特点是荷载复杂，施工条件差，投资大。码头的结构形式一般根据当地自然条件、码头的使用要求和施工条件决定。在一定的自然和施工条件下，使用要求是码头结构形式的决定因素。使用上对结构形式的要求，主要有以下几方面：满足码头装卸工艺要求、满足船舶泊稳要求、结构实用耐久、便于码头附属设备的设置及安装。

第三节　临时码头的结构设计

一、自然条件

临时码头在制造、施工和使用期间常面临复杂多变的自然条件，主要归纳为以下几个方面。

（1）气象条件：包括气压、风、气温、降水、湿度、低温与冻土等。

（2）水文条件：包括潮汐、近海流、波浪、海况、海冰等。

（3）地质条件：研究港址地区的地质条件和土壤特性，是设计的必要内容。通常要进行必要的地质调查和钻探取样，进行土样的物理、力学试验，以确定岩土的性质，从而作为设计的依据资料。

二、使用条件

临时码头在架设和使用过程中的使用条件主要有起重机械荷载、转运机械荷载、船舶荷载、堆货荷载及人群荷载等。

（1）起重设备有门座式起重机，轮胎式、汽车式、履带式起重机，克令吊等，具体参数可参考相关产品性能参数指标。

（2）转运机械荷载有汽车、平板挂车、混凝土罐车、履带车等。

（3）船舶荷载是船舶直接或间接施加在码头上的荷载。

（4）堆货荷载和人群荷载不与起重机械荷载和转运荷载同时考虑。

三、荷载分析

（1）按荷载随着时间的变化，临时码头的荷载分为恒载、活载和偶然荷载。

①恒载是在结构设计基准期内，其量值不随时间而变化，或其变化与平均值相比可以忽略不计的荷载，如建筑物的自重力、水位以下的土压力及预加应力等。

②活载是在结构设计基准期内，其量值随时间而变化，且其变化与平均值相比不可忽略的荷载，如堆货及人群荷载、船舶荷载、起重机械荷载、转运荷载、自然荷载及施工荷载等。

③偶然荷载是在结构使用期内，不一定出现，一旦出现，其量值一般很大但持续时间较短的荷载。

（2）经常遇到的荷载有：

①自重荷载

建筑物的自重力包括：建筑物、位于建筑物上（中）的各种填料和固定在结构上的设备的重力。其中对建筑物，通常可根据结构或构件设计几何尺寸确定的体积乘以其材料重度的办法确定。

对于不确定构件，可根据设计荷载初步拟定结构的断面尺寸，估算结构自重，然后进行内力分析计算、应力验算，并反复调整截面尺寸，直至应力验算满足规范规定的容许应力要求为止，以此截面来计算其自重。

②堆货及人群荷载

根据码头作业的客观情况和使用经验,将码头堆货荷载的分布分成三个区域,即码头前沿、前方堆场和后方堆场。一般码头前沿不堆货物,仅作为流动起重机械进行装卸作业和各种运输设备的通道和货物的倒载场地;前方堆场是利用率最高的堆场;后方堆场通常位于码头边缘或以外,用来堆存批量较大、堆存期较长的货物。荷载规范中所规定的堆货荷载值,基本是按尽量满足码头实际使用要求的原则确定的。

在人行栈桥、引桥和码头面上,不堆货也无车辆通行的部分,应考虑人群荷载的作用。人行道上的人群荷载可按 $3kN/m^2$ 计取。验算栏杆立柱及扶手时,水平推力应按 0.75kN/m 考虑。对于立柱,水平推力作用于立柱顶面处,立柱和扶手还应按 1.0kN 集中荷载验算。

堆货荷载及人群荷载的标准可参阅《港口工程荷载规范》(JTS 144-1—2010)。

③船舶荷载

船舶荷载是指船舶直接或间接施加在码头上的荷载。船舶靠岸或在波浪作用下撞击码头时产生的力称为撞击力。通过系船缆而作用在码头系船柱(或系船环)上的力称为系缆力。影响船舶荷载的因素比较复杂,有风、水流、波浪、流冰、船舶操作以及码头上的停靠船设备。船舶荷载的标准值可参阅《港口工程荷载规范》(JTS 144-1—2010)。

④起重机械荷载

常见的起重机械有:门座式起重机,轮胎式、汽车式、履带式起重机,克令吊等。选取哪种装卸机械,取决于相应装卸工艺所选定的机械种类和型号。

门座式起重机沿码头面上的轨道运行,工作时全部荷载均由门架传递到轨道上。支腿压力取决于门机的型号、最大起重量、最大跨幅和工作状态。因门机本身重量大、稳定性好,一般不考虑冲击力。

轮胎式、汽车式、履带式起重机,在确定装卸机械的选型后,还要进一步确定进行装卸作业时可能发生的最大吊重及相应回转半径、经常使用的吊重及相应回转半径,因为起重机械的轮压或支腿压力与使用吊重和回转半径密切相关。

克令吊是一种常用的船舶装卸货物的设备,它具有起重能力大、操纵方便、耐冲击、制动性能好、安全可靠、装卸货效率高和对货物的适应性好等特点。

起重机械在一般起重量时,冲击系数取 1.10 ~ 1.30,在最大起重量时不考虑冲击力。

⑤转运机械荷载

作用在码头上的转运机械荷载,除一般汽车产生的荷载以外,还包括平板挂车、混凝土罐车、履带车等产生的荷载。

汽车荷载主要按汽车的总质量(自身质量与载重质量之和)来分级,常用的有 4.0、6.0、8.0、10.0、15.0、20.3、30.0 七级。其中,8.0 ~ 20.0t 级的比较常用。如需考虑车队荷载,汽车在码头上的纵横排列,应按其可能出现的最不利情况布置。一般前后两车轴距不小于 4m,横向相邻两车车厢距离不小于 0.1m。对透空式结构,计算汽车荷载时,尚应考虑 1.1 ~ 1.3 的冲击系数,对实体结构则可忽略不计。

对在码头上不经常使用的大型汽车、平板挂车及履带车荷载,应按校核荷载考虑并不计冲击系数和只考虑单车荷载。

常见汽车荷载标准可参阅《港口工程荷载规范》(JTS 144-1—2010)。

⑥制动力

在码头上行驶的装卸和转运设备,制动时为了克服车辆的惯性力而在码头面层或钢轨的顶面与车轮之间发生的滑动摩擦力,称为制动力。制动力与车的行驶速度和制动时间等因素紧密相关,可参考《公路桥涵设计通用规范》(JTG D60—2004)的有关规定,并结合港口的具体情况,适当降低后采用。

⑦风荷载

垂直作用在港口工程结构和船舶表面上的风荷载标准值应按下式计算:

$$W_k = \mu_s \mu_z W_0 \tag{12-6}$$

式中:W_k——风荷载标准值(kPa);

μ_s——风荷载体型系数;

μ_z——风压高度变化系数;

W_0——基本风压(kPa)。按港口附近空旷平坦地面,离地 10m 高,经数理统计所得的 30 年一遇 10min 平均最大风速 v(m/s)的标准,按 $W_0 = \frac{v^2}{1\ 600}$(kN/m²)来确定。当无实测风速资料时,可按《港口工程荷载规范》(JTS 144-1—2010)选用。

⑧水流力

水流力是开敞式码头的主要荷载之一,特别对于高桩式码头,往往是起控制作用的设计荷载。水流力可按下式计算:

$$F = C_w \frac{\rho}{2} v^2 A \tag{12-7}$$

式中:F——水流力(kN);

v——计算流速(m/s);

C_w——水流阻力系数;

ρ——水的密度(t/m³),淡水取 1.0,海水取 1.025;

A——计算构件在与水流流向垂直平面上的投影面积(m²)。

水流阻力系数 C_w 可根据《港口工程荷载规范》(JTS 144-1—2010)查询。当计算作用于沿水流方向排列的梁、桁架、墩、柱等构件上的水流力时,应乘以相应的遮流影响系数 m_1;当需要考虑构件淹没深度和水深对水流力的影响时,应乘以相应的淹没深度影响系数 n_1 和水深影响系数 n_2;当需要考虑墩、柱间横向影响时,应乘以相应的横向影响系数 m_2;当需要考虑墩、柱受斜向水流作用的影响时,应乘以相应的影响系数 m_3。

由于水流流速沿深度是变化的,并且又有上下边界层,水流力的合力作用位置很难精确确定。《港口工程荷载规范》(JTS 144-1—2010)对水流力作用位置作了如下规定:对于上部构件(主要指梁),水流力合力作用点取在阻水面积的形心处;对于下部构件(主要是墩柱),当顶面淹没时,取水流力合力作用在顶面以下 1/3 高度处;当顶面不淹没时,取在水面以下 1/3 水深处。

⑨波浪力

波浪力是作用在开敞式码头上的一种主要荷载。对于有掩护的港内码头,当设计波高在 1.0m 以下时,通常可不考虑波浪力的作用。

波浪对港工建筑物的作用,一般分为对直墙式建筑物的作用,对桩基和墩柱建筑物的作用,以及对斜坡式建筑物的作用三类。临时码头常采用高桩式结构,因此须着重考虑波浪对桩基的作用。

设计波浪要素可由现场实测资料或根据气象资料推算确定。设计波浪的标准,通常包括两个方面,即设计波浪的重现期和设计波浪的波列累计频率。具体计算可参阅《海港水文规范》(JTS 145-2—2013)。

⑩冰荷载

冰荷载是北方冰冻区港口水工建筑物上所受的荷载之一,对透空式的高桩码头和墩式码头影响很大,设计时应着重考虑。

按对建筑物的作用性质,冰荷载有以下几种:

a. 风和水流作用于大面积冰层表面上而产生的静压力;

b. 风和水流推动冰块运动,对建筑物产生的撞击力和摩擦力;

c. 冻结在建筑物上的冰层因水位升降而产生的竖向作用力;

d. 建筑物内外的连续冰层因温度变化而产生的膨胀力。

作用在建筑上的极限冰压力可用下式计算:

$$P = mAbhR_Y \tag{12-8}$$

式中:P——作用在建筑物上的极限冰压力(kN);

m——建筑物形状系数,可按表 12-3 采用;

A——温度系数,解冻时气温在 0℃以上且冰温为 0℃时,$A = 1.0$;解冻时气温在零下且冰温为 -10℃以下时,$A = 2.0$;介于两者之间时,A 值可按内插法确定;对海冰应取结冰期的最低温度,对河冰取解冻期最低温度;

b——冰作用在建筑物上的计算高度(m),对孤立墩采用冰作用处的墩柱宽度;

h——冰厚(m),对河冰一般取历史上流冰期的最大冰厚,对海冰一般取历史上结冰期最大冰厚;

R_Y——冰的极限抗压强度(kN/m^2)。

具体计算可参阅《港口工程荷载规范》(JTS 144-1—2010)。

建筑物形状系数 表 12-3

建筑物形状系数	方形	半圆形	尖角的角度				
			45°	60°	75°	90°	120°
m	1.0	0.9	0.60	0.65	0.69	0.73	0.81

四、设计标准及规范

(1)《海港总体设计规范》(JTS 165—2013)

(2)《河港工程总体设计规范》(JTJ 212—2006)

(3)《海港水文规范》(JTS 145-2—2013)

(4)《港口工程荷载规范》(JTS 144-1—2010)

(5)《建筑结构荷载规范》(GB 50009—2012)

(6)《高桩码头设计与施工规范》(JTS 167-1—2010)

(7)《斜坡码头及浮码头设计与施工规范》(JTJ 294—1998)

(8)《港口工程桩基规范》(JTS 167-4—2012)

(9)《建筑桩基技术规范》(JGJ 94—2008)

(10)《港口工程嵌岩桩设计与施工规程》(JTJ 285—2000)

(11)《钢结构设计规范》(GB 50017—2003)

(12)《混凝土结构设计规范》(GB 50010—2010)

(13)《水运工程混凝土结构设计规范》(JTS 151—2011)

(14)《水利水电工程钢闸门设计规范》(SL 74—2013)

五、结构设计

以常见的高桩梁板式码头为例,介绍临时码头的结构设计要求。

高桩梁板式码头的上部结构由码头面系、纵梁、主横梁组成,根据码头的使用要求,还布置有系靠船构件、门机轨道等。

1. 码头面系

码头面系指码头纵梁以上各部分的总称,其结构形式与活荷载的类型及规格密切相关,要根据使用设备的种类及规格,进行码头面系的布置和选型,以满足主体工程施工需要。当有钢轨式起重机和机车作业时,需在码头面按轨距的要求布置起重机钢轨和机车钢轨。

码头面系从上至下依次为钢面板、纵肋、横肋。钢面板的厚度、纵横肋选型及布置间距,须根据码头面的荷载,通过计算来确定。计算方法可参阅《水利水电工程钢闸门设计规范》(DL/T 5039—1995)。

钢面板一般采用厚度为6、8、10mm的花纹钢板。由于使用中钢面板的变形较大,且不宜重复利用,因此也会采用无面板结构,直接采用型钢间隔布置取代面板。此时,型钢的间距不宜过大,以免车轮陷入型钢间的空隙。

码头面系也可采用钢筋混凝土面板代替钢面板和纵横肋,直接将预制的混凝土面板架设在纵梁上。其优点是受力好、安装简单、节省钢材。混凝土板的尺寸及配筋,主要通过上部荷载的计算,并根据码头面的尺寸以及运输的方便综合考虑来确定。混凝土面板的计算可参阅《混凝土结构设计规范》(GB 50010—2010)。

因为码头面是码头在使用时各种荷载直接作用的部位。根据码头的使用要求,常将码头面系划分为不同的使用区,例如重载区、行车区、行人区等,此时码头面的结构可根据不同的需求选用不同的材料和形式,但必须在面层标明各区域范围。码头面必须有栏杆维护,防止事故发生。

2. 主纵梁

主纵梁是码头的主要受力结构之一,多采用型钢梁、桁架梁和贝雷梁等形式,具体选用哪种形式,可根据施工现场备料情况和使用荷载情况决定。

主纵梁一般按钢结构简支梁来计算,码头面荷载由面系传递到主纵梁,通过计算来确定其材料和跨径,使其在最不利工况下,满足强度、刚度和稳定性要求。

3. 主横梁

主横梁架设在桩基上,上部结构的荷载均通过主横梁传至桩基。其自身的强度、刚度也都有严格要求,必须通过计算确定其选材和梁跨长度。计算时,常将主横梁和桩基组成空间排架结构,上部结构的荷载直接作用在主横梁上,其内力通过排架计算求得。

4. 桩基

桩基是将码头的荷载及上部梁板结构传来的荷载传给地基土的支承结构，其布置主要取决于码头荷载特点、板梁结构形式、土层承载能力、施工条件等因素。应使其上部结构受力合理、各桩受力均匀，并充分发挥桩的承载能力。

桩位在纵向称为排距，横向称为桩距。

桩基内一般均设直桩和斜桩，以承受码头的垂直荷载和水平荷载。斜桩越缓其承受水平力的能力越大，一般采用3：1～4.5：1，但当斜率陡于5：1时，承受水平力的能力将大大降低。如发生地震、水流速较大或水平力较大时，不宜采用全部为直桩的码头结构，宜增加叉桩提高码头结构的抗震性能。桩基特别是叉桩应尽量对称布置，避免受水平力后桩台发生扭转。其桩距应能使地基土充分发挥承载能力，规范规定两桩间距应大于$6d$（d为桩径），否则桩的承载力应考虑群桩的折减效应。

5. 码头设备

为了安全、有效的使用码头，必须在码头上设置各种附属设备，包括防冲设备、系船设备、爬梯、栏杆、轨道、车挡等。防冲设备的主要形式是护舷，其功能是吸收一部分船舶靠码头时产生的巨大撞击能量，以减小码头受到的撞击力，防止船舶和码头互相撞伤和磨损。系船设备包括系船柱和系船环。码头上若有门式起重机或者机车时，必须设置轨道，轨道的尽端应设置车挡。

第四节　临时码头的施工

一、常见施工工艺及流程

1. 钓鱼法

钓鱼法施工通常由履带吊配合型振动锤振动沉桩，并安装上部结构，从堤岸向水中侧逐跨施工。它是一种陆上作业法，尤其适用于水深较小无法满足船舶吃水要求的情况。

2. 浮吊法

浮吊法施工是一种水上作业法，利用浮吊船上的起重机械吊振动锤振动沉桩，并吊装上部构件。

3. 常见施工流程

常见施工流程见图12-1。

二、主要施工方法

1. 钢管桩施工

1）钢管桩制作及运输

钢管桩可自行制作，也可从厂家购买成品。对需要接长的钢管桩应经过清口、焊接、焊缝清理等一系列处理措施。钢管桩在生产加工区加工好后，可用驳船或者平板车运输到施工地点。驳船两侧设置栏杆或其他障碍物保护钢管桩，同时利用缆绳紧固，防止坠落。驳船装桩时应采用多支垫堆放，垫木均匀放置，垫木顶面宜在同一平面上。钢管桩堆放形式应使驳船或平板车在装桩、运输和起吊时保持平稳，避免钢管桩变形。

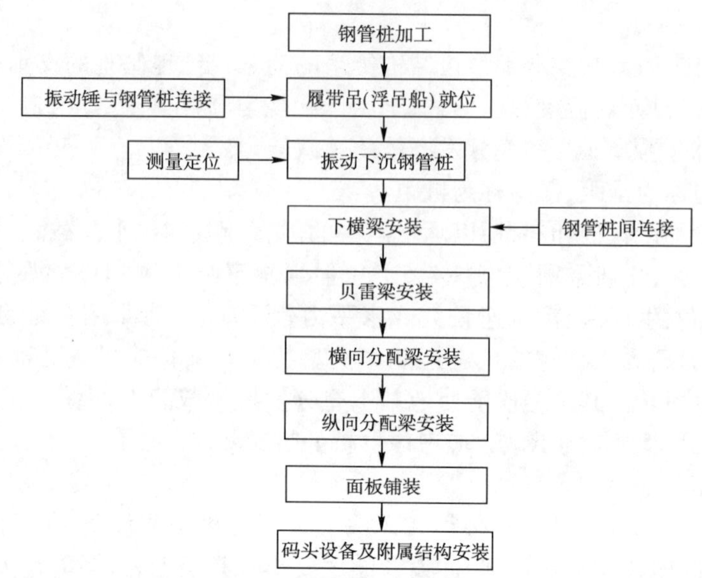

图 12-1　临时码头常见施工流程

2)履带吊振动下沉钢管桩

钢管桩由履带吊配合振动锤振动沉桩,从堤岸向水中侧逐跨施工。调整好振动锤夹头尺寸,夹入钢管桩。开启振动锤并夹紧夹头,待夹头压力达到20MPa左右,进行起吊作业。沉桩过程中应严密注视钢管桩的下沉速度,若出现急速下沉,或无法下沉到设计高程时,应综合考虑各种因素后分析情况予以处理。潮汐及洪水期间必须经常测量码头桩位处受冲刷的情况,冲刷超过设计要求时,必须及时抛砂袋或采取其他措施进行河床维护。

3)打桩船打桩下沉

根据施工前计算好的钢管桩中心平面坐标,将打桩船进行粗定位。按照沉桩顺序进行打桩船的抛锚定位。抛锚定位总原则:所有锚缆不影响已施沉的桩,否则,打桩船需要重新抛锚定位,同时应方便运桩船喂桩。打桩下沉过程中用测量仪器随时监控垂直度,并做好沉桩记录。钢管桩的垂直度主要是靠打桩船的夹具及架子来控制,夹具及架子对钢管桩起到导向的作用。如发现钢管桩下沉时有倾斜趋势,及时采取相应措施调整垂直度。

4)沉桩施工中注意事项

(1)钢管桩顶高程需严格控制,且钢管桩垂直度应满足 $<1\%$ 的要求。

(2)为确保沉桩质量,钢管桩沉入施工应选择在小潮汛期间进行。在流速较小或平潮期下放钢管桩。

(3)插桩初入土时依靠自重下沉,及时检查位置,如在桩沉入初期(1~2m)发生较大倾斜,及时修正,或拔出重打。

(4)钢管桩平面位置偏差应符合《公路桥涵施工技术规范》(JTG/T F50—2011)的相关规定。

(5)应尽量使船体与水流方向一致,以提高钢管桩的定位精度。

(6)沉放钢管桩时应防止船体挤靠已沉钢管桩,并禁止锚缆挂靠钢管桩。

(7)已沉放好的桩应按设计要求及时安装下平联,尽量缩短单桩抗流时间。

(8)码头施工期间,确保做好水上通航水域施工安全标志,特别在夜间施工时,要按规定设置水上交通指示灯。

2. 钢管桩平联安装

钢管桩施打就位后，应按设计要求及时安装平联。平联采用钢管时，由于钢管桩在沉放过程中与设计施工图存在偏差，平联与钢管桩之间的下料弧度不太容易控制，可采用“哈佛接头”。哈佛接头采取整体结构形式，每根平联在其中一端设置一个“哈佛接头”。

平联的具体吊装施工方法如下：在待安装平联的一端套上“哈佛接头”，使用起重船起吊进行安装。为了方便调整平联位置，用两个1t的手拉葫芦吊挂在桩顶及平联的两端以便调整平联的位置。平联安装到位后，将平联一端的“哈佛接头”推到指定位置进行焊接，焊接满足规范要求。焊接时先焊接“哈佛接头”与钢管桩连接处，后焊接与平联连接处。所有的环向焊缝均要求满焊，严格控制焊缝质量。

3. 主横梁安装

主横梁一般由型钢构成，可在后场加工、现场焊接安装。主横梁与桩的连接常采用以下两种方式：

(1)在钢管桩顶做桩帽，将主横梁放置在桩帽盖板上。施工方法如下：首先在封头板上放出主横梁轴线及下边线位置，使横梁轴线和钢管桩排架轴线重合，以保证钢管桩轴心受压。起吊安装主横梁、焊接连接板及加劲板。

(2)钢管桩下沉到位后，经测量准确放线后切割槽口，主横梁直接嵌入钢管桩内，露出桩顶20cm。桩顶搁置主横梁的位置需要焊接耳板加强，在每个钢管桩的两侧与主横梁接触部分焊接牛腿，与主横梁连接成整体。

4. 贝雷梁安装

贝雷拼装按组进行，每次拼装一组贝雷，贝雷片间用连接片连接好。贝雷梁的拼装一般在后场进行，然后运至现场。

贝雷梁架设时，首先在下部结构顶横梁上进行测量放样，定出贝雷架准确位置，将一组贝雷准确就位后先牢固捆绑在主横梁上，然后焊接限位器，再安装另一组贝雷，同时与安装好的一组贝雷用贝雷片剪刀撑进行连接。安装就位后，使用钢板焊接成骑马卡，进行横向、竖向限位，并将其固定在主横梁上。

5. 上部结构安装

主纵梁安装完毕，在其上铺设横向分配梁。横向分配梁与主纵梁间采用ϕ16U形螺栓固定，每个节点一套螺栓。然后在横向分配梁上铺设纵向分配梁，如遇到与U形螺栓、螺母冲突，可适当调整其间距。纵向分配梁要花焊在横向分配梁上。

钢面板可分幅焊接在纵向分配梁上，每幅之间留有3cm空隙以便与分配梁焊接。焊接采用间断焊，应防止重车行驶引起钢板反卷。

预制的钢筋混凝土面板可直接架设在主纵梁上。混凝土板的四周可用角钢或者钢板护边，防止边上的混凝土压碎或者脱落。混凝土板的底部可焊接钢板，使其与下部纵梁固定。

第五节　临时码头的维护

临时码头在桥梁施工中承担着繁重的交通运输任务，虽然只是临时工程，但是合理使用和必要的维护是维持码头使用寿命的有力保障。定期对码头进行全方位的检查和保养,以确保码头的使用安全。具体注意事项包括以下几点:

(1)合理安排施工,尽量减少重型机械对码头的碾压。重型机械在码头上行驶要居中慢行,减小对码头的冲击。

(2)码头上货物的堆放,应在不影响施工前提下,均匀摊开,不得集中堆放造成局部受力过大。

(3)施工期间,避免重物等对码头结构的撞击,尤其是钢管桩。

(4)在每根钢管桩上都设置沉降观测点,使用期间做好码头的监控测量,监测钢管桩的沉降情况,尤其是相邻钢管桩基之间的相对沉降。如出现相对沉降超限时,应停止施工,并采取一些措施(如垫小钢板抬高贝雷梁,但应保证其与桁架和桩端横梁的连接)来减小相对沉降量。

(5)定期观测码头钢管桩的冲刷情况,对于冲刷过大的位置采用抛砂袋、片石等办法进行维护。

(6)定期检查贝雷桁架纵梁连接处的销子、定位销的松动脱落情况。如有松动应及时加固。

(7)检查螺栓松动情况,对螺栓、螺帽脱落的部位及时安装紧固。

(8)经常检查码头各钢件之间的焊缝。如出现焊缝断裂等,及时补焊。

(9)对码头面板发生翘曲或损坏的部位,及时修复或更换。

(10)经常检查码头各钢构件的工作状况,如发现不良变形的钢构件应及时更换。

(11)需对钢构件采取相应防腐蚀的处理。

(12)遇到台风、龙卷风、汛情、大潮、大雾等灾害性天气时,在保证海上各墩设备、人员安全撤退后及时关闭码头,禁止一切人员、车辆上码头,待解除警报后再使用。

第十三章 临时水上施工平台

第一节 概 述

一、临时水上施工平台的定义及功能

1. 临时水上施工平台的定义

桥梁施工临时水上施工平台，指桥梁施工阶段于水上搭设的平台系统，主要用于材料的存放与结构的加工、机械设备作业、施工人员的操作、日常生活等，待桥梁施工实施到一定阶段或施工完成后须即时拆除的大型水上临时设施。

2. 临时水上施工平台的功能

临时水上施工平台作为桥梁施工的大型水上临时设施，主要有三大功能用途：第一，材料存放、生产及临时生活功能；第二，船机设备的停靠及人员交通功能；第三，深水区钻孔桩施工功能。

二、临时水上施工平台常见类型

1. 临时水上施工平台的总体分类及概念

临时水上施工平台主要分两大类：临时固定式水上施工平台和临时移动式水上施工平台。

临时固定式水上施工平台，是在较长的桥梁分步施工阶段其结构位置相对固定的临时平台系统，其结构覆盖对应施工区域的功能使用需要。

临时移动式水上施工平台，顾名思义，指伴随着桥梁施工的进行，平台结构可从一个作业地点转移到另一个作业地点的水上平台，以满足现场施工的生产生活需要。

2. 临时水上施工平台的常见类型

临时固定式水上施工平台的常见类型有：单栈桥平台、双栈桥平台、新打入桩平台、利用钢护筒铺设平台、利用钢围堰或筑岛平台等。

临时移动式水上施工平台的常见类型有：移动式平台、整体吊装施工平台、护筒导向架施工平台、升降施工平台、浮式平台等。

3. 各类型施工平台的简介

(1)单栈桥平台,施工平台单侧布设临时栈桥通道,主要用来满足人员交通、材料运输、施工管道的铺设要求等。栈桥一般设置于平台下游侧以减少水流冲刷影响。一般运行履带吊、汽车吊、混凝土罐车等重型设备。

(2)双栈桥平台,施工平台两侧布设临时栈桥通道,用来满足人员交通、材料运输、管道铺设等需要。一般结合龙门吊的使用,成本较高。

(3)新打入桩施工平台,在桥梁水中墩钻孔桩施工中,普遍采用于桥梁墩位处打入预制桩建设施工平台的方法。该平台适用于河床覆盖层较厚,打入后桩可自身稳定的施工区域。

(4)利用钢护筒铺设平台,对于深水桥梁施工区域,钢护筒已经由大型打桩船打入到位,可利用钢护筒间设置简易牛腿及平面联系撑,铺设施工平台。此结构设计应注意钢护筒要打入足够深度。

(5)利用钢围堰或筑岛平台,将已下放的钢围堰结构或筑岛围堰作为钻孔桩施工平台。

(6)移动式平台,主要用于覆盖层较浅、泥面较平整的深水区域,采用浮运方式就位,利用支腿内顶升装置使平台提升出水面,平台荷载通过支腿直接传递至河床支撑面,平台受水位、潮汐的影响较小,可作业时间长,效率较高。

(7)整体吊装施工平台,适用于水流速度较大、覆盖层较浅、岩面倾斜不平整的海域,一般综合钢护筒结构一起制作,结构可进行周转使用。但其制作成本高、结构自重大、安装精度高、吊装设备大,非特殊施工区域不推荐采用此结构。

(8)护筒导向架施工平台,利用导向船浮运护筒导向架,导向船于墩位处抛锚定位,在导向架内插打钢护筒,退出导向船,完善施工平台,进行钻孔桩施工,结构可进行重复周转。使用此平台时应注意:于导向架支点由导向船转换到护筒的体系转换过程中,不能有较大的水位、水流向变化,防止导向船移位造成护筒损坏。

(9)升降施工平台,在现场生产作业面高度方向存在较大高差,专门设置方便人员上下施工作业的升降移动式施工平台系统,此结构控制成本较高,结构不常见,经常为固定式施工平台结合爬梯结构所代替。

(10)浮式平台,指具有单个或多个船形或驳船形排水船体结构在漂浮状态下作业的平台,可分为船式平台和驳船式平台。

①船式平台:指具有推进机械的水面式平台。

②驳船式平台:指无推进机械的水面式平台。

第二节　临时水上施工平台布置的一般规定及特殊要求

一、临时水上施工平台布置的一般规定

1. 平台的位置

平台位置的确定除应满足桥梁的总体施工需要外,还应考虑周围水域的环境条件、通航需要、基础条件、建造条件、供应和集输方式。其中,钻孔桩施工平台一般布置于墩

位附近。

2. 平台的平面尺寸

平台的平面尺寸由生产、生活需要的空间确定，如设备作业空间、堆载空间、人员行动及生活空间，应注意各设备间留有必要的净空和间距。

3. 平台的方位

平台方位的确定应考虑风、浪、水流、冰凌的方向和施工现场的操作要求等。

4. 平台的高程

平台的高程一般由顶层高程控制，顶层必须要比施工期最高水位高出一段安全距离，若存在涨落潮或波浪，则须考虑波高。

若平台结构存在底层甲板，则平台高程由底层甲板控制，一般高程应按下式确定：

$$P = H + \frac{2}{3}H_b + h_0 \tag{13-1}$$

式中：P——平台底层甲板或设备底面高程（m）；

H——施工期高水位的水面高程（m）；

H_b——施工期高水位的最大波高（m）；

h_0——安全距离，取0.2～1.0m。

当平台底层甲板下有设备时，应考虑其对底层甲板高程的影响。

5. 平台的总体布置

平台布置时应综合考虑堆载区域、施工设备、电力设施、储水罐、生活设施等，还应考虑上部结构的质量分布、安全防火、环境保护等，以便规划支撑这些荷载的合理框架结构，根据已知的情况，考虑将来平台的使用状态。

平台总体布置应考虑以下几个因素：

(1)人员上下及材料装卸，停靠船舶的种类、尺寸、停靠位置及系泊系统；

(2)登船平台的数量、尺寸和位置，人行爬梯的布置；

(3)甲板起重机的形式、能力、数量和位置；

(4)使用直升机的必要性，并提供相应的设施。

二、平台布置的特殊要求

1. 平台的分区

当平台施工、船只吃水、吊装能力等受到限制时，多功能平台宜分区设置，如将水上施工平台划分为堆载靠泊平台、生产作业平台、生活动力平台、特殊设备停靠平台等。

2. 人员上下和材料装卸

平台设计在一开始就应规划人员上下和材料装卸，规划供应船的类型、尺度和将船停靠在平台边的系泊装置。应确定登船平台的数量、尺寸和位置。也应确定甲板吊机的形式、能力、数量和位置。如果设备和材料准备存放于平台甲板上，那么应在甲板上合适位置设置足够尺寸的舱口，以满足正常使用操作的要求。

3. 安全通道和辅助系统

平台的梯子和登船平台的位置及数量应受安全因素的控制。平台的登船梯和通道口应满足人员安全脱险的要求。每层甲板及重要设备区宜设置两处梯子和通道。

安全通道的布置应使得在各个风向下逃生均是可行的。辅助系统及梯子等结构的布置应考虑操作的要求。

4. 防火

为了保证施工人员及操作工人的安全并防止设备可能的损坏,应注意平台的防火方法。防火系统的选择取决于平台的用途,防火程序应符合有关主管部门的法规。

5. 防振和防噪

平台上的所有系统和构件都应考虑防振,对于具有生活功能的平台,应注意考虑降低噪声。

6. 泄露和污染

平台布置时应考虑处理泄露和可能的污染的措施。平台甲板上应设置排放系统,以收集和储存亟待处理的液体。平台的排放和收集系统应符合当地政府的相应法规。

7. 平台结构的防腐

所有的平台系统和部件的设计均应考虑到现场可能遭遇的极端环境条件,尤其是对于使用时间较长的临时平台,更应注意平台结构的防腐处理。

第三节　临时水上施工平台的结构设计

一、自然条件

临时水上施工平台在制造、施工和使用期间可能遇到的自然环境条件有:风、浪、潮、流、冰、海啸、雨、雾、霜、温度、湿度、腐蚀、水中生物、地基变形及地震等。

1. 设计环境条件分类

工作环境条件:指平台在施工及使用过程中经常出现的环境条件。工作环境条件的选用,应能满足平台的正常施工及使用要求。

极端环境条件:指平台在使用年限内,极少出现的恶劣环境条件。极端环境条件的选用,应以能保证平台的安全为标准。重现期的选用应根据平台的使用年限及重要性确定。临时水上施工平台的重现期一般为20年。

2. 临时平台考虑的环境荷载

环境荷载的参数,应根据实测数据统计分析确定。环境荷载的计算应采用公认的方法,必要时应根据数学模拟计算或物理模型试验确定。

针对临时水上施工平台,一般考虑以下几个环境荷载因素。

1)风

风作用于水面以上的结构部分和位于平台上的任一设备、甲板房和井架上。风速可分为两种。

(1)阵风风速:平均持续时间远小于1min的风速。

(2)持续风速:平均持续时间大于1min或更长的风速。

相对于平均风速的脉动风速谱应根据某些情况予以说明。例如,像牵索塔这样的随动结构和深水中的张力腿平台的自然横移周期可能在1min的范围内,在这个范围,脉动风速中可能有显著的能量。

在确定适用的设计风速时,应分类考虑以下的内容。

(1)对于正常情况：

①月或季规定的持续风速在不同方向的出现频率；

②月或季规定界限值以上的持续风速的持续时间；

③相应与持续风速的可能的阵风风速。

(2)对于极端情况：

应提供依其重现期而变的在规定方向和平均时间内的设计极端风速，并给出如下有关资料：

①在确定设计极端风速时使用的风资料记录，包括观测地点、日期以及观测到的阵风和持续风的大小和风向；

②在结构规定寿命期间，在特定方向上的持续风速超过规定下限风速的预计出现次数。

风荷载按《公路桥涵设计通用规范》(JTG D60—2004)中第4.3.7节规定进行计算，见式(11-1)~式(11-5)。

2)水流

在临时水上施工平台的设计中，水流荷载的考虑是非常重要的，因为它影响以下几方面。

(1)靠船平台和防撞构件的位置和方向；

(2)平台整体结构的受力。

在可能的情况下，靠船平台和防撞构件的设置应使船只能顶流靠到平台上。

水流荷载按《港口工程荷载规范》(JTS 144-1—2010)规定进行计算，见式(11-6)。

3)波浪

对于位于水上的临时施工平台，波浪是海洋平台环境力的主要来源。这样的波浪在形状上是不规则的，波高和波长是变化的，可能从一个方向或几个方向同时接近平台。由于这些原因，波浪作用力的大小和分布是很难确定的。根据平台设计中波浪相关标准所必须考虑的技术因素的复杂性，应与有经验的精通气象学、海洋学和流体动力学方面的专家进行协商。

对以前的海洋水文资料不充分的区域，在确定与波浪有关设计参数时，至少包括下列步骤：

①研究所有必要的气象资料；

②推算海面风场；

③使用分析模型，沿着风暴路径推算一般海况；

④相应于地理限制条件，确定可能的最大海况；

⑤对深水海况划定等深效应；

⑥使用概率技术，相对于各种基本时间，预报平台现场的海况概率；

⑦通过实体和经济风险评价，建立设计波浪参数。

在对海况已有相当了解和一定经验的区域，可以将前述的程序简化，省掉那些用已有的经验可推导成要求的设计参数所必需的步骤。

桩身波浪荷载按《海港水文规范》(JTS 145-2—2013)规定进行计算，见式(11-7)~式(11-15)。

4)潮汐

在海域上的临时施工平台的设计中,潮汐荷载是重要的考虑因素。潮汐可以分为天文潮、风成潮、压差潮。后两者经常组合在一起,叫作风暴涌(storm surge),三者组合称为风暴潮(storm tide)。在水上平台的设计中,风暴潮的高程是基准面,风暴波浪叠加在它的上面。日天文潮高程的变化决定靠船平台、防撞构件、钢构件飞溅区和海生物区上限的高程。

针对一些特殊地区,比如浙江杭州钱塘江,涌潮因素影响比较大,根据当地的技术参数条件,诸如此类地区的涌潮荷载必须得考虑。

5)冰

对于气温较低的水域,温度低于冰点时,水面开始结冰。冰荷载对水上施工平台的影响很大。总冰力随平台的尺寸和性状、平台的位置、冰破坏的形式和单位冰强度等因素而变化。单位冰强度取决于冰的特征、温度、含盐量、荷载作用速度和冰的组成。设计使用的冰力应与有资格的专家协商确定。

6)温度

临时平台结构一般为钢结构,对温度影响较为敏感,尤其是对于较大的平台结构,必须考虑温度荷载的影响,一般温差考虑20℃比较适宜。

7)冲刷影响

冲刷是水流和波浪作用引起的水底土的移动。这样的冲刷可能是一种自然的地质现象,也可能是由结构构件干扰了接近水底的自然流场而引起的。

根据观察,冲刷一般由下述几种类型组合而成。

(1)局部冲刷:在桩和桩群的结构周围形成的陡坡冲刷槽,一般可在水槽模型中见到。

(2)整体冲刷:在由于结构整体影响、结构群之间的相互影响或者是波浪—土—结构之间相互作用所造成的结构物周围出现的较大范围的浅冲刷盆。

(3)河床(海床)整体移动:在没有结构物的情况下,可能发生的沙坡、沙脊或沙洲的移动,能引起水底的沉降或堆积。

冲刷可能导致基础垂直和水平支撑的丧失,引起沉垫式基础产生超过要求的沉降和基础构件的超应力。在冲刷可能出现时,设计中应予以考虑,或设置一些措施防止局部冲刷过大。

8)其他自然条件影响因素

其他自然条件影响因素,如地质活动、浅地层气体、水中生物、气候变化等,考虑到该平台为桥梁施工的临时水上施工平台,这些因素影响可不作深度考虑,对于结构安全影响较大的因素应认真研究和勘察,对于使用时间较长的水上施工平台,则须根据情况酌情考虑处理。

3. 设计环境条件的选择

设计环境可由以上描述的环境资料确定。对于以前经验有限的区域,还应进行危险性分析。危险性分析包括:历史的经验;平台使用的年限;平台的安全使用;污染防治;对一些预计的平均重现期的环境条件设计的平台造价评估;在遭受各种重现期的环境条件时平台损坏或丧失的概率;由于平台的损坏或丧失,包括生产的损失、清除、更换补强等所带来的财政损失。

结构设计一般采用概率极限法进行设计,亦可采用容许应力法,考虑使用安全系数进行确定。低的安全系数可用于参考水平力所要求的环境荷载的设计，但是增加环境荷载和减少安全系数的组合至少应与参考水平强度等效。

二、使用条件

1. 平台使用时的常见设备

水上施工平台所需设备较多，如吊船、驳船、运输船、交通船、抛锚船、定位船、水上混凝土工厂、拖轮、码头、水下电缆、航标灯。

吊装设备主要有：浮吊、起重船、履带吊、汽车吊、龙门吊、塔式起重机、扒杆吊、桅杆吊、手拉葫芦等。

生产设备主要有：混凝土罐车、旋挖钻机以及其他类型的钻机设备。

2. 平台的重复利用

现有平台可以被移到一个新的位置并重新就位，以便继续使用。当考虑这种情况时，应对平台进行检验，以保证平台处于（或可恢复成）可接受的状态。另外，还应对平台在新环境下的用途、条件和预计的荷载情况重新进行分析和评价。

重复利用的平台需要对平台的疲劳、材料、检验、拆离和重新安装进行进一步的考虑。

3. 安全考虑

生命和财产的安全取决于平台承受其设计荷载和经受可能出现的环境条件的能力。除这个总原则外，成功的实践表明：可在平台上用一些附加的工艺装置来增加船舶防碰撞能力，以使得人员伤害减至最低，船舶碰撞的危险也将渐少。政府规定的规则和其他适用的规则，在平台设计中也应严格遵守。

三、设计标准及荷载类型

1. 平台设计相应规范及标准

(1)《钢结构设计规范》(GB 50017—2003)

(2)《公路桥涵设计通用规范》(JTG D60—2004)

(3)《建筑桩基技术规范》(JGJ 94—2008)

(4)《混凝土结构设计规范》(GB 50010—2010)

(5)《钢结构焊接规范》(GB 50661—2011)

(6)《公路桥涵钢结构及木结构设计规范》(JTJ 025—1986)

(7)《建筑结构荷载规范》(GB 50009—2012)

(8)《钢筋混凝土承台设计规程》(CECS 88—1997)

(9)《建筑地基基础设计规范》(GB 50007—2011)

(10)《港口工程桩基规范》(JTS 167-4—2012)

(11)《起重机钢轨》(YB/T 5055—1993)

(12)《港口工程荷载规范》(JTS 144-1—2010)

(13)《海港水文规范》(JTS 145-2—2013)

(14)《滩海环境条件与荷载技术规范》(SY/T 4084—2010)

以上规范为临时水上施工平台设计的常见规范，具体其他规范及相应的技术标准详见本篇第十二章临时码头第三节的“设计标准及规范”。

2. 单位

所有图纸、计算等均应使用同一种单位制，一般采用国际单位制。

长度单位：米(m)；

面积单位：平方米(m^2)；

体积单位：立方米(m^3)；

质量单位：千克(kg)；

重量单位：牛顿(N)；

温度单位：摄氏度(℃)；

压强单位：帕斯卡(Pa)。

3. 使用荷载

作用平台上的使用荷载包括固定荷载与活荷载。

1)固定荷载

固定荷载包括平台结构的重量和某个作业形式下不变化的任何永久设备和附属结构的重量。固定荷载应该包括下列各项：

(1)平台结构的重量，包括水泥浆及压载的重量；

(2)安装到平台上的设备和附属结构的重量；

(3)作用于水面以下结构的静水压力，包括外压力及浮力。

2)活荷载

活荷载是在平台的使用期间作用在它上面的荷载，它可能在一种作业形式期间就发生变化，也可能从一种作业形式到另一种时发生变化。活荷载应包括以下几项：

①可能加到平台上或从平台上移走的钻机、行走设备的重量；

②可能加到平台上或从平台上移走的生活住房、直升机飞机场和其他生活供应设备、救生设备、潜水设备和公用设备的重量；

③消耗品和储罐中液体的重量；

④钻机施工、船只停靠和直升机降落等作业时作用在结构上的力；

⑤使用甲板吊机时作用在结构上的力。这些力是考虑了悬吊荷载和它移动以及固定荷载而得到的。

4. 施工荷载

平台的施工荷载是指制造、装船、运输、下水、安装等阶段的暂时性荷载。设计时应考虑施工期间环境条件的影响。

施工荷载主要包括：吊桩力、装船力、运输力、下水力和扶直力、土壤安装反力等。

5. 动力荷载及系数

动力荷载是由周期性作用而产生的荷载或冲击作用在平台上的荷载。前者可由波浪、风、冰或机械振动而引起；后者可因船舶停靠、钻机作业、吊机起重等引起。

在敞开无掩护的水域吊装的吊点和直接与吊点连接的结构构件设计中，应使用最小为2的动力荷载系数。对其他传递吊桩力的结构构件，应使用最小为1.35的动力荷载系数。在近岸有掩护的水域吊装时，前述最小动力荷载系数应为1.5和1.15。对于正常的水上条件，吊装索具安全系数应不低于4。

6. 环境荷载

环境荷载是由风、流、浪、冰、温度等自然因素作用在平台上的荷载。环境荷载还包括由于波浪和潮汐引起的水位变化而产生的作用在构件上的静水压力和浮力的变化。环境荷载作用的方向是不定的,计算时选择结构最弱方向进行环境荷载的施加。

四、平台结构分析的一般规定

1. 一般要求

(1)结构总体分析时应建立一个与实际结构等效的计算模型,并应合理考虑结构的约束方式;

(2)内力计算可采用三维计算模型;

(3)进行结构总体分析时,应以静力分析的结果作为设计依据,但应考虑部分荷载的动力影响。

2. 荷载组合

(1)荷载类型及作用力应符合相关规范的有关规定;

(2)风、浪、流、冰等荷载,其作用方向除确有可靠资料外,均应考虑来自各个方向的可能性;

(3)计算分析时,风、浪、流、冰等荷载应考虑在各潮位下可能同时出现的最不利组合;

(4)计算分析时,应考虑结构本身的自重和浮力,水下部分应考虑附加质量;

(5)临时平台结构分析应考虑下列荷载组合:

①固定荷载和相应于极端条件下最小活荷载的组合,用来验算总体结构抗倾覆;

②固定荷载和相应于平台正常操作时最大活荷载的组合,用来验算总体结构的整体强度、刚度及稳定性。

(6)荷载组合系数

①极限情况下为0.9×[1.0(固定荷载)+1.4(极限环境荷载)];

②正常使用情况下为0.9×[1.35(固定荷载)+1.4(一般环境荷载)+1.4(活载)]。

3. 平台结构构件的分类

平台结构的构件可根据其应力状况和破坏造成的后果分为三大类:特殊构件、主要构件和次要构件。

(1)特殊构件:对结构整体最为重要的构件。该类构件可能出现应力高度集中或容易导致在厚度方向的层状撕裂,如平台基础、甲板构架与钢管桩的连接、主梁的交叉连接、起重吊环等。

(2)主要构件:对结构整体重要的构件以及对作业安全很重要的其他构件,如钢管桩、支撑系统、甲板主梁、内部骨架、组块的支撑结构。

(3)次要构件:除特殊构件和主要构件以外的其他构件。

4. 控制要求

结构的控制要求,主要为构件的强度、刚度及稳定性的控制要求。

相应控制标准数值参照《钢结构设计规范》(GB 50017—2003)的具体要求。

五、平台结构分析

1. 静力分析

1)一般要求

静力分析的目的是求得在静力作用下各节点的位移和构件内力，用以校核平台结构的强度和刚度。

2）结构计算模型

（1）平台可被模拟为具有梁板单元的空间结构；

（2）凡杆件交叉点、集中荷载作用点、杆件横剖面性质突变点、桩与设计泥面交接点一般应设置节点，设计泥面以下如设若干弹簧支点，也应设节点；

（3）对钢管桩结构的边界条件进行处理时应注意：

①分析桩与土之间的相互作用时，宜考虑土壤的非线性影响；

②当桩的横向位移较小时，可近似按线性进行分析；

③一般设计时，可简化计算，将桩的下部模拟为刚性固定端，刚性固定端位于冲刷后泥面下 T(m)处，设计泥面在自然泥面下的距离应按地质条件决定，T 值可按下列经验公式确定。

对于淤泥 $T=(7\sim8.5)D$

对硬黏土 $T=(3.5\sim4.5)D$

缺乏土壤资料时 $T=6D$

其中，D 为桩外径，单位为 m。

3）平台的结构刚度矩阵

（1）结构刚度矩阵是否应考虑剪切影响，主要取决于构件的几何特性；

（2）局部连接处的加强和偏心度可忽略，但在总体分析中应考虑大直径加筋杆件交汇的偏心度。

4）所研究的荷载条件

（1）最大倾覆力矩和相应的竖向荷载加上其值等于4%的最大竖向荷载的侧向荷载，同时作用在吊机扒杆顶部的滑轮处；

（2）最大竖向荷载和相应的倾覆力矩加上其值等于4%的最大竖向荷载的侧向荷载，同时作用在吊机扒杆顶部的滑轮处。

2. 动力分析

1）一般要求

动力分析的目的是确定平台的振动特性和结构的动力响应，以校核平台结构的强度、刚度和位移，当结构需要作动力分析时，应考虑本节规定的各项内容。

2）计算模型

（1）对结构总体动力分析有重大影响的一切构件均应予以考虑；

（2）确定构件的内力需用与静力分析同样的计算模型，确定结构的运动，可建立反映结构整体动力特性的简化模型；

（3）总体动力分析时，可忽略结构的局部振动；

（4）计算动力荷载时，可忽略平台本身运动引起的阻力；

（5）应考虑冰的积聚及水生物的影响。

3）动力分析方法

当结构受确定性动力荷载作用，求其在时域中的动力响应时，可用时域分析法。

3. 疲劳强度分析

（1）水较浅的位置，平台可不作详细疲劳强度分析；

(2)使用寿命较长的临时施工平台，处于深水区特别是水上波浪循环荷载长期分布较严重海域时，应作详细疲劳分析；

(3)疲劳分析方法应复核有关规范的规定；

(4)在下列条件下假定最少25 000次循环：

①在支撑结构的每个部件中产生最大应力的扒杆位置和吊机方向时的额定荷载的1.33倍；

②所用应力幅值应是上述荷载引起的应力与扒杆在相同位置不施加荷载所引起的应力之差。

4. 上部结构分析

1)上部结构设计

(1)对平台下部结构进行结构分析时，上部结构可采用简化的形式模拟，但应判明系统竖向的、水平的刚度及其对下部结构的影响；

(2)上部结构本身可根据其构造情况作为一个或多个独立结构进行分析，但模拟其边界支撑条件时应考虑下部结构变位的影响，位于下部结构顶部桁架上的重型甲板组块，其支撑点的变位差可导致支撑反力产生明显的重新分布，在此情况下，分析模型应包括甲板组块和下部结构的顶部或两个层间，以获得准确的支撑条件的模拟；

(3)具有标准形式的上部结构的平台，根据其构造情况应考虑与邻近甲板组块之间的连接，以抵抗环境荷载的横向作用。

2)梁板设计

(1)梁板设计应符合《钢结构设计规范》(GB 50017—2003)的规定；

(2)在截面突然变化或者有贯穿孔，以及升降机作用时，应考虑应力集中可能产生的疲劳和断裂。梁板所用钢材还应满足切口韧性要求，避免在低温度环境下发生脆性断裂。

3)吊点设计

(1)设计吊点与其相连的其他内部构件，应采用最小为2的动力荷载系数；

(2)吊装时，需根据平衡条件计算出静力荷载的水平和垂直分力，在设计吊点和支撑结构连接时，还应考虑与静吊索荷载同时作用的大小为其5%且垂直于吊点销孔中心的静吊索荷载的水平力；

(3)具体吊点设计及计算，可根据《水利水电工程钢闸门设计规范》(SL 74—2013)进行。

4)牵索系统设计

牵索系统为牵索塔提供横向倾覆力和稳定性。牵索系统由一组拉索组成，每根拉索都与塔架相连并锚固于海底。

(1)牵索

牵索从塔架伸向配重块。如果用钢索或绳股作导索，《钢丝绳规范》(API Spec 9A—2004)、《油田钢丝绳的应用、保养和使用的推荐方法》(API RP 9B—2002)等为其应用提供了标准规定。有充分的设计资料的情况下，也可采用其他资料。

(2)配重

配重是在牵索与锚链之间的一个重型块体。它的作用是弱化牵索系统在极端海况下的刚度，允许塔架有较大的变位，而不使拉索张力过分地增大，配重的可变因素包括重量、位置、尺寸和细部构件。配重构造形式的选择，应使得土壤对它的吸附力和拔出力为最小。由于配重会沉降或陷入泥中，所以应考虑吊起配重时增加的阻力。

(3)锚链

锚链连接配重和锚。《钢丝绳规范》(API Spec 9A—2004)、《油田钢丝绳的应用、保养和使用的推荐方法》(API RP 9B—2002)等分别对钢索、绳股索和钢链定出了标准。锚链的设计与导索的设计相似。此外，应适当考虑锚链与海底的接触引起的磨损。

(4)锚

牵索荷载通过锚传给土壤，设计锚索时也应该考虑锚荷载的水平分量和垂直分量。锚系可以由单桩、桩基底盘或其他锚定装置构成。

(5)塔架的终端

塔架的终端系统将牵索的力传给塔架的构架。选用专用的连接件时，应考虑牵索的弯曲疲劳、弯曲半径的限制、导索的方位误差和连接构件承受系泊荷载的能力和操作要求。

(6)锚定端

树脂或热态金属接头可用作牵索的终端连接，并应采用措施来释放弯曲应变，以降低应力集中系数并使质量分布不连续减为最小。

(7)分析

牵索的荷载通常应通过对详细的牵索系统模型进行专门的动力分析来确定。模型应考虑水动力和结构阻尼、吊索和配重的惯性阻力特性，以及牵索与海底的相互作用。牵索可能在塔架的终端处受到一个输入位移的激励。设计上需要考虑的其他方面，包括牵索的局部振动和作用在牵索系统的总流力。牵索的安全系数在正常使用状态下考虑采用3.0，极限状态下采用2.0 。

第四节 临时水上施工平台的施工及部分平台功能区

一、水上施工平台的施工

1. 概述

(1)平台的水上施工作业(下称作业)应保证平台结构强度不受影响。对于影响结构强度的作业方式和方法，应进行强度复核计算和分析。计算使用的计算机程序应是已为工程应用证明是可靠和适当的，或是经发证检验机构认可的。所有计算分析使用的方法应满足所用规范和标准的要求。

(2)平台水上作业应满足作业者技术规格书及所用规范和标准对作业全过程所提出的技术要求。

(3)如果固定式平台基础的类型或施工方法中使用了新的技术或方法，在基础施工过程中，应进行有效的控制和观测。

2. 作业前工作

(1)按所用规范、标准和国家有关部门的要求，制订出有关作业安全规定、施工设计报告、施工工艺程序和应急措施。

(2)所有用于作业的船只均应处于发证检验机构认可的工作状态，并适合所要进行的作业。任何由于作业需要而对船只的改装，均应在作业前经发证检验机构批准。作业使用的起重船应取得安全办公室颁发的作业认可。

(3)用于作业的系统和设备应按作业的要求配置和选择。配置和选择应考虑正常作业和紧急状态两种情况。作业开始前，应对主要系统和设备进行试运转。

(4)应仔细检查用于作业的工具和材料，以保证作业安全顺利进行。

(5)导管架下水前，需对水底地形、地貌和水下结构物(如存在)进行调查。

3.作业实施注意事项

(1)应在准确可靠的天气预报和海况预报保证下进行作业。实际作业海况不应超出施工设计规定的环境条件。

(2)应针对可能的天气、海况变化和突发事件制订应急计划，并依据应急计划做好应急措施的准备。

(3)所有用于结构物的固定、脚手架安装及作业辅助结构的临时构件，在使用后均应拆除。任何拆除均不应对原结构造成破坏和损伤，在拆除后应对拆除处进行检验。

4.装船和固定

(1)结构物装船可采用吊装或滑移两种形式。

(2)滑移装船前应对滑道、拖拉、调载、测量、系泊等几大系统进行设计和计算分析，并据此编制装船程序。对其备用设备和指挥方案也应有充足、可靠的考虑和安排。在整个装船作业期间，驳船的压载系统对于荷载变化和潮位变化应具有足够的调节能力和可逆性，以保证岸上滑道和驳船上滑道在装船过程中的平滑对接，同时应配备适当的备用压载泵。

(3)被运输的结构物应可靠地固定在驳船上，固定用的垫墩、支座和撑杆等支撑结构应经过专门设计。

5.吊装

(1)吊装作业前，应进行吊装分析，并据此编制吊装作业程序。使用两艘起重船联合作业时，设计中应考虑两船的协调误差与动载系数。

(2)用于吊点结构设计的荷载应由吊装分析提供。吊装分析模型应符合实际的吊装布置。吊装计算及吊点结构的设计应符合所用规范、标准的要求。

(3)吊装索具应按吊装分析结果选择。吊装索具的安全系数及公差应符合所用规范、标准的要求，并应有出厂合格证书、试验证书和发证检验机构认可证书。

6.水上运输

(1)水上运输作业应得到有关海事管理部门的批准。

(2)运输可采用驳运或自浮浮运的方式。

①驳运

用于驳运的驳船应有足够的装载能力和结构强度。驳运系统(包括驳船和平台结构)应有足够的稳定性，并满足所用规范要求。

②自浮浮运

导管架自浮运输时，其浮力系统应有足够的储备。如采用辅助浮筒，则浮筒必须通过刚性结构和导管架连接。整个系统应有足够的稳定性。

拖航前应检查浮力系统的水密性、强度和刚度，检查充、排水系统的操作和控制性能。

在自浮浮运的结构上应设置必要的系泊设施，以便于临时系泊和就位作业。

7. 拖航

(1)拖航作业应制订拖航作业手册，拖航作业手册的内容应包括：拖航目的地、航线、日程、拖航气象和海况保证以及必要的应急措施等。

(2)拖轮的能力和拖带设施应能保证在拖航中有效地控制被拖结构，并保持适当的航速。

(3)拖缆系统应有足够的强度，并有足够的备件。

(4)拖航除应选择一条最安全的航线外，还应选择备用的航线。对于远距离拖航，应选择一个或几个避风地。

8. 拖航分析

拖航分析包括被拖结构、驳船和固定结构的强度校核，以及结构—驳船系统的稳定性校核。

(1)可根据刚体理论进行强度校核。在需要的情况下，应考虑结构和驳船间的相对刚度影响。

(2)稳定性校核应考虑各种可能的吃水、装载和压载情况。

(3)在需要时，应考虑疲劳、涡激振动和波浪冲击力对结构物的影响。

9. 下水及就位

(1)下水

导管架下水可采用吊装或滑移两种形式。

①应对滑移下水进行计算分析，并据此编制滑移下水作业程序。

②下水驳船应具有强度足够、长度适当的摇臂。

③下水过程中，下水驳船应有足够的稳定性和强度。

④导管架下水后，其运动轨迹的最低点与海床表面之间应留有符合要求的间隙。

⑤导管架应有足够的浮力，以便下水后能以符合要求的状态自浮在水面上。导管架还应有足够的储备浮力，以预防意外情况的发生。

⑥ 导管架下水过程完毕后，应检查导管架的各种状态是否和计算情况相一致。如无异常情况，应立即开始扶正作业。

(2)扶正

导管架的扶正作业可以是自立扶正，也可由起重船帮助扶正。扶正作业应符合以下要求：

①扶正作业前应用计算机进行分析，并据此编制扶正作业程序；

②扶正作业所需要的灌水和放气阀门的控制系统应标志明确，以防错误操作，灌水与充放气应设置备用系统；

③在扶正过程中，导管架最低点与海床表面之间应留有符合要求的间隙；

④如由起重船帮助扶正，则起重船应可靠的抛锚系泊就位。

(3)定位和座底

①导管架可通过锚索系统或(和)借助于其他船只定位。

②导管架的下放座底应是有控制的，应预先规划出压载顺序。压载系统应是可

逆的。

③在下放的过程中，导管架应有足够的稳定性。在接近海床表面时，应控制下放的速度，以避免产生过大的撞击。

④在有预钻井的井口基盘时，应设置可靠的导向结构，并控制套接的速率。

(4)调平

①导管架放于海床表面后,在打桩前应予以调平。导管架一经调平，就应在以后作业中保证导管架的水平度。应尽可能避免在打桩完成后调平导管架，然而在打入少数几根桩时，如有必要可以调平导管架，但应设法减小桩内弯曲应力。

②为了保证导管架的水平度，应按照实际的荷载条件确定防沉板的位置和面积。

10. 打桩

(1)打桩前，应进行桩的可打入性分析,以帮助选择合适的桩锤和其他器具。

(2)打桩期间应尽量减少停歇时间，以减少打桩阻力。

(3)停锤贯入度不应作为打桩终止的依据。当达到停锤贯入度时，应采取其他方法继续把桩打到设计入土深度。

(4)当采用冲水或钻孔作业沉桩时，其作业不应破坏桩尖处土的承载能力,否则，应灌注水泥浆或混凝土来代替被排除的土塞。

11. 灌浆

(1)如果设计需要，桩与套管(如导管架腿)之间的环形空间内应灌注水泥浆。对于有主桩的导管架，灌浆作业应在桩顶与导管架腿之间的连接焊接完成后进行。

(2)水泥浆的强度和相对密度应符合设计要求。

(3)灌浆系统应有连续供浆的能力,并提供必要的手段确保灌浆达到设计要求。灌浆管线应备有备用管线。

(4)如果灌浆过程中出现漏浆，应停止灌浆。必须采取一定的堵漏措施，只有在堵漏实现后，方可继续灌浆。

(5)在水泥浆固结的过程中，不应发生人为的扰动现象。

12. 上部结构安装

(1)为保证上部结构的高程和水平度符合设计要求，在安装前，应调整过渡段的高度。

(2)为保证甲板或组块的位置,应设置导向和定位装置。导向和定位装置应有适当的强度，以避免损伤主结构。

(3)上部结构就位后，应进行固定，以满足设计需要的支撑和连接。

(4)所有焊接要求参照相应技术规范要求执行。

二、水上平台的生活区

1. 一般规定

(1)平台上的生活区包括办公室、居住室、餐厅、厨房、娱乐室、医务室、卫生间等。应根据平台的类型、居住人数及健康、安全需要,配置有关房间及室内设施。

(2)生活区应符合的安全要求：

①生活区内应设置必要的保温绝缘、防火构造及良好的排气、通风、空调、照明设备，生活区外围壁应为钢质结构。

②生活区应设置在平台的安全区内，并尽可能远离机器处所和油(气)生产设施。

③室内一切框架式设施，如书桌、衣柜等,除其表面可有厚度不超过2mm的可燃镶片外,应完全用不燃材料制作;一切可移动设施,如椅子等,其骨架应由不燃材料制作。若室内铺设地毯,还应考虑其低播燃性。

(3)平台的居住室，每人至少应占有3m^2面积。固定床铺不应多于两层,居住室的净高度应不小于2.3m。

(4)平台的餐厅和娱乐室应设有至少一次能供平台定员中半数人员进餐与娱乐的处所。

(5)厨房内的炉灶与隔壁之间应有适当距离，并应采取隔热措施。如设有燃气炉灶，其气体燃料的储存、输送和利用的布置应考虑到燃料可能引起失火和爆炸危险，以保护平台人员的安全。

(6)平台应设置具有基本医疗抢救条件的医务室，并应按平台总人数配备常用药品、简易医疗器械、急救药箱和一副能将伤员抬入直升机的担架等。寒冷地区平台的医务室内应设有供抢救落水人员用的温水浴盆。

2. 通道及出入口

(1)平台生活区应设置人员通道，各通道的最小净宽一般不小于1m；生活区内不允许设置长度超过7m而一端不通的走廊。

(2)生活区每层甲板应根据居住人数、生活和逃生的需要至少设置两个扶梯，扶梯斜度应不陡于50°,梯级高度应不大于250mm,宽度应不小于800mm,梯步板应为防滑型,扶梯两侧应设有安全扶手。如扶梯总长度超过8m，在中途应设置过渡小平台。

(3)生活区住室的门应向内开,所有通向露天甲板出入口的门应向外开,餐厅等公共处所的门应向外开或为向两面开关的活动门。

(4)居住室的门上应设有通风口，其设置应符合相应技术规范要求。

(5)生活区脱险通道应符合相应技术规范规定。

3. 人员安全防护

(1)所有无防护的露天甲板区、走道和甲板开口的边缘，均应设置可靠的安全防护栏杆。

(2)所有高度超过6m的直梯应设安全防护笼或其他的安全装置。

三、直升机停靠平台

1. 一般规定

(1)直升机甲板的尺度、布置、边界灯及照明、标志、通信导航和安全设施要求，必须执行中国民用航空总局颁布的民航总局令第151号《小型航空器商业运输运营人运行合格审定规则》(CCAR-135)。

(2)设计方法。直升机甲板的结构设计应符合所用规范、标准中的要求。当采用其他方法时，应得到平台作业者的批准。

(3)基本荷载条件。基本荷载条件包括固定荷载、活荷载、风荷载和直升机降落荷载。

(4)组合荷载条件。直升机甲板结构应至少按下列组合荷载条件设计：

①固定荷载加活荷载；

②固定荷载加设计降落荷载，如果在直升机降落时，甲板可能存在结冰现象，则还应考虑适当的活荷载；

③固定荷载加风荷载，再加相应的活荷载。

2. 甲板的设计

(1)甲板可采用大挠度理论设计，也可采用其他公认的方法。用于甲板设计的基础资料应按直升机制造厂提供的资料或平台作业者认可的资料。

(2)施工阶段的结构分析应符合相应技术规范要求及规定。

(3)消防设施及安全标志：

①直升机甲板的消防设施和消防用品的配置应符合相应技术规范要求及规定。

②在直升机甲板通道边上应设置安全标志牌，牌上写明直升机起降期间有关注意事项。

第五节　临时水上施工平台的维护

一、防腐蚀

1. 一般规定

平台防腐蚀范围包括设计所规定的构件、设施和部位，如导管架、桩、隔水套管、油(气)井以及平台上部设施等。

1)钢结构防腐蚀

(1)钢结构在海洋中所处的腐蚀环境分为大气区、飞溅区、全浸区和海泥区，应根据不同海洋环境区域的特点，对钢结构采取相应的防腐蚀措施。

(2)钢结构外表面防腐蚀

①大气区的钢结构，应采用涂层防腐蚀。对涂装有困难的小型复杂构件，或有特殊要求的钢构件，可采用镀层防腐蚀。

②飞溅区中的钢结构，可采用耐腐蚀合金钢包覆层、聚丁橡胶或其他涂层防腐蚀。同时，还应考虑在壁厚上增加一定的腐蚀裕量。

③全浸区中的钢结构，应采用阴极保护系统防腐蚀。如果经济上合理或有其他必要的原因，也可采取阴极保护与涂层联合防腐的措施。

④海泥区的钢结构，应采用阴极保护防腐蚀。

(3)钢结构内表面防腐蚀

暴露于空气、海水或其他含腐蚀性介质中的钢结构内表面，应采取涂层、阴极保护或二者联合的防腐蚀措施。密封的钢结构内表面，可不采取防腐蚀措施。

2)管线与设备的防腐蚀

(1)管线系统、设备的外表面应采用涂层防腐蚀。直径较小的管线及小型零部件可采取镀层防腐蚀。

(2)与腐蚀性介质接触的设备和管线的内表面，可考虑采用耐腐蚀材料、添加缓蚀剂、增加腐蚀裕量、镀层、内涂层及阴极保护等防腐蚀措施。

(3)油(气)井内油套管和井下工具设备的防腐蚀设计应同时包括丝扣的选择设计。

3)平台在水上安装期间，应严格防止杂散电流腐蚀

2. 涂层

(1)应按所用规范、标准的要求进行涂层设计。涂层系统应与被涂装表面所处环境、操作条件和使用年限相适应。对特殊用途的涂料，应获得作业者认可。底漆、中间漆、面漆及稀释剂应相互配套。

(2)为了表征功能、操作安全与装饰，不同结构、管线系统和设备必须规定明确的颜色，颜色的规定应符合有关规范、标准和设计的要求。

(3)涂装：

①承担涂装作业的单位在施工前应编制涂装程序和涂装检验程序，并得到平台作业者的认可。

②涂装前应对被涂钢结构进行表面处理。表面处理的方法和等级应满足所选涂料的要求，并符合有关规范和标准的规定。

③涂装工艺应符合涂料生产厂家的产品使用要求，包括涂料的混合、稀释、涂装作业方法以及环境条件等。

(4)检验：

①为了保证涂层质量，应对涂装过程中的每道工序进行检验。检验应由作业者指定的检验员使用符合规定的、合格的检验工具进行。

②检验员应检验所有设备是否满足施工要求,所用涂料是否符合规格书的要求。

③检验员应对所有喷砂和动力工具处理过的表面进行检验，保证表面处理满足规格书的要求。

④检验员应监督涂装人员按涂装工艺进行施工，并对涂层质量进行检验。检验项目有：钢材表面温度、大气温度、大气湿度、每层的干膜厚度、漏涂及涂层表面的成形和颜色。如平台作业者对露点、涂层间隔时间及针孔有要求，还应对上述项进行检验。不符合要求的涂层应修补或重新涂装。

⑤所有检验工作都必须有完整的记录(除记录技术规格书中所要求的内容外，还应包括检验构件及部位、检验所用工具、检验时间、人员、存在问题等)。

(5)涂层修补：

①所有经检验认为不合格或发现有损坏的涂层，均应进行修补。

②修补前应对表面进行适当处理，达到涂装的要求。

③修补用的涂料,应与原有涂层材料相配套,对表面处理要求级别低，而且具有固化快的特性。飞溅区水上现场修补用的涂料，还应具有湿固化的特性。

(6)镀层：

①对于复杂钢构件，或有特殊要求的钢构件，可按技术规格书要求采用热浸镀锌(铝)或其他镀层防腐蚀。镀层表面应依据技术规格书要求决定是否涂底漆和面漆。

②应按所用规范、标准选用镀层材料和制订施工工艺。

③对螺栓、螺母等复杂构件，可采取烧蓝或发黑等方法处理,从而增强耐腐蚀性。

(7)环保及安全：

①宜采用环保涂料。水上涂装作业应有防护措施，以免涂料和稀释剂落入大海。

②涂装作业应按照国家标准《涂装作业安全规程》的有关规定，采取防火、防静电、

防中毒等措施。

③在较密闭容器内作业时，应有足够的通风、换风设施，控制并监测有毒和可燃气体浓度，必要时应配备氧气头罩、面罩。

3. 阴极保护

(1)平台阴极保护系统应采用牺牲阳极或外加电流系统，也可采用二者联合的系统。

(2)阴极保护系统的设计：

①平台的阴极保护电位应符合有关规范、标准的要求，同时也应考虑平台现场海洋环境的实际情况。

②应根据钢结构所处海洋环境、所用钢材及结构表面状况来确定合理的保护电流密度。

③保护范围应为处于整个全浸区的结构，包括浸入水中的部分、泥线以下的部分、油井及无绝缘、无保护的外部结构。

④阴极保护系统设计寿命应与平台设计寿命一致。

⑤作业者应认可所使用的牺牲阳极和辅助阳极及设备。牺牲阳极应按设计要求进行电化学性能检验，如作业者有要求，还应按设计要求对阴极产品进行化学成分分析。检验与分析工作应由与制造厂家无关的、有检验资格的单位来完成。

⑥辅助阳极和(或)牺牲阳极的布置应满足外部荷载和电连接的要求，应尽量使钢结构得到均匀保护。同时，还应尽可能减小屏蔽效应。

(3)阴极保护系统的安装：

①辅助阳极和牺牲阳极与钢结构的焊接应符合相应规范的有关规定。

②外加电流系统中的电源设备安装及电连接应符合有关规范、标准的规定。

③平台的阴极保护系统投入运行后，应随之进行一次初始电位的测量，以便确认平台已达到保护要求。

④平台阴极保护应每年进行一次检测或监测。外加电流系统还应进行定期检查和维护，周期不应超过两个月。所有检测、检查和维护均应有完整记录。

二、平台的助航标志与信号

1. 一般规定

(1)平台助航标志与信号应根据平台所处海域位置执行下列有关最新版本的规定和建议：

《中国北方海区石油勘探开发作业航政管理暂行规定》；

《中国海区水上助航标志》(GB 4696—1999)。

(2)本节所要求的助航标志与信号应得到发证检验机构的认可。

2. 技术要求

1)助航标识灯

(1)平台上应安装一盏或多盏在夜间显白色的助航标识灯(同步发光)。灯的结构和安装位置,应保证航行时从任何方向驶近平台的船舶至少看见一个灯光。

(2)光强和射程:助航标识灯的最小视光强度为1 400cd，射出光束的垂直分布应保证自平台近旁至灯光的最大射程都能看见。

(3)闪光特性:助航标识灯的闪光特性为莫尔斯信号"U"(··—),最大周期15s。

(4)配置要求如下:

①助航标识灯应安装在平台的四周;

②助航标识灯的设置高度应在平均大潮高潮面以上,不低于6m,不高于30m。

⑤控制系统:应有闪光灯泡的自动更换装置及故障报警的要求。

2)障碍灯

(1)平台水平和垂直的端点应装设红色障碍灯,其设置应符合航空条件的要求。

(2)障碍灯的结构应采用防水型灯具,其灯头应具有防止灯泡自行松脱的结构。

3)雾笛

(1)平台上应设置主雾笛和备用雾笛,其结构及所在位置应使从任何方向驶近平台的船舶都可以听见。当主雾笛完全失效或部分失效致使任何方向的一般听程小于0.5n mile(海里)时,备用雾笛应能立即投入工作。主雾笛应采用自动雾笛(或遥控起动),而备用雾笛则可采用自动雾笛或手动雾笛。

(2)听程:主雾笛在任何方向的一般听程至少应有2n mile(海里);备用雾笛在任何方向的一般听程至少应有0.5n mile(海里)。

(3)音响信号:主雾笛及备用雾笛的音响节奏特征为莫尔斯信号"U"(··—),最大周期为30s。

(4)配置:音响信号安装高度应在平均大潮高潮面以上,不低于6m,不高于30m处。

(5)控制系统:所有雾笛的控制设备,均应满足手动停止鸣放雾号和手控鸣号以及故障报警的要求。

4)安装于平台的灯光信号和音响信号的技术性能(表13-1)

灯光信号和音响信号技术性能规定指标 表13-1

技术性能	指 标(s)	技术性能	指 标(s)
短明(点)	0.5	长明(划)	1.5
暗	0.5	停	8.5或11.5
短明(点)	0.5	灯光周期	12或15
暗	0.5		

三、防污染及噪声、振动控制

1. 一般规定

平台防污染措施应符合中华人民共和国《海洋环境保护法》和《海洋石油勘探开发污染物排放浓度限值》(GB 4914—2008)的有关规定,防止污染环境,并应根据国家关于噪声、振动的有关标准,对噪声、振动加以控制和有效地防护噪声、振动对平台生产作业人员的影响。

2. 防污染要求

(1)平台上应按《海洋石油勘探开发污染物排放浓度限值》(GB 4914—2008)的有关规定设置防污染设备,处理平台污水和废弃物,以及弃置工业垃圾。

(2)工业含油污水处理标准。处理后的含油污水排放标准最高容许浓度应符合国家标准《海洋石油勘探开发污染物排放浓度限值》(GB 4914—2008)的有关规定。适合于一级标准海域的为:月平均值20mg/L,一次容许值30mg/L;适合于二级标准海域的为:月平均值30mg/L,一次容许值45mg/L。

(3)生活污水处理设备的配备应符合所用规范、标准的有关规定。

3.噪声控制要求

(1)平台各处所的噪声(脉冲声除外)应控制在本节规定之内。

(2)生产作业办公处所:

①控制室、办公室、实验室等一般不应超过60dB(A)。

②无线电室一般不应超过50dB(A)。

(3)生活起居处所:

①人员住所和医务室一般不应超过55dB(A)。

②公共处所一般不超过60dB(A)。

③餐厅一般不超过60dB(A)。

④服务处所一般不超过65dB(A)。

⑤走廊噪声不应比相邻房间的噪声高出5dB(A)。

(4)机器处所:

①封闭机器处所:a.封闭机器处所的噪声控制应考虑处所的条件和生产人员在该处所的连续接触噪声的工作时间,一般限制在下列噪声控制值之内:连续工作12h不得超过88dB(A),连续工作8h不得超过91dB(A),连续工作1~8h不得超过94dB(A);b.若封闭处所内设备的噪声超过上述限制,生产作业人员又需在该处所连续工作时,则应设置隔音值班室,室内噪声值应低于上述限制噪声值10dB(A)。若需在隔音值班室以外工作时,应配置隔音耳罩等防护用具。

②开敞机器处所:开敞机器处所指设备设置在露天环境、四周没有围壁的处所。这类处所的噪声不得超过115dB(A)。

4.振动控制

(1)在平台布置中对可能引起平台振动的机械设备进行布置时,应考虑减少和避免振动的影响,必要时对振动设备采取减振措施。

(2)生活居住处所和生产办公处所为减少或避免外界振动的影响,必要时也可采取减振措施。

(3)机械系统的设计、制造和安装,应能确保在正常运转下的任何振动模态均不会使机器内部引起过度的应力。

四、安全分析和安全管理系统

1.一般规定

(1)在编制总体开发方案阶段,必须同时编写安全分析报告。在基本设计阶段,应同时编写工程设计项目安全篇。

(2)在详细设计阶段,必须继续进行安全分析。在水上调试和投产前应完成安全手册编制,制定投产方案及应急计划。

(3)安全分析报告、安全篇、安全手册及应急计划必须报请安全办公室审批。

(4)作业者和为平台提供建造、安装、维修、服务的施工承包商,均应建立健全科学的安全管理体系,作业者应在平台上备有操作手册、维修手册和上述全部安全管理文件。

2. 安全分析报告编制内容

(1)安全分析报告是对油气田开发、设计、施工、生产和废弃全过程的安全性进行评价的文件。其内容必须符合国家、政府主管部门和安全办公室所颁布的有关规定。

(2)安全分析报告应至少包括以下内容:

①安全分析报告的依据,包括所使用的国内、国外法规,规范及标准;工程基础数据;工程方案及工程设施。

②水上油(气)设施生产条件,包括设施生存条件、设施作业条件以及撤离依据。

③安全分析,包括安全分析的方法,危险因素的鉴别、分类、分析、产生的后果以及结论与对策。安全分析宜采用先进的方法,如量化风险分析,还应采用国内外最新的统计资料。

④事故和伤亡的防范,包括防范原则、防范的措施以及安全程序和人员培训。

⑤安全系统的设置,包括探测系统、报警系统、消防系统、逃生系统、救生系统、救护医疗系统、应急通信、应急关断系统等一切与安全有关的设置。

⑥采用新技术的安全要求。

⑦组织机构和管理要求。

⑧结论和建议。

(3)安全篇和详细设计阶段安全分析要点

①安全篇的范围应包括基本设计所涉及的全部工程内容。

②安全篇的内容应包括对安全分析报告中有关内容的审查修改和确认;同时,应根据基本设计的内容和深度,增加和加深相应的内容。

③详细设计阶段的安全分析是安全篇的延续和深化,而不是重复。本阶段进一步的安全分析应根据详细设计的工程内容,审查安全篇的内容。对于安全篇不足或有缺陷的部分,对于工程方案的改变部分,应补充和修改相应的安全分析。

(4)平台安全手册要点

①平台安全手册是保证安全生产的重要指南,是安全管理体系的一个组成部分,应由平台作业者组织编制和审查批准,并监督平台人员实施。其内容必须符合国家、政府主管部门和安全办公室颁布的有关规定。

②平台安全手册应至少对下列各项作出明确规定:

a. 在适当位置悬挂消防设施布置图、手动应急关断开关分布图、逃生线路图、救生设施布置图及平台人员应急部署表;

b. 平台安全生产组织机构和岗位安全责任制;

c. 人员安全培训制度;

d. 平台作业许可证制度;

e. 危险物品管理制度;

f. 船舶系泊、停靠及油品、货物装卸程序;

g. 直升机作业制度;

h. 船舶系泊、停靠及油品、货物装卸程序;

i. 消防救生设备的使用说明以及定期检查、操作演练规程和制度;

j. 无人驻守平台的遥控检测程序及其失效时的安全措施。

(5)安全应急计划的要求

①平台作业者必须按照《海洋石油作业安全管理规定》和《海洋石油作业者安全应急计划编制要求》的有关规定要求，制订平台发生火灾、井喷、溢油等重大事故及遇严重自然灾害时的安全应急计划(下称平台作业者安全应急计划)，并按要求报审。

②平台作业者安全应急计划必须纳入作业者的安全应急中心的应急部署中。

第十四章 临时消防

第一节 概　述

消防工作是一项知识性、科学性、社会性很强的工作,涉及各个行业,与经济发展、社会稳定密切相关。对于建筑项目的临时防火设计要求也应遵循国家的有关方针政策,从全局出发,统筹兼顾,做到安全适用、经济合理。建设单位和公安消防监督机构的人员应密切配合,认真贯彻"预防为主,消防结合"的消防工作方针,做到"防患于未然"。临时消防对于保证企业正常生产秩序,提高企业效益,促进企业安全健康可持续发展具有重要意义。

建筑工地可燃、易燃材料多,火源、热源多,消防条件差,火灾危险性大,且一旦发生火灾,扑救难度大。因此,合理规划施工现场,加强对火源、热源的管理十分必要。

第二节 灭火器配置

(1)配置灭火器时的一般规定:

①一个计算单元内配置的灭火器数量不得少于2具。

②每个设置点的灭火器数量不宜多于5具。

③当住宅楼每层的公共部位建筑面积超过100m^2 时,应配置1具1A的手提式灭火器;每增加100m^2 时,增配1具1A的手提式灭火器。

(2)灭火器配置设计计算。

一般规定:灭火器配置的设计与计算应按计算单元进行。灭火器最小需配灭火级别和最少需配数量的计算值应进位取整;每个灭火器设置点实配灭火器的灭火级别和数量,不得小于最小需配灭火级别和数量的计算值;灭火器设置点的位置和数量应根据灭火器的最大保护距离确定,并应保证最不利点至少在1具灭火器的保护范围内。

第三节　工地防火安全技术

(1)仓库、堆场和临时建筑物应符合下列要求：

①高压架空线下禁止搭建仓库和临时建筑物，禁止堆放易燃、可燃物品。

②临时办公区、生活区所使用建筑材料的耐火等级不得低于三级，禁止搭建木板房。

③临时建筑物之间的防火间距不得小于5m。成组布置的临时建筑物，每组不应超过10幢，组与组之间的防火间距不应小于10m。

④临时建筑物不宜超过两层，临时宿舍的房间建筑面积大于$50m^2$的，应当设置两个安全出入口。临时宿舍的窗不得用硬质材料封堵。每个房门至疏散楼梯的距离不得超过25m。

(2)配备的灭火器具应当设置在醒目和便于取用的地方。手提式灭火器宜设置在挂钩、托架或灭火器箱内，其顶部离地面高度应小于1.5m，底部离地面高度不宜小于0.08m。具体配置类型和数量应符合下列要求：

①办公区、住宿场所等永久性建筑物应当严格按照《建筑灭火器配置设计规范》(GB 50140—2005)的有关要求配置相应类型和数量的灭火器。

②临时搭建的办公、住宿场所每$100m^2$配备两具灭火级别不小于3A的灭火器，临时油漆加工区、易燃易爆危险物品仓库等每$30m^2$应配备两具灭火级别不小于4B的灭火器。

(3)进行电、气焊(割)作业时，作业点周边10m范围内，不得有易燃易爆物品。对确实无法移动的可燃物品要采取可靠的防护措施，如用阻燃材料覆盖遮严，在允许的情况下，还可将可燃物喷水淋湿，增强耐火性能。

乙炔和氧气瓶间的安全距离不得小于2m，使用时两者的安全距离不得小于5m。

(4)使用有机溶剂等材料或有可燃气体产生的作业区域，应当通风良好。自然通风不畅时，应当安装机械通风设备后方能施工。

(5)施工现场的平面布局必须综合考虑防火要求、建筑物的性质、周围环境等因素，要明确划分用火作业区(锅炉房、厨房及其他固定用火作业区)、禁火作业区(易燃、可燃材料的堆放场地)、仓库区(易燃、可燃材料的存放区)、易燃废品集中区及临时生活办公区等区域，各区域之间要按规定保持如下防火安全距离：

①用火作业区与在建工程和其他区域的距离应不小于25m；

②禁火作业区距离生活区不小于15m，距离其他区域不小于25m；

③仓库区与在建工程和其他区域的距离应不小于20m；

④易燃废品集中区与在建工程和其他区域的距离应不小于30m；

⑤防火间距内，不应堆放易燃和可燃材料。

其他情况应当结合实际进行平面布局。

(6)禁止在建筑物内(顶)熬炼沥青，禁止在临时宿舍内使用功率大于200W的照明、取暖和电加热设备。

(7)施工现场应设有消防车通道，宽度不得小于3.5m，以保证临警时消防车能停靠施救。

(8)属于市政的桥梁工程,当桥塔高度超过24m时,项目部应当落实临时消防水源,设置具有足够扬程的高压水泵。当消防水源不能满足灭火需要时,应当增设临时消防水箱。其他桥梁工程,可视施工现场具体情况,参照制订相应的消防措施。

(9)施工现场的动力线与照明电源线必须分开设置,并配备相应功率的保险和漏电保护装置,严禁乱接乱拉电气线路。

(10)施工现场内禁止随处吸烟,在易燃易爆危险物品储存仓库,火灾危险性较大的临时变(配)电所、用电设备集中区、电焊气割作业区、易燃废品集中区、木材及油漆加工区等区域应当设置明显的禁烟标志。

(11)施工现场产生的刨花、木屑以及油毡、木料等易燃、可燃材料应当天予以清理,禁止在施工现场焚烧。施工过程中剩余的易燃、可燃材料应集中存放在安全地点,禁止随意放置。

第四节　施工现场常见消防措施

施工现场主要有焊接及切割作业,应当做好焊割作业现场的安全检查,清除各种可燃物,预防焊、割火星飞溅而引起火灾事故,确定焊、割场地,划定作业区域,必要时在作业现场拉好安全绳。可燃物与焊、割作业的安全间距一般不小于10m,但具体情况要具体对待,如风力的大小、风向的不同、作业的部位。焊接还是切割等,大风作业时应设置风挡,防止火花飞溅。高空作业时,要把下方可燃物清理干净。

查清焊、割件内部的结构情况,绝不能盲目操作,预防热传导、热扩散而引起的火灾事故。

在临时确定的焊、割场所,要选择好适当位置安放乙炔发生器、氧气瓶或电弧焊设备,这些发生器和电焊机旁边应设立明显标志,并拦好安全绳,防止无关人员接近这些设备。

从事焊、割作业的工人,必须穿工作服。在冬季,御寒的棉衣必须缝好,棉絮不能外露,以防火星引燃起火。根据作业现场的情况,配备相应数量的灭火器材。

氧气、乙炔瓶不能混放;焊把线应完好无损,确定有破损不能修复使用时,应及时更换焊把线;焊钳应完好,不得有破损、漏电;焊钳夹有焊条时不得带电沿易导电物体移动,以免电击伤人,引发火灾;电焊作业完毕后,及时清理现场,并对其周围部位进行安全检查,消除火灾隐患,防止火灾事故。

本篇参考文献

[1] 张俊义. 桥梁施工常用数据手册[M]. 北京:人民交通出版社,2005.

[2]《建筑施工手册》编写组. 建筑施工手册[M]. 4 版. 北京:中国建筑工业出版社,2003.

[3] 周水兴,何兆益,邹毅松,等. 路桥施工计算手册[M]. 北京:人民交通出版社,2001.

[4] 中华人民共和国行业标准. JTG B01—2003 公路工程技术标准[S]. 北京:人民交通出版社,2003.

[5] 中华人民共和国行业标准. JTG D20—2006 公路路线设计规范[S]. 北京:人民交通出版社,2006.

[6] 中华人民共和国行业标准. JTG D30—2004 公路路基设计规范[S]. 北京:人民交通出版社,2004.

[7] 中华人民共和国行业标准. JTG/T D33—2012 公路排水设计规范[S]. 北京:人民交通出版社,2012.

[8] 中华人民共和国行业标准. JTG B01—2003 公路工程技术标准[S]. 北京:人民交通出版社,2003.

[9] 中华人民共和国行业标准. JTG D20—2006 公路路线设计规范[S]. 北京:人民交通出版社,2006.

[10] 中华人民共和国国家标准. GB 50013—2006 室外给水设计规范[S]. 北京:中国计划出版社,2006.

[11] 中华人民共和国行业标准. JGJ 46—2005 施工现场临时用电安全技术规范[S]. 北京:中国建筑工业出版社,2005.

[12] 中国航空工业规划设计研究院. 工业与民用建筑配电设计手册[M]. 3 版. 北京:中国电力出版社,2005.

[13] 交通部第一公路工程总公司. 公路施工手册 桥涵(下册)[M]. 北京:人民交通出版社,2000.

[14] 交通部第一航务工程勘察设计院. 海港工程设计手册(上册)[M]. 北京:人民交通出版社,2001.

[15] 交通部第一航务工程勘察设计院. 海港工程设计手册(中册)[M]. 北京:人民交通出版社,1997.

[16] 交通部第一航务工程局. 港口工程施工手册[M]. 北京:人民交通出版社,1997.

[17] 中华人民共和国国家标准. GB 50016—2006 建筑设计防火规范[S]. 北京:中国计划出版社,2006.

[18] 中华人民共和国国家标准. GB 50140—2005 建筑灭火器配置设计规范[S]. 北京:中国计划出版社,2005.

[19] 黄郑华,等. 消防安全知识[M]. 北京:中国劳动社会保障出版社,2008.